パリ
Paris

スティーブ・ファロン
Steve Fallon

MEDIA
FACTORY

この本は、ロンリープラネット・ガイドブックの
「Paris 4th edition／パリ第4版」を
メディアファクトリーが 翻訳したものである。

原書
Paris
第4版-2002年10月
初版-1996年11月

原書発行者
Lonely Planet Publications Pty Ltd　ABN 36 005 607 983
90 Maribyrnong St, Footscray, Victoria 3011, Australia

本書
ロンリープラネットの自由旅行シティガイド　パリ
2003年6月20日　初版第1刷発行

発行者　清水能子
発行所　株式会社メディアファクトリー
〒104-0061東京都中央区銀座8-4-17
Tel: 0570-002-001　Tel: 03-5469-4740（編集部）
印刷・製本　凸版印刷株式会社

乱丁、落丁本はお取り替えいたします。
本書の内容を無断で複製・複写・放送・データ配信することは、かたくお断りいたします。
定価は表紙に表示してあります。
ISBN4-8401-0802-1 C2326
Printed in Japan

本ガイドブックに掲載のほとんどの写真は
ロンリープラネット・イメージズ Lonely Planet Images から
使用許諾を得ることが可能。
■www.lonelyplanetimages.com

表紙写真
上：かつての王室の住居にある広場で遊ぶ子供たち（Brenda Turnnidge）
下：エッフェル塔の建築細部（Richard l' Anson）

本文・地図©　Lonely Planet Publications Pty Ltd 2003
写真©　記載の写真家2003

Lonely Planet、Lonely Planet logo、Lonely Planet Images、CitySync、eKnoは
Lonely Planet Publications Pty Ltdの登録商標である。
その他は各所有者の登録商標である。

下記の掲載許可を受けたことを感謝する。
Hemingway Foreign Rights Trust：「移動祝祭日 A Moveable Feast」からの引用
RATP：パリメトロマップ Paris metro map, ©2002

日本語版編集スタッフ
編集長／小野アムスデン道子
翻訳／(株)エクシム・インターナショナル
編集／柏谷直子　高杉真理枝
校正／畑本真一　畑本久美子　向川浩子　安河内理弥（プレーンドット）
歴史校正／早川理穂
リサーチ／野村幸子
DTP・レイアウト／室田素子　大塚志乃　亀井由美（プレーンドット）
表紙・アートディレクション／山田伸哉
special thanks／椿山喜昭（ホナ）

原書・本書発行者と
執筆者および翻訳者は
可能な限り正確な情報を
記載するよう
努めているが、
本書の使用により被った
損失、傷害、不都合に
対しては
責任を負うものではない。

Contents - 本文

執筆者	5
原書について	6
はじめに	7
パリの魅力	9
パリについて	11

歴史	11	政治	21	芸術	23
地理	21	経済	22	社会・風習	32
気候	21	住民	22	宗教	33
エコロジー	21	教育	23	言語	33
動植物	21	学術	23		

パリの現代建築	34
基本情報	38

いつ行くか	38	新聞・雑誌	56	身体の不自由な旅行者へ	64
オリエンテーション	38	ラジオ・テレビ	57	高齢の旅行者へ	64
地図	39	ビデオ方式	57	子供のためのパリ	64
観光客としての良識	39	写真・ビデオ撮影	57	図書館	65
観光案内所	39	時差・時間	57	大学	65
旅行代理店	40	電圧・電源	58	文化センター	66
渡航書類	40	計測単位	58	治安・トラブル	66
大使館・領事館	43	ランドリー	58	緊急のとき	67
通関	45	公衆浴場	59	違法行為	67
お金	45	トイレ	60	営業時間	68
郵便・通信	50	荷物預かり	60	祝日・年中行事	68
参考サイト	54	健康	60	ビジネス	71
参考になる本	54	女性旅行者へ	61	仕事	71
参考になる映画	56	同性愛の旅行者へ	62		

アクセス	74

空から	74	車・オートバイで	80	船で	81
バスで	77	自転車で	80		
鉄道で	78	ヒッチハイクで	81		

交通手段	83

空港	83	タクシー	90	ウォーキングツアー	92
公共交通機関	85	自転車	90	ツアー	92
車・オートバイ	88	船	91		

観光スポットと楽しみ方	96

ハイライト	96	シテ島周辺	107	リュクサンブール周辺	113
ルーヴル周辺	97	サン・ルイ島周辺	110	モンパルナス周辺	115
レ・アル周辺	102	植物園周辺	110	フォブール・サン・	
マレ地区周辺	104	カルチエ・ラタン周辺	112	ジェルマン周辺	116
バスチーユ周辺	107	サン・ジェルマン＆		アンヴァリッド周辺	118

エッフェル塔周辺 …………119	10区周辺 …………………124	周辺 ……………………131
16区周辺 …………………120	ベルシー周辺 ……………125	ヴァンセンヌの森周辺 …133
コンコルド広場周辺 ……121	13区＆14区周辺 …………125	ブーローニュの森周辺 …134
シャンゼリゼ周辺 ………122	モンマルトル周辺 ………127	アクティビティ ………135
モンソー公園周辺 ………123	ピガール周辺 ……………129	各種教室 ………………137
オペラ周辺 ………………124	ラ・ヴィレット周辺 ……129	
グラン・ブールヴァール周辺 …124	メニルモンタン＆ベルヴィル	

散策コース　　　　　　　　　　　　　　　　　　　　　　　　　　　　　138

宿泊　　　　　　　　　　　　　　　　　　　　　　　　　　　　　　　　148

低料金 ……………………149	高級 ………………………165	長期滞在 ………………170
中級 ………………………159	超高級 ……………………168	

食事　　　　　　　　　　　　　　　　　　　　　　　　　　　　　　　　172

食事 ………………………172	シャンゼリゼ周辺 ………189	ナシオン周辺 …………198
飲み物 ……………………176	サン・ラザール駅＆グラン・	リヨン駅＆ベルシー周辺 …199
ルーヴル＆レ・アル周辺 …177	ブールヴァール周辺 ……190	13区＆チャイナタウン周辺 …199
マレ地区周辺 ……………180	北駅＆東駅周辺 …………191	モンパルナス周辺 ……201
サン・ルイ島周辺 ………183	バスチーユ周辺 …………192	15区周辺 ………………202
カルチエ・ラタン周辺 …184	メニルモンタン＆ベルヴィル	モンマルトル＆ピガール周辺 …203
サン・ジェルマン＆オデオン周辺 …187	周辺 ……………………196	

パリの中の世界　　　　　　　　　　　　　　　　　　　　　　　　　　　205

エンターテインメント　　　　　　　　　　　　　　　　　　　　　　　　215

イベント情報 ……………215	ロック＆ポップ …………230	ダンス …………………232
予約代理店 ………………215	ジャズ＆ブルース ………230	映画 ……………………236
パブ、バー、カフェ ……216	フォーク＆民族音楽 ……231	演劇 ……………………236
クラブ ……………………224	フランス・シャンソン …232	喜劇 ……………………237
ゲイ＆レズビアン向けの店 …228	クラシック音楽 …………232	スポーツ観戦 …………238

ショッピング　　　　　　　　　　　　　　　　　　　　　　　　　　　　239

近郊に足をのばす　　　　　　　　　　　　　　　　　　　　　　　　　　250

ラ・デファンス地区 ……250	ヴェルサイユ ……………258	サンリス ………………271
サン・ドニ ………………254	フォンテーヌブロー ……264	シャルトル ……………272
パルク・アステリクス …256	ヴォー・ル・ヴィコント …268	ジヴェルニー …………276
ディズニーランド・パリ …257	シャンティイ ……………269	

フランス語の基礎知識　　　　　　　　　　　　　　　　　　　　　　　　278

フランス語単語集　　　　　　　　　　　　　　　　　　　　　　　　　　290

Index　　　　　　　　　　　　　　　　　　　　　　　　　　　　　　　296

MAP　　　　　　　　　　　　　　　　　　　　　　　　　　　　　　　307

MAP凡例　　　　　　　　　　　　　　　　　　　　　　　　　　　　　330

単位換算表　　　　　　　　　　　　　　　　　　　　　　　　　　　　巻末

執筆者
The Authors

スティーブ・ファロン
Steve Fallon

米国マサチューセッツ州ボストン生まれ。現代言語の理学士号を取得してジョージタウン大学を卒業した後、ポーランドのカトビッツェ近くのシレジア大学で英語の教鞭を取る。数年間アメリカの日刊紙に勤務し、ジャーナリズムの修士号を取得した後、香港に渡って13年間を過ごす。この間、出版関係の業務に従事するとともに旅行関係の書店を経営。1994年にロンドンに移る前の2年半はブダペストで過ごす。ロンリープラネットの旅行書『Home with Alice: Travels in Gaelic Ireland』をはじめ、ロンリープラネット社が刊行した20冊以上の本について、執筆または寄稿をしている。

スティーブより

私のシルバーメダリストでありゴールドメダリストになりつつあるMichael Rothschild、そして5年以上もの期間にわたり一緒に仕事をする機会に恵まれ、日々お世話になった編集者と地図製作者たちにこの本を捧げたい。みんな友人であり、仲間であり、スターだ。みんな、どこに行っても家に電話をしてほしい。

「パリ*Paris*」の改訂版を執筆するにあたり、多くの人々にお世話になった。パリ在住のBrenda Turnnidgeは、いつものようにてきぱきと、しかも熱心に貴重なサポートとインサイダー情報を提供してくれた。

私を助け、アイデアを提供し、まじめに対応し、幾度となく笑いを振りまいてくれたOlivier Cirendini、Caroline Guilleminot、Zahia Hafs、Selwyn Hardy、Chew Terrière、Frank Vivianoにも感謝したい。また、ロンリープラネット社のロンドン事務所のRachel Suddart、オークランドのTammy Fortin、メルボルンのLeonie Mugavin、そしてパリのChew TerrièreとMai-Lan Geraudにも改めてお礼を言いたい。彼らはいずれも輸送・交通関係の専門家で、彼らの協力のおかげで「アクセス」の章をまとめることができた。

最後に、今回の執筆中に行く先々で出会ったすばらしいパリっ子やイライラさせられたパリっ子——優雅で上品な人、教養があり愉快な人、意地悪でア・ルクストルーム*à l'extrême*（極端に）不快な人などさまざまな人たち——に、「メルシ・アンコール・ユヌ・フォア*merci encore une fois*（もう一度ありがとう）」と言いたい。世界にはこういう人たちがますます必要になるのだ。

原書について
This Book

本書日本語版「パリ」の初版は、英語版「パリPairs」の第4版を原書として翻訳したものである。

英語版「パリ」の初版はDaniel RobinsonとTony Wheelerが執筆し、第2版と第3版はSteve Fallonが改訂・増補した。その改訂新版となるこの第4版を作るにあたり、Steve Fallonは再びパリを訪れた。

原書スタッフ

原書はロンリープラネット社のロンドン事務所で制作されたものである。Michala GreenとEmma Sangsterが、Imogen Franks、Sam Traffordおよびメルボルンの制作チームの協力のもとに編集を担当し、David WenkとFiona Christieが地図の製作とデザインを担当した。表紙のデザインを手がけたのはAnnika Roojunで、裏表紙の地図はLachlan Rossの作品である。Emma Kochが「フランス語の基礎知識」の章を執筆し、挿絵はAsa AnderssonとFionaが描いた。画像について技術支援を仰いだLPI（ロンリープラネット・イメージズ）のRyan Evans、ならびにこの本の完成に多大の尽力をいただいたAmanda Canningに感謝の意を表したい。

情報ありがとう
英語原書の前回版を利用して有益なヒントやアドバイスまた興味深い逸話を寄せていただいた皆様に感謝をいたします。皆様の名前は巻末に掲載されています。

はじめに

Foreword

ロンリープラネットとは

物語はある古いトラベルアドベンチャーとともに始まる。

　トニー＆モーリン・ホイーラー夫妻が1972年にヨーロッパ、アジアを横断してオーストラリアに旅行した。当時は陸路をたどる旅行に関する有益な情報は得られなかったので、トニーとモーリンは高まりつつある必要性に応えるべく、初めてロンリープラネット・ガイドブックを発行した。

　キッチンテーブルから始まったロンリープラネットは、メルボルン（オーストラリア）、オークランド（アメリカ）、ロンドン（イギリス）、パリ（フランス）に事務所を構える世界最大の独立系旅行出版社に成長した。

　現在、ロンリープラネットのガイドブックは全世界をカバーしている。さまざまなメディアにおいて書籍および情報のリストは増加しつつあるが、変わらない事柄もある。依然として主な目的は冒険好きな旅行者が世界を探検し、理解を深める手助けをすることにある。

　ロンリープラネットは、旅行者が訪問する地域社会に敬意を払い賢明な消費をすれば、訪問国に積極的な貢献をしたことになると考える。1986年以降、書籍による収入の数％を援助プロジェクトや人権活動に寄付しており、最近では野生生物保護団体にまでその幅を広げている。

> 概してガイドブックではおすすめの場所すべてを紹介することはできないため、掲載しないからといって必ずしも批判を意味するわけではない。実際、掲載できない理由は多数あり、なかには、単に旅行者の殺到を防ぐためという場合もある。

改訂および読者へのフィードバック

情勢は常に変化しています。物価は上昇し、スケジュールは変更され、評判の良かった場所は悪化し、評判の悪かった場所は倒産するなど、変化しないものなど何もないのです。改善点や悪化点、最近開店した店やずいぶん前に閉店した店など、新しい発見についてお知らせいただければ、次の版をより正確で役立つものにすることができます。

　ロンリープラネットはガイドブックの完全改訂をできるだけ頻繁に（地域により改訂期間は異なるものの、たいていは2年ごとに）行っています。改訂中は、ロンリープラネットのホームページを通して、世界の様々な地域に関する情報を見つけることができます。

　また、ホームページの「ソーン・ツリー Thorn Tree」掲示板や「ポストカードPostcards」セクションをチェックすれば、旅行者から寄せられた未確認とはいえ興味深い情報がご覧いただけます。

　寄せられたご意見についてはロンリープラネットが誠意を持って判断いたしますので、ぜひ英語にて下記のeメールアドレス、もしくはオーストラリアの本社郵送先まで情報をお寄せください。

　投稿者の名前は、適切にガイドブックの新版に掲載します。

　また、最優秀投稿者にはガイドブックを無料でプレゼントいたします。あなたのコメントをガイドブック、ホームページ、デジタル製品などのロンリープラネット商品に掲載することがあります。

　コメントの掲載または名前の公表を希望されない場合はその旨をお知らせください。

ロンリープラネット受付デスク

オンライン：✉talk2us@lonelyplanet.com.au　🌐www.lonelyplanet.com/japan
エアメール：Locked Bag 1, Footscray, Victoria 3011, Australia

パリの魅力

introduction

ロンドンが歴史の街で、ニューヨークが娯楽の街、そしてローマが甘い生活 *la dolce vita* の街だとすれば、パリは美とロマンスの街だといえる。いろいろな建築、きれいな公園、セーヌ川の悠久の流れ、カフェでのひと時、住んでいる人の生きる喜び *joie de vivre* などが一体化したパリは、歴史の香りの残る洗練された街である。そして、そこに暮らし、働き、学ぶ者や、そこを訪れる者を魅了する。

もちろん、ジュリアス・シーザーからコール・ポーターに至るまで、かつてパリに住んだことのある者は、すべて、この街に足を踏み入れた途端にその魅力をすぐ口にした。実際、パリは世界のすぐれた都市に贈られるあらゆる賛辞を受けてきた。ノートルダム大聖堂、エッフェル塔、シャンゼリゼ大通り、セーヌ川。夜明けや日暮れ、夜、あるいは晴れた日や雨の日の街の美しさは、これまで数え切れないほど多く、絵や歌や小説のテーマになってきた。しかし、こうした多くの芸術家や歌手や作家もうまく表現できなかったことがある。それは、街の広々とした通りを散策する楽しさだ。印象的な公共の建物や見事な美術館があり、公園や庭園、散歩道が連なる。

パリはただ表面的にきれいな街というだけでは決してない。人口約1090万の首都圏にはフランスの総人口の18％強に相当する人々が住んでいる。都市プランナーはパリを肥大化した都市と呼ぶ。国を「体」に例えるなら、パリは大きくふくれた「頭」だ。

フランス第2の都市マルセイユでさえその規模はパリの10分の1でしかない。フランスの首都パリは、政治、ビジネス、文化の中心地であり、フランスの諺にもあるように、「パリがくしゃみをすればフランスが風邪を引く」ことになる。実際、国内の重要なことはすべてパリで始まり、パリで終わり、また現にパリで進んでいる。

パリには世界のどの都市よりも多くの歴史建造物や景観があり、初めてここを訪れる者は、期待に胸を膨らませてやって来る。たとえば、すばらしい眺め、カフェで重要な問題を議論するインテリたち、セーヌ河畔で芽生える恋、ナイトクラブのセクシーなショー、英語を話さないのに（あるいは話そうとしないのに）うまく金を巻き上げてしまう失礼なフランス人のことなどを思い浮かべるだろう。まわりを見渡しても確かにそうだが、パリにアプローチする別の方法もある。それは英語圏の文化の一部分ともなっているパリについての先入観を捨て去り、エッフェル塔やノートルダム大聖堂のことも忘れ、街の大通りや裏通りをひたすら探索してみることだ。

今のパリは、1世代前に考えられていたような生きた美術館ではなく、また「まあ、すごい」といった要素の強いテーマパークでもない。パリの街はおもしろさのある国際都市であって、訪れる人を温かく迎え入れてくれるのだ。パリ滞在スケジュールに名所見物や美術館訪問を組み込むことも忘れてはならないが、その後は、メトロやバスに乗り、聞いたこともない名前の場所で下車し、フランス語

金色に輝くアンヴァリッドのドーム教会やエッフェル塔が見えるパリの景観

パリの魅力

にまじってアラビア語やベトナム語が飛び交う界隈をぶらついてみよう。小さな店に入ってみたり、公園でペタンク（フランス人の好きなゲーム）に参加させてもらうのもいいし、カフェテラスでワインを飲みながら、道行くパリジャンを眺めてのんびり過ごすのもいい。

パリの人々は、自分たちは「生まれながらにして上手に生きる術を知っている」つまり savoir-faireがあると考えているが、まさに言い得て妙である。実際に訪れてみると、パリの街ではさまざまな感覚を楽しめることがわかるはずだ。広い街路や、すばらしいモニュメント、偉大な芸術作品、魅惑的な照明など、パリは見るものが多い街だ。チーズやチョコレート、ワイン、ハム・ソーセージcharcuterie、パンなど、味覚の街だし、また好きかどうかにかかわらず、オペラや、ジャズ、ラップミュージック、あるいはメトロの車両のタイヤ付き車輪から出るヒューッという音など、いろいろな音にあふれている街だ。さらに、香水店、入れたてのコーヒーやクロワッサンの香りが漂うカフェ、冬に街頭で売られる焼き栗など、香り豊かな街だし、セーヌ川沿いを自転車で走りながら頬に受ける風、エッフェル塔やデファンス地区のグランド・アルシュ（新凱旋門）の上から下を見下ろしたときに感じるワクワク、ドキドキした気持ちなど、何かを感じる街でもある。

とにかく、パリは自分なりに何かを見つけ出す街なのだ。この本は、あなたの興味をそそり、パリに着いたときの助けになるように作成されたものだが、これはあくまでも「ガイドブック」であり、「ハンドブック」ではないことを忘れないでほしい。たまにはこの本をホテルの部屋に置いたまま、あちこち歩き回り、自分なりのパリを発見してほしい。

そうすれば、焼けるように暑い夏でも、霧雨の降る寒い冬でも、パリの至るところに魅力が潜んでいることがわかるはずだ。おいしい食事を口にするときのように、胸がときめき、心が満たされ、いつまでも記憶に残るに違いない。作家アーネスト・ヘミングウェイは、1920年代のパリでの生活を回想した著書「移動祝祭日A Moveable Feast」の序文に、次のように書いている。「もし若いときにパリに住む幸運に巡り会えば、後の人生をどこで過ごそうとも、パリは君とともにある。なぜならパリは移動する祝祭だから」と。

若い頃にヘミングウェイのこの言葉に従った人は、同じような気持ちになり、一生忘れることのできないすばらしい思い出ができるに違いない。

パリを訪れれば、きっとあなたもそんな一人になるはずだ。

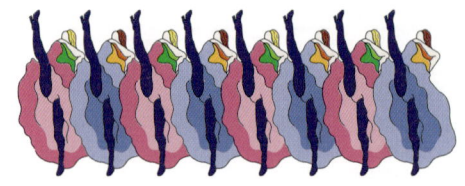

パリについて

Facts about Paris

歴史

ガリア人とローマ人

ケルト人の起源は詳しくわからないが、紀元前2000年頃に中央ヨーロッパの東部で生まれ、その後、大陸を横断しながら移動を開始して紀元前7世紀頃にフランスにやって来たと考えられている。紀元前3世紀に、パリシイParisii（"舟を操る人々"という意味と思われる）と呼ばれるケルト系ガリア人の部族が、現在のシテ島に、編み枝に泥壁を塗り込んだ小屋を建てて住み、漁業と交易に従事するようになった。

その後、このガリア人とローマ人の争いが数世紀にわたって続いたが、紀元前52年にジュリアス・シーザーが、ヴェルキンゲトリクスに先導されたケルトの反乱を鎮圧してこの争いに終止符を打ち、この地方を支配するようになった。セーヌ川の中洲にできた集落が、ルテチアLutetia（ラテン語で"水に囲まれた家"の意味）と呼ばれるローマ人の街として栄え、紀元3世紀にはおよそ1万人がそこに住んでいた。現在ノートルダム大聖堂のある場所にユピテルの神殿が建てられ、そのローマ人の街は川の南岸に向けて広がっていった。その中心となったのは街を南北に走るサン・ジャック通り、そしてモンス・ルテティウス（ラテン語で"ルテチアの丘"の意味）という丘の上のローマ軍営舎にあった大きな闘技場だ。この闘技場のあった場所には、現在パンテオンが立っている。

紀元3世紀半ば頃に始まった民族大移動により、東からフランク族、次いでアレマン族が侵入してきて、南岸の居住地を焼き払い、街を略奪した。住人たちはシテ島に逃げ込み、その後、シテ島には石壁の要塞が築かれた。紀元2世紀初めにはキリスト教が伝わり、島の西側に最初の教会（おそらく木造）が建てられた。

メロヴィング朝とカロリング朝

紀元212年から続いたローマ人によるパリ占拠（最初の居住者の名にちなんで当時この地はパリと呼ばれていた）は、5世紀末にメロヴィスの率いるフランク族と他のゲルマン部族が再び北と北東から侵入してきて領土を占領したことで終わりを告げた。メロヴィスの孫にあたるクローヴィス1世は、キリスト教に改宗し、508年にパリを首都とした。その後継者であるクローヴィスの息子キルデベルト1世は、558年にサン・ジェルマン・デ・プレ修道院を建て、また最も権勢を誇った支配者ダゴベールもサン・ドニに修道院を建てた。やがてこのサン・ドニ修道院はフランスで最も裕福で重要な僧院になり、歴代の王の霊を祭る場所になった。

カール・マルテル（688～741年）に始まるカロリング王朝の歴代の王たちは、たえず東方の戦いに遠征していたため、パリは弱体化し、パリ伯たちが街を支配するようになった。カール・マルテルの孫にあたるシャルルマーニュ（在位768～814年）が首都をエクス・ラ・シャペルAix-la-Chapelle（現在のドイツのアーヘン）に移したことにより、パリの没落は決定的なものになった。9世紀後半になると、シテ島を中心とするいくつかの村落の集まりにすぎないパリを防御するのは難しくなり、住民は再三にわたり、"古代北欧人"、いわゆるバイキングの侵略に苦しめられた。

中世

カロリング王朝での内紛に乗じて権力を高めていった諸侯パリ伯たちは、987年にパリ北東のサンリスSenlis（「近郊に足をのばす」参照）でユーグ・カペーをフランス国王に選び、ユーグ・カペーはパリを王国の首都にした。パリは、その後800年にわたりカペー王朝の支配の下で政治、商業、貿易、宗教、文化の中心地として栄えた。

ユーグ・カペーが即位した頃、古代北欧人（ノルマン人）はフランス領土の北部と西部を支配していた。1066年に彼らは、今日のノルマンディー地方にあった拠点から海を渡ってイギリスに侵入し、そこを征服した。いわゆる「ノルマン征服」だが、これが発端となり、その後ほぼ300年にわたるノルマン人とカペー王朝の争いが続くことになる。

川沿いに位置するというパリの立地は中世を通じて戦略的に重視された。しかし、初期のパリでは居住地がシテ島に集中し、川の左岸rive gaucheには牧草地やブドウ畑が広がり、川の右岸rive droiteのマレ地区は、その名前マレmaraisが、フランス語で"沼"を意味することからもわかるように、じめじめした"湿地"だった。11世紀には最初のギルド（商業組合）が結成され、たちまち重要な地位を占め、12世紀半ばには、水利商人組合が今日のパリ市庁舎付近にあった船つき場を王家から買い取るほどになった。

パリについて － 歴史

　当時は、熱狂的に建築が行われた時代でもあった。この時代に精力的に活動した人たちの中に、聴罪司祭であり、また数代にわたるカペー王朝の王の下で大臣も務めたシュジェール大修道院長もいた。1136年に彼はサン・ドニにバジリカ教会堂を建てた（「近郊に足をのばす」参照）。それから30年もたたないうちに、パリ司教モーリス・ド・シュリーの指揮により、中世のパリで最も大きな建造物であるノートルダム大聖堂の建築工事が始まった。同じ頃にフィリップ2世（オーギュスト尊厳王）（在位1180〜1223年）は、街を囲む城壁を拡張し、25の城門と数百の物見塔を付け加えた。

　じめじめしたマレ地区では水抜きが行われ、居住地区はセーヌ川の北岸（または右岸）に移り、そこが商業の中心地になっていった。特にグレーヴ広場（今日のパリ市役所広場）周辺がそうだった。レ・アルの食料品市場は1110年頃に生まれ、シテ島の美しいサント・シャペル礼拝堂は1248年に献堂され、ルーヴル宮も川岸からの敵の襲撃を防ぐ要塞として13世紀にその姿を現した。パリの人口は1200年までに20万人に膨らんでいたが、そんな市内のおそろしい交通混雑や強烈な悪臭を何とかしようとしたフィリップ2世は、1m²の砂岩ブロックを使って古代ローマ時代以来初めてパリの通りの一部を舗装した。

　その間に、セーヌ川の南の地区（現在の左岸）はヨーロッパの学問の中心地として発展していった。その中心となったのがカルチエ・ラタン（ラテン区）だが、ここでは学生と教師がラテン語で話をしていたことからそう呼ばれるようになった。当時、不幸な恋人たちアベラールとエロイーズ（コラム「薄幸の恋人たち」参照）は、哲学の論文や洗練された詩を書き、浮世を離れて戯れていたのである。また、トーマス・アクィナスはパリの新大学（1215年頃にローマ教皇の庇護の下に設立された）で教えていたし、そのほかにおよそ30のコレージュ（神学寮）が造られた。その中には、ルイ9世の聴罪司祭だったロベール・ド・ソルボンが1253年に創設したソルボンヌも含まれていた。

　1337年には、およそ300年にもわたるカペー王朝とアングロノルマン人（ノルマン系英国人）の確執が悪化し、ついに「百年戦争」が始まった。この戦争は断続的に1453年まで続くことになる。1348〜49年にかけて黒死病（ペスト）が流行し、パリの人口のおよそ3分の1がその犠牲になったが（推定死亡者数8万人）、戦いはほんのしばらく中断されただけだった。その後パリの人口が再び20万人になったのは16世紀初めのことだった。

　百年戦争や疫病、さらにはヨーロッパ各地で見られた王権から独立した自由な都市の発展により政治的な緊張が高まり、パリにも反乱が起こった。1356年、パリの商人頭だったエティエンヌ・マルセルという裕福な織物商が、農民たちと手を組んで王太子（後のシャルル5世）に反逆した。彼は、王権の制限等を定めた大勅令を尊重するよう求めてパリを占拠した。しかし、その後2年のうちに王太子の支持者たちがパリを奪還し、マルセルは国王の支持者によってグレーヴ広場近くで暗殺された。この事件の後、シャルル5世は右岸に新たな城壁を築いた。

　1415年、アザンクールの戦いでフランス軍がイギリス軍に敗れると、パリは再び反乱の渦に巻き込まれた。イギリスと同盟していたブルゴーニュ公が1420年に首都を占拠。その2年後に、ベドフォード公ジョン・プランタジネットが、まだ幼いイギリスのヘンリー6世を補佐するフランスの摂政に任命された。ヘンリーはその後10年もしないうちにフランス王

薄幸の恋人たち

　男は39歳のハンサムな哲学者そして論理学者で、論争を呼ぶような考えを世に出すことで評判だった。女はノートルダムの司祭の姪にあたる美しい10代の娘だった。そして二人は、映画「カサブランカ」の中のボガードとバーグマンのように、またベローナ（イタリア北東部の都市）のロミオとジュリエットのように、数ある悲劇的な場所の中でも、中世のパリで恋に落ちることになった。

　1118年、放浪の学者ピエール・アベラール（1079〜1142年）は、行く先々で神学者と衝突を繰り返した末にパリに出てきた。そのパリで、彼はノートルダムの司教座聖堂参事会員フュルベールにその姪エロイーズ（1101〜64年）の家庭教師として雇われ、そうこうするうちに二人の間には息子アストロラーブが生まれた。アベラールは紳士的に振る舞い、恋人と結婚した。しかし、そのことを知って激怒したフュルベールは、アベラールを去勢し、エロイーズを女子修道院に押し込めてしまった。アベラールはサン・ドニの修道院で修道僧の一人となって学問を続け、論争を呼ぶような書物を書き続けた。一方、エロイーズは女子修道院の院長になった。

　しかし、その間もこの薄幸の恋人たちはずっと文通を続けていた。彼は、どうやって修道院を維持したらよいかについて優しい助言を与え、彼女は、引き裂かれた恋人宛に情熱的で詩的な手紙を書き送っていた。そんな二人は死んでからやっと再び結ばれた。1817年に彼らの遺骸が墓から取り出され、ペール・ラシェーズ墓地に運ばれ、現在、二人はこの墓地内のネオゴシック調の墓石の下に一緒に眠っている。

パリについて – 歴史

馬にまたがって前進するジャンヌ・ダルクの像（ピラミッド広場）

位を継承し、ノートルダムで戴冠式が行われた。しかし、そのほとんどの間、パリはフランス軍に包囲されていた。

1429年に、ジャンヌ・ダルクとして歴史に名を残すことになる17歳の農民の娘が、フランス王位を狙うシャルル7世のもとを訪れた。そして、フランスからイギリス軍を追放してシャルルの戴冠式を行うようにとの神のお告げがあったことを伝え、シャルル7世から軍隊を委ねられた。彼女はフランス軍の陣容を立て直し、オルレアン北方のパテでイギリス軍を破り、ランスでシャルル7世の戴冠を行った。こうしてシャルル7世は1436年に、それまで16年間イギリス軍に占領されていたパリを解放し、凱旋入城した。

イギリス軍による占領でパリの街は荒廃しきっていた。復活した王国は権力を強化する方向に動いたが、ルイ11世（在位1461〜83年）の時代になると状況は改善され、その治世の間にパリで最初の印刷機がソルボンヌに設置された（1463年）。教会はフランボワイヤン（火炎式）のゴシック様式で修復あるいは新築された。また、クリュニー館やサンス館（現在のフォルネ図書館）といった貴族の館 hôtels particuliers も数多く建造された。

ルネサンス

イタリア・ルネサンス（フランス語で"再生"の意味）の文化は、その最盛期にあたる16世紀初めにフランソワ1世（在位1515〜47年）治世下のフランスに伝えられた。それは、フランス軍がイタリアで行った目的のあいまいな

一連の軍事作戦のおかげでもあった。フランスの貴族社会は初めてイタリアのルネサンス的な考え方を知り、その影響を受けた。それは、科学的、地理的な学問や発見を重視し、また宗教的な生活よりも世俗的な価値に重きを置くというものだった。

当時は、ラブレーやマロ、ロンサールといった作家たち、それにミケランジェロやラファエロの建築学の弟子たちが大きな影響力を持っていた。パリ周辺にある建築物で、明らかにその影響を受けたと思われるものとして、フランソワ1世のフォンテーヌブローの城館やシャンティイのプティ・シャトー（いずれも「近郊に足をのばす」参照）がある。パリ市内にある建築物の中でルネサンスを代表するのは、ポン・ヌフ Pont Neuf だ。ポン・ヌフとはフランス語で"新しい橋"という意味だが、実際にはパリで最も古い橋である。

こうした新しい建築は、急速に絶対主義へと移行しつつあった王政の栄華や、強力な中央集権国家の首都であるパリの華々しさを反映するものだった。しかし、このように威厳や権力を誇示しても、フランス国内に広まりつつあったプロテスタント主義の流れを食い止めることはできなかった。

宗教改革

1530年代を迎える前に、ヨーロッパ各地で宗教改革への動きが盛んになったが、フランスも例外ではなく、特にスイスのジュネーブに亡命していたフランス人ジャン・カルヴァンの思想を取り入れることにより強化されていった。1562年1月の「1月王令」はプロテスタントにいくつかの権利を認めるものだったが、これは、地方にまで自らの勢力を伸ばしたいという欲望の混じった信仰心を持つ過激派カトリックの貴族たちの強い反対にあった。そして、パリはその後もカトリックの牙城となり、宗教戦争が勃発するまで、グレーヴ広場での火あぶりの刑が繰り返された（たとえば、1547〜50年にはおよそ40件が執行された）。

宗教戦争（1562〜98年）には、基本的に3つのグループが関与した。ユグノーたち（イギリスの後押しを受けたフランス・プロテスタント）、過激派カトリックの旧教同盟、それにカトリックの国王である。繰り返される抗争によって王の権威は極度に失われ、フランス王国は崩壊の危機に瀕していた。1572年8月23〜24日に、最も悲惨な虐殺がパリで起こった。プロテスタントの旗手であるアンリ・ド・ナヴァール（後のアンリ4世）の結婚を祝うためにパリに来ていたおよそ3000人のユグノーたちが虐殺されたのだ。いわゆる「聖バルテルミーの大虐殺」である。1588年5月7日の"バ

パリについて — 歴史

リケードの日」には、旧教同盟がアンリ3世に反旗を翻して蜂起し、国王はルーヴル宮へ避難せざるをえなくなった。彼はその翌年に暗殺された。

アンリ3世の後を継いだアンリ4世（在位1589〜1610年）が、ブルボン王朝を開いた。1598年に彼は「ナントの勅令」を発布し、ユグノーたちの信仰の自由を保証し、また彼らの市民権や政治に関する多くの権利も認めた。しかし、これは広く受け入れられたわけではなかった。カトリック派だったパリの住民はこのプロテスタントの新王の入城を認めようとせず、首都の占拠がほぼ5年間も続くことになった。アンリ4世がサン・ドニでカトリックに改宗したことにより、ようやく首都はこの王に従うことになった。この時に彼は聖体拝領式に出て「パリはミサをする価値がある *Paris vaut bien une messe*」と言ったと伝えられている。

アンリ4世は王制の権力を強化し、30年以上に及ぶ宗教戦争が終結した後のパリの再建に乗り出した（この頃までにパリの人口はおよそ40万人になっていた）。華麗なロワイヤル広場（マレ地区にある現在のヴォージュ広場）やシテ島の西端にあるドーフィヌ広場には、新たな都市計画の時代を迎えた当時の面影が残っている。しかし、アンリ4世の治世も前の王と同じく突然に、そして暴力的に終わりを告げた。1610年に、彼の乗った馬車がマレ地区のフェロヌリ通りで渋滞に巻き込まれて動けなくなったところを、カトリックの狂信者に暗殺されたのだ。

後にルイ13世となるアンリ4世の息子は9歳であり、国王としては若すぎたため、彼の母親マリー・ド・メディシスが摂政に任じられた。ルイ13世は1617年に親政を開始するが、彼の治世にはそれほど目立ったところがなく、その在位期間の大半にわたり、彼に仕える冷徹な宰相リシュリュー枢機卿が実権を握っていた。リシュリューは、フランスに絶大な権力を持つ王政をつくることに腐心し、ルイ14世の絶対主義とヨーロッパでのフランスの覇権確立への道を開いたことで知られている。ルイ13世の時代には、パレ・ロワイヤルやノートルダム・デュ・ヴァル・ド・グラース教会など多くの宮殿や教会が造られた。

ルイ14世とアンシャン・レジーム

"太陽王"（ル・ロワ・ソレイユ Le Roi Soleil、ルイ14世のこと）は、1643年に5歳に満たずに即位した。母親のアンヌ・ドートリッシュが摂政となり、リシュリューのお気に入りだったマザラン枢機卿が宰相に指名された。マザランが1661年に死ぬと、ルイ14世は絶対的な権力を手にし、以後1715年に死ぬまでそれを手放すことはなかった。ある歴史家が指摘するように、ルイ14世の治世は"光と闇"に彩られたものだったが、ルイ14世はその長い治世を通して、王権神授説を取り入れて理論武装し、国内外にフランス王政の力を顕示しようとした。そのおかげでフランスはオランダやオーストリア、イギリスとの長い戦争に巻き込まれることになった。出費のかさむそうした戦争が続いた結果、フランスの領土は拡大されたが、近隣諸国を恐れさせ、財政はほぼ破綻してしまった。国庫を潤すために過酷な租税徴収が行われたため、人口が60万人にもなっていたパリの市民は貧困生活を強いられ、浮浪者が増大することになった。

よく引用されるルイ14世の有名な言葉「朕は国家なり *L'État, c'est moi*」は、歴史的な状況とは関係ないところで使われることが多いが、彼は、野心的で反目ばかりしていた貴族階級の力を押し潰し、真の意味で初めて中央集権化されたフランス国家をつくることに成功した。その名残は今日のフランスにも見られる。彼はヴェルサイユに豪華な宮殿を建てるために莫大な額のお金をつぎ込んだが、そうすることにより、首都で絶えず芽生えていた陰謀を回避することができた。そしてルイ14世は貴族たちを廷臣として取りこみ、彼らを互いに競わせて気に入った者を引き立てる形をとったので、彼らは無力なおべっか使いになってしまった。ルイ14世はパリを嫌っていたが、きれいなヴィクトワール広場やヴァンドーム広場、アンヴァリッド廃兵院、列柱の付いた正方形のルーヴル宮などを造らせた。

ルイ14世はプロテスタント派の臣下たちを情け容赦なく迫害した。彼らは国家の統一、ひいては自らの権力を脅かすものだと考えた。1685年には、ユグノーたちの信教の自由を認めたナントの勅令を廃棄してしまった。

「余の死後、洪水が起ころうと知ったことではない *Après moi, le déluge*」（"あとは野となれ山となれ"という意味）と言ったのはルイ14世だが、あとで考えると、彼のこの言葉は予言以上のものだった。曾孫にあたる彼の後継者、ルイ15世（在位1715〜74年）は結局のところ愚か者で無能な道化にすぎないことが明らかになり、世間から軽蔑されるようになった。当初、新王が若年だったためルイ14世の遺言で摂政に任命されたオルレアン公フィリップは、一時期宮廷をヴェルサイユからパリに戻した。時はまさに啓蒙主義の時代であり、フランスの首都パリは事実上ヨーロッパの中心地となった。

18世紀に入って時がたつにつれて、新たな

経済状況や社会環境が生まれ、アンシャン・レジーム ancien régime（旧制度）では国やその首都の要求を満たすことができなくなり、制度そのものが危うくなっていった。反体制と教権反対の思想を掲げる啓蒙主義が広まるにつれて、旧制度はさらに脆弱なものになった。この考え方の指導的役割を果たしたのがヴォルテール、ルソー、ディドロらだ。しかし、既得権の壁が厚く、権力構造も複雑で、しかも王室が乗り気でなかったため、実際に改革が始まったのは王政の権威が失墜した1770年代のことだった。

7年戦争（1756〜63年）は、ルイ15世が行った一連の無謀な戦いの一つで、その結果、フランスはカナダや西インド諸島、インドといった豊かな植民地を失うことになった。ルイ16世がアメリカの独立戦争（1775〜83年）で植民地側に味方した理由の一つには、こうした損失に仕返しをするという意味も込められていた。しかし、すでに7年戦争で巨額の出費を余儀なくされていたフランス王政は、さらに悲惨な状態に陥ることになる。アメリカの独立革命によって突如世界の舞台に現れた急進的な民主主義思想が国内に広がるのを助長することになったからだ。

フランス革命と第一共和政

1780年代末になると、優柔不断なルイ16世（在位1774〜93年）と絶大な影響力を持っていた王妃マリー・アントワネットは、啓蒙主義の影響を受けたブルジョワジー（中産階級市民）から保守主義者にいたるまで、事実上あらゆる社会層を疎んじるようになっていった。そして、社会不安や不平が頂点に達すると、国王はますます孤立してしまった。1789年5月〜6月にヴェルサイユ宮殿で開かれた全国三部会（「近郊に足をのばす」のコラム「球戯場の誓い」参照）に集まった改革に熱心な代議員たちの力を国王が削ごうとしていた時、一般大衆はパリの街々でデモを行っていた。7月14日に暴徒たちがアンヴァリッド廃兵院の武器庫に押し入って銃を手に入れ、その足で専制的なアンシャン・レジームの最大の象徴だったバスチーユの牢獄を襲撃した。こうしてフランス革命の火ぶたが切って落とされた。

当初、革命の主導権を握っていたのはジロンド派と呼ばれる穏健な立憲君主政支持者たちだった。フランスを立憲君主国とすることが宣言され、さまざまな改革が行われた。フランス革命の基本原則を示す「人権宣言 Déclaration des Droits de l'Homme et du Citoyen」（人および市民の権利の宣言）の採択もその一つだ。しかし、オーストリアやプロシア、そして多くのフランス亡命貴族たちが外部から新政府に脅威を与えたため、一般大衆は自ら武装するようになり、急進的な情熱と一体化した愛国心やナショナリズムが高まった。ジロンド派は間もなくロベスピエール、ダントン、マラーたちが率いる急進的なジャコバン派に権力の座を奪われることになる。さらにルイ16世が立憲君主として信用できないことが明らかになったため、王政を廃し、1792年9月に初の共和政を宣言した。国民議会も、選挙で選ばれた議員たちで構成される国民公会に取って代わった。

ルイ16世は「ルイ・カペー」（ユーグ・カペーの統治は不法なものだったと評されていたので、歴代の王たちもこのように称されるようになった）として裁判にかけられ、"国民の自由を覆そうとした陰謀"により1793年1月に有罪となり、革命広場（現在のコンコルド広場）でギロチンにかけられた。彼の妻マリー・アントワネットも同じ年の10月に処刑された。

1793年3月にジャコバン派は悪名高い公安委員会を作り、委員たちに国家防衛の任務を与え、"裏切り者たち"を逮捕して裁判にかけた。この組織は、いわゆる恐怖政治の間（1793年9月〜1794年7月）、事実上、都市や国家を独裁的に支配した。多くの信教の自由が奪われ、神聖な教会は俗用に用いられたり閉鎖され、大聖堂は「理性の神殿」に変えられた。恐怖政治が行われた期間のパリは、ソ連の指導者イオーシフ・スターリンに支配されたモスクワと似たような状態だった。

ジャコバン派の宣伝役を務めたマラーは、1793年7月に自宅の浴槽でシャルロット・コルデによって暗殺され、その年の秋には恐怖政治が本格的に始まった。1794年半ばまでにおよそ2500人がパリで斬首され、フランスの他の地域全体ではその数が1万4500人以上にも及んだ。結局、ロベスピエールと親しいジャコバン派のルイ・アントワーヌ・レオン・ド・サン・ジュストが言ったように、フランス革命は「自らの子供たちを滅ぼす」結果になった。ロベスピエールはダントンをギロチンに送り、サン・ジュスト、そしてロベスピエールさえも、ついには同じ運命をたどることになったのだ。

恐怖政治が去った後、サン・ジュストやロベスピエールの逮捕を命じたといわれるポール・バラスを中心とする穏健な5人の共和主義者たちが、総裁政府のもとで共和国を統治することを宣言した。1795年10月5日（すなわち共和暦4年ヴァンデミエール13日。後出のコラム「祝日」参照）に、総裁政府を転覆させようとした王党派のジュネス・ドレ jeunesse dorée（ブルジョワ階級の青年集団）は、ナポレオ

ン・ボナパルトという名のコルシカ島出身の総司令官が率いる政府軍によってサン・トノレ通りのサン・ロック教会の前で撃退された。ナポレオンは群衆に向けて発砲したが、この"ぶどう弾の射撃"によって、ナポレオンはイタリアでのフランス軍の指揮を任されることになった。彼はオーストリアとのその戦いで華々しい成功をおさめ、この勝利によって次第に独立した政治勢力を持つようになった。

ナポレオンと第一帝政

5人の総裁に率いられた革命後の政府は安定しているとはとてもいえず、ナポレオンが1799年にパリに戻った時に見たのは、無秩序で混乱した共和国の姿であり、そんな国に信頼を寄せる市民もほとんどいなかった。11月の選挙でジャコバン派が再び議会で勢いを取り戻したことがわかると、ナポレオンは総裁をだまし、「自分たちを守るため」という名目でパリの南西にあるサン・クルーに議院を移させ、信用を失っていた総裁政府を廃して自らが権力を掌握した。

当初、ナポレオンは第一統領の称号を用いた。1802年、国民投票によって彼は「終身統領」に任じられ、彼の誕生日は国の祝日になった。1804年12月に彼は「フランス皇帝」となり、ノートルダム大聖堂において教皇ピウス7世による戴冠式が行われた。ナポレオンが強大な野望を持っていることは誰の目にも明らかになった。しかし、ナポレオンは自らの権威を強化し認めさせるために、戦場でさらに多くの勝利をあげる必要があった。そのため、果てしなく続くかと思われるほど多くの戦争と勝利が繰り返され、フランスはヨーロッパの大部分をその支配下に置くことになった。

1812年にヨーロッパ大陸で最後の大きな敵となったツアー（ロシア皇帝）と戦うためにナポレオンはロシアに侵攻した。ナポレオン軍はモスクワを攻略したが、ロシアの厳しい冬には勝てず、退却を余儀なくされた。プロシアやナポレオンに敵対するその他の国々も、たちまち以前に喫した敗北の痛手から立ち直り、ロシアでの大敗北から2年もしないうちに同盟軍はパリに入城した。ナポレオンは退位し、フランスからイタリア海岸沖のエルバ島に流された。

同盟国はウィーン会議（1814〜15年）においてブルボン家を再興させフランス国王とし、ルイ16世の弟がルイ18世として即位した（亡命していた王党派たちからルイ16世の次男のシャルルがルイ17世になったと宣言されたが、1795年に死亡していた）。しかし1815年3月にナポレオンはエルバ島を脱出してフランス南部に上陸し、パリに向かって北上を続けるうちに大軍を確保するまでになった。しかし、彼のいわゆる百日天下も、彼の軍隊がベルギーのワーテルローでウェリントン公指揮下のイギリス軍に敗れて終わりを告げた。ナポレオンは南大西洋上のはるかかなたの島、セント・ヘレナ島への流刑に処され、そこで1821年に亡くなった。

たとえばフランスの植民地に奴隷制度を復活させるといった、いくつか反動的な施策はあったものの、ナポレオンは多くの重要な改革を行った。司法制度の再編が行われ、ナポレオン法典（民法典）と呼ばれる新たな法典が発布され、今日までフランスの法制度の基礎となっている。また新たな教育制度も導入された。そしてもっと重要なのは、フランス革命によって成し遂げられた変革の本質を彼が維持したということだ。それゆえに、ナポレオンは最も偉大な国家の英雄として多くのフランス人の記憶に残っている。

ナポレオンによるパリの大建造計画はそのごく一部しか完成しなかったが、凱旋門やカルーゼル凱旋門、マドレーヌ教会、ポン・デ・ザール、リヴォリ通り、サン・マルタン運河などはこの時期に造り始められたものだ。

祝日について

革命政府は、フランスの重さと距離の単位をメートル法（これはやがて世界の多くの国の基準になる）にすることを定めたが、それとともに、新しい"より合理的な"暦を採用し、その暦から"迷信的な"要素（たとえば「聖人の日」など）を排除した。共和暦1年は、共和政が宣言された1792年9月22日に成立した。12カ月の名前は、順にヴァンデミエール、ブリュメール、フリメール、ニヴォーズ、プリュヴィオーズ、ヴァントーズ、ジェルミナル、フロレアル、プレリアル、メシドール、テルミドール、そしてフリュクティドールであり、それぞれ季節にちなんだ名前が選ばれた。たとえば、秋の月ヴァンデミエールはヴァンダンジュ *vendange*（"ぶどうの収穫"の意味）から取られ、ブリュメールはブリュム *brume*（"もや"または"霧"）から、フリメールはフリマ *frimas*（"霜"）から取られたものだ。それぞれの月は、デカード *décades* と呼ばれる10日間を1週間とする3週間に分けられ、1週間の最後の日が休日になった。そして1年のうちの残った5日か6日は、善行、天賦の才、労働、意見、報酬を祝う日とされた。共和暦は理論的にはうまくいくとはいえ、外国との通信や貿易を行う際には、絶えず混乱が生じた。共和暦の月や日をグレゴリオ暦に変換する必要があったからだ。結局、1806年にナポレオンによってフランスにも以前のシステムが復活することになった。

ナポレオンの功績を称える凱旋門の彫刻

王政復古と第二共和政

「痛風を患った老年の紳士」ルイ18世（在位1814～24年）の治世では、アンシャン・レジームの時代にまで戻そうとする過激な王党派や、大革命によって実現した変化をそれ以前の状態に戻すことはできないと考える自由主義者、それにパリに住む労働者階級に属する急進論者たちの間の抗争が目立った。ルイ18世の後継者である反動主義者のシャルル10世（在位1824～30年）は、この抗争を愚かな行為で収拾しようとしたため、かえって革命家たちの混成グループによる市庁舎占拠という事態を招き、退位を余儀なくされた。いわゆる1830年の7月革命である。

次いで、ブルジョワ層に対する共感とブルジョワ的な好みを持ったルイ・フィリップ（在位1830～48年）が、議会で選出されて立憲君主となり、いわゆる7月王政の方策を推し進めた。しかし1848年の2月革命によって今度は彼が退位させられ、第二共和政が樹立された。

第二共和政から第二帝政へ

1848年に行われた大統領選挙で、ナポレオンの無能な甥ルイ・ナポレオン・ボナパルトが、圧倒的大差で選出された。議会との確執を解消するため、ルイ・ナポレオンは1851年にクーデターを起こし、皇帝ナポレオン3世（ボナパルトは1814年の退位の際に自分の息子にナポレオン2世の称号を与えたが、その息子が統治を行ったことは一度もなかった）になってチュイルリー宮殿に移った。この宮殿は20年後のパリ・コミューンの際に破壊されることになる。

第二帝政は1852～1870年まで続いた。この時期にフランスはかなりの経済成長を経験し、パリの街はジョルジュ・ウージェーヌ・オスマン男爵（1809～91年）の下で大きく変貌した。先見の明があったこの男爵は、セーヌ県知事の任にあった17年の間に、新たな都市の建造を監督した。その過程で何十万人もの貧しい人々を立ち退かせることにもなったが、広々とした直線的な大通り、すばらしい公共建築物、美しい公園を造り上げ、また生活に不可欠な現代的な下水設備を完成した。たとえば、凱旋門から放射状に伸びる12本の街路も彼の成し遂げた業績の一つであり、また「パリの両肺」にあたるブーローニュの森とヴァンセンヌの森をはじめ市内のあちこちにある多くのすばらしい公園も彼によって整備されたものだ。

市内で初となる百貨店数軒がこの時期に建てられ（たとえば1852年のル・ボン・マルシェ）、またパッサージュ *passages* といわれるパリのすばらしい屋根付きショッピング・アーケードも同じ頃に作られた（詳細は「散策コース」参照）。

残念ながら、ナポレオン3世も、前皇帝の叔父と同じく、クリミア戦争（1854～56年）など、出費のかさむ数多くの国際紛争にフランスを巻き込んだ。1870年、オットー・フォン・ビスマルクはナポレオン3世がプロシアに宣戦布告するよう仕向けた。まったく戦争準備の整っていなかったフランス軍は、数カ月で敗北し、皇帝は捕虜となった。フランス軍完敗のニュースがパリに届くと、民衆はデモを行い、新たな共和政府の誕生を求めた。

第三共和政とベル・エポック

第三共和政は、国家防衛の任にあたる臨時政府として1870年9月にスタートした。プロシア軍はその時点でパリの近くまで侵攻しており、パリを包囲して住民たちを飢えさせる作戦を取っていた。そのため住民たちは、おがくずを混ぜたパンを焼いて食べ、植物園に併設されている動物園の動物をほとんど食べつくした。1871年1月、政府はプロシア軍と休戦協議をした。プロシア軍は国民議会の選挙をただちに行うよう要求した。プロシアへの抵抗を続けるよう国民に呼びかけてパリ住民の圧倒的な支持を得た共和主義者たちだったが、和平政策を訴えた王党派の前に敗れたのだった。

王党派に支配された議会は、期待通り、フランクフルト講和条約（1871年）を批准した。しかし、この頃政治に関心のないパリの住民たちも、巨額の賠償金や、アルザス・ロレーヌ地方の割譲、3万人のプロシア兵によるパリ占領といった過酷な合意内容を知ると、政府に反対して立ち上がった。

1871年3月28日、プロシア軍が撤退した後に、歴史上パリ・コミューンとして知られる労働

者主導の政府が樹立され、コミュナールと呼ばれるその支持者たちが首都を支配下に置く一方、法律上の政府はヴェルサイユに避難した。5月末にこの政府はコミューンに対して「血の1週間」の名で知られる攻撃を開始し、これによりコミューン側に数千人の犠牲者が出た。パリを救うと叫ぶコミュナールの残党たちは、ビュット・ショーモン公園掃討の後に、政府軍によりペール・ラシェーズ墓地に追い詰められた。彼らは墓石を楯にして、勝てる望みのない闘いを一晩中続けた。朝になって147人いた生存者もミュール・デ・フェデレ（パリ・コミューン兵士の壁）の前に一列に並ばされて銃殺され、その死体は集団墓地に埋葬された。さらに、多くが労働者階級で占められていた約2万人のコミュナールが、街の隅々から狩り出され、即座に処刑された。

このような血なまぐさい事件でスタートしたとはいえ、第三共和政は、輝かしさに包まれたベル・エポック*belle époque*（"美しい時代"の意味）の到来を告げるものでもあった。この時代にはアール・ヌーヴォーの建物が造られ、芸術の分野では印象主義以降のあらゆる主義や理論が世に出され、また1900年に開通した最初のメトロ路線の建設工事など、科学技術も進歩した。1889年にパリで万国博覧会*Expositions universelles*が開催され（当初、悪評ばかりだったエッフェル塔はこのために建造されたもの）、1900年にも再び開催されたが、その際にはプティ・パレがその会場として造られた。ナイトクラブや芸術家の集うカフェがパリに見られるようになったのもこの頃のことだ。

ドイツに敗れて以後、フランスはその報復ばかりを考えるようになり、感情的なまでのナショナリズムや、政治的スキャンダル、告訴などが時代の流行になった。しかし、道徳的にも政治的にも第三共和政に最大の危機をもたらしたのが、1894年に起こった恥ずべき「ドレフュス事件」だった。これは、ユダヤ人陸軍大尉アルフレッド・ドレフュスがドイツに軍事機密を漏らした嫌疑で告発され、軍法会議にかけられ、悪魔島という名の南米北岸沖の流刑島での終身禁固刑を言い渡された事件だ。軍司令部や、右翼政治家、それに多くのカトリック教団からの激しい抵抗を受けたが、作家エミール・ゾラなどパリの左翼活動家や自由主義者たちは再審を勝ち取り、ついに1900年にドレフュスは恩赦を受けた。ドレフュス事件により、フランスの軍とカトリック教会双方の信用が失墜することになった。その結果、より厳格な文民統制が行われるようになり、1905年には教会と国家の分離が法律で定められた。

第1次世界大戦と両大戦の間

フランスが第1次世界大戦に参戦した主な理由は、アルザス地方とロレーヌ地方を取り戻すという望みをかなえるためだった。オーストリアの皇位継承者であるフランツ・フェルディナント大公が1914年6月28日にサラエボの国粋主義者によって暗殺されると、ドイツの方が先に行動を起こし、1カ月もたたないうちに、ロシアとフランスに対して宣戦布告したのである。

9月初旬に、ドイツ軍はパリから東へわずか15km先のマルヌ川まで到達し、フランス政府はボルドーに移された。しかし、パリのタクシーで前線に移送されたジョフル元帥の軍隊が「マルヌの奇跡」を起こし、パリは1カ月もたたずに危機を脱することができた。1918年11月に休戦条約が結ばれたが、犠牲者は信じがたいほどの数にのぼった。軍隊に召集されたフランス人800万人のうち130万人が戦死し、およそ100万人が重い負傷者になった。ヴェルダンの戦い（1916年）だけでも、フィリップ・ペタン将軍率いるフランス軍と敵のドイツ軍はそれぞれおよそ40万人の戦死者を出した。

1920年代と1930年代に、パリは前衛芸術の中心地となった。芸術家たちはキュビスムやシュールレアリスムといった新しい分野に取り組み、ル・コルビュジエは建築学の教本を書き変えるような仕事をし、アーネスト・ヘミングウェイやジェームズ・ジョイスといった外国の作家たちが街の自由な雰囲気に魅了されていた。そしてジャズ・クラブからフレンチ・カンカンにいたるまで、夜の歓楽街も最先端を行っていると評判だった。

ラインラント地方を分離独立させる運動を助長しようとするフランスの試みと、ドイツの賠償義務不履行を理由とする1923年のルール地方の占領は失敗に終わった。しかしフランスは、その後約10年間にわたりドイツとの間で国境の不可侵に関する和解と妥協を行うことになり、さらにはドイツの国際連盟入りも容認することになった。だが、こうした努力も、1933年にアドルフ・ヒトラーがドイツ首相に指名されたことで終わりを迎えた。

第2次世界大戦

1930年代を通じて、イギリス同様フランスも何とかヒトラーに歩み寄ろうと努めていたが、1939年9月1日のドイツ軍によるポーランド侵攻の2日後に、両国ともドイツに宣戦を布告した。最初の9カ月間は何も起こらず、パリの住民たちが「ドロール・ド・ゲール*drôle de guerre*」（奇妙な戦争）と冗談を言い合うほどだった。フランスにとっての本格的な戦争は1940年5月初旬から始まったが、6月14日には降伏し、パ

リは占領された。パリにいた500万人ほどの住民のほぼ半数が車や自転車や徒歩でパリから避難した。フランスを支援するために来ていたイギリス派遣軍もダンケルクまで撤退することで、かろうじて捕虜となるのを免れることができ、そこから小船で英仏海峡を渡って脱出に成功した。独仏国境沿いに多額の費用をかけて作られた要塞壁「マジノ線」は、難攻不落と思われていたが、何の役にも立たないことが明らかになった。なぜならドイツの機甲師団はこの要塞に無理に正面からぶつかろうとせず、迂回してベルギー経由でフランスに侵攻してきたからである。

ドイツはフランスを2分割した。直接統治を行う地帯（西部の大西洋沿岸一帯とパリを含む北部）と、年老いたペタン（第1次世界大戦のヴェルダン攻防戦の英雄）が率いる傀儡（かいらい）国家（首都は温泉町ヴィシー）の2つだった。ペタン率いる占領軍協力政府の指導者や支持者は、ナチス・ドイツがヨーロッパの新しい盟主であり、両手を挙げて大歓迎ではないにせよ、その意に沿わなければならないと考えていた。彼らとパリを含むドイツ占領地域のフランス警察隊は、ナチスがフランス国籍のユダヤ人を強制収容所や死の収容所に移送する手助けをした。

パリ陥落後、フランスの陸軍次官だったシャルル・ド・ゴール将軍はロンドンに逃れ、1940年6月18日、有名なラジオ演説を通じてフランス国民にドイツへの抵抗を続けるよう訴えた。彼はまたフランス亡命政府を樹立し、ドイツに対する戦いを継続するための軍隊「自由フランス軍」を創設した。

レジスタンス（抵抗）の名で知られる非合法の抵抗運動では、鉄道の破壊や、連合国のための情報収集、撃墜された連合国側の飛行士の救出、反ドイツの宣伝ビラの出版などの活動が行われた。もっとも、その活動メンバーが人口の5％以上になることは一度もなかった（95％は、映画スターのモーリス・シュヴァリエやアルレッティ、デザイナーのココ・シャネルのような協力者か、まったく何もしなかった者たちだった）。パリはレジスタンス運動の活動拠点の中心となった。

フランスの解放は、1944年6月6日のいわゆる「Dデイ」（フランス語でJour-J）の連合軍によるノルマンディー上陸とともに始まった。連合軍は8月15日にフランス南部にも上陸した。レジスタンスによる一斉蜂起のあと、アメリカ軍の前衛となったルクレール将軍率いる自由フランス軍部隊を先頭にした連合軍によって、パリは8月25日に解放された。そしてその翌日、ド・ゴールの率いるフランス軍本隊が首都解放という栄誉を担い、パリに入城を果たした。

第四共和政

シャルル・ド・ゴールはパリに戻ると臨時政府を作ったが、1946年1月に内閣首班の職を辞してしまった。「この辞職に対してきっと大衆が抗議し、自分の政界復帰を求めるに違いない」と考えてのことだったが、実際はそうならなかった。そして、数カ月後に国民投票によって新憲法が可決された。

第四共和政は、新政権が当惑してしまうほどのスピードで次から次へと不安定な連立内閣が誕生し（1内閣平均半年）、その一方でアメリカの大量の援助という計り知れない恩恵を受けて経済復興が行われた時代だった。インドシナの植民地支配権を認めさせるためにフランスが起こした戦争は、1954年のディエン・ビエン・フーにおけるフランス軍の惨敗で終わった。フランスはまた、100万人を超えるフランス人入植者のいるアルジェリアで起こったアラブ民族自決主義者たちの反乱を鎮圧することにも取り組んだ。

第五共和政

第四共和政は1958年に幕を閉じたが、それはアルジェリア反乱の収拾が強硬手段に頼らない敗北主義的なものだと知って怒った極右反動主義者たちが政府転覆の陰謀を始めたことに端を発するものだった。軍事クーデターや内戦の勃発を避けるために、ド・ゴールが権力の座に復帰した。彼は、フランス下院の力を削ぎ、大統領にかなりの権限を与えることを謳った新憲法をただちに起草した。

現在まで続いている第五共和政は、極右の陸軍将校たちがアルジェリアで計画した1961年のクーデター未遂で大きく揺らいだ。計画が失敗に終わると、秘密軍事組織（OASというアルジェリアの独立に反対のフランス人入植者とその同調者で構成されたグループ）は方針を変えてテロに走るようになり、何度かド・ゴールの暗殺を企てた。なかでも1962年8月のパリ近郊プチ・クラマールでの襲撃ではド・ゴールは危うく命を落とすところだった。

ド・ゴールはその1962年にアルジェリア側と協議して戦争を終結させた。そして、ピエ・ノワール *pieds-noirs*（"黒い足"の意味）、いわゆる独立以前のアルジェリア生まれのフランス人およそ75万人が大挙してフランス本国に移り住んだ。そうこうする間に、アフリカの他のフランス植民地や保護国のほとんどすべてが独立を要求し、それを成し遂げた。

それでもパリは依然として創造と知性、とりわけ哲学と映画製作の中心地としての地位を保っていた。しかし、植民地の喪失、移民

の急増、失業の増加などの経済問題に直面したド・ゴール政権は弱体化していった。

1968年3月、ドイツ人学生ダニエル・コーン・ベンディット（通称「赤のダニー」）がリーダーとなってナンテールで行った広範な反ベトナム戦争デモがきっかけとなり、パリの学生運動が起こり、春の間ずっと抗議デモが行われた。5月には、警察がパリ大学の学生たちの延々と続くデモの一つをやめさせたという一見なんでもない事件が起こったが、これがきっかけとなり、首都の街路のいたるところで激しい抗議行動が展開された。学生たちはソルボンヌ大学を占拠し、カルチエ・ラタンにバリケードを築いた。労働者たちも抗議デモに加わり、全国でおよそ600万人の人々がゼネストに参加した。そのためフランスとその首都の機能はほぼ完全に麻痺してしまった。

労働者と学生の協力関係は長く続かなかった。労働者側が消費市場からより多くの利益を引き出そうとする一方で、学生側はその市場そのものを破壊しようとしたからだ（学生たちはフランス共産党の指導部から「ファシスト主義の扇動者」とか「無知なアナーキスト」と呼ばれた）。ド・ゴールはこの対立を利用して、内戦とまではいわないまでも、社会が無政府状態に陥った時の恐ろしさを人々に訴えた。パリやフランスの他の都市で革命が起こり、第五共和政が打倒される瀬戸際にあるように思われたため、10万人のド・ゴール支持者たちが政府支持を叫んでシャンゼリゼ大通りをデモ行進し、秩序が回復された。政府はただちに高等教育制度の分権化などを含む数多くの変革を行い、たとえば、選挙権の18歳への年齢引き下げや、新たな妊娠中絶法案、労働組合の自主管理など、改革は1970年代も継続された。

1969年から現在まで

1969年にド・ゴールは大統領の職を辞し、ド・ゴール派のリーダーだったジョルジュ・ポンピドゥーが後継の大統領になった。その後、1974年にポンピドゥーに代わってヴァレリ・ジスカール・デスタンが大統領に就任し、次いで、1981年には長らく社会党（PS）の党首だったフランソワ・ミッテランが大統領に選出された。そして実業界が恐れていたように、ミッテランはただちに私有銀行や大規模な企業グループ、その他各種経済分野を国有化し、工業生産の国有比率を15%から30%以上に上昇させた。しかし、ミッテランは1980年代半ばには概して穏健な経済政策を続けた。そして、1988年に71歳で大統領に再選され、2期目の7年の任期を務めることになった。1986年の国民議会選挙で、1977年からパリ市長職にあったジャック・シラク率いる保守野党側が過半数を獲得したため、その後の2年間、ミッテランは野党の首相、内閣との連合政治を余儀なくされた。これは、「コアビタシオン *cohabitation*」（保革共存）と呼ばれる、前例のない政治体制だった。

病魔に冒されていたミッテランは1995年5月の大統領選挙に出馬せず（その後1996年1月に死亡）、シラクが危なげなく大差で勝利した。大統領に就任して最初の数カ月、シラクは飾らない言葉や、欧州連合（EU）の問題やボスニアで荒れ狂っていた紛争に対する適切な対応が認められ、高い支持率を得た。「神童」といわれた外相アラン・ジュペを首相に抜擢するなど、組閣も好感をもって迎えられた。しかし、フランス領ポリネシアのムルロワ島とその周辺の環礁での核実験再開を決定したことで、フランスでも海外でも激しい非難を浴びた。

国内問題では、福祉関係の支出の厳格化というシラクの措置（フランスを経済通貨同盟EMUの基準に合致させるための措置）により、1968年以来最大の反対運動が起こった。1995年後半の3週間に、公共部門のストライキによりパリは機能停止状態になり、経済も下降線をたどった。

1997年にシラクは大きな賭けに出た。予定より早くその年の6月に国民議会選挙を実施することにしたのだが、結局、失敗に終わった。シラクは相変わらず大統領の地位にいたが、与党の共和国連合（RPR）は支持を失い、社会党と共産党、それに緑の党の連合が多数を占め政権を握った。そしてミッテラン政府の元教育相リオネル・ジョスパンが首相に就任した（最も注目すべき点は、彼が国民に賃金削減を伴わない労働時間の短縮を約束したことだ）。フランスは再びコアビタシオンの時代を迎え、今度は立場が変わってシラクが野党の内閣との連合政治を行うことになった。

おおむね、ジョスパンと彼の政権は有権者たちの支持を得ることができたが、それは経済成長の回復、そして数千の雇用（主にパートタイム）を創出したとされる週35時間労働の導入のおかげである。

2002年5月の選挙で有権者が第1回投票のために投票所に出かけた時、シラクとジョスパンの勢力は互角だった。しかし、極端に低い投票率に影響されて、極右政党フロン・ナショナルの党首ジャン・マリー・ル・ペンが、ジョスパンの16%に対して、ほぼ17%の得票を集め、ジョスパンは大統領選の第2回投票に進めなくなった。ちなみに、シラクの得票率は約20%だった。ル・ペンの下で極右の政府が出現することを恐れた各政党は、立場の違

いを超えてシラクを中心に結束した。こうして記録的な数の有権者たちが決選投票に向けて投票所に足を運んだ結果、シラクの得票率は82％に達した。

地理

パリ市は、フランスの首都であり、また長い歴史を持つイル・ド・フランス地方Île de Franceの中心地でもある。街の大きさは、ブーローニュの森とヴァンセンヌの森を除くと、ほぼ南北9.5km、東西11kmで、総面積は105km²だ。パリっ子たちがイントラ・ミュロスintra-muros（ラテン語で"城壁内"の意味）と呼ぶパリの中心部は、セーヌ川北側の右岸と南側の左岸からなる。

パリは比較的わかりやすい街だ。ペリフェリックPériphériqueと呼ばれる環状道路が、不規則な楕円を描きながら市心部の周囲を走り、その楕円を切り取る形でセーヌ川が流れている。土地はかなり平坦で、市の北にある海抜126mのモンマルトルの丘がひときわ目立って見えるほどだ。

気候

パリ盆地はブルターニュ地方とアルザス地方の中間にあり、これらの地方の影響を受けている。イル・ド・フランス地方の年間降水量（およそ575mm）は国内最少だが、降雨パターンは一定していない。春には激しいにわか雨、秋には大雨、そして夏には突然襲ってくるどしゃ降りの雨を経験することもある。パリの年間平均気温は12℃（1月は3℃、7月は19℃）だが、冬には氷点下になることもあり、また真夏には35℃前後あるいはそれ以上になることもある。

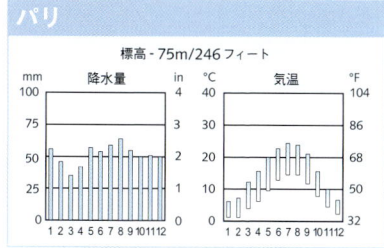

エコロジー

2000年以上も人が住み、人口密度が高い大都市にしては、パリは驚くほど衛生的で清潔な街だ。これは多分に19世紀後半に街を抜本的に改造したオスマン男爵（前出の「歴史」の「第二共和政から第二帝政へ」参照）のおかげで、街の清掃部隊が道路の側溝にゴミを落とし、それにホースで水をかけて下水溝に流すようになっているからである。また市の条例には、各建物の住人は10年ごとに正面外壁の汚れを落とさなければならないと定められている。

パリ市の公共輸送システムは非常に優れているとはいえ、最近は、オスマン男爵の時代に造られた広々としたブールヴァールboulevards（大通り）では慢性的に交通渋滞が起き、大気汚染が市の大きな環境問題になっている。しかし、こうした点は改善されつつある。緑の党との連立で権力の座に就いた新しい市の指導部が一定の時間を区切っていくつかの道路で交通を制限し、バス、タクシー、それに自転車の専用レーンを設けるようになったからだ。

動植物

一見したところパリには多くの公園がないように見えるが、「観光スポットと楽しみ方」のコラム「緑のオープン・スペース」を読んで、見直してほしい。実際、広さに関係なくパリの公園にはすべて、市内の樹木や、花々、その他の植物をイラストで描いたり説明した掲示板が立てられている。ヴァンセンヌの森のパリ花公園Parc Floral de Parisにあるメゾン・パリ・ナチュールMaison Paris-Nature（「観光スポットと楽しみ方」参照）では、パリ市街地の動植物の生態を知ることができる。

パリの公園は鳥の種類がとりわけ豊富で、カササギやカケス、アオガラ、シジュウカラ、それにキツツキもいる。冬になると、セーヌ川の上を飛ぶカモメや、川の急な流れをものともせずに泳いでいる勇敢なアヒルの姿が見られることもある。また、4組か5組のつがいのチョウゲンボウがノートルダム大聖堂の塔の隙間や空洞で繁殖し、4月から7月初めまで巣作りをしている。しかし、市街地で見かける唯一の鳥といえば、至るところに群れをなして姿を現す鳩だ。さらに、信じられないかもしれないが、近年きれいになった運河にはザリガニが生息している。

政治

中央政府

フランスは成文憲法を持つ共和国だ。首都であるパリには、国民議会や元老院も含めて、ほとんどすべての官公庁が集まっている。

国民議会議員は直接選挙により577の小選挙区から選ばれ、任期は5年。国民議会に比べて権限の弱い元老院議員は321人で構成され、任期は9年で、間接選挙により選ばれる。フランス大統領は直接選挙で選ばれ、現在は任期5年で、再選に立候補することもできる。当初、大統領の任期は7年（第三共和政以来決められた任期で、ヨーロッパ最長）だったが、これを5年に短縮する件について2000年9月にフランス有権者による国民投票が行われ、73.5％の賛成を得て承認された。

最高権力は大統領と閣議が共同で持っている。閣議の構成員（首相を含む）は大統領が任命し、彼らは議会に対して責任を負う。大統領は陸・海・空三軍の最高司令官を務め、また、主要な政策の決定にも関与する。

地方政府

パリ市は市長 maire によって運営され、その市長は、選挙で選ばれた163人のパリ市議会議員（任期6年）による投票で選出される。市長の下には18人の助役 adjoints がいて、いずれも市庁舎で執務している。

実権を持つ最初のパリ市長に選ばれたのは1977年のジャック・シラクだ。1871年からその年まで、首都は危険で革命的な都市と考えられており、市長は政府によって任命されていたのだ。1995年の大統領選でシラクが当選すると、パリ市議会はジャン・ティブリを市長に選んだ。彼は大統領の側近で、同じ政党RPR（共和国連合）の出身でもあった。2001年5月には、緑の党の協力を得て社会党のベルトラン・ドラノエが市長になったが、パリの市長そしてヨーロッパの首都の市長の中で、自分がゲイであることを公表したのは彼が初めてだ。

市長には多くの権限が与えられているが、警察を指揮する権限はない。その権限は内務省の管轄下にある警視総監に与えられている。

パリは市であると同時にデパルトマン département（県、すなわちイギリスの州に相当）でもあり、市長はデパルトマンの首長でもある。市は20のアロンディスマン arrondissements（区）に分割され、それぞれの区には区長 maire d'arrondissement と、選挙で選ばれた任期6年の区議会議員 conseil d'arrondissement がいる。彼らは、主として地方の文化、スポーツ、社会的活動の運営・管理に関する限られた権限しか持っていない。

経済

フランスの経済活動のおよそ20％がパリとその近郊で行われている。中央集権的な官僚制度のため、ホワイトカラー層のおよそ40％が首都で働いている。

フランスでは今でも国有化による統制的 *dirigiste* 経済方式が存在して機能しているが、これは外国の多くの評論家にとって驚きだ。GDPの50％以上を政府が占めているのだ。1990年代に大規模な民営化が次々に行われたにもかかわらず、フランス人労働者の4人に1人が政府に雇用されていることになる。エール・フランス、フランス・テレコム、アエロスパシアルといった"優良企業"の株が一部売却されたとはいえ、自動車メーカーのルノーといった巨大企業の多くは依然として政府の支配下にある。

プラグマティズム（実用主義）は、社会党優位の保革共存と深く関係している。1990年代後半に首相になったリオネル・ジョスパンは自らの主張を撤回し、民営化政策を実施し、これが国家財政の赤字を補填する助けとなった。

重税と財政支出の増大が続いた1980年代が終わって1990年代に入ると、フランスはEMU（経済通貨同盟）加盟の資格を得るために財政赤字支出を抑え、その結果、国内の景気が沈滞し失業率も上昇していた。しかし、このジョスパンの取り組みは成果を上げ、次の5年でフランス経済は大きく回復に向かい、目標とするおよそ3％の経済成長を達成し、失業率もおよそ9％にとどまった。しかもインフレは許容範囲だ。

フランスは、労働人口全体のおよそ40％が工業部門で就労するという、世界で最も工業化の進んだ国の一つで、収益のおよそ半分は工業生産によるものだ。しかし、すばらしいアイデアの製品化が可能になるはずの産学協同はうまくいっているとはいえず、また、同じ規模の工業国に比べると、巨額の民間資本を持ち、研究・開発への資本投下が可能な大企業の数も少ない。

フランスは、EUの中で誇るべき最大の農業生産国および輸出国でもある。なかでも、小麦や大麦、トウモロコシ、それにチーズの生産は群を抜いている。バナナやコーヒーなどいくつかの熱帯産品を除けば、国の食物自給水準はかなり高い。

住民

パリの人口は212万5000人だが、パリ首都圏を構成するイル・ド・フランスの人口は1090万人となる。これは、フランスの全人口約6000万人の18％以上に相当する。パリの中で最も広い区は15区で、人口も最も多く22万5350人となっている。これに対して、全区の中で3番

目に狭い1区は、人口が最も少なく1万7000人未満だ。

フランスは数世紀にわたり多数の移民を受け入れてきた。とりわけ、かつての植民地からの移民が多い(「パリの中の世界」参照)。パリ市内の移民数は37万2000人で、市の人口の17.5%を占めている。

近年、右翼政党や極右グループが、主に国内在住の北アフリカ出身イスラム教徒を中心とする非白人移民社会に対する人種差別的世論を誘導するようになった。北アフリカ出身者の多くは、雇用主や警察による差別に不平を漏らしている。1993年にフランス政府は移民に関する法律を改正し、移民がフランス公民権を取得したり、家族を呼び寄せたりすることを厳しく制限した。

教育

フランスの教育制度は、長年にわたりきわめて中央集権的だった。その教育水準が高いことから、偉大な知識人を数多く輩出し、国民のほぼ全員が読み書きの能力を持っている。しかし、教育の機会均等があらゆる社会層の人々に認められているわけではない。ほとんどの子供が初等・中等学校(小・中学校)、ついでリセ *lycée* (高等学校)に進学するが、バカロレア *baccalauréat* (またはバック *bac*)と呼ばれる大学入学資格試験を受ける学生は全体のおよそ73%だ。

フランス全土で77ある大学のうち、最も大きいのは13の下部組織を有するパリ大学だ。その中には有名なソルボンヌもある。過去何百年にわたり、フランスの才能豊かで活動的な多くの人々がソルボンヌを目指してパリにやってきたため、地方の人材が枯渇することになった。フランスの大学またはそれに準ずる学校に籍を置く学生の3分の1がパリで学んでいる。

フランスの義務教育は16歳までとなっている。

学術

フランスの本格的な理科学教育の歴史が始まったのは、革命政府が近代世界初の理科学専門学校、エコール・ポリテクニーク *École Polytechnique* (理工科学校)を設立した1794年のことだ。19世紀に活躍した有名なフランスの科学者の一人に、化学者であり微生物学者でもあったルイ・パスツール(1822〜95年)がいる。彼は微生物が発酵や疾病を引き起こすことを証明し、狂犬病や炭素病などのワクチンを初めて使用した。その発見によりフランスのビール、ワイン、絹織物などの産業が救われた。化学者であり物理学者でもあるピエール・キュリー(1859〜1906年)とその妻マリー・キュリー(1867〜1934年)は協力してラジウムを発見し、1903年に2人でノーベル物理学賞を受賞した(マリー・キュリーは1911年にもノーベル化学賞を受賞している)。また、物理学者のジャン・ベルナール・レオン・フーコー(1819〜68年)は光の絶対速度を測定し、有名な振り子(1851年にパンテオンの円天井に吊り下げて地球が地軸を中心に回転していることを証明した。

また、フランスは、特に19世紀末〜20世紀初めにかけて有名な思想家を数多く輩出した。たとえば、アンリ・ルイ・ベルグソン、ジャン・ポール・サルトル、ガブリエル・オノレ・マルセル、モーリス・メルロ・ポンティ、ミシェル・フーコー、アルベール・カミュ、ジャック・デリダ、それにシモーヌ・ド・ボーヴォワールを中心とするフランスのフェミニスト(女権拡張論者)といった人たちだ。サルトルはフランス実存主義を最初に提唱したが、これは個人の責任を強調し、表面上は意味のないように見える世界において自分と他人との契約を重視する哲学的思想だ。

芸術

ダンス

1581年にフランス宮廷で行われた貴族の結婚式で、フランス初の「王妃のバレエ・コミック *ballet comique de la reine*」(バレエ劇)が演じられた。ルイ14世は1661年に王立ダンス・アカデミーを設立し、それ以後、現代バレエが発展していった。

18世紀の終わりには、ジャン・ジョルジュ・ノヴェールなどの振付師が、作曲家や作詞家、踊り手本人よりも重視されるようになった。19世紀初めのパリでは、「ジゼル *Giselle*」や「シルフィード *Les Sylphides*」といったロマン主義的なバレエがオペラよりも注目されるようになった。

1945〜1955年にかけてローラン・プティは、「トゥランガリラ交響曲 *Turangalila*」などの革新的なバレエを創作していった。モーリス・ベジャールは、黒ずくめで踊る1955年の「孤独な男のためのシンフォニー *Symphonie pour un Homme Seul*」や、「春の祭典 *Le Sacre du Printemps*」、「主なき槌 *Le Marteau sans Maître*」(作曲はいずれもピエール・ブーレーズ)で大衆に衝撃を与えた。

今日、フランスのダンス界は、カロリーヌ・マルカデやマギー・マランらの踊りとオ

ディル・デュボックやジャン・クロード・ガロッタ、ジャン・フランソワ・デュルールらの振り付けによって、斬新で個性的な方向に向かいつつあるようだ。

音楽

17～18世紀に、フランスのバロック音楽はヨーロッパの多くの音楽作品に影響を与えた。作曲家のフランソワ・クープランやジャン・フィリップ・ラモーらは、この時代を代表する演奏家でもあった。

19世紀のフランスは音楽界の有名人を数多く輩出し、育てた。たとえば、エクトール・ベルリオーズ、シャルル・グノー、セザール・フランク、カミーユ・サンサーンス、ジョルジュ・ビゼーといった人たちだ。ベルリオーズは現代的な管弦楽法を完成し、またフランクのオルガン作曲法はフランス国内に音楽的なルネサンスをもたらし、ガブリエル・フォーレや印象主義のクロード・ドビッシー、モーリス・ラヴェルらの逸材を生み出すことになった。

現代の作曲家の一人にオリヴィエ・メシアンがいる。彼は現代的でほとんど神秘的ともいえる音楽と、たとえば鳥の鳴き声のような自然音を組み合わせた曲を作っている。また、彼の教え子で急進的なピエール・ブレーズは、自分の曲にコンピュータで作った音を取り入れている。

1920年代にパリで大流行したジャズは、その後もずっと人気を保っている。フランスはジャズの世界に大きく貢献し、バイオリニストのステファーヌ・グラッペリや伝説的な3本指のローマのギタリスト、ジャンゴ・ラインハルトらを世に出した。

しかし、フランスで生まれた最も人気の高い音楽はシャンソン・フランセーズ chanson française（フランス・シャンソン）で、その歴史は中世のトルバドゥール（吟遊詩人）にまでさかのぼる。"フランスの歌"を意味するフランス・シャンソンでは、曲やリズムよりも抒情詩的な歌詞が強調されるが、今日フランスでラップ・ミュージックが大成功をおさめたのもそのためだと思われる。伝統的なシャンソンはエディット・ピアフやシャルル・トルネといった歌手の登場により、1930年代以後に再び盛んになった。1950年代になると、ジョルジュ・ブラサンス、レオ・フェレ、クロード・ヌガロ、ジャック・ブレル、それにバルバラといった歌手が国民的スターになった。

フランスはソノ・モンディアル sono mondiale（世界の音楽）を最初に"発見"した国の一つであり、アルジェリアのライ raï や、他の北アフリカ音楽（シェブ・ハレド、ナターシャ・アトラス、ジャメル、シェブ・マミ、ラシド・タハ）、セネガルのムバラ mbalax（ユッスー・ンドゥール）から、西インド諸島のズーク zouk（カッサヴ、ズーク・マシーン）やキューバのサルサまで、あらゆる音楽をクラブやラジオ番組で聞くことができる。

今日のポピュラー・ミュージックは、1960年代にジョニー・アリディーが歌ったイエイエ yéyé（ロックの模倣）以来、人気を保っている。最近では、とても都会的で海外でも十分に通用するパリのサウンドが台頭している。これは、コンピュータ処理されたシカゴ・ブルースやデトロイト・テクノに、1960年代のラウンジ・ミュージック（BGMとして心地よい音楽）やセルジュ・ゲンスブールといった人たちのビンテージ曲、そして当然イエイエなどをミックスして曲に仕上げたものだ。DJではディミトリ・フロム・パリ、ボブ・サンクレール、ブッダ・バーのクロード・シャル、エヴァ・ガードナー、それにアントワーヌ・クラマランたちが注目される。アンダーグラウンド・ラップなら、パッシや元リュナティック・ブーバ、イサップ・プロダクション製作のレーベルを押さえたい。その場の勝負となるディスコやハウス・ミュージック界で活動する2人組、ダフト・パンクは、「ダ・ファンク Da Funk」のシングルと1997年のアルバム「ホームワーク Homework」で世界のクラブ・ミュージックに波紋を投じた。そして、この2人組の人気は衰えることなく今なお健在で、最新のアルバム「ディスカバリー Discovery」も焼きたてのクロワッサンのようによく売れている。

文学

フランスのルネサンス文学を代表するのは、ラブレー、ラ・プレーアド、それにモンテーニュの作品だ。フランソワ・ラブレーの情熱的な物語には、下品なユーモアと博識が混在している。彼の数多くの作品には、16世紀半ばに見られたあらゆる人々の生態や趣味、隠語などがちりばめられている。

17世紀になると、フランソワ・ド・マレルブが文学作品における厳格な韻律を新たに確立した。マレルブによる作詩法の完成に触発され、自分の天職を悟ったジャン・ド・ラ・フォンテーヌは、イソップ物語をもとにして魅力的な「寓話」Fables を書いた。マリー・ド・ラ・ファイエットの「クレーヴの奥方 La Princesse de Clèves」には、古典悲劇の雰囲気が色濃く残されているが、それでもこの作品は現代的な心理小説の先駆けとみなされている。

18世紀の文学で中心的役割を果たしたのは、

ヴォルテールやジャン・ジャック・ルソーといった哲学者たちだった。ヴォルテールは政治色の濃い自作の中で、社会は基本的に自然と対立していると論じ、彼と同時代の人々に深く大きな影響を与えた。ルソーの美的感性と作品の雰囲気はロマン主義を先取りするものだ。自分が唯一無二であることを主張したルソーの「告白 Les Confessions」は、それまでになかった現代的な自叙伝となった。

19世紀には、ヴィクトル・ユーゴーが小説だけでなく詩でも高い評価を受けた。「レ・ミゼラブル Les Misérables」（1862年）は社会の底辺に暮らす19世紀前半のパリの貧しい人々の生活を描いている。その30年前に出版された「ノートルダム・ド・パリ Notre Dame de Paris」（「観光スポットと楽しみ方」のコラム「ノートルダムの鐘」参照）によってユーゴーはフランス・ロマン主義の中心的存在となった。

このほか、19世紀の著名な小説家にはスタンダール、オノレ・ド・バルザック、オロール・デュパン（ジョルジュ・サンドとも呼ばれる）らがいるが、忘れてならないのは「モンテ・クリスト伯 Le Compte de Monte Cristo」や「三銃士 Les Trois Mousquetaires」など波乱万丈の冒険小説を書いたアレクサンドル・デュマだ。「三銃士」は、ルイ13世の近衛兵の一人になろうと決心した若きガスコーニュ人、ダルタニャン（モデルは実在の人物シャルル・ド・バツ・ダルタニャン、1623～73年）がパリに出て来る様子を描いた物語だ。

1857年に、フランス文学界の偉大な作品2つが発表された。ギュスターヴ・フローベールの「ボヴァリー夫人 Madame Bovary」とシャルル・ボードレールの「悪の華 Les Fleurs du Mal」だ。しかし、2人とも作品が不道徳だとして裁判にかけられた。フローベールは裁判に勝ち、彼の小説は検閲なしで刊行されることになった。一方、副業としてパリで翻訳の仕事をしていたボードレール（アメリカ人作家エドガー・アラン・ポーの作品をヨーロッパに紹介し、それ以来フランスの古典になった）は、「悪の華」の中の数編の詩を削除することを余儀なくされた。彼は、病に苦しみながら、ほとんど無名のまま若くして死んだ。フローベールの2番目に人気のある作品「感情教育 L'Éducation Sentimentale」では、ルイ・フィリップ王政の衰退・失墜から1848年の2月革命までの期間を舞台に、パリの芸術愛好家や知識人、革命家たちの生活が生き生きと描かれている。

1858年、親友のポール・セザンヌともどもパリに出てきたエミール・ゾラは、実験的な手法を用いて小説の書き方を芸術から科学へと変換することを目指した。彼の理論は素朴なものだったが、19世紀末に大きな役割を果たすフランス人作家たちに影響を与え、20世紀の小説にもその影響が見られる。「ナナ Nana」は、第二帝政時代のパリで、若い娘が生きるために売春をするという退廃的な物語だ。

ポール・ヴェルレーヌとステファン・マラルメが象徴主義の運動を起こし、日々の現実を単に描写するのではなく、精神状態の方に重点を置くべきだと主張した。アルチュール・ランボーは、37年間の人生で何回も外国に出て辛い放浪の旅をし、またヴェルレーヌと深い同性愛関係にあったが、「イリュミナシオン Illuminations」と「地獄の季節 Une Saison en Enfer」という2編の不朽の名作を残した。

マルセル・プルーストは、7巻に及ぶ大作「失われた時を求めて À la Recherche du Temps Perdu」を書いて、20世紀初頭を代表する作家になった。これは、自伝的要素の強い作品で、"意図せぬ記憶" という概念を用いて、無意識の領域から取り出された過去の経験というものの本当の意味を深く追求している。1907年、プルーストは家族と住んでいたシャンゼリゼ大通り近くの邸宅からオスマン大通りのアパルトマンに引っ越した。そして、有名なコルク張りの寝室からほとんど出ることがなかった。アンドレ・ジードは独自の作風でまず同性愛の官能の世界を、次いで左翼の政治運動を称えた。「贋金作り Les Faux-Monnayeurs」では、人々がその実態を知ろうとしない偽善や自己欺瞞を暴いている。

アンドレ・ブルトンは、シュールレアリスム・グループの指導的な立場にあり、3冊の宣言書を著した。もっとも、「シュールレアリスト」という言葉を最初に使用したのは、ブルトンの考えに共鳴していた作家のギヨーム・アポリネールだった。詩人としてのブルトンは、ポール・エリュアールやルイ・アラゴン（シュールレアリスム小説の最も有名な作品に「パリの農民 Le Paysan de Paris」がある）の影に隠れてしまっている。

コレットは、たとえば女学生クローディーヌといったヒロインを登場させてその恋愛遍歴を詳しく描くといった刺激的な小説を書き、伝統的な道徳観を持つ読者をいらいらさせて楽しんでいた。彼女の最も興味深い作品の一つに、ドイツ軍によるパリ占領時代を描いた「私の窓から見たパリ Paris de Ma Fenêtre」がある。ちなみに彼女が外を眺めた窓は1区のボジョレー通り9番地にあり、パレ・ロワイヤル庭園を見下ろすことができる。

第2次世界大戦後は、ジャン・ポール・サルトルやシモーヌ・ド・ボーヴォワール、アルベール・カミュらを中心に、実存主義が大きな文芸運動として盛り上がった。彼らはサン・ジェルマン・デ・プレ教会の近くにあっ

パリについて - 芸術

パリの異邦人

チャールズ・ディケンズが、フランス革命をテーマにした小説「二都物語A Tale of Two Cities」（1859年）の背景としてロンドンとパリを描いて以来、パリは、文学を志す外国人（フランス人から見たエトランジェètrangers異邦人）にとってインスピレーションを得る場所となった。しかし、彼らがパリで過ごした栄光の日々は2つの世界大戦の間の時期だった（「散策コース」の「コース2」参照）。

アーネスト・ヘミングウェイの「日はまた昇る」The Sun Also Risesと「移動祝祭日A Moveable Feast」はいずれも、2つの大戦の間の時期にパリで暮らす人々のボヘミアン的な生活を描いている。「移動祝祭日」には、カフェでフォード・マドックス・フォードをやりこめたり、カルチエ・ラタンのトイレでF・スコット・フィッツジェラルドの"サイズ"を測ったり、ガートルード・スタインと彼女の恋人アリス・B・トクラスがリュクサンブール公園近くの文芸サロンの居間で不平を言い合うのを立ち聞きしたりといった、有名な描写が多く含まれている。

言語の権威であるスタインは、「アメリカ人の形成The Making of Americans」の中で、退屈な言葉遊びや、果てしない繰り返し（たとえば、「バラがバラであることは、バラがバラであることだ」）を取り入れているが、「アリス・B・トクラスの自伝The Autobiography of Alice B Toklas」では、恋人についてあけすけに語り、彼女の人物像を余すところなく描いている。これはまた、著者のパリでの長年にわたる生活や、フルリュ通りにあった彼女のサロン、それにヘミングウェイやマチス、ブラック、フアン・グリスらとの友情などを描いた傑作だ。

一方、「パリ・ロンドン零落記Down and Out in Paris and London」は、1930年代初めにパリで皿洗いplongeurとして働き、2つの都市で放浪生活を送ったジョージ・オーウェルの総決算といえる小説だ。ヘンリー・ミラーの「北回帰線Tropic of Cancer」や「クリシーの静かな日々Quiet Days in Clichy」はフランスの首都を舞台にしたエロチックな小説だ。彼の「マックスと白い食菌細胞Max and the White Phagocytes」や「黒い春Black Spring」もパリを舞台にした作品だが、これらにはわいせつな場面はそれほど多くない。アナイ・ナンの数多い日記や、小説、ミラーとの公表された書簡を読めば、1930年代のパリがよくわかる。ジャック・ケルアックの「パリの悟りSatori in Paris」はとてもいらいらする作品だが、思わずはっとするような部分もある（たとえば、モンパルナスの暴力バーの場面など）。

た何軒かのカフェで仕事をし、議論した。3人とも、作家の政治参加が重要であることを強調した。サルトルの3部作「自由への道Les Chemins de la Liberté」の第1部にあたる「分別ざかりL'Âge de Raison」は、パリを描いたすばらしい小説だ。残りの2作は、読んでいるうちに第2次世界大戦前と大戦中のパリにいるような思いにさせられる。ボーヴォワールは、「第二の性Le Deuxième Sexe」という、それまで誰も手をつけなかった領域の研究を行い、フェミニスト（女権拡張論者）についての考え方に深い影響を与えた。

1950年代末に、何人かの若き小説家たちが、物語を構成する新しい方法を模索し始めた。いわゆるヌーヴォー・ロマンnouveau roman（"新しい小説"の意味）だ。ナタリー・サロートやアラン・ロブ・グリエ、ボリス・ヴィアン、ジュリアン・グラック、ミシェル・ビュトールらの作品がこれにあたる。しかし、こうした作家たちが固い結束を誇るグループになることは一度もなく、彼らの試みは分散していった。現在、ヌーヴォー・ロマンはフランスではそれほど受け入れられていない。

1980年に、「ハドリアヌス帝の回想Mémoires d'Hadrien」などのすばらしい歴史小説で有名なマルグリット・ユルスナールが、女性として初めてアカデミー・フランセーズの会員に選ばれた。

マルグリット・デュラスは、1984年にその作品「愛人L'Amant」が権威あるゴンクール賞を受賞したことで広く知られるようになった。彼女はまた、「24時間の情事Hiroshima Mon Amour（ヒロシマ・モナムール）」の脚本を書いたことでも有名だが、ある批評家はこの脚本を、ヌーヴォー・ロマンのような面もあり、またミルズ＆ブーン社（英国の出版社）の女性向けロマンス小説のような面もあると評した。

フィリップ・ソレルスは、インテリ向けで左翼的なパリの季刊誌「テル・ケルTel Quel」の編集者の一人だった。この雑誌は1960年代と1970年代初めに大きな影響力を持っていた。ソレルスの1960年代の小説はかなり実験的なものだったが、「女たちFemmes」で伝統的な物語スタイルに戻った。

「テル・ケル」誌のもう一人の編集者ジュリア・クリステーヴァは、文学や精神分析に関する理論的な著作で有名だ。近年、彼女はフィクションの世界にも手を染めるようになった。そうした作品の一つである「サムライたちLes Samuraï」は「テル・ケル」誌の編集に明け暮れたあわただしい日々を小説風にまとめたもので、パリの知識人たちの生活を知るうえで興味深い資料だ。この時期に活躍した

人物に批評家ロラン・バルトや哲学者ミシェル・フーコーらもいる。

　読みやすくて、愛読者の多い作家として、フランソワーズ・サガン、パトリック・モディアノ、ヤン・クフェレク、パスカル・キニャール、デニス・ティリナックらがいる。ロマン・ポリシエ roman policier（探偵小説）は伝統的にフランス人に人気があるが、その代表的作家は、メグレ警部シリーズの著者である、ベルギー生まれのジョルジュ・シムノンだ。

建築

ガロ・ロマン様式　古代ローマ時代の痕跡は、ノートルダム大聖堂前の小広場地下にある古代地下聖堂 Crypte Archéologique（MAP6）の住宅基盤や住居跡、部分的に復元されたリュテス闘技場跡 Arènes de Lutèce（MAP5）、それに国立中世美術館 Musée National du Moyen Age（MAP6）にある200年頃に造られたフリジダリウム frigidarium（冷水浴室）やローマ時代の他の浴場跡などに見ることができる。

メロヴィング朝とカロリング朝様式　メロヴィング朝とカロリング朝時代（5～10世紀）にはかなりの数の教会が建てられたが、現在パリに残っているのはそのうちのごく一部だ。12世紀に建てられたサン・ドニ大聖堂 Basilique St-Denis（「近郊に足をのばす」参照）の地下納骨堂を考古学者が発掘した結果、両方の時代にまで遡る多くの墓石が発見された。最も古い墓石は570年頃のものだ。

ロマネスク様式　11世紀には宗教復興の流れに乗って、ロマネスク様式 roman の教会がかなり多く建てられた。これがロマネスク様式と呼ばれるようになったのは、建築家たちが、当時まだ残っていたガロ・ロマン時代の建築物の要素（たとえば円天井工法など）を多く取り入れたためだ。ロマネスク様式の建築の典型的な特徴は、半円アーチ、厚い壁、ごくわずかの窓とそれに伴う不十分な採光、簡素なまでに少ない装飾だ。

　パリには完全なロマネスク様式の教会はないが、ロマネスク様式の代表的な要素を取り入れている教会はいくつかある。たとえば、サン・ジェルマン・デ・プレ教会 Église St-Germain des Prés（MAP6）、サン・ニコラ・デ・シャン教会 Église St-Nicholas des Champs（MAP3）、それにゴシック様式とルネサンス様式を組み合わせたサン・ジェルマン・ロクセロワ教会 Église St-Germain L'Auxerrois（MAP6）などだ。パンテオン Panthéon の東側にある有名高校のリセ・アンリ・カトル Lycée Henri IV（MAP5）の校庭にはロマネスク様式の塔であるクロヴィスの塔 Tour Clovis があるが、これはメロヴィング朝を統治していたクロヴィス1世が6世紀に建てた修道院のうち現在残っている唯一の遺物だ。

ゴシック様式　ゴシック様式は12世紀半ばにフランス北部で生まれた。当時、この地方の大富豪は、最も有能な建築家や技師、職人たちを呼び寄せて建築にあたらせた。ゴシック建築の特徴は、リブ（肋材）で支えられたきわめて精巧な曲面天井、尖頭アーチ、垂直に伸びる細身の柱身、礼拝堂（富豪やギルドの寄進によって建てられることが多かった）、身廊や内陣に沿って作られる回廊や拱廊、洗練された装飾、ステンドグラスの大窓などだ。

　後期ロマネスク様式のいろいろな要素を組み合わせてできた最初のゴシック建築がサン・ドニ大聖堂だ。ここでは、それぞれのアーチが次のアーチを支えて補強し合う形で新しい支持構造が出来あがっており、この建築手法はパリのノートルダム大聖堂やシャルトル Chartres にあるノートルダム大聖堂など、12世紀に建てられた多くの聖堂のモデルになった。

　14世紀に、レヨナン Rayonnant（放射状）式ゴシック様式がさかんになった。その名はバラ窓などに見られる放射状のトレサリー（はざま飾り）にちなんだもので、この様式では、以前よりも大きな窓や透明度の高いステンドグラスが採用されたため、内部は明るくなった。このレヨナン式ゴシック様式を代表する建築物の一つにサント・シャペル Ste-

パリで最も洗練されたゴシック建築のサント・シャペルの精巧なステンドグラス

Chapelle（MAP6）がある。そのステンドグラスはまさにガラスでできたカーテンだ。さらに、ノートルダム大聖堂の2つの袖廊のファサードや、コンシエルジュリーConciergerie（大革命の時に死刑囚を収容したパリ裁判所付属の牢獄）の中の円天井を持つ衛兵の間Salle des Gens d'Armes（MAP6）もこの様式の代表的な例だ。なお、コンシエルジュリーの衛兵の間は、ヨーロッパに現存する中世の広間の中で最も大きな部屋だ。

15世紀になると、ぜいたくな装飾が好まれるようになり、フランボワイヤンFlamboyant（火炎）式ゴシック様式が生まれた。石で作られた塔に波状に入れた彫刻模様が火炎flamboyantのように見えるところからそう呼ばれるようになった。

美しいレースを思わせるフランボワイヤン建築を代表するものとして、シャルトルの新鐘楼Clocher Neuf（「近郊に足をのばす」参照）や、サン・セヴラン教会Église St-Séverin（MAP6）、サン・ジャック塔Tour St-Jacques（MAP6）などがある。サン・トゥスタッシュ教会Église St-Eustache（MAP6）では、内陣天井を支えるいくつかのアーチが例外的にフランボワイヤン式ゴシック様式になっている。

ルネサンス様式
15世紀初めにイタリアで始まったルネサンスは、ギリシャ・ローマ時代の古典文化の「再生」を目指すものだった。この運動が最初にフランスに伝わったのは15世紀末のことで、何度かイタリアを侵攻したシャルル8世がこの新しい思想を持ち帰った。フランス・ルネサンスによって、古典主義的な構成要素や装飾的モチーフが導入されたが、これらはフランボワイヤン式ゴシック様式の豊富な装飾と一体化した。

初期ルネサンス様式を代表する建築がパリに残っている。右岸のサン・トゥスタッシュ教会Église St-Eustache（MAP6）と左岸のサン・テチエンヌ・デュ・モン教会Église St-Étienne du Mont（MAP5）だ。

後期ルネサンス様式の建築の特徴はマニエリスム（過度に技巧的な様式）だが、これはルーヴルの方形宮Cour Carrée（MAP6）や、シャンティイChantillyのプティ・シャトーPetit Château（「近郊に足をのばす」参照）、現在はカルナヴァレ博物館の一部として使用されているマレ地区のカルナヴァレ館Hôtel Carnavalet（MAP6）など多くの貴族の館hôtels particuliersに見られる。

バロック様式
16世紀末〜18世紀後期のバロック時代には、絵画や彫刻、それに古典主義的な建築が統合されて、とても繊細かつ上

レ・アルから見た、アーチの中に浮き立つ華麗なサン・トゥスタッシュ教会

品で洗練された建築物やインテリアが生まれた。パリとその近郊にはその例がいくつかある。リュクサンブール宮殿Palais du Luxembourg（MAP5）、ノートルダム・デュ・ヴァル・ド・グラース教会Église Notre Dame du Val-de-Grâce（MAP5）、ヴォー・ル・ヴィコント城Château de Vaux-le-Vicomte（「近郊に足をのばす」参照）、アンヴァリッドInvalidesのドーム教会Église du Dôme（MAP4）、ソルボンヌ礼拝堂Chapelle de la Sorbonne（MAP5）などだ。

新古典主義様式
新古典様式の建築は1740年頃に現れ、その後19世紀にかけてパリで人気があった。この様式が生まれるきっかけとなったのは、古典様式への関心が再び高まったことだ。過度の装飾や外見を重視するバロック様式やロココ様式に対する反動という面もあったが、新古典主義様式は、円柱、簡素な幾何学的形態、伝統的な装飾品といった古代ギリシャ・ローマの遺物に見られる形態や手法を採用することで、秩序や合理性、静けさをより深く探求するものだった。この様式の最も初期の例として、パリには、サン・シュルピス教会Église St-Sulpice（MAP6）、凱旋門Arc de Triomphe（MAP2）、カルーゼル凱旋門Arc de Triomphe du Carrousel（MAP6）、マドレーヌ教会Église de la Madeleine（MAP2）、ポン・デ・ザールPont des Arts（MAP6）、商品取引所Bourse du Commerce（MAP3）、それに国民議会Assemblée Nationale（ブルボン宮Palais Bourbon）（MAP4）などがある。パリにある19世紀新古典主義建築の極致は、オペ

ラ・ガルニエOpéra Garnier （MAP2）だ。

アール・ヌーヴォー様式　アール・ヌーヴォー様式は、19世紀後半にアメリカやヨーロッパに現れ、さまざまな名前（ユーゲントシュティール、ゼセッシオンシュティール、スタイル・リバティーなど）で呼ばれていた。やがてパリで流行したが、1910年頃には時代遅れとみなされるようになった。その代表的な例として、オルセー美術館Musée d'Orsay（MAP4）のすばらしいアール・ヌーヴォー様式の内装、グラン・パレGrand Palais（MAP2）のアール・ヌーヴォー様式のガラス屋根、マレ地区のパヴェ通りrue Pavéeにあるシナゴーグsynagogue（MAP6）などがある。また、ル・ボン・マルシェLe Bon Marché（MAP4）、ギャルリー・ラファイエットGaleries Lafayette（MAP2）、ラ・サマリテーヌLa Samaritaine（MAP6）といった百貨店でも、至るところにこの様式が見られる。

現代建築　パリの建築は、アール・ヌーヴォー様式が大流行した後も停滞することはなかったが、以前ほどの勢いで前進することもなかった。1968年まで、フランス人建築家のほぼ全員が相も変わらず伝統や習慣を重んじる美術学校École des Beaux-Artsで教育を受けていたからだ。そのことは、ラ・デファンス地区La Défenseの超高層ビル街で初期に建てられた建物の大部分（たとえば、CNITビル）、あるいは創造性に欠けるユネスコ・ビル（1958年建造）（MAP4）などを見るとよくわかる。20〜21世紀の公共建物については、後出の「パリの現代建築」を参照のこと。

絵画

ヴォルテールによれば、フランス絵画はニコラ・プーサン（1594〜1665年）から始まったという。バロック時代の画家プーサンは、古典的な神話や聖書から題材をとり、それを黄金の光に照らされた、整然とした風景に仕上げていくことが多かった。

　18世紀にジャン・バティスト・シャルダンは、オランダの巨匠にならい、フランス芸術に慎ましやかな家庭生活の情景を取り入れた。1785年に人々は、明らかに共和主義的なメッセージを持った2つの大作を熱狂的に受け入れた。その作品とは、ジャック・ルイ・ダヴィッド作の「ホラティウス兄弟の誓約The Oath of the Horatii」と「息子の遺骸を迎えるブルータスBrutus Condemning His Son」だ。フランス革命の指導者の一人だったダヴィッドは、芸術については事実上の独裁者であり、精緻で厳格な古典主義を唱えた。ナポレオンによって国の専属画家に任命された彼の作品で最も記憶に残るのは、暗殺されて浴槽に横たわるマラーの絵画だ。

　ダヴィッドの弟子の中で最もすぐれた才能を持っていたジャン・オーギュスト・ドミニク・アングルは、新古典主義的な伝統を引き継いだ。彼は生涯を通じて歴史画にこだわったが、彼の歴史画は肖像画ほどすばらしいものではないというのが一般の見方だ。

　テオドール・ジェリコーの魅力的な「メデューズ号の筏Raft of the Medusa」は、ロマン主義の発端となる作品だった。若くして死ななければ、おそらくジェリコーは友人のウージェーヌ・ドラクロワと共にこの運動のリーダーになっていたはずだ。ドラクロワの作品で最も有名なのは、おそらく、1830年の7月革命をテーマにして描いた「民衆を導く自由の女神Freedom Leading the People」だろう。

　バルビゾン派のメンバーは、風景画による現実の転写に成功した。この派の名前バルビゾンは、フォンテーヌブローの森Forêt de Fontainebleau（「近郊に足をのばす」参照）の近くにある村の名前にちなんだもので、メンバーのうち特にカミーユ・コローやジャン・フランソワ・ミレーたちはその村に集まって写生をしていた。コローは特にその風景画が有名で、ミレーは題材の多くを農夫の生活から取っていた。またミレーはヴァン・ゴッホにも大きな影響を与えた。

　ミレーは、パリ・コミューンの先鋭的メンバーだったギュスターヴ・クールベのリアリズムの考えを先取りしていた。ミレーの絵画には、つらい肉体労働の様子や労働者階級の厳しい生活が描かれている。

　エドゥアール・マネはリアリズムの手法でパリの中流階級の生活を描いたが、彼の作品には過去の巨匠たちの要素がたくさん含まれている。「草上の昼食Déjeuner sur l'Herbe」や「オランピアOlympia」は、主題に対する伝統的な描き方をあまりにも無視していたので、けしからん作品とみなされた。

　印象派という言葉は、最初は嘲笑的な意味で使われた。この言葉はクロード・モネが1874年に描いた実験的な作品の題名である「印象・日の出Impression: Soleil Levant」に端を発している。モネは印象派の指導的人物だが、その他のメンバーとして、アルフレッド・シスレー、カミーユ・ピサロ、ベルト・モリゾ、ピエール・オーギュスト・ルノワールたちがいる。印象派の画家たちの主な狙いは、一瞬のうちに消える光の効果を捕らえることであり、彼らの絵画では内容そのものよりも光のほうが優先された。

　エドガー・ドガはこの考えに同調はしてい

たが、戸外に出かけるよりも自分のアトリエにいるほうが好きで、また競馬場やバレエの稽古場を描くことを好んだ。アンリ・ド・トゥールーズ・ロートレックはドガを心から崇拝し、酒場の人々や売春宿、モンマルトルのミュージック・ホールなど、ドガと同じような主題を選んだ。ロートレックはポスターや石版画でよく知られているが、その作品の中で人物が歪曲されて描かれているのは風刺的であると同時に装飾的でもある。

ポール・セザンヌは、静物画や南仏を描いた風景画で有名だ。また、ポール・ゴーギャンの名前を聞けば、すぐにタヒチ島の女性を描いた習作が思い浮かぶ。通常、この2人は「後期印象派」の画家とされているが、後期印象派というのは、印象派の後に起こったさまざまなスタイルを総称した呼び方だ。

アンリ・ルソーは後期印象派の画家たちと同時代の人間だが、彼の"ナイーブ"な芸術にはまったく彼らの影響が感じられない。パリ郊外、そしてジャングルや砂漠の情景を描いた夢幻的な彼の絵画は、20世紀の芸術に持続的に影響を与えた。

ギュスターヴ・モローは象徴派の画家の一人だ。神話が題材の不気味ともいえる作品は、パリにあるかつての彼のアトリエ(現在、ギュスターヴ・モロー美術館 Musée Gustave Moreau)(**MAP3**)で見ることができる。

フォーヴィスム(野獣派)という呼び名は、1905年のサロン・ドートンヌ Salon d'Automne(秋の美術展)の際に生まれた。ある批評家が、この展覧会に強烈に明るい色を大胆に使った作品を出品したことをフォーヴ *fauves*(野獣)にたとえて批判したのだ。この"野獣"のような画家には、アンリ・マチス、アンドレ・ドラン、モーリス・ド・ヴラマンクたちがいた。

キュビスム(立体派)は、1907年にスペインの天才パブロ・ピカソがその作品「アビニョンの娘たち *Les Demoiselles d'Avignon*」で初めて用いた手法だ。ピカソやジョルジュ・ブラック、フアン・グリスらが発展させたキュビスムとは、重複する平面に主題を解体し、さまざまな様相を同時に示そうとする画法だ。

1920年代と1930年代のエコール・ド・パリ Ecole de Paris(パリ派)は、表現主義者(作者の内面的・主観的な感情表現に重点を置く人々)のグループで構成されていた。メンバーの多くは、イタリア出身のアメデオ・モディリアーニ、日本出身の藤田嗣治、ロシア出身のマルク・シャガールなど外国生まれの人たちで、彼らの作品は幻想と民俗を組み合わせたものだった。

文学と芸術の分野で既成の価値観を否定する運動であるダダイズムは、1915年にチューリヒで始まった。ダダイズム派を代表するパリの芸術家としてマルセル・デュシャンがいる。彼の描いた、口ひげやあごひげのある「モナ・リザ *Mona Lisa*」はこの運動の精神を表現したものだ。

ダダイズムから分岐したシュールレアリスム(超現実主義)は、2つの世界大戦の間に盛んになった。フロイトの理論をもとに意識と無意識の領域を結びつけ、日々の生活を幻想や夢で満たそうとした。この考えを支持してパリで活躍した画家たちに、マグリットやマソン、エルンスト、ブルトン、モンドリアン、シャガールたちがいるが、最も世間に影響を与えたのは、スペイン生まれのサルヴァドール・ダリだ。彼は1929年にフランスの首都に出てきて、パリ滞在中に独創的ないくつかの作品(「眠り *Sleep*」、「偏執狂 *Paranoia*」など)を描いた。

第2次世界大戦によって、世界の芸術の都としてのパリの役割は終わりを告げ、多くの芸術家たちがフランスを去った。戦後になってこのうちの何人かが戻ってきたが、もはやパリにはかつてのように人を引きつける力はなく、ニューヨークにそのバトンが引き継がれることになった。それでも、戦後のパリで活躍した芸術家の中には、ニコラ・ド・スタールやジャン・フォートリエ、ベルナール・ビュッフェなど注目すべき人物もいる。

彫刻

14世紀には、彫刻は貴族の墓石を飾るものとされ、その依頼が増加していた。ルネサンス期のフランスでは、ピエール・ボンタンがサン・ドニ大聖堂(「近郊に足をのばす」参照)に納められたフランソワ1世の美しい墓を彫刻で飾った。また、ジャン・グージョンはパリ中心部にある"イノサンの噴水 Fontaine des Innocents"を造った。バロック様式の代表作は、シャンゼリゼ大通りの入口にあるギヨーム・クストウの「マルリーの馬 *Horses of Marly*」だ。

19世紀になると、彫刻された墓石に代わって、公共の広場に記念物として設置される彫像が主流となった。最もすぐれた彫刻家の一人がフランソワ・リュードだ。彼は、芸術カフェ「クローズリー・デ・リラ Closerie des Lilas」のかたわらにあり、「ナポレオン治下の元帥 *Maréchal under Napoleon*」と呼ばれるネイ元帥の記念像や凱旋門のレリーフを彫刻した。もう一人のすぐれた彫刻家はジャン・バティスト・カルポーだ。彼はロマン主義の彫刻家として仕事を始めたが、たとえばオペラ・ガルニエの「ダンス *The Dance*」やリュクサンブ

ール公園Jardin du Luxembourgの噴水といった彼の作品には、バロック時代の温かみや華やかさへの回帰が見られる。

19世紀末になってオーギュスト・ロダンの作品が発表されると、新古典主義とロマン主義の優劣論争は影を潜めてしまった。ブロンズや大理石で作られた彼の壮麗な男性像や女性像は、彫刻を表現媒体として復権させるうえで大きく貢献した。ロダンの弟子の中で最も才能に恵まれていた一人にカミーユ・クローデルがいるが、彼女の作品はロダン美術館Musée Rodin（MAP4）でロダンの作品と共に展示されている。

ブラックやピカソも彫刻を試みたことがある。また、ダダイズムの精神を受け継いだマルセル・デュシャンは、たとえば「泉Fountain」と命名して署名した便器などを「ファウンド・オブジェクト」（美的価値を持つものとして偶然発見された自然物や廃棄物）として展示した。

第2次世界大戦前に登場した最も影響力のある彫刻家は、ルーマニア出身の（しかしパリを本拠とした）コンスタンティン・ブランクーシだ。彼の作品はポンピドゥー・センターの広場をはさんだ向かい側にあるアトリエ・ブランクーシAtelier Brancusi（MAP6）で見ることができる。戦後になると、セザールとして世界的に有名なセザール・バルダッチーニが登場し、鉄やくず鉄を使って想像上の昆虫や動物を創り出し、やがて柔らかい合成樹脂を用いた彫刻に取り組むようになった。彼の代表作には、ラスパイユ大通り近くにある「ケンタウロス像Centaur」（MAP4）や、フランスで年間最優秀映画に贈られるセザール賞を受賞した俳優たちに手渡される小像（アカデミー賞のオスカー像にあたる）などがある。

映画

映画史を扱う本の中でフランスは確かな地位を得ている。それは、リュミエール兄弟が"動く絵"を発明し、1895年12月にパリのカピュシーヌ大通りのグラン・カフェで2分間のリールを何本も使って世界初の映画の上映会を行ったからだ。

1920年代と1930年代にはルネ・クレールやマルセル・カルネ、それに有名な画家の息子で、多くの作品を作ったジャン・ルノワールといった前衛的な監督たちが新しい表現形式や題材を探し求めていた。

1950年代末に、ヌーベル・バーグnouvelle vague（新しい波）という新しいジャンルを開拓した若手監督たちの大グループが現れた。その監督たちとは、ジャン・リュック・ゴダールやフランソワ・トリュフォー、クロード・シャブロル、エリック・ロメール、ジャック・リヴェット、ルイ・マル、アラン・レネらだ。まったく異質なこの監督集団は、映画製作者の優位を主張してフィルム・ドトゥール film d'auteur（"アートシアター映画"という意味）という言葉を生み出した。

この考えをもとにして、アラン・レネの「24時間の情事Hiroshima Mon Amour」と「去年マリエンバートでL'Année Dernière à Marienbad」、ルイス・ブニュエルの「黄金時代Belle de Jour」など、多くの映画が生まれた。フランソワ・トリュフォーの「大人は判ってくれないLes Quatre Cents Coups」は、反抗的だった監督自身の思春期の一部をもとに作られた作品だ。ジャン・リュック・ゴダールは、「勝手にしやがれÀ Bout de Souffle」（「基本情報」の「参考になる映画」参照）や、「アルファヴィルAlphaville」、「気狂いピエロPierrot le Fou」などを監督したが、いずれも映画の基本とされるシークエンス（場面）やストーリーにはほとんど重きが置かれていなかった。このヌーベル・バーグは1970年代まで続いたが、その頃には実験的な試みは終わっていた。

この流れに属さなかった1950年代と1960年代の監督の中で最も有名なのはジャック・タティだ。彼は、魅力的だが不器用なユロー氏という人物の周辺で起こるドタバタと、本人が現代に適応しようと懸命に努力する姿を描いた喜劇を多く作った。その最大の傑作はおそらく「ぼくの伯父さんの休暇Les Vacances de M. Hulot」だろう。

1980年代と1990年代で最も成功した監督は、「ディーバDiva」や「ベティ・ブルーBetty Blue」を撮ったジャン・ジャック・ベネックス、それに「サブウェイSubway」（「基本情報」の「参考になる映画」参照）や「グラン・ブルーThe Big Blue」を撮ったジャン・リュック・ベッソンだ。レオス・カラックスは、パリという一種の煉獄の中で目標を失った魂が永遠に続く夜にさまよう様子を「ボーイ・ミーツ・ガールBoy Meets Girl」で表現した。

コリーヌ・セロによる「赤ちゃんに乾杯！ Trois Hommes et un Couffin」やエティエンヌ・シャティリエーズによる「人生は長く静かな河La Vie Est un Long Fleuve Tranquille」のような社会派の軽喜劇も、近年フランスで大ヒットした。また、最近世界市場で大ヒットしたフランス映画に、ジャン・ピエール・ジュネの「アメリLa Fabuleux Destin d'Amélie Poulain」がある。2002年のアカデミー賞で5部門にノミネートされたが、無冠に終わった。

賞を受けたマチュー・カソヴィッツの「憎しみLa Haine」（「基本情報」の「参考になる映画」参照）は、ブールbeurs（フランス生まれ

の若いアルジェリア人たち）の世界の偏見と暴力を考察した映画だ。最近引退した英国テレビの脚本家、デニス・ポッターの人生をもとに作られたアラン・レネの「恋するシャンソンOn Connaît la Chanson」は、国際的に高い評価を受け、1997年のセザール賞を6部門にわたって受賞した。

現在、注目されているその他の監督として、ベルトラン・ブリエ（「美しすぎてTrop Belle pour Toi」）、セドリック・クラピッシュ（「家族の気分Un Air de Famille」）、ドイツ生まれのドミニク・モル（「ハリー、見知らぬ友人Harry, un Ami qui Vous Veut du Bien」）、アニエス・ジャウイ（「ムッシュ・カステラの恋Le Gout des Autres」）、イヴ・ラヴァンディエ（「ウイ、メOui, mais…」〈日本未公開〉）、カトリーヌ・ブレイヤ（「ア・マ・スールÀ Ma Sœur」〈日本未公開〉）らがいる。

演劇

俳優だったモリエールは17世紀で最も人気のある劇作家になった。「タルチュフTartuffe」をはじめ、彼の劇の多くは古典劇の主要レパートリーに入っている。モリエールとは対照的に、ピエール・コルネイユやジャン・ラシーヌといった脚本家は、劇の主題を歴史や昔ながらの神話からとっていた。たとえば、エウリピデスの原作をもとにしたラシーヌの「フェードルPhèdre」は、ギリシャの神々の子孫たちの近親相姦と自殺の物語だ。

社会・風習

一般にフランス人は、英語圏から来る多くの観光客と比べて、セックスも含めた男女関係にはるかに寛大だ。フランス人の多くが、過去20年にわたるアメリカの「ポリティカル・コレクトネス（政治的公正・反差別）」運動や、政治家たちを巻き込んだセックス・スキャンダルによる大騒ぎについて、不可解な気持ちを抱いている。フランスでは、触ったり、キスしたり、いちゃついたりするのは、たとえ仕事中であっても、普段の人間関係の一部ととらえられているのだ。

一方、フランスの公的生活や仕事はいまだに男性優位の世界だ。観光客は、街中の車や時計の広告にいまだに半裸の女性が使われているのを見て驚くことが多い。最近、これらの広告はよく顔にいたずら書きされたり、落書きされている。

タブー

横柄で、傲慢で、人を助けようとしないといったパリっ子に対する固定観念は、20年前なら正しかっただろうが、現在ではまったく当てはまらない。パリっ子たちは外国人に対してやや人見知りするところがあるが、カタコトのフランス語を一言か二言使って親しげに話しかけてみると、それなりに対応してくれるはずだ。ただし、世界のどの都市でも同じだが、観光客に人気のある特定の地域や地区では、観光客の数が増えれば増えるほど、地元の人たちは無愛想になりがちだ。

ぜひ、やってみたいこと

- 店などでパリっ子の店員と仲良くなるには、いつも次のように言うことだ。店内に入ったら、"ボンジュール・ムッシュー／マダム／マドモワゼルBonjour, monsieur/madame/mademoiselle…"（こんにちは、またはおはようございます）、そして店を出る時は"メルシ・ムッシュー／マダム／マドモワゼル、オ・ルヴォワールMerci, monsieur/madame/mademoiselle – au revoir"（ありがとう、さようなら）だ。"ムッシューMonsieur"は英語の"sir"にあたり、子供以外の男性に対して使う。女性に対して使う"マダムMadame"は英語の"Mrs"や"ma'am"にあたり、"マドモワゼルMademoiselle"（英語の"Miss"）は未婚の女性に対して使う。既婚か未婚かわからない時は、"マダム"を使う。同様に、何かを頼んだり、相手のじゃまをする時は、まず"エクスキュゼ・モワ・ムッシュー／マダム／マドモワゼルExcusez-moi, monsieur/madame/mademoiselle…"（すみませんが）と言う。

- フランスの挨拶は、知り合いなら、お互いにビズbises（頬へのキス）をするのが習慣だ。とくに南仏では男同士の友だちや親戚の間でもそれが行われていたが、この21世紀には、パリに住む男たちの間でも普通に行われている。通常は両方の頬に1回ずつ軽く口をつけるが、3回する者や、なかには4回する者もいる。出会った時にキスをしない人たちは、たいてい握手をする。

- 誰かの家に食事に招かれたら、たとえば良質のワイン（テーブルワインvin de tableなど安価なものは避ける）など、ちょっとした贈り物を持って行くこと。花束もしゃれているが、墓参りに使われる菊の花chrysanthèmesや、悪運をもたらすと言われるカーネーションœilletsは避けること。

やってはならないこと

- スーパーマーケット以外の店で果物や野菜、花などを買う時は、店の人から勧められない限り、農産物や花に触らないこと。自分の欲し

いものを店の人に伝えると、彼らが選んでくれる。

- 予約なしでレストランに行った時は、テーブルを要求するのではなく、何人分の食器couvertsが必要かだけを伝える。たとえば、"アヴェ・ヴ・ドゥー・クヴェール？*Avez-vous deux couverts?*"（2人分の食器がありますか？）といった具合だ。ウェイターを呼ぶ時に"ガルソン*Garçon*！"と言ってはならない。ガルソンとは英語で"boy"の意味だからだ。一般には、"シル・ヴ・プレ*S'il vous plaît...*"（お願いします、英語の*If you please...*）という表現が使われる。

- 一般に、パリの芝生は緑を見て楽しむためにあり、その上に座ったりしてはならない。プルーズ・アンテルディット*Pelouse Interdite*（芝生内立入禁止）の標識に注意しよう。もっとも、最近ではこれが取り外されて、プルーズ・オトリゼ*Pelouse Autorisée*（芝生内立入可）という標識に変えられているところも多い。この標識があれば公園の芝生の上に座ったり、食事したり、遊んだり、歩きまわったりできる。

宗教

ローマ・カトリック教

フランス人のおよそ88％が自分の宗教はローマ・カトリック教だと認めている。ほとんどが洗礼を受けているが、教会に行ったり、秘跡を受ける人は非常に少ない。一般に、フランスのカトリック教会は非常に進歩的で世界的な視野を持っている。1981年以来パリの大司教を務めているジャン・マリー・リュスティジェ枢機卿は、1926年にポーランドから移民してきたユダヤ人の子としてパリで生まれ、14歳でカトリックに改宗した。

イスラム教

フランス国民と居住者のおよそ8％（500万人弱）が名目上のイスラム教徒で、現在では国内第2の宗教集団を構成している。その大多数は、1950年代以降に北アフリカからやって来た移民、またはその子孫だ。

プロテスタント

16～17世紀に、厳しく迫害を受けていたプロテスタントは、全人口のおよそ2％（約120万人）を占めている。信者は、アルザス地方やジュラ地方、中央山地（マシフ・サントラル）の南東部、大西洋沿岸、そしてパリに集中している。

ユダヤ教

フランスでは古代ローマ時代からユダヤ人社会が作られたり消滅したりしてきた。中世を通じて共同体は迫害に苦しみ、何度も大追放を受けた。フランスのユダヤ人たちは、ヨーロッパで最初に自由を勝ち取り、1791年に完全な公民権が認められた。ドイツ軍のパリ占領時代には、ユダヤ人は1942年5月から黄色い六芒星（ダビデの星）がついた服を着るよう命じられ、数万人もの人々がオルセー駅（現在のオルセー美術館）からアウシュヴィッツや他の強制収容所に移送された。

現在、人口の1％強（約65万人）を占めるこのユダヤ人社会は、ヨーロッパで最も大きな共同体だが、これは1960年代にアルジェリアやチェニジア、モロッコからの移民が劇的に増加したためだ。

言語

世界でおよそ1億2800万人の人々が第1言語または第2言語としてつねにフランス語を話している。ベルギーやスイス、ルクセンブルク、カナダのケベック州、そしてその他の20カ国以上でフランス語が公用語になっている。もっとも、その大部分はかつてフランスの植民地だったアフリカ諸国だ。また、イタリア北西部のアオスタ渓谷地方でもフランス語が話されている。ハイチや仏領ギアナ、ルイジアナ州の一部では、さまざまな形態のクレオール語（西インド諸島の土着語とフランス語・スペイン語・ポルトガル語などの混成語）が使われている。

フランス語は、第1次世界大戦までは文化と外交に関する世界共通語だった。しかし、それ以後は重要度が低下し続けており、フランス人はそのことを幾分気にしている。読者のみなさんには、たとえ知っている言葉が"パルドン・パルレ・ヴ・アングレ？*Pardon, parlez-vous anglais?*"（失礼ですが、英語を話しますか？）だけだとしても、つねに礼儀正しくフランス語で話しかけることをおすすめする。

フランス語*en français*では何と言うべきか、またどう話すべきかについては、巻末の「フランス語の基礎知識」を参照のこと。ロンリープラネットでは、総合的なフランス語常用会話集*French phrasebook*（英語）も刊行している。

パリの現代建築

パリっ子は、都市景観の変更を認めることにかけては、ロンドンっ子ほど頑固ではなかったし、またニューヨークっ子ほど"新しいものにショックを受けない"わけでもなかった。しかしパリは、建築家たちが白紙の状態 tabula rasa で現代的な都市を再設計して構築することになったロンドンのような大火（1666年）を経験したことはないし、また18世紀末のニューヨークのように"未開発地域"だったわけでもない。

パリが中世から現代に移行するにあたっては、病気、ごみごみした通り、時代遅れの下水道システム、オープン・スペースの不足といった問題があり、ナポレオン3世の統治下で1853～1870年までセーヌ県知事だったジョルジュ・ウージェーヌ・オスマン男爵の登場が待たれた（「パリについて」の「歴史」の「第二共和政から第二帝政へ」参照）。

この変革は、その後150年もたった現代の人たちが想像する以上に困難だった。当時の評論家の記述を見ると、パリっ子たちは何年もの間、「舞い上がるほこり、騒音、落ちて来る漆喰や梁」に耐えてきたとされている。あらゆる地域（たとえば、シテ島の迷路など）が取り壊され、何十万人もの人々（ほとんどが貧困層）が強制退去させられた。さらに悪いことに、あるいは見方によってはさらに良いことに、"古きパリと新しきパリ"の優劣論争が起こり、シャルル・ボードレールやヴィクトル・ユゴーといった作家たちが中心的役割を果たした。そして、この論争は20世紀にまで持ち越されることになった（「観光スポットと楽しみ方」のコラム「ノートルダムの鐘」参照）。

何世紀にもわたり、フランスの指導者たちは首都に巨大な公共建造物を建てることによって、自らの名を不滅のものにしようとしてきた。これは「グラン・プロジェ grands projets（パリ大改造計画）」と呼ばれる計画であるが、ほんの最近までも同じような状態だった。元大統領のジョルジュ・ポンピドゥーは、ボブール・センター Centre Beaubourg（レンゾ・ピアノとリチャード・ロジャース設計、1977年）の建造を命じた。その後、**ポンピドゥー・センター Centre Pompidou**（MAP6）（4区）と改称されたこの建物は、今でこそ人々から愛されているが、かつては悪口雑言を浴びせられた。建築家たちは展示ホールを広くてすっきりした形にするために、本来は建物の内部にあるものを外側に出した（その後、ロジャースがその建物をロンドンに持ち帰り、シティに垂直に建ててロイズ保険者協会の本社ビルにしたのだと冗談を言う者も出た）。

ポンピドゥーの後を継いで大統領になったヴァレリ・ジスカール・デスタンは、廃線になって使用されなくなったオルセー駅を荘厳な**オルセー美術館 Musée d'Orsay**（MAP4）（7区、ガエ・アウレンティ設計、1986年）に変える計画を支援した。しかし、フランソワ・ミッテランは、現代的なものに対する好みが強く、前任の2人を凌ぐ勢いで、十数件の大規模なパリ改造計画を推進した。

1980年代初めから、パリでは、大論争を呼んだI・M・ペイ設計の**大ピラミッド Grande Pyramide**（MAP6）（1区）など新しい建物が次々に建てられた。ちなみにこのピラミッドは、これまで神聖（そして不可侵）とされていたルーヴル美術館の新たな入口として1993年から使われることになり、1980年代末の建築界で大論争 cause célèbre を巻き起こしたガラスのピラミッドだ。この他に、市内第2のオペラ劇場であるタイル張りの**オペラ・バスチーユ Opéra Bastille**（MAP5）（12区、カルロス・オット設計、1989年）、デンマークの建築家ヨハン・オットー・フォン・スプレッケルセンが設計し1989年にオープンした雄大な**グランド・アルシュ（新凱旋門）Grande Arche de la Défense**（「近郊に足をのばす」の「ラ・デファンス地区」参照）、音楽シティ館 Cité de la Musique にある魅力的な**コンセルヴァトワール**（国立高等音楽院）**Conservatoire de Paris**（MAP1）（19区、クリスチャン・ド・ポルザンパルク設計、1990年と1994年）、音楽シティ館付近を出入口として、すばらしい美術館や博物館、コンサート会場、それに多くのアトラク

ション施設が続く、一風変わった**ラ・ヴィレット公園** Parc de la Villette（MAP1）（19区、ベルナール・チュミ設計、1993年）、**アンドレ・シトロエン公園** Parc André Citroën（MAP1）（15区、1992年）の正門近くにあるパトリック・ベルジェ設計の**大温室** Grandes Serres（MAP1）（15区）、ベルシーにあり、セーヌ川上にせり出した"桟橋"が人目を引く**大蔵省** Ministry of Finance（MAP5）（12区、ポール・シュメトフとボルハ・ユイドブロ設計、1990年）、そして4つのガラスのタワーがある**フランス国立図書館** Bibliothèque Nationale de France（BNP）（MAP8）（13区、ドニミク・ペロー設計、1995年）などがある。

　€20億を投じて建てられたこの国立図書館（現在、フランソワ・ミッテランの名前がついている）は、ポンピドゥー・センターや大ピラミッドと同じく激しい論争を呼んだが、その争点はデザインというよりも機能性だった。多くの人が、図書館本来の機能を持っていないと批判した。1200万冊に及ぶ蔵書や歴史的資料の多くは、日の光を浴びた、本を半開きにしたような形の23階建てのタワーの書架に所蔵されているが、本を探しに来た人は、地方からトラックで運ばれた樹齢50年の松の木140本を植えた"森の中庭"のまわりに作られた地下ホールで人工光に照らされて座るように設計されていたからだ。タワーには当初から複合的な（そして高価な）シャッター・システムが備えられているが、地下はセーヌ川が氾濫すると水浸しになるおそれがある。

　グラン・プロジェ grands projets（パリ大改造計画）による20世紀末のパリの現代建築の中で、最も美しくしかも成功をおさめた例は、**アラブ世界研究所** Institut du Monde Arabe（MAP5）（5区）だ。1987年にオープンしたこの建物は、現代アラブの要素と伝統的アラブの要素、そして西洋的な要素がうまく組み合わされたとてもすばらしい作品として高く評価されている。設計者はフランスを代表する建築家で、誰もがその才能を認めるジャン・ヌーヴェルだ。

　最もユニークな特徴は、ガラスの壁面に組み込まれて太陽光線に反応する、ムーシュ・アラビ mouche-arabies（アラビア風の小斑点）と呼ばれる何千枚もの窓だ。これは外部から見られることなく外部を見ることができるという、アラブ世界全体に普及している伝統的な木製格子付き窓から着想を得たものだ。この窓によって建物内部に届く光と熱の量も調節される。

　しかし、過去20年間に登場した新しい建物、異質な建物、あるいは壮大な建物のすべてが政府の計画によって建てられたものというわけではない。パリの中心から西側のセーヌ川沿いのラ・デファンス地区 La Défense（「近郊に足をのばす」参照）にある超高層ビル街の建物の大多数は民間の所有で、ここにはおよそ3600社の企業が入居している。その中にはフランスの大手企業十数社の本社も

右上写真：「ガラスの家に住む者は…」ペイが設計したガラスのピラミッド

パリの現代建築

含まれている。残念ながら、この超高層ビルのほとんどがごく一般的なつまらない"リップスティック"型や"逆さ靴箱"型だ。おいしそうな牡蠣のようにしか見えない奇抜な形の**国立新産業・技術センター** Centre des Nouvelles Industries et Technologies（CNIT）（ベルナール・ゼルフュス、ロベール・カムロ、ジャン・ド・マイ設計、1958年と1989年）は、オープン後およそ30年を経過して大改装が行われたが、いまだに嫌悪感を覚える造りだ。とはいえ、例外的に良くなったところもいくつかある。

ツインタワービルの**クール・デファンス** Cœur Défense（ジャン・ポール・ヴィユール設計、2001年）は高さ190mで、ラ・デファンス地区で最も高い。これは1960年代からあった巨大なエッソ・ビルを取り壊した跡地に建てられたものだ。ビルはノートルダム大聖堂の身廊が収まるほど大きな光あふれるアトリウム（広間式中庭）を見下ろすように建っている。その斜め向かい側に、卵形を引き伸ばしたような**EDFタワー Tour EDF**（コップとペイ設計、2001年）が、ラ・デファンス広場 place de la Défense を吹きぬける風の中で揺れ動いているように見える。この設計は、比較的狭いスペースに魅力的なステンレスとガラスの超高層ビルを建てようとする際のうまい解決法で、今後増えるに違いない。

超高層ビルやその他の高層ビル建築の大半がラ・デファンス地区にある。なかには、高さ210mの**モンパルナス・タワー Tour Montparnasse**（MAP4）（ウージェーヌ・ボードゥアン他設計、1973年）のように悪趣味なものもある。しまい込んでいたギロチンを取り出してコンコルド広場に設置し、このタワーの建築家たちに使ってみたくなるほどひどい作品だ。だからといって、パリの他の場所に興味深くて感動的な新しい建物がないというわけではない。そのいくつかを個人的な好みも含めて以下に紹介する。

1区
マルシェ・ド・サン・トノレ Marché de St-Honoré（MAP2 ⌂place du Marché St-Honoré）事務所や店舗が入っているこの壮大なガラス・ホール（リカルド・ボフィール設計、1996年）は、汚い駐車場を壊して建てられたものだ。現在、駐車場は地下にある。北東に少し行くと、すばらしい屋根付きのパッサージュ passages（「散策コース」参照）がある。

7区
初期芸術美術館 Musée des Arts Premiers（MAP4 ⌂quai Branly）ジャン・ヌーヴェルが設計した、ガラスと木製のこの初期芸術美術館は目下建築中だが（完成予定2004年）、その庭園の立地を十分活用し、通りからはまるで透明のように見えるという。

9区
ドゥルオー・オークション・ハウス Drouot Auction House（MAP3 ⌂7-9 rue Drouot）このおかしな建造物（ジャン・ジャック・フェルニエとアンドレ・ビロ設計、1980年）は、19世紀中頃のドゥルオー館 Hôtel Drouot を、1970年代のレトロなデザインと、建築家自身が「オスマン建築のシュールレアリスム的再解釈」と述べている手法で建て直したもので、好感が持てる。実際に見に行き、その姿を鑑賞してみよう。

10区
託児所 Crèche（MAP3 ⌂8 ter rue des Récollets）レコレ修道院 Couvent des Récollets

左上写真：ラ・デファンス地区にそびえ立つ40階建てのEDFタワー

パリの現代建築

の庭に木材と樹脂で建てられたこの託児所（マルク・ユナン設計、2002年）は、彩色された建築用ブロックが雑然と積まれているように見える。ガラスでできた中央のアトリウムは"村の広場"の役割を果たしている。

12区

社会活動局ビル Direction de l'Action Sociale Building （MAP5 ☎94-96 quai de la Rapée） 社会活動局ビル（エイメイック・ズュブリナ設計、1991年）は、中に広々とした中央広場や大きなガラスと金属でできたゲートがあり、国の力を十分に見せつけている。ゲートが閉じると、広場は宮殿にふさわしい"控えの間"に変わる。

メゾン・デュ・シネマ Maison du Cinéma （MAP8 ☎place Leonard Bernstein） スペインのビルバオにあるグッゲンハイム美術館Guggenheim Museumを手がけた有能なアメリカ人建築家が建てた旧アメリカン・センター（フランク・ゲーリィ設計、1994年）。クリーム色の石でできた魅力的な建物で、見る角度によって陥没するような感じがする。2003年中にここにシネマテーク・フランセーズCinémathèque Française（フィルムライブラリー）が入る予定。

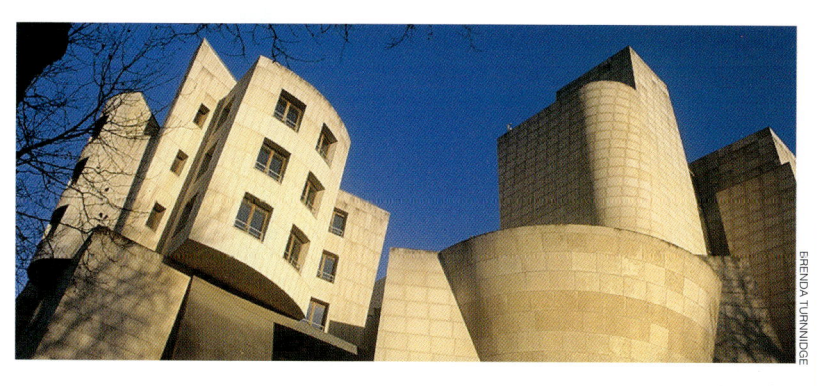

14区

カルティエ財団現代美術館 Fondation Cartier d'Art Contemporain （MAP4 ☎261 blvd Raspail） 名匠ヌーヴェルは、1993年にこの建物をデザインした時に、前述の初期芸術美術館と同じく、このカルティエ財団現代美術館の建物を外部から"見えない"ようにした。いずれにせよ、たくさんのガラスに囲まれた構造は、まるで建築現場のようで、未完成のように見え、またすぐには見分けがつかないような感じもする。

19区

フランドルのパイプオルガン Les Orgues de Flandre （MAP3 ☎67-107 av de Flandre & 14-24 rue Archereau） 見ればわかるが、おかしな建物で、向かい合って立つ2棟の巨大な団地がオルガンの形に似ているため「フランドルのパイプオルガン」と呼ばれている。各階が斜めの角度で積み上げられ、建物が揺れているように見えるが、外周環状道路blvd Périphériqueの南にある小公園の端にしっかりと固定されている。

パリの現代建築、特にグラン・プロジェについて詳しく知りたい時は、**パヴィヨン・ド・ラルスナル Pavillon de l'Arsenal** （MAP6 ☎01-42-76-33-97 ☎21 blvd Morland, 4e Ⓜシュリー・モルランSully Morland 無料 ✆火～土10:30～18:30、日 11:00～19:00）にある常設展示「パリ：街とその改造計画Paris: La Ville et Ses Projets」を訪ねてみよう。

推薦図書として、エルヴェ・マルタン著「パリの現代建築ガイドGuide de l'Architecture Moderne á Paris/Guide to Modern Architecture in Paris」（エディション・アルテルナティヴ刊、€30）がある。これは英仏2ヵ国語で書かれ、図版も豊富で、散策のおすすめコースも掲載されている。さらに学術的な書籍として、ジャック・リュカン著「フランスの建築（1940～2000年）：歴史と理論 Architecture en France（1940-2000）: Histoires et Théories」（ル・モニトゥール刊、€38）がある。

右上写真：フランク・ゲーリィが設計した凹凸の激しいメゾン・デュ・シネマ

37

基本情報

Facts for the Visitor

いつ行くか

古い歌にもあるように、パリを訪れるなら春が一番いい。とはいえ、美しい4月に、冬に逆戻りしたような寒い日や激しい雨に見舞われることも珍しくない。秋もさわやかだが、もちろん、日はだんだん短くなる。冬のパリではさまざまな文化イベントが行われ、一方、夏は暖かく、焼け付くような暑さになることもある。

パリっ子が西や南の海岸に出かける8月には多くのレストランが店を閉め、店主も街を離れる。しかし、こうした傾向は急速に変わりつつあり、10年前に比べるとかなり多くのレストランが夏の間も営業している。

フランス語がわかれば、パリ地方の天気予報を☎0-892-68-02-75で聞くことができる。全国の天気予報は☎0-836-70-12-34で聞けるし、インターネットのⓌwww.meteoconsult.frでも確認できる。問い合わせの料金はいずれも最初の1分が€1.35で、その後1分ごとに€0.34が加算される。ミニテルで確認する時は、3617 METPLUSをキー入力する。

旅行の日が休日や祝日にぶつかる、いやぶつからないことを確認するするには、本章後出の「祝日・年中行事」を参照のこと。

オリエンテーション

パリの中心部はきれいな楕円形をしている。セーヌ川によってきちんと2つに区分されており、全部で20の区arrondissementsが、中心から時計回りで渦巻状に規則正しく配置されている。

本書では、記載された住所を見つける手段として、参照地図、区、メトロ駅の3つがある。

区

同じ名前の通りが他の地区にもあるため、パリ市の住所には必ず区の番号が表示されている。本書では、区の番号を通りの住所の後にフランス語の通常の表記法で示した。たとえば、1erはpremier（1区）を示し、2eはdeuxième（2区）、そして3eはtroisième（3区）を示す。標識や市販の地図では、2èmeとか3èmeといった別の表記法が用いられることもある。

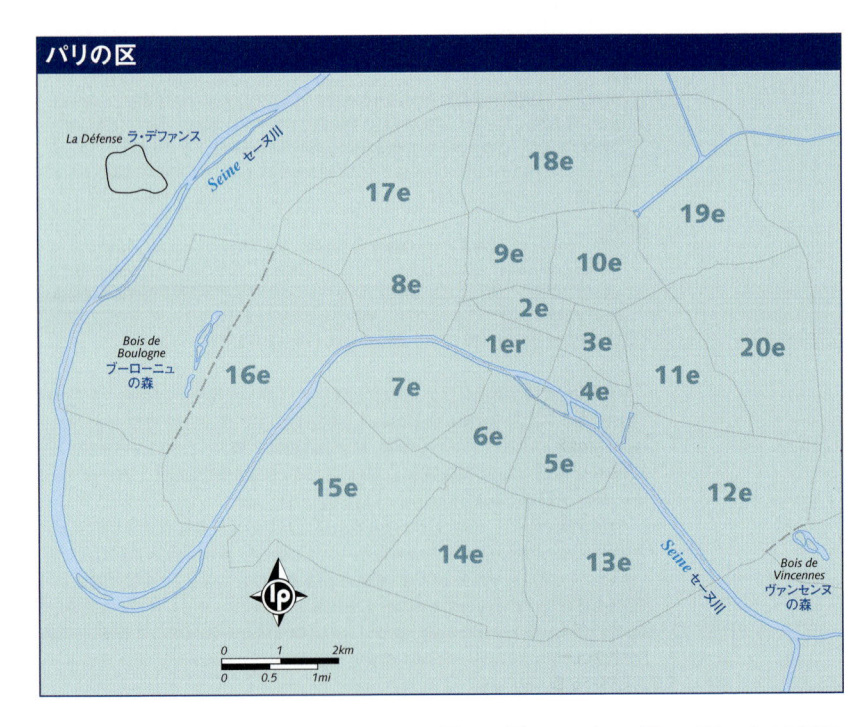

パリの区

メトロ駅

普通、パリではどこに行きたい時でも半径500mの範囲にメトロ駅があるので、本書に掲載したオフィスや美術館・博物館、ホテル、レストランなどのすべてについて、その住所や連絡先の直後に最寄りのメトロ駅を示した。メトロ駅にはたいてい出口近くの壁に周辺エリア地図 *plan du quartier* が掲出されている。

地図

ロンリープラネットの「パリ・シティ・マップ *Paris City Map*」（€6.40）は、ハンディな薄型の地図帳で、市内の人気スポットを詳しく紹介した4種類の地図、通りの索引、メトロマップが付いている。

パリっ子の多くは、「*Paris par Arrondissement*（区で見るパリ）」（€13）という、見開きページごとに各区の手書きの街路図が掲載されているポケットサイズの本を頼りにしている。この本はわかりにくいという人もいるが、索引にはそれぞれの通りの名前と共に最寄りのメトロ駅が掲載されている。さらに使いやすいものとして、我々が愛用しているIndispensable社の「*Paris Practique par Arrondissement*」（€5.50）がある。これは、薄型のポケットサイズの地図帳で、大判の地図が付いている。これを大型判にした「*Le Petit Parisien*」（€7）には、区ごとに3つの地図があり、通りとメトロの路線、バスの運行路線が掲載されている。

書店のエスパス・イ・ジェ・エヌEspace IGNには、国立地理院（IGN）の地図がすべて揃っている。詳細は「ショッピング」の「書店」を参照。

観光客としての良識

パリの高速道路やバイパスはすでに車でいっぱいだ。それに伴って発生する大気汚染は、人々の健康を害するだけでなく、歴史的な建物やモニュメントを、時には取り返しのつかないほど傷つける。そこでお願いがある。イル・ド・フランス地方（「近郊に足をのばす」を参照）を見て回るのでない限り、車を置いて出かけ、またレンタカーを借りたい気持ちも抑えてほしい。その代わりに、自分の自転車に乗るか、レンタルサイクルをするか（「交通手段」の「レンタサイクル」参照）、あるいは自分の足で街を歩いて楽しむか（パリはとても歩きやすい街だ）、安くて非常に効率的な公共交通機関を使ってみよう。

環境への影響の軽減についてもっと知りたい時は、**レ・ザミ・ド・ラ・ナチュール** Les Amis de la Nature（☎01-46-27-53-56 www.utan.asso.fr ⌂197 rue Championnet, 75018 Paris）に問い合わせること。

観光案内所

現地の観光案内所

パリ**観光案内所**中央オフィス（MAP2 ☎0-892-68-31-12 01-49-52-53-00 <Minitel>3615または3617 OTPARIS info@paris-touristoffice.com www.paris-touristoffice.com ⌂127 av des Champs-Élysées, 8e ジョルジュ・サンクGeorge V 4～10月 9:00～20:00、11～3月 月～土9:00～20:00、日11:00～19:00）は、シャルル・ド・ゴール広場place Charles de Gaulleからほんの少し南東に行ったところにある。休業は5月1日のみ。宿泊案内の電話は☎0-836-68-31-12。

観光案内所の支店として、**リヨン駅オフィス Gare de Lyon branch**（MAP5 ☎ 中央オフィスと同じ ⌂Hall d'Arrivée ガール・ド・リヨン Gare de Lyon 月～土8:00～20:00）があり、またエッフェル塔 Tour Eiffelの下にも別の支店がある（MAP4 ☎ 中央オフィスと同じ ⌂Pilier Nord シャン・ド・マルス・トゥール・エッフェルChamp de Mars Tour Eiffelまたはビル・アケムBir Hakeim 5月2日～9月 11:00～18:45）。

パリ周辺地域の観光案内を行っているエスパス・デュ・トゥーリスム・ディル・ド・フランスEspace du Tourisme dÎle de Franceの詳細は、「近郊に足をのばす」を参照。

政府観光局など

海外にあるフランス政府観光局（通称メゾン・ド・ラ・フランスMaisons de la France）では、パリおよびフランスのその他の地域について考えうるあらゆる種類の情報を提供している。www.franceguide.comから世界各地のフランス政府観光局のホームページにリンクできる。

日本
☎03-3582-6965 03-3249-7210
アクセスコード3270＃
www.franceinformation.or.jp/
⌂東京都港区赤坂2-10-9ランディック第2赤坂ビル9階

ベルギー
☎0902-88-025 02-505-38-29
info@france-tourisme.be
⌂21 av de la Toison d'Or, 1050 Brussels

ドイツ
☎0190-57-00-25 0190-599-061

✉ franceinfo@mdlf.de
🏠 Westendstrasse 47, 60325 Frankfurt/Main

アイルランド
☎ 01-679-0813 📠 679-0814
✉ frenchtouristoffice@eircom.net
🏠 10 Suffolk St, Dublin 2

イタリア
☎ 166-116-216 📠 02-58-48-62-21
✉ info@turismofrancese.it
🏠 Via Larga 7, 20122 Milan

オランダ
☎ 0900-112-2332 📠 020-620-33-39
✉ informatie@fransverkeersbureau.nl
🏠 Prinsengracht 670, 1017 KX Amsterdam

スペイン
☎ 0906-34-36-38 📠 91-541-2412
✉ info.francia@mdlfr.com
🏠 Plaza de España 18, Torre de Madrid 8A P1, Of7, 28008 Madrid

スイス
☎ 0900-900-699 📠 01-217-46-17
✉ tourismefrance@bluewin.ch
🏠 Rennweg 42, 8023 Zürich

イギリス
☎ 020-7399-3500 📠 7493-6594
✉ info@mdlf.co.uk
🏠 178 Piccadilly, London W1J9AL

旅行代理店

以下に紹介する旅行代理店はいずれもパリにある最大の代理店で、最良のサービスと内容を誇っている。

フォーラム・ヴゥィヤージュ
Forum Voyages
☎ 01-53-45-96-79
🌐 www.forum-voyages.fr
🕐 月～土9:30～19:00

パリ市内に9つの支店がある。たとえば、1区のオペラ通りav de l'Opéra 11番地（MAP3 ☎ 01-42-61-20-20 Ⓜ ピラミッドPyramides）の店や5区のサン・ミッシェル大通りblvd St-Michel 81番地（MAP5 ☎ 01-43-25-80-58〈Minitel〉3615FV Ⓜ リュクサンブールLuxembourg）の店など。

ヌーヴェル・フロンティエール
Nouvelles Frontières
☎ 0-825-00-08-25
（Minitel）3615 NF
🌐 www.nouvelles-frontieres.fr（フランス語のみ）
🕐 月～土9:00～19:00

パリ市内に15の店舗を持つ。たとえば、1区（MAP3 Ⓜ 13 av de l'Opéra Ⓜ ピラミッドPyramides）や6区（MAP5 🏠 66 blvd St-Michel Ⓜ リュクサンブールLuxembourg）など。

OTUヴゥィヤージュ
OTU Voyages
☎ 0-802-81-78-17
🌐 www.otu.fr（フランス語のみ）
🕐 平日9:00～18:30、土10:00～12:00と13:15～17:00

ポンピドゥー・センターの向かい側にある支店（「宿泊」の「宿泊施設案内サービス」参照）のほかに5区にも支店（MAP5 ☎ 01-44-41-38-50 🏠 39 av Georges Bernanos Ⓜ ポール・ロワイヤルPort Royal）がある。国際学生証（ISIC）（€10）とユーロラインズ（長距離バス）のチケットを販売している。

ヴゥィヤジュール・デュ・モンド
Voyageurs du Monde
（"世界の旅行者"という意味）（MAP3）
☎ 01-42-86-16-00
（Minitel）3615 VOYAGEURS
🌐 www.vdm.com（フランス語のみ）
🏠 55 rue Ste-Anne, 2e
Ⓜ ピラミッドPyramidesまたはカトル・セプタンブルQuatre-Septembre
🕐 月～土9:30～19:00

行き先別の担当部門を10以上持つ大型代理店。階段を下りるとすばらしい**トラベル専門書店**（☎ 01-42-86-17-38）がある。またサン・タンヌ通りrue Ste-Anne 51-2番地には直営の**レストラン**（☎ 01-49-86-17-17）があり、毎日世界各地の料理（ランチは平日のみ）が味わえるし、サン・タンヌ通り50番地の向かい側には**店と展示センター**（☎ 01-42-86-16-25）がある。

渡航書類

法律によれば、フランスでは観光客を含むすべての人はつねに身分証明書類を携帯しなければならないとされている。外国人観光客については、パスポートがこれに当たる。また、自転車や美術館・博物館のオーディオガイドなどを借りる時にも身分証明書が必要になる。

パスポート
申請 下記の書類を揃えて住民登録のある各都道府県の窓口へ提出する。申請から受領までには、通常1～2週間程度かかる。

1. 一般旅券発給申請書　1通
   パスポート申請窓口で入手する。有効期限が10年のものと5年のものがあるが、満20歳未満は5年のものしか申請できない。
2. 戸籍謄（抄）本　1通
   申請日前6カ月以内に発行されたもの。
3. 住民票　1通
   本籍の記載があり、申請日前6カ月以内に発

行されたもの。
4. 写真　1枚
縦4.5cm×横3.5cmの縁なしで、無背景（薄い色）。申請日前6カ月以内に撮影されたもの。無帽で正面を向いており、頭頂からあごまでが27±2mmであるなど申請書に記載されている規格を満たしていることが必要。
5. 官製ハガキ　1枚
宛先として申請者の住所、氏名を記入。
6. 申請者本人の身元を確認できる書類
有効な書類の原本に限る。運転免許証など写真付きのものは1点、健康保険証、年金手帳など写真がないものは2点。
7. 旅券を以前取得した人はその旅券

受領　指定日以降、申請日から6カ月以内に次のものを持って、必ず申請者本人が受け取ること
1. 申請の時に渡された受理票（受領証）
2. 手数料　10年旅券1万5000円、5年旅券1万円（12歳未満5000円）
3. 申請の時に提出し、旅券事務所から送付されたハガキ

ビザ

旅行者　日本国籍保有者で90日以内の滞在にはビザは不要である。

長期滞在・学生　就労や就学などの目的で3カ月以上滞在する場合は、所定の書類を揃えてフランス領事館に申請しなければならない。目的によって手続きが異なるので、フランス大使館のホームページ🌐www.ambafrance-jp.orgで確認するとよい。領事館の所在地は、東日本（静岡、長野、富山以東）に現住所がある場合は、フランス共和国大使館・東京総領事館（☎03-5420-8800🏠東京都港区南麻布4-11-44）、上記以外の西日本に現住所がある場合だと、在大阪フランス総領事館（☎06-4790-1505🏠大阪市中央区城見1-2-27クリスタルタワー10階）になる。

　EUの居住者でない限り、フランスで就労ビザを取得するのはきわめて難しい。どんな種類にせよ長期滞在ビザを取得する時は、出国の数カ月前から自国で取得の準備を始めること。通常、自国以外の国でビザを申請することはできず、またフランス到着後に観光ビザから学生ビザに切り替えることもできない。学生ビザを取得している人がパートタイムの労働許可を申請することはできる（学校などに尋ねること）。

オーペア・ビザ　EU居住者を除いて、出国前に取得する必要のあるオーペア・ビザの詳細は、後出の「仕事」の「オーペア」を参照。

滞在許可証　6カ月またはそれ以上の長期滞在ビザが発行されたら、フランス到着後8日以内に滞在許可証*carte de séjour*の申請をすべきである。外国人学生はすべて、**学生センターCentre des Étudiants**（MAP4　🏠13 rue Miollis, 15e Ⓜカンブロンヌ Cambronne またはセギュール Ségur 🕐月～木8:30～16:30、金8:45～16:00）で、本人自ら滞在許可証の申請を行わなければならない。長蛇の列ができるので、早めに行くこと。

　EU以外のパスポートを所持する外国人は、滞在している区により、以下のオフィスに行かなければならない。オフィスの営業時間は、たいてい月～木曜9:00～16:30、金曜9:00～16:00となっている。

1区、2区、3区、10区、19区
警察署 Hôtel de Police（MAP3）
🏠80 blvd de Sébastopol, 3e
Ⓜレオミュール・セバストポル Réaumur-Sébastopol

4区、5区、6区、7区、13区、14区、15区、16区
警察署（MAP1）
🏠114-116 av du Maine, 14e
Ⓜゲテ Gaîté

8区、9区、17区、18区
警察署（MAP2）
🏠19-21 rue Truffaut, 17e
Ⓜプラス・ド・クリシー Place de Clichy またはラ・フルシュ La Fourche

11区、12区、20区
警察署（MAP5）
🏠163 rue de Charenton, 12e

モンマルトルのサクレ・クール寺院でスケッチをする建築学専攻の学生たち

Ⓜ ルイイ・ディドロ Reuilly Diderot

ビザの延長
観光ビザは、緊急の場合（病気など）を除き、延長できない。緊急事態が発生したら、**警視庁** Préfecture de Police（☎01-53-71-51-68）の**外国人課** Service Étrangerに連絡して指示を仰ぐこと。

最初にフランスに入国する際にビザが必要でない時は、列車に乗って一度ジュネーブやブリュッセルに出てからフランスに再入国すると、ほぼ間違いなく、滞在期間が自動的に3カ月間延長される。パスポートに押された最近のフランスへの入国スタンプの数が少なければ少ないほど、この方法を使いやすくなる。

最初にフランスに入国する際にビザが必要だった場合に、滞在期間を延長する一つの方法として、近隣諸国のフランス領事館に行って、そこで別のビザを申請することもできる。

旅行保険
盗難、紛失、病気などをカバーする旅行保険に加入するのは賢明な考えだ。保険の種類によって医療費の補償額に差があるが、補償額が高めのものは、米国など医療費が非常に高い国を対象にしたものだ。保険証書にはさまざまな種類があるので、小さな印刷文字にも注意してチェックすること。

保険によっては、特に"危険な活動"を保険の対象から外しているものがあり、そうした活動に、スキューバダイビング、オートバイの運転、さらにはトレッキングも含まれていることがある。また、現地で取得したオートバイの免許を無効とみなす保険もある。

おそらくあなたは、まず自分で医療費を負担して後で支払いを請求する形の保険よりも、医師や病院に直接医療費が支払われる仕組みの保険のほうを好むだろう。後で請求する必要がある時は、すべての書類を保管しておくこと。なかには、被保険者に自国のセンターにコレクトコールで電話を入れさせ、その場で査定を行う形の保険もある。

救急車や緊急の帰国便の費用が保険でカバーされているかどうかもチェックすること。

運転免許証と許可証
ヨーロッパの運転免許証を持っていないが、パリで車を運転したいと考えているなら、出発前に地元の自動車協会などで国際運転免許証（IDP）を取得しておきたい。その際にパスポート用の写真と、有効な運転免許証が必要になる。IDPは1年のみ有効で、取得費用もそれほど高くない。IDPは、元になる日本の運転免許証と一緒でないと効力を持たない。

国際運転免許証は、住民登録している運転試験免許センターで取得できる。申請書は窓口にあるので、写真1枚（縦5cm×横4cm撮影後6カ月以内、無帽、正面、上三分身、無背景）と日本の運転免許証（小特、原付、大特および仮免は除く）、パスポートを持参して手続きを行う。申請料は2650円。フランスはマニュアル車が主流なので、オートマティック車を利用したい人は前もって日本で予約しておいたほうが無難である。

ユースホステル会員証
ユースホステル会員証（HI）は、オベルジュ・ド・ジュネスauberges de jeunesseと呼ばれる公式のユースホステル（パリ中心部には2軒しかない）に宿泊する時にだけ必要になる。だが、このカードがあれば他のユースホステルでも多少の割引をしてくれる。出発前に入手できなくても、フランスの公式のユースホステルでたいてい購入できる。料金は26歳未満が€10.70、26歳以上が€15.20で、1泊だけの会員を認めているところでは€3以下となる。詳しくはHIのホームページⓌwww.iyhf.orgを参照のこと。

日本国内で入手するには、各都道府県にあるユースホステル協会または最寄りのユースホステル案内所、全国のユースホステルにて、簡単な手続きで会員証が取得できる。この会員証は世界共通で、どこの国のユースホステルでも有効。また、会員証によって国内・海外の観光施設等の割引を受けられるなどの特典もある。料金は満19歳以上2500円、満19歳未満2200円、中学生以下1500円。問い合わせは、日本ユースホステル協会まで（☎03-3288-0260 Ⓦwww.jyh.or.jp）。

RUSSELL MOUNTFORD
パリの駐車規則に注意しよう

国際学生証・国際青年旅行証・国際教師証

国際学生証（ISIC ☎01-49-96-96-49 Ⓦwww.isic.org）には、航空券やフェリー乗船券の割引のほか、美術館・博物館などの入場料が半額になったり、学生食堂で安く食事ができるなどさまざまな特典があり、十分に元はとれる。

学生であることが条件となり、年齢制限（26歳未満）を設けている場所も多い。各大学生協、大学生協事業センター、日本ユースホステル協会などで発行してくれる。6カ月以内に撮影した写真1枚（縦3.3cm×横2.8cm、無帽・無背景、裏に氏名を記入）、学生証のコピー、または在学証明書1枚と申込書を提出する。料金は1430円。取得資格は、大学・短大・大学院生、高等専門学校4・5年生、専門学校生が「STUDENT」で有効期限は翌年3月31日まで。中学校・高等学校生・高等専門学校1～3年生、高等専修学校（専修学校高等課程）の本科生・専修学校一般過程の本科生、その他学校は「SCHOLAR」で有効期限がその年の12月31日までとなる。問い合わせは（株）大学生協事業センターまで（☎03-5307-1156 Ⓦwww.univcoop.or.jp/uct）。パリでは、ISICカードはOTUヴヮィヤージュなどの学生向け旅行代理店が€10の手数料で発行してくれる（前出の「旅行代理店」参照）。

26歳未満であるが学生でない人は、国際青年旅行証（IYTC）を申請することができる。このカードがあればISICとほぼ同じ割引が受けられる。このカードは、18歳以上26歳未満の人に国際青年旅行連盟（FIYTO）が発行する身分証明書で、ヨーロッパを中心に世界50カ国、およそ200の施設、運輸機関に割引がきく。

申請は下記の必要書類を日本ユースホステル協会窓口や旅行代理店などの申請窓口へ提出する。必要書類は、年齢を証明する書類のコピー（パスポート、免許証等公的機関の発行書類）、写真1枚（縦3.5cm×横3.0cm、裏に氏名を記入、スピード写真可）6カ月以内に撮影したもの。カード代金は、1430円。発行した日より1年後の前日まで有効だが、発行日から1年以内に26歳になる場合は誕生日まで有効となる。問い合わせ先は、東京都ユースホステル協会（☎03-3261-0191 Ⓦwww.jyh.or.jp）。教師は、国際教師証（ITIC）を申請することができる。日本でも、小学校・中学校・高等学校・専門学校（各種学校は含まない）、短期大学・大学・大学院の教師、助教授、教授として1学年度を通じて在職している人は、手続き代行を行う旅行会社などを通じて申し込める。発行手数料1430円。

シニアカード

美術館・博物館、ギャラリー、いくつかの劇場といった文化施設の多くでは、60歳以上の入場者には割引料金が適用される。SNCF（フランス国鉄）では、年齢が証明されれば、60歳以上の人に最高25％の割引料金を適用している。希望者は、"デクヴェルト・セニオール Découverte Senior"料金と言って申し込むこと。SNCFのシニアカードCarte Seniorは、60歳以上の人が対象で、ほとんどの列車の切符について50％までの割引がきく。発行手数料は€45で、1年間有効。

コピーしておくもの

重要な書類（パスポートの記載事項やビザの欄、クレジットカード、航空券、バス・列車の乗車券、旅行保険証書、運転免許証など）は、出発前にコピーを取っておきたい。コピーの一部を誰かに預け、もう一部を自分で持ち、原本は別にしておくこと。

大切な旅行書類の詳細を保管するもう一つの方法として、ロンリープラネットのオンライン情報管理サービスTravel Vault（トラベル・ボールト）がある。これは、パリのように簡単にインターネットにアクセスできる都市では最善の方法で、パスワードで保護されており、いつでもオンラインでアクセスできる。Ⓦwww.ekno.lonelyplanet.comにアクセスすれば、自分のトラベル・ボールトを無料で作ることができる。

大使館・領事館

フランス大使館・領事館

以下に掲載するフランス大使館の大半について、ホームページⓌwww.france.diplomatie.frで情報を見ることができる。

日本
フランス共和国大使館・東京総領事館
☎03-5420-8800 📠03-5420-8921
Ⓦwww.ambafrance-jp.org
🏠東京都港区南麻布4-11-44
在大阪フランス総領事館
☎06-4790-1505 📠06-4790-1511
Ⓦwww.consulfrance-osaka.or.jp（フランス語）
🏠大阪市中央区城見1－2－27
クリスタルタワー10階

ベルギー
大使館
☎02-548-8711 📠513-6871
Ⓦwww.ambafrance-be.org
🏠65 rue Ducale, 1000 Brussels

領事館
☎02-229-8500 📠229-8510
🌐 www.consulfrance-bruxelles.be
🏠 12A place de Louvain, 1000 Brussels

ドイツ
大使館
☎030-20-63-90-00 📠20-63-90-10
🌐 www.botschaft-frankreich.de
🏠 Kochstrasse 6-7, 10969 Berlin
領事館
☎030-88-59-02-43 📠882-52-95
🏠 Kurfürstendamm 211, 10719 Berlin

アイルランド
大使館
☎01-260-1666 📠283-0178
🌐 www.ambafrance-ie.org
🏠 36 Ailesbury Rd, Ballsbridge, Dublin 4

イタリア
大使館
☎06-68-60-11 📠06-686-01-360
🌐 www.france-italia.it
🏠 Piazza Farnese 67, 00186 Rome
領事館
☎06-688-06-437 📠06-686-01-260
🌐 www.france-italia.it/consulat.rome
🏠 Via Giulia 251, 00186 Rome

オランダ
大使館
☎070-312-5800 📠312-5854
🏠 Smidsplein 1, 2514 BT The Hague
領事館
☎020-624-8346 📠626-0841
🌐 www.consulfrance-amsterdam.org
🏠 Vijzel-gracht 2, 1000 HR Amsterdam

スペイン
大使館
☎91-423-8900 📠91-423-8901
🌐 www.ambafrance-es.org
🏠 Calle de Salustiano Olozaga 9, 28001 Madrid
領事館
☎91-700-7800 📠91-700-7801
🌐 www.consulfrance-barcelone.org
🏠 Calle Marques de la Enseñada 10, 28004 Madrid

スイス
大使館
☎031-359-2111 📠352-2191
✉ ambassade.fr@iprolink.ch
🏠 Schlosshaldenstrasse 46, 3006 Berne
領事館
☎01-268-8585 📠268-8500
✉ consulat.france.zurich@swissonline.ch
🏠 Mühlebachstrasse 7, 8008 Zürich

イギリス
大使館
☎020-7073-1000 📠7073-1004
🌐 www.ambafrance-uk.org
🏠 58 Knightsbridge, London SW1X 7JT
領事館
☎020-7073-1200 📠7073-1201
🌐 www.consulfrance-londres.org
🏠 21 Cromwell Rd, London SW7 2EN

日本大使館・各国大使館

あなたがトラブルに巻き込まれた時に、現地にある母国の大使館（つまりあなたが国籍を持つ国の大使館）にやってもらえることと、やってもらえないことを知っておくのは大切だ。一般に、あなたが抱えているトラブルの遠因があなた自身の過失にある場合には、いざという時に大使館は強力な助けにはならない。フランス旅行中はフランスの法律に拘束されることを忘れないこと。あなたが現地で罪を犯して最終的に刑務所に入れられても、あなたの大使館は同情などしてくれない。たとえ、その行為が自国では違法でない場合にもそうだ。

本当に緊急の場合には、大使館も何らかの支援をしてくれるはずだが、それも、他に助けを求める手段がなくなった場合に限られる。たとえば、急に帰国しなければならなくなっても、大使館が帰国のための無料チケットを手に入れてくれることはまずあり得ない。大使館は、あなたが保険をかけていると考えるはずだ。お金や書類を全部盗まれた場合には、新しいパスポートの発給を手伝ってくれるだろうが、次の目的地までのお金を貸してくれることなども考えられない。

以下に掲載されていない大使館や領事館については、イエロー・ページ*Pages Jaunes*の"大使館・領事館Ambassades et Consulats"の項を参照のこと。

日本 (MAP2)
☎01-48-88-62-00
🌐 www.fr.emb-japan.go.jp/jp/
🏠 7 av Hoche, 8e
Ⓜ クールセルCourcelles
🕐 月〜金9:30〜13:00と14:30〜17:00、土・日・祝は休み

ベルギー (MAP2)
☎01-44-09-39-39
🏠 9 rue de Tilsit, 17e
Ⓜ シャルル・ド・ゴール・エトワールCharles de Gaulle-Étoile

ドイツ (MAP2)
☎01-53-83-45-00または01-44-17-31-31

🏠13 av Franklin D Roosevelt, 8e
Ⓜフランクラン・デ・ルーズヴェルトFranklin D Roosevelt

アイルランド（MAP2）
☎01-44-17-67-00または01-44-17-67-67（閉館後）
🏠4 rue Rude, 16e
ⓂアルジャンティーヌArgentine
🕐事務局月〜金9:30〜12:00

イタリア（MAP4）
☎01-49-54-03-00
🏠51 rue de Varenne, 7e
Ⓜリュ・デュ・バックRue du Bac

オランダ（MAP4）
☎01-40-62-33-00
🏠7 rue Eblé, 7e
Ⓜサン・フランソワ・グザヴィエSt-François Xavier

スペイン（MAP2）
☎01-44-43-18-00
🏠22 av Marceau, 8e
Ⓜアルマ・マルソーAlma Marceau

スイス（MAP4）
☎01-49-55-67-00
🏠142 rue de Grenelle, 7e
ⓂヴァレンヌVarenne

イギリス
大使館（MAP2）
☎01-44-51-31-00
🏠35 rue du Faubourg St-Honoré, 8e
ⓂコンコルドConcorde
領事館（MAP2）
☎01-42-66-06-68または01-44-51-31-00（閉館後）
🏠18 bis rue d'Anjou, 8e
ⓂコンコルドConcorde
🕐9:30〜12:30と14:30〜17:00

通関

空港またはEU圏外から出航するフェリー上で購入する免税品に適用される免税範囲は次のとおり。タバコ：紙巻200本または葉巻50本または小型葉巻100本またはきざみタバコ250g。酒類：22度を超えるアルコール飲料1ℓまたは22度以下のアルコール飲料2ℓおよびワイン2ℓ。お茶：コーヒー500g（またはコーヒーエキス200g）および紅茶100g（または紅茶エキス40g）。香水：香水50gおよびオー・ド・トワレ250cc。通貨持ち出し制限：現金約€7620まで。

これらの免税品を、EU域内の他国の普通の店やスーパーマーケットで買ってフランス（品物によってはフランスのほうが値段の高いことがある）に持ち込んだ納税品（アルコール飲料とタバコを含む）と区別すること。納税品については次のように持ち込み枠がさらに広くなる。タバコ：紙巻800本または葉巻200本または小型葉巻400本またはきざみタバコ1kg。酒類：22度を超えるアルコール飲料10ℓ、補強ワインまたは食前酒20ℓ、ワイン90ℓまたはビール110ℓ。

EU域内の免税ショッピング制度は1999年に廃止されたので注意すること。つまり、EU以外の国（オーストラリア、米国、スイスなど）からEU諸国に免税品を持ち込むことは可能だが、たとえばフランスで免税品を買ってそれをイギリスに持ち込むことはできない。

お金

通貨

2002年1月1日以降、ユーロ（省略形は€、発音はフランス語でウーロeu-roh）は、EU加盟国15カ国のうちフランスとその他11カ国（オーストリア、ベルギー、フィンランド、ドイツ、ギリシア、アイルランド、イタリア、ルクセンブルク、オランダ、ポルトガル、スペイン）の法定通貨となった。

ただし、手元に残っているフラン硬貨は2005年2月17日まで、フラン紙幣は2012年2月17日までそれぞれフランス銀行でユーロに交換することができる。**フランス銀行 Banque de France**本店（MAP3 ☎01-42-92-22-27 🏠31 rue Croix des Petits Champs, 1er Ⓜパレ・ロワイヤルPalais Royal）は、ルーヴル美術館から3ブロック北にある。このほかに、**バスチーユ支店 Bastille branch**（MAP5 ☎01-44-61-15-30 🏠3 bis place de la Bastille, 4e Ⓜバスチーユ Bastille）がオペラ・バスチーユの向かい側にある。

お金、お金、お金

基本情報 - お金

ユーロの下の単位はセント（フランス語ではサンチームcentimesという）で、€1は100セントとなる。ユーロ紙幣には色と大きさが異なる7種類（€500、€200、€100、€50、€20、€10、€5）がある。表面のデザイン（一般的な窓や扉）と裏面のデザイン（想像上の橋、EUの地図）は12カ国すべて同じで、開放と協調を象徴している。

現在、硬貨には8種類（€2、€1、1セント、2セント、5セント、10セント、20セント、50セント）がある。金額が表示されている硬貨の"表面"のデザインは"ユーロ流通国"のすべてに共通だが、硬貨の"裏面"は各国独自のデザインになっている。もちろん、ユーロ硬貨はユーロ流通国であればどこでも使える。フランスでは、€2硬貨（縁が銀で中央部は真鍮製）と€1硬貨（縁が真鍮で中央部は銀）の裏面には自由を象徴する木が描かれている。€0.50、€0.20、€0.10（すべて真鍮）の硬貨には、la Semeuse（フランス・フランでも繰り返し使用された図柄"種まく女性"）が描かれ、€0.05、€0.02、€0.01の硬貨（すべて銅）には、フランス共和国の象徴であるマリアンヌが描かれている。

€0.02硬貨と€0.01硬貨については、商人、ホテル、レストランなどの間で面倒で価値がないとの不満が高まっており、彼らは値段を€0.05に切り上げ始めている。この2つの硬貨の流通をやめた国もあり（特にフィンランド）、フランスもそれに続く可能性がある。

為替レート

本書の発行にあたり調査した時点での為替レートは以下のとおり。

国名	単位	ユーロ
日本	¥100	€0.76
米国	US$1	€0.88

（€1＝132.0円。いずれも'03年5月8日現在）

両替

パリでは、お金の両替や引き出しをほとんど問題なく行える。

現金 一般に、お金を現金で持つのは最良の方法とはいえない。盗まれるおそれがあるし、またフランスでは現金の為替レートが最も有利というわけではない。たとえば、銀行によっては、トラベラーズチェックを2.5%ほど高いレートで交換してくれるところもあるので、最初にトラベラーズチェックを購入する時に支払う1%の手数料は十分取り戻せる。

とはいえ、US$50ないしUS$100相当（日本円だと5千円ないし1万円相当）の金額を小さな単位の紙幣で持っていくと、両替もしやすくて便利だ。

トラベラーズチェック トラベラーズチェックのうち、アメリカン・エキスプレス（略称：アメックス、USドルかユーロ）とVISAが発行するものは、多くの郵便局でも両替できるのでとても便利だ。トラベラーズチェックの番号、購入場所、現金化したものの記録を、トラベラーズチェックとは別に保管すること。

アメックスのオフィスは、自社発行のトラベラーズチェックには手数料を課さないが、他社発行のトラベラーズチェックについては約4%の手数料を取る。アメックスのトラベラーズチェックをパリで紛失したり盗まれた時は、☎0-800-90-86-00（24時間受付のフリーダイヤル）に電話をすること。払い戻しは、**アメックス**本店main **AmEx office**（MAP2 ☎01-47-77-77-75または01-53-29-40-39 🏠11 rue Scribe, 9e Ⓜ️オベールAuberまたはオペラOpéra 🕐6〜9月 月〜金9:30〜19:30、10〜5月9:30〜18:30、土9:00〜17:30、日10:00〜17:00）で行われる。もう1軒のアメックスの支店（MAP2 ☎01-55-37-72-72 🏠38 av de Wagram, 8e）でも両替ができる。

トラベラーズチェックを紛失したら、それを発行した銀行や会社に連絡し、手続きの確認をとる。盗難の場合は、警察に届け出て盗難証明書をもらう。パスポートなどの身元を証明できるものとトラベラーズチェックを購入した際の申込書やトラベラーズチェックの番号控えなどを申告し、受理されれば3〜5日で再発行してもらえる。トーマス・クックのトラベラーズチェックを紛失したら、**トーマス・クックのオフィス Thomas Cook bureau**のいずれかに連絡して、代わりのトラベラーズチェックを発行してもらうこと。トーマス・クックのオフィスは北駅Gare du Nord（MAP3 ☎01-42-80-11-50 🕐6:15〜23:30）にもあるし、観光案内所中央オフィスの隣にもある（後出の「両替商」参照）。トーマス・クックの**顧客サービス・オフィス customer service bureau**（☎0-800-90-83-30）は、24時間フリーダイヤルの問い合わせを受け付けている。

ATM 自動現金預払機（ATM）は、フランス語ではDAB（distributeur automatique de billets）、またはポワン・ダルジャンpoint d'argentと呼ばれるが、このATMにより、自国の預金口座から有利な為替レートで現金を引き出すことができる。パリには、シーラスCirrus、プラスPlus、マエストロMaestroといったネットワークと提携しているATMがたくさんある。たいていのATMでは、VISAやマスターカード

のクレジットカードでキャッシング（現金の借り入れ）ができる（次項参照）。ATMの多くは4桁以上のピンコードPIN codes（暗証番号）を受け付けないので、どうすればいいのかをそれぞれの取引銀行に尋ねること。ピンコードをいつも一連の文字で覚えている人は、それを数字に変換する必要がある。フランスのキーボードにはそれに該当する文字キーがないことがあるからだ。

クレジットカード　フランスで最も経済的に支払いをする方法の一つに、クレジットカードによる支払いがある。VISA（カルト・ブルーCarte Bleue）は最も広く受け入れられており、マスターカード（ユーロカードEurocard）がこれに続く。アメックス・カードは、高級な場所では便利なことがあり、いくつかのATMではキャッシングもできる。一般に、これら3つのカードは、列車旅行、レストランでの食事、およびキャッシングに使用することができる。

VISAやマスターカードのクレジットカード口座からキャッシングすると、カード会社から手数料を取られ、それがかなりの額になることもあるので、出国前にカード会社に問い合わせておくこと。また、多くの銀行ではキャッシングについて4%の手数料（最低でも約€6）がかかる。しかし、出国前に自分の口座に資金を預け入れておき、クレジットカードを利付きだが実質的に銀行の口座のように変えることもできる。

日本のクレジットカードでも、海外で国内と同じように現地通貨がキャッシングできる。カード会社が現地提携している金融機関のATMや窓口、カード会社によってPlusまたはCirrusのいずれかのマークのあるATMも利用できる。

VISAやマスターカードを紛失しても帰国前に再発行してもらえないこともあるので、クレジットカードは1枚だけでなく2枚持っていたほうが無難だ。

パリでVISAカードの紛失や盗難にあったら、**カルト・ブルー Carte Bleue**（☎0-836-69-08-80）に電話をし、マスターカードやユーロカードを紛失したら、**ユーロカード・フランス Eurocard France**（☎0-800-90-23-90または01-45-67-84-84）に連絡すること。いずれも24時間営業している。カードを再発行してもらうには、発行会社との交渉が必要だ。

アメックス・カードの紛失や盗難については、☎01-47-77-72-00または01-47-77-70-00（24時間営業）に連絡すること。カードの再発行については、平日9:00～18:30、土9:00～17:30にアメックスの主要オフィス（本章前出

の「トラベラーズチェック」参照）で準備してくれる。

ダイナース・クラブのカードを紛失したら、☎01-49-06-17-50に連絡すること。

日本語対応するクレジットカードの緊急問い合わせは、アメックス ☎0-800-90-83-91、三井住友VISA ☎00-800-12121212、JCB ☎0-800-05-81-11、ダイナース・クラブ ☎03-3570-1200（日本へのコレクトコール）。

国際送金　電信送金はそれほど高くつかないが、その名前に似合わず、かなり時間がかかることがある。送金を受け取りたい銀行名や支店名、住所などを記入するのを忘れないこと。

アメリカン・エキスプレス経由での送金は他の方法よりも早く届き、しかも簡単だ（手数料はUS$1000当たり約US$50）。日本では駿河銀行が代理店になっているウェスタン・ユニオンの**送金システム Money Transfer system**（☎01-43-54-46-12）やトーマス・クックとフランスの郵便局が使っている**マネーグラム・サーヴィス MoneyGram service**（☎0-800-90-53-11）も人気がある。

両替商　銀行、郵便局、両替所のレートは、現金よりもトラベラーズチェックのほうが高いことが多い。パリの鉄道駅や高級ホテルなどにも両替所があり、たいてい夕方、週末、祝日に営業しているが、一般にレートはよくない。

両替のレートが最もよいのは郵便局で、ここではさまざまな通貨の紙幣のほかにアメックスやVISAのトラベラーズチェックも取り扱ってくれる。トラベラーズチェックの両替手数料は1.5%（最低でも約€4）だ。

商業銀行で外国通貨を両替すると、通常は1件につき€3～4.50という法外な手数料を取られる（たとえば、BNPパリバの手数料は3.3%、最低でも約€4）。レートは店によってまちまちなので、比較してみる価値はある。トラベラーズチェックの場合は、銀行で換金すると、€3.40～5.30近い手数料を取られる（たとえば、BNPパリバの手数料は1.5%、最低でも€3.80）。通常の営業時間は、月～金曜または火～土曜の8:00（または9:00）～11:30（または13:00）と13:30（または14:30）～16:30（または17:00）だが、両替サービスが閉店時間の30分前に終わることもある。

パリの両替所のサービスは迅速で、簡単で、しかも営業時間が長く、レートは多くの銀行よりもよい。まず郵便局のレートを調べて、それを両替所のレートと比較してみるのが一番いい方法だ。一般に両替所では手数料を取ってはいけないことになっている。小額を両

基本情報 − お金

替する場合には、たとえ最高のレートでない両替所でも、いくぶん多めの金額をもらえる可能性がある。

パリの2つの空港には、トラベレックスTravelexの両替所があり、毎日6:00（または6:30）〜22:30（または23:00）に営業している。パリの6つの主要鉄道駅にも両替所（その多くはトーマス・クックの店）があるが、レートはあまりよくない。チェックポイントCheque-pointやエグザクト・シャンジュExact Changeといった両替所のチェーン店で両替するのは、まるでトラベラーズチェックを紙飛行機にしてセーヌ川に飛ばすようなばかげた行為だ。彼らのレートは、適正レートよりも約10%も低いからだ。

両替所を利用する時には、あちこち見て回り、小さな印刷文字にも注意すること。たとえば、リヴォリ通りrue de Rivoliには、US＄3000以上を換金する場合には、いいレートを適用する店もいくつかある。そのほか観光案内所中央オフィスにある**CCF銀行**（☎01-49-52-53-47 ◑9:00〜19:30）の両替所は、手数料を取らないし、レートもまずまずだ。

おすすめできる両替所のいくつかを以下に紹介する。

ルーヴル周辺（MAP2 & 6）
ル・シャンジュ・デュ・ルーヴル
Le Change du Louvre（MAP6）
☎01-42-97-27-28
🏠151 rue St-Honoré, 1er、ル・ルーヴル・デ・ザンティケールLe Louvre des Antiquairesの北側
Ⓜ パレ・ロワイヤル・ミュゼ・デュ・ルーヴルPalais Royal Musée du Louvre
◑平日10:00〜18:00、土10:30〜16:30

ル・シャンジュ・ド・パリ
Le Change de Paris（MAP2）
☎01-42-60-30-84
🏠2 place Vendôme, 1er
Ⓜ チュイルリーTuileries

こんな小さな店に長い列ができるのは、為替レートがいいからに違いない！

レ・アル周辺（MAP6）
ベスト・シャンジュ
Best Change
☎01-42-21-46-05
🏠21 rue du Roule, 1er、フォーラム・デ・アルForum des Hallesから3ブロック南西に行ったところ
Ⓜ ルーヴル・リヴォリLouvre Rivoli
◑月〜土10:00〜20:00

カルチエ・ラタン周辺（MAP6）
ラ・ソシエテ・トゥーリスティック・ド・セルヴィス
La Société Touristique de Service（STS）
☎01-43-54-76-55
🏠2 place St-Michel, 6e
Ⓜ サン・ミッシェルSt-Michel
◑月〜土9:00〜21:00、日11:00〜20:00

シャンゼリゼ＆マドレーヌ周辺（MAP2）
ビューロー・ド・シャンジュ
Bureau de Change
☎01-42-25-38-14
🏠25 av des Champs-Élysées, 8e
Ⓜ フランクラン・デ・ルーズヴェルトFranklin D Roosevelt
◑9:00〜20:00

オフィス・ド・シャンジュ・ド・パリ
Office de Change de Paris
☎01-42-66-25-33
🏠13 rue Royale, 8e、マドレーヌ教会La Madeleineのそば
Ⓜ マドレーヌMadeleineまたはコンコルドConcorde
◑月〜土9:00〜18:30

トーマス・クック
Thomas Cook
☎01-47-20-25-14
🏠125 av des Champs-Élysées, 8e、観光案内所中央オフィスの隣
Ⓜ ジョルジュ・サンクGeorge V
◑9:15〜21:00

モンパルナス周辺（MAP7）
ユーロピアン・エクスチェンジ・オフィス
European Exchange Office
☎01-42-52-67-19
🏠6 rue Yvonne Le Tac, 18e
Ⓜ アベスAbbesses
◑平日10:00〜18:30、土10:30〜18:00（6〜9月は日曜も営業）

トーマス・クック
Thomas Cook
☎01-42-57-05-10

🏠84 blvd de Clichy, 18e
Ⓜ️ブランシュBlanche
🚇9:30〜21:45

お金・貴重品の管理

総じてパリはかなり安全な街だが、スリには用心しなくてはならない（後出の「治安・トラブル」参照）。必要以上にお金を持ち歩かないようにし、またクレジットカードやパスポート、その他の書類は人目につかないポーチに入れるか、ホテルの金庫や貸金庫に預けておくこと。非常の場合に備えて、つねに余分のトラベラーズチェックや現金を安全な場所に保管しておきたい。

旅費

ユースホステルやシャワー・トイレなしの低予算のホテルに泊まり、外食をせずにピクニックのような食事で済ますのなら、1人1日約€40の予算でパリに滞在することができる。2つ星ホテルに宿泊するカップルで、1日に1回だけ安いレストランで食事をする場合には、1人1日最低€75はかかると見ておきたい。頻繁に外食をし、ワインを飲み、パリの贅沢な生活に身を任せるのであれば、予算はウナギ登りになる。

割引

美術館、映画館、SNCF（フランス国鉄）、フェリー会社、その他の機関では、26歳未満（すなわち国際青年旅行証IYTC所持者）と国際学生証ISICを持っている学生（年齢が制限されることもある）、そしてシニアle troisième âge（60歳以上または65歳以上）の人たちにはあらゆる種類の割引料金が適用される。まずは、割引料金tarif réduit、あるいは半額料金demi-tarifという表示を探してみて、自分にもそれが適用されるかどうかを尋ねてみること。

18歳未満については、国立の美術館・博物館musées nationaux（政府管轄の国立美術館・博物館）への入場が無料になるなど、割引の範囲がさらに広がる。パリとイル・ド・フランスの約75カ所の観光スポットに入場できるカルト・ミュゼ・モニュマンCarte Musées et Monumentsの詳細は、「観光スポットと楽しみ方」のコラム「待たずに入場」の便利なカード！」を参照のこと。十数カ所の美術館・博物館では毎月第1日曜が入場無料となる。

チップ・値引き

フランスの法律は、レストラン、カフェ、およびホテルの請求書にサービス料を含めるよう義務付けている（通常12〜15％。「食事」のコラム「チップについて」参照）。タクシーの

チップは、料金にかかわらず€0.50までが普通で、どんなに高くても€1程度だ。

フランスの人たちは、フリーマーケットを除いて、めったに値引きをしてくれない。

税金・払い戻し

フランスの付加価値税（VAT）はTVA（taxe à la valeur ajoutée）と呼ばれ、医薬品と書籍（5.5％）を除き、大部分の物品に19.6％の税率が適用される。TVAを含めた価格は、TTC（toutes taxes comprises、"税込み"）と表示されることが多い。

EU居住者でない場合には、年齢が15歳以上で、フランス滞在期間が6カ月未満で、1軒の店で€175以上（税込み）の物品を購入し（同じ物品を10個まで）、旅行かばんの中に物品が入り、購入してから3カ月以内に物品をフランス国外に持ち出し、店が免税販売vente en détaxeをしてくれる時には、TVAの払い戻し（免税）が受けられる。

免税を希望する場合は、品物を購入する時にパスポートを提示し、輸出販売明細書bordereau de vente à l'exportationの作成を依頼することになる。たいていの店では、払い戻しの手続きに要する時間や経費をカバーするため、所定の17％よりも低い率で払い戻しをする。

フランスあるいは他のEU諸国を出国する際に、空港や国境の税関に3枚綴りの明細書を提出して係員に承認スタンプを押してもらう。係員がそのうちの2枚（グリーンの用紙とピンクの用紙）を返してくれるので、ピンクの用紙を購入店からもらった封筒（切手を貼って宛名を書いたもの）に入れて、最寄りのポストに投函する。グリーンの用紙が個人の控えとなる。品物を購入した店にこのスタンプ付きのコピーが届くと、その店では買い物客が依頼した方法（たとえばユーロチェックや口座への直接振り込みなどの方法）で買い物客への送金virementを行う。この送金が手元に届くまでに3カ月くらいはかかるので、そのつもりでいること。

詳細は、税関情報センター customs information centre（☎01-53-24-68-24 🌐www.douane. minefi.gouv.fr フランス語のみ）に問い合わせること。

出国前の払い戻し オルリー空港やロワシー・シャルル・ド・ゴール空港から飛行機に乗る場合には、店によっては出国の際に払い戻しを受けられる手続きをしてくれるところもある。その場合、品物を購入する際にそのような手続きをしてもらうこと。

空港に到着したら以下の3つの手続きを行う。

- フライトの出発時間の3時間前までに、明細書、パスポート、航空券、購入品（チェックインの荷物とは別にしておくこと）を税関douane職員のところに持っていき、3枚綴りの明細書のすべてにスタンプを押してもらう（そのうちの1枚を税関職員が保管する）。
- 次に、パリ空港Aéroports de Paris（ADP）のインフォメーション・カウンターに行くと、そこで係員が数字をチェックし、明細書の2枚にスタンプを押してくれる。
- それを持って税関払い戻しdouane de détaxeの窓口または明細書に記載されている両替所（24時間営業）に行き、そこで払戻金を受け取る。

郵便・通信

郵便

パリの郵便局bureaux de posteの多くでは、営業時間は平日8:00～19:00、土曜8:00（または9:00）～12:00となっている。普通、タバコ屋tabacsでも切手を売っている。

　　　　中央の**郵便局**（MAP3 ☎01-40-28-20-00 🏠52 rue du Louvre, 1er Ⓜ️サンティエSentierまたはレ・アルLes Halles）は、ルーヴルの東端を北に5ブロック行ったところにあり、郵便の発送、電報および国内FAXの送信、それに局留め郵便の受け取り（6番窓口、1通につき手数料€0.46）については24時間営業している。通貨の両替を含むその他のサービスは通常の営業時間内に提供される。19:00以降は、長蛇の列ができるので要注意。郵便局の特定の支局への送達指定がない局留め郵便はここで手渡される。毎朝6:20～7:00の間に30分間閉局となる。

　　　　郵便局のシャンゼリゼ支局（MAP2 ☎01-53-89-05-80 🏠71 av des Champs-Élysées, 8e Ⓜ️ジョルジュ・サンクGeorge V 🕙月～金9:00～19:30、土10:00～19:00）では、土曜の営業時間が多少延長される。ここでは、手紙の発送やFAXの送信、通貨の両替ができる。

　　　　各区には、"750"または"7500"という区の指定番号と組み合わせた5桁の郵便番号がある（たとえば、1区は75001で、19区は75019）。16区だけは例外で、75016と75116の2つの郵便番号がある。フランスの住所宛ての郵便物には必ず郵便番号を記載しなければならない。"CEDEX Paris"という表記がある場合は、その住所宛ての郵便物が個別に配達されるのではなく、郵便局に集められることを意味している。

　　　　郵便料金　フランス国内宛ての封書は20gまで€0.46。EU圏内宛ての封書とハガキは、20gまで€0.46、50gまで€0.69。そしてEU圏以外の欧州宛ての封書とハガキは、20gまで€0.46、50gまで€0.70。日本への郵便は、封書20gまで€0.75、20～40g €1.37、40～60g €2.13。ハガキは€0.75。小包は2kg €26.68から30kg €266.79まで扱っている。2kgを超す小包は各区の主要郵便局poste principaleで扱っている。

電話

30年ほど前まで、パリの電話システムは西欧社会の中でも最低の水準にあったため、パリの人々は地下の圧搾空気管を利用した市内気送速達郵便pneumatiqueというシステムで電報を送っていた。しかし、1970年代後半から1980年代初めにかけて大規模な投資により改善が図られた結果、今やパリの通信システムは世界の先端をいく最も近代的なものになっている。

　　　　パリへの電話　フランス国外からパリ市内に電話をするには、まず自国の国際アクセス番号を回し、そのあとに33（フランスの国番号）、次いで相手先の電話番号を市外局番の最初の0を除いてダイヤルする。日本からパリにかける場合も同様にダイヤルする。国際電話会社の識別番号（マイライン、マイラインプラスに登録している場合は必要なし）＋010＋フランスの国番号33＋相手先の電話番号10桁から最初の0を除いたものをダイヤルする。主な国際電話会社の識別番号は、KDDI（001）、日本テレコム（0041）、NTTコミュニケーションズ（0033）ケーブル・アンド・ワイヤレスIDC（0061）。

　　　　国内電話　市内電話はかなり安い。電話をかける時間帯や通話時間、通話距離にもよるが、一般加入電話からだと最初の3分間が€0.11、同じく公衆電話からだと€0.12（テレフォンカードだと€0.10）だ。フランスには市外局番がないので、つねに10桁の電話番号をダイヤルすることになる。パリの番号は必ず01から始まる。携帯電話にかける場合は（フランスでは必ず06で始まる）、公衆電話からだと€0.65～0.83かかる。

　　　　0-800（"緑の番号"numéro vert）で始まる電話番号は、フランスのフリーダイヤルだが、8で始まる他の番号は有料となる。"青の番号"numéro azur（0-801や0-810）は、市内通話と同率の料金がかかり、"藍色の番号"numéro indigoは、1分間の通話料金が€0.12（0-802か0-820）または€0.15（0-803か0-825）となる。広範に使用されている0-836は、新しい番号0-892に代わりつつあるが、この番号にかけると、つねに接続に€1.35かかり、その後1分ごと

に€0.34という高い料金が加算される。
　フランス・テレコムの電話番号案内やサポート*service des renseignements*を呼び出したい時は12をダイヤルする（📞€0.44）。オペレーターが英語を話さなくても驚かないこと。

国際電話
パリから国際電話をかける時は、国際電話識別番号（00）を回してから、国番号、そして市外局番（最初に0があれば除く）、そして相手先の電話番号の順にダイヤルする。世界のほとんどの場所につながる国際直接ダイヤル通話（IDD）は、公衆電話からもかけられる。

　日本への国際電話のかけ方は、国際電話識別番号00＋日本の国番号81＋市外局番から0を取った番号（東京03なら3）＋相手の電話番号を押す。ホテルからかけるときは、最初にホテルの外線番号を押す。

国際電話料金
上記の方法で公衆電話から日本に電話する場合1分間約€2。ホテルからだとかなり割高になる。昼間の他の欧州諸国への電話料金は、1分間€0.47〜0.65（テレフォンカードだと€0.34〜0.44）。約20％の割引が適用されるには通常、月〜木曜の19:00〜8:00、金曜19:00〜月曜8:00、祝日の終日。携帯電話の割引時間帯はもっと短く、月〜金曜の21:30〜8:00と土曜12:00〜月曜8:00だ。

　また、日本のオペレーターを呼び出してコレクトコールをする場合は各国際電話会社の専用番号にダイヤルする。

KDDIジャパンダイレクト
　☎0800-99-0081
　📞最初の1分間2600円、その後1分ごとに450円

日本テレコムホームダイレクト
　☎0800-99-8141
　📞平日昼間（日本時間）で5分間2000円、夜間休日1780円、深夜1670円

　オペレーターを通さずにクレジットカード引き落としで国際電話をかけることもできる。各国際電話会社の専用番号にダイヤルし、日本語の音声案内にしたがう。クレジットカードの暗証番号が必要。

KDDIスーパージャパンダイレクト
　☎0800-99-0281
　📞平日昼間（日本時間）で3分間580円、夜間休日560円、深夜180円

日本テレコムダイヤルジャパン
　☎0800-99-2043
　📞平日昼間（日本時間）で3分間570円、夜間休日490円、深夜180円

ケーブル・アンド・ワイヤレスIDCホームダイヤル
　☎0800-99-0280
　📞平日昼間（日本時間）で3分間570円、夜間休日490円、深夜180円

国際電話について日本での各会社の問い合わせ先は以下のとおり。

KDDI
　☎0057 無料
　🕐24時間（無休）

ケーブル・アンド・ワイヤレスIDC
　☎0066-11 無料
　🕐9:00〜21:00（無休）

日本テレコム
　☎0088-41 無料
　🕐9:00〜21:00（無休）

NTTコミュニケーションズ
　☎0120-540-033 無料
　🕐9:00〜21:00（無休）

公衆電話
パリの公衆電話を利用するには、テレカルト*télécarte*と呼ばれるテレフォンカードが必要になる。このテレフォンカードは、郵便局、タバコ屋、スーパーマーケットのレジ・カウンター、SNCFの切符売り場、メトロ駅、そして"*télécarte en vente ici*"（テレカルト売り場）という青いステッカーの貼ってある場所で購入でき、50度数（€7.40）と120度数（€14.80）の2種類がある。

　カフェやレストランの中には、ポワン・フォンPoint Phonesと呼ばれるコイン式の店内電話機が残っているところもある。ポワン・フォンを見つけるには、ポワン・フォンのマークのついた青と白のステッカーが窓に貼られている店を探すこと。

パリの公衆電話ボックスは、我々にはちょっと小さい

ポワン・フォンを除くすべての公衆電話で国内電話と国際電話を受け取ることができる。誰かにコールバックしてもらいたい時は、フランスの国番号と10桁の番号を教えればよい。通常、この番号は料金表や電話ボックスの中の小さな表示の"*Ici le…*"（ここの電話番号は～）や"*No d'appel*"（電話番号）という言葉の次に書いてある。相手に最初の"01"の"0"を除くように伝えるのを忘れないこと。電話がかかってくると、液晶表示板に"*décrochez – appel arrive*"（電話がかかっています。受話器を取ってください）という文字が表示される。

テレフォンカード フランスでは、国際電話をかける時に標準的なテレフォンカードよりもお得なプリペイドカードが買える。よく利用されるのは、カルト・ウェルカムCarte Welcome、テル・プラスTell Plus、およびイーグル・テレコム・インターナショナルEagle Télécom Internationalで、フランスの通常の国際通話料金と比べて最高60％も割安になる。通常、これらのカードには€7と€14の2種類があり、タバコ屋、新聞・雑誌販売店、電話販売店、それにフォブール・サン・ドニ通りrue du Faubourg St-Denis（10区）、チャイナタウン（13区）、ベルヴィルBelleville（19区と20区）といった外国人街の販売所で売っている。

eKnoコミュニケーション・サービス ロンリープラネットのイークノeKno グローバル・コミュニケーション・サービスを利用すると、低料金で国際電話がかけられる（国内電話には国内のテレフォンカードを使ったほうがお得だ）。イークノでは、無料のメッセージ・サービス、eメール、旅の情報、および大切な書類に関する情報をすべて安全に保管できるオンラインの情報管理サービスも提供している。このサービスに登録するには、オンラインでwww.ekno.lonelyplanet.comにアクセスすること。いったん登録したら、フランスからは☎0-800-90-08-50をダイヤルするだけでイークノのサービスが利用できる。

携帯電話 フランスではGSM 900/1800が使用されている。これは、欧州各国やオーストラリアとは互換性があるが、北米のGSM 1900（フランスでも通用するGSM 1900/900の電話を持っている北米人もいる）や日本のシステムとの互換性はない。

日本から携帯電話を持って行きたい場合、簡単なのは海外専用の携帯電話をレンタルすることだ。自分が加入している携帯電話会社からレンタルすれば、滞在国内での通話はもちろん、自分の携帯にかかってきた通話を海外に転送したり、国際電話もかけることができる。レンタル料金、通話料、申し込み方法等の詳細は各携帯電話会社のホームページを参照のこと。

また、一部携帯電話会社では、日本国内・海外の両方に対応できる携帯機種を発売している。普段日本で使っている携帯をそのまま海外で使えるので、頻繁に海外へ行く人には便利だ。ただし、世界中をカバーしているというわけではなく、対応できるエリアは携帯電話会社によって異なる。

海外専用・レンタル携帯電話サービスに関するホームページは次のとおり。

NTTドコモ（ワールドウォーカー）
 www.nttdocomo.co.jp/p_s/service/keitai/ww/about/index.html

J-PHONE（トラベルフォン）
 www.j-phone.com/japanese/service/vgs/index.html

au（モーバイルエクスプレス）
 www.au.kddi.com/kaigai/mobile_express/index.html

ミニテル Minitel ミニテルは、1980年代に社会党政権によって導入されたフランス特有のスクリーン・ベースの情報サービスだ。便利だが、利用料金が高くつくことがある。また、インターネットの人気が高まるにつれて、ミニテルは料金面でますます厳しい競争を強いられている。モノクロのモニターと無骨な感じのキーボードが備わった最も基本的なタイプが、電話加入者に無料で提供される。ミニテルの新しいモデルにはカラースクリーンが付いており、多くの人がホーム・コンピュータやモデムを使ってシステムにアクセスしている。

ミニテルの番号は4桁の数字と一連の文字から成っている。自宅利用者は1分ごとにアクセス料金を取られるが、電話帳*annuaire*へのアクセスは無料だ。郵便局に置いてあるたいていのミニテル端末を無料で使用して電話番号を調べることができ、また、これらの多くから有料のオンラインサービスにもアクセスできる。

FAX

パリにある多くの郵便局や電話販売店で国内FAXや国際FAXの送受信ができる。郵便局では、フランス国内へのFAX送信料金は最初の1枚が€1.20で、2枚目以降は€0.90となる。国際FAXの場合は、送信先により料金が異なるが、送信先が欧州、北米なら最初の1枚が€4.50で、2枚目以降は€2.70、それ以外の場合は、最初の1枚が€6.90で、2枚目以降が€3.80となる。

eメール＆インターネット

パリにある約75の郵便局（1つの区に5つもあるところもある）に、シベールポスト・アンテルネット・サントルCyberposte Internet centresがあり、そこでは1時間接続のリチャージ可能なカードの料金は€7.50である。カードを使い切ってしまったら、もう1時間接続する分をリチャージするのに€4.50かかる。10時間分をリチャージすると、1時間分が無料サービスとなる。

　センターは、通常、平日9:00〜19:00、土曜は12:00まで開いている。すべてのセンターを掲載したリストは、■www.cyberposte.com（フランス語のみ）で入手できる。

　パリにはインターネット・カフェがたくさんあるが、そのうち中心部にあるおすすめの店は以下のとおり。

カフェ・オルビタル
Café Orbital（MAP5）
☎01-43-25-76-77
■www.cafeorbital.com
🏠13 rue de Médicis, 6e
Ⓜ️リュクサンブールLuxembourg
🕐月〜土10:00〜22:00、日12:00〜20:00
💶最初の30分€4.50、以降1分ごとに€0.15、1時間ごとに€7.60、5時間€30.50、10時間€46、20時間€76

シベールボブール・アンテルネット・カフェ
Cyberbe@ubourg Internet C@fé（MAP6）
☎01-42-71-49-89
🏠38 rue Quincampoix, 4e
Ⓜ️シャトレ・レ・アルChâtelet-Les Halles
🕐9:00〜23:00
💶15分€1.50、30分€3、45分€4.50、60分€6、10時間€29、20時間€44

シベール・エスパス・デュ・カルーゼル・デュ・ルーヴル
Cyber Espace du Carrousel du Louvre（MAP6）
☎01-40-20-04-04
🏠99 rue de Rivoli, 1er
Ⓜ️パレ・ロワイヤル・ミュゼ・デュ・ルーヴルPalais Royal Musée du Louvre
🕐7:00〜23:00
💶15分€3、30分€4.50、60分€8.40

シベール・スクワール
Cyber Squ@re（MAP3）
☎01-48-87-82-36
■www.cybersquare-paris.com フランス語のみ
🏠1 place de la République, 3e（ヴァンドーム小路passage Vendômeから入る）
Ⓜ️レピュブリックRépublique
🕐月〜土10:00〜20:00
💶5分€0.75、15分€2.30、30分€3.80、60分€6、10時間€45.70、20時間€76.20

イージー・インターネット・カフェ
easyInternetCafé（MAP6）
☎01-40-41-09-10
■www.easyeverything.com
🏠31-37 blvd de Sébastopol, 1er
Ⓜ️シャトレ・レ・アルChâtelet-LesHalles
🕐24時間
💶31分までの単一接続€0.50・マルチ接続€1、24時間€5、7日間€10、30日間€20、接続時間の長さは時間と利用者数による。

リュクサンブール・ミクロ
Luxembourg Micro（MAP5）
☎01-46-33-27-98
■www.luxembourg-micro.com
🏠83 blvd St-Michel, 5e
Ⓜ️リュクサンブールLuxembourg
🕐月〜土9:30〜22:00、日14:00〜20:00
💶15分€1.50、30分€2.50、60分€4.50

ラン・コンセプト・シベール・カフェ
Ran Concept Cyber Café（MAP3）
☎📠01-43-55-82-27
🏠96 rue Jean-Pierre Timbaud, 11e
Ⓜ️クーロンヌCouronnes
🕐8:00〜翌2:00
💶1時間€3.80

シン・ネット・パンテオン
Shin Net Pantheon（MAP5）
☎01-46-33-25-72 📠01-46-33-26-97
🏠6 rue des Fossés St-Jacques, 5e
Ⓜ️リュクサンブールLuxembourg
🕐10:00〜24:00
💶1時間€3.80

シット・ベルジェール
Site Bergère（MAP3）
☎01-48-24-43-74
■www.sitebergere.com
🏠21 rue de Trévise, 9e
Ⓜ️カデCadet
🕐平日12:00〜24:00、土・日13:00〜24:00
💶1分€0.15、20分€2.30、30分€3、60分€4.50、10時間€38

ウェブ・カラント・シス
Web 46（MAP6）
☎01-40-27-02-89 📠01-40-27-03-89
🏠46 rue du Roi de Sicile, 4e
Ⓜ️サン・ポールSt-Paul
🕐9:30〜22:00
💶15分€2.50、30分€4、60分€7、5時間€29

ウェブ・バール
Web Bar（MAP3）
☎01-42-72-66-55
■www.webbar.fr フランス語のみ
🏠32 rue de Picardie, 3e
Ⓜ️タンプルTempleまたはレピュブリックRépublique

◎平日8:30〜翌2:00、土・日11:00〜翌2:00
₣30分€1.50、60分€3、8時間€22.80、20時間€45.70

参考サイト

ワールド・ワイド・ウェブWorld Wide Webは、旅行者にとって非常に役に立つ情報源である。旅についてのリサーチ、格安航空券探し、ホテルの予約、気象状況のチェックなどができ、また、必見の場所（あるいは避けるべき場所）について地元の人や旅行者とチャット（ネットワーク上のおしゃべり）をすることもできる。

ウェブ上での検索を始める時は、まずロンリープラネットのホームページを見ることをおすすめする（www.lonelyplanet.com）。ここには、地球上の多くの場所への旅行に関する簡潔な説明、他の旅行者からのハガキ、ソーン・ツリーThorn Treeという掲示板などが掲載されている。この掲示板を利用して、出発前の問い合わせをしたり、旅行から戻った後にほかの人にアドバイスを与えることができる。また、トラベルニュースや人気の高いロンリープラネットの各種ガイドブックの最新版も見ることができる。subWWWayの欄は、他のホームページに掲載されている有益な旅の情報源にリンクしている。

パリやフランスについて有益な情報が入手できる日本語のホームページは以下のとおり。

フランス大使館
 www.ambafrance-jp.org/
フランス政府観光局
 www.franceinformation.or.jp/
Travelium Paris
 www.paris.infossimo.com/
パリスムーズ
 www.parissmooz.com/
日仏会館
 www.mfj.gr.jp/index-j.html

パリやフランスについて役に立つ情報を入手できる英文ホームページは以下のとおり。

フランス・ディプロマシー
France Diplomatie
 大使館・領事館の一覧とビザに関する情報を掲載。
 www.france.diplomatie.fr
フランス政府観光局
French Government Tourist Office
 フランス旅行に関する各種情報を掲載した公式観光サイト。
 www.francetourism.com

パリ市役所
Mairie de Paris
 パリ市庁舎が直接提供する統計やパリ市に関する情報を掲載。
 www.paris-france.org
フランス政府観光局（総合）
Maison de la France
 主要観光案内所のサイト。日本語もあり。
 www.maison-de-la-france.fr
メテオ・フランス
Meteo France
 2日間の天気予報と現在の天候を掲載。
 www.meteoconsult.fr
メトロポール・パリ
Metropole Paris
 優れたオンライン・マガジン（英語版）。
 www.metropoleparis.com
パリ・パージュ
Paris Pages
 美術館・博物館と文化イベントへのリンクが豊富。
 www.paris.org
パリ観光案内所
Paris Tourist Office
 予想以上に多くのリンクがあるすばらしいサイト。
 www.paris-touristoffice.com
パリスコープ
Pariscope
 パリで最も注目すべきオンライン週刊エンターテインメント情報（フランス語のみ）。
 www.pariscope.fr

参考になる本

多くの書籍は、異なる言語で、異なる出版社により、異なる国で出版されている。幸いにも、書店や図書館は書名や著者名によって検索ができるので、地元の書店や図書館で以下の推薦図書の有無について教えてもらえるはずだ。

パリについて書かれた優れた本はあまりにも多いので、そのうちの何冊かだけを推薦するのは難しい。推薦図書のリストは、ペーパーバックで入手できるものにほぼ限定して、かなり短くした。パリの書店に関する詳細は、「ショッピング」を参照のこと。

ロンリープラネット

ロンリープラネットの「フランス*France*」には、パリ以外のフランス各地を旅行しようと考えている人に役に立つ情報が掲載されている。「食事—パリ*Out to Eat–Paris*」には、パリにおける最高の食事どころがかなり多く紹介されており、「世界の食べ物：フランス*World Food: France*」は、パリ、イル・ド・フランス、その

読みたい本があれば、雑然としたシェークスピア＆カンパニーに行って探してみよう

他の地方のさまざまな料理を料理巡りの形で読者に紹介している。ロンリープラネットの「フランス語常用会話集*French phrasebook*」は、フランス語の総合的なガイドブックだ。また、本書で説明した内容を視覚的に補足するビデオ「パリ*Paris*」や、携帯するコンピュータ用に特別に作成された「シティシンク・パリ*CitySync Paris*」というパリ市のデジタル・ガイドもある。以上いずれも英語版だ。

その他のガイドブック

パリの散策に関する優れたガイドブックとして、Christopher Turner著「*Paris Step by Step*」、Alison & Sonia Landes著「*Pariswalks*」、Gilles Desmons著「*Walking Paris: 30 Original Walks*」がある。Ian Littlewood著「*Paris: A Literary Companion*」は、文学史上の人物がかつて住んだ建物を紹介している。Anne & Alain Riou著「*Paris Pas Cher*」は、値の張らないショッピングのポイントやその他のオプションが紹介されており、内容も毎年更新される。Patricia Wells著「*The Food Lover's Guide to Paris*」は、英語で書かれた由緒あるフランス料理の本*la doyenne de la cuisine française*で、紙面の都合で本書では紹介できなかった特殊なレストランや食料品店を探したい人には不可欠の本だ。パリに関する百科事典的なガイドブックとして、最近改訂された「*Larousse Paris*」（英語版）がある。

歴史・政治

簡単に読める概説書がほしい時は、Robert Cole著「*A Traveller's History of Paris*」がおすすめだ。

Nancy Mitford著「*The Sun King*」は、ルイ14世および彼がヴェルサイユを拠点として統治したフランスについて書かれた古典的名著だ。Alistair Horne著「*The Fall of Paris*」は、1870～1871年のパリ包囲戦とパリ・コミューンをテーマにしたものだ。Simon Schama著「*Citizens: A Chronicle of the French Revolution*」は、1789年のバスチーユ襲撃後の数年間を調査研究した、まさに歴史的価値のある著作で、各方面から高く評価されている。Christopher Hibbert著「*The Days of the French Revolution*」は、フランス革命時代の社会を描いた、非常に読み応えのある本だ。

Larry Collins & Dominique Lapierre著「*Is Paris Burning?*」には、1944年のパリ解放の劇的な様子が描かれている。Horne著「*To Lose a Battle: France 1940*」は、パリの敗北と降伏をテーマにしたものだ。

パリとフランスの社会について説明した最も興味深い本の一つに、Julian Barnes著「*Cross Channel*」がある。ジャンヌ・ダルクからユーロスターによるロンドン・パリ間の旅まで、英仏史上の重要な瞬間や時代について説明した機知に富んだ本だ。彼の近著「*Something to Declare*」は、ツール・ド・フランス（フランス一周自転車レース）やジョルジュ・ブラッサン（作曲家兼歌手）、ギュスターヴ・フロベール（作家）といった幅広いテーマに関する機知に富んだエッセイ18編を収めたものだ。

一般書

Theodore Zeldin著「*The French*」は、フランス人の情熱、特異性、今後の展望に関する概説書として高い評価を得ている。John Ardagh著「*France in the New Century: Portrait of a Changing Society*」は、現代のフランスとその政治、国民、特異性を理解するうえで役に立つ入門書であり、同じくJohn Ardaghの著書「*Cultural Atlas of France*」は、フランスの文化と歴史を図解入りで説明したすばらしい本だ。Fernand Braudelの2巻物の2冊目の「*The Identity of France*」は、さまざまな角度からフランス国民を考察したものだ。Elliot Paulの「*The Last Time I Saw Paris*」は、戦前のパリの労働者階級を回想する一連のエピソードを盛り込んだ古典的名著だ。もう少し軽くて、しかも啓発的なものをというのであれば、Polly Platt著「*Savoir Flair*」か「*French or Foe?*」を読んでみよう。

Tony Judt著「*Past Imperfect: French Intellectuals, 1944-1956*」は、戦後フランスの活発な知的生活を検証したものだ。Waverley Root著「*The Food of France*」は、フランス料理を文芸的に紹介した優れた入門書だ。

参考になる映画

パリは、フランス語と英語の両方の映画が数多く上映されている街として人気がある。そのうちの代表的な作品を以下に紹介する。

勝手にしやがれ À Bout de Souffle（フランス、1959年）ジャン・リュック・ゴダール監督の最初の作品。シャンゼリゼから左岸のカフェまでを足早に駆け巡る、パリを讃える白黒映画。

ボーイ・ミーツ・ガール Boy Meets Girl（フランス、1984年）レオス・カラクス監督の雰囲気のある作品。終わりのない夜に失われたパリっ子の魂の苦悩を描いている。

危険な関係 Dangerous Liaisons（アメリカ、1988年）オスカー受賞作品。2人の放蕩貴族のフランス宮廷での密通劇が見事に演じられている。

アメリ Le Fabuleux Destin d'Amélie Poulain（フランス、2001年）近年、世界中で大ヒットした近年では最も人気の高いフランス映画の一つである。題名ともなっている名前のヒロインが、観客をピガール、ノートルダム、鉄道駅、そして何よりも（パリを代表する）モンマルトルに案内するテクニカラーの大作。

憎しみ La Haine（フランス、1996年）マチュー・カソヴィッツの受賞作品。パリにおけるブールbeurs（フランス生まれの若いアルジェリア人たち）の世界の偏見と暴力を検証した作品。

ノートルダムの鐘 The Hunchback of Notre Dame（アメリカ、1939年）ヴィクトル・ユゴーの小説を映画化した作品。主人の悪行に苦しむジプシーの少女を助けるノートルダム大聖堂の鐘つき男がテーマ。

レ・ミゼラブル Les Misérables（アメリカ、1935年）誤った判決により何年も投獄されたジャン・ヴァルジャンは、新たな人生に向けて立ち上がるが、一人の警察官によって苦しめられる。

ラウンド・ミッドナイト 'Round Midnight（フランス語タイトルAutour de Minuit、米仏合作、1986年）黒人ジャズ・ミュージシャンのパリで送った最後の日々をクラブの雰囲気たっぷりに描いた作品。

サブウェイ Subway（フランス、1985年）文字どおり陰鬱なパリの暗黒街を描いたジャン・リュック・ベッソン監督の犯罪映画 film noir。

審判 The Trial（フランス語タイトルLe Proce、仏伊合作、1962年）悪夢をテーマにしたカフカの小説を映画化したオーソン・ウェルズ監督の作品。さびれたオルセー駅（現在のオルセー美術館）など、一部はパリで撮影されている。

ビクター／ビクトリア Victor/Victoria（アメリカ、1982年）1930年代のパリのナイトクラブで少女歌手が女性役を演じる男優に扮する。現実的というよりもコメディ・タッチ。

昼食にパリの大きなチーズを食べながら情報をキャッチ

新聞・雑誌

フランスの主な日刊紙には、「ル・フィガロ Le Figaro」（右派の専門家・ビジネスマン・ブルジョワジー向け）、「ル・モンド Le Monde」（中道左派の専門家やインテリに人気）、「フランス・ソワール France Soir」（右派の労働階級・中流階級向け）、「リベラシオン Libération」（左派の学生やインテリに人気）、「リュマニテ L'Humanité」（共産党機関紙、労働者階級向け）などがある。パリ独自の日刊紙として「ル・パリジャン Le Parisien」（中道の中流階級向け、フランス語の基礎的知識があれば簡単に読める）がある。また、スポーツ専門の日刊紙「レキップ L'Équipe」もある。

英字新聞のうち、パリでよく読まれているのは、パリで編集され、フランス国内のニュースと国際ニュースを満載した「インターナショナル・ヘラルド・トリビューン International Herald Tribune」（€1.85）、「ガーディアン Guardian」、コンパクトな「ユーロピアン・ガーディアン European Guardian」、「フィナンシャル・タイムズ The Financial Times」、「ザ・タイムズ The Times」、カラフルで（軽い内容の）「USAトゥデイ USA Today」などだ。「ニューズウィーク Newsweek」、「タイム Time」、「エコノミスト Economist」といった英字週刊誌も広く読まれている。

パリをベースに2週間に1回発行される「FUSAC」（France USA Contactsの略）は、企業と個人の両方が出す多くの広告で構成されている。これは、英語の新聞・雑誌を扱ってい

るパリの書店（「ショッピング」参照）、英語圏の大使館、**アメリカン教会**（MAP4 ☎01-40-62-05-00 ⌂65 quai d'Orsay, 7e Ⓜポン・ド・ラルマPont de l'Alma）で無料配布されており、オーペアや短期の宿泊場所などを探している人には非常に役立つ。広告を出したい時は、**FUSAC**（☎01-56-53-54-54 📠01-56-53-54-55 🌐www.fusac.fr ⌂26 rue Bénard, 14e ⓂアレジアAlésiaまたはペルネティPernety 📅月〜金10:00〜19:00）に連絡すること。

ラジオ・テレビ

ラジオ

パリとフランス北部では、648kHz AMでBBC World ServiceとBBC for Europeの両方の放送を聴くことができる。Voice of America (VOA) を聴くには1197kHzをダイヤルする。パリでは毎日15:00に、738kHz AMで、ラジオ・フランス・アンテルナシオナルRadio France Internationale (RFI) の英語ニュースが1時間放送される。フランス・アンフォFrance Infoでは、数分おきにフランス語で主なニュースを放送しており、パリでは105.5 mHz FMで聴ける。

小型の短波ラジオがあれば、どこにいても、世界のニュースを英語で聴くことができる。BBC World Serviceの放送は、一日の時間帯により、6195kHz、9410kHz、12095kHz（昼間の感度良好な周波数）のどれかで聴ける。BBC Radio 4は、198 kHz LWで放送し、BBC World Serviceのプログラムを早朝の時間帯に流している。VOAの英語放送は、一日のさまざまな時間帯に、7170kHz、9535kHz、9760kHz、9770kHz、11805kHz、15205kHz、15255kHzで聴ける。

テレビ

多くの高級ホテルでは、CNN、BBC Prime、Sky、その他ネットワークのケーブル・テレビや衛星放送のテレビ番組が見られる。フランスの有料テレビ局であるCanal+（カナル・プリュス）の番組は中級ホテルの多くで見られるが、英語の映画が音声吹き替えなしで放送されることもある。

新聞・雑誌販売所では、「テレラマ*Télérama*」（€1.60）などのさまざまな週刊テレビ番組雑誌が販売されている。なお、「テレラマ」には、その月の特選映画の内容を紹介した折り込みが付いている。吹き替えなしに、字幕を付けてオリジナル言語で放送される外国映画は、"VO" または "v.o." （オリジナル版*version originale*）と表示されている。時々、"VF" または "v.f." （フランス語版*version française*）という表示もある。

ビデオ方式

パル方式（PAL）を使用している他の西欧諸国やオーストラリアとは異なり、フランスのテレビ放送局はセカム方式（SECAM：*système électronique couleur avec mémoire*）を使用している。北米と日本は、さらに別の（互換性のない）NTSC方式という方式を使用している。SECAM方式以外のテレビ番組はフランスでは見られないし、SECAM機能のないビデオデッキやテレビではフランスのビデオカセットを再生することができない。

写真・ビデオ撮影

コダックやフジのカラープリント・フィルムはスーパーマーケットや写真店、フナックの店舗などで買える。フナックでは36枚撮りのコダック・ゴールドの値段が1本€5.95で、24枚撮りの2本入りのパッケージだと€8.99になる。現像は、フィルム1本につき€3〜4と写真1枚につき€0.40〜0.45の料金がかかる。

カラー・スライド*diapositives*の値段は、エクタクロームEktachromeやフジの36枚撮りで、ASA 100が約€6.85、ASA 200が約€8.25、ASA 400が約€10となる。現像代は、24枚撮り€4.25、36枚撮り€5だ。

写真撮影は、美術館・博物館やアート・ギャラリー以外であれば、ほとんど自由にできる。人物を撮影する時は、本人の許可を得るのが礼儀だ。フランス語がわからない時は、カメラを指さしながらにっこり笑えば、たいていは撮らせてくれる。ロンリープラネットのRichard I'Anson著「旅の写真：うまく撮るためのガイド*Travel Photography: A Guide to Taking Better Pictures*」（英語版）には、写真を撮る人のための有益なアドバイスが満載されている。

時差・時間

フランスでは、通常24時間制が用いられ、時間を表示する時は、"時" と "分" の間に小文字の "h" を入れる。つまり、15h30は15:30、21h50は21:50、0h30は0:30を示す。

フランスは中央ヨーロッパ標準時が使用されるので、時刻はグリニッジ標準時（GMT）や協定世界時（UTC）よりも1時間進んでいる。3月の最終日曜から10月の最終日曜までのサマータイム期間中には、フランスの時刻は、GMTやUTCよりも2時間早くなる。

日本はパリより8時間先行しており、たとえばパリの正午12:00は日本の20:00になる。また、サマータイムの時差は1時間早まって7時間となる。

電圧・電源

フランスの電圧は220V、周波数は50Hz ACだ。電気プラグの形状は、丸型の2本のピンが出ている標準的なヨーロッパ・タイプのものが多い。フランスの店では、よくアースピンのあるものを売っている。2本ピンのヨーロッパ・タイプのプラグを使う時でも、フランスのアダプターを買わなくてはならないこともある。アダプターやその他の電気製品を探す時は、パリ市庁舎の近くにあるデパートBHV（バザール・ド・ロテル・ド・ヴィル）（詳しくは「ショッピング」の「デパート」参照）か、電家製品チェーン店であるダルティDartyが最も便利だ。ダルティのレピュブリック店（MAP3）☎01-42-79-79-31 ⓂレピュブリックRépublique）は、11区のレピュブリック通りav de la République 1番地にあり、月～土曜の10:00～19:30に営業している。

計測単位

メートル法

フランスではメートル法が使われている。これは、フランス革命後に国民議会の要請を受けてフランス科学アカデミーが考案したもので、1795年にフランス政府により採択された。メートル法は、それまで使われていた計測単位、すなわち論理的基礎を欠き、換算が複雑で、取引に混乱を招いていた曖昧な計測単位に取って代わるものとなった。換算表は本書の巻末に掲載されている。

数字

4桁以上の数字について、フランス語では、英語のコンマの代わりにピリオドを使うか、または単にスペースを入れる。たとえば、100万は、通常1.000.000または1 000 000と表記される。一方、小数点にはコンマが使われるため、1.75は1,75と表記される。

ランドリー

パリには、セルフサービスlibre-serviceのコインランドリーlaverieが至るところにある。ホテルやユースホステルで聞けば、最寄りのコインランドリーを教えてくれる。一般に、パリのコインランドリー使用料は、6kgないし7kgの洗濯に約€3.35、そして乾燥に5分間€0.30、12分間€0.75となっている。コインランドリーによっては、セルフサービスのドライ・クリーニングnettoyage à secの機械が置いてあるところもある。

両替機は故障していることがある。乾燥機séchoirs、そして洗剤lessiveや漂白剤javelの自動販売機用にユーロの小銭を用意しておくこと。普通、硬貨を中央のコントロール・ボックスmonnayeur centralに入れ（機械には入れない）、操作したい洗濯機や乾燥機に対応するボタンを押す。コントロール・ボックスは、閉店の30分ないし1時間前に機械を停止させるようにプログラムされていることがある。

パリの中心部にあるセルフサービスのコインランドリーは次のとおり。

ルーヴル周辺（MAP6）

ラヴリー・リーブル・セルヴィス
Laverie Libre Service
🏠7 rue Jean-Jacques Rousseau、BVJ・パリ・ルーヴル・ユースホステルの近く
Ⓜルーヴル・リヴォリLouvre-Rivoli
🕐7:30～22:00

マレ地区周辺（MAP6）

ラヴリー・リーブル・セルヴィス
Laverie Libre Service
🏠35 rue Ste-Croix de la Bretonnerie
Ⓜオテル・ド・ヴィルHôtel de Ville
🕐7:00～22:00

ラヴリー・リーブル・セルヴィス
Laverie Libre Service
🏠25 rue des Rosiers
Ⓜサン・ポールSt-Paul
🕐7:30～22:00

ラヴリー・リーブル・セルヴィス・プリミュス
Laverie Libre Service Primus
🏠40 rue du Roi de Sicile
Ⓜサン・ポールSt-Paul
🕐7:30～20:30

レピュブリック周辺（MAP3）

ラヴリー・ミュルティセルヴィス
Laverie Multiservice
🏠14 rue de la Corderie
ⓂレピュブリックRépubliqueまたはタンプルTemple
🕐8:00～21:00

バスチーユ周辺（MAP5）

ラヴリー・ミエル
Laverie Miele
🏠2 rue de Lappe

バスチーユBastille
7:00〜22:00

メニルモンタン周辺（MAP3）

セ・クリーン・ラヴリー
C'Clean Laverie
18 rue Jean-Pierre Timbaud
オベルカンフOberkampf
8:00〜22:00

ラヴリー・リーブル・セルヴィス・プリミュス
Laverie Libre Service Primus
83 rue Jean-Pierre Timbaud
クーロンヌCouronnes
7:30〜20:00

カルチエ・ラタン周辺（MAP5）

ラヴリー・リーブル・セルヴィス
Laverie Libre Service
216 rue St-Jacques、パンテオンから南西に3ブロック
リュクサンブールLuxembourg
7:00〜22:00

ラヴリー・リーブル・セルヴィス
Laverie Libre Service
63 rue Monge、リュテス闘技場の南側
モンジュMonge
6:30〜22:00

ル・バトー・ラヴワール
Le Bateau Lavoir
1 rue Thouin、コントルスカルプ広場近く
カルディナル・ルモワヌCardinal Lemoine
8:00〜22:00

サン・ジェルマン&オデオン周辺（MAP6）

ジュリス・ラヴリー
Julice Laverie
56 rue de Seine
マビヨンMabillon
7:00〜22:30

ジュリス・ラヴリー
Julice Laverie
22 rue des Grands Augustins
サン・ミッシェルSt Michel
7:00〜21:00

東駅周辺（MAP3）

ラヴリーSBS
Laverie SBS
6 rue des Petites Écuries
シャトー・ドーChâteau d'Eau
7:00〜22:00

モンマルトル周辺（MAP7）

ラヴリー・リーブル・セルヴィス
Laverie Libre Service
92 rue des Martyrs
アベスAbbesses
7:30〜22:00

ラヴリー・リーブル・セルヴィス
Laverie Libre Service
4 rue Burq、モンマルトルの丘の西側
ブランシュBlanche
7:30〜22:00

サロン・ラヴワール・シデア
Salon Lavoir Sidea
28 rue des Trois Frères
アベスAbbesses
7:00〜20:55

ベルシー周辺（MAP8）

ラヴリー・リーブル・セルヴィス
Laverie Libre Service
94 rue du Dessous des Berges
ビブリオテークBibliothèque
7:00〜22:00

15区周辺（MAP4）

ラヴリーSBS
Laverie SBS
20 rue de l'Abbé Groult
フェリックス・フォーレFélix Faure
7:00〜20:00

公衆浴場

第2次世界大戦前には、パリの労働者階級のアパートで浴室付きのものはほとんどなかった。今でもシャワーのないアパートに住んでいるパリっ子がいるため、各区には区営の公衆浴場bains-douches municipauxがある。男性用と女性用の施設があり、シャワーはすべての人が無料で使用できる。

ポンピドゥー・センターの近くには、**バン・ドゥーシュ・サン・メリ Bains-Douches St-Mer-ri**（MAP6 ☎01-42-77-71-90 18 rue du Renard, 4e ランビュトーRambuteau 水12:00〜19:00、木・土7:00〜19:00、金8:00〜19:00、日8:00〜12:00）がある。

サン・ルイ島には、**バン・ドゥーシュ・サン・ルイ Bains-Douches St-Louis**（MAP6 ☎01-43-54-47-40 8 rue des Deux Ponts, 4e ポン・マリーPont Marie 木12:00〜19:00、金8:00〜19:00、土7:00〜19:00、日8:00〜12:00）がある。

左岸では、コントルスカルプ広場の東側に、**バン・ドゥーシュ・ミュニシポ Bains-Douches Municipaux**（MAP5 ☎01-45-35-46-63 50 rue Lacépède, 5e モンジュMonge 木12:00〜19:00、金8:00〜19:00、土7:00〜19:00、日

8:00～12:00）がある。

トイレ

公衆トイレには、"*toilettes*" または "*WC*" の表示がある。パリの歩道で見かける黄褐色の自浄式の円筒形トイレは、通常24時間使用でき、料金は€0.30。ただし、本書の発行にあたり調査をした時点では、このタイプのトイレはいずれも警備上の理由で閉鎖されており、パリで利用できる公衆トイレの数が半分以下になったことになる。

カフェの経営者は、お金を払う客以外の人がトイレを使うのを嫌う。どうにもがまんできなくなった時は、ファストフードの店、主なデパート、フォーラム・レ・アル、あるいは大きなホテルに入ることだ。ノートルダム大聖堂の正面地下、凱旋門の近く、サクレ・クール寺院の階段下の東側、それにいくつかのメトロ駅にも公衆トイレ（€0.30～0.40）がある。8区（MAP2）のマドレーヌ広場の下にある、1905年に造られたアール・ヌーヴォー調のすばらしいトイレは一見の価値がある。

古めかしいカフェやバーの中には、フランス人がトルコ式トイレ*toilette à la turque*と呼ぶ、しゃがむタイプのトイレが残っているところもある。

荷物預かり

パリのすべての鉄道駅（「アクセス」の章参照）には、荷物預かり所かロッカーがある。料金は、バッグやロッカーの大きさにもよるが、72時間（最長保管時間）で中型トランクが€3、大型トランクが€4.50、幅広の薄い旅行用トランクが€6.10だ。自転車を1日約€5.50で預けることもできる。ほとんどの荷物預かり所とロッカーは、23:15頃から翌6:00ないし6:30までは閉まるので注意すること。

健康

パリで健康を損なうとすれば、飲み過ぎや食べ過ぎによる胃腸障害が最も多いはずだ。暴飲暴食は、ひどいむかつき*crise de foie*や消化不良、または単に二日酔いといわれるものの原因になることがある。もしそうなったら、どんなブランドのものでもいいのでミネラル・ウォーターを飲んで、不快感をなくすことだ。

出発前の準備

出発前の準備として、歯医者に行って診てもらい、医療費を十分カバーする旅行保険に加入しておきたい。眼鏡をかけている人は、処方箋と一緒にもう一つ別の眼鏡を持っていくこと。処方箋によって自国でしか手に入らない薬が必要な時は、予備を十分に持っていくこと（もっとも、フランスの薬局では、自国の店頭では買えない薬を出してくれることもある）。フランスへの旅行には予防接種は義務付けられていないが、ポリオ（通常、幼少時に接種）、破傷風、ジフテリア（通常、幼少時と10年ごとに接種）といった定番の予防接種が今でも効力を持っていることを確認しておきたい。

旅の健康ガイド

インターネット上には、旅行中の健康に関する情報を提供する優れたサイトがたくさんある。ロンリープラネットのホームページでは、**W** www.lonelyplanet.com/healthから、世界保健機関（WHO）や米国疾病対策・予防センター、あるいは健康について有益な情報を提供しているその他の多くのサイトにリンクしている。

医療制度

フランスには広範な公的医療制度が整っている。病気になった人（外国人を含む）は誰でも、それほど重症でなくても、公立病院の救急部門*service des urgences*で治療が受けられる。病院では、救急部門に英語を話すスタッフを配置しようとしているが、徹底しているわけではなく、必要であれば、病院で通訳を呼んでくれる。帰国後に自国の医者に見せる必要があるかもしれないので、できれば英語による診断書の写しをもらっておいたほうがいい。

フランスの公立病院での病気やけがの治療費は、他の多くの西欧諸国、特に米国に比べるとかなり安い。医者に診察*consultation*してもらうと約€25（日曜と祝日は€40、20:00～翌8:00は€45～55）かかり、専門医に診てもらうともう少し高くなる。血液検査やその他の処置にはそれぞれ標準料金があり、費用がかさむ。入院費は1日€45以上になる。一般に、外国人観光客の患者は、治療の後すぐに医療費を精算するよう病院から求められる。

医療機関

パリには約50の公的医療機関*assistance publique*がある。救急車が必要な時は、☎15または01-45-67-50-50に電話をすること。EU全域をカバーする多言語対応の緊急連絡先の番号は☎112だ。緊急治療には、**パリ救急医療センター Urgences Médicales de Paris**（☎01-53-94-94-94）、または**SOS医療センター SOS Médecins**（☎01-47-07-77-77）に電話をすること。いずれも24時間体制で対応している。

パリにある主な病院は以下のとおり。

パリ・アメリカン・ホスピタル
American Hospital in Paris（MAP1）
☎01-46-41-25-15（日本語対応）
01-46-41-27-37または01-46-41-25-25
🏠63 blvd Victor Hugo, 92202 Neuilly-sur-Seine
Ⓜアナトール・フランスAnatole France
24時間体制で救急医療と歯科治療が受けられる。

ハートフォード・ブリティッシュ・ホスピタル
Hertford British Hospital（MAP1）
☎01-46-39-22-22
🏠3 rue Barbès, 92300 Levallois-Perret
Ⓜアナトール・フランスAnatole France
上記のアメリカン・ホスピタルよりも安く治療が受けられ、英語が通じる。

パリ市立病院
Hôtel Dieu（MAP6）
☎01-42-34-81-31
🏠place du Parvis Notre Dame, 4e
ⓂシテCité
20:00以降は、シテ通りrue de la Citéに面した救急入口から入る。強姦の場合には、24時間体制の救急ルームから病院の婦人科救急センターに回してもらえる。

歯科治療
救急歯科治療が必要な時は、以下に連絡すること。

オピタル・ド・ラ・サルペトリエール
Hôpital de la Salpêtrière（MAP8）
☎01-42-16-00-00
🏠rue Bruant, 13e
ⓂシュバルレChevaleret
長時間にわたり対応してくれる唯一の歯科医院。夜間入口（17:30〜翌8:30）は、13区のオピタル大通りblvd de l'Hôpital 83番地にある（MAP5 Ⓜガール・ドステルリッツGare d'Austerlitz）。

SOSダンテール
SOS Dentaire（MAP1）
☎01-43-37-51-00
🏠87 blvd de Port Royal, 14e
Ⓜポール・ロワイヤルPort Royal
歯科医の多くが休みの時に営業している個人の歯科医院。受付時間は、平日8:30〜23:00、週末9:30〜23:00。

薬局
長時間営業している薬局は以下のとおり。

ファルマシー・デ・シャン
Pharmacie des Champs（MAP2）
☎01-45-62-02-41
🏠Galerie des Champs, 84 av des Champs-Élysées, 8e
Ⓜジョルジュ・サンクGeorge V
🕐年中無休、24時間営業

ファルマシー・ウーロペエンヌ・ド・ラ・プラス・クリシー
Pharmacie Européenne de la Place Clichy（MAP2）
☎01-48-74-65-18
🏠6 place de Clichy, 17e
Ⓜプラス・ド・クリシーPlace de Clichy
🕐年中無休、24時間営業

ファルマシー・デ・アル
Pharmacie des Halles（MAP6）
☎01-42-72-03-23
🏠10 blvd de Sébastopol, 4e
ⓂシャトレChâtelet
🕐月〜土9:00〜24:00、日9:00〜22:00

エイズ機関
パリ市内と近郊で匿名かつ無料で検査が受けられるHIV検診センターcentres de dépistageの情報を入手したい時は、フリーダイヤルで**シダ・アンフォ・セルヴィス SIDA Info Service**（☎0-800-84-08-40 Ⓦwww.sida-info-service.org フランス語のみ、24時間営業）に問い合わせること。マレ地区にある**ル・キオスク・アンフォ・シダ Le Kiosque Info SIDA**（☎01-44-78-00-00 🏠36 rue Geoffroy l'Asnier, 4e Ⓜサン・ポールSt-Paul 🕐月〜金9:00〜12:30と13:00〜19:00、土10:00〜19:00）でも情報が得られる。すでに治療を受けているエイズ患者は、**シダ・アンフォ・スワニャン SIDA Info Soignants**（☎0-801-63-05-15）に電話することもできる。

エイズ・パリ AIDES Paris（☎01-53-24-12-00 Ⓦwww.aides.org フランス語のみ 🏠52 rue du Faubourg Poissonnière, 10e Ⓜポワソニエールrue Poissonnière 🕐火〜土10:00〜22:00）は、エイズの予防に取り組み、エイズ患者を支援している。

ファクツ・ライン FACTS-Line（☎01-44-93-16-69 🕐月・水18:00〜22:00）は、エイズ患者に英語による電話相談サービスを提供している。

女性旅行者へ

女性への態度
フランス女性は、戦後の1945年にド・ゴールの短命政権下で選挙権を得た。とはいえ、1964年までは、銀行口座の開設やパスポートの取得に夫の許可を必要とした。特に若いフランス人女性は率直にものを言うし、伝統や習慣にとらわれない。メトロ駅にある、ほとんど裸に近い女性の広告は、たいてい顔が破かれたり、いたずら書きをされている。しか

し、その自信のほどは、職場での機会均等を求める動きなどにもうかがえ、女性が男性の同僚よりも先に上級職や管理職に就くようになっている。

安全のために

男性に比べて、女性はうとましいと思われるほど注目されることがある。しかし、女性旅行客だからといって、パリの街を歩き回るのを恐れる必要はない。路上で暴行されることはめったにない。しかし、フランス人はセクシュアル・ハラスメントharcèlement sexuelにはほとんど無頓着のようで、今でも多くの男性は、通り過ぎる女性を愛想よく見つめるのは女性に対する敬意の表現だと思っているようだ。

一般に、夜遅くまでメトロを利用しても特に問題はないが、避けたほうがいい駅もいくつかある。詳しくは、後出の「治安・トラブル」を参照のこと。

緊急の場合には、いつでも**警察 police**（☎17）に連絡することができる。警察の取り扱いになった人は、パリ市立病院Hôtel Dieuの**法医学センター Service Médico-Judiciaire**（☎01-42-34-84-46、24時間受付）で医学的、精神的、法的サービスを受けることができる。

関連団体・ホームページ

フランスの女性解放運動は、他の西欧諸国と足並みを揃えて1960年代後半から1970年代初めにかけて全盛を迎えたが、1980年代半ばまでにほとんど影を潜めてしまった。それは、何よりもフランスの社会と深く関係している。フランスの女性グループは、アメリカやイギリス、オーストラリアで組織された支援者団体のような機能をほとんど果たさなかったからだ。

女性だけの**パリ女性の会 Association Maison des Femmes de Paris**（MAP5 ☎01-43-43-41-13 📧maisondesfemmes@free.fr 🌐www.maisondesfemmes.free.fr フランス語のみ 🏠163 rue Charenton, 12e Ⓜルイイ・ディドロReuilly Diderot 🕐月・火・木9:00～12:30、水～金15:00～19:00）は、あらゆる年齢と国籍の女性が交流する場で、毎週、イベントやワークショップ、展示会が予定されている。

フランスの全国組織である**レイプ・クライシス・ホットライン rape-crisis hotline**（☎0-800-05-95-95）は、どの電話からでもテレフォンカードを使わずにフリーダイヤルでつながり、平日の10:00～18:00にボランティアのスタッフが対応している。

女性旅行者向けに各種の情報を提供する優れたホームページに、🌐www.journeywoman.comがある。

同性愛の旅行者へ

パリにはゲイやレズビアンのコミュニティーがたくさんあり、街の中でも同性のカップルをよく見かける。1999年にジョスパン政権は、保守勢力の強い反発にもかかわらず、同性のカップルを含めた婚外同棲者に一定の民法上の権利（遺産相続権など）を認める連帯民事協約（PACS）を採択した。そして2001年5月、パリでは自らがゲイであることを公表したベルトラン・ドラノエがヨーロッパの首都初の同性愛市長に選出された。

レズビアンはゲイほど人目に触れることはなく、もっぱらマレ地区の数軒のバーやカフェに集まっている（「エンターテインメント」の「ゲイ＆レズビアン向けの店」参照）。

関連団体

フランスのゲイ組織の多くはパリに本拠を置いている。主な組織は以下のとおり。

アクト・アップ・パリ
Act Up-Paris
☎01-48-06-13-89
🌐www.actupp.org フランス語のみ
🏠45 rue Sedaine, 11e
Ⓜヴォルテール Voltaire

水曜の14:00～18:00に電話で情報が入手でき、集まりは火曜の19:00から、**美術学校 École des Beaux-Arts**（MAP6 🏠Amphithéâtre des Loges 14 rue Bonaparte, 6e Ⓜサン・ジェルマン・デ・プレ St-Germain des Prés）で開かれる。

ゲイ・ドクター協会
Association des Médecins Gais
☎01-48-05-81-71

ゲイ＆レズビアンセンター Centre Gai et Lesbien（次項参照）をベースにしたゲイ・ドクターの協会。ゲイに関連する健康問題を取り扱っており、水曜18:00～20:00と土曜14:00～16:00にスタッフが対応している。

パリ・ゲイ＆レズビアンセンター
Centre Gai et Lesbien de Paris（CGL）（MAP5）
☎01-43-57-21-47
🌐www.cglparis.org
🏠3 rue Keller, 11e
Ⓜルドリュ・ロラン Ledru Rollin

センターの開館時間は、月～土曜16:00～20:00。

エクート・ゲ
Écoute Gaie
☎01-44-93-01-02

ゲイとレズビアン向けのこのホットラインでは、月～木曜の18:00～22:00にスタッフが対応してい

る。

SOSオモフォビ
SOS Homophobie
☎01-48-06-42-41
　このホットラインは、月〜金曜20:00〜22:00に、ゲイやレズビアンへの差別的行為について匿名の電話を受け付けている。

ゲイ向け出版物・ホームページ

全国版の月刊総合誌「テチュ*Têtu*」（€4.60　w www.tetu.com　フランス語のみ）は、どこの新聞・雑誌販売所でも手に入る。もっと本格的なゲイ向け出版物として、アクト・アップ・パリが発行している無料月刊誌「アクション*Action*」がある。また「*e.m@le*」のインタビューやゴシップ記事、一般記事（いずれもフランス語）、ゲイ向けのクラブやバー、関係団体、個人広告といった豊富な情報にも目を通してみよう。この情報誌は無料で、ゲイの集まる場所にはたいてい置いてある。

　パブ、レストラン、クラブ、ビーチ、サウナ、セックスショップ、相手探しの場所などを掲載したガイドブックには以下のようなものがあり、パリの書店レ・モ・ア・ラ・ブーシュ（「ショッピング」の「書店」参照）で手に入る。

「ギッド・ゲ・ピエ*Guide Gai Pied*」（€12）フランス語と英語によるフランスの年刊ガイド（主に男性向け）。約80ページがパリに関する情報。
「ル・プティフュテ・パリ・ゲ・エ・レズビアン*Le Petitfuté Paris Gay & Lesbien*」（€12）快楽的な追求を超えて、政治、文化、宗教、健康などに関する情報やバー、レストランなどが掲載されている"ガイドブック"。
「アウト・アラウンド・パリス*Out Around Paris*」（£7.99）トーマス・クックとロンドンのピンク・ペーパー*Pink Paper*が出している小型の実用ガイドブック。
「スパルタクス・インターナショナル・ゲイ・ガイド*Spartacus International Gay Guide*」（€29）世界各国に関する男性専門のガイドブック。100ページ以上がフランスの情報、36ページがパリの情報となっている。

　以下のホームページには、役に立つ情報が数多く掲載されている。

アドヴァンティス
Adventice
w www.adventice.com
　最も古くからあるゲイに関する無料サイトで、文化的色彩が強い（フランス語のみ）。

ラ・フランス・ゲ・エ・レズビエンヌ
La France Gaie & Lesbienne
w www.france.qrd.org
　同性愛の旅行者のための"ホモセクシュアル情報サイト"。

レズビアン向け出版物・ホームページ

全国版の月刊誌「レスビア*Lesbia*」（€3.80）には、詳細な国内情報が掲載されている。地元を紹介したガイドブック「ディク・ギッド：ル・ギッド・レズビアン*Dyke Guide: Le Guide*

派手な服装：パリのゲイ・フェスティバルが毎年6月にマレ地区で開かれる

Lesbien」（€9）が、書店レ・モ・ア・ラ・ブーシュで手に入る。インターネット上には、女性の同性愛者向けのホームページ🌐www.dykeplanet.comがある。

身体の不自由な旅行者へ

パリには、身体の不自由な人les handicapésのための設備が特に整っているわけではない。道路のふちの傾斜はほとんどなく、あったとしてもその間隔が大きい。古い公共施設や低料金のホテルにはエレベーターもなく、何十年も前に造られたメトロはどうしようもない状況だ。しかし、パリを訪れたいと思う身体の不自由な人は、こうした問題を解消することができる。2つ星以上のホテルにはたいていエレベーターが付いているし、ミシュランの「レッドガイドGuide Rouge」には、エレベーターがあるホテルと身体の不自由な人のための設備が掲載されている。

観光案内所のホームページ（🌐www.paris-touristoffice.com）には、たとえば、フォワイエ・アンテルナシオナル・ダクィユ・ド・パリ・ジャン・モネFoyer International d'Accueil de Paris Jean Monnet、サントル・アンテルナシオナル・ド・セジュール・ド・パリ・ケレルマンCentre International de Séjour de Paris Kellermann、メゾン・デ・クリュブUNESCO Maison des Clubs UNESCOなど、身体の不自由な人向けの特別な設備のある宿泊施設や組織などが掲載されている（詳細は「宿泊」の章を参照）。

SNCFでは、列車の多くを身体の不自由な人が利用しやすいようにした。車椅子fauteuil roulantで旅行する人は、出発の少なくとも2～3時間前に電話で列車駅で予約すれば、TGVに乗れるし、また主要路線では2等席の切符で1等席の車両に乗ることができる。詳細は、各種サービスの概要を記載したSNCFの小冊子「身体障害旅行者要覧Mémento du Voyageur à Mobilité Réduite」を参照のこと。また、フリーダイヤルで**SNCF利用情報センター SNCF Accessibilité**（☎0-800-15-47-53）に問い合わせることもできる。

パリ地域のあらゆる公共交通機関を利用する際の情報については、**イル・ド・フランス交通協会 Syndicat des Transports d'Île de France**（☎01-47-53-28-00 📠01-47-05-11-05 🌐www.stif-idf.fr）の「身体障害者のためのガイドGuide Practique à l'Usage des Personnes à Mobilité Réduite」を入手すること。

場所によっては、車椅子利用者向けの車両を利用してパリ市内を移動することができる。詳細は、身体障害者社会同化支援団体Groupement pour l'Insertion des Personnes Handicapées Physiques（下記の「関連団体」参照）に問い合わせること。

Gordon Crouch & Ben Roberts共著の「*Access in Paris*」（ロンドンQuiller Press刊）は、身体の不自由な人のための245ページにわたるパリのガイドブックだが、最新版（1994年）が出てからかなり時間がたっている。アマゾン（🌐www.amazon.com）で入手できる。

関連団体

以下の組織は、身体の不自由な旅行者への情報を提供している。

フランス身体障害者協会
Association des Paralysées de France（APF）
☎0-800-85-49-76
🌐www.apf.asso.fr
🏠17 blvd Auguste Blanqui, 13e
パリでの車椅子の利用と宿泊について説明した小冊子。

フランス障害者社会復帰連絡委員会
Comité Nationale Française de Liaison pour la Réadaptation des Handicapées（CNRH）
☎01-53-80-66-66
🏠236 bis rue de Tolbiac, 13e
身体の不自由な人のためのガイドブックを出版している情報センター。

身体障害者社会同化支援団体
Groupement pour l'Insertion des Personnes Handicapées Physiques（GIHP）
☎01-41-83-15-15
🌐www.gihpnational.org フランス語のみ
🏠98 rue de la Porte Jaune, 92210 St-Cloud
車椅子の人がパリ市内で利用できる車両を提供している。

高齢の旅行者へ

フランスでは、高齢者は、年齢を証明する書類を提示すれば、公共交通機関の料金や美術館・博物館の入場料などが割引になる。場合によって、特別なパスが必要になることもある。前出の「渡航書類」の「シニアカード」を参照のこと。

子供のためのパリ

パリには子供が喜ぶ場所がたくさんある。パリ市内のいろいろな場所を家族連れで訪れる場合には、以下に紹介するような休憩（ピクニック）スポットを中心に計画を立てることもできる（詳細は「観光スポットと楽しみ方」、および「近郊に足をのばす」の「パルク・ア

ステリクス」と「ディズニーランド・パリ」参照)。

- 4区のバスチーユ (MAP5)：パリ・アルスナルのプレザンス乗船場Port de Plaisance de Paris-Arsenalの遊園地
- ブーローニュの森 (MAP1)：動物順化園Jardin d'cclimatation、エクスプローラドームExplora-dôme
- ヴァンセンヌの森 (MAP1 & 8)：パリ動物園Parc Zoologique de Paris、パリ花公園Parc Floral de Paris
- 8区のシャンゼリゼ (MAP2)：発見の殿堂 (科学博物館) Palais de la Découverte
- 7区のエッフェル塔 (MAP4)：シャン・ド・マルス公園Champs de Mars
- 1区のフォーラム・デ・アル (MAP6)：アルの児童公園Jardin des Enfants aux Halles
- 5区の植物園 (MAP5)：付属動物園Ménagerie、国立自然史博物館Musée National d'Histoire Naturelle
- 6区のリュクサンブール (MAP5)：リュクサンブール公園Jardin du Luxembourg
- 18区のモンマルトル (MAP7)：遊園地
- 19区のラ・ヴィレット (MAP1)：ラ・ヴィレット公園Parc de la Villette、科学・産業シティ館Cité des Sciences et de l'Industrie、ジェオードGéode、シナックスCinaxe

　毎週水曜に発行される週刊エンターテインメント情報誌「ロフィシエル・デ・スペクタークルL'Officiel des Spectacles」(€3.50)には、パリで利用できるベビーシッターgardes d'enfantsの情報が掲載されている。代表的なものは以下のとおり。

アプレ・ラ・クラス
Après la Classe
　☎01-44-78-05-05
　1時間€5.95〜 (登録料€10)

ベビー・シッティング・サービス
Baby Sitting Services
　☎01-46-21-33-16
　1時間€5.60〜 (登録料€9.50)

エテュディアン・ド・ランスティテュ・カトリック
Étudiants de l'Institut Catholique
　☎01-45-48-31-70
　1時間€5.80〜および1回利用ごとに約€1.50

　ロンリープラネットのCathy Lanigan著「子供連れの旅行Travel with Children」(英語版)には、子供連れで旅行する人に役立つ多くのアドバイスが記載されている。また、ホームページwww.babygoes2.comにも有益な情報が掲載されている。

図書館

観光客はパリでフランスの図書館と外国の図書館の両方を利用できる。

パリ・アメリカン図書館
American Library in Paris (MAP4)
　☎01-53-59-12-61
　10 rue du Général Camou, 7e
　ポン・ド・ラルマPont de l'Almaまたはエコール・ミリテールÉcole Militaire
　火〜土10:00〜19:00

英語の書籍を貸し出すヨーロッパ最大の図書館の一つ。古典と現代のフィクションとノンフィクション約10万冊、雑誌約450冊を所蔵している。年会費 (閲覧資格のみ) は、大人€87、学生€70、12〜17歳€54、11歳以下の子供€37、家族€120。4カ月の場合、大人€37、学生€8、6カ月の場合、大人€54、学生€11。本を借りるには€60の保証金が必要。

国立フランソワ・ミッテラン図書館
Bibliothèque Nationale de France François Mitterrand (MAP8)
　☎01-53-79-53-79
　www.bnf.fr
　11 quai François Mauriac, 13e
　ビブリオテークBibliothèque
　火〜土10:00〜20:00、日12:00〜19:00

この国立図書館には延べ約420kmの書棚に約1000万冊の蔵書が保管されており、2000人の読者と2000人の研究者を収容できる。上記の時間に一般に公開されている (2日間€4.50、1年間€46)。

公共情報図書館
Bibliothèque Publique d'Information (BPI)(MAP6)
　☎01-44-78-12-33または01-44-78-47-86
　Centre Pompidou, 4e
　ランビュトーRambuteau
　月・水〜金12:00〜22:00、土・日11:00〜22:00

ポンピドゥー・センターの3フロアを占めるこの大型図書館 (入場無料) は、貸し出しは行っていない。入口はルナール通りrue du Renardに面した中2階にある。2500種類の定期刊行物には世界各国の日刊紙150紙 (その多くが英語) と雑誌150冊が含まれている。長い行列ができることもある。おすすめの利用時間帯は、13:00〜13:30と19:00以降。

大学

パリ大学は、ローマ教皇の保護のもとに1215年頃設立され、1968年の過激な学生運動の後に自治権を持つ13の大学に分割された (「パリ

基本情報 - 文化センター

について」の「第五共和政」参照)。パリ大学の中で最も有名なのがソルボンヌ(MAP5)(「観光スポットと楽しみ方」の「カルチエ・ラタン周辺」参照)だ。パリで勉強しているか、あるいは"レスト・ユーrestos U"(「食事」の「学生食堂」参照)で食事でもしない限り、パリ大学を訪れることはまずないだろう。大学の学生寮が、休暇中などに有料で宿泊客を泊めることはない。

文化センター

日仏文化センター
Centre Culturel Franco Japonais

日仏文化センター(☎01-43-48-83-64 www.ccfj-paris.org フランス語のみ 8 Passage Turquetil, 11e ナシオンNation)では、講演会やコンサート、書道や華道などの授業を通して日本の文化を紹介している。

パリ日本文化会館
Maison de la Culture du Japon à Paris

パリ日本文化会館(MAP4 ☎01-44-37-95-00 www.mcjp.asso.fr 101 bis quai Branly, 15e ビル・アケムBir Hakeim)は、日本文化を紹介する目的で設立された文化施設で、ガラス張りの近代的な建物の中に大小ホール、図書館、茶室などがあり、映画、講演会、展示会などを催している。

ブリティッシュ・カウンシル
British Council

ブリティッシュ・カウンシル(MAP4 ☎01-49-55-73-00 www.britishcouncil.fr 9 rue de Constantine, 7e アンヴァリッドInvalides)には"知識と学習センター"があり、またブリティッシュ・インスティテュートを通じて語学講座を行っている。

アメリカン教会
American Church

アメリカン教会(MAP4 ☎01-40-62-05-00 65 quai d'Orsay, 7e ポン・ド・ラルマPont de l'AlmaまたはアンヴァリッドInvalides 月~土9:00~12:00と13:00~22:30、日9:00~12:00と13:00~20:00)は、英語国民のコミュニティー・センターの役割を果たしており、宿泊や仕事などの貴重な情報を提供している。教会には掲示板が4つある。その1つが階下にある非公式な掲示板で、ここにはいろいろな人がお知らせなどを無料で貼り出している。他の3つの公式な掲示板(受付近、入口前、および階下にある)には、アパート、売り物、仕事(特にオーペアやベビーシッター)、英語のレッスンなどの情報が掲載されている。アメリカン教会は、各種の講座やワークショップ、コンサート(たいてい日曜の18:00から)、その他の文化行事を主催している。階下にはインフォメーション・センター(☎01-45-56-09-50 火~木13:15~18:00)もあり、パリでの生活に関する質問に答えている。

文化サービス

フランスの文化サービスセンターService Culturelは、フランス政府観光局や領事館と同じく、フランスでの勉学に関するさまざまな情報を提供している。パリでは、フランス観光省の管轄する**国際文化機関** International Cultural Organisation(ICO)(☎01-42-36-47-18 01-40-26-34-45 55 rue de Rivoli, BP 2701, 75027 Paris CEDEX)に問い合わせることもできる。

海外では、文化サービスセンターの多くがフランス大使館や領事館に所属している(本章前出の該当する項を参照)。

治安・トラブル

基本的にパリは安全な街であり、通り魔的な暴行を受けることはめったにない。光の街Ville Lumièreと呼ばれるパリは、概して照明も整備されているし、0:30~0:45頃に終電となるメトロを使わない手はない。あなたも気がつくはずだが、パリのあちこちで深夜のメトロに女性が一人で乗っているのを見かけることが多い。ただし、必ずしも彼女らの全員が100%安全だと感じているわけではない。

深夜に利用するのを避けたほうがいいメトロ駅は、シャトレ・レ・アルChâtelet-Les-Hallesおよび延々と続くその通路、モンマルトルのシャトー・ルージュChâteau Rouge、ガール・デュ・ノール(北駅)Gare du Nord、ストラスブール・サン・ドニStrasbourg St-Denis、レオミュール・セバストポルRéaumur Sébastopol、それにモンパルナス・ビアンヴニュMontparnasse Bienvenüeだ。警報装置bornes d'alarmeは、各メトロ/RER駅のプラットホームの中央、あるいは一部の駅の通路に置いてある。日没後のブーローニュの森とヴァンセンヌの森も避けたほうがいい。

人混みや特に観光客が多い場所では、暴行を伴わない犯罪(スリやハンドバッグ、リュックからの盗み)に気をつけたい。特に注意を要するのは、モンマルトル(特にサクレ・クール寺院周辺)、ピガール、フォーラム・レ・アルとポンピドゥー・センター周辺、カルチエ・ラタン(サン・ジャック通り、サ

ン・ジェルマン大通り、サン・ミッシェル大通り、サン・ミッシェル河岸に囲まれた長方形の一帯）、エッフェル塔の下、それにラッシュアワー時のメトロだ。

　2002年2月に発表された警察の報告書によると、2001年にはメトロでのスリの被害（特に携帯電話）が40％近く増え、メトロでの犯罪総件数は2000年に比べて25％近くも増えたという。

遺失物

パリの遺失物は、列車の中や鉄道駅で見つかったものを除いて、最終的にすべて警視庁の管轄するパリ**遺失物取扱所 Bureau des Objets Trouvés**（MAP1 ☎01-55-76-20-20 ℻01-40-02-40-45 ⌂36 rue des Morillons, 15e Ⓜコンヴァンシオン Convention ⊘月・水・金8:30～19:00、火・木8:30～20:00）に集められる。電話で問い合わせができないので、遺失物を確かめるには遺失物取扱所まで出向くしかなく、遺失物が見つかった時は書類の手続きをすることになる。

　メトロの遺失物（問い合わせ先☎01-40-30-52-00）は、遺失物取扱所に移される前に、1日だけ駅で保管される。列車内や鉄道駅で見つかった遺失物は、それぞれの駅の遺失物事務所（通常は荷物預かり所に付属している）で保管される。電話での問い合わせ（フランス語）もできる。各駅の問い合せ先電話番号は次のとおり。

オーステルリッツ駅	☎01-53-60-71-98
東駅	☎01-40-18-88-73
リヨン駅	☎01-53-33-67-22
モンパルナス駅	☎01-40-48-14-24
北駅	☎01-55-31-58-40
サン・ラザール駅	☎01-53-42-05-57

ゴミ

法律上は、ゴミを捨てたパリ市民には€150以上の罰金が科されることになっているが、これまで我々は、そうした罰金を払っているのを見たこともないし、聞いたこともない。地元の人が包装紙や他のゴミを歩道に捨てるのを見ても驚くことはない。パリのあちこちにある排水溝は毎日きれいに掃除され、近くにゴミ箱がない時は、この排水溝をゴミ箱代わりに使ってもよいとされている。

　そして、犬のフンを踏んで、メルド・アロール merde, alors（くそっ！）と言いたくなることがある。犬にも人間にも、とんでもないやつらがいるものだ。パリ市では、年間1000万ユーロ以上の費用をかけて、歩道にあるイヌのフンを除去している。そのために利用されるのは、かの有名なモト・クロット moto-crottes（フン回収バイク）で、その光景はまさに印象的だ。飼い主に後始末を徹底させるために、多額の罰金を科すことを検討し、公園や河岸沿いに無料でビニール袋を配布するなどのキャンペーンが繰り返されているが、それほど効果がないように思われる。パリ市民とその愛犬が意識を変えない限り、いつまでたっても「足元に注意を」という路上の合言葉が必要になる。

人種差別

パリは、多民族が集う天国のように見えることがあるが（「パリの中の世界」参照）、人種差別は存在する。そして、外部の者には異様とも思える光景（メトロで塩漬けの豆を売っている年配のマグレブ人など）は、仕事にありつけない者が生存をかけて苦労している様子を物語っている。近年、人種差別的な暴力行為が増えており、特に混雑したパリの郊外で頻発している。職場では、フランス人でない若者が差別されるケースもしばしば見られる。

緊急のとき

緊急時の連絡先は以下のとおり。

救急車（SAMU）	☎15
	☎01-45-67-50-50
消防署	☎18
警察	☎17
緊急でない場合	☎01-55-26-20-00
多言語対応EU圏緊急連絡番号	☎112
レイプ・クライシス・ホットライン	☎0-800-05-95-95
アメリカン・ホスピタル	
（日本語対応病院）	☎01-46-41-25-15
パリ救急医療センター	
（24時間往診）	☎01-53-94-94-94
SOS医療センター	
（24時間往診）	☎01-47-07-77-77
SOSヘルプライン	
（英語）	☎01-47-23-80-80

違法行為

警察

フランスの法体系の基礎となっているナポレオン法典により、警察は、それなりの理由があってもなくても、嫌疑のある者をいつでも取り調べることができる。

　フランスには2つの個別の警察組織がある。1つは、県知事の指揮下にある国家警察 Police Nationale（パリでは警視庁 Préfet de Police）で、これには航空・国境警察本部 Police de l'Air et des Frontière（PAF）も含まれている。もう1つは、国防省の管轄下にある国家憲兵隊

Gendarmerie Nationaleで、空港や国境などの治安維持にあたる。有事の場合（テロリストの攻撃など）には、軍隊が出動して公共の場所を巡視することもある。

みんなから恐れられている共和国機動隊Compagnies Républicaines de Sécurité（CRS）は、国家警察に属している。何百人もの機動隊員を見かけることがあるが、いずれもがっしりした体つきで大きく、ストライキやデモなどの時には、最新の暴動鎮圧用装備で出動する。

袖章に"自治体警察Police Municipale"と書かれている警察官は、地元の首長の管轄下にある。

質問をすれば、警察官は懇切丁寧に答えてくれるが、それ以上のことはない（もっとも、敬礼をされることはあるかもしれない）。何らかの理由で警察官に呼び止められたら、礼儀正しく、冷静に振る舞うことである。彼らはかなり大きな捜索・押収権限を持っており、あなたのことを気に入らないと思えば、その権限を行使する可能性があるからだ。警察官は、特に理由がなくても、あなたのパスポートやビザ、滞在許可証などを調べることができる。

フランスの警察官は、特に空港などの警備に非常に厳しい態度で臨む。荷物を置きっぱなしにすることのないよう注意すること。彼らは、怪しい荷物を即時に処分すると真剣に警告しているからだ。

2001年9月11日にニューヨークとワシントンで起こったテロ事件以来、パリでは厳重な警備体制が取られ、市内のほとんどすべての公共の建物（美術館・博物館、ギャラリーを含む）の入口で手荷物検査が行われている。この検査はしばらく続くと思われる。検査のために手荷物を開けるように言われたら、すぐに開けること。それが自分自身の身の安全にもつながるからだ。

飲酒運転

他のEU諸国と同様に、こと飲酒運転に関してはフランスの法律も厳しく、長年にわたり、"運転するか飲むか、どちらかを選ぶこと*Boire ou conduire, il faut choisir*"というスローガンが掲げられている。血中アルコール濃度の許容値は0.05％以下であり、これを超えた運転手には、最高€4500までの罰金（または最高2年の拘留処分）が科され、運転免許証も即時停止となる。

喫煙

生来、多くのフランス人は、他人がどう思おうが、ばかばかしいと思われる法律や押しつけがましいと思われる法律を真面目に守ろうとしない。たとえば、公共の場での喫煙を禁止する法律は存在するが、そのことをまともに考える者は誰もいない。レストランの食事客も、しばしば店内の禁煙エリアでタバコに火をつける。すると、ウェイターがいそいそと灰皿を運んでくる。

営業時間

たいていの美術館・博物館は、毎週月曜か火曜が休館日になる。中には、ルーヴル美術館（水曜）やオルセー美術館（木曜）のように、週に1日だけ夜22:00まで開館しているところもある。

小さな商店は、日曜そしてしばしば月曜を除いて、毎日営業している。営業時間はたいてい9:00ないし10:00から18:30ないし19:00までで、13:00から14:00ないし14:30までは昼休みとなる。

銀行は、月～金曜または火～土曜の、8:00ないし9:00から11:30と13:00の間までと、13:30ないし14:00から16:30ないし17:00まで営業している。両替サービスは閉店時間の30分前に終わることがある。

郵便局は、たいてい平日の8:00から19:00までと、土曜の8:00ないし9:00から12:00まで営業している。

スーパーマーケットは、月～土曜に営業しており、中には7～8月の日曜の午前中も営業するところがある。小さな食料品店は、たいてい日曜は店を閉め、月曜も休むことが多い。したがって、スーパーマーケットや街角の雑貨店でもないかぎり、土曜の午後は火曜までの食品を買い込んでおく最後のチャンスになる。

パリのレストランの多くは日曜が休業となる。週末の土・日を休業にする店がかなりあるのは嘆かわしい傾向だ。

国や地方の法律は、事業を営む施設の大半について、週1日を休業とすること、および従業員の労働時間は週35時間以内とすることを定めている。例外は、食料雑貨店や小規模なレストランなどの家族経営の店、および従業員が交替制で働き、みんなが週1日の休みを取れる規模の店など。店やレストランの休業日が何曜日なのかを自分で知るのは難しいので、本書には可能な限り休業日の情報が盛り込んである。

祝日・年中行事

パリの祝日は以下のとおり。

元旦 (Jour de l'An)	1月1日
復活祭 (Pâques)	3月下旬／4月初旬

復活祭翌日の月曜日（Lundi de Pâques）
　　　　　　　　　　3月下旬／4月
メーデー（Fête du Travail）5月1日
第2次世界大戦終戦記念日（Victoire 1945）
　　　　　　　　　　5月8日
キリスト昇天祭（L'Ascension）
　　　　　　　5月（復活祭後40日目）
聖霊降臨祭（Pentecôte）5月中旬〜6月中旬
　　　　　　　（復活祭後の7度目の日曜日）
聖霊降臨祭の翌月曜日（Lundi de Pentecôte）
　　　　　　　　　　5月中旬〜6月中旬
　　　　　　　（復活祭後の7度目の月曜日）
革命記念日（Le Quatorze Juillet/Fête Nationale）
　　　　　　　　　　7月14日
聖母昇天祭（L'Assomption）
　　　　　　　　　　8月15日
諸聖人の祝日（La Toussaint）
　　　　　　　　　　11月1日
第1次世界大戦休戦記念日（Le Onze Novembre）
　　　　　　　　　　11月11日
クリスマス（Noël）　　12月25日

　パリでは、年間を通じて数え切れないほど多くの文化行事やスポーツイベントが行われる。毎週のイベント情報は、週刊誌「パリスコープ*Pariscope*」や「ロフィシエル・デ・スペクタークル*L'Officiel des Spectacles*」に掲載されている（「エンターテインメント」の「イベント情報」参照）。

　毎月のイベント情報も、観光案内所のホームページ（W www.paristouristoffice.com）の"イベント・スケジュール*Programme des Événements*"の欄で検索できる。以下の簡単なリストからも、年間行事の概要がわかるはずだ。

12月31日〜1月1日

大晦日　サン・ミッシェル大通りblvd St-Michel（5区）、バスチーユ広場place de la Bastille（11区）、エッフェル塔Tour Effel（7区）、そして特にシャンゼリゼ大通りav des Champs-Élysées（8区）はおすすめの場所だ。

パリ大パレード Le Grande Parade de Paris（W www.parisparade.com）パリ市の元旦のパレード。もともとモンマルトルで行われたが、現在は、毎年いろいろな場所（グラン・ブールヴァールなど）で行われる。

1月下旬〜2月初旬

中国暦の新年　13区のイヴリー通りav d'Ivryとショワジー通りav de Choisyの間のチャイナタウン（M ポルト・ド・ショワジーPorte de Choisyまたはトルビアック Tolbiac）で、ドラゴンのパレードやその他の祝祭行事が行われる。3区のオ・メール通りrue Au Maire（M アール・ゼ・メティエArts et Métiers）沿いでもこれに似た小規模な行事が行われる。

音楽祭のステージに立つ、南アフリカの女性歌手ブレンダ・ファッシー

パリの中国暦の新年を祝う日傘の行列

基本情報 – 祝日・年中行事

2月下旬～3月初旬
国際農業見本市 Salon International de l'Agriculture
フランス各地の料理など数多くの食べ物が味わえる国際農業見本市。15区のポルト・ド・ヴェルサイユPorte de Versaillesの見本市会場Parc des Expositions（Ⓜポルト・ド・ヴェルサイユPorte de Versailles）で10日間にわたって開かれる。

3月初旬
パリ国際障害飛越競技 Jumping International de Paris　12区にあるパリ・ベルシー多目的スポーツセンター（ⓂベルシーBercy）で行われる障害飛越競技のトーナメント。

3月・4月上旬
バンリュー・ブルー Banlieues Bleues（Ⓦwww.banlieuesbleues.org）"郊外のブルース"と呼ばれる、ジャズとブルースの祭典。サン・ドニおよびその他のパリ郊外で開かれ、魅力的な有名タレントが出演する。

3月下旬～5月初旬
移動遊園地 Foire du Trône（Ⓦwww.foiredutrone.com フランス語のみ）　6週間にわたりヴァンセンヌの森（Ⓜポルト・ドレPorte Dorée）のリュイリーの芝生の上で開かれる大規模な移動遊園地（350ものアトラクションがある）。

4月上旬
パリ国際マラソン Marathon International de Paris（Ⓦwww.parismarathon.com）このパリ国際マラソンのスタートは1区のコンコルド広場place de la Concordeで、ゴールは16区のフォシュ通りav Foch。

4月下旬～5月初旬
パリ見本市 Foire de Paris（Ⓦwww.comexpo-paris.com）15区のポルト・ド・ヴェルサイユPorte de Versailles（Ⓜポルト・ド・ヴェルサイユPorte de Versailles）の見本市会場で開かれる大規模なモダン生活（食べ物やワインを含む）の見本市。

5月～9月
パリ・ジャズ・フェスティバル　Paris Jazz Festival
毎週土曜と日曜の午後に花公園Parc Floral（Ⓜシャトー・ド・ヴァンセンヌChâteau de Vincennes）で開かれる無料のジャズ・コンサート。

5月下旬～6月初旬
全仏オープン　Internationaux de France de Tennis（Ⓦwww.frenchopen.org）16区のブーローニュの森南端のローラン・ギャロス・スタジアム（Ⓜポルト・ドトゥイユPorte d'Auteuil）で行われる華やかなテニス・トーナメント。

6月21日
音楽祭 Fête de la Musique（Ⓦwww.fetedelamusique.fr）夏の訪れを讃える国の音楽祭。さまざまな音楽（ジャズ、レゲエ、クラシックなど）が演奏される。また、パリのあちこちの舞台上で行われる即興のライブ・パフォーマンスが目玉。

6月下旬
ゲイ・プライド・マーチ　Gay Pride March（Ⓦwww.gaypride.fr フランス語のみ）ゲイ・プライド・デイを祝って土曜の午後にマレ地区で行われる色鮮やかなパレード。さまざまなバーやクラブが山車のスポンサーになる。

6月下旬～7月上旬
ウェイター・レース　La Course des Garçons et Serveuses de Café　日曜の午後にグラン・ブールヴァールとサン・ジェルマン・デ・プレ沿いの8kmのコースで行われるレース。約500名のウェイターやウェイトレスが小さなお盆にコップや瓶を乗せながら走る。水をこぼしたり、コップや瓶を割ったら失格。

7月初旬
ラ・グット・ドール・アン・フェット La Goutte d'Or en Fête
18区のレオン広場square Léon（Ⓜバルベス・ロシュシュアールBarbès Rochechouartまたはシャトー・ルージュChâteau Rouge）で行われる世界の音楽祭（ライ、レゲエ、ラップなどの演奏あり）。

毎年恒例のウェイター・レースのスタート地点に集まる、緊張した面もちの参加者

7月14日

革命記念日 Bastille Day このフランスの国の祝日にはパリにいたい。13日の夜遅くに、パリ中の消防署で消防隊のダンス*bals des sapeurs-pompiers*（消防隊はフランスではセックス・シンボルとみなされている）が開かれる。14日の10:00には、シャンゼリゼ大通りで軍隊と消防隊のパレードがあり、同時に戦闘機とヘリコプターのパレード飛行もある。夜23:00頃には、7区のシャン・ド・マルス公園で大がかりな花火大会*feux d'artifice*が開かれる。

7月下旬

ツール・ド・フランス Tour de France（Wwww.letour.fr）世界で最も有名なこの自転車レースは、7月の第3日曜か第4日曜にシャンゼリゼ大通りにゴールして幕を閉じる。

9月初旬

ジャズ・ア・ラ・ヴィレット Jazz à La Villette（Wwww.la-villette.com）10日間にわたるすばらしいジャズ祭。ラ・ヴィレット公園、音楽シティ館、周辺のバーでイベントが行われる。

9月中旬～12月

秋の祭り Festival d'Automne（Wwww.festival-automne.com フランス語のみ）絵画、音楽、ダンス、演劇など芸術に関する"秋の祭り"で、市内のあちこちで開かれる。

9月～10月

現代芸術フェア Foire Internationale d'Art Contemporain（FIAC）（Wwww.iac-reed-oip.fr）15区のポルト・ド・ヴェルサイユの見本市会場（Mポルト・ド・ヴェルサイユPorte de Versailles）で開かれる大規模な現代芸術フェア。160近くのギャラリーが出展する。

12月24日・25日

クリスマス・イブのミサ ノートルダム大聖堂をはじめ、パリの多くの教会でクリスマス・イブの真夜中にミサが行われる。場所を取りたければ23:00までに到着すること。

ビジネス

フランスは、法制度や税制が非常に複雑なため、けっしてビジネスをしやすい国とはいえない。フランスでビジネスを行う時におすすめしたいのは、国際的な業務に精通した弁護士を見つけることだ。

完全装備のオフィスを借りるには、最も安くても1日に約€80かかり、さらに会議室を借りるのに時間あたり約€30かかる。FAXは、国内送信が1ページ約€1、国際送信が€2.70～

4だ。eメールのアクセスは時間あたり€6～8で、バイリンガルの秘書を雇うと時間あたり約€25かかる。英語の翻訳を頼むと1ページ約€60取られる。

ニュー・ワークス NewWorks（MAP2 ☎01-72-74-24-44 FAX01-72-74-24-45 Wwww.newworks.net フランス語のみ ☗12 rue Auber, 9e MオベールAuberまたはアーヴル・コマルタンHavre-Caumartin）は、4つの支店を持つオフィス・サービス*service bureau*チェーンで、事務所に必要なものや秘書サービスを提供しており、ここを一時的な事務所として使用できる。ほとんどの営業時間は月～金曜の8:30～20:30だが、**シャンゼリゼ支店 Champs-Élysées branch**（MAP2 ☎01-72-74-24-54 ☗10 rue du Colisée, 8e Mフランクラン・デ・ルーズヴェルトFranklin D Roosevelt）は、土曜の10:00～19:00も営業している。

コピーや印刷などに便利なチェーン店に、**コピー・トップ Copy-Top**（Wwww.copytop.com フランス語のみ）がある。パリに20以上の支店があり、そのうちの一つの**コピー・トップ・ヴォルテール Copy-Top Voltaire**（MAP5 ☎01-48-05-80-84 ☗87 blvd Voltaire, 11e MヴォルテールVoltaire）は、平日8:30～18:00、および土曜の10:00～13:00と14:00～18:00に営業している。

出国前に、パリにある商工会議所や自国の大使館の通商部に連絡しておくのもいい考えだ。

仕事

EU諸国以外の人は、フランスに到着する前に労働許可証を取得しない限り、フランスで合法的に働くことはできない。しかし、これを取得するのはかなり難しい。というのは、あなたの雇い主となる人が、あなた以外にその職務を遂行できるフランス人やEU国民がいないことを当局に説明して説得しなければならないからだ。

日本人の場合も通常、労働ビザをとってビジネスを始めたり、就職をするのは非常に困難だといえる。フランスにおいて日本人が多く働いているのは、旅行業、飲食業、通訳・翻訳業、日本人顧客の多いアパレル・ブランド企業などだ。しかしフランスの失業率は概して高いうえ、アメリカのテロ事件以降、旅行業界の求人数も減少気味。語学が堪能で特別な技能がある者や、企業の駐在員でもない限り、外国人が労働許可証を取得するのは非常に難しくなっている。

フランスで働くことが目的なら、ワーキングホリデー（VTビザ）を利用するのも手だ。

基本情報 − 仕事

ワーキングホリデーとは、日本とフランスの両国の青年が休暇を利用してお互いの国の文化や生活習慣に触れられる制度。対象年齢は18〜30歳と制限があるが、最長1年間の滞在が可能で、就学期間・就労期間の制限もない。申請方法は①日本語、フランス語、または英語のうちいずれかの言語にて記入済みの申請書（所定のもの）②パスポートの1ページ目のコピー（写真の掲載されているページ）③角6（162×229mm）サイズの封筒に住所、氏名を記入し、120円切手を貼ったものを東日本（静岡、長野、富山、もしくは同県以東に、在住および住民登録されている方）の場合はフランス大使館へ、西日本（愛知、岐阜、石川もしくは同県以西に、在住および住民登録されている方）の場合は在大阪フランス総領事館へ郵送で申請する。審査の結果は申請時より90日以内に通知される。募集には定員の枠があり、例年の倍率は5〜6倍程度だ。

このワーキングホリデーを使ってフランスで働くには、日本語情報誌オヴニーOVNI（W www.ilyfnet.com）の求人欄、求人情報を利用するなどして、働く先を見つけなければならない。求人広告が出ていなくても直接売り込みにいったり、履歴書と動機の手紙を送るなどして、採用される例もあるようだ。

一般的な仕事としては、日系旅行会社での事務、空港送迎など旅行者のアテンド、免税店・みやげもの店の店員、日本食レストランのウェイター・ウェイトレス、調理師、オーペアAu Pair（住み込みのベビーシッター、次項参照）などがある。これらの仕事はフランス語初心者でも従事している人は多くいる。また、フランス語がある程度できるのであれば、日系企業での一般事務、ホテルでの受付業務など、フランス語上級者はフランス企業での仕事も可能だろう。

楽器の演奏などの才能があれば、路上で芸を披露することもできる。ポンピドゥー・センターの正面やサクレ・クール寺院の周辺、RATPの警察官が監視しているメトロなどで大道芸を見かけることが多い。もめごとを避けるには、始める前に他の大道芸人に話しかけることだ。

オーペア

オーペアのシステムを利用すれば、フランスで勉強している独身の若者（18〜27歳くらい）は、食事付きでフランス人の家族に住み込み、子供の面倒やベビーシッター、簡単な家事、あるいは子供に英語を教えるのと交換に多少の小遣いももらうことができる。たいていの家族は若い女性を好むが、若い男性にも口がある。多くの家族が英語を母国語とするオーペアを希望するが、少なくともある程度のフランス語が話せることが条件になることも知っておきたい。

役に立つ情報としては、Susan Griffith &

才能があるのなら、パリの街角で大道絵師に挑戦してみよう

Sharon Legg共著の「*The Au Pair and Nanny's Guide to Working Abroad*」がある。

　法律上は、オーペアの場合、1週間に1日の休日が義務付けられている。パリでは、家族によっては、1週間あるいは1カ月のメトロのパスを提供するところもある。家族は、フランスの社会保障費も払う必要があるが、これによって医療費の約70％がカバーされる（補助的な保険に入るのもいい考えだ）。

　EUの住民であれば、フランスに到着してから、簡単にオーペアの仕事や滞在許可証の手続きをすることができる。EU以外の国民がフランスに入国してからオーペアの仕事を探すのは法的に禁止されており、フランスの法律に規定されている保護も受けられない。

　求人広告を探すには、アメリカン教会の掲示板（前出の「文化センター」参照）や「*FUSAC*」（前出の「新聞・雑誌」参照）が役に立つ。「*FUSAC*」の場合、オーペアの仕事は「チャイルドケアChildcare Positions」の欄に掲載されている。パリの観光案内所にも8つのオーペア紹介センターのリストがあるので、ホームページ w www.paris-touristoffice.com で検索してみるといい。

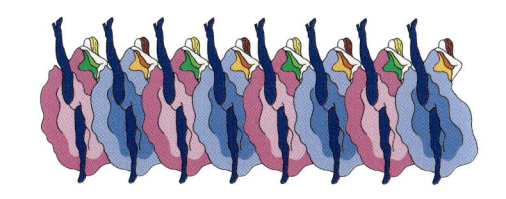

アクセス

Getting There & Away

空から

パリには主な空港が2つある。1つは、パリの中心部から南に18kmのところにあるオルリー空港Aéroport d'Orlyで、もう1つは、パリの中心部から北東30kmのところにあるロワッシー・シャルル・ド・ゴール空港Aéroport Roissy Charles de Gaulleだ。

このほかに、パリの北方81kmのボーヴェBeauvaisに3つめの空港があり、いくつかのチャーター便や格安航空会社ライアンエアーのダブリン―パリ便とグラスゴー―パリ便が発着している。

パリ市内とこれら3つの空港間の交通手段に関する情報は、「交通手段」の章を参照。

出国税

パリから国際線のフライトに乗る時は出国税がかかる。その額は目的地により異なり、たとえば、イタリアに向かうフライトの場合は約€20となる。

ちなみに、パリから日本へ向かう直行便の空港諸税は、民間航空税€6.66、空港税€8.05、旅客サービス料€9.93となっている。出国税は航空券の料金に含まれている。

フランスのその他の地域

長い間保護されてきたフランスの国内航空業界も今や競争に直面しており、かつてはもっぱら社用のビジネスマンに利用されていた輸送手段が、今では低予算の旅行者のオプションにもなっている。国内便を運航している航空会社には、エールフランス航空Air France、エールリブAirLib（エールリベルテ航空Air LibertéとAOMフランス航空）、エールリトラルAir Littoral、コルスエールCorsair、コルス・メディテラネCorse Méditerranéeなどがある。

フランスの主要都市のすべてと中小都市の多くには空港がある。しかし、フランスの新幹線TGVのおかげで、パリと主要都市の間の移動は飛行機を利用するよりも電車の方が早く、しかも便利である。特に、空港までのアクセスや搭乗手続きの煩雑さを考えるとそうだといえる。

国内航空運賃 オフシーズンに若者と大人がパリから**エールフランス航空**（☎0-820-82-08-20 🌐 www.airfrance.fr）を利用する場合の最も安い片道運賃は以下のとおり。

目的地	運賃
アジャクシオ／バスティア Ajaccio/Bastia	若者€85・大人€255
ボルドー Bordeaux	若者€43・大人€156
ビアリッツ Biarritz	若者€58・大人€178
ニース Nice	若者€63・大人€237

通常、予約を早めに（たとえば、7日前とか14日前に）すればするほど運賃は安くなる（そしていろいろな制約も加わる）。ホームページで検索すると、販促用にぎりぎりまで値引きした料金が見つかることがある。詳しくは、「基本情報」の「旅行代理店」の中の「インターネット」を参照。

日本から

フライトには大きく分けて直行便、経由便、乗り継ぎ便の3種類がある。日本からパリに向かう直行便は、成田空港からはエールフランス航空（AF）、日本航空（JL）、全日空（NH）が毎日運航している（便数はAFが週14便、JLが週10便、NHが週7便）。同様に関西国際空港からもAFが週9便（JLとの共同運航便含む）、JLが週7便（AFとの共同運航便含む）を運航している（便数は'03年4月30日現在）。これら直行便の所要時間は約12時間30分で、日本を午前中に出発すればその日の夕方までにはパリに到着できる。経由便はアエロフロート・ロシア航空（SU）のモスクワ経由便のみ。成田空港から週4便運航しており、所要時間は15時間40分。

そのほか、パリは本書で述べるように、ヨーロッパの各都市からフライトがあるので、これらで乗り継ぎ、もしくはストップオーバーして観光してからパリに入るという方法もある。ヨーロッパ主要都市からパリまでのフライト時間の目安は、ロンドン、アムステルダム、フランクフルトからは1時間10分、チューリッヒからは1時間20分、ローマ、ウィーンからは2時間といったところだ。

また、時間がかかっても安く行きたい人にはアジア系航空会社がおすすめ。なかでもコリアンエアー（KE）はアジア系航空会社の中では所要時間が16時間10分（ソウルでの乗り継ぎ時間も含む）と最も短く、価格的にも割安なことが多い。ちなみに格安航空券は、価格が安いかわりに発券後の払い戻しや航空会社の変更、ルートの変更は一切できないなどさまざまな制約がある。それとは逆に、ノー

アクセス - 空から

航空旅行関連用語

アライアンス（業務提携）Alliances 現在、世界の大手航空会社の多くは、予約システム、航空機へのチェックイン、フリークエント・フライヤー制度（マイレージ・サービス）などあらゆる面で密接に協力し、相互乗り入れを行っている。こうしたアライアンスによって競争が限定されるという反対の声もある。議論がどのようなものであれ、将来的に大型のアライアンスが増えるのは間違いない。

クーリエ運賃 Courier Fares 企業では、急を要する書類や荷物を安全にしかも迅速に送付する必要に迫られることがよくある。クーリエ会社は、荷物を持って税関を通過する人を雇い、その代わりに、彼らに格安のこともある割引航空券を提供する。しかしその場合、搭乗者は制限重量内で荷物を預け、機内持ち込み手荷物だけを持って飛行機に乗ることになる。

運賃 Fares 航空会社は伝統的にファースト・クラス（コードF）とビジネス・クラス（コードJ）とエコノミー・クラス（コードY）の航空券を販売している。昨今は、販促用運賃や割引運賃も多いので、正規の運賃を払う乗客はほとんどいない。

航空券の紛失 Lost Tickets 航空券を紛失した場合には、通常、航空会社ではトラベラーズチェックと同じように扱い、いくつかの質問をした後に再発行してくれることもある。ただし、法律上は、航空会社は航空券を現金のように扱う権利を与えられているので、紛失したらそれまでといわれても仕方ない。航空券には十分注意すること。

次の目的地への航空券 Onward Tickets 多くの国では、出国する際の航空券を持っていることが入国の条件となる。次の行き先がまだ決まっていない時の最も簡単な解決方法としては、隣の国までの一番安い航空券を買うか、あるいは、使用しなかった場合に払い戻しをしてもらえる航空券を信頼できる航空会社から買うことだ。

オープンジョー・チケット Open-Jaw Tickets 行きの目的地と帰りの搭乗地が異なる場合の往復航空券のこと。この航空券を買えば、行きの目的地まで戻る手間が省ける。

オーバーブッキング Overbooking 各便には必ず搭乗しない乗客がいるため、航空会社では、定員をオーバーして予約を受け付けることが多い。通常は、オーバーブッキングした乗客によって、搭乗しない客の空席を埋めることになるが、時には、予約を解除されて次に利用できるフライトに"回される"こともある。最もその犠牲者になりやすいのは、遅くにチェックインする乗客。次の便に"回された"場合には、何らかの形の補償がなされるのが普通だ。

リコンファーム Reconfirmation 航空会社によっては、出発の72時間前までにフライトのリコンファーム（予約再確認）をしなければならないことがある。その必要があるかどうかを、事前に自分の旅行書類で確認することが必要だ。

制約 Restrictions 割引航空券には、いろいろな制約が課されることが多い。たとえば、料金を前払いする必要があるとか、変更や取り消しをした時は違約金を課されるといった条件があり、また海外滞在の最小期間と最大期間も決まっている。

世界一周航空券 Round-the-World Tickets 世界一周航空券の場合、地球を一周する期間が限定される（通常は1年間）が、もと来たルートを戻らない限り、飛行機が飛んでいるところならどこにでも行くことができる。寄港の回数や搭乗便の合計数が出発前に決められる。一般に、料金はノーマルの往復運賃よりもやや高くなる。

航空券なしの旅行 Ticketless Travel 航空会社は、紙の航空券が無用の長物であるとの認識を持ち始めている。単純な片道旅行や往復旅行では、予約に関する詳細なデータはコンピュータに記録でき、乗客は単にIDを示すだけで席を確保することができる。

航空券の譲渡 Transferred Tickets 航空券を他人に譲渡することはできない。帰りの航空券を売ろうとする旅行客がたまにいるが、係員は、あなたが航空券に名前の記載された本人であるかどうかの証明を求めることができる。国際線では航空券とパスポートの照合が行われる。

アクセス

アクセス - 空から

マルチケットは割引が一切ないものの、航空会社や予約の変更が自由にできるうえ、有効期間は1年間、払い戻し、ルート変更も可能だ。また、最近人気なのが航空会社が独自に条件を定めて割引運賃を設定しているペックス（PEX）チケット。時期によっては格安航空券より安いこともあるうえ、ピーク時でもその場で座席の有無が確認できるといったメリットがある。行くシーズンや、何を一番重視するかを考えてフライトを選ぼう。また、これらのフライトスケジュールは頻繁に変更される。以下に日本でのフライトの予約・問い合わせ先を記載しているので、必ず最新の情報を確かめてプランを組むようにしよう。

日本航空	☎0120-255-931
全日空	☎0120-029-333
エールフランス航空	☎03-3475-1511
	☎06-6641-1271
アエロフロート・ロシア航空	☎03-3434-9671
	☎06-6202-8052
コリアンエアー	☎0088-21-2001
キャセイパシフィック航空	☎03-5159-1700
タイ国際航空	☎03-3503-3311
	☎06-6202-5161
KLMオランダ航空	☎0120-468-215

英国＆アイルランドから

ロンドン―パリ間の往復運賃はUK£60という安い料金になることがある。ちなみに、割引をしない航空会社（英国航空やブリティッシュ・ミッドランド航空）では約UK£75かそれ以上になる。最も格安の航空券を出しているのは、**バズ航空 Buzz**（☎0870-240-7070　W www.buzzaway.com）、**イージージェット航空 easyJet**（☎0870-600-0000　W www.easyjet.com）、それにダブリンとパリあるいはグラスゴーとパリの間を飛んでいる**ライアンエアー航空 Ryanair**（☎0870-156-9569または☎01-609-7800 ダブリン内　W www.ryanair.com）だ。**英国航空 British Airways**（☎0845-773-3377　W www.british-airways.com）や**エールフランス航空 Air France**（☎0845-084-5111　W www.airfrance.co.uk）でも、ロンドンおよびその他の英国の各都市（バーミンガム、エジンバラ、マンチェスターなど）とパリの間の運賃が手頃であることが多い（特に若者向け）。

その他、妥当な料金を設定している航空会社に、**ブリティッシュ・ミッドランド航空 British Midland**（☎0870-607-0555　W www.flybmi.com）や**ブリティッシュ・ヨーロピアン航空 British European**（☎0870-567-6676　W www.british-european.com）がある。

最も人気のある割引旅行代理店の一つに**STAトラベル STA Travel**（☎0870-160-6070または020-7361-6161　W www.statravel.co.uk）があり、英国各地（たとえば86 Old Brompton Rd, London SW7 3LQなど）に数多くのオフィスを持っている。その他、価格と素早い対応の面でおすすめの旅行代理店に、**トレイルファインダーズ Trailfinders**（☎020-7937-1234　W www.trailfinders.com 🏠215 Kensington High St, London W8 6BD）、**ブリッジ・ザ・ワールド Bridge the World**（☎020-7916 0990　W www.b-t-w.co.uk 🏠4 Regent Place, London W1R 5F）、**フライトブッカーズ Flight-bookers**（☎020-7757-2000　W www.ebookers.com）などがある。

ライアンエアー航空は、しばしばダブリンやグラスゴーからボーヴェ空港までの飛行機に約€125という格安の販促運賃を適用しているが、時期によっては、さらに安くなることもある。格安の運賃を見つけるには、彼らのホームページで検索してみることだ。

ヨーロッパ大陸から

規制緩和が進むにつれて、運賃が値下がりし

世界各地からパリまで旅客を運ぶ、フランス国営のエールフランス航空機

ている路線がいくつかある。エールフランス航空では、25歳未満と学生向けにお得な運賃をいろいろ提供しており、たとえば、若者（25歳未満）のパリ往復運賃は、アムステルダム€197、ベルリン€208、コペンハーゲン€244、マドリード€205、ローマ€262、ストックホルム€263となっている。

アフリカから
モロッコやチュニジアからパリまでのチャーター便の運賃はかなり安いが、空席はまれだ。ヨハネスブルグでは、**南アフリカ学生トラベルサービス South African Students' Travel Services**（☎011-716-3945）や**STAトラベル**（☎011-447-5551 🏠Tyrwhitt Ave, Rosebank）が格安航空券を扱っているので、ぜひ訪れてみたい。

航空会社の事務所
パリに事務所を持つ主な航空会社は次のとおり。その他の航空会社の事務所については、パリのイエローページ*Pages Jaunes*の"航空輸送Transports aériens"の欄を参照のこと。

日本航空（日本語）	☎0-810-747-777
全日空（日本語）	☎0-820-803-212
エールフランス航空	
（インフォーメーション&予約）	☎0-820-820-820
（到着&出発）	☎0-836-68-10-48
エールリベルテ航空	☎0-803-80-58-05
	☎0-825-80-58-05
エールリトラ	☎0-803-83-48-34
	☎0-825-80-58-05
英国航空	☎0-825-82-54-00
ブリティッシュ・ミッドランド航空	☎01-41-91-87-04
イージージェット航空	☎0-825-08-25-08
KLMオランダ航空	☎0-810-556-556
ルフトハンザ・ドイツ航空	☎0-802-02-00-30
ノースウエスト航空	☎0-810-55-65-56
ライアンエアー航空	☎03-44-11-41-41
スカンジナビア航空（SAS）	☎0-801-25-25-25
シンガポール航空	☎01-53-65-79-00
タイ国際航空	☎01-44-20-70-80
ヴァージンアトランティック航空	☎0-800-52-85-28

バスで
フランス国内の長距離バス旅行はオプションというほどではないが、近隣諸国や英国との間を行き来するには**ユーロラインズ Eurolines**（🌐www.eurolines.com）の長距離バスが便利だ。ユーロラインズは、30カ国以上の国営および私営のバス会社の連合で、西欧、中欧、スカンジナビア、モロッコの各地とパリを結んでいる。バスは電車よりも遅く、乗り心地もよくないが、一般に運賃ははるかに安い。

パリの**ユーロラインズ中央オフィス Eurolines office**（MAP6 ☎01-43-54-11-99または0-836-6952-52〈Minitel〉3615 EUROLINES 🌐www.eurolines.fr 🏠55 rue St-Jacques, 5e Ⓜクリュニー・ラ・ソルボンヌCluny-La Sorbonne 🕐月〜金9:30〜18:30、土10:00〜13:00と14:00〜18:00）では、席の予約や乗車券の販売をしている。パリの**国際バスターミナル Gare Routière Internationale de Paris-Gallieni**（MAP1 ☎0-836-69-52-52 🏠28 av du Général de Gaulle, 20e ⓂガリエニGallieni）は、近郊のバニョレBagnoletにある。

フランスのその他の地域
フランスの運輸政策は、フランス国鉄（SNCF）の優れた鉄道網を優先したものになっているため、フランス国内の地域間のバスの便はごく限られている。ただし、たとえば、特に鉄道路線が比較的少ない田園地帯（たとえばノルマンディーやブルターニュ）などでは、県内の短距離旅行に頻繁にバスが利用されている。

英国
ユーロラインズ Eurolines（☎0870-514-3219 🌐www.eurolines.co.uk 🏠52 Grosvenor Gardens, London SW1）には、ロンドンのヴィクトリア駅（長距離バス駅）からドーバーとカレーを経由してパリに入る長距離バス路線がある。所要時間は7時間30分で、料金は片道がUK£32、往復がUK£48だ（割引料金の対象となる人はこれよりも多少安く、また夏場は多少高くなる）。また、7日前に購入すれば、アペックス（事前購入の場合の割引運賃）が適用され、往復でUK£36となる。予約は**ナショナル・エクスプレス National Express**（☎0870-580-8080 🌐www.gobycoach.com）のオフィスならどこでもできる。

ユーロラインズと関係のあるもう一つの会社に**インターカーズ Intercars**（☎0870-608-8806 🌐www.intercars.fr フランス語のみ）があり、マンチェスターとカーディフからロンドンを経由してパリに入る長距離バスを運行している。

ユーロラインズには、ロンドン経由でダブリンとパリを結ぶ日中の便（パリからダブリンまで€103、ダブリンからパリまで€167）と夜間の便（パリからダブリンまで€79、ダブリンからパリまで€137）があり、所要時間は最高23時間だ。

ヨーロッパ大陸
ユーロラインズの直行バス便がパリとヨーロッパ大陸の各地を結んでいる。主な都市と料金、所要時間は次のとおり。アムステルダム

アクセス − 鉄道で

（片道€36　往復€56、所要8時間15分）、バルセロナ（片道€80　往復€148、所要15時間）、ベルリン（片道€77　往復€139、所要13時間）、ブリュッセル（片道€16　往復€29、所要3時間30分）、ブダペスト（片道€93　往復€146、所要22時間）、マドリード（片道€84　往復€144、所要17時間）、プラハ（片道€61　往復€110、所要15時間30分）、ローマ（片道€85　往復€142、所要23時間30分）。料金はいずれも大人の通常運賃で、26歳未満と60歳以上は自動的に10％の割引になる。また4〜12歳の子供の運賃は半額で、3歳までの幼児は80％の割引となる。さらに、販促用の往復料金が適用されることもある（たとえば、パリ-ロンドン間はオフシーズン€50、ハイシーズン€59、ベルリンとの往復料金は€106）。夏期とクリスマスの休暇シーズンには少なくとも2日前までに予約をしたい。

ユーロラインズの関連会社がヨーロッパ各地にある。たとえば、アムステルダム（☎020-560-87-88）、バルセロナ（☎93-247-60-47）、ベルリン（☎030-86-09-60）、ブリュッセル（☎02-274-13-50）、ブダペスト（☎1-485-2162）、コペンハーゲン（☎33-25-12-44）、フランクフルト（☎069-23-07-35）、ハンブルク（☎040-280-45-38）、マドリード（☎915-506-33-60）、プラハ（☎02-2423-9318）、ローマ（☎06-440-40-09）、ウィーン（☎01-712-04-53）、ワルシャワ（☎022-621-34-69または628-23-56）などだ。

インターカーズ（前出の「英国」参照）の長距離バスは、パリとベルリンおよびヨーロッパ各地を結んでおり、パリにもオフィス（MAP4　☎01-42-19-99-35　✉paris@intercars.fr　🏠139 bis rue de Vaugirard, 15e ⓂファルギエールFalguière）がある。

鉄道で

パリには主な鉄道駅が6つある。オーステルリッツ駅（13区）、東駅（10区）、リヨン駅（12区）、北駅（10区）、モンパルナス駅（15区）、そしてラザール駅（8区）だ。フランスのどの地方に行くか、あるいはヨーロッパのどの国に行くかによって、利用する駅が決まる。**フランス国鉄 SNCF** Ⓦwww.sncf.fr）の**国内長距離線 mainline services**（☎0-892-35-35-35〈Minitel〉3615または3616 SNCF）と**郊外線 suburban services**（☎0-836-67-68-69または01-53-90-20-20 〈Minitel〉3615 SNCFIDF）の列車情報は24時間いつでも入手できる。

フランスのその他の地域

SNCFの管轄下にあるフランスの優れた鉄道網は、国内のほぼ全域をカバーしている。SNCFの列車・バス路線網からはずれている町や村の多くは、最寄りの鉄道のターミナル駅に発着する県内の長距離バス*cars*で結ばれている。

フランスの主要鉄道路線は、パリから車輪のような形で放射状に延びており、異なる路線上にある地方の町々を結ぶ列車の便はほとんどなく、もしあってもかなり時間がかかる。最近は少なくなってきたが、パリを経由し、しかも6つの主要鉄道駅の間を移動して乗り換えなければならないこともある。

SNCFが世界に誇る有名なTGV（超高速列車*train à grande vitesse*、「テ・ジェ・ヴェ」と発音）には予約が必要になる（予約料€1.50）。現在、TGVの主要路線は3つある。パリとフランス北部、アムステルダム、ブリュッセル、ロンドンを結ぶ線、パリとフランス南東部、地中海沿岸、ジュネーブを結ぶ線、そしてパリとフランスの西部、南西部（ブルターニュ地方や大西洋沿岸を含む）を結ぶ線の3つだ。

パリからフランス各地までの片道料金（2等）は以下のとおり。

目的地	料金	所要時間
アヌシー Annecy	€73.30	2時間30分
リール Lille	€32.90	1時間*
リヨン Lyons	€50.30	2時間*
マルセイユ Marseilles	€63.10	3時間*
ナント Nantes	€46.30	2時間15分*
ニース Nice	€75.30	5時間30分*
ストラスブール Strasbourg	€35.50	4時間
トゥールーズ Toulouse	€70.60	5時間30分*

*TGVを利用の場合

英国

イギリス海峡（フランス語ではラ・マンシュ *La Manche*〈"袖"の意味〉）の下を通っているトンネルを2種類の列車が走っている。一つは、自動車やオートバイ、自転車、長距離バス、貨車といった車両運搬専用の高速列車ル・シャトルで、フランスのコケル*Coquelles*（カレーの南西5km）と英国のフォークストンを結んでいる。もう一つは、旅客専用の高速列車ユーロスターで、パリとブリュッセルとロンドンを結んでいる。

ユーロトンネル Eurotunnel　特別に設計されたユーロトンネル（☎08705-353535 英国　☎03-21-00-61-00 フランス　Ⓦwww.eurotun

nel.com）の列車は、年中無休、1日24時間のスケジュールで走っており、ハイシーズンには1時間に最高4本（ただし1:00〜6:00は1時間に1本）が出ている。高速道路から高速道路までのトータルの所要時間は、荷物の積み下ろし時間を含めておよそ1時間と見られる。列車の運転時間そのものは約35分。

料金は、年間の時期、一日の時間帯、車両の種類、予約の有無などによって異なるが、乗客込みの乗用車1台の標準的な片道料金はUK￡134.50（冬期）〜189.50（夏期）で、往復料金は2倍になる。5日間有効の周遊料金（往復）はUK￡185〜220で、同日と翌日有効の往復料金はUK￡27〜67だ。ライダーを含めた自転車の料金はUK￡15で、予約が必要になる。

電話で予約するか、または料金所で現金やクレジットカードで支払うことになる。

ユーロスター Eurostar
旅客専用のユーロスター（☎08705-186186または01233-617575 英国 ☎0-892-35-35-39 フランス Ｗwww.eurostar.com）は、ロンドンのウォータールー・インターナショナルWaterloo International駅からパリの北駅Gare du Nordまでを3時間（1時間の時差を入れずに）で走る。ロンドンからは毎日16〜21本の列車が出る。列車によっては、フランスのリールLilleとカレーCalais、および英国ケント州のアシュフォードAshfordに停車するものもある。最近は、出入国手続きはたいてい駅で行われる。

ロンドン—パリ間の2等の正規運賃は、片道UK￡170（€258）、往復UK￡298（€415）という驚くほど高い料金だが、土曜の夜を滞在先で過ごす場合の往復運賃は、14日前までに予約すればUK￡79（€95）、7日前までに予約すればUK￡95（€115）、そして予約がない場合にはUK￡120〜160（€145〜215）とかなり安くなる。よく行われる特別割引によって運賃はさらに下がり、26歳未満の乗車券は片道UK￡45（€68）、往復UK￡75（€105）、そして12歳未満の子供の運賃は片道UK￡30（€46）、往復UK￡60（€92）となる。格安チケットの場合には、旅行日の変更や払い戻しはできない。英国では、**レイル・ヨーロッパ Rail Europe**（☎08705-848848 Ｗwww.raileurope.co.uk）でユーロスターの乗車券を予約することもできる。

鉄道／フェリー
ユーロスターの登場により、長い間利用されてきた従来の鉄道やフェリーでの接続の存在感は薄れたとはいえ、これらがイギリス海峡を横断する際の格安のオプションであることに変わりはない。

ホバースピード Hoverspeed
（☎0870-241 2737または240-8070 英国 ☎0-802-00-35-55 フランス Ｗwww.hoverspeed.co.uk）やその他の会社と提携した、列車—フェリー列車のサービスもある。これは、ロンドンのチャリング・クロスCharing Cross駅からドーバー海峡経由でパリの北駅を結ぶもので、所要時間は7〜9時間、料金は5日間有効の往復チケットが約UK￡60だ。ユーロスターより安いのは確かだが、はるかに時間がかかり、しかも英国とフランスの両側で鉄道駅とフェリー・ターミナルの間をバスで移動しなければならない。

ヨーロッパ大陸

パリとヨーロッパ各国は鉄道で結ばれており、時刻表は主要な鉄道駅で入手できる。レールの軌間や電気系統が異なるために国境で列車を乗り換えなくてはならないこともある（た

"Aクラス"の列車に乗ろう。流線型のユーロスターがイギリス海峡の下を矢のような速さで走り、3時間でパリに到着する

とえば、スペインから入国する場合）。アムステルダム、ブリュッセル、ケルン、そしてジュネーブからパリの北駅までの高速列車はタリスThalys（www.thalys.com）と呼ばれている。若者の運賃は大人の正規運賃の半額（またはそれ以下）であり、高齢者にも割引がある。

パリからヨーロッパ大陸各地への片道料金（2等）は以下のとおり。

目的地	料金	所要時間
アムステルダム Amsterdam	€81.30	4時間15分*
ベルリン Berlin	€111.40	10時間
ブリュッセル Brussels	€61.20	1時間30分*
ケルン Cologne	€74.60	4時間*
コペンハーゲン Copenhagen	€166.70	15時間
ジュネーブ Geneva	€71.30	3時間30分*
マドリード Madrid	€115.90	14時間
ローマ Rome	€166.60	14時間
ウィーン Vienna	€157.40	16時間

*TGVまたはタリスを利用の場合

車・オートバイで

パリを自分で走ろうと思うなら、車やオートバイでパリに行くのが早くて便利だ。英国からフランスに行く時は、ユーロトンネル（前出の「鉄道で」参照）を使ってイギリス海峡を渡るか、いくつかのフェリーの航路を利用することができる（後出の「船で」参照）。フランスに着いたら、近代的な高速道路 autoroutes を利用してパリまで短時間で行けるが、"A"のつく道路では通行料金がかかるため（"N"で始まる道路は無料）、かなり高くつく。ペリフェリック périphérique と呼ばれる環状道路がパリ中心部のまわりを走っているので、それに沿って目的地に一番近い出口まで行き、そこから市内に入って運転するのが手っ取り早い方法だ。レンタカーの代理店リストは、「交通手段」の「車・オートバイ」の「レンタカー」を参照。

フランスの制限速度は、建物が密集した地域では時速50km、第2次、第3次幹線道路では時速90km、大半の高速道路では時速110km、自動車専用道路では時速120kmとなっている。オクタンの割合が95と98の無鉛ガソリン essence sans plomb はどこでも手に入り、料金はそれぞれ1ℓ当たり€1.05と€1.10となっている。ハイオク super は1ℓ当たり約€1.15で、またほとんどのガソリンスタンドに置いているディーゼル油 gazole は1ℓ当たり約€0.80だ。

自転車で

フランスは、比較的交通量の少ない第2次および第3次幹線道路網が広範にわたり整備されていることもあり、サイクリングにはもってこいの国だ。欠点といえば、きちんと整備された路肩がほとんどないことだ。現在、パリのあちこちに自転車専用路 pistes cyclables があり、またオートバイやタクシー、バスとの共有車線もある。詳しくは、「交通手段」の「自転車」を参照。

今日、パリで自転車をレンタルするのは簡単だが、愛用の自転車を、飛行機（ケースに入れるか、チェックインデスクに直接持って行って荷物としてチェックインする）、イギリス海峡を渡るフェリー（通常は無料だが、特に4〜9月は約UK£5の料金がかかることがある）、あるいはユーロトンネル（自転車とライダーの往復運賃UK£15が必要）を通じてパリに持ち込むのも同じくらい簡単だ。ユーロスターでは、折りたたみ式の自転車にかぎり持ち込みが認められるが、そうでない場合には、約UK£20を払って貨物扱いにしなければならない。

ドーバー海峡の白い絶壁をあとにして、フランスに向けて出航

ヨーロピアン・バイク・エクスプレス **European Bike Express**（☎01642-251440 www.bike-express.co.uk）は、ライダーと愛用の自転車を英国からフランス各地に運んでくれる。目的地にもよるが、往復料金はUK£159〜179で、サイクリスト・ツーリング・クラブCyclists' Touring Clubの会員にはUK£10の割引がある。

ヒッチハイクで

ヒッチハイクは、どの国でも完全に安全とはいえず、我々はヒッチハイクをおすすめしない。ヒッチハイクをすると決めた旅行者は、表面的には小さいが潜在的には重大なリスクを抱えていることを理解すべきだ。2人で一緒に行動したり、行き先を他の人に知らせておくと、より安全にヒッチハイクができる。

パリを出る時に、高速道路入口のランプやガソリンスタンドでヒッチハイクをしてもうまくいかないことが多く、むしろRERで遠くの郊外まで行って、そこからヒッチハイクを試みたほうが成功率は高い。ユーロトンネルを利用する自動車のドライバーは、イギリス海峡のトンネルを乗客で満員の車で通過しても余分に料金をとられることはないので、フランスまで、あるいはフランスから無料でヒッチハイクができる可能性がある。イギリス海峡を渡るフェリーでも、運搬される車とともに数名の乗客が無料になることがあるが、たいていはオフシーズンやミッドシーズンに限られる。

パリには、同じ目的地へ行く旅行者とドライバーを結びつける**アローストップ・プロヴァイヤ Allôstop Provoya**（MAP3 ☎0153-20-42-42または01-53-20-42-43 〈Minitel〉3615 ALLOSTOP www.ecritel.fr/allostop 🏠8 rue Rochambeau, 9e Ⓜ️カデCadet 🕐月〜金10:00〜13:00と14:00〜18:30、土10:00〜13:00と14:00〜17:00）という機関がある。料金は、たとえばパリからレンヌまで€11.50、マルセイユまで€26、ハンブルクまで€30、ベルリンまで€46だ。2年間で8回まで有効な会員の会費は€36.60（あるいは1回につき€4.60）だ。

船で

フランスと英国とアイルランドを結ぶフェリーやその他の海上船舶の選択肢はかなり多い。

主要航路では競合会社も船を運航しているため、サービスは広範にわたっているが複雑だ。一日の時間帯や一年の時期、あるいはチケットの有効期限や船舶の大きさによって、同じフェリー会社が、同じ航路でさまざまな料金を提示していることがある。

一般に、5日間有効の往復チケットは最も安上がりな方法の一つだ。往復チケットの料金が片道2回分よりはるかに安くなることがあり、また車両チケットにドライバーと乗客を含むこともある。さらに、超格安の日帰り往復チケットもあるが、フェリー会社はこの種のチケットを片道旅行に使おうとする人々には厳しくあたる。大きなバックパックを持っていれば、カレーで午後の買い物をするためにフェリーに乗るのでないのは一目瞭然だ。

オフシーズンの運航には特別割引が適用されることもあるので、できるだけ早めに計画を立て（そして予約する）といい。フェリーやホバークラフトはすべて自動車やオートバイ、自転車を運んでくれる。

英国とアイルランドからフランスへのフェリーのチケットはそれぞれの国の旅行代理店で購入できるが、一般にオンラインで予約すると安くなる。特に記載がない限り、このセクションで紹介する料金は標準的な片道運賃であり、4〜12歳ないし15歳（フェリー会社によって異なる）の子供運賃は、大人運賃の半額ないし3分の2となる。

英国

イギリス海峡を最も速く渡れるのは、ドーバー（フランス語ではドゥーヴルDouvres）とカレーを結ぶ航路だ。**P&Oステナ・ライン P&O Stena Line**（☎0870-600-0600 英国 ☎0-820-01-00-20 フランス www.posl.com）、**シーフランス SeaFrance**（☎08705-711711英国

> **注意**
>
> この章に掲載した情報は特に変更されることが多い。というのは、海外旅行に関する料金がたえず変動し、路線に追加や取り消しがあり、時刻表が変わり、特別な取り決めが行われ、規則やビザの条件が改正されるからだ。航空会社や政府は、価格体系や規制をできるだけ複雑なものにすることに喜びを見出しているようにも思える。旅行者は、航空会社や旅行代理店に直接問い合わせて、運賃（そして購入しようとしているチケット）がどのようになっているかをしっかり把握すべきだ。それに、旅行業界では競争が熾烈なため、隠れた落とし穴や思いがけない特典も多くある。
>
> 結局は、苦労して手に入れたお金を手放す前に、できるだけ多くの航空会社や旅行代理店から意見や見積もり、アドバイスを得るしかない。この章で紹介した内容はあくまでもひとつの目安でしかなく、自分自身で入念に調べて集めた最新の情報にまさるものはない。

www.seafrance.com）、それに**ホバースピード Hoverspeed** （☎0870-241-2737または240-8070 英国 ☎0-802-00-35-55フランス 🆆 www.hoverspeed.co.uk）のフェリーが、毎日1時間か2時間おきにこの区間を航行している。この3社の運賃を調べて比較してみる価値はある。

運賃はよく変わるが、本書を執筆している時点では、ホバースピードのドーバーとカレー間の旅客運賃は大人UK£22、子供（4～15歳）UK£11で、自動車1台に乗客9人までの料金は、一日の時間帯や曜日にもよるが、UK£91～165となっている。同じ自動車の5日間有効の往復運賃はUK£105～199だ。

イギリス海峡を渡るその他の航路として、フォークストン～ブーローニュ、ニューヘブン～ディエップ、プール～シェルブール、ポーツマス～ウィストルアム（カン）、または、ポーツマス～ノルマンディーのル・アーヴル、ポーツマス～ブルターニュのサン・マロ、プリマス～ロスコフ、それにウェイマス～サン・マロを結ぶ航路がある。

アイルランド

ブリタニー・フェリーズ Brittany Ferries （☎021-427-7801コーク ☎02-98-29-28-00 ロスコフ 🆆 www.brittany-ferries.com）は、4月上旬から9月下旬にかけて、コーク（リンガスキディー）からロスコフまで毎週1便カーフェリーを運航している。海峡横断の所要時間は14時間で、運賃は旅客€88、自動車（乗客4人、宿泊設備なし）€563だ。

アイリッシュ・フェリーズ Irish Ferries （☎01-638-3333ダブリン ☎053-33158ロスレア ☎02-98-61-17-17ロスコフ ☎02-33-23-44-44シェルブール 🆆 www.irishferries.com）は、4月下旬から9月下旬にかけて、ロスレアからロスコフまで毎週1～3便フェリーを運航しており、海峡横断の所要時間は17時間。さらに、1月下旬と2月を除いて一年中、ロスレアからシェルブールまで週に2～4便の割合でフェリー（18時間）を運航している。運賃は、両方とも旅客€107、自動車（乗客4人、宿泊設備なし）€575だ。

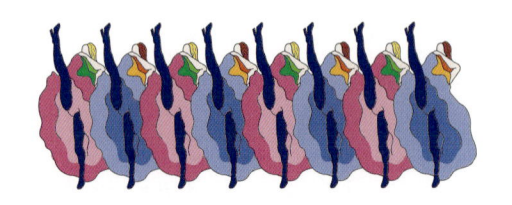

交通手段

Getting Around

空港

パリには国際空港が3つある。このうち多く利用されるのは、オルリー空港Aéroport d'Orlyとロワッシー・シャルル・ド・ゴール空港Aéroport Roissy Charles de Gaulleの2つで、3つ目のボーヴェ空港Beauvaisは、格安航空会社ライアンエアーかチャーター便を利用しないかぎり使うことはない。

エールフランス・バスNo 3 Air France bus No 3
（☎01-41-56-89-00 Ⓦwww.cars-airfrance.comフランス語のみ）が、6:00〜22:30ないし23:30の間、20〜30分間隔でオルリー空港とシャルル・ド・ゴール空港間を運行している。料金は€15.50だが、エールフランスの乗り継ぎ客は無料。渋滞がなければ所要時間は50〜60分。空港間をタクシーで移動するときの料金は約€55。

オルリー空港
Aéroport d'Orly

パリの2大国際空港のうち、古くて小さいオルリー空港はパリの南方18kmにあり、エールフランスのほかイベリア航空、TAPエアポルトガルなどいくつかの国際航空会社がオルリー西Orly-Ouest（西ターミナル）に乗り入れている。無人運転のモノレール「オルリーヴァルOrlyval」（後出の「オルリーヴァル」参照）が、オルリー西とオルリー南Orly-Sud（南ターミナル）を結んでいる（無料）。

フライト情報などは、☎01-49-75-15-15か、Ⓦwww.adp.frの「オルリーOrly」のサイトを参照。ミニテルで検索するときは3615 HORAVをキー入力する。

オルリー空港のアクセス
オルリー空港とパリ市内を結ぶ公共交通機関は6つあり、RATP（パリ交通公団）バスNo 183以外はすべて西ターミナルと南ターミナルを通る。バスの切符は車内で購入でき、通常、12歳未満の子供は半額。

エールフランス・バスNo 1 Air France bus No 1
このナヴェットnavette（シャトルバス、☎01-41-56-89-00 Ⓦwww.cars-airfrance.comフランス語のみ、片道€7.50 往復€12.75、所要時間30〜45分）は、空港と15区のモンパルナス駅Gare Montparnasse（コマンダン・ルネ・ムショット通りrue du Commandant René Mouchotte、MAP4 Ⓜモンパルナス・ビアンヴニュMontparnasse Bienvenüe）の東側、および7区のアンヴァリッド・エアターミナルAérogare des Invalides（MAP2 Ⓜアンヴァリッド Invalides）の間を、6:00〜23:30（空港行きは5:45〜23:00）に12分間隔で運行。運転手に頼めば、パリ市内手前のⓂポルト・ドルレアンPorte d'OrléansかⓂデュロックDurocで下車することもできる。

ジェットバス Jetbus
RATPバスNo 183を除き、パリ市内まで最も安く行くにはこのバス（☎01-69-01-00-09、€4.80、所要時間15分）を利用する。6:00頃〜23:00頃まで12〜15分間隔で、パリ市南端の13区の南にあるⓂヴィルジュイフ・ルイ・アラゴンVillejuif Louis Aragonの間を運行しており、そこからパリ中心部には普通のメトロ/バスの切符で行ける。

オルリーバス Orlybus
RATPが運営するこのバス（☎01-40-02-32-94または0-836-68-77-14、€5.65、所要時間30分）は、空港と14区のⓂダンフェール・ロシュローDenfert Rochereau（MAP1）の間を運行している。運行時間はオルリー空港発が6:00〜23:30、Ⓜダンフェール・ロシュロー発が5:35〜23:00で、いずれも15〜20分間隔。双方向とも14区東側の何ヵ所かに停車する。

オルリーヴァル Orlyval
このサービス（☎0-836-68-77-14、パリまで€8.65、ラ・デファンスLa Défenseまで€10.45、所要時間パリ33分、ラ・デファンス50分）により、空港とパリ市内がシャトル・モノレールと高速郊外鉄道RER（本章後出の「公共交通機関」参照）で結ばれている。無人運転のシャトル・モノレールは、空港とRER B線のアントニーAntony駅を結び（所要時間8分）、アントニー駅から市内には簡単に行ける。パリ市内からアントニー駅に行くには、サン・レミ・レ・シュヴルーズSt-Rémy-lès-Chevreuse行きのRER B4線に乗る（所要時間26分）。オルリーヴァルの切符は、RER1等席やパリ市内のメトロにも使える。オルリーヴァルの運行時間は毎日6:00〜23:00。

RATPバスNo 183
各駅停車の公営バスNo 183（€1.30またはメトロ・バス共通の切符1枚、所要時間1時間弱）が、オルリー南と13区南端のⓂポルト・ド・ショワジーPorte de Choisy（MAP1）を結んでいる。毎日5:35〜20:35に約35分間隔で運行。

RER C線
ADPシャトルバスが、空港とRER C線のポン・ド・ランジス・アエロポール・ドルリー駅Pont de Rungis-Aéroport d'Orlyの間を5:45〜23:00過ぎまで12〜20分間隔で運行（€4.60、所要時間50

交通手段 − 空港

分）。パリ市内からこの駅までは、C2線のコード名ROMIかMONA（列車とホームの電光掲示板に表示）の電車（ポン・ド・ランジスPont de Rungis行きかマシー・パレゾーMassy-Palaiseau行き）に乗る。切符はその先のメトロにも使用できる。

公共交通機関のほかに、次のようなサービスもある。

シャトル・ヴァン Shuttle Van

パリシャトル ParisShuttle（☎01-43-90-91-91または0-800-63-34-40 ■www.parishuttle.com）、パリ・エアポート・サービス Paris Airports Service（☎01-55-98-10-80 または0-821-80-08-01 ■www.parisairportservice.com）とワールド・シャトル World Shuttle（☎01-46-80-14-6）が、1人約€18（2人以上は1人€11〜）でドア・ツー・ドアのサービスを提供している。要予約。他の客を乗せたり降ろしたりする時間も計算に入れておくこと。数名の読者から、シャトル・ヴァンサービスの中にはあてにならないものがあるという投書があった。

タクシー

パリ市内〜オルリー空港のタクシー料金は交通量などによるが約€30、所要時間20〜30分。

ロワッシー・シャルル・ド・ゴール空港
Aéroport Roissy Charles de Gaulle

ロワッシー・シャルル・ド・ゴール空港は、パリの北東30kmのロワッシー郊外に位置する。3つのターミナル（ターミナルAérogare 1、2、T9）がある。ターミナル2には、エールフランスの国際便、国内便のほかいくつかの国際航空会社が乗り入れている。国際航空会社の便の多くは円筒形のターミナル1に発着し、ターミナルT9は、チャーター便や国内航空会社が利用している。

フライト情報などは、英語かフランス語で☎01-48-62-22-80または0-836-15-15（24時間）、または■www.adp.frの「ロワッシー・シャルル・ド・ゴール」のサイトを参照。ミニテルで検索するときは3615 HORAVをキー入力する。

ロワッシー・シャルル・ド・ゴール空港のアクセス

ロワッシー・シャルル・ド・ゴール空港には2つの列車駅がある。1つは、無料のシャトルバスで空港内の他の場所と結ばれているシャルル・ド・ゴール空港1駅（CDG1）で、もう1つは、ターミナル2にあるしゃれた感じのシャルル・ド・ゴール空港2駅（CDG2）。いずれの駅にもRER B3線の通勤電車が乗り入れている。列車駅とすべてのターミナルは無料のシャトルバスで結ばれている。

ロワッシー・シャルル・ド・ゴール空港とパリを結ぶ公共交通機関はいくつかある。バスの切符は車内で購入でき、通常、12歳未満の子供は半額。

エールフランス・バスNo 2 Air France bus No 2

エールフランス・バスNo 2（☎01-41-56-89-00 ■www.cars-airfrance.com フランス語のみ、片道€10 往復€17、所要時間35〜50分）が、空港とセーヌ右岸の2カ所、つまり17区の凱旋門近くのカルノ通りav Carnot 1番地の外側（MAP2 Mシャルル・ド・ゴール・エトワールCharles de Gaulle-Étoile）と、同じく17区のポルト・マイヨーPorte Maillot（MAP2 Mポルト・マイヨーPorte Maillot）のグヴィオン・サン・シル大通りblvd Gouvion St-Cyrにあるパレ・デ・コングレPalais des Congrès（国際会議場兼ビジネスセンター）の2カ所を結んでいる。双方向とも5:45〜23:00に約15分間隔で運行。

エールフランス・バスNo 4 Air France bus No 4

エールフランス・バスNo 4（片道€11.50 往復€19.60、所要時間45〜55分）が、空港とディドロ大通りblvd Diderot 20番地の2にあるリヨン駅Gare de Lyon（MAP5 Mガール・ド・リヨン）、および15区のコマンダン・ルネ・ムショット通りrue du Commandant René Mouchotteにあるモンパルナス駅Gare Montparnasse（MAP4 Mモンパルナス・ビアンヴニュMontparnasse Bienvenüe）を結んでいる。空港から市内行きは7:00〜21:00に30分間隔で、また市内から空港行きは7:00〜21:30に30分間隔で運行。

RATPバスNo 350

RATPバスNo 350（€3.90またはメトロ・バス共通の切符3枚、所要時間1時間）が、ターミナル1＆ターミナル2と18区のポルト・ド・ラ・シャペルPorte de la Chapelleを結んでおり、途中10区のフォブール・サン・ドニ通り rue du Faubourg St-Denis 184番地にある北駅ガール・デュ・ノールGare du Nord（MAP3 Mガール・デュ・ノール）と10区の1945年5月8日通りrue du 8 Mai 1945 にある東駅ガール・ド・レストGare de l'Est（MAP3 Mガール・ド・レスト）に停車する。

RATPバスNo 351

RATPバスNo 351（€3.90またはメトロ・バス共通の切符3枚）が、11区のナシオン広場place de la Nation（MAP1 MナシオンNation）東側のトローヌ通りav du Trône まで走っており、21:30で約30分間隔で運行（市内から空港行きは20:20まで）。

RER B線

RER B3線（€7.60、所要時間40分）が、空港列車駅2駅と市内とを結んでいる。空港に行くときには、Eで始まる4文字の行き先コード（EIREな

ど）をもつRER B線の電車に乗る。メトロの切符売り場で空港までのRERの切符を扱っていないことがあるので注意。その場合はRERの乗車駅で買うことになる。電車は、双方向とも5:45頃から真夜中近くまで8～15分間隔で運行。

ロワッシーバス Roissybus
RATPが運営するロワッシーバス（☎01-49-25-61-87または0-836-68-77-14、€8、所要時間50分）が、ターミナル1 & ターミナル2と9区のオペラ・ガルニエ Opéra Garnier（オペラ座）の裏のスクリーブ通りrue Scribe（MAP2 🚇オペラOpéra）を結んでおり、6:00～23:00に15～20分間隔で運行（空港行きは5:45から）。

公共交通機関のほかに、次のようなサービスもある。

シャトル・ヴァン Shuttle Van
「オルリー空港」の「シャトル・ヴァン」で紹介した3社が、ロワッシー・シャルル・ド・ゴール空港からそれぞれのホテルまでの輸送サービスを提供している。料金は1人当たり約€23、2人以上€13で、要予約。

タクシー
空港～市内のタクシー料金は、交通量や時間帯により€30～50。

ボーヴェ空港
Beauvais
パリ北方80kmにあるボーヴェ空港には、格安航空会社ライアンエアーのパリーダブリン／グラスゴー間の便やチャーター便が発着している。

ボーヴェ空港のアクセス
ライアンエアー便の出発2時間半前にポルト・マイヨー駐車場 Parking Porte Maillot（MAP2 🏠1 blvd Pershing, 17e 🚇ポルト・マイヨー）から空港行きのエクスプレス・バスが、またライアンエアー便の到着20分後に空港からポルト・マイヨー行きのエクスプレス・バスが出る。切符（€10）は、空港のライアンエアーのカウンターか駐車場のキオスクで買う。所要時間約1時間。

公共交通機関
パリの公共交通機関の大半はRATP（パリ交通公団 Régie Autonome des Transports Parisiens）によって運営され、西欧で最も安く、最も効率的な交通機関の一つとされている。RATPのマップNo 1「パリ路線図 Paris Plan des Lignes」（メトロ、RER、バスの路線を掲載）はメトロ駅の切符売り場やRATPのインフォーメーション・デスクで無料で手に入る。

メトロ・RER（高速郊外鉄道）
パリの地下鉄網は、相互乗り入れをしている2つのシステムで構成されている。1つは、メトロ *métro* として知られるメトロポリタン Métropolitainで、全14路線で370以上の駅がある。もう1つはRER（高速郊外鉄道 Réseau Express Régional）で、パリ市内と近郊を結ぶA～Eの路線がある。本書で「メトロ」の駅名を使用する時は、パリ市内のメトロポリタンとRERの両方をさす。

情報入手 メトロの切符売り場で、簡単なものから詳しいものまで各種サイズの無料のメトロマップがもらえる。RATPのマップNo 1には、パリ市内の都市交通網が掲載されている。マップNo 2は、街路図にマップNo 1を重ねたもので、マップNo 3には、イル・ド・フランス地域Île de Franceの路線も掲載されている。メトロ、RER、バス路線網に関する情報はRATP（フランス語☎0-892-68-77-14 6:00～21:00、英語☎0-892-68-41-14、ミニテル3615 RATP、🅦 www.ratp.fr フランス語のみ）で入手でき、運行経路や交通情報等は🅦 www.citefutee.com（フランス語のみ）で入手できる。

SNCF（フランス国有鉄道）の郊外路線（一部RER路線を含む）に関する情報は☎01-53-

交通手段 − 公共交通機関

芸術に彩られたメトロ駅

パリのメトロよりもモダンな地下鉄はあるが、パリのメトロほど便利で、運賃が安く、しかもエレガントな駅を持つメトロはそれほど多くない。2000年には、メトロ創設100周年を記念してパリのメトロ駅のうち175駅が改装された。照明が明るくなり、常設の装飾が整理され、再配置され、なかには新しく追加されたものもある。芸術的観点から興味深いメトロの駅を以下に紹介する。複数の路線が交差している駅についてはホームを特定した。

アベス駅 Abbesses（MAP7、12号線）駅入口のヌードルのような模様をあしらった淡緑色の金属細工とガラスの天蓋は、フランスの有名な建築家エクトール・ギマール（1867～1942年）の代表作の一つである。かつて、メトロ駅の大部分はギマールのアール・ヌーヴォー様式のデザインで飾られていた。1999～2001年にかけて合計68駅でこのアール・ヌーヴォー様式の装飾が修復された。ポルト・ドフィーヌ駅 Porte Dauphine（MAP1、2号線）の入口の装飾も一見の価値がある。

アール・ゼ・メティエ駅 Arts et Métiers（MAP3、11号線ホーム）銅パネルと舷窓を中心とした駅の構造は、作家ジュール・ヴェルヌの小説に出てくるネモ船長や、近くの工芸博物館 Musée des Arts et Métiersを彷彿させる。

バスチーユ駅 Bastille（MAP5、5号線ホーム）巨大な陶製のフレスコ画は、フランス革命期に発行された新聞の図版をもとに当時の様子を描いたものだ。

ビブリオテーク駅 Bibliothèque（MAP8、14号線）スクリーンと鋼鉄とガラスでできたこの巨大な建物は、1998年に開通した無人運転の高速14号線メテオールMétéorの終点駅にあたる。ハイテクを駆使した大型堂とでもいえよう。

ボンヌ・ヌーヴェル駅 Bonne Nouvelle（MAP3、8号線と9号線ホーム）ここでのテーマは映画。電車から降りるなり、映画の撮影セットに足を踏み入れたような錯覚にとらわれる。

シャンゼリゼ・クレマンソー駅 Champs-Élysées Clemenceau（MAP2、1号線と13号線の乗り換え通路）エレガントな青磁のフレスコ画はポルトガルの彩色タイルを思わせるが、それもそのはず、これはパリとリスボンの文化交流の一環として設置されたものだ。

クリュニー・ラ・ソルボンヌ駅 Cluny-La Sorbonne（MAP6、10号線のホーム）カルチエ・ラタンが輩出した知識人、芸術家、科学者の署名が巨大な陶製のモザイクで複製されている。

コンコルド駅 Concorde（MAP2、12号線ホーム）駅の壁に、白と青の陶製の積み木のようなもので、フランス革命の真髄を謳った「人権宣言 Déclaration des Droits de l'Homme et du Citoyen」の条文が綴られている。

ユーロップ駅 Europe（MAP2、3号線）その名のとおり、テーマはヨーロッパ。電化製品の大型店よりもはるかに多くのハイテクなTV画面があり、大陸やイギリス諸島の番組を放映している。ギリシア語やフィンランド語の番組もある。

ルーヴル・リヴォリ駅 Louvre-Rivoli（MAP6、1号線ホームと通路）彫刻と浅浮彫りと写真が、これから訪れるルーヴル美術館の雰囲気を漂わせている。

パレ・ロワイヤル・ミュゼ・デュ・ルーヴル駅 Palais Royal-Musée du Louvre（MAP6）パレ・ロワヤル広場place du Palais Royalに面した奇抜でモダンな入口は、ギマールの作品を映画「バック・トゥー・ザ・フューチャー」的に表現したもので、若手アーティスト、ジャン・ミシェル・オトニエルによるデザイン。800個の赤、青、琥珀、紫のガラス球が使用されている。

ポン・ヌフ駅 Pont Neuf（MAP6、7号線）すぐ上に古い造幣局と貨幣博物館があることから、ここでのテーマは貨幣。かつてのフラン貨幣や新通貨ユーロが展示されている。

90-20-20 または0-836-67-68-69、ミニテル3615 SNCFIDF、 www.sncf.frで入手できる。

メトロ路線網 メトロでは、乗る電車を終着駅名で確認する。マップや路線図にはメトロの各路線が色と数字（1～14）で識別されており、こうしたマップや路線図は今や必需品となっている。

メトロやRERの駅には白地に紺文字の*direction*（～行き）という表示があるので、これに従って、乗りたい路線のホームに行く。途中で分岐する路線（3号線、7号線、13号線など）の場合は、各車両の電光パネルに終着駅名が表示されている。

また、*correspondance*（乗り換え）の表示には、オレンジ色の地に黒文字の旧表示と、各線独自の色で路線を示した新表示があるが、いずれも乗り換え先の路線番号と終点駅名が記載

されている。一般に、乗り換え路線が多く交差している駅では乗り換えに時間がかかる。シャトレ駅Châteletやモンパルナス・ビアンヴニュ駅Montparnasse Bienvenüeなど、乗り換えに恐ろしく時間のかかる駅もある。紺地に白文字の*sorti*（出口）は駅の出口を示している。いくつかある出口のどこから出るかは自分で決めることになり、各出口にある *plan du quartier*（周辺エリア地図）で場所が確認できる。

メトロの各路線の終電は、だいたい0:35〜1:04の間である。自動改札が解除される深夜0:00以降のメトロの利用は無料。始発は5:30頃。

RER路線網 RERはメトロよりも速いが、駅と駅の距離がかなりある。特に左岸にある観光名所（オルセー美術館、エッフェル塔、パンテオンなど）を訪れる時は、メトロよりもRERの方が便利だ。

RERの路線はアルファベットと数字の組み合わせで表示されている。アルファベット（A〜E）は路線を示し、数字は郊外に続く支線を示す。基本的に、RERの偶数番号の路線はパリの南方〜東方の郊外に向かい、奇数番号の路線は北方〜西方の郊外に向かう。すべての電車に4文字のコード（電車と駅の電光掲示板の両方に表示）がついており、初めの文字が同じ場合は、終着駅が同じである。停車駅は駅のホームの電光掲示板に表示されている。メトロとは違って、RERには1等車と2等車がある。

郊外路線 RERとSNCFの通勤電車が、パリ市の郊外（ゾーン2〜8）まで運行している。到着駅での精算はできないので、乗車前に切符を買わないと到着時に駅から出られなくなる。

郊外行きのSNCFの切符を買った時は、乗車前にホーム手前にある刻印機に切符を差し込み、刻印しなければならない。メトロ/RERのような回転式自動改札機に通す磁気乗車券*contremarque magnétique*を渡されることもある。各ゾーンを対象とする「カルト・オランジュCarte Orange」や「パリ・ヴィジットParis Visite」、「モビリスMobilis」などのバス（定期券）を使う時は、磁気クーポンをSNCFの刻印機に差し込んではならない。郊外で購入するパリ行きのRER/SNCF切符の大部分は、すべてではないが、市内のメトロに乗り継げる。

目的地によっては、切符がメトロの切符売り場で買えるが、そうでないときは、利用する路線のRERの駅まで行って買うことになる。少しでも節約するためにカルト・オランジュ、パリ・ヴィジット、モビリスなどを持っている場合は、まずその対象ゾーンの最終駅まで行き、そこで目的地までの切符を買うことになる。

切符・運賃 RATPの切符は、メトロ、RER（パリ市内＝ゾーン1）、バス、および2本の市街電車（北部郊外のサン・ドニ駅St-Denisとメトロ5号線のⓂボビニー・パブロ・ピカソBobigny Pablo Picassoの間を運行するT1と、ラ・デファンスLa Défenseから南下しRER C線のイシー・ヴァル・ド・セーヌIssy Val de Seineまで運行するT2）とモンマルトルのケーブルカーで利用できる。切符は1枚€1.30だが、10枚綴りのカルネcarnet（回数券）を買うと€9.30（4〜10歳の子供€4.65）と割安だ。

切符はどのメトロ駅でも買えるが、駅のすべての入口に切符売り場があるとは限らないので注意。駅によっては、料金が€5.35を超えた場合にクレジットカードでの支払いができるところもある。自動券売機ではたいていのカードが使える。

メトロ・バス共通の切符1枚で、乗り換え自由で2つのメトロ駅間を移動できる（2時間以内）。ゾーン1内であれば、RERでもこの切符が使えるが、1枚の切符でメトロからバス、バスからメトロへの乗り継ぎや、バス間の乗り換えはできない。

切符は必ず目的地の駅の改札を出るまで持っていること。切符を持っていないところを検札官に見つかると、罰金（€20〜40）が課される。

バス

パリ市内のバスの通常の運行時間は、月〜土曜5:45〜24:30、日・祝日7:00〜20:30で、日曜と祝日には本数が減る。また、毎日20:30〜翌0:30に夜間バス*service en soirée*（本章後出の「ナイトバス」とは別）が運行している。

夜間バスの主な路線は、サン・ラザール駅Gare St-Lazareとクール・ド・ヴァンセンヌCours de Vincennesを北駅Gare du Nordと東駅Gare de l'Est経由で結ぶ26番線、パリ市庁舎Hôtel de Villeとポルト・ドルレアン駅Porte d'Orléanをサン・ミッシェル大通りblvd St-Michel経由で結ぶ38番線、そしてモンパルナス駅Gare de Montparnasseとシャルル・ド・ゴール広場place Charles de Gaulleを結ぶ92番線（帰りはシャンゼリゼ大通り経由）がある。

夜間バスや日・祝日のバス運賃は、日中の通常のバス運賃と同額で、すべてのパスが利用できる。

切符・運賃

バスの場合、短い区間（バスゾーン1～2）だとメトロ・バス共通の切符1枚でOKだが（「メトロ・RER」の「切符・運賃」参照）、長い区間になると2枚の切符が必要。

1枚の同一切符で他のバスやメトロへの乗り継ぎはできない。ゾーンにもよるが、郊外に行くには最高3枚までの切符が必要になる。バスにのみ有効な特別な切符は運転手から購入できる。

片道切符はすべて運転手の脇にある自動刻印機 composteur で刻印 oblitérer しなければならない。カルト・オランジュ、モビリス、パリ・ヴィジットなどのパス（後出の「トラベル・パス」と「ツーリスト・パス」参照）を持っている場合は、乗る時に運転手に見せるだけでいい。パスについている磁気クーポンに刻印しないよう注意のこと。

ナイトバス

メトロの終電が終わった後、深夜1:00にナイトバス Noctambus が、1区のシャトレ広場 place du Châtelet と4区のパリ市庁舎西側のビクトリア通り av Victoria（MAP6）から出発し、市内のほぼ全域と郊外まで運行する。

このバスを利用する時は、黄色い三日月を背にした小さな黒いフクロウのマークを探すこと。コースは全部で18あり（N、O、Q、Uの4文字を除く A～V線）、いずれも運行時間は毎日1:00～5:00（30分間隔）。

乗車するゾーンのカルト・オランジュ、モビリス、パリ・ヴィジットなどのパスを持っているとナイトバスは無料だが、それ以外は1回の運賃が€2.45で、別のナイトバスへの乗り換えが1回だけ認められる。

トラベル・パス

パリで最も安く、簡単に公共交通機関を利用するには、**カルト・オランジュ Carte Orange** を買うといい。これは、メトロ、RER、バスに共通のパス（磁気クーポン付き）で、1週間用と1カ月用がある。郊外のゾーン2～8のパスもあるが、郊外通勤路線を頻繁に利用しないかぎり、ゾーン1～2用の基本的なパスで十分だ。

ゾーン1～2用の1週間用カルト・オランジュ（クーポン・エブドマデール coupon hebdomadaire）は€13.25で、有効期間は月～日曜（前週の金曜日から購入可能）。たとえパリ滞在期間が3～4日間でも、カルネ（回数券）を買うより安くつくことがあり、また当日のみ有効のモビリスやパリ・ヴィジットのパス（次項「ツーリスト・パス」参照）を購入するよりもお得になる。

ゾーン1～2用の1カ月用カルト・オランジュ（クーポン・マンスエル coupon mensuel）は€44.40で、各暦月の1日から有効となる（前月20日から購入可能）。いずれもメトロとRERの駅（発売時間6:30～22:00）および一部のバス・ターミナルで購入できる。カルト・オランジュのクーポンは自動券売機やRATPのホームページ（Ⓦ www.ratp.fr フランス語のみ）でも買える。ただし、後者の場合はフランス国内の郵送先住所が必要になる。

初めてカルト・オランジュを購入する時は、本人のパスポート用写真（鉄道駅や多くのメトロ駅にある証明写真用ブースで4枚撮り€1.50）をメトロかRERの切符売り場に持参し、カルト・オランジュ（無料）と好みの種類のクーポンを受け取る。本人以外の者による不正使用を防ぐために、カルト・オランジュには自分の姓 nom と名 prénom を書き、また購入した1週間用、1カ月用のクーポンにはカルト・オランジュの番号を書き込むこと。

ツーリスト・パス

料金が高めのモビリスやパリ・ヴィジットのパスは、メトロ、RER、SNCF近郊線、バス、ナイトバス、市街電車、モンマルトルのケーブルカーで利用できる。写真は不要だが、切符にカード番号を書き込まなければならない。

モビリス Mobilis カードとそのクーポンを買えば、ゾーン2～8内（€5～17.95）で1日乗り放題となる。これはメトロとRERの駅の切符売り場やパリ地域のSNCF駅で買えるが、ゾーン1～2で1日最低6回はメトロに乗らないと元は取れない（カルネの料金ベースで）。

パリ・ヴィジット Paris Visite のパスには、1日、2日、3日、5日間有効の4種類があり、それぞれゾーン1～3用、1～5用、1～8用がある。パス所有者は運賃の割引だけでなく、一部美術館の入場料割引や各種イベントの割引が受けられる。ゾーン1～3用のパスは、1日券€8.35、2日券€13.70、3日券€18.35、5日間券€26.25で、3～11歳の子供はほぼ半額。メトロやRERの主要駅、パリのSNCF窓口、空港で購入できる。

車・オートバイ

車でパリに入ると、滞在中に厄介な問題がいろいろ起こることが多い。車の運転により休日気分を満喫できるかもしれないが、駐車スペースを見つけるのはたいへんだ。パリの多くの場所で路上駐車料金は1時間で€1.50～2。市営の大駐車場は1時間€2.30で、11～24時間の駐車料金は€18.50になる。

駐車違反には€12ないし€30の罰金が課され、駐車検察官は情け容赦なく（しかも嬉々として）罰金を徴収する。罰金を支払う時は、

交通手段 － 車・オートバイ

街を走るのに、パリの典型的交通手段であるスクーターも利用できる

チケット記載金額に相当する罰金納入用印紙 *timbre amende* をたばこ屋 *tabac* で買い、宛先記載済みのクーポンにこの印紙を貼って投函する。

　パリ市内で車を運転すると神経がすり減るが、臆病な人や優柔不断な人を除き、不可能なことではない。パリの街を最も速く横切るには、街の周囲を走る環状道路 blvd Périphérique（MAP1）を利用するといい。

レンタカー

ユーロップカー Europcar（レンタカー会社）は、ルノーのツィンゴなどの小型車（保険なし、走行距離250kmまで）を1日約€81〜でレンタルしている。しかし、もっと安くでレンタルできる小さな代理店もある。たとえば、1日€39、€0.15／1km、1日€53／100km、週末€146／800km、7日間€213／1000kmぐらいでだ。

　以下に紹介する大手レンタカーの多くは空港にオフィスを持ち、また7区の**アンヴァリッド・エアターミナル** Aérogare des Invalides（MAP4 Ⓜアンヴァリッド Invalides）にもオフィスを持っているものもある。レンタル条件やオフィスに関する詳しい情報は以下で入手できる。

エイビス Avis	☎0-802-05-05-05
バジェット Budget	☎0-800-10-00-01
ユーロップカー Europcar	☎0-825-35-23-52
ハーツ Hertz	☎0-825-06-50-75
ナショナル／シテ National/Citer	☎01-42-06-06-06

　その他のレンタカー会社については、イエローページの「レンタカー：観光・営業用 *Location d'Automobiles: Tourisme et Utilitaires*」を参照するとよい。

　低料金の地方のレンタカー会社を以下に紹介する。特に休暇の週末や夏期には、3日前までに予約するのが望ましい。

ADA（☎0-836-68-40-02 Ⓦwww.ada-location.com フランス語のみ）　ADAは、72 rue de Rome, 8e（MAP2 ☎01-42-93-65-13 ⓂロームRome）をはじめ、97 blvd Magenta, 10e（MAP3 ☎01-47-70-06-06 Ⓜガール・デュ・ノール Gare du Nord）、34 av de la République, 11e（MAP3 ☎01-48-06-58-13 Ⓜパルマンティエ Parmentier）など、パリ市内18カ所にオフィスがある。

イージーカー easyCar（Ⓦwww.easycar.com）　イギリスで人気の格安レンタカー代理店で、ミニメルセデス（1日€12〜および追加料金）やスマート（1日€5€〜）をレンタルできる。

　場所は15 rue du Commandant René Mouchotte, 15e（MAP4 ☎／🅵01-42-18-00-53 Ⓜモンパルナス・ビアンヴニュ Montparnasse

Bienvenüeまたはゲテ Gaîté）と、place Vendôme, 1er（1区ヴァンドーム広場）の下（MAP2 ☎01-40-15-60-17 Ｍチュイルリー Tuileriesまたはオペラ Opéra）の2ヵ所。

レンタ・カー・システム Rent A Car Systéme（☎0-836-69-46-95 Ｗwww.rentacar.fr） Renat A Car は、2 rue de Compiègne, 10e （MAP3 ☎01-42-80-31-31 Ｍガール・デュ・ノール Gare du Nord）をはじめ、79 rue de Bercy, 12e（MAP9 ☎01-43-45-98-99 Ｍベルシー Bercy）、84 av de Versailles, 16e （MAP1 ☎01-42-88-40-04 Ｍミラボー Mirabeau）など、パリ市内14ヵ所にオフィスがある。

スクーターは、**ローラーランド Rollerland**で借りられる（MAP5 ☎01-40-27-96-97 ▲3 blvd Bourdon, 4e Ｍケ・ド・ラ・ラペ Quai de la Rapée）、および MAP2 ☎01-45-72-39-59 ▲34, rue Bayen, 17e Ｍテルヌ Ternes）。ミニスクーターのレンタル料€46、保証金（caution）約€1050。

タクシー

パリのタクシーの基本料金は€2で、市内の場合、月～土曜の7:00～19:00は1kmごとに€0.60が加算される（A料金、メーターの白いランプ）。また、夜間（19:00～翌7:00）と日曜・祝日は1kmごとに€1（B料金、メーターのオレンジのランプ）、パリ郊外へは1kmごとに€1.20（C料金）が加算される。タクシーを待たせるときは1時間につき€24.30の料金を取られる。

4人目の乗客は€2.45の追加料金がかかるが、たいていの運転手は、安全上の理由から3人を超える乗車を断る。重さ5キロ以上の荷物があるときは1個につき€0.90の追加料金を取られる。動物には€0.60、SNCFの主要路線駅からの迎車には€0.70が加算される。チップは、料金に関係なく€0.50から最高€1程度といったところ。

主な無線タクシー会社は以下のとおり（24時間利用可）。

アルファ・タクシー Alpha Taxis	☎01-45-85-85-85
アールタクシー Artaxi	☎01-42-41-50-50
タクシー・ブルー Taxis Bleus	☎01-49-36-10-10
タクシーG7 Taxis G7	☎01-47-39-47-39
タクシー・ラディオ7000 Taxis Radio 7000	☎01-42-70-00-42
タクシー・ラディオ・エトワール Taxis-Radio Étoile	☎01-42-70-41-41

自転車

パリには約165kmに及ぶ市内自転車専用車線のほか、環状道路の約3分の2と平行して走る自転車専用車線があり、サイクリストに開放される道路の数も増えている。2001年夏にパリ市長に当選した社会党のベルトラン・ドラノエは、歩行者とサイクリストのためにパリの道路を修復し、公共交通機関を改善するという緑の公約を実践し、リヴォリ通りなど多くの道路沿いに重い縁石を置き、バスとタクシーと自転車だけが利用できる車線を設けた。この車線を利用しないサイクリストには約€40の罰金が課せられるので注意。

市長室 Mayor's office（Ｗwww.mairie paris.frまたは Ｗwww.paris-france.org）が、「自転車で巡るパリ Paris à Vélo」と題する無料のパンフレット（ルートの概要や規則、規制を掲載）を発行しており、**パリ市庁舎 Hôtel de Ville**（MAP6 ☎01-42-76-40-40 ▲29 rue de Rivoli, 4e Ｍオテル・ド・ヴィル Hôtel de Ville）のインフォーメーション・センターで入手できる。

ブーローニュの森 Bois de Boulogne（16区）やヴァンセンヌの森 Bois de Vincennes（12区）、サン・マルタン運河 Canal St-Martin（10区）からラ・ヴィレット公園 Parc de la Villette（19区）にかけての一帯、そして108kmのウルク運河 Canal de l'Ourcqの南岸沿いには多くのサイクリング・ロードがある。

いつもは混雑している右岸のセーヌ河岸沿いの高速道路や、左岸のアナトール・フランス河岸 quai Anatole Franceからブランリー河岸 quai Branlyに続く高速道路は、3～11月の日曜・祝日の9:00～17:00は車両通行止めになる。

メトロへの自転車の持ち込みは禁止されているが、RERの路線の中には、週末と祝日の終日、および平日の6:30以前、9:00～16:30の間、そして19:00以降に自転車の持ち込みを認めているものもあり、これを利用すれば自転車を郊外まで運べる。SNCFの自転車持ち込み規制はもっと緩やかだ。詳しくはSNCFに問い合わせること。

レンタサイクル

最もおすすめのレンタサイクル・ショップは、RATPが運営している**メゾン・ルー・リーブル Maison Roue Libre**（MAP6 ☎01-53-46-43-77または 01-46-28-29-68 ＦＸ01-40-28-01-00 Ｗhttp://bus38.online.fr/rouelibreeng.html ▲1 passage Mondétour, 1er Ｍレ・アル Les Halles ⓞ毎日9:00～19:00）で、ショップはフォーラム・デ・アル Forum des Hallesにある。

交通手段 – 船

市が定めた規則さえ守れば、パリはサイクリングに適した街だ

レンタル料は平日1日€4.50、週末1日€11.50、土・日€17.50、1週間€34.50で、保険、ヘルメット、ベビーシート込み。デポジット（保証金）は約€150で、レンタルには身分証明書が必要になる。ルー・リーブルの自転車は、12区のベルシー河岸204番地（204 quai de Bercy, 12e）にあるSAEMES駐車場のキオスク（Ⓜクール・サン・テミリオンCour St-Émilion 🕒毎日10:00〜19:00）でも借りれる。

ローラーランド Rollerland（「車・オートバイ」の「レンタカー」参照）では、自転車を半日€7.60、1日€10.60で、またインライン・スケート（車が1列に並んだローラースケート）を半日€4.60でレンタルしている。

そのほか、次のようなレンタサイクル・ショップもある。

バイク・エヌ・ローラー Bike 'n' Roller （MAP4 ☎01-45-50-38-27 Ⓜアンヴァリッド Invalides 🏠38 rue Fabert, 7e）　ショップはアンヴァリッド（廃兵院）Hôtel des Invalidesの真北にあり、レンタル料は、自転車が3時間€12、1日€17、インライン・スケートが3時間€9、1日€12。

ジュペット&ヴェロ Gepetto & Vélos （MAP5 ☎/📠01-43-54-19-95 Ⓜカルディナル・ルモワヌCardinal Lemoine 🏠59 rue du Cardinal Lemoine, 5e）　この小さなショップでのレンタル料は、半日€7.60、1日€13.70、土・日€23、1週間€53.50で、デポジットが€230。

パリ・ア・ヴェロ・セ・サンパ！ Paris à Vélo, C'est Sympa！ （MAP5 ☎01-48-87-60-01 www.parisvelosympa.comフランス語のみ ⓂバスチーユBastille 🏠37 blvd Bourdon, 4e）「自転車で巡るパリはすばらしい！」という意味の変わった名前を持つこのショップのレンタル料は、半日€9.50、

1日€12.50、3日€23.40、土・日€31.20で、タンデム（2人乗り自転車）のレンタル料は自転車2台分の料金となる。デポジットは€305（タンデムの場合は€610）で、クレジットカードでの支払いも可。

パリ・シクル Paris Cycles （MAP1 ☎01-47-47-22-37または01-47-47-76-50）このショップは16区のブーローニュの森の2カ所で自転車をレンタルしている（「観光スポットと楽しみ方」の「ブーローニュの森周辺」参照）。

修理が必要なときは、パリ・ア・ヴェロ・セ・サンパ！と同じ住所にあるヴェロ・バスチーユ Vélo Bastille （☎01-48-87-60-80 📠01-48-87-61-01 🏠37 blvd Bourdon, 4e）が、週7日無休であらゆる種類の自転車を修理してくれる。

船

4〜10月に、バトービュス Batobus （☎01-44-11-33-99 📠01-45-56-07-88 www.batobus.com）の連絡船が運航する。発着場所は次の7カ所。

シャンゼリゼ Champs-Élysées 付近：ポール・デ・シャンゼリゼ（8区）Port des Champs-Élysées, 8e （MAP2 Ⓜシャンゼリゼ・クレマンソーChamps-Élysées Clemenceau）

ルーヴル美術館 Musée du Louvre 付近：ケ・デュ・ルーヴル（1区）quai du Louvre, 1er （MAP6 ⓂPalais Royal-Musée du Louvre）

パリ市庁舎 Hôtel de Ville 付近：ケ・ド・ロテル・ド・ヴィル（4区）quai de l'Hôtel de Ville, 4e （MAP6 Ⓜオテル・ド・ヴィルHôtel de Ville）

ノートルダム大聖堂 Notre Dame 付近：ケ・モンテベロ（5区）quai Montebello, 5e （MAP6 Ⓜサン・ミッシェルSt-Michel）

サン・ジェルマン・デ・プレ St-Germain des Prés 付近：ケ・マラケ（6区）quai Malaquais, 6e （MAP5 Ⓜサン・ジェルマン・デ・プレSt-Germain des Prés）

オルセー美術館 Musée d'Orsay 付近：ポール・デ・ソルフェリーノ（7区）Port de Solférino, 7e （MAP4 Ⓜミュゼ・ドルセーMusée d'Orsayまたはアサンブレ・ナシオナルAssemblée Nationale）

エッフェル塔 Eiffel Tower 付近：ポール・ド・ラ・ブルドネ（7区）Port de la Bourdonnais, 7e （MAP4 Ⓜシャン・デ・マルス・トゥール・エッフェルChamp de Mars-Tour Eiffelまたはビル・アケムBir Hakeim）

船は、10:00〜19:00に25分間隔で運航（6〜9月は21:00まで）。

料金は各区間€3.50。1日券€10、2日券€12.50（12歳未満の子供は1日券€5.50、2日券€6.50）。

ウォーキングツアー

パリの街を気ままに歩いてみるのも楽しい（「散策コース」の「中世のたたずまいを残すマレ地区」、「左岸を愛した作家たち」、「時を刻んだ右岸のパッサージュ」参照）。街そのものが比較的コンパクトなこともあり、とても歩きやすく、またモンマルトルの丘を除いてこれといった登り坂もなく、街全体がかなり平坦だ。しかし、問題は車だ。信号が青になって横断歩道を渡るときは、必ず止まってくれるが、それ以外は要注意。

ツアー

自分でパリの散策コースを決めるのが面倒な人や、時間がない人は、ヘリコプター、バス、遊覧船、自転車、ウォーキングなどのツアーを利用してみるのもいい。

ヘリコプター

予算をオーバーする人もあるかもしれないが、上空から見たパリの眺めは一生忘れられない思い出になるはずだ。**パリ・エリコプテール Paris Hélicoptère**（☎01-48-35-90-44 FAX01-48-35-90-61 Wwww.paris-helicoptere.com）には、日曜にル・ブルジェ空港Aéroport du Bourgetのヘリポートを出発してパリの周囲80kmを空から見学するコースがある。飛行時間は25分で、料金は1人€122。ル・ブルジェ空港には、RERのB3線かB5線でル・ブルジェ駅Le Bourgetまで行き、そこからバスNo 152（ミュゼ・ド・レールMusée de l'Air下車）に乗るか、東駅Gare de l'Est駅前の1945年5月8日通り（rue du 8 Mai 1945, 10e）（MAP3）から出発するRATPバスNo 350（ミュゼ・ド・レール下車）を利用する。

バス

4～9月の日曜の12:30～20:00に、RATP運営の**バラビュス Balabus**（メトロの切符1枚、20分間隔）が、パリ中心部の有名な観光名所を通りながら、リヨン駅Gare de Lyonとラ・デファンスLa Défenseの間を走る。所要時間は50分。

ロープン・トゥール
L'Open Tour（MAP2）
☎01-42-66-56-56
Wwww.parisopentour.com
🏠13 rue Auber, 9e
Ⓜアーヴル・コマルタンHavre Caumartinまたはオペラ Opéra

オープン・デッキのバスが、年中無休で3コースを運行している（所要時間はパリ中心部コースが2時間15分、モンパルナス・コースが1時間15分、バスチーユからベルシー・コースが1時間）。40以上の停留所で乗り降り自由で、1日券€24（カルト・オランジュ、パリ・ヴィジット、バトービュスなどのパスを持ってい

2階建てバスの上の階からのパリの眺めもすばらしい

る場合は€20)、2日券€26。4～11歳の子供は1日券、2日券とも€12。発車時刻はコースにより異なるが、パリ中心部を走るグランド・ツアーGrand Tour（ノートルダム大聖堂Notre Dameと凱旋門Arc de Triompheの間を結び、左右両岸合わせて24カ所に停車）は、4～10月は10:00～20:00に10～15分間隔で、また11～3月は9:30～18:30に25～30分間隔で運行する。

シティラマ
Cityrama（MAP3）
☎01-44-55-61-00
🌐www.cityrama.fr
🏠4 place des Pyramides, 1er
Ⓜチュイルリー Tuileries

録音テープによる12カ国語のガイド付きの2時間市内観光コースがある（€24）。発車場所は、ルーヴル美術館の西端の向かい側で、4～10月は1日8回、それ以外の月は1日3回運行している。

遊覧船

"パリのライフライン"と呼ばれるセーヌ川や、市北東部の改修された運河を下る遊覧船に乗ると、ゆっくり進む船上からパリの街並みを眺めながらリラックスした気分が味わえる。

セーヌ川の遊覧船
エッフェル塔の北西にある乗り場から出航する**バトー・パリジャン Bateaux Parisiens**（MAP4 ☎01-44-11-33-44
🌐www.bateauxparisiens.com 🏠Port de la Bourdonnais, 7e Ⓜポン・ド・ラルマ Pont de l'Alma）には1時間の遊覧コースがあり（大人20:00前€8.50、20:00以降€9。12歳未満€4.10)、4～9月は10:00～22:30（ないし23:00）に30分おきに、11～3月は10:00～22:00に1時間おきに運航した。また、5～10月には5区のドゥブル橋 Pont au Doubleを渡ってノートルダム大聖堂向かいのモンテベロ河岸（quai de Montebello, 5e）の乗り場からも船が出る（MAP6 Ⓜモベール・ミュチュアリテ Maubert Mutualité）。昼食付きコース（€46～69）と夕食付きコース（€88.50～119）は年中予約できる。

バトー・ムーシュ
Bateaux Mouches（MAP2）
☎01-42-25-96-10または01-40-76-99-99
🌐www.bateauxmouches.com
🏠Port de la Conférence, 8e
Ⓜアルマ・マルソー Alma Marceau

乗り場は右岸のアルマ橋 Pont de l'Almaの東にあり、セーヌ川最大の1000人乗りの遊覧船が運航している。3月中旬～11月中旬は10:00～12:30と13:30～23:00に30分おきに出航し、そ

れ以外の月は毎日11:00、14:30、16:00、21:00に出航。リクエストがあれば、それ以外の時間にも運航する。1時間半の遊覧コースは数カ国語のガイド付きで、料金は€7（4～12歳の子供と高齢者は€3）。

ヴデット・デュ・ポン・ヌフ
Vedettes du Pont Neuf（MAP6）
☎01-46-33-98-38
🏠square du Vert Galant, 1er
Ⓜポン・ヌフ Pont Neuf

年間を通じて1時間の遊覧コースを運航しており、乗り場は1区のシテ島 Île de la Cité西端にある。（大人€8、4～12歳の子供€3.50）3～10月は10:30～12:00と13:30～20:00に30～45分おきに運航し、夜のコースは21:00～22:30に30分おきに運航をしている。23:00発のオプションの便もある。便数は、11～2月の平日は12便（夜のコースは22:00に終了）、週末は最高19便。

マリーナ・ド・ベルシー
Marina de Bercy（MAP8）
☎01-43-43-40-30
🌐www.marinadebercy.com
🏠Port de Bercy, 12e
Ⓜクール・サン・テミリオン Cour St-Émilion

12:00発の昼食付きコース（€53.50）と、18:15発（€59.50）および21:00発（€79）の夕食付きコースがあり、昼食と夕食付きコースには12歳未満の子供用メニュー（€45.70）もある。

運河クルーズ

3～10月にカノラマ **Canaux-rama**（MAP5 ☎01-42-39-15-00 Ⓦ www.canauxrama.com）の大型遊覧船によるクルーズがあり、12区のアルスナル港Port de Plaisance de Paris-Arsenal（MAP5）と19区のラ・ヴィレット公園Parc de la Villette（MAP3）を結ぶ魅力的なサン・マルタン運河とウルク運河巡りが楽しめる。9:45頃と14:45頃に、13 quai de la Loireにあるヴィレット貯水池Bassin de la Villetteを出航する便と、9:45と14:30にバスチーユ大通りblvd de la Bastille50番地のアルスナル港Port de l'Arsenalを出航する便がある。料金は€12.20（学生€10、6～11歳の子供€7.60、ただし日曜・祝日はすべて€12.20）。

パリ・カナル・クロワジエール
Paris Canal Croisières（MAP3）
☎01-42-40-96-97
Ⓦ www.pariscanal.com
Bassin de la Villette, 19-21 quai de la Loire, 19e

3月下旬～11月中旬にかけて、毎日9:30にオルセー美術館（MAP4）北西のアナトール・フランス河岸quai Anatole France（7区）を出発する3時間のクルーズがある。往路はラ・ヴィレット公園（MAP3）を14.30に出発。7月中旬～8月にかけて、オルセー美術館発14:35とラ・ヴィレット公園発18:15の臨時便が出る。料金は、大人€15.25、12～25歳および60歳以上€11.50（ただし日曜午後と祝日を除く）、4～11歳の子供€8.50。

サイクリング

レンタサイクル店のメゾン・ルー・リーブル、ジュぺット＆ヴェロ、パリ・ア・ヴェロ・セ・サンパ！（前出の「自転車」の「レンタサイクル」参照）は、1時間半～3時間のサイクリング・ツアーを準備している。パリ・ア・ヴェロが主催する3時間のツアー料金は、大人€30、12～25歳€26、12歳未満€16で、ジュぺット＆ヴェロのツアーの料金は一律€29。メゾン・ルー・リーブルのツアー料金は、1時間半€13、3時間€20.50で、いずれもガイド、自転車、保険込み。

英語が通じる**マイクス・ブルフロッグ・バイク・ツアーズ Mike's Bullfrog Bike Tours**（MAP4 ☎01-56-58-10-54 Ⓦ www.mikesbiketours paris.com）24 rue Edgar Faure, 15e ラ・モット・ピケ・グルネル La Motte-Piquet Grenelle）のツアーは読者に好評。3～4時間のパリ市内1日ツアー（€22）の出発時間は、3月、4月、9月、10月は11:00、5～8月は11:00と15:30で、夜間サイクリング・ツアー（€27）の出発時間は、3月、4月、9月、10月は日・火・木曜の19:00、5～8月は日～金曜の19:00。ツアー参加者は、ブルフロッグのオフィスに集合する。そこでは荷物を預け、電話をかけたり、インターネットにログオンすることができる。ただし、ツアーの出発場所は、シャン・ド・マルス公園Champ de Marsに続くエッフェル塔南柱の向かいのギュスターヴ・エッフェル通りav Gustave Eiffel, 7e（MAP4）。料金には自転車と雨具（必要な場合）が含まれる。

ウォーキング

パリ・ウォーキング・ツアー（☎01-48-09-21-40 ℻ 01-42-43-75-51 Ⓦ www.paris-walks.com）には、いくつかの地域を対象にしたテーマ別の英語によるツアーがある（大人€10、25歳未満の学生€7、10～18歳€5）。モンマルトル界隈コースは、日・水曜の10:30にⓂ アベス Abbesses（MAP7）から出発し、マレ地区コースは、火・土曜の10:30と日曜の14:30にⓂ サン・ポール St-Paul（MAP5）を出発。「ヘミングウェイのパリ」と称するツアーは、火曜の10:30にⓂ カルディナル・ルモワヌ Cardinal Lemoine（MAP5）から出発。3～11月は金曜の10:30にも出発。

フランス語が堪能な人には、テーマ別になった専門のウォーキング・ツアーが無数にある。情報誌の「パリスコープ *Pariscope*」や「オフィシエル・デ・スペクタークル *Officiel des Spectacles*」（「エンターテインメント」の「イベント情報」参照）の"コンフェランス

観光名所の見学に役立つパッケージツアー

Conférences"の項目に、数多くのテーマ別ウォーキング・ツアー（通常€8.50）が掲載されている。これらのツアーの多くはいろいろな情報が得られ、おもしろい。特に**パリ・オ・サン・ヴィザージュ Paris aux Cents Visages**（☎01-44-67-92-33）と**パリ・パッセ・プレザン Paris Passé, Présent**（☎01-42-58-95-99）主催のツアーがおすすめ。

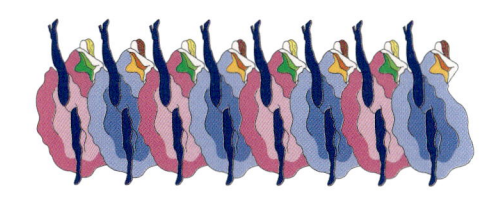

観光スポットと楽しみ方

Things to See & Do

パリの街を一人で歩く前に街を概観したい時は、「交通手段」の「ツアー」で紹介するツアーのどれかに参加してみよう。特に、「乗り降り自由」なバスツアーが便利だ。こうしたツアーに参加しなくても、高い所からパリを一望することもできる。詳しくは、下記「ハイライト」の「パリの景観」を参照。

あちこち動き回りたくない人は、**パリ・ストーリー Paris Story**（MAP2 ☎01-42-66-62-06 Ⓦwww.paris-story.com 🏠11 bis rue Scribe, 9e ⓂオベールAuberまたはオペラOpéra 💰大人€8 学生・18歳未満€5 家族€20）に行ってみよう。「ヴィクトル・ユゴーが語るパリ2000年の歴史 Paris' 2000-year history hosted by Victor Hugo」というドラマ風のパリ紹介ビデオがヘッドホンの説明付き（11ヵ国語）で見られる。所要時間45分間で、9:00～18:00（4～10月は20:00まで）に1時間ごとに上演。

ハイライト

個人的な好みや興味にもよるが、パリで見逃したくない美術館、モニュメント、その他観光スポットは12ヵ所ある。

ポンピドゥー・センター Centre Pompidou
広大なスペースを使った展示を見学したあとは、屋上からの眺めを楽しみたい。

ペール・ラシェーズ墓地 Cimetière du Père Lachaise
とても立派そして（もしくは）有名な各界の著名人を訪ねよう。もっとも、落ち葉の降り積もる墓地に永眠する人たちばかりだが。

エッフェル塔 Tour Eiffel
夜、イルミネーションで飾られたタワーの真下に立って上を見上げれば、世界で最も美しいその光景に感動すること間違いなし。

ルーヴル美術館 Louvre
「モナ・リザMona Lisa」や「ミロのヴィーナスVenus de Milo」といった昔ながらの代表的作品を見るのもよいが、その前に最近追加されたコレクション（古代美術工芸品など）をのぞいてみよう。

マレ地区 Marias
昼間に豪華な貴族の館hôtels particuliersを見学し（「散策コース」参照）、夜は胸をときめかせながらバーやクラブに行ってみよう。

国立中世美術館 Musée National du Moyen Age
この美術館は、クリュニー館Hôtel de Clunyの中にあり、特に「貴婦人と一角獣La Dame à la Licorne」という壮大なタペストリーの連作が見ものである。

オルセー美術館 Musée d'Orsay
この美しい美術館にある膨大な印象派のコレクションには目を見張るばかりだ。

ロダン美術館 Musée Rodin
芸術作品を鑑賞したあとで、作品が展示されている貴族の館風の豪華な建物や緑がいっぱいの庭園を見るのも忘れないようにしたい。

ノートルダム大聖堂 Notre Dame
パイプオルガンの演奏会に出席し、光により変幻自在に色が変わる美しいバラ窓を眺めてみよう。

ラ・ヴィレット公園 Parc de la Villette
この"未来パーク"でぜひ一日を過ごしてみたい。科学技術、クラシック音楽、メリーゴーランド、潜水艦の展示など誰もが楽しめる何かがある。

サント・シャペル Ste-Chapelle
晴れた日に、礼拝堂のステンドグラスが奏でる光と色のシンフォニーは最高。

パリの景観
エッフェル塔、ポンドゥー・センター、サクレ・クール寺院、サマリテーヌ・デパート、モンパルナス・タワー、ベルヴィル公園、新都心ラ・デファンスのグランド・アルシュ（新凱旋門）、パリの中で標高が最も高いメトロ駅テレグラフTélégraphe（11号線）などパリにある高い場所から街を眺めることができる。

「待たずに入場」の便利なカード！

アンテルミュゼinterMusée（☎01-44-61-96-60 Ⓦwww.intermusees.com）が発行するカルト・ミュゼ・モニュマンCarte Musées-Monumentsというカードがあれば、ルーヴル美術館、ポンピドゥー・センター、オルセー美術館などパリ市内の50ヵ所以上の観光スポット（ジュ・ド・ポーム国立美術館Jeu de Paumeなどいくつかの名所を除く）や、イル・ド・フランス（ヴェルサイユ宮殿の一部を含む）、フォンテーヌ、シャンティイの20ヵ所近くの観光スポットに入場できる（「近郊に足をのばす」参照）。

料金は1日€15、3日€30、5日€45で、割引料金はない。カードは各観光案内所、フナックFnac（書籍、オーディオ、スポーツ用品などの大型チェーンストア）の各店、パリ交通公団RATPのインフォメーション・デスク、メトロの主要駅で買える。何といってもこのカードがあれば、ポンピドゥー・センター、ルーヴル美術館、ノートルダム大聖堂北塔などの人気スポットで長蛇の列に並ばずにすむ。

ルーヴル周辺（MAP2、4、6）
LOUVRE AREA

1区のルーヴル周辺には、パリを訪れる観光客が見逃したくない人気のスポットがいくつかある。

ルーヴル美術館
Musée du Louvre

広大なルーヴル宮Palais du Louvre（MAP6 ☎01-40-20-53-17または01-40-20-51-51（Minitel）3615 LOUVRE www.louvre.fr M パレ・ロワイヤル・ミュゼ・デュ・ルーヴルPalais Royal- Musée du Louvre）は、13世紀初めにフィリップ・オーギュストによって要塞として建築された。16世紀半ばに王家の住居として使用するために改築されたが、その後1793年に国民公会によって国立美術館となった。

展示されている絵画や彫刻、工芸品は、過去500年にわたりフランス政府によって集められたものだ。その中にはヨーロッパ各地から集められた芸術作品や伝統工芸品、さらに古代のアッシリア、エトルリア、ギリシャ、コプト教徒やイスラム教徒らの芸術作品や遺物の膨大なコレクションもある。ルーヴルはこれまで西洋芸術の出発点である古代文明の作品や中世から1848年までの西洋芸術の傑作（1848年以降の作品はオルセー美術館に展示）を紹介し、そこに存在意義raison d'êtreを見いだしてきた。しかし近年はそれ以外の重要なコレクションも購入して展示するようになった。

ある意味ではルーヴルは世界で最も敬遠したくなる美術館かもしれない。観光客も地元の人々も、作品の多さや驚くほどの大きさ（セーヌ川に面した建物の長さは約700m）に圧倒されてしまい、午後にはもっと小さくてはるかに魅力的な美術館に行こうと考えることが多い。結局、多くの人がなかば強制的にここを訪れるのだが、思い通りに見学できない。ダ・ヴィンチの「ラ・ジョコンドLa Joconde」（いわゆる「モナ・リザMona Lisa」）が展示されている場所（ドノン翼2階第13室）も見つけられず、疲れ果ててしまい、がっかりして立ち去ることになる。主な作品を短時間でざっと見るのではなく、すべてをじっくりと味わいたいと思うなら、真剣な気持ちで何回か訪れなければならない。つまり、読者にとって最も賢明な方法は、本当に見たいと思う作品を何点かチェックしてから、ルーヴル内の特定の時代か部門を選んで見学し、他の作品は市内のどこか別の美術館にあるのだと思うようにすることだろう。

古代の作品の中で最も有名なのは「書記坐像Seated Scribe」（シュリー翼2階）、「ハムラビ法典Code of Hammurabi」（リシュリュー翼1階）、そして腕のない2つの女神像「ミロのヴィーナスVenus de Milo」（シュリー翼1階）と「サモトラケのニケWinged Victory of Samothrace」（ドノン翼2階）だ。ルネサンスの作品ではミケランジェロの「瀕死の奴隷The Dying Slave」（ドノン翼1階）やラファエロ、ボッティチェリ、テ

現代的建築と古典的建物の対比：ルーヴル宮の正面にあるガラスのピラミッド

観光スポットと楽しみ方 – ルーヴル周辺

ルーヴルのすばらしい内装

ィツィアーノらの作品（ドノン翼2階）を見逃さないようにしたい。19世紀フランス絵画の代表作（シュリー翼3階）にはアングルの「トルコの浴場The Turkish Bath」、ジェリコーの「メデューサ号の筏The Raft of the Medusa」やコロー、ドラクロワ、フラゴナールらの作品がある。

開館時の18世紀後半、絵画数は2500点だったが、今日ではおよそ3万点が展示されている。1989年に故ミッテラン前大統領が始めた"ルーヴル大改造"計画によって、近年新たな展示室や改装した展示室がオープンし、美術館の展示スペースは2倍になった。そこにはセーヴル磁器やルイ15世の戴冠用宝玉（シュリー翼2階）やアフリカ、アジア、オセアニア、アメリカから収集された古代美術工芸品（ドノン翼1階）といった作品が展示されている。

オリエンテーション ナポレオンの中庭にある中央入口とチケット売場は高さ21mの**ガラスのピラミッド glass pyramid**で覆われている。これは中国系アメリカ人建築家のI・M・ペイがデザインしたものだ。ピラミッドの外やポルト・デ・リオンPorte des Lions入口で列を作って並ぶのを避けたい時は、リヴォリ通りrue de Rivoli99番地にあるショッピング・センター、カルーゼル・デュ・ルーヴルCarrousel du Louvre（MAP6）から建物に入るか、メトロ駅パレ・ロワイヤル・ミュゼ・デュ・ルーヴルPalais Royal-Musée du Louvreのルーヴル方面という出口の表示に従ってアクセ

スする。

ルーヴルは、シュリー、ドノン、リシュリューの各翼棟とナポレオン・ホールの4つの部分で構成されている。**シュリー翼 Sully**は建物の東端にあるクール・カレCour Carrée（正方形の中庭という意味）の4つの辺を構成する翼棟、**ドノン翼 Denon**はセーヌ川沿いに南側に延びる翼棟、そして**リシュリュー翼 Richelieu**はリヴォリ通り沿いの北側の翼棟だ。

ガラスのピラミッドの半地下階にある公共部分は、**ナポレオン・ホール Hall Napoléon**と呼ばれている。ここにはルーヴルの歴史に関する展示物や、書店、レストラン、カフェ、コンサートや講演、映画上映が行われる大講堂などがある。新たに加えられたおもしろい施設に、**シベール・ルーヴル CyberLouvre**がある。これは、およそ2万点の芸術作品にバーチャル・リアリティーにアクセスできるモニターを備えたインターネット・サロンだ。また、ピラミッドとカルーゼル凱旋門（本章後出）を地下で結ぶショッピング・センター、**カルーゼル・デュ・ルーヴル Carrousel du Louvre**（⏰8:30～23:00）の見ものは、これまた建築家ペイがデザインした**ガラスの逆ピラミッド inverted glass pyramid**だ。

無料の館内案内マップ「Louvre Plan/Information」（英語版ほか）は、ナポレオン・ホールの中央にあるインフォメーション・デスクで手に入る。美術館の概要を把握するのに最も役立つガイドブックは「Louvre: First Visit」（€3.50）。約50点の美術作品が紹介されている。「Louvre Visitor's Guide」（€8）や「Destination Louvre: A Guided Tour」（€7.50）といった包括的なガイドブックもある。これらはすべて美術館内のギフト・ショップで手に入る。

開館時間とチケット ルーヴル（常設展示€7.50、15:00以降と日曜€5 木～日9:00～18:00、月・水9:00～21:45）は、火曜といくつかの祝日は休館となる。水曜は18時以降も実質的に全館を見学できるが、月曜の夜は特定の展示室のみの手短かな見学circuit courtになる。ナポレオン・ホールの特別展示（木～月9:00～18:00 水9:00～21:45）とシベール・ルーヴル（木～日10:00～18:30、月・水10:00～19:45）は開館時間が異なるので注意。

入館料は、18歳未満は無料。また、毎月第1日曜には全員が無料になる。学生やシニア（高齢者）の割引料金はない。特別展示の料金はさまざまだが、だいたい€4前後。チケットは終日有効なので、何回でも出入りできる。ナポレオン・ホールのみの入館料は一律€3.80だ。チケットは電話で申し込むこともできるし（☎0-825-22-30-24）、フナックFnacやヴ

美術館・博物館の休館日

パリの大多数の美術館や博物館は月曜が休館日だが、火曜が休館日となるところも12館以上ある（ルーヴル美術館、ポンピドゥー・センター、ピカソ美術館など）。注意したいのは、パリのすべての美術館、博物館、モニュメントがこの章に記載されている実際の閉館時間よりも30分〜1時間早く入口のドアや門を閉めてしまうことだ。そのため、たとえば閉館が18:00の美術館や博物館、モニュメントには17:00以降は入館できないと思ったほうがよい。

ージン・メガストアVirgin Megastoreのプレイガイドbilleteries（「エンターテインメント」の「予約代理店」参照）、「ショッピング」の章に出てくるすべてのデパートで入手できる（€1の手数料が必要）。事前に手配しておけば列に並ぶことなく入館できる。

ガイド付き見学
英語のガイド付き見学（☎01-40-20-52-63）は、季節にもよるが1日に3〜5回、ガラスのピラミッド下のAccueil des Groupes（団体受付）から出発し、所要時間は1時間半。ただし、日曜は11:30からの1回だけ。見学チケットは入館料に€6（13〜18歳€3.50、13歳未満無料）を加えた料金になる。ツアーの定員は30人なので、少なくとも出発の30分前までには申し込みをすませたい。

6カ国語のオーディオガイドは所要時間1時間半で、料金は€4.60。ピラミッドの下の各翼棟への入口で16:30まで貸し出している。

ルーヴル宮にあるその他の美術館

ルーヴル宮の中には、ほかにも**装飾芸術中央連合会 Union Centrale des Arts Décoratifs**（UCAD）が運営する3つの美術館・博物館がある（MAP6 ☎01 44 55 57-50 Ｗwww.ucad.fi パレ・ロワイヤル・ミュゼ・デュ・ルーヴル Palais Royal-Musée du Louvre ■3館共通 大人€5.40 18〜25歳€3.90 ◎火・木・金11:00〜18:00、水11:00〜21:00、土・日10:00〜18:00）。これら3つはルーヴル大改造計画の際に改装・新築されたもので、パリ1区のリヴォリ通り107番地に入口がある。

4階の**装飾芸術美術館 Musée des Arts Décoratifs**では、中世やルネサンス時代からアール・ヌーヴォー、アール・デコの時代を経て近代や現代にいたるまでの家具や貴金属装身具、陶磁器やガラス製品といった小美術品が5つの部門に分けて展示されている。同じ階にある**広告博物館 Musée de la Publicité**には、万能薬を売り込む19世紀のポスター、初期のラジオ広告から電子広告にいたるあらゆる種類の広告が紹介されている。2階と3階には**モードと織物美術館 Musée de la Mode et du Textile**があり、16世紀から現代までの約1万6000着の衣装が集められている。

サン・ジェルマン・ロクセロワ教会
Église St-Germain L'Auxerrois

この教会は、13〜16世紀にかけて建築され、ゴシック様式とルネサンス様式が混在する（MAP6 ⬛2 place du Louvre, 1er Ｍルーヴル・リヴォリLouvre-Rivoliまたはポン・ヌフPont Neuf ◎8:00〜20:00）。かつて王家の教区教会だったルーヴルの東端にあり、西暦500年頃からキリスト教徒の礼拝に使われてきた。18世紀には聖職者が主要部分を近代的に改装、フランス革命の時代にその一部が破壊されたが、19世紀半ばにゴシック再興者の建築家ウージェーヌ・ヴィオレ・ル・デュックによって修復された。すばらしいステンドグラスは一見の価値がある。

カルーゼル凱旋門
Arc de Triomphe du Carrousel

この凱旋門（MAP6）は、1805年のナポレオンの勝利を記念して建てられたもので、チュイルリー公園Jardin des Tuileriesの東端のカルーゼル庭園Jardin du Carrouselにある。かつては上部にナポレオンがベネチアから"借用した"聖マルクスの馬Horses of St Mark'sが飾られていたが、1815年のワーテルローの戦いで敗北したため返却された。門の上にあるクァドリガ像（4頭立ての2輪戦車の像）は、ナポレオン失墜後のブルボン家の王政復古を祝って1828年に加えられたものだ。アーチの両面にはナポレオンの勝利を表す彫刻と8本のバラ色大理石で造られた円柱があり、各円柱の頂上にはナポレオン皇帝軍の兵士の立像が飾られている。

チュイルリー公園
Jardin des Tuileries

様式美に富んだ面積28haのこの公園（MAP2、MAP4 ◎10〜3月7:00〜19:30、4〜9月7:00〜21:00）は、カルーゼル庭園のちょうど西端から始まる。ヴォー・ル・ヴィコンテやヴェルサイユ（「近郊に足をのばす」参照）の造園を手掛けたアンドレ・ル・ノートルが17世紀半ばに現在の形に造り上げた。やがてここは、美しく着飾った人々が気取って歩く、パリで最もファッショナブルな場所になり、今日ではジョギングをする人たちのお気に入りの場所だ。

凱旋大通り Voie Triomphale 歴史的軸線とも呼ばれる。チュイルリーの東西軸が一直線に西に延び、シャンゼリゼ大通りから凱旋門を

観光スポットと楽しみ方 – ルーヴル周辺

入場無料の施設

パリにある国立の美術館・博物館musées nationauxでは、18〜25歳および60歳以上のシニアには割引料金が適用される。また1週間のうちの1日や特定の時間（たとえば日曜の午前中など）に全員に割引料金が適用されることも知っておきたい。18歳未満はつねに無料で、毎月第1日曜は全員が無料になる。ただし、つねに別途の入場料を徴収している特別展示には適用されない。

該当する施設は以下のとおり。

- コンシェルジュリー Conciergerie
- グラン・パレのギャラリー Galeries Naionales du Grand Palais
- フランス歴史博物館（ロアン館）Musée de l'Histoire de France（Hôtel de Rohan）
- ルーヴル美術館 Musée du Louvre
- マイヨール美術館 Musée Maillol
- 貨幣博物館 Musée de la Monnaie
- ギュスターヴ・モロー美術館 Musée Gustave Moreau
- 国立アフリカ・オセアニア民芸博物館 Musée National des Arts d'Afrique et d'Océanie
- 国立民俗芸術博物館 Musée National de Arts et Traditions Populaires
- 国立中世美術館（クリュニー美術館）Musée National du Moyen Age（Musée de Cluny）
- チュイリー公園のオランジュリー美術館 Musée de l'Orangerie des Tuileries（2004年まで閉鎖）
- オルセー美術館 Musée d'Orsay
- ピカソ美術館 Musée Picasso
- ロダン美術館 Musée Rodin
- サント・シャペル Ste-Chapelle
- ノートルダム大聖堂の塔 Tours de Notre Dame

以下の美術館・博物館およびモニュメントは、18歳未満はつねに無料だが、必ずしも毎月第1日曜に全員が無料になるとは限らない。

- 凱旋門 Arc de Triomphe
- ヴァンセンヌ城 Château de Vincennes
- ユダヤ芸術・歴史博物館 Musée d'Art et d'Histoire du Judaïsme
- 国立近代美術館（ポンピドゥー・センター）Musée National d'Art Moderne（Centre Pompidou）
- 国立ウージェーヌ・ドラクロワ美術館 Musée National Eugène Delacroix
- モードと織物美術館 Musée de la Mode et du Textile
- ニシム・ド・カモンド美術館 Musée Nissim de Camondo
- パンテオン Panthéon
- 錠前博物館（ブリカール博物館）Musée de la Serrure（Musée Bricard）

パリにある市立の美術館・博物館の多くは、日曜の10:00〜13:00に全員が無料となる。該当する施設は以下のとおり。

- ノートルダム大聖堂の古代地下納骨堂 Crypte Archéologique de Notre Dame de Paris
- ヴィクトル・ユーゴーの家 Maison de Victor Hugo
- パリ市立近代美術館 Musée d'Art Moderne de la Ville de Paris
- カルナヴァレ博物館（パリ歴史博物館）Musée Carnavalet（Musée de l'Histoire de Paris）
- コニャック・ジェ美術館 Musée Cognac-Jay

抜けて、最終的にラ・デファンス地区の超高層ビル街にある新凱旋門Grande Arche（グランド・アルシュ）に達する軸線のことだ（「近郊に足をのばす」参照）。

オランジュリー美術館
Orangerie

チュイリーのオランジュリー美術館Musée de l'Orangerie des Tuileries（MAP4 ☎01-42-97-48-16 🏠place de la Concorde, 1er ⓂコンコルドConcorde）は、チュイリー公園の南西の隅にある。モネの「睡蓮 *Décorations des Nymphéas*」の連作、セザンヌやマチス、ピカソ、ルノワール、シスレー、スーチン、ユトリロといった印象派画家の傑作が展示されている。建物の改装のため、2004年初めまで閉館している。

ジュ・ド・ポーム国立美術館
Jeu de Paume

ジュ・ド・ポーム国立美術館Galerie Nationale du Jeu de Paume（MAP2 ☎01-42-60-69-69 Ⓜ

船を走らせよう。チュイルリー公園で借りられる豪華ヨット

コンコルドConcorde 料大人€5.80 学生・シニア・13～18歳€4.30 ☑火12:00～21:30、水～金12:00～19:00、土・日10:00～19:00）は、ナポレオン3世時代の1861年にチュイルリー公園の北西の隅にあったジュ・ド・ポームjeu de paume（球戯場）の跡地に建てられた。かつては印象派芸術のフランス国有コレクションの大部分が展示されていた（現在はオルセー美術館に移されている）が、今では現代芸術の革新的な企画展を行う場所になっている。

ヴァンドーム広場
Place Vendôme

八角形のヴァンドーム広場（MAP2 MチュイルリーTuileriesまたはオペラOpéra）とそれを囲むアーケード、柱廊のある建物は、1687～1721年に造られた。1796年3月、ナポレオンはこの3番地の建物に住んでいたボアルネ子爵の未亡人ジョゼフィーヌと結婚した。今日、広場を囲む建物には高級ホテルのリッツ（「宿泊」の「超高級」参照）やパリでも最もファッショナブルなブティックが入っている。また、11～13番地には1815年から司法省が入っている。

広場中央にある高さ43.5mの**ヴァンドーム記念柱 Colonne Vendôme**は、石の芯のまわりに長さ160mの青銅をらせん状に巻きつけたものだ。この青銅は1805年のオーステルリッツの戦いでオーストリア・ロシア連合軍から奪った1250もの大砲を溶かしたものである。らせんに沿って描かれた浅浮き彫りはナポレオンの1805～1807年の勝利を称えている。尖頂部の彫像は、当初はカール大帝だと考えられていたが、実際はローマ皇帝姿のナポレオンだ。

パレ・ロワイヤル
Palais Royal

王宮パレ・ロワイヤル（MAP6 Mパレ・ロワイヤル・ミュゼ・デュ・ルーヴルPalais Royal-Musée du Louvre）は、1640年代に幼少時代のルイ14世が住んでいた場所で、パレ・ロワイヤル広場とルーヴルの北に位置している。リシュリュー枢機卿によって建造が開始されたのは17世紀だが、今日のような新古典様式の建物になったのは18世紀後半のことだ。現在、建物には政府機関のコンセイユ・デタ（国務院）が入っており、一般には公開されていない。

アンドレ・マルロー広場place André Malrauxに面した、列柱のある建物が**コメディー・フランセーズ Comédie Française**（「エンターテインメント」の「演劇」参照）である。これは1680年に建てられた世界で最も古い国立劇場だ。

宮殿の真北にある**パレ・ロワイヤル庭園 Jardin du Palais Royal**（MAP3 ☑10～3月7:00～20:30、4・5月7:00～22:15、6～8月7:00～23:00、9月7:00～21:30）は、周囲にアーケードがめぐらされている魅力的な庭園だ。東側の**ギャルリー・ド・ヴァロワ Galerie de Valois**には有名デザイナーのブティックや画廊、宝石店などが入っているが、1785年以来ずっとここ

で商いを続けている151〜154番地の彫版工房ギヨモ・グラヴァールのような店もある。西側の**ギャルリー・ド・モンパンシエ** Galerie de Montpensierには、カラフルなレジョン・ドヌール勲章風のメダルを売る店（3〜4番地と7〜8番地）や鉛製のおもちゃの兵隊を売る店（13〜15番地）などの老舗が数軒ある。

レ・アル周辺（MAP6）
LES HALLES

北にエティエンヌ・マルセル通りrue Étienne Marcel、南にリヴォリ通りrue de Rivoliが走るポンピドゥー・センターCentre Pompidou（1区）とフォーラム・デ・アルForum des Hallesの間はほとんどが歩行者専用道になっている。そのため昼も夜もたくさんの人であふれ、850年余りにわたりこの地域にパリの中央市場（アルhalles）があった時代の活気が今も残っている。

ポンピドゥー・センター
Centre Pompidou

国立ジョルジュ・ポンピドゥー文化芸術センター Centre National d'Art et de Culture Georges Pompidou（MAP6 ☎01-44-78-12-33（Minitel）3615 BEAUBOURG Ⓦwww.centrepompidou.fr Ⓜランビュトー Rambuteau）は、世界で最も成功した芸術文化センターだ。€8500万という多額の費用をかけた2000年のリニューアル・オープンによって展示スペースが拡大され、映画・CD・ビデオセンターやダンス・演劇用の多目的ホールが新設され、これまで以上に人気のある施設となった。

別名ボブール・センターCentre Beaubourgとも呼ばれるポンピドゥー・センターが1977年の開館以来ずっと観客客を驚かせ、喜ばせてきたのは、現代アートのすばらしいコレクションはもちろん、その先鋭的な建築表現（「パリの現代建築」参照）のためでもあった。しかし、1990年代後半になるとそれが何となく時代遅れになってきたため、改装されることになった。

フォーラム・デュ・サントル・ポンピドゥー Forum du Centre Pompidou（圏無料 Ⓞ水〜月11:00〜22:00）1階にあるこのオープン・スペースには、特別展示室やインフォメーション・デスクなどがある。

5階と6階の**国立近代美術館 Musée National d'Art Moderne**（略称MNAM 圏大人€5.50 学生・シニア・18〜25歳€3.50 18歳未満と第1日曜全員無料、特別展入場料を含む1日パス 大人€10学生・シニア・18〜25歳€8 Ⓞ常設展 水〜月11:00〜21:00）の4万点以上に

現代アートや現代建築の愛好家たちは、まず最初にポンピドゥー・センターにやって来る

も及ぶ所蔵作品の3分の1が展示されている。ここにある作品は20世紀アートのフランス国有コレクション。シュールレアリストやキュビストの作品はもちろん、ポップ・アートや現代美術もある。**公共情報図書館 Bibliothèque Publique d'Information**（略称はBPI。「基本情報」の「図書館」参照）は2階の一部と3階、4階を占めている。また、7階には特別展を行う3つの展示会場（圏大人€6.50前後 学生・シニア・18〜25歳€4.50前後）とすばらしいレストランがあり、パリの街が一望できる。2階と地階には映画などのエンターテインメント施設がある。

アトリエ・ブランクーシ Atelier Brancusi（Ⓞ水〜月13:00〜19:00）ジョルジュ・ポンピドゥー広場place Georges Pompidouの西側にあり、ルーマニア出身の彫刻家コンスタンティン・ブランクーシ（1876〜1957年）の約140点に及ぶ代表作品、デッサン、絵画、ガラス感光板などが展示されている。MNAMのチケットで入場できる。

ジョルジュ・ポンピドゥー広場 place Georges Pompidou センターの西にあり、近くには歩行者専用道が何本も通っている。この広場には大道芸人やストリート・パフォーマー、ミュージシャン、ジャグラー、パントマイム芸人が集い、センターの中と同じくらい楽しめる。

センターの南のイゴール・ストラヴィンスキー広場place Igor Stravinskyには、骸骨やドラゴン、ト音記号、大きな赤い唇からなる**機械仕掛けの噴水 mechanical fountains**（MAP6）があり、大いに楽しめる。噴水はジャン・タングリーとニキ・ド・サン・ファルの作。

フォーラム・デ・アル
Forum des Halles

12世紀初めから1969年まで、サン・トゥスタッシュ教会Église St-Eustacheの南側にはレ・アルLes Halles（街の中央卸売市場）があった。この市場は1969年にパリ郊外のオルリー空港に近いランジスRungisに移転され、その跡地にできたのが、このすばらしいフォーラム・デ・アルForum des Hallesだ（MAP6 ☎01-44-76-96-56 🏠rue Pierre Lescaut, 1er Ⓜ レ・アルLes Hallesまたはシャトレ・レ・アルChâtelet Les Halles）。これは、ガラスとクロム金属を組み合わせるという1970年代初期の様式で建造された巨大地下ショッピング・センターだ。

フォーラム・デ・アルの地上部分は人気の**公園 park**になっている。暖かい時期には、このあたりではストリート・ミュージシャン、火食い術を使う芸人、その他いろいろなパフォーマーたちが、あちこちで自分たちの芸を披露しているが、とりわけ有名なのが**ジャン・デュ・ベレー広場 place du Jean du Bellay**だ。この広場の中央にある**イノサンの噴水 Fontaine des Innocents**（MAP6）は、1549年に建造されたルネサンス期の多層構造の噴水で、かつてここにあったイノサン墓地にちなんで名づけられた。イノサン墓地からはフランス革命後に200万もの骸骨が掘り出され、14区のカタコンブCatacombes（後出の「13区＆14区周辺」参照）に移された。噴水の1ブロック南には**フェロヌリー通り rue de la Ferronnerie**がある。ここは、かつてユグノーだったアンリ4世が1610年にこの通りの11番地付近を馬車で通った際に、フランソワ・ラバイヤックというカトリックの狂信者によって暗殺された場所だ。

サン・トゥスタッシュ教会
Église St-Eustache

パリで最も美しい教会の一つとされるこの荘厳な教会（MAP6 ☎01-42-36-31-05 Ⓜ レ・アルLes Halles 🕐月〜土9:00〜19:00、日9:15〜19:30）は、フォーラム・デ・アルの地上部にある公園の真北にある。1532〜1640年に建てられた当時はゴシック様式だったが、18世紀半ばに西側に新古典様式のファサードが付け加えられた。建物の内部装飾は、フランボワイヤン・ゴシック様式のアーチが内陣の天井を支えているのを除けば、ほとんどがルネサンス様式か古典様式である。西の入口には、101のストップ（音栓）と8000本のパイプを使った巨大なパイプオルガンが置かれており、長い伝統を誇るコンサートや日曜のミサ（11:00と17:30）で使用される。

ジャン・サン・プールの塔
Tour Jean Sans Peur

高さ29mに及ぶゴシック様式のジャン・サン・プール（無畏公ジャン）の塔（MAP3 ☎01-40-26-20-28 🏠20 rue Étienne Marcel, 2e Ⓜ エティエンヌ・マルセルÉtienne Marcel 🎫大人€5 学生・7〜18歳€3）は、15世紀初めにブルゴーニュ公ジャンによって建てられた。彼はこの塔の最上階に身を隠し、敵からの襲撃を避けた。学校の敷地内にあるため、水・土・日曜（学校の休暇中は毎日）の13:30〜18:00には最上階まで上ることができる。

ラ・サマリテーヌの屋上テラス
La Samaritaine Rooftop Terrace

このデパートの本館屋上（MAP6 ☎01-40-41-20-20 🏠19 rue de la Monnaie, 1er Ⓜ ポン・ヌフPont Neuf）からは、パリの中心部のすばらしい景観を360度のパノラマで楽しめる。**12階の展望テラス 11th-floor lookout**（MAP6 🕐月〜水・金・土9:30〜19:00 木9:30〜22:00）には、10階までエレベーターで行き、そこから階段を使って上る。

サン・ジャック塔
Tour St-Jacques

高さ52mのフランボワイヤン・ゴシック様式のサン・ジャック塔（MAP6 🏠place du Châtelet, 4e Ⓜ シャトレChâtelet）は、唯一現存しているサン・ジャック・ラ・ブーシュリー教会跡の建造物だ。この教会は有力な肉屋のギルドによって1523年に建てられたが、1797年に総裁政府によって破壊された。塔の頂上は気象観測所になっており、内部は非公開である。

パリ市庁舎
Hôtel de Ville

パリ市庁舎（MAP6 ☎01-42-76-40-40 🌐www.mairie-paris.fr 🏠place de l'Hôtel de Ville, 4e Ⓜ オテル・ド・ヴィルHôtel de Ville）は、1871年のパリ・コミューンで焼失したが、その後ネオ・ルネサンス様式で再建された（1874〜1882年）。装飾が施されたファサードには、パリの著名人108人の像が飾られている。

中には展示室として使用される**レセプション・サロン Salon d'Accueil**（🏠29 rue de Rivoli, 4e 🕐月〜土9:30〜18:30）があり、ここでイン

ストライキの広場

パリ市庁舎前には堂々たる市庁舎広場place de l' Hôtel de Villeがある。この広場は中世以降、多くの祝典、反乱、焚書、公開処刑の舞台になってきた。1830年までは グレーヴ広場place de Grève（砂州広場）の名で知られていて、数世紀前には仕事にあぶれた人たちが集まる広場になっていた。フランス語でストライキのことをグレーヴ（grève）というのはそのためである。

フォメーションやパンフレット類を手に入れることができる。

マレ地区周辺（MAP3、5、6）
MARAIS

サン・ルイ島の真北にあたるセーヌ川右岸の一帯に位置するマレ地区は、13世紀までは農地として利用されていたが、当時の状態はまさにその名（マレはフランス語で"沼地"または"湿地"の意味）の示すとおりだった。17世紀初めにアンリ4世がロワイヤル広場place Royal（現在のヴォージュ広場place des Vosges）を造ると、この一帯はパリで最もファッショナブルな居住地区に変わり、裕福な貴族たちにとって魅力的な場所になった。そして、貴族たちは豪華な私邸やそれほど費用のかからないパヴィヨンpavillons（小邸）をこの地区に建築していった。

17世紀後半～18世紀にかけて、貴族たちがパリを離れてヴェルサイユやフォブール・サン・ジェルマンFaubourg St-Germainに住むようになると、マレ地区とその邸宅街はパリの庶民のものとなった。1960年代後半～1970年代初めには、110haにも及ぶ地域で大規模な街並みの再開発が行われた。

マレ地区は、今日のパリでフランス革命前の建築物の大部分がそのまま残っている数少ない地区の一つだ。中には1292年にまでさかのぼる建築が残るヴォルタ通りrue Volta 3番地（3区）の屋敷や、1407年に建てられたモンモランシー通りrue de Montmorency 51番地（3区）の家屋、16世紀に建築されたフランソワ・ミロン通りrue François Miron 11番地と13番地（4区）の木骨造りの建物などがある。近年マレ地区は、誰もが一度は住んでみたいと思う場所になったとはいえ、古くからのユダヤ人社会が今も残り、パリのゲイたちが集まる場所という面も持っている。

ヴォージュ広場
Place des Vosges

4区にあるヴォージュ広場（MAP5 Ⓜサン・ポールSt-PaulまたはバスチーユBastille）は、もともと1612年にロワイヤル広場として造られた。この広大な広場のまわりには、1階はアーケード、勾配のきついスレート屋根、大きな屋根窓が特徴の36の館が建っている。最初に建てられた数軒はレンガ造りだったが、残りは時間を節約するために木骨造りに漆喰を上塗りしたもので、後にこの漆喰がレンガに似せて着色された。

作家のヴィクトル・ユゴーは1832～1848年にロアン・ゲメネ館Hôtel de Rohan-Guéménée（6番地）に住んでいた。彼がこの地に引っ越

ファッショナブルなヴォージュ広場には、上流階級向けの画廊や高級ブティックが並んでいる

してきたのは「ノートルダム・ド・パリ*Notre Dame de Paris*」を出版した1年後だった。最近改装された**ヴィクトル・ユゴーの家** Maison de Victor Hugo（MAP5 ☎01-42-72-10-16 Ⓦwww.paris-france.org/museesフランス語のみ）🄴大人€3.50 学生・シニア€2.25 ◐火〜日10:00〜17:40）は、この著名な小説家・詩人の人生や時代が自作のデッサン・肖像画・家具などからわかる市立美術館になっている。

シュリー館
Hôtel de Sully
17世紀初期の貴族的な雰囲気が漂うこの大邸宅（MAP6 ☎01-44-61-20-00 🏠62 rue St-Antoine, 4e Ⓜサン・ポールSt-Paul）は、国立歴史的建造物センターCentre des Monuments Nationaux（略称Monum）（Ⓦwww.monum.fr）の本部になっている。このセンターはフランスにある多くの歴史的記念建造物の管理・保全を行っている。館内には写真展示室（🄴大人€4 子供€2.50）もあり、火〜日曜の9:00〜18:30は無料で見学できる（詳しくは「散策コース」参照）。

カルナヴァレ博物館
Musée Carnavalet
パリ歴史博物館Musée de l'Histoire de Parisとも呼ばれるこの博物館（MAP6 ☎01-44-59-58-58 Ⓦwww.paris-france.org/museesフランス語のみ 🏠23 rue de Sévigné, 3e Ⓜサン・ポールSt-Paul 🄴大人€5.35 学生・シニア€3.80 14〜25歳€2.75 14歳未満と日曜10:00〜13:00全員無料 ◐火〜日10:00〜17:40）は、2つの貴族の館跡に入っている。16世紀半ばに建てられ、17世紀の作家セヴィニェ夫人が住んでいたルネサンス様式のカルナヴァレ館Hôtel Carnavaletと、17世紀後半に建てられたル・ペルティエ・ド・リン・ファルジョー館Hôtel Le Peletier de St-Fargeauだ。

博物館の荘厳な部屋に展示されている芸術品を見ながら、最近再び公開された**オランジュリー Orangerie**内のガロ・ロマン時代から20世紀にいたるパリの歴史をたどることができる。フランス革命時の最も重要な国家資料や、絵画、他の作品などの数点が第101から113室にある。また壮麗なアール・ヌーヴォー様式で作られたロワイヤル通りrue Royaleのフーケ宝石店を模した部屋（第142室）や、マルセル・プルーストがオスマン大通りblvd Haussmannで暮らしていたアパートのコルク張りの寝室を再現した部屋（第147室）なども一見の価値がある。

ノートルダム大聖堂の古代地下納骨堂（後出の「シテ島周辺」参照）も見学できる共通入場券billet juméléもある（大人€6.10、子供€3.50）。

ピカソ美術館
Musée Picasso
17世紀半ばに建てられたサレ館Hôtel Saléの中にあるピカソ美術館（MAP6 ☎01-42-71-25-21 🏠5 rue de Thorigny, 3e Ⓜサン・ポールSt-Paulまたはシュマン・ヴェールChemin Vert 🄴大人€6.70 18〜25歳・日曜全員€5.20 18歳未満・第1日曜全員無料 ◐4〜9月の水〜月9:30〜18:00、10〜3月の水〜月9:30〜17:30）は、パリで最も人気のある美術館の一つ。3500点以上にも及ぶ巨匠*grand maître*ピカソの版画や絵画、陶器、デッサン、彫刻が展示されている。またブラックやセザンヌ、マチス、ドガなどの作品を含むピカソの個人コレクションの一部も見ることができる。

錠前博物館
Musée de la Serrure
ブリカール博物館Musée Bricardとも呼ばれる錠前博物館（MAP6 ☎01-42-77-79-62 🏠1 rue de la Perle, 3e Ⓜサン・ポールSt-Paulまたはシュマン・ヴェールChemin Vert 🄴大人€5 学生・シニア€2.50 18歳未満無料 ◐月14:00〜17:00、火〜金10:00〜12:00・14:00〜17:00）には錠や鍵、ノッカーなどのすばらしいコレクションが展示されている。展示品の中には、誤った鍵を差し込むとブロンズ製のライオン

パリで最も人気の高いピカソ美術館の「女の頭部像」

観光スポットと楽しみ方 － マレ地区周辺

の口に手を嚙まれる錠前（1780年頃の作）や、鍵が適合しないとたちまちアラーム音が出るもの（19世紀の作）などがある。

コニャック・ジェ美術館
Musée Cognacq-Jay

この美術館（MAP6 ☎01-40-27-07-21 ⓦwww.paris-france.org/museesフランス語のみ）🏠8 rue Elzévir, 3e Ⓜサン・ポールSt-Paul 🎫大人€4.60 学生・シニア€3.05 14〜25歳€2.30 14歳未満・日曜10:00〜13:00全員無料 🕐火〜日10:00〜17:40）はドノン館Hôtel Dononの中にあり、18世紀の油絵やパステル画、彫刻、美術工芸品*objets d'art*、宝石装飾、磁器、家具などが展示されている。展示物はラ・サマリテーヌ・デパートの創設者エルネスト・コニャック（1839〜1928年）が集めた作品で、啓蒙主義時代の上流階級の趣向を知る手がかりになる。

国立古文書館
Archives Nationales

フランスの国立古文書館（MAP6）は、18世紀初めに建てられた荘厳なロアン・スビーズ館Hôtel de Rohan-Soubiseの中にある。ロアン・スービーズ館には**フランス歴史博物館 Musée de l'Histoire de France**（☎01-40-27-60-96 ⓦwww.archivesnationales.culture.gouv.fr 🏠60 rue des Francs Bourgeois, 3e Ⓜランビュトー Rambuteau 🎫大人€3 18〜25歳・シニア€2.30 18歳未満・第1日曜全員無料 🕐月・水〜金10:00〜17:45、土・日13:45〜17:45）も入っている。この古文書館では中世にまでさかのぼる資料やアンティークの家具、18世紀の絵画などを見ることができる。建物内部の天井と壁はロココ様式で、ぜいたくなほどに彩色され金色に輝いている。

ユダヤ人街
Jewish Area

1960年後半にマレ地区の再開発が始まったとき、**ロジエ通り rue des Rosiers**や**エクーフ通り rue des Écouffes**（Ⓜサン・ポールSt-Paul）の周辺（プレッツェルPletzlと呼ばれてきた貧しいが活気のあるユダヤ人社会の本拠地）はかなり荒廃していたが、現在は流行の先端を行く高級ブティックがユダヤ人経営の書店やコーシャフード*cacher*（ユダヤ教の戒律にかなった清浄な食べ物）を売る食料雑貨店、肉店、レストランと軒を並べている。この辺りはサバトの日（ユダヤ教の安息日）の土曜日にはとても静かになる。

アール・ヌーヴォー建築の**ギマール・シナゴーグ Guimard synagogue**（MAP6 🏠10 rue Pavée, 4e）はエクトール・ギマールによって1913年にデザインされたものだ。彼はメトロ駅入口のデザイナーとしても有名だ（「交通手段」のコラム「芸術に彩られたメトロ駅」参照）。ギマール・シナゴーグの内部は一般公開されていない。

ユダヤ芸術・歴史博物館
Musée d'Art et d'Histoire du Judaïsme

17世紀に建てられた壮麗なサン・テニャン館Hôtel de St-Aignanの中にこのユダヤ芸術・歴史博物館（MAP6 ☎01-53-01-86-60 ⓦwww.mahj.org 🏠71 rue du Temple, 3e Ⓜランビュトー Rambuteau 🎫大人€6.10 学生・18〜25歳€3.80 18歳未満無料 🕐月〜金11:00〜18:00、日10:00〜18:00）がある。ここでは、モンマルトルにあるユダヤ芸術美術館Musée d'Art Juifの東ヨーロッパや北アフリカ関係の所蔵作品をもとに製作された工芸品、絵画、祭礼品に加え、国立中世美術館Musée National du Moyen Age（後出の「カルチエ・ラタン周辺」参照）の所蔵作品をもとに製作された中世ユダヤの工芸品が展示されている。ユダヤ人社会の中世から現在までの発展の様子をたどり、とりわけフランスでのユダヤ人の歴史に関する解説に重点が置かれている。主な見どころは、ドレイフュス事件（「パリについて」の「歴史」の「第三共和政とベル・エポック」参照）に関する資料とシャガールやモディリアーニ、スーチンらの絵画だ。

無名ユダヤ人犠牲者記念堂
Mémorial du Martyr Juif Inconnu

1956年に建てられた無名ユダヤ人犠牲者記念堂（MAP6 ☎01-42-77-44-72 🏠allée des Justes, 4e Ⓜサン・ポールSt-Paul 🎫€2.30 🕐月〜木10:00〜13:00と14:00〜17:30、金10:00〜13:00と14:00〜17:00）にはホロコーストの犠牲者に捧げる記念碑があり、いろいろな特別展やいくつかの常設展が行われている。ジュスト小道allée des Justesにある建物が改装・増築工事を行っていた間は、展示会場を一時的にテュレンヌ通りrue de Turenne（MAP5 Ⓜサン・ポールSt-Paul）に移していた。

ヨーロッパ写真美術館
Maison Européenne de la Photographie

18世紀の初めに建てられた、やや凝りすぎの感があるエノー・ド・カントルブ館Hôtel Hénault de Cantorbeの中にヨーロッパ写真美術館（MAP6 ☎01-44-78-75-00 🏠5-7 rue de Fourcy, 4e Ⓜサン・ポールSt-Paulまたはポン・マリーPont Marie 🎫大人€5 9〜25歳・60歳以上€2.50 9歳未満無料、水曜17:00〜20:00全員無料 🕐水〜日11:00〜20:00）がある。こ

こでは、時代の最先端を行く特別展と写真の歴史（フランスとの関わりを含めて）に関する膨大なコレクションの常設展示が行われている。

マジック博物館
Musée de la Curiosité et de la Magie
マジック博物館（MAP6 ☎01-42-72-13-26 ⌂11 rue St-Paul, 4e Mサン・ポールSt-Paul 🎫大人€7 3～12歳€5 🕐水・土・日14:00～19:00）はサド侯爵Marquis de Sadeの屋敷の地下にある。昔のマジック技法や錯視、手品などが体験できる。どちらかというと大人より子供向きだ。入場料には定時に行われるマジック・ショーの見学料が含まれている。

技術工芸博物館
Musée des Arts et Métiers
技術工芸博物館（MAP3 ☎01-53-01-82-00 ⌂60 rue de Réaumur, 3e Mアール・ゼ・メティエArts et Métiers 🎫大人€5.50 5～18歳€3.80 ファミリー€15.25 🕐火・水・金～日10:00～18:00、木10:00～21:30）は科学が大好きな人には必見の場所だ。18～20世紀に使われた道具や機械、実用模型などが3つの階を使って展示されているが、なかでも「地球の自転を見てほしい」という言葉とともにフーコーが紹介した振り子（1855年）の実物が最大の目玉だ。

バスチーユ周辺（MAP5）
BASTILLE
11区と12区の大部分と4区の最東端を占めるバスチーユ地区は何年もの間、移民が多く犯罪発生率が高いことで有名だった。1989年にオペラ・バスチーユ（新オペラ座）がオープンした後は急速に高級化が進んだが、バスチーユ広場place de la Bastilleの東の地域は今でも活気にあふれた雰囲気とエスニックな趣を残している。

バスチーユ牢獄
Bastille
14世紀に要塞を伴う王の住居として建てられたバスチーユ牢獄（Mバスチーユ Bastille）は、現存してはいないが、パリで最も有名なモニュメントだ。この悪名高い牢獄は、王の圧制の象徴とみなされ、1789年7月14日に民衆によって襲撃され、7人の囚人が救い出された後、たちまち破壊された。かつて牢獄があったのは現在の12区のバスチーユ広場place de la Bastille（MAP5）で、今は交通量の多いにぎやかなロータリーになっている。

バスチーユ広場の中心には高さ52mの**革命**

記念柱 Colonne de Juilletがある。ブロンズでできた緑色の柱の頂点には、翼のついた金色の自由の天使像が飾られている。これは1830年の7月革命の市街戦で犠牲になった人々を追悼するため1833年に建てられたもので、記念柱下の納骨堂には犠牲者たちが埋葬されている。1848年の2月革命の犠牲者たちも同じ場所に祭られている。

オペラ・バスチーユ
Opéra Bastille
パリで"2番目"に大きなオペラ劇場（MAP5 ☎0-836-69-78-68または01-44-73-13-99 ⌂2-6 place de la Bastille, 12e Mバスチーユ Bastille）をデザインしたのはカナダ人のカルロス・オットで、バスチーユ牢獄襲撃200周年にあたる1989年7月14日に落成式が行われた。所要時間1時間15分のガイド付きの建物見学ツアー（🎫一般€9.20 学生・26歳未満€4.60）がある。通常月～土曜の13:00と17:00の出発だが、詳細は☎01-40-01-19-70に電話するか、**チケット売場 box office**（MAP5 ⌂120 rue de Lyon, 11e 🕐月～土11:00～18:30）に問い合わせること。チケットは出発の15分前に4番窓口で発売される。

ヴィアデュック・デ・ザール
Viaduc des Arts
1969年に廃線となった鉄道の高架橋（MAP5）がバスチーユ広場の南東にあるドーメニル通りav Daumesnil（12区）に沿って続く。このガード下は今や流行の先端を行くデザイナーや職人が腕を披露する場所になっている。ゴブラン織りのタペストリーを修復したり、年代物のシチュー鍋の底を銅張りで直したり、金の縁取り部分を元のように輝かせたいと思ったら、この場所を訪ねてみよう。高架橋の上は4kmにわたる緑豊かな散策道**プロムナード・プランテ Promenade Plantée**（🕐9～4月の月～金8:00～17:30、土・日9:00～17:30、5～8月の月～金8:00～21:30、土・日9:00～21:30）になっており、周辺のすばらしい景観が一望できる。ランブイエ通りrue de Rambouilletの向かい側にあるすばらしいアール・デコ建築の**警察署 police station**（⌂85 av Daumesnil）も見逃せない。屋根には大理石でできた12体の巨大トルソ（胴体部だけの影像）が飾られている。

シテ島周辺（MAP6）
ÎLE DE LA CITÉ
シテ島は紀元前3世紀にパリで最初の集落ができた場所であり、ルテティアと呼ばれたロー

マ人の町の中心部でもあった。中世になってセーヌ川両岸に街が広がっても、王権と教会権力の中枢として地位を保っていた。島の中央部の建物は19世紀後半にオスマン男爵が大規模な都市改造計画を実施した際に取り壊され、新たに建てられたものだ。

ノートルダム大聖堂
Cathédrale de Notre Dame de Paris

"聖母マリアの大聖堂"という意味を持つノートルダム大聖堂（☎01-42-34-56-10 ❏6 place du Parvis Notre Dame, 4e ⓂシテCité ◎月〜金8:00〜18:45、土・日8:00〜19:45）はパリのど真ん中にある。フランス・ゴシック建築の傑作であると同時に、700年にわたってパリ・カトリック教会の総本山となっている。

約2000年前にはガロ・ロマンス人（ローマ帝国支配下のガリア人）の神殿があり、その後に初期の教会がいくつかあった跡地に建ったこの大聖堂は、1163年に建築が始められ、14世紀半ばに大部分が完成した。その後19世紀にはヴィオレ・ル・デュックが大規模な改修を行った。内部は長さ130m、幅48m、高さ35mで6000人以上の礼拝者を収容できる。

内部はすばらしい宗教美術で飾られており、なかでも豪華な3つの**バラ窓 rose windows**は必見だ。最も有名なのは7800本のパイプオルガンの上の西側ファサードの上にある幅10mの窓だ。また、トランセプト（翼廊）の北側にある窓は、ほぼ13世紀当時のままの姿をとどめている。木彫りされたストールの中央聖歌隊席とキリストの受難を表現した彫像にも注目したい。

宝物殿 trésor（❏大人€2.50 学生€2 子供€1 ◎月〜土9:30〜11:30と13:00〜17:30または18:30まで）はトランセプト（教会堂の翼廊部）の東南部にあり、聖餐式に使用される品や美術品が展示されている。閉館時間は季節によって異なる。水・木曜の12:00、および土曜の14:30（8月は毎日）に、英語による大聖堂の**ガイド付き見学ツアー guided tours**（無料）がある。

パリからフランスの各地までの距離は、ノートルダムの前の**パルヴィ・ノートルダム広場 place du Parvis Notre Dame**を起点に測定されている。大聖堂正門前から通りと交差する舗道に設置されているブロンズ製の星印が、フランスを走る道路の正確なゼロ地点 point zéro des routes de Franceを示している。

ノートルダムの塔 Tours de Notre Dame　ノートルダムの塔（☎01-44-32-16-72 ⓌWwww.monum.fr ❏rue du Cloître Notre Dame ❏大人€5.50 学生・18〜25歳€3.50 18歳未満・第1日曜全員無料 ◎4〜6・9月の毎日9:30〜19:30、7・8月の月〜木9:30〜19:30、金〜日9:00〜21:00、10〜3月の毎日10:00〜17:30）への入口は北塔の下にある。

大聖堂の見学を終えてから行く時は、正門出口から出て、向かって右へ角を曲がるとこの入口がある。387段のらせん階段を上ると**西のファサード western facade**の上に出る。こ

ノートルダムの鐘

ヴィクトル・ユゴーによる伝奇小説「ノートルダム・ド・パリNotre Dame de Paris」（1831年）に出てくるノートルダムの鐘つき男カジモドの話は、ミュージカルやディズニーのアニメーションのようなお気楽なハッピー・エンドではなく、次のようなあらすじだ。時代は15世紀のパリ、ルイ11世の治世のころ。エスメラルダと呼ばれるダンサーがフォービュス大尉と恋をする。しかしエスメラルダに横恋慕した邪悪で嫉妬深い助祭長クロード・フロッロは、彼女を魔女だと訴える。エスメラルダを熱愛していたカジモドは、暴徒から逃れて助けを求める彼女をしばらくの間、鐘楼の中にかくまう。結末を詳しく話すわけにはいかないが、別の女性と結婚するフォーブュス大尉を含めて、誰もが悲劇的な最後を迎えるとだけ言っておこう。

それでは、歴史的事実に基づかない「ノートルダム・ド・パリ」は、ただのお話なのか、それとも時代に対する批評なのか？　ユゴーがこの本を書き始めたのは、報道の自由を廃し、議会を解散して不人気だったシャルル10世の治世下である。そしてこの本が出版されるほんの少し前に、1830年の7月革命で自由を愛するブルジョワ的な王、ルイ・フィリップが権力の座についた。このような背景から小説には絶対主義君主（すなわちシャルル10世）や同類のフロッロやフォービュスたちが、エスメラルダやカジモドのような社会の進歩から取り残された人々を嘲笑し苦しめるという社会構造に対する非難がこめられている。

ユゴーによって中世の街の活気にあふれた情熱的な生活が喚起されたことは、パリのゴシック様式や痛々しい建築物を保存すべきだと主張する人々に都合のいい口実を与えることになった。事実、19世紀初期のノートルダムの状態はあまりにもひどかったため、建築家や政治家でユゴーを含めた作家たちがこの状況を改善するようルイ・フィリップに請願した。ユゴーは歴史的建造物・芸術委員会の新委員に任命され、この職を10年間務めることになる。1845年にはゴシック建築復興主義の建築家ウージェーヌ・ヴィオレ・ル・デュックがノートルダムの修復を開始し、尖塔やガーゴイル（怪物の形に作られた水落とし口）など、さまざまな形で手が加えられた。工事はおよそ20年も続いた。

こから最も恐ろしい大聖堂ガーゴイル（怪物の形をした樋先）の多くや、南塔にある重さ13トンの美しいエマニュエル（大聖堂のすべての鐘には名前がつけられている）、それにパリのすばらしい景観を間近に見ることができる。

古代地下納骨堂
Crypte Archéologique
古代地下納骨堂（☎01-43-29-83-51 ♦1 place du Parvis Notre Dame, 4e ▩大人€3.50、学生・シニア€2.50、14〜25歳€1.60、14歳未満・日曜10:00〜13:00全員無料 ◘火〜日10:00〜17:40）は大聖堂前の広場の地下にあり、ガロ・ロマン時代から18世紀までの建築物の遺跡が、当時のままの場所に展示されている。カルナヴァレ美術館Musée Carnavalet（前出「マレ地区周辺」参照）との共通入場券は大人€6.10、子供€3.50。

ノートルダム博物館
Musée de Notre Dame de Paris
この小さなノートルダム博物館（☎01-43-25-42-92 ♦10 rue du Cloître Notre Dame, 4e ▩大人€2.50 学生€1.50 子供€1.20 ◘水・土・日14:30〜18:00）では、大聖堂の歴史とガロ・ローマ時代から現代までのシテ島の変遷をたどることができる。

サント・シャペル
Ste-Chapelle
サント・シャペル（☎01-53-73-78-50 ▧www.monum.fr ♦4 blvd du Palais, 1er ▧シテCité ▩大人€5.50 18〜25歳€3.50 18歳未満・第1日曜全員無料 ◘4〜9月9:30〜18:30、10〜3月10:00〜17:00）はパリで最も美しいゴシック様式のモニュメントで、**パレ・ド・ジュスティス Palais de Justice**（裁判所）の中庭に建っている。

上の**礼拝堂 upper chapel**の"壁"になっている**ステンドグラス stained glass**は豊富な色を持ち、細部にまで気が配られた作りである。礼拝堂の内部はステンドグラスが透明なカーテンの役割を果たし、驚くほどの光で満たされている。

サント・シャペルは、たった3年足らずで建てられ（ノートルダム大聖堂は200年近くかかった）、1248年に献堂された。この礼拝堂は、ルイ9世が買い求めた聖遺物の私的コレクション（現在はノートルダムにある）を納めるために計画されたものだ。

サント・シャペルとコンシェルジュリーConciergerie（次項参照）の両方に有効な入場券は大人€7.65、18〜25歳€3.50。

広場巡り

パリの絵葉書には、とても小さな広場のまわりに並べられたカフェのテーブル、そしてそこで春の日差しを浴びながら、陽気な酒飲みたちがワインを一息で飲みほしたり、コーヒーをすすっている写真が使われることが多い。こうした広場は街中にいたるところにある。たとえば、4区にあるマレ地区のマルシェ・サント・カトリーヌ広場 place du Marché Ste-Catherine（MAP6）だ。そこからヴォージュ広場 Place des Vosges（MAP6）へは歩いてわずか数分の距離にある。ヴォージュ広場は、より幾何学的で整然とした広場のほうがいいという人向けだ。マレ地区にいるのなら、サン・ポール通りrue St-Paulのはずれにある骨董屋がひしめくヴィラージュ・サン・ポール Village St-Paul（MAP6）の中庭まで足をのばすのもよい。

左岸の5区にあるコントルスカルプ広場 place de la Contrescarpe（MAP5）は、カフェやバーに囲まれた活気のある絵のような小ロータリーだ。この地域はかつての市の城壁の外側にあたる。カルディナル・ルモワヌ通りrue du Cardinal Lemoineとクロヴィス通りrue Clovisのはずれには、今も中世に作られた城壁が一部残っている。6区には、現在フルスタンベール通り rue de Furstemberg（MAP6）と呼ばれる場所があり、夏の宵にはマグノリアの花の甘い香りが漂い、古風な街灯の下で大道芸人が恋人たちのためにセレナーデを奏で、特別な雰囲気を醸し出す。われわれにとってこの通りは、永遠に愛らしくて小さなフュルスタンベール広場だ。

コンシェルジュリー
Conciergerie
コンシェルジュリー（☎01-53-73-78-50 ▧www.monum.fr ♦1 quai de l'Horloge, 1er ▧シテCité ▩大人€5.50 18〜25歳€3.50、サント・シャペルとの共通入場券は大人€7.65 18〜25歳€3.50 18歳未満・第1日曜全員無料 ◘4〜9月9:30〜18:30、10〜3月10:00〜17:00）は、シテ島の宮殿のコンシェルジュ（門衛室）として建てられたが、恐怖政治の間は主要な牢獄になり、革命の敵とされた人々が隣接するパレ・ド・ジュスティス内の革命裁判所に引き出されるまで投獄されていた。断頭台に向かう死刑囚護送馬車に乗せられた2700人の囚人の中には、女王マリー・アントワネットや革命の内部分裂を始めた後の革命急進派のダントンやロベスピエールらもいた。

ゴシック様式の**衛兵の間 salle des Gens d'Armes**は14世紀のもので、レイヨナン・ゴシック様式の好例だ。この部屋はヨーロッパに現存する中世の部屋の中で最も広いものだ。1353年に建てられた**時計の塔 Tour de l'Horloge**

(パレ大通りblvd du Palaisとオルロージュ河岸quai de l'Horlogeとの交差点の角にある)は、1370年からずっと住民たちに時を告げてきた。

花市
Marché aux Fleurs

パリで最も古い歴史を持つシテ島の花市(🏠place Louis Lépin, 4e ⓂシテCité ⏰月〜土8:00〜19:00)は1808年以来、パリ警視庁の真北にある小広場で開かれている。日曜にはここで**小鳥市 marché aux oiseaux**(⏰8:00〜19:00)も開かれる。

強制収容所犠牲者記念堂
Mémorial des Martyrs de la Déportation

1962年にシテ島の南東の端に建てられたこの記念堂(⏰4〜9月10:00〜12:00と14:00〜19:00、10〜3月10:00〜12:00と14:00〜17:00)は、第2次世界大戦中にナチの強制収容所で殺された7万6000人のユダヤ人を含む20万人のフランス人に捧げられた、忘れてはならない場所だ。

ポン・ヌフ
Pont Neuf

パリで最も古い橋、ポン・ヌフ(フランス語で"新しい橋"の意味)は輝くような白色をした石造りのアーチで、1607年以来、シテ島の西端とセーヌ川の両岸を結んでいる。7つのアーチ部には、理髪店や歯科医、スリ、遊び人などを描いたユーモラスな像やグロテスクな像が飾られている。

サン・ルイ島周辺(MAP6)
ÎLE ST-LOUIS

セーヌ川にある2つの島のうち小さいほうのサン・ルイ島は、シテ島の上流に位置している。17世紀初めまでは無人の2つの小島(ノートルダム島とヴァーシュ島)だったが、ある建築業者と2人の金融業者がルイ13世と協定を結び、2つの島に橋を架けて1つの島をつくり、両岸と島との間に2つの石橋を建造する許可を得た。そしてその見返りとして彼らは土地を区画割りし、新たに生まれる不動産を販売する権利を得た。彼らは大成功を収め、1664年には島全体が新しく立派な屋敷で埋め尽くされるようになった。

今日、通りや河岸には17世紀に灰色火山岩で造られた島の屋敷や田舎風の店が建ち並んでいるが、そこには村か田舎のような静けさが漂っている。島の中心となる大通りサン・ルイ・アン・リル通りrue St-Louis en l'Îleには多くの高級画廊やブティックや1725年に建てられたフランス・バロック様式の**サン・ルイ・アン・リル教会 Église St-Louis en l'Île**がある。

植物園周辺(MAP5)
JARDIN DES PLANTES

緑がいっぱいで絵のように美しいこの界隈は、サン・ルイ島の南にある。

植物園
Jardin des Plantes

パリにある24haの植物園(☎01-40-79-30-00 🏠57 rue Cuvier, 5e Ⓜガール・ドステルリッツGare d'AusterlitzまたはジュシューJussieu ⏰7:30〜17:30、季節によって20:00まで)は、ルイ13世の薬草園として1626年に造られた。ここには地上の楽園を思わせる**熱帯植物温室 Serres Tropicales**(💴大人€2.30 16〜25歳・60歳以上€1.50 ⏰月・水〜金13:00〜17:00、土・日4〜9月10:00〜18:00、10〜3月10:00〜17:00)や、2000種もの高山植物を集めた**高山植物園 Jardin Alpin**(💴入園無料、⏰4〜9月の月〜金8:00〜11:00と13:30〜17:00)、そして**植物学校 École de Botanique**の植物園(💴入園無料、開館時間は高山植物園と同じ)がある。

植物園付属動物園 Ménagerie du Jardin des Plantes 植物園の北の地区にある中規模のこの動物園(☎01-40-79-37-94 🌐www.mnhn.fr フランス語のみ 🏠57 rue Cuvierおよび3 quai St-Bernard, 5e ⓂジュシューJussieu 💴大人€4.60 学生・60歳以上・4〜15歳€3.05 ⏰4

植物園内の緑あふれるジャングル

緑のオープン・スペース

パリの大通りや街路には9万本以上もの樹木（その多くはプラタナスとマロニエ）が植えられているが、市内は建物が密集しすぎだと感じることがある。しかし、市の西と南東にあって、"緑の肺"といわれる16区のブーニュの森 Bois de Boulogne（MAP1）や12区のヴァンセンヌの森 Bois de Vincennes（MAP1）まで出かけて行って、草むらを歩いたり緑の木陰で休んだりする必要はない。市内には、ビーチの敷物ほどの広さのものから小さな村ほどのものまで大小400以上の公園があり、いずれかを選んで静かな時間を過ごすことができる。

たとえば、6区のリュクサンブール公園 Jardin du Luxembourg（MAP5）と1区のチュイルリー公園 Jardin des Tuileries（MAP2、MAP4）は幾何学的な小さな公園で、まるできれいに整備された田園にいるような感じがする。また19区のビュット・ショーモン公園 Parc des Buttes-Chaumont（MAP3）や8区のモンソー公園 Parc de Monceau（MAP2）は、緑に覆われた広々としたスペースで、周囲から完全に独立している。

リュクサンブール公園内の幾何学模様の庭園には、あらゆる世代のパリっ子がやって来る

これまで10年近くにわたり市当局は、空き地や放置されたままの工業用地をそれほど費用をかけずに新しい公園に変えていった。たとえば、12区にあるベルシー公園 Parc de Bercy（MAP8）やヴィアデュック・デ・ザールViaduc des Arts上に作られたユニークなプロムナード・プランテ Promenade Plantée（MAP5）（樹木を植えた散歩道という意味）、15区にあるモンパルナス駅裏手のアトランティーク公園 Jardin de l'Atlantique（MAP4）やセーヌ川河畔のアンドレ・シトロエン公園 Parc André Citroën（MAP1、MAP4）、19区のラ・ヴィレット公園 Parc de la Villette（MAP1）や20区のベルヴィル公園 Parc de Belleville（MAP3）がそうだ。

〜9月の月〜土9:00〜18:00、日9:00〜18:30、10〜3月の毎日9:00〜17:00または17:30まで）は、1794年に造られた。1870年にプロシャ軍によってパリが包囲された時には、飢餓に苦しむパリの人たちがここにいるほとんどの動物を食べてしまった。入園料に含まれている**ミクロゾー Microzoo**（4〜9月10:00〜12:00と14:00〜17:15、10〜3月10:00〜12:00と13:30〜16:45）では、いろいろな微生物を見ることができるが、11歳以上という年齢制限がある。

国立自然史博物館 Musée National d'Histoire Naturelle 国民公会の政令によって1793年に創設された国立自然史博物館（01-40-79-30-00 www.mnhn.fr フランス語のみ 57 rue Cuvier, 5e サンシエ・ドバントンCensier Daubenton）では、19世紀に貴重な科学研究が行われた。博物館は植物園の南の端に沿って建つ4つの建物に入っている。

4つの階を使って展示を行っている**進化大展示館 Grande Galerie de l'Évolution**（36 rue Geoffroy St-Hilaire, 5e 大人€6.10 16〜25歳・60歳以上€4.60 水〜月10:00〜18:00、木10:00〜22:00）では、進化の過程や、地球の生態系に人間が及ぼす影響についての展示が行われている。レベル2にあるサル・デ・ゼスペース・ムナセ・エ・デ・ゼスペース・ディスパリュSalle des Espèces Menacées et des Espèces Disparuesという名の展示室には動物の絶滅危惧種や絶滅種の動物が展示されている。レベル1の発見の部屋Salle de Découverteは子供向けの対話形式の展示だ。英語によるガイド付き見学ツアー（€4.60）が土曜の15:00にある。

鉱物学・地質学・古植物学展示館 Galerie de Minéralogie, de Géologie et de Paléobotanie（36 rue Geoffroy St-Hilaire, 5e 大人€4.60 16〜25歳・60歳以上€3.05 水〜月10:00〜17:00、4〜10月の土・日10:00〜18:00）は、鉱物学や地質学、植物学（化石植物）に関するものを展示している。巨大な天然水晶のすばらしい展示をはじめ、地下には宝石装飾や鉱物から作られる他の物などの展示もある。

昆虫学展示館 Galerie d'Entomologie（45 rue Buffon, 5e）は、植物園の通りをはさんだ反対側のモダンな建物の中にある。ここでは昆虫に関する研究を行っているが、調査期間のために閉館になった。**比較解剖学・古生物学展示館 Galerie d'Anatomie Comparée et de Paléontologie**（2 rue Buffon 大人€4.60 16〜25歳・60歳以上€3.05 水〜月10:00〜17:00、4〜10月の土・日10:00〜18:00）には、比較解剖学・古生物学（化石研究）に関する展示がある。

パリのモスク
Mosquée de Paris

パリの中央部にあり、高さ26mの尖塔が目をひくこのモスク（01-45-35-97-33 place

du Puits de l'Ermite, 5e 🚇サンシエ・ドバントンCensier Daubentonまたはプラス・モンジュPlace Monge）は、1926年に当時流行した派手な装飾のムーア様式で建てられた。見学者は礼拝場の入口で靴を脱ぎ、服装は控えめでなければならない。この建物の中には北アフリカ式のティールーム*salon de thé*やレストラン（詳細については「食事」の「北アフリカ料理＆中東料理」参照）、それにトルコ式蒸し風呂**ハンマーム** hammam ☎01-43-31-18-14 €15.25 男湯 火14:00〜21:00 日10:00〜21:00 女湯 月・水・木・土10:00〜21:00、金14:00〜21:00）がある。こうした施設にはジョフロワ・サン・ティレール通りrue Geoffroy St-Hilaire39番地から入る。マッサージ料金は10分€10、20分€20、30分€30。フォルミュール・オリアンタル*formule orientale*というセットコースもあり、料金はハンマーム入浴料、10分間のマッサージ、ドリンク付きクスクス料理を含んで€58。

アラブ世界研究所
Institut du Monde Arabe

アラブ世界とフランスの文化交流を促進するために設立されたアラブ世界研究所（☎01-40-51-38-38 www.imarabe.orgフランス語のみ 🏠1 rue des Fossés St-Bernard, 5e 🚇カルディナル・ルモワヌCardinal LemoineまたはジュシユーJussieu）は、アラブと西洋の現代的な要素と伝統的な要素をうまく組み合わせたすばらしい建物の中にある（「パリの現代建築」参照）。

8階の**美術館** museum （大人€3.80 学生・25歳未満・シニア€3 火〜日10:00〜18:00）には、イスラム世界から収集された9〜19世紀の美術・工芸品や、かつてアラブの技術が世界をリードしていた天文学などの学問分野で使用された器機が展示されている。特別展の入場料は、通常、大人€6.80 学生・25歳未満・シニア€5.35（サン・ベルナール河岸quai St-Bernardから入場）。

リュテス闘技場
Arènes de Lutèce

リュテス闘技場と呼ばれるこのローマ時代の円形闘技場（🏠49 rue Monge, 5e 🚇プラス・モンジュPlace Monge 無料 4〜10月9:00〜17:30ないし21:30、11〜3月8:00〜17:30ないし21:30）は2世紀に造られたもので、当時は剣闘士の闘いなどのイベントを観戦する約1万人の人々を収容することができた。1869年に発見され、1917年に大々的に復元された。現在は、近くに住む若者たちがサッカーやペタンク*boule*を楽しむ場所として利用している。

カルチエ・ラタン周辺（MAP5、6）
QUARTIER LATIN

この界隈は、フランス革命が起こるまで学生と教師のコミュニケーションがすべてラテン語で行われていたことから、カルチエ・ラタン（ラテン地区）と呼ばれるようになり、中世以来パリの高等教育の中心地とされてきた。今でもソルボンヌ（パリ大学の一部）やコレージュ・ド・フランス、高等師範学校、他の高等教育機関で学ぶ学生や学者たちが多く集まっている。

国立中世美術館
Musée National du Moyen Age

クリュニー美術館Musée de Clunyとも呼ばれるこの美術館（MAP6 ☎01-53-73-78-00 www.musee-moyenage.frフランス語のみ 🏠6 place Paul Painlevé, 5e 🚇クリュニー・ラ・ソルボンヌCluny-La Sorbonneまたはサン・ミッシェルSt-Michel 大人€5.50 学生・シニア・18〜25歳€4 18歳未満・第1日曜全員無料 水〜月9:15〜17:45）は、2つの建造物の中に入っている。1つは紀元後200年頃のガロ・ロマン時代のフリジダリウム*frigidarium*（冷水浴室）などの浴場跡、そしてもう1つはパリの中世都市建築の代表例とされる15世紀末建造の**クリュニー館** Hôtel de Clunyだ。ここには目を見張るような彫像、彩飾写本、武器、家具、それに金や象牙や七宝で作られた美術品などが展示されている。2階の第13室には、15世紀末にオランダの南部地方で作られた「貴婦人と一角獣*La Dame à la Licorne*」と呼ばれるすばらしいタペストリーの連作が掛かっている。美術館の北には中世風の庭園と、タペストリーの挿絵に基づいて造られた**一角獣の森** Forêt de la Licorne（8:00または9:00〜17:30ないし21:30まで）がある。

ソルボンヌ
Sorbonne

パリで最も有名な大学であるソルボンヌ（MAP5 🚇リュクサンブールLuxembourgまたはクリュニー・ラ・ソルボンヌCluny-La Sorbonne）は、ルイ9世の聴罪司祭だったロベール・ド・ソルボンが1253年に16人の貧しい神学生のコレージュ（学寮）として設立したのが始まりだ。現在、自治権を持つ13の大学のほとんどがソルボンヌの主要な建物（5区のソルボンヌ通りrue de la Sorbonne、エコール通りrue des Écoles、サン・ジャック通りrue St Jacques、それにキュジャス通りrue Cujasに分

散している）とその近くにあるほかの建物の中に入っている。これらの大学は、1968年に起こった学生運動の後にパリ大学が再編されてきた。

ソルボンヌ広場place de la Sorbonneはサン・ミッシェル大通りblvd St-Michelとつながっており、広場のすぐそばには大学付属の教会**ソルボンヌ礼拝堂 Chapelle de la Sorbonne**（MAP5）がある。この礼拝堂は1635～1642年に建築されたもので、黄金色のドームを持つ。

パンテオン
Panthéon

パンテオンPanthéonとして知られているこの歴史的建造物（MAP5 ☎01-44-32-18-00 ↥place du Panthéon, 5e Ⓜリュクサンブール Luxembourg 大人€6.40 18～25歳€4 ◐4～9月9:30～18:30、10～3月10:00～18:15）は、もとはサント・ジュヌヴィエーヴを祭る大修道院の教会として建てられたものだ。建築は1750年頃から始まったが、財政上や構造上の理由で作業が長びき、1789年にやっと完成した。フランスで新しい教会を開くにはふさわしくない年だった。

2年後、憲法制定議会はここを教会ではなく、フランスの自由啓蒙時代の偉人たち*grands hommes de l'époque de la liberté française*を祭る霊廟とした。

パンテオンは18世紀の新古典主義建築を代表するすばらしい建物だが、凝った装飾の施された内部はとても暗い感じがする。身廊と上階部分は、長期にわたる修復を経て再び一般に公開されるようになった。地下の納骨堂には、ヴォルテール、ジャン・ジャック・ルソー、ヴィクトル・ユゴー、エミール・ゾラ、ジャン・ムーラン、そしてノーベル賞に輝いたマリー・キュリーなど77人の偉人が眠っている。

サン・テチエンヌ・デュ・モン教会
Église St-Étienne du Mont

1492～1655年に建てられた美しいサン・テチエンヌ・デュ・モン教会（MAP5 ☎01-43-54-11-79 ↥place de l'Abbé Basset, 5e Ⓜカルディナル・ルモワヌCardinal Lemoine ◐月9:00～12:00と14:00～19:30、火～金9:00～19:30）の内部には、内陣と身廊の間を仕切るジュベ**rood screen**がある。パリの教会でジュベがあるのはここだけだ。他の教会では、これがあるとミサを行う司祭の姿が身廊に集った忠実な信者たちに見えなくなるとの理由で、ルネサンス時代末期にすべて取り除かれてしまったからだ。身廊の南東の隅にはきれいに装飾された**聖遺物箱 reliquary**があり、その中にパリの守護聖人であるサント・ジュヌヴィエーヴの指が納められている。

サン・ジェルマン＆リュクサンブール周辺（MAP5、6）
ST-GERMAIN & LUXEMBOURG

数世紀前には、サン・ジェルマン・デ・プレ教会Église St-Germain des Présとこれに付属する大修道院が現在の6区と7区の大半を所有していた。教会の周辺地区は17世紀末から発展したが、現在では19世紀の魅力が残っていることでよく知られている。"レ・ドゥー・マゴ"や"カフェ・ド・フロール"といったカフェ（「エンターテインメント」の「パブ、バー、カフェ」の「サン・ジェルマン＆オデオ

リュクサンブール公園から見た、パリの偉人たちが眠るパンテオン

ン周辺」参照）は、戦後の左岸の知識人たちが好んだたまり場であり、実存主義が生まれた場所でもあった。

サン・ジェルマン・デ・プレ教会
Église St-Germain des Prés

ロマネスク様式のサン・ジェルマン・デ・プレ教会（MAP6 ☎01-43-25-41-71 Ⓜサン・ジェルマン・デ・プレSt-Germain des Prés ◐8:00〜19:00）はパリ最古の教会で、6世紀の大修道院の跡地に11世紀に建てられた。ノートルダム大聖堂が完成するまではパリで最も権勢を誇っていた。何度も改造されてきたが、入って右手にある**サン・サンフォリアン礼拝堂 Chapelle de St-Symphorien**は元となった大修道院の一部があった所で、初代のパリ司教であるサン・ドニ（496〜576年）が眠っている。フランス・メロヴィング朝の王たちは6〜7世紀にこの教会に葬られたが、彼らの墓は大革命の時に行方不明になってしまった。西の入口の上にある**鐘楼 bell tower**は紀元1000年以来ほとんど変わっていないが、尖塔部分だけは19世紀に作られたものだ。

ドラクロワ美術館
Musée National Eugène Delacroix

国立ウージェーヌ・ドラクロワ美術館（MAP6 ☎01-44-41-86-50 ♁6 rue de Furstemberg, 6e ⓂマビヨンMabillonまたはサン・ジェルマン・デ・プレSt-Germain des Prés ▤大人€3.80、学生・シニア・日曜全員€2.60、18歳未満・第1日曜全員無料 ◐水〜月9:30〜12:30と14:00〜17:00）は、ドラクロワが1863年に死んだ時に自宅兼アトリエとして使用していた場所で、彼の描いたたくさんの油絵や水彩画、パステル画、デッサンが展示されている。

フランス学士院
Institut de France

1795年に創設された威風堂々としたフランス学士院（MAP6 ☎01-44-41-44-41 ♁23 quai de Conti, 6e ⓂマビヨンMabillonまたはポン・ヌフPont Neuf）は、芸術と科学に関する5つのアカデミーで構成されている。中でも、リシュリュー枢機卿が1634年に設立した**アカデミー・フランセーズ Académie Française**が有名だ。**イモルテルImmortels**（永遠の存在という意味）と呼ばれるその会員40名は、フランス語の純化と擁護という非常に困難な（不可能なと形容する人もいる）任務を負っている。

フランス学士院が入っている円天井の建物は、17世紀半ばのフランス新古典主義建築の傑作で、セーヌ川をはさんでルーヴル東端の向かい側に位置している。通常は土、日曜の10:30と15:00に見学できるが（大人€8、25歳未満€6）、詳細は電話で問い合わせること（☎01-44-41-43-35）。

学士院に向かい合う形で**マザリーヌ図書館 Bibliothèque Mazarine**（☎01-44-41-44-06 ♁25 quai de Conti, 6e ◐月〜金10:00〜18:00）がある。これは、1643年に設立された国内最古の公共図書館だ。胸像が並んだ17世紀末の閲覧室を見学したり、図書館が所蔵する50万冊の書籍を閲覧するには、入って左手にある事務室で身分証明書を預けて2日間有効の入館許可証（無料）をもらうこと。蔵書が借りられる年会員になるには€15が必要で、10回入館できる回数券が€7.50。

貨幣博物館
Musée de la Monnaie

貨幣博物館（MAP6 ☎01-40-46-55-35 Ⓦwww.monnaiedeparis.fr ♁11 quai de Conti, 6e Ⓜポン・ヌフPont Neuf ▤大人€3 学生・シニア€2.20 16歳未満・第1日曜全員無料 ◐火〜金11:00〜17:30、土・日12:00〜17:30）では、古代から現代にいたるフランスの貨幣鋳造の歴史をたどることができ、印刷機や鋳造機が展示されている。

博物館が入っている**造幣局 Hôtel de la Monnaie**は18世紀に王立造幣局になった。今でも大蔵省がここで記念メダルや硬貨を造っている。1時間の**造幣局鋳造作業場 mint's workshops**見学（€14.50）は水曜と金曜の14:15から行われる。

リュクサンブール公園
Jardin du Luxembourg

暖かい季節になると、あらゆる世代のパリっ子が面積23haのリュクサンブール公園（MAP5 ⓂリュクサンブールLuxembourg ◐4〜10月7:00〜21:30、11〜3月8:00〜日没）にやってきて、幾何学的な庭園やマロニエの木陰で本を読み、のんびりし、日光浴を楽しんでいる。公園の南には大都会の中心にもかかわらず**果樹園 orchards**と蜂蜜製造の**リュクサンブール養蜂場 Rucher du Luxembourg**がある。

リュクサンブール宮殿 Palais du Luxembourg

リュクサンブール公園の北端にあるリュクサンブール宮殿（MAP5 ♁rue de Vaugirard, 6e）は、もともとアンリ4世の妻マリー・ド・メディシスのために建てられたもので、彼女が幼い頃を過ごしたフィレンツェのピッティ宮殿を偲ばせる。宮殿の東側にはイタリア風の**メディシスの泉 Fontaine des Médicis**がある。これはきれいな装飾を施した細長い鰻魚池で、1630年頃に作られたものだ。

宮殿には1958年以来、フランスの上院にあたる元老院が置かれている。内部は第1日曜の10:00に見学できるが、その前の水曜までに予約しておく必要がある。(☎01-44-61-20-89予約専用 ■大人€8、25歳未満€6)

リュクサンブール美術館 Musée du Luxembourg

リュクサンブール美術館(MAP5 ☎01-42-34-25-95 ♠19 rue de Vaugirard, 6e ■リュクサンブールLuxembourgまたはサン・シュルピスSt-Sulpice ◯月・金10:00〜23:00、火〜木10:00〜19:00、土・日10:00〜20:00)は、存命中の画家たちの作品を展示する場としてリュクサンブール宮殿のオランジュリー(オレンジ栽培温室)を改装して19世紀末に開館した。現在は、芸術に関する特別展の展示会場として使用されている。入場料は€8.50以内(学生・13〜26歳€5.35、8〜12歳€3)だが、展示会によって異なる。

子供向けのアクティビティ リュクサンブール公園は、1世紀も前からパリの子供たちがいろいろ楽しめる場所になっており、パリの中で子供たちを連れて行くのに最適の場所の一つだ。

八角形の**大池 Grand Bassin**では、水・土・日曜(7・8月を含む学校の休暇中は毎日)の14:00〜16:30(冬期)または14:00〜19:00(春期・夏期)に、帆船の模型がレンタル(€3)できる。

池から200mほど南西には小さな**リュクサンブール劇場 Théâtre du Luxembourg**(☎01-43-26-46-47)があり、人形劇のショーが行われる。フランス語がわからなくても、人形の滑稽な様子を見るだけで十分楽しめる。上演(€3.80)は水・日曜の14:30と15:30(日曜と祝日には11:00にも上演)、および土曜の17:15で、学校の休暇中は毎日上演される。

リュクサンブール劇場の隣にはモダンな**運動場 playground**(大人€1.40、子供€2.30)があり、半面が7歳までの子供用、もう半面が7〜12歳の子供用になっている。

劇場から北へ100m行くと、体重が35kgまでの子供は毎日11:00頃から**シェットランドポニー** Shetland poniesの乗馬が楽しめる(€2.20 3回乗馬券€5.40)。

サン・シュルピス教会
Église St-Sulpice

サン・シュルピス教会(MAP6 ☎01-46-33-21-78 ♠place St-Sulpice, 6e ■サン・シュルピスSt-Sulpice)の内部は礼拝堂が一列に並んだ形になっている。建築されたは1646〜1780年で、この教会の名祖であるブールジュ大司教に6世紀に奉納された教会の跡地に建てられた。フィレンツェの建築家がデザインしたイタリア風のファサードには積み上げ式の2列の円柱があり、2つの塔がそびえている。広々とした内部にある新古典主義の装飾は反宗教改革を反映したものだ。入ってすぐ右手にある**サン・ザ・アンジュ礼拝堂 Chapelle des Saints Anges**には、天使と戦うヤコブや悪魔と戦う大天使ミカエルをテーマにしたフレスコ画がある。いずれも1855〜1861年にドラクロワが描いたものだ。

モンパルナス周辺(MAP4)
MONTPARNASSE

第1次世界大戦後、前衛的な作家や詩人、芸術家たちはモンマルトルを捨ててセーヌ川を渡り、芸術的活動の拠点をモンパルナス大通りblvd du Montparnasse周辺に移した。シャガール、モディリアーニ、ミロ、ピカソ、ストラヴィンスキー、ヘミングウェイ、エズラ・パウンド、コクトーといった人々、それにレーニンやトロツキーといった政治亡命者たちがカフェやブラッスリーをたまり場にするようになり、この界隈は一躍有名になった。1930年代半ばまで創造的活動の中心地だったこの場所は、今でも夜ともなれば、大通りに軒を連ねた多くのレストラン、カフェ、映画館が多くの人たちを魅了してやまない。

モンパルナス・タワー
Tour Montparnasse

高さ210mのモンパルナス・タワー(☎01-45-38-52-56 ■www.tourmontparnasse56.com ♠rue de l'Arrivée, 15e ■モンパルナス・ビア

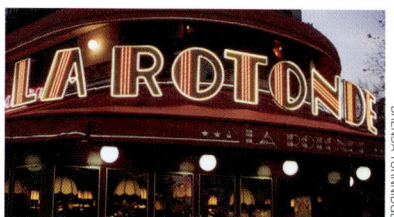

パリのカフェ文化を生み出した有名店は、今なおモンパルナス大通りに健在だ

ンヴニュMontparnasse Bienvenüe ⓜ4～9月毎日9:30～23:30、10～3月 日～木9:30～22:30、金・土9:30～23:00）は、1974年に鋼鉄と曇りガラス（「パリの現代建築」参照）を使って建てられた建物で、市内を一望するすばらしい景観を楽しめる。56階（日本でいう57階）の室内展望台までのエレベーター料金は、展示センターとパリに関するビデオ上映込みで€6.40（学生・シニア€5.70、14歳未満€4.30）。59階（日本でいう60階）の**屋上テラス** open-air terraceまでエレベーターと階段を使って行く場合の料金は大人€7.60、学生・シニア€6.50、14歳未満€5.20。

アトランティーク公園
Jardin de l'Atlantique
アトランティーク公園（🏠place de Cinq Martyrs du Lycée Buffon, 15e ⓜモンパルナス・ビアンヴニュMontparnasse Bienvenüe）は、モンパルナス駅の屋根の上に造られた面積3.5haの見晴らしのよいテラスが特徴の公園で、人の往来の激しい15区の中心部に緑と静けさをもたらしている。降水量や温度、風速を測定する、未来的な形をした**気象台** Observatoire Météorologiqueの"彫刻"も見逃したくない。

ジャン・ムーラン博物館
Musée Jean Moulin
この小さな博物館（☎01-40-64-39-44 🏠23 allée de la 2e DB, 15e 🚇大人€4、学生・シニア€3、13～25歳€2 ⓜ火～日10:00～17:40）には、レジスタンス活動とその指導者ジャン・ムーラン（1899～1943年）に焦点をあて、第2次世界大戦のドイツ軍のパリ占領に関する展示をしている。併設の**ルクレール・ド・オートクロック元帥とパリ解放記念館** Mémorial du Maréchal Leclerc de Hauteclocque et de la Libération de Parisでは、大戦中に自由フランス軍を率いて1944年に市を解放し、この記念館の名前の由来となったオートクロック元帥（1902～47年）の業績をたどるパノラマ映画が見られる。

モンパルナス墓地
Cimetière du Montparnasse
モンパルナス墓地（☎01-44-10-86-50 ⓜエドガー・キネEdgar QuinetまたはラスパイユRaspail ⓜ3月中旬～11月初旬 月～金8:00～18:00、土8:30～18:00、日9:00～18:00、11月初旬～3月中旬 月～金8:00～17:30、土8:30～17:30、日9:00～17:30）には、エドガー・キネ人通りblvd Edgar Quinetとフロワドヴォー通りrue Froidevaux（14区）の両方から入れる。最初の"住人"を迎え入れたのは1824年。こ

こには、シャルル・ボードレール、ギー・ド・モーパッサン、サミュエル・ベケット、コンスタンティン・ブランクーシ、チェン・スーティン、マン・レー、アンドレ・シトロエン、アルフレッド・ドレイフュス、ジーン・セバーグ、シモーヌ・ド・ボーヴォワール、ジャン・ポール・サルトル、ささやくように歌ったセルジュ・ゲンスブールなど、多くの有名人たちの墓がある。第1区画にあるゲンスブールの墓はファンたちの巡礼地になっており、有名な彼の歌にならって墓石の上にメトロの切符を置いていく。

管理事務所 conservation office（🏠3 blvd Edgar Quinet, 14e）に行くと、墓地の案内図を無料でくれる。曜日は不定だが、週に何日か14:30または15:00にガイド付き見学が行われる（大人€5.80、子供€4）。詳細は電話で問い合わせること（☎01-40-71-75-60）。

ブールデル美術館
Musée Bourdelle
モンパルナス駅の真北にあるブールデル美術館（☎01-49-54-73-73 🌐www.paris-france.org/museesフランス語のみ 🏠18 rue Antoine Bourdelle, 15e ⓜファルギエールFalguière 🚇大人€4.60 学生・シニア€3.05 13～25歳€2.30 ⓜ火～日10:00～17:40）には、彫刻家アントワーヌ・ブールデル（1861～1929年）が実際に生活し創作活動を行った自宅兼アトリエがあり、そこに記念碑ともいえるブロンズ像が置かれている。彫像のあるとてもきれいな庭が3つあり、そのうちの1つは通りに面している。

郵便博物館
Musée de la Poste
郵便博物館（☎01-42-79-23-45 🏠34 blvd de Vaugirard, 15e ⓜモンパルナス・ビアンヴニュMontparnasse Bienvenüe 🚇大人€4.50 シニア・学生・13～18歳€3 ⓜ月～土10:00～18:00）はモンパルナス・タワーから南西に数百メートルのところにある。フランスのような高度に中央集権化された国家では特に重要な意味をもつ郵便サービスの歴史が、とても印象的な展示で紹介されている。

展示室にはフランス切手の図案画、昔の郵便や電気通信機器、それに郵便を運ぶ乗り物の模型などが展示されている。

フォブール・サン・ジェルマン周辺（MAP4）
FAUBOURG ST-GERMAIN

7区のフォブール・サン・ジェルマンは、オルセー美術館からその1km南のバビロン通りrue

観光スポットと楽しみ方 – フォブール・サン・ジェルマン周辺

ジュ・テーム（愛している）…セルジュ・ゲンスブールは今もファンを魅了している

実証された実存主義—サルトルとボーヴォワールが永眠する場所

de Babyloneにかけての地区をいい、18世紀にはパリで最もファッショナブルな場所だった。この界隈にはリル通りrue de Lille、グルネル通りrue de Grenelle、そしてヴァレンヌ通りrue de Varenneという東西に走る3つの通り沿いに非常に興味をそそられる大邸宅がいくつか並んでいる。現在これらの邸宅の多くは大使館、文化的センター、政府の省庁として使用されている。たとえば**オテル・マティニョン Hôtel Matignon**（☎57 rue de Varenne, 7e）は第五共和政（1958年）が始まって以来、フランスの首相公邸になっている。

オルセー美術館
Musée d'Orsay

オルセー美術館（☎01-40-49-48-84または01-45-49-11-11（Minitel）3615 ORSAY Ⓦwww.musee-orsay.fr ⌂1 rue de la Légion d'Honneur, 7e Ⓜミュゼ・ドルセーMusée d'OrsayまたはソルフェリーノSolférino）は、アナトール・フランス河岸quai Anatole Franceからセーヌ川を臨むかつての駅舎（1900年）を改装した建物の中に入っている。1840年代〜1914年に制作されたフランスの絵画、彫刻、美術工芸品をはじめとする国有コレクションが展示されており、その中には印象派や後期印象派、アール・ヌーヴォーの作品も含まれている。それ以降の作品はポンピドゥー・センターの国立近代美術館に収蔵されている。

　多くの見学者はわき目もふらずに天窓から光が降り注ぐ上階まで行って、モネ、ルノワール、ピサロ、シスレー、ドガ、マネといった**印象派画家たちの絵画 Impressionist paintings**や、ヴァン・ゴッホ、セザンヌ、スーラ、マチスといった**後期印象派画家たちの作品 postimpressionist works**を見るが、地上階にもマネ、モネ、ルノワール、ピサロの初期の作品数点をはじめとして見ておくべき作品がたくさんある。また、中階には**アール・ヌーヴォーの展示室 Art Nouveau rooms**がある。

開館時間と料金　オルセー美術館（🅟大人€7 18〜25歳・60歳以上・日曜全員€6.50 18歳未満・第1日曜全員無料 🅞火・水・金・土10:00〜18:00、木10:00〜21:45、日9:00〜18:00）は6月末〜9月に限り毎日9:00開館になる。入場券は終日有効なので、何回でも出入りできる。

ガイド付き見学ツアー Guided Tours "Masterpieces of the Musée d'Orsay"という英語による見学ツアー（入館料とは別に€6）が火〜土

曜の11:30に行われ、2〜8月の木曜には16:00出発のツアーが追加される。19世紀の芸術に焦点をあてた詳細な見学（無料）は少なくとも毎月1回、火曜の14:30と日曜の9:30に行われる。80点の主な作品を解説する1時間半のカセット・テープによるガイド（€4.60）は6カ国語が用意されている。また、フルカラーのすばらしい英語のガイドブック『*Guide to the Musée d'Orsay*』（€14.50）や、内容を絞り込んだ『*Pocket Guide to the Musée d'Orsay*』（€5.35）もある。

国民議会
Assemblée Nationale

フランス議会の下院にあたる国民議会（☎01-40-63-63-08 ⌂33 quai d'Orsay, 7e Ⓜアサンブレ・ナシオナルAssemblée NationaleまたはアンヴァリッドInvalides）は、18世紀に建てられた**ブルボン宮Palais Bourbon**に置かれている。通常は土曜の10:00、14:00、15:00にフランス語による無料のガイド付き見学ツアー（☎01-40-63-60-00）がある。先着順なので早めに列に並ぶこと。パスポートの提示が必要。隣の第二帝政様式の建物は1845〜1855年に建てられたもので、ここに**外務省** Ministère des Affaires Étrangères（☎01-44-54-19-49 ⌂37 quai d'Orsay）が入っている。その住所にちなんで外務省は"ケ・ドルセーQuai d'Orsay"とも呼ばれる。

ロダン美術館
Musée Auguste Rodin

ロダン美術館（☎01-44-18-61-10 🅦www.musee-rodin.fr ⌂77 rue de Varenne, 7e ⓂヴァレンヌVarenne 🎫大人€5 18〜25歳・60歳以上・日曜全員€3 18歳未満・第1日曜全員無料 🕓4〜9月9:30〜17:45、10〜3月9:30〜16:45）はパリを訪れる多くの観光客に人気のある美術館で、市内で最もくつろげるスポットの一つでもある。

18世紀に建てられた大邸宅内の2つの階の各部屋にはロダンやカミーユ・クローデルが制作した驚くほど躍動感のあるブロンズ像や大理石像が展示されている。

その中にはロダンの作品の中で最も有名な「神の手*The Hand of God*」や、「カレーの市民*The Burghers of Calais*」、また「大聖堂*Cathedral*」や、ひきもきらず多くの人々が見に来る「考える人*The Thinker*」、他に比べようのない傑作「接吻*The Kiss*」などの鋳型も含まれている。邸宅の裏手には彫像群があふれ、樹木の緑に覆われたすばらしい**庭園 garden**があり、見学には€1が必要だ。

マイヨール美術館
Musée Maillol

このすばらしい小さな美術館（☎01-42-22-59-58 🅦www.museemaillol.com ⌂59-61 rue de Grenelle, 7e Ⓜリュ・デュ・バックRue du Bac 🎫大人€6.10 学生・16〜25歳€4.60 🕓11:00〜18:00）には主に彫刻家アリスティード・マイヨール（1861〜1944年）の作品が展示されているが、マチスやドガ、ゴーギャン、セザンヌ、ピカソの作品もある。

アンヴァリッド周辺（MAP4）
INVALIDES

長さ500mに及ぶ広大な芝生の道、**アンヴァリッド前庭 Esplanade des Invalides**（Ⓜアンヴァリッド Invalides、ヴァレンヌVarenneまたはラ・トゥール・モブールLa Tour Maubourg）は、フォブール・サン・ジェルマン周辺地区とエッフェル塔周辺地区の境界になっている。1704〜1720年に整備されたこの前庭の南端には、多くのフランス人が最も偉大な英雄と認める男（ナポレオン）が永眠している。

アンヴァリッド廃兵院
Hôtel des Invalides

この廃兵院（Ⓜヴァレンヌ Varenneまたはラ・トゥール・モブールLa Tour Maubourg）は、4000人の傷痍軍人invalidesの療養所として1670年代にルイ14世によって建てられた。1789年7月14日、民衆が建物内に押し入り、激しい闘いの末に2万8000丁のライフル銃を奪い取ると、そのままバスチーユ牢獄に突き進み、フランス革命が勃発した。

アンヴァリッド廃兵院の中庭はいわゆる**栄誉の中庭 Cour d'Honneur**で、その北に**軍事博**

パリの美術館ではあなたが「考える人」になるかもしれない

物館 Musée de l'Armée（☎01-44-42-37-72 🏠129 rue de Grenelle, 7e 🎫大人€6 学生・シニア€4.50 12歳未満無料 🕐4〜9月10:00〜18:00、10〜3月10:00〜17:00、第1月曜休館）がある。ここにはフランス軍の歴史に関する最大の国有コレクションが保管されている。南にはかつて兵士たちの祭礼や葬儀に使われていた **サン・ルイ教会** Église St-Louis des Invalidesと、ルイ14世の時代に建てられた宗教建築の最高傑作の一つとされる金色のドームを有する **ドーム教会** Église du Dôme（1677〜1735年）がある。1840年にナポレオンの遺体がここに納められた。教会の中央には、豪奢な **ナポレオン1世の墓所** Tombeau de Napoléon 1er（🕐4〜9月10:00〜18:00、10〜3月10:00〜17:00、第1月曜休館）があり、その棺はロシアのマトリョーシカmatryoshka人形のような6重の構造になっている。

エッフェル塔周辺（MAP4）
TOUR EIFFEL AREA

まさにパリのシンボルであるエッフェル塔は、セーヌ川両岸の7区と16区にわたる広大なスペースにとり囲まれている。この地区の右岸には有名な美術館や博物館がいくつかあり、すばらしい景色も楽しむことができる。

パリ下水道博物館
Musée des Égouts de Paris

パリ下水道博物館（MAP4 ☎01-47-05-10-29または01-53-68-27-81 🏠place de la Résistance, 7e Ⓜポン・ド・ラルマPont de l'Almaまたはアルマ・マルソーAlma-Marceau 🎫大人€3.80 学生・シニア・子供€3 5歳未満無料 🕐5〜9月 土〜水11:00〜18:00、10〜4月 土〜水11:00〜17:00）は、現在も稼動している施設を使った博物館で、キオスク（売店）の形をした建物内にある長方形のマンホールが入口になっている。この入口は、7区のオルセー河岸quai d'Orsay93番地から通りを渡ったセーヌ川沿いにある。見学者は未処理の下水が足の下を流れる中で、パリの下水処理システムの発展を解説するパネルやビデオを見ながら、悪臭の漂うトンネルの中を480m も歩くことになる。

エッフェル塔
Tour Eiffel

フランス革命100周年を記念する1889年のパリ万国博覧会のためにエッフェル塔（MAP4 ☎01-44-11-23-23 🌐www.tour-eiffel.fr Ⓜシャン・ド・マルス・トゥール・エッフェルChamp de Mars-Tour Eiffelまたはビル・アケムBir Hakeim）が建てられた時、パリの有名な芸術家や作家たちは猛烈に反発した。パリっ子の中にはこれを"金属製アスパラガス"と皮肉る者までいて、1909年には取り壊されそうになった。しかし、無線電信という新しい技術に必要な送信アンテナの理想的な設置場所になるということで破壊を免れたのだ。

設計者ギュスターヴ・エッフェルの名にちなんでエッフェル塔と呼ばれるようになったこの塔は、高さ320mで頭頂部にテレビ用アンテナが付いている。しかしこの高さは15cmほど変動することがある。というのも250万本のリベットで支えられて塔を構成している7000トンの鉄が暖かくなると膨張し、寒くなると縮むからだ。

3つの展望台が一般に公開されている。塔のカーブに沿って昇っていくエレベーター（乗り場は西と北の脚部にある）の料金は、第1展望台（地上57m）までは€3.70、第2展望台（115m）が€6.90、第3展望台（276m）が€9.90で、3〜11歳の子供の料金はそれぞれ€2.10、€3.80、€5.30。若者や学生向けの割引料金はなく、3歳未満は無料になる。エレベーター待ちの行列に並びたくない人は、南の脚部から階段（€3）を使って第1展望台と第2展望台まで行くことができる。

塔のエレベーターの運行時間は9:30〜23:00（6月半ば〜8月9:00〜24:00）で、エスカレーターの運行時間は9:30〜18:00（5・6月9:30〜21:00、7・8月9:30〜23:00）。

夕やみでライトアップされたエッフェル塔はまさに荘厳なテレビアンテナだ！

シャン・ド・マルス公園
Parc du Champ de Mars

エッフェル塔の南西部に広がる緑豊かなこの公園の名は、"マルスの野"（マルスは古代ローマの軍神）という意味を持つ。もともと公園の南東部にある18世紀の広大なフランス・新古典主義様式の建物（1772年）である**士官学校** École Militaire（MAP4）の練兵場だった。そして、ほかならぬナポレオンもこの学校の卒業生に名を連ねている。

1790年7月14日には、このシャン・ド・マルスでバスチーユ牢獄襲撃1周年を記念する連盟祭が開かれ、さらにその4年後には、革命的な国家の宗教を確立する最高存在祭がロベスピエールの主宰で行われた。

シャン・ド・マルス人形劇 Marionettes du Champ de Mars（MAP4 ☎01-48-56-01-44 Mエコル・ミリテール École Militaire 料€2.75）では、水・土・日曜の15:15と16:15に人形劇を上演している。

16区周辺（MAP2、4）
16E ARRONDISSEMENT

パッシー地区を含む16区は、おそらくパリの中で最も気取った、きざな感じのする地域で、フランス語を流暢に話せるのは生粋のフランス人ではないお客に対してウェイターが「英語のメニュー*la carte en anglais*のほうがいいですか？」と尋ねてくるような場所だ。誰もが「ちょっとお茶でも*tasse de thé*」というわけにはいかない所だが、見逃せない観光スポットがいくつかある。

シャイヨー宮
Palais de Chaillot

列柱を備えた、ゆるやかな曲線を描く2つの翼棟からなるシャイヨー宮（MAP4 Mトロカデロ Trocadéro）は、1937年にパリで開催された万国博覧会のために建てられたものだ。2つの翼棟の間にある中央のテラスからの眺めはすばらしく、トロカデロ庭園 Jardins du Trocadéro やセーヌ川、エッフェル塔を一望できる。

シャイヨー宮の最も東の端には**シネマテーク・フランセーズ** Cinémathèque Française（「エンターテインメント」の「映画」参照）の主要拠点がある。また西の翼棟には興味深い博物館が2つある。そのうちの1つの**人類博物館** Musée de l'Homme（☎01-44-05-72-72 住17 place du Trocadéro 料大人€4.60 シニア・5〜16歳€3.05 開水〜月9:45〜17:15）では、アフリカ、ヨーロッパ（2階）やアメリカ、太平洋、北極圏周辺（3階）で収集された人類学や民族誌学的な資料の陳列に加えて、人口増加問題に関するすばらしい展示もある。

もう1つの**海洋博物館** Musée de la Marine（☎01-53-65-69-53 Wwww.musee-marine.fr フランス語のみ 住17 place du Trocadéro 料大人€6 シニア・学生€4 6〜18歳€3 開水〜月10:00〜18:00）は、17世紀から今日までのフランスの海にまつわる冒険に焦点をあてたもので、世界で最もすばらしい船の模型コレクションがある。

トロカデロ庭園
Jardins du Trocadéro

トロカデロ庭園（MAP4 Mトロカデロ Trocadéro）は優雅な16区にあり、夜になると噴水や彫像がライトアップされる。エッフェル塔からはイエナ橋 Pont d'Iéna を渡ってすぐのところだ。庭園の名は、1823年にフランス軍が占領したスペインのカディス Cádiz 近郊に築かれた砦にちなんでつけられた。

バルザックの家
Maison de Balzac

トロカデロ庭園の南西およそ800mの所にある、パッシーのひっそりとした邸宅がバルザックの家だ（MAP4 ☎01-55-74-41-80 Wwww.paris-france.org/musees フランス語のみ 住47 rue Raynouard Mパッシー Passy またはケネディ・ラジオ・フランス Kennedy Radio France 料大人€4.60 学生・シニア€3 14〜25歳€2.30 14歳未満・日曜10:00〜13:00全員無料 開火〜日10:00〜17:40）。現実主義の小説家であるオノレ・ド・バルザック（1799〜1850年）が1840〜1847年にここに住んでいた。多くの遺品や手紙、印刷物、肖像画などがあるが、生粋のファン向けといえる。

ギメ美術館
Musée Guimet

ギメ美術館（MAP2 ☎01-56-52-53-00 Wwww.museeguimet.fr 住6 place d'Iéna Mイエナ Iéna 料大人€5.50 学生・シニア・18〜25歳・日曜全員€4 18歳未満・第1日曜全員無料 ギャラリー・デュ・パンテオン・ブディックの入館料を含む 開水〜月10:00〜13:00と14:30〜18:00）は改装のため数年間閉鎖されていたが、再開した。アジア芸術に関してはフランス第一の規模で、アフガニスタンやインド、ネパール、パキスタン、チベット、カンボジア、中国、日本、韓国などの彫像、絵画、美術工芸品、宗教関連の品物を所蔵している。コレクションの中心は、1876年に収集家のエミール・ギメがパリに持ち帰った仏教画や仏像で、これらはギメ美術館の北側にある別館**ギャラリー・デュ・パンテオン・ブディック** Galleries du

Panthéon Bouddhique（仏教芸術展示館）（MAP2 ☎01-40-73-88-08）19 av d'Iéna Mイエナ Iéna ギメ美術館と同様）に所蔵されている。

本館にある美しい日本庭園も見逃さないこと。

市立モード博物館
Musée de la Mode de la Ville de Paris

市立モード博物館（MAP2 ☎01-56-52-86-00）10 av Pierre 1er de Serbie Mイエナ Iéna 大人€7 学生・シニア€5.50 13〜25歳€3.50 火〜日10:00〜18:00）は、**ガリエラ宮 Palais Galliera**の中にあるため、ガリエラ博物館Musée Gallieraとも呼ばれる。18世紀から現在までのおよそ7万点に及ぶ衣装やアクセサリーを所蔵している。壮麗なイタリア風の建物と庭園だけでも訪れる価値はある。

市立近代美術館
Musée d'Art Moderne de la Ville de Paris

市立近代美術館（MAP2 ☎01-53-67-40-00）www.paris-france.org/museesフランス語のみ 11 av du Président Wilson Mイエナ Iéna 大人€4.60 学生・シニア€3.05 14〜25歳€2.30 14歳未満・日曜10:00〜13:00全員無料 火〜金10:00〜17:30、土・日10:00〜18:45）は、1937年の万国博覧会で電気館Electricity Pavilionだった建物の中に1961年に造られた。フォーヴィスムやキュビズム、ダダイスム、シュールレアリスム、エコール・ド・パリ、表現派、抽象派など20世紀の主要な芸術運動のほどんどすべてを代表する作品が展示されている。展示作品の画家には、マチスや、ピカソ、ブラック、スーチン、モディリアーニ、シャガールらがいる。

パレ・ド・トーキョー
Palais de Tokyo

市立近代美術館に隣接しているパレ・ド・トーキョー（MAP2 ☎01-47-23-54-01 www.palaisdetokyo.com 13 av du Président Wilson 無料 火〜日12:00〜24:00）は、同じく1937年の万国博覧会で日本館として建てられた建物（最近まで写真博物館だった）の中にあり、2002年1月にコンテンポラリー・アートの展示スペースSite de Création Contemporainとしてオープンした。つまり、常設展示はなく、また単独アーティストやテーマの展示も行わず、もっぱら工芸やインスタレーション、パフォーマンスを単発的に展示する場として使用される。

ダイアナ妃記念碑
Princess Diana Memorial

パレ・ド・トーキョーの真東の、8区との境界をなす場所にアルマ広場place de l'Alma（MAP2 アルマ・マルソーAlma-Marceau）がある。1997年8月31日、セーヌ川と並行して走るこの地下道で起こった交通事故でイギリス皇太子妃であったダイアナが一緒だったドディー・ファイドや運転手のアンリ・ポールとともに亡くなった。広場の東には、1987年にパリに本拠を置くアメリカの新聞インターナショナル・ヘラルド・トリビューンInternational Herald Tribune社が創立100周年を記念して米仏友好のシンボルとして設置した**自由の炎 Flame of Liberty**のブロンズ像がある。自由の女神像が掲げているトーチ先端部のレプリカだが、何となくダイアナの記念碑のようになり、ほぼ5年間にわたって花が飾られ、写真や、寄せ書き、個人的な手記で埋め尽くされてきた。この像は修復と清掃のために2002年にいったん撤去されたが、彼女の賛美者たちの進入を防ぐ柵を付けて元の場所に戻された。

コンコルド広場周辺（MAP2）
PLACE DE LA CONCORDE AREA

18世紀に造られた玉石舗装のコンコルド広場（8区）は、チュイルリー公園とシャンゼリゼ大通り東端の公園との間にある。

コンコルド広場
Place de la Concorde

広場の中央にあるバラ色の花崗岩でできた3300年前の**オベリスク obelisk**は、もともとテーベ（現在のルクソール）のラムセス神殿に立てられていたもので、1831年にエジプトの副王でありパシャだったムハマッド・アリからフランスに寄贈された。広場の四隅を飾る**女性群像 female statues**はフランスの8大都市を表している。

1793年、ルイ16世は広場の北西の隅（ブレスト市を表象する彫像の近く）に設置されたギロチン（断頭台）の露と消えた。恐怖政治の後、平和と調和の場所となることを願って現在の名前がつけられた（コンコルドconcordeとはフランス語で調和を意味する）。

コンコルド広場の北側にある堂々とした2棟の建物は、フランス海軍の司令部が置かれている**海軍省 Hôtel de la Marine**とパリの超一流ホテルである**オテル・ド・クリヨン Hôtel de Crillon**（「宿泊」の「超高級」参照）だ。

マドレーヌ教会
Église de la Madeleine

新古典様式のマドレーヌ教会（☎01-44-51-69-00 rue Royale, 8e Mマドレーヌ Madeleine 月〜土7:30〜19:00、日7:30〜13:30と15:30

〜19:00）は、コンコルド広場の北東350mのところにある。ギリシャ神殿を模して建てられたが、ほぼ1世紀にわたって設計変更と工事の遅延が繰り返され、献堂されたのは1845年だった。教会は52本のコリント様式の列柱に囲まれており、大理石と金色の内部装飾には3つの円天井からの自然光が降り注ぐ。

シャンゼリゼ周辺（MAP2）
CHAMPS-ÉLYSÉES AREA

シャンゼリゼ大通りav des Champs-Élysées（8区）の名前は、ギリシャ神話の"エリュシオンの野Elysian Fields"（神々に愛された英雄たちの魂が死後に送られる楽園）にちなんでいる。この大通りは、コンコルド広場とその北西2kmのところにある凱旋門を結んでいる。19世紀半ばからこの通りはパリの流儀や生きる喜びjoie de vivreを象徴するものになり、今でも観光客に人気の場所だ。

シャンゼリゼ大通りから北におよそ400mのところにフォブール・サン・トノレ通りrue du Faubourg St-Honoré（8区）が走っている。これはサン・トノレ通りrue St-Honoréの終わるところを起点としてさらに西に延びている通りで、パリで最も有名なオート・クチュールの店や宝飾店、アンティーク・ショップが建ち並んでいる。

この通りには、18世紀に建てられ現在は大統領府として使用されている**エリゼ宮 Palais de l'Élysée**（8区rue du Faubourg St-Honoréとav de Marignyの交差角 Mシャンゼリゼ・クレマンソーChamps-Élysées Clemenceau）もある。

グラン・パレ
Grand Palais

グラン・パレ（☎01-44-13-17-17 W www.rmn.frフランス語のみ 🏠3 av du Général Eisenhower, 8e Mシャンゼリゼ・クレマンソーChamps-Élysées Clemenceau 🚇通常大人€7.60 学生・シニア・月曜全員€5.35 18歳未満・第1日曜全員無料 ⏰予約のない場合 木〜月13:00〜20:00, 水13:00〜22:00）は1900年の万国博覧会の会場として建てられた。現在、アール・ヌーヴォー様式の大きなガラス屋根の下には**ギャルリー・ナショナル・デュ・グラン・パレ Galeries Nationales du Grand Palais**が入っており、3〜4カ月の期間で特別展が行われる。

プティ・パレ美術館
Musée du Petit Palais

プティ・パレ（☎01-42-65-12-73 W www.paris-france.org/museesフランス語のみ 🏠av Winston Churchill, 8e Mシャンゼリゼ・クレマンソーChamps-Élysées Clemenceau）も同じく1900年に建てられたが、現在は**パリ市立美術館 Musée des Beaux-Arts de la Ville de Paris**が入っている。中世やルネサンス時代の美術工芸品やタペストリー、デッサン、それに19世紀のフランス絵画や彫刻が展示されている。改装のため2001年から2年の予定で閉鎖されている。

発見の殿堂
Palais de la Découverte

発見の殿堂（☎01-56-43-20-21 W www.palais-decouverte.frフランス語のみ 🏠av

ライトアップされたコンコルド広場。ここでフランスの有名人たちが断頭台の露と消えた

Franklin D Roosevelt, 8e Mシャンゼリゼ・クレマンソーChamps-Élysées Clemenceau 料大人€5.60 学生・18歳未満・60歳以上€3.65 5歳未満 無料 火～土9:30～18:00、日10:00～19:00）は、天文学や生物学、薬学、化学、数学、コンピュータ科学、物理学、地球科学などについて対話式の展示のある魅力的な科学博物館である。**プラネタリウム planetarium**（€3.05追加）は通常1日に4回フランス語で上映される。最新の上映スケジュールは、電話で尋ねるかホームページで検索すること。

凱旋門
Arc de Triomphe

凱旋門（☎01-55-37-73-77 www.monum.fr Mシャルル・ド・ゴール・エトワールCharles de Gaulle-Étoile）は、コンコルド広場から北西2.2kmのところで12本の大通りが合流する世界で最も広いロータリー、シャルル・ド・ゴール広場（エトワール広場とも呼ばれる）の中央にある。1806年にナポレオンが帝国の戦勝を記念して建造を命じたものだが、これが完成するまでにナポレオンは苦戦が続き、ついには戦いに敗れて失脚してしまった。結局、この凱旋門が完成したのは1836年だった。
　1920年に第1次世界大戦で死亡した一人の**無名戦士 Unknown Soldier**の遺体がロレーヌ地方のヴェルダンから運ばれ、凱旋門の下に安置された。その後、彼と同じような運命をたどった多くの戦士の霊が追悼の炎によって慰められるようになり、現在も毎夕18:30ごろには火がともされる。
　凱旋門屋上の展望台（料大人€7 学生・18～25歳€4.50 18歳未満無料 4～9月9:30～23:00、10～3月10:00～22:30）からは12本の大通りを見ることができる（284段の階段があり、上ってみる価値は十分にある）。これらの大通りは市内のあらゆる方向に放射状に延びていて、通りの多くにはナポレオン時代に勝利した場所や歴代の有名な将軍たちの名前がついている（パリで最も道幅が広く超高級なフォッシュ大通りav Fochもその一つだ）。入場券売場はシャルル・ド・ゴール広場下の地下通路にある。

モンソー公園周辺（MAP2）
PARC DE MONCEAU AREA

面積8.25haの**モンソー公園 Parc de Monceau**（Mモンソー Monceau 11～3月7:00～20:00、4～10月7:00～22:00）を取り巻く8区の高級住宅街は、パリの大ブルジョワ階級haute bourgeoisieの砦となっている。

ニシム・ド・カモンド美術館
Musée Nissim de Camondo

ニシム・ド・カモンド美術館（☎01-53-89-06-40 63 rue de Monceau, 8e Mモンソー Monceauまたはヴィリエ Villiers 料大人€4.60 18～25歳€3.05 18歳未満無料 水～日10:00～17:00）にはモイーズ・ド・カモンド伯爵が収集した18世紀の家具や鏡板、タペストリー、磁器、その他の美術工芸品が展示されている。モイーズ伯爵は第1次世界大戦中の1917年に戦死した息子のニシムを追悼してこの美術館を建てた。

ショッピングをしばし中断し、シャンゼリゼでコーヒー・ブレイク

ジャックマール・アンドレ美術館
Musée Jacquemart-André

美術コレクターのエドワール・アンドレと妻で肖像画家のネリー・ジャックマールによって造られたジャックマール・アンドレ美術館（☎01-45-61-11-59 W www.musee-jacquemart-andre.com 🏠158 blvd Haussmann, 8e Ⓜ ミロメニルMiromesnil 💶大人€8 特別割引€6 7歳未満無料 🕙10:00〜18:00）は、19世紀半ばに建てられた華やかな大邸宅の中にある。ここには、家具やタペストリー、七宝なども展示されているが、最も注目すべきはレンブラントやヴァン・ダイクの絵画、それにベルニーニ、ボッティチェリ、カルパッチョ、ドナテーロ、マンテーニャ、ティントレット、ティツィアーノ、ウッチェロなどのイタリア・ルネサンス時代の作品だ。ジャックマール・アンドレ美術館はしばしばニュー・ヨークのフリック・コレクションと比較される。

オペラ周辺（MAP2）
OPÉRA

世界的に有名なパリのオペラ劇場である9区のオペラ・ガルニエ（Ⓜ オペラOpéra）の前を、グラン・ブールヴァール（広々とした大通りという意味）が走っている。ベル・エポック *belle époque* 時代を偲ばせるこの大通りの優雅さは車や歩行者の激しい往来にもかかわらず、ほとんど損なわれていない。

オペラ座図書館・博物館
Bibliothèque- Musée de l'Opéra

オペラ座図書館・博物館（☎01-47-42-07-02 💶大人€5 学生・シニア・26歳未満€3.05 10歳未満無料 🕙9〜6月10:00〜17:00、7・8月10:00〜18:00）は、**オペラ・ガルニエ Opéra Garnier** の中に入っている。オペラ・ガルニエは、1860年にシャルル・ガルニエが設計したナポレオン3世統治下のフランスの栄華を誇示する有名なオペラ劇場で、第二帝政時代に建てられた最も荘厳な建造物の一つである。

オペラ座図書館・博物館の入館料には、リハーサルや昼公演が行われていない限り、劇場内の見学料も含まれている。1時間半のガイド付き見学ツアー（大人€9 学生・シニア・26歳未満€7）は月〜土曜の11:00〜17:00に何回か行われる。出発は劇場の切符売場からで、正確な出発時間は切符売場で確認すること。

贖罪教会
Chapelle Expiatoire

質素な新古典様式の贖罪教会（☎01-44-32-18-00 🏠square Louis XVI, 8e 〈29 rue Pasquierの反対側〉 Ⓜ サン・トーギュスタン St-Augustin 💶€2.50 🕙木〜土13:00〜17:00）は、ルイ16世とマリー・アントワネットが1793年の処刑後に葬られた墓地の彼らの区画の上に建っている。王政復古時代のブルボン家出身の国王ルイ18世によって1815年に建てられた。

グラン・ブールヴァール周辺（MAP2, 3）
GRANDS BOULEVARDS

マドレーヌ、カピュシーヌ、イタリアン、モンマルトル、ポワソニエール、ボンヌ・ヌーヴェル、サン・ドニ、それにサン・マルタンという8本の大通りからなるグラン・ブールヴァールが、8区の優美なマドレーヌ広場（MAP2）から東方に延び、3区のそれほど好ましいとはいえないレピュブリック広場（MAP3）まで続いている。その全長は3km足らずだ。グラン・ブールヴァールは、老朽化した城壁を17世紀に取り壊して街路にしたもので、18〜19世紀になるとカフェや劇場文化の中心地として栄えるようになり、ベル・エポックの時代に頂点に達した。グラン・ブールヴァールの西端の北にはオスマン大通り（8区と9区）が走っている。ここは商業と金融の中心地区であり、また40番地の**ギャルリー・ラファイエット Galeries Lafayette** や64番地の**プランタン Le Printemps**（「ショッピング」の「デパート」参照）などパリで最も有名なデパートがあることでも知られている。

グレヴァン博物館
Musée Grévin

このろう人形館（MAP3 ☎01-47-70-85-05 W www.grevin.com 🏠10 blvd Montmartre, 9e Ⓜ グラン・ブールヴァール Grands Boulevards 💶大人€15 学生€12 6〜14歳€9 🕙10:00〜19:00）はアーケード・ショッピング街の一つ、パッサージュ・ジュフロワ passage Jouffroy 内にあり、250体ものろう人形があることで有名だが、人形は実物に似せたというよりも特徴を誇張したカリカチュアのようなものだ。それでも、フランス革命時の指導者の本物のデスマスクはここでしか見ることができない。それにしても、入館料は高すぎる。

10区周辺（MAP3）
10E ARRONDISSEMENT

ストラスブール大通り blvd de Strasbourg とフォブール・サン・ドニ通り rue du Faubourg St-Denis 界隈（Ⓜ ストラスブール・サン・ドニ

Strasbourg St-Denisまたはシャトー・ドー Château d'Eau）は騒々しい労働者階級の居住区であり、特にマジャンタ大通りblvd de Magentaの南ではインドやバングラデシュ、パキスタン、西インド諸島、アフリカ、トルコ、クルド地方などの出身者が大きな共同社会を形成している。**パッサージュ・ブラディ passage Brady**（「食事」の「北駅＆東駅周辺」参照）を散策していると、ボンベイのごみごみとした裏通りに足を踏み入れたような気がしてくる。

サン・ドニ門とサン・マルタン門
Porte St-Denis & Porte St-Martin

サン・ドニ門Porte St-Denis（🏠 rue du Faubourg St-Denisとblvd St-Denisの交差点、10e Ⓜ️ストラスブール・サン・ドニStrasbourg St-Denis）は高さ24mの凱旋門で、1673年にルイ14世のライン川の戦いの勝利を記念して建てられた。北側の彫刻はオランダの町マーストリヒトの陥落を表現している。

　サン・マルタン門Porte St-Martin（🏠 rue du Faubourg St-Martinとblvd St-Denisの交差点）はサン・ドニ門から2ブロック東にあり、サン・ドニ門の完成から2年後に、ルイ14世によるブザンソンとフランシュ・コンテ地方の占領を記念して建てられた。

バカラ美術館
Musée Baccarat

光り輝くバカラ美術館（☎01-47-70-64-30 Ⓦwww.baccarat.fr 🏠30 bis rue de Paradis Ⓜシャトー・ドーChâteau d'EauまたはポワソニエールPoissonnière 🎫大人€3 学生€2 🕐月～土10:00～18:00）は、およそ1000個の魅力的なクリスタル製品であふれているが、そのほとんどは、かつて植民地だったきわめて貧しい国々の王侯や独裁者たちが特注したものだ。ショールームと美術館が入っているCIAT（テーブルアート国際センター）の建物は、ナポレオン3世時代の工業建築を知るうえで参考になる。

サン・マルタン運河
Canal St-Martin

全長4.5kmの静かなサン・マルタン運河（Ⓜレピュブリック République、ジョレスJaurèsほか）は、ヴィレット貯水池Bassin de la Villetteとウルク運河Canal de l'Ourcqを経由して、19区のラ・ヴィレット公園Parc de la Villette（MAP1）と10区を結んでおり、現在、大修復と清掃が行われている。木が植えられた運河側道はロマンチックな散策やサイクリングに絶好の場所で、9つの**水位調節用の水門 locks**や鉄製の橋、パリに住む一般庶民の街並みを目にすることができる。セーヌ川と全長108kmのウル

ク運河を結ぶ目的で1806年に造られたこの水路は、周辺の土地より高くなっている部分もある。運河巡りの詳細は「交通手段」の「ツアー」の「運河クルーズ」を参照。

ベルシー周辺（MAP5、8）
BERCY

12区のベルシーは、長い間鉄道もなく、セーヌ川にも橋がかかっていなかったために市内の他の地区との連絡が悪かった。しかし、運転士のいない自動運転のメトロ線メテオール Météor（14号線）が開通し、シャルル・ド・ゴール橋Pont Charles de Gaulle（1996年）が完成したことにより今では左岸とも結ばれ、パリで最も重要な新しい建物が建ち並ぶ地区となった。たとえば、インドア・スポーツ競技場としても利用でき、またコンサート、バレエ、演劇の会場としても利用できる設計になっている八角形の**ベルシー多目的スポーツセンター Palais Omnisports de Paris-Bercy**（MAP8 🏠blvd de Bercy, 12e）や、巨大な**新大蔵省 Ministry of Finance**のビル（MAP5 🏠blvd de Bercy）などがある。

　ベルシー・ヴィラージュ Bercy Village（MAP8 Ⓜクール・サン・テミリオンCour St-Émilion）の開発が進み、1877年に建てられたかつてのワイン倉庫群の中にバーやレストランができ、華やかな飲食店やミュージック・クラブを持つ定期遊覧船が就航するようになったことから、12区はとてもトレンディーな地区に変貌した。

　ベルシー公園 Parc de Bercy（MAP8 🏠41 rue Paul Belmondo, 12e Ⓜベルシー Bercyまたはクール・サン・テミリオンCour St-Émilion 🕐月～金8:00～17:30または～21:30、土・日9:00～17:30または～21:30）は面積14haのとてもきれいな公園で、ベルシー多目的スポーツセンターとベルシー・ヴィラージュの間にある。

　メソン・デュ・ラック Maison du Lac du Parc de Bercy（☎01-53-46-19-34 🕐4～9月10:00～18:00、10～3月11:00～17:00）は大きな池の中央の島に建てられた特別展用の小さな施設だ。また、**メゾン・デュ・ジャルディナージュ Maison du Jardinage**（☎01-53-46-19-19 🕐4～9月の火～金13:30～18:00、土・日13:00～18:30、10～3月の火～日13:00～17:30）は公園の中央にあり、ここを訪れると造園や環境について詳しく知ることができる。

13区＆14区周辺（MAP1、8）
13E & 14E ARRONDISSEMENTS

5区にある植物園の数ブロック南から始まる13区（MAP1）は、国立フランソワ・ミッテラン図書

観光スポットと楽しみ方 – 13区＆14区周辺

永久に語り継がれる英雄たちの彫像

フランス人は自分たちの英雄を彫像や記念碑の形で残して永久に語り継ごうとする。ペール・ラシェーズやモンマルトル、モンパルナスの墓地は、英雄と悪役、詩人と哲学者、革命家と専制君主の生前の姿を見事に表現した彫像でいっぱいだ。これ以上狭くはできないような公園や広場にも、その土地に住んでいた著名人の石像やブロンズ像がある。以下に、パリ市内を巡り歩くときっと出会うはずの非常に印象に残る人物像を選んで紹介する。

フランスの守護聖人サン・ドニ St-Denis（パリのディオニシウスとも呼ばれる）は、パリにキリスト教を伝えた人物だが、その尽力の報いとしてローマ人は彼の首をはねた。不運な首を腕にかかえて歩む彼の姿はノートルダム大聖堂（MAP6）の西側ポルタイユのアーチの部分に見ることができる。

パリの守護聖人サント・ジュヌヴィエーヴ Ste-Genevièveは、451年にフン族の王アッチラのパリ侵入を食い止めた。現在、彼女は5区のサン・ルイ島の真南にかかるトゥルネル橋（MAP6）の橋脚に幽霊のように青い顔をして、市街に背を向けて立っている。それからほぼ1000年後に、勇敢なジャンヌ・ダルク Jeanne d'Arcはパリをイギリス軍から奪取しようとしたが、うまくいかなかった。金色に輝く彼女の彫像は、現在、リヴォリ通りrue de Rivoli 192番地に隣接するピラミッド広場place des Pyramidesに置かれている（MAP4）。

生まれ故郷のニューヨーク市に向いて立っている自由の女神像のレプリカ

アンリ4世 Henri IV、は、ヴェール・ガラン Vert Galant（これは"愉快な詐欺師"と"いい年をした女たらし"の両方の意味を持ち、どちらになるかはあなたの評価による）とも呼ばれるが、1区のポン・ヌフ Pont Neuf（MAP6）上で白馬にまたがっているのが彼だ。まさに1607年に"新しい橋"（ポン・ヌフはフランス語で新しい橋の意味）の渡り初めをした時の姿そのままだ。フランク族の大帝、シャルルマーニュ Charlemagneは、ノートルダム Notre Dame（MAP6）前の木々の下で駿馬にまたがっているが、2区のヴィクトワール広場 place des Victoires（MAP3）では彼のまねをした哀れな太陽王ルイ14世 Louis XIVが、馬上でふんぞり返っている。一方、ナポレオン Napoleonは、馬に乗らず古代ローマの衣装をまとって1区のヴァンドーム広場 place Vendôme（MAP2）にある記念柱の一番上に立っている。最近これに加わったのが軍服姿で盛装したシャルル・ド・ゴール将軍 General Charles de Gaulleだ。高さ3.6mのそのブロンズ像はシャンゼリゼ大通り av des Champs-Élysées（MAP2）を下ったところに設置され、1944年8月26日に解放されたパリの街を凱旋門から行進し始めようとしている。

しかし、聖人や帝王ばかりを永遠に残そうとしているわけではない。フランス革命時の指導者で、後にギロチンの犠牲者の一人になったジョルジュ・ダントン Georges Dantonは、6区のオデオン交差点 carrefour de l'Odéon（MAP6）の、彼の家があった場所の近くに頭が完全についた姿で立っている。ニューヨークにある自由の女神像 Statue of Libertyのレプリカはライトアップされ、セーヌ川の人工島（MAP4）からビッグ・アップル（ニューヨーク市）の方を向いて立っている。そしてル・コルビュジエ広場 place Le Corbusier（MAP4）の中心にあるセザール・バルダッチーニが制作したケンタウロス Centaurの彫像も見ておきたい。神話に出てくる半人半獣の像にはグレープフルーツ大の不釣り合いな大きさの睾丸があるのを見逃さないようにしよう。実物よりも大きいという理由で記憶に残るはずだ。

館（「基本情報」の「図書館」、「パリの現代建築」参照）が開館し、新しいメトロの路線が開通したことで再生の兆しが見られ始めている。

それほど面白みない14区で最も有名なのはモンパルナス墓地（前出の「モンパルナス周辺」参照）であることは認めるが、そのほかにも、パリの一風変わった魅力を楽しめる場所がある。

ゴブラン織り工場
Manufacture des Gobelins

ゴブラン織り工場（MAP1 ☎01-44-54-19-33または01-44-08-52-00 42 av des Gobelins, 13e レ・ゴブラン Les Goblins 大人€8 8〜25歳€6 7歳未満無料）は、18世紀からボーヴェ・スタイルのバス・リス basse lisse（畝機織り）のタペストリーやサヴォヌリー絨毯とともに、特殊な織機を使ったオート・リス haute lisse（竪機織り）のタペストリーを織り上げてきた。火〜木曜の14:00と14:45にガイド付きの見学ツアーがあり、内部を見ることができる。

カタコンブ
Catacombes

1785年に、パリの墓地がいっぱいになることで生じた衛生的美的問題を解決するために、

墓地の遺骨を掘り起こし、使用されなくなった3カ所の石切場地下の空洞にそれらを納骨することが決定された。そのうちの1つが1810年に造られた納骨堂で、現在、カタコンブとして知られている（MAP1 ☎01-43-22-47-63 Ⓦwww.paris-france.org/museesフランス語のみ ⌂1 place Denfert Rochereau, 14e Ⓜダンフェール・ロシュローDenfert Rochereau 🎫大人€5 シニア€3.35 8〜25歳€2.60 7歳未満無料 🕐火11:00〜16:00、水〜日9:00〜16:00）。おそらくパリで最も不気味な場所だ。見学者は、地上から20m（130段）下ったあと、1.6kmに及ぶ地下通路をたどることになるが、そこの壁沿いには何百万人ものパリジャンたちの骨や骸骨が手際よく埋め込まれている。第2次世界大戦中、この地下通路はレジスタンスの司令部として使用されていた。お金を払わずにスリルを楽しもうとして夜間の地下通路をうろつく、いわゆるカタフィルcataphiles（地下愛好家）たちが、しばしば捕まっている（罰金€60）。

カタコンブの見学ルートは、ダンフェール・ロシュロー広場place Denfert Rochereauの中央にあるベル・エポック様式のダーク・グリーンの小さな建物から始まる。出口はルミ・デュモンセル通りrue Remy Dumoncel（Ⓜムートン・デュヴェルネMouton Duvernet）で、ダンフェール・ロシュロー広場の700m南西にある。ここでガードマンが荷物を検査し、観光客が骨を"拝借"してこなかったかどうかを確かめる。

モンマルトル周辺（MAP7）
MONTMARTRE

19世紀末〜20世紀初めに、18区のモンマルトルの自由奔放なボヘミアン的生活スタイルが多くの有名作家や芸術家たちを魅了した。そうした芸術家の中には、1908〜1912年（青の時代）にエミール・グドー広場place Émile Goudeauの洗濯船Bateau Lavoirと呼ばれるアトリエで暮らしていたピカソもいた。第1次世界大戦後に活動拠点はモンパルナスに移ってしまうが、モンマルトルにはいまだに世界中の観光客たちが無視できない陽気な雰囲気が残されている。

交通

モンマルトルの丘の南斜面を昇り降りするRATP（パリ交通公団）の優雅なケーブルカーが見学者をウィレット小広場square Willette（ⓂアンヴェールAnvers）からサクレ・クール寺院Sacré Cœurまで運んでくれる。毎日0:40まで運行され、片道の料金はメトロ・バス共通切符1枚。カルト・オランジュや、パリ・ヴィジット、モビリスのパスもすべて利用することができる。

RATPが運営するモンマルトロビュスMontmartrobusはモンマルトル周辺を回っており、路線図はバス停に掲示されている。

サクレ・クール寺院
Basilique du Sacré Cœur

聖なる心という意味を持つサクレ・クール寺院（☎01-53-41-89-00 Ⓦwww.sacre-coeur-montmartre.com ⌂place du Parvis du Sacré Cœur, 18e ⓂアンヴェールAnvers 🕐7:00〜23:00）はモンマルトルの丘の頂上にある。この寺院は、1870〜1871年の普仏戦争敗北後にパリのカトリック教徒たちが、悔い改めた証として行った献金によって建てられた。建築は1873年に始まったが、バジリカ聖堂が献堂されたのは1919年のことだった。

らせん階段を234段ほど上ると聖堂の**円天井 dome**（🎫大人€2.30 学生・6〜25歳€1.20 🕐4〜9月9:00〜19:00、10〜3月9:00〜18:00）に出る。ここからはパリの中でも1、2といわれるすばらしい眺めを楽しむことができ、晴れた日には30km先まで見通せる。礼拝堂が並ぶ**地下聖堂 crypt**は広々としているが、それほど面白くはない。入場料と見学時間は聖堂の円天井と同じ。

テルトル広場
Place du Tertre

建物の一部が12世紀に造られたといわれる**サン・ピエール教会 Église St-Pierre de Montmartre**から西に半ブロック行くと、かつてはモンマルトル村の中央広場だったテルトル広場（ⓂアベスAbbesses）に出る。現在はカフェやレストランが軒を連ね、肖像画家や観光客たちであふれかえり、いつもにぎわっている。

ルピック通りrue Lepicの西にある2つの旧式の**風車 windmills**も訪ねてみよう。

ダリ美術館
Espace Salvador Dalí

スペインのカタルーニャ地方出身の華麗な版画家であるとともに、画家、彫刻家、セルフ・プロモーターでもあったサルヴァドール・ダリ（1904〜89年）の制作した300点以上もの作品が、テルトル広場の真西にある何となく不気味なシュールレアリストらしい美術館に展示されている（☎01-42-64-40-10 ⌂9-11 rue Poulbot, 18e ⓂアベスAbbesses 🎫大人€7 シニア€6 学生・8〜16歳€5 🕐9〜6月10:00〜18:30、7・8月10:00〜21:00）。コレクションの中にはダリの奇妙な彫刻や石版画、

白のラプソディー、観光客を惹きつける魅力に富んだサクレ・クール寺院

それに多くのイラストも含まれている。

モンマルトル美術館
Musée de Montmartre

モンマルトル美術館（☎01-46-06-61-11 ♦12-14 rue Cortot, 18e Mラマルク・コランクールLamarck Caulaincourt 料大人€3.80 学生・シニア€3.05 ⊙火〜日11:00〜17:30）には、絵画や石版画、資料などが展示されており、そのほとんどは反抗的で自由奔放だが芸術的な雰囲気にあふれていたこの地区の過去の歴史に関連するものだ。今もここで活動を続けている芸術家たちの作品の展示会場としても使われている。

美術館の裏手北西の方向には、1933年に作られた**モンマルトルのブドウ畑** Le Close du Montmartre（♦ rue St-Vincentとrue des Saulesの交差点, 18e）がある。毎年10月になると、それほど広くないこの畑に植えられた2000本のブドウの木から平均850本のワインが生産される。

マックス・フルニー素朴派美術館
Musée d'Art Naïf Max Fourny

1986年に創設されたマックス・フルニー素朴派美術館（☎01-42-58-72-89 Wwww.hallesaintpierre.org ♦2 rue Ronsard, 18e MアンヴェールAnvers 料大人€6 学生・シニア・4〜16歳€4.50 ⊙10:00〜18:00）は、ウィレット小広場square Willetteとケーブルカーの麓駅の奥にある旧サン・ピエール市場Halle St-Pierreの建物内にある。世界中から集められたカラフルで素朴な絵画は、生き生きとして奇妙でしかも魅力的だ。

モンマルトル墓地
Cimetière de Montmartre

1798年に開設されたモンマルトル墓地（☎01-43-87-64-24 Mプラス・ド・クリシーPlace de Clichy ⊙3月中旬〜11月初旬 月〜金8:00〜18:00、土8:30〜18:00、日9:00〜18:00、11月初旬〜3月中旬 月〜金8:00〜17:30、土8:30〜17:30、日9:00〜17:30）は、おそらくパリではペール・ラシェーズPère Lachaise墓地に次いで有名な墓地だろう。埋葬されている多くの人々の中には、ゾラ、アレクサンドル・デュマ・フィス、スタンダール、ハインリッヒ・ハイネ、ジャック・オッフェンバック、エクトール・ベルリオーズ、ドガ、フランソワ・トリュフォー、ヴァスラヴ・ニジンスキーらがいる。

モンマルトルの丘に近い入口は、クリシー大通りblvd de Clichyとの合流点から始まるラシェル大通りav Rachelの突き当たり、もしくはコランクール通りrue Caulaincourt 10番地の階段を下りたところにある。

ピガール周辺（MAP3、7）
PIGALLE

モンマルトルの静かな住宅街をわずか数ブロック南西に行くと、ネオンが光り輝くにぎやかなピガールに出る。9区と18区にまたがるこの界隈は、夜のパリの2大歓楽街の一つだ（もう一つは、サン・ドニ通り沿いとその近くのフォーラム・デ・アル北側の通りにあり、料金はピガールよりも安い）。しかし、ピガールは単なる低俗な風俗街というわけではない。確かにメトロのピガールPigalle駅とブランシュBlanche駅の間のクリシー大通りblvd de Clichy一帯にはアダルト・ショップやストリップ劇場がひしめいているが、ナイトクラブやキャバレーといったトレンディなナイトスポットも数多くあるからだ。

エロチズム博物館
Musée de l'Érotisme

このエロチック・アートの博物館（MAP7 ☎01-42-58-28-73 ⓦwww.eroticmuseum.netフランス語のみ ⌂72 blvd de Clichy, 18e ⓂブランシュBlanche ⌘大人€7 学生€5 ⊙10:00～翌2:00）は、約2000点の官能的な彫像や、かつて使用されていた刺激的な性的補助器具、それに4大陸から集められた古代から現代までのエロチック・アートを7つの階にわたって高尚な視点から展示しようとしている。しかし、見学者たちのほとんどは自分たちのお目当てが何なのかを知っている。

ギュスターヴ・モロー美術館
Musée National Gustave Moreau

ギュスターヴ・モロー美術館（MAP3 ☎01-48-74-38-50 ⌂14 rue de La Rochefoucauld, 9e Ⓜトリニテ・デスティエンヌ・ドルヴTrinité d'Estiennes d'Orves ⌘大人€3.80 学生・シニア・18～25歳€2.60 18歳未満・第1日曜全員無料 ⊙月・水11:00～17:15、木～日10:00～12:45と14:00～17:15）は、ピガール広場place Pigalleからおよそ500m南西にあり、象徴主義の名祖となった画家モローの作品だけが展示されている。かつてのモローのアトリエに開設されている2階建ての美術館は、4800点にも及ぶ彼の絵画やデッサン、スケッチなどでいっぱいだ。

ラ・ヴィレット周辺（MAP1）
LA VILLETTE AREA

19区に対する観光客の関心は主にラ・ヴィレット公園Parc de la Villetteに集中している。そこにはすばらしい美術館や博物館があり、多くのアトラクションも行われている。船で行く時は、右岸のバスチーユ近くにあるパリ・アルスナルParis-Arsenalのプレザンス乗船場Port de Plaisanceか、左岸のオルセー美術館近くにあるアナトール・フランス河岸quai Anatole Franceで遊覧船に乗る。水路によるラ・ヴィレット公園への行き方の詳細は「交通手段」の「ツアー」の「運河クルーズ」を参照のこと。

ラ・ヴィレット公園
Parc de la Villette

パリ市のはるか北東の隅にある面積35haのこの奇抜な公園（☎01-04-03-75-75 ⓦwww.villette.com）は、1993年にオープンし、科学・産業シティ館（Ⓜポルト・ド・ラ・ヴィレットPorte de la Villette）から南東に延びて音楽シティ館（Ⓜポルト・ド・パンタンPorte de Pantin）まで続いている。ウルク運河をはさんで2つに分かれている公園には、樹木に囲まれた散歩道があり、独創的なストリート・ファニチャー（街路備品）が置かれ、テーマ別の庭園やフォリーfolies（フランス語で18世紀の豪華別荘の意味）の名で知られる真っ赤で空想的なパビリオンが並んでいる。

子供向けには、島の庭園 Jardin des Îles、竹の庭園 Jardin des Bambous、鏡の庭園 Jardin des Miroirsなど、テーマ別に10の遊び場がある。

特に人気があるのは、ドラゴンの庭園 Jardin du Dragon（ジェオードと最寄りの橋の間に、ドラゴンの形をした巨大な滑り台がある）と、大展示場 Grande Halleからラ・ヴィレット歩廊（屋根付き散歩道）を横切った先にある風と砂浜の庭園 Jardin des Vents et des Dunesだ。大展示場は鉄とガラスでできたすばらしい建物で、かつては食肉処理場だったが、今はコンサートや演劇公演、展覧会、会議などに利用されている。

近くには回転木馬 merry-go-roundもある。

科学・産業シティ館
Cité des Sciences et de l'Industrie

ラ・ヴィレット公園の北端にある広大な科学・産業シティ館（☎01-40-05-80-00または0-892-69-70-72予約用 （Minitel）3615 VILLETTE ⓦwww.cite-sciences.fr ⌂30 av Corentin Cariou, 19e Ⓜポルト・ド・ラ・ヴィレットPorte de la Villette ⊙火～土10:00～18:00、日10:00～19:00）には、あらゆる種類のハイテク技術が展示されている。1年間有効なパスは大人€25、7～25歳€19、家族€80で、このパスがあれば、エクスプローラ展示場や児童シティ館に何度でも入館でき、しかもジ

ェオードやシナックス、その他のアトラクションが割引になる。

無料アトラクションの中には、インターネット・センターの**シベール・バーズ** Cyber-baseと、新たにできた**メディアテーク** Médiathèques（🈁火・金12:00〜19:45、水・木・土・日12:00〜18:45）も含まれている。メディアテークは、子供、科学の歴史、健康をテーマとしたマルチメディアの展示会場で科学・産業シティ館のレベル0、−1、−2の各階にある。レベル−2には小さな**水族館** Aquariumもある。

建物の正面入口にある円形のインフォメーション・カウンターで「The Keys to the Cité」という無料で（そしてとても役に立つ）英語版のマップ付きパンフレットを手に入れることができる。館内の展示や場所を詳しく知りたい時は、80ページにわたる詳細なガイドブック「Guide to the Permanent Exhibitions」（€3）を受付で購入することができる。

エクスプローラ展示場 Expositions d'Explora

やや複雑にレイアウトされた広大なエクスプローラ展示場（🈁大人€7.50 7〜25歳€5.50 7歳未満無料）は、科学・産業シティ館の1階と2階（日本でいう2階と3階）にあり、電車や宇宙から生物や音響にいたるまであらゆるテクノロジーが紹介されている。入場券は終日有効で、4回まで出入り可能だ。

プラネタリウム Planétarium（🈁€2.50 3〜7歳無料 3歳未満の入場は不可）が2階（日本でいう3階）にあり、1000m²のスクリーンに1日に6回、上映される。

児童シティ館 Cité des Enfants 科学シティ館のハイライトは、華やかな児童シティ館（科学村）で、ここでは子供たち自らが基礎科学の原理について実演を行う。カラフルで創造的なこの実演は、全部で3つのセクションに分かれて行われる（3〜5歳向けのセクション1つと、5〜12歳向けセクション2つ）。第1セクションでは、子供たちが特に水の動きなどを調べ（実験用防水ポンチョが支給される）、第2セクションでは、産業ロボットと一緒におもちゃの家を作ったり、ビデオカメラを設置したテレビスタジオでニュース放送を行う。**電気** Électricitéに関する第3セクションでは、電気に関する特別な展示が行われるが、これに参加できるのは5〜12歳のグループだけだ。

児童シティ館の実演は90分間で、1日4回行われる。開始時間は火・木・金曜の9:45、11:30、13:30、15:30、水・土・日曜の10:30、12:30、14:30、16:30。子供料金は€5で、大人が同伴しなければならない。学校が休みの日に行く時は、その2〜3日前に電話、インターネット、またはミニテルで予約しておくとよい。

シナックス Cinaxe シナックス（☎ 01-42-09-85-83 🈁€5.20 科学シティ館の他の入場券があれば€4.50〈上映時間〉火〜日11:00〜13:00と14:00〜17:00）は、60席の油圧式シートを備えた映画館で、スクリーン上の動きに

子供たちが夢中で楽しめるものがいっぱいあるラ・ヴィレット公園

あわせてシートが動く。科学・産業シティ館の南西側の歩廊を横切った右手にある。バーチャル・リアリティー技術の原型ともいえる施設だ。上映は15分ごと。

ジェオード Géode
ジェオード（☎01-40-05-79-99 W www.lageode.fr 26 av Corentin Cariou, 19e）は、科学・産業シティ館の真南にある直径36ｍの球体が開かれる。鏡のような表面は、光沢のある数千枚の三角形のステンレス板を組み合わせて作られたもので、現代のパリの建築水準を示す名刺がわりのようなものだ。内部ではバーチャル・リアリティー、特殊効果、従来型などのテクニックを駆使した高解像度の70mmの映画が45分間、180度のスクリーンに映し出されると、見ている者は画面の中に吸い込まれていくような感じを受ける。映画は火〜日曜の11:00〜18:00に上映され、18:00には2本立ての特別上映がある。英語版のサウンドトラックを選べるヘッドホンが追加料金なしで利用できる。また、毎年1月の後半にはここで映画祭が開かれる。

ジェオードの入場料金は€8.75（25歳未満・シニア€6.75ただし土・日曜の15:00〜17:30を除く）で、18:00の2本立ては大人€11、25歳未満・シニアは€7.75。

アルゴ潜水艦 Argonaute
アルゴ潜水艦（ 37歳未満無料 火〜金10:30〜17:30、土・日11:00〜18:30）は、もともと1957年にフランス海軍に就役した潜水艦だが、展示用に改装して公園に設置されるようになった。ジェオードのちょうど南東にあり、科学シティ館のレベル0（日本でいう1階）から行くことができる。

音楽シティ館
Cité de la Musique

音楽シティ館（☎01-44-84-44-84または01-44-84-46-77予約用 W www.cite-musique.fr 221 av Jean Jaurès, 19e ポルト・ド・パンタンPorte de Pantin）は、ラ・ヴィレット公園の南端にある人目を引く三角形のコンサートホールだ。その活動のモットーは、メジャーでない世界中の音楽を多民族が入り乱れるパリの一般大衆に伝えるというものだ（コンサートや音楽イベントの詳細は、「エンターテインメント」の「クラシック音楽、オペラ、ダンス」参照）。音楽シティ館の隣には、格式の高い**コンセルヴァトワール Conservatoire de Paris**（☎01-40-40-46-46または01-40-40-46-47 209 av Jean Jaurès, 19e ポルト・ド・パンタンPorte de Pantin）がある。この国立高等音楽院では、一年を通してコンサートやダンス公演が頻繁に行われる。

音楽博物館
Musée de la Musique

音楽博物館（☎01-44-84-46-46 大人€6.10 学生・シニア・18〜25歳€4.60 6〜18歳€2.30 火〜土12:00〜18:00、日10:00〜18:00）は音楽シティ館の中にあり、約900の珍しい楽器が展示されている。その多くについては、入館料に含まれているイヤホンを使ってどんな音で演奏されるのかを聞くことができる。博物館の近くにある**音楽インフォメーション・センター Centre d'Informations Musicales**（ 火〜日12:00〜18:00）は、インターネット（500のサイトを設置）を通じて、音楽に関するあらゆる質問に答えてくれる。

ビュット・ショーモン公園
Parc des Buttes-Chaumont

面積25haのビュット・ショーモン公園（MAP3 rue Manin & rue Botzaris, 19e ビュット・ショーモンButtes-ChaumontまたはボザリBotzaris 10〜4月7:00〜21:00、5〜9月7:00〜23:00）のまわりには高層アパート群が建ち並んでいるが、その光景はマンハッタンのセントラル・パークのパリ版といえる。樹木に囲まれた緑の斜面を登ると、隠れて見えなかった洞窟や人造滝が目の前に現れる。ロマンチックな**池 lake**の中には、頂上に神殿がそびえ立つ**島 island**があり、2本の歩道橋がかかっている。この公園は、かつては石切場やごみ捨て場だったが、1860年代にオスマン男爵によって現在のような形に整えられた。

メニルモンタン＆ベルヴィル周辺（MAP1、3）
MÉNILMONTANT & BELLEVILLE

ほんの数年前まで、メニルモンタン（11区）は労働者階級の居住地区*quartier*で、観光客にはほとんどおすすめできない場所だったが、今やレストランやバー、クラブがひしめく話題の場所になっている。これに対して、ベルヴィル（20区）は全体的に地味で労働者階級の雰囲気をとどめている。パリで最も有名な共同墓地がこの真南にある。

ベルヴィル
Belleville

街の中にあるベルヴィルの"村"（MAP3 ベルヴィルBelleville）は、ベルヴィル大通りblvd de Belleville周辺に集中しており、多くの移民たちの居住地になっている。特に目立つのは、北アフリカ出身のイスラム教徒やユダヤ教徒、

インドネシア出身のベトナム人や中国系の人たちだ。詳細は「パリの中の世界」を参照のこと。

1992年に開園した**ベルヴィル公園 Parc de Belleville**（MAP3 Ⓜクロンヌ Couronnes）は、ベルヴィル大通りの数ブロック東にあり、緑に囲まれた4.5haの公園の中央には標高約200mの丘があり、ここから市街のすばらしい眺めが楽しめる。

ペール・ラシェーズ墓地
Cimetière du Père Lachaise

ルイ14世の聴罪司祭の名前にちなんで名付けられたペール・ラシェーズ墓地（MAP1 ☎01-55-25-82-10 Ⓜフィリップ・オーギュスト Philippe Auguste、ガンベッタ Gambetta、またはペール・ラシェーズ Père Lachaise ◐3月中旬～11月初旬 月～金8:00～18:00、土8:30～18:00、日9:00～18:00、11月初旬～3月中旬 月～金8:00～17:30、土8:30～17:30、日9:00～17:30）は、世界で最も多くの観光客が訪れる墓地で、その一方通行の入口は1804年に開かれた。豪華で、けばけばしささえ感じられる7万の墓石群が、緑に囲まれた戸外の彫刻庭園を形成している。ここに埋葬されている100万人もの人々の中には、ショパン、モリエール、アポリネール、オスカー・ワイルド、バルザック、プルースト、ガートルード・スタイン、コレット、シモーヌ・シニョレ、ピサロ、スーラ、モディリアーニ、サラ・ベルナール、イヴ・モンタン、ドラクロワ、エディット・ピアフ、イサドラ・ダンカン、そして永遠不滅の12世紀の恋人たちアベラールとエロイーズ（「パリについて」の「歴史」のコラム「薄幸の恋人たち」参照）がいる。特に、訪れる人が絶えないのは1960年代のロック・スター、**ジム・モリソン Jim Morrison**の墓である。彼は1971年にマレ地区の新アパートで死去し、この墓地の第6区画に埋葬されている。

1871年5月27日、反乱を起こしたコミューナルの残党たちは政府軍によって追い詰められ、一晩中墓石を楯にして勝てる望みのない闘いを続けた。朝になって147人いた生残者も**ミュール・デ・フェデレ Mur des Fédérés**（パリ・コミューン兵士の壁）の前に一列に並ばされて銃殺された。彼らは大きく掘られた墓穴の中に崩れ落ち、そのまま埋葬された。

ペール・ラシェーズ墓地には4つの入口があり、そのうちの2つはメニルモンタン大通り blvd de Ménilmontantに面している。墓地内には有名人の墓石の位置を示した案内図が掲示されており、また墓地の西側にある**管理事務所 conservation office**（🏠16 rue du Repos, 20e）をはじめ各入口で無料の案内図がもらえる。この界隈にある新聞雑誌販売所や花を売っているキオスクでも、エディション・ヴェルメ社発行の「*Plan Illustré du Père Lachaise*」（ペール・ラシェーズのイラスト地図）やティポグラフィカ社の「*Plan du Père Lachaise*」（ペール・ラシェーズの地図）といった墓地の地

食欲をそそる商品が並んでいるパリのベルヴィル市場

観光スポットと楽しみ方 – ヴァンセンヌの森周辺

図を売っている。2時間の**英語ガイド付き見学ツアー English-language tours**（☎01-40-71-75-60 🎫大人€8 25歳未満€6）があり、6〜9月の土曜15:00に管理事務所近くの正面入口から出発する。

ヴァンセンヌの森周辺（MAP1）
BOIS DE VINCENNES

995haの広さを持つヴァンセンヌの森（🏠blvd Poniatowski, 12e 🚇ポルト・ド・シャラントン Porte de Charentonまたはポルト・ドレPorte Dorée）は、パリで最も広い英国式公園で、パリ市の南東の端に位置している。**パリ花公園 Parc Floral de Paris**（☎01-55-94-20-20 🌐www.parcfloraldeparis.com フランス語のみ 🏠esplanade du Château de Vincennes & route de la Pyramide, 12e 🚇シャトー・ド・ヴァンセンヌ Château de Vincennes）は、ヴァンセンヌ城の南にある。

子供向けには、**メゾン・パリ・ナチュール Maison Paris-Nature**（🎫大人€1.50 6〜17歳€0.75 ⏰4〜9月の火〜金13:30〜18:00、土・日13:00〜18:30、10〜3月の火〜日13:00〜17:30）や美しい**蝶園 Jardin des Papillons**といった娯楽設備が60もある。また、**熱帯園 Jardin Tropical**（🏠av de la Belle Gabrielle 🚇ジャン・シュル・マルヌ Nogent-sur-Marne）は公園の東の端に位置している。

ヴァンセンヌ城
Château de Vincennes

森の北の端にあるヴァンセンヌ城（☎01-48-08-31-20 🏠av de Paris 🚇シャトー・ド・ヴァンセンヌ Château de Vincennes ⏰4〜9月10:00〜12:00と13:15〜18:00、10〜3月10:00〜12:00と14:00〜17:00）は、大きな城砦と堀を備えた正真正銘 *bona fide* の王城だ。ルイ14世は17世紀半ばに、**王の中庭 Cour Royale**を囲む形で建つ2つの王家の館のうち、西の端にある**王の館 Pavillon du Roi**で新婚生活を送った。1369年に完成した高さ52mの**主塔 dungeon**は17〜18世紀に牢獄として使用された。

城の敷地には無料で入れるが、14〜16世紀に建造されたゴシック様式の**王室礼拝堂 Chapelle Royale**の内部を見学するには、ガイド付き見学ツアー（フランス語のみ。英語版の案内パンフレット付き）に参加するしかない。料金は全部を見学するコースが€5.50（シニア・学生・18〜25歳€3.50 18歳未満無料）で、早巡りコースは€4（シニア・学生・18〜25歳€2.50）だ。4〜9月は両コースとも1日に各5回行われ、その他の月は各4回行われる。

パリ動物園
Parc Zoologique de Paris

ドーメール湖 Lac Daumesnilと2つの小島の東には1934年に開園したパリ動物園（☎01-44-75-20-00または01-44-75-20-10 🌐www.

ペール・ラシェーズ墓地のかなたを眺める、作曲家ジョルジュ・ビゼー（1838〜75年）

SIMON BRACKEN

観光スポットと楽しみ方

133

観光スポットと楽しみ方 – ブーローニュの森周辺

mnhn.frフランス語のみ 🏠53 av de St-Maurice, 12e Ⓜポルト・ドレPorte Dorée 🚶大人€7.60 シニア・4～16歳€4.60 🅿4～9月の月～土9:00～18:00、日9:00～18:30、10～3月の月～土9:00～17:00、日9:00～17:30）があり、15haの敷地内におよそ1200匹の動物が飼育されている。

アフリカ・オセアニア民芸博物館
Musée National des Arts d'Afrique et d'Océanie

ヴァンセンヌの森の近くにあるアフリカ・オセアニア民芸博物館（☎01-44-74-84-80 Ⓦhttp://www.musee-afriqueoceanie.frフランス語のみ 🏠293 av Daumesnil, 12e Ⓜポルト・ドレPorte Dorée 🚶大人€5.70 学生・シニア・日曜全員€4.30 18歳未満・第1日曜全員無料 🅿水～月10:00～17:30）には、北アフリカ、西アフリカ、中央アフリカ、それに南太平洋の美術品や工芸品が展示されている。

ブーローニュの森周辺（MAP1）
BOIS DE BOULOGNE

面積845haのブーローニュの森（🏠blvd Maillot, 16e Ⓜポルト・マイヨーPorte Maillot）は、パリ市の西の端に位置している。この公園に変則的なレイアウトを採用したのはオスマン男爵だ。彼はフランス様式の幾何学的なモデルではなくロンドンのハイド・パークから着想を得た。

約125haの森林部分を持つブーローニュの森は、1999年12月の嵐で大きな損害を受けており、復旧作業が終わるのは2004年と見られている。

森の南側には、全仏オープンテニスの会場となる**ローラン・ギャロス・スタジアム Stade Roland Garros**のほか、平地レース用の**ロンシャン競馬場 Hippodrome de Longchamp**と障害レース用の**オートゥイユ競馬場 Hippodrome d'Auteuil**の2つの競馬場がある。詳細は「エンターテインメント」の「スポーツ観戦」の「競馬」を参照。

庭園

森の北西の端には、塀で囲まれた**バガテル公園 Parc de Bagatelle**がある。この公園は、1775年に建てられた**バガテル城 Château de Bagatelle**（☎01-40-67-97-00 🏠route de Sèvres à Neuilly, 16e Ⓜポン・ド・ヌイユPont de Neuilly 🚶€1.50 🅿水～日9:00～18:00、10～3月9:00～17:00）を取り巻く美しい庭園があることで有名だ。庭園にはそれぞれアイリス（5月に開花）、バラ（6～10月に開花）、睡蓮（8月に開花）専用の区画が設けられている。

プレ・カタラン **Pré Catalan**（カタラン牧草地という意味）には**シェイクスピア庭園 Jardin Shakespeare**（Ⓞ8:30～19:00または～19:30）があり、花々や草木のそれぞれにシェイクスピア劇にちなんだ名前がつけられている。

森の南の端にある**オートゥイユ温室庭園 Jardin des Serres d'Auteuil**（☎01-40-71-75-23 🏠av de la Porte d'Auteuil, 16e Ⓜポルト・ドトゥイユPorte d'Auteuil 🚶大人€1.50 6～17歳€1 🅿4～9月10:00～18:00、10～3月10:00～17:00）は、すばらしい展示用温室を持つ庭園で、1898年に造られた。

貸ボートとレンタサイクル
Rowing Boats & Bicycles

貸ボート（☎01-42-88-04-69）は、森の中で最も大きな**アンフェリウール湖 Lac Inférieur**（Ⓜアヴニュ・アンリ・マルタンAvenue Henri Martin）で借りられる。貸出時間は10:00～18:00（夏期は19:00まで）で1時間€8.50だ。また、**パリ・シクル Paris Cycles**（☎01-47-47-76-50または01-47-47-22-37）の店がブーローニュの森に2ヵ所あり、自転車が借りられる。1つは、マートマ・ガンジー大通りav du Mahatma Gandhi（Ⓜレ・サブロンLes Sablons）の、動物順化園Jardin d'Acclimatation遊園地のポルト・サブロン側入口の向かい側にあり、もう1つは、アンフェリウール湖の北の端にあるパヴィヨン・ロワイヤルPavillon Royal（Ⓜアヴニュ・フォッシュAvenue Foch）のそばにある。自転車は4月中旬～10月中旬は毎日10:00～日没の時間帯で借りられるが、それ以外の月は水・土・日曜だけとなる（時間帯は同じ）。レンタル料は30分€3、60分€4.60で、半日€9.20、1日€12.20。

動物順化園
Jardin d'Acclimatation

動物順化園（☎01-40-67-90-82 🏠av du Mahatma Gandhi Ⓜレ・サブロンLes Sablons 🎫大人・4歳以上€2.30 シニア€1.15 Ⓞ10:00～18:00）は子供向け動物園を併設した遊園地で、この施設の影響から、フランス語では"動物順化園"が"動物園"の意味も持つようになった。西の部分にはテントを張ったような構造のハイテク専門の**エクスプローラドーム Exploradôme**（☎01-53-64-90-40 🚶大人・4歳以上€4.50 シニア€3）があり、情報メディアやインターネットといった科学技術関連の展示が行われている。

国立民俗民芸博物館
Musée National des Arts et Traditions Populaires

動物順化園を出てすぐの、森の敷地内にある

観光スポットと楽しみ方 – アクティビティ

セーヌ川の川岸は、サイクリストとスケーターにとって天国だ

国立民俗民芸博物館（☎01-44-17-60-00 6 av du Mahatma Gandhi, 16e レ・サブロンLes Sablons 大人€3.80 学生・シニア・18～25歳・日曜全員€2.60 18歳未満・第1日曜全員無料 水～月9:30～17:00）には、産業革命前後の時代にフランスの田舎に暮らしていた農民や職人たちの生活を紹介する展示がある。

マルモッタン美術館
Musée Marmottan-Claude Monet

ブーローニュの森から東に2ブロック先の、ポルト・ド・ラ・ミュエットPorte de la Muetteとポルト・ド・パッシーPorte de Passyの間にあるマルモッタン美術館（☎01-42-24-07-02 2 rue Louis Boilly, 16e ラ・ミュエットLa Muette 大人€6.50 8～25歳€4 火～日10:00～18:00）は、印象派画家クロード・モネの作品について世界最大規模のコレクション（傑作*chefs d'œuvres*100点近く）を誇っている。その他にゴーギャンやシスレー、ピサロ、ルノワール、ドガ、マネ、モリゾたちの作品も所蔵している。

アクティビティ

エンターテインメント関連の週刊情報誌「パリスコープ*Pariscope*」や「ロフィシェル・デ・スペクタクル*L'Officiel des Spectacles*」（「エンターテインメント」の「イベント情報」参照）には、スポーツ・イベントなどに関する最新情報がフランス語で掲載されている。

また、パリでのスポーツ・イベントや会場などの詳細は**パリ市庁舎** Hôtel de Villeのインフォメーション・センター（MAP6 ☎01-42-76-40-40 29 rue de Rivoli, 4e Hôtel de Ville）から無料で入手できる「ギード・デュ・スポルGuide du Sport」（スポーツ・ガイド）を見たり、**ル・スポール・プラティーク Le Sport Pratique**（☎0-820-00-75-75）に電話で問い合わせることもできる。

スイミング

パリでは、およそ30のスイミングプールが一般に開放されている。最寄りのプールに関する情報は、パリ市役所のホームページ（www.mairie-paris.frフランス語のみ）で確認できる。ほとんどのプールが短い距離で、レーンのないプールを見つけるのもほとんど不可能だ。プールの開館時間は施設によってかなり異なるが、水曜の午後と土曜は避けたほうがよい。学校のない子供たちが大挙してやって来るからだ。料金はたいてい€2.40（シニア・16歳未満€1.35）だが、大型のプールや設備が充実したプールでは料金はもっと高くなる。10回分の回数券は€19.80、シニア・16歳未満€11.40。設備の充実した代表的なプールは以下のとおり。

ビュット・オ・カイユ・プール Piscine de la Butte aux Cailles（MAP1 ☎01-45-89-60-05 5-7 place Paul Verlaine, 13e プラス・ディタリPlace d'Italie 火7:00～8:00・11:30～13:00・16:30～18:30、水7:00～18:30、木～土7:00～8:00・11:30～18:00、日8:00～17:30 €2.40、シニア・16歳未満€1.35）1924年に建造されたこのとてもすばらしいプールは、現在その建物が重要文化財に指定されている。ここでは、近くの被圧井戸から送られてくる温水を使用している。

ポントワーズ・カルチエ・ラタン・プール Piscine Pontoise-Quartier Latin（MAP6 ☎01-55-42-77-88 19 rue de Pontoise, 5e モベール・ミュチュアリテMaubert Mutualité 通常7:00～8:00・12:15～13:30・16:30～23:45 大人€3.80、学生€3.35、16歳未満€2.90）長さ33m、幅15mでアール・デコ様式のこの美しいプールはカルチエ・ラタンの中心部にある。建物の中には、ジムやスカッシュ・コートなどの施設を備えた**クラブ・カルチエ・ラタン Club Quartier Latin**（www.clubquartierlatin.comフランス語のみ）がある。

スュザンヌ・ベルリウ・プール Piscine Suzanne Berlioux（MAP6 ☎01-42-36-98-44 Level -3, Forum des Halles, 4 place de la Rotonde, 1er レ・アルLes Halles 月11:30～20:00、火・木・金11:30～22:00、水10:00～19:30、土・日9:00～17:00 大人€3.80、16歳未満€3）長さ50m、幅20mのこのプールは、パリ最大のショッピング・センターの中にあり、熱帯植物園に囲まれている。いつも人でいっぱいだが、楽しい場所だ。

パリでウォーター・パークに行きたい時は、

観光スポットと楽しみ方 – アクティビティ

アクアブールヴァール Aquaboulevard（MAP1）
☎01-40-60-10-00 ▲4 rue Louis Armand, 15e Ⓜバラール Balard ◐月～木9:00～23:00、金9:00～24:00、土8:00～24:00、日8:00～23:00）がおすすめだ。パリの南西部にある広大なレクリエーション・センターで、スイミングプール、"ビーチ"、親水公園、テニスコート、スカッシュコート、ゴルフ練習場、ジム、レストランなど、大人や子供向けのいろいろな施設がある。入場料は1日€18.30、半日€9.15。

スケート
パリでは舗装アスファルトやつるつるした氷の上で思い切りスケートを楽しむことができる。インラインスケート（ローラースケート）をする人は、一年を通じて毎週行われる2つのランドネ・アン・ロレール Randonnées en Roller（ローラースケートでの散歩）に参加してみてもよい。その1つは、13区のイタリー広場 place d'Italie（Ⓜプラス・ディタリ Place d'Italie）を金曜22:00に出発し、翌1:00に戻ってくる（☎01-43-36-89-81 インフォメーション用 🌐www.pari-roller.com）。もう1つは、11区のバスチーユ広場 place de la Bastille（Ⓜバスチーユ Bastille）を毎日曜14:30に出発し、戻りは17:30～18:00になる（☎01-44-54-07-44 🌐www.rollers-coquillages.org フランス語のみ）。インラインスケート靴のレンタルについては、「交通手段」の「自転車」の「レンタサイクル」を参照。

冬の12月半ば～3月初めにかけて、アイススケーターたちはパルヴィ・ド・ラ・デファンス・スケート場 Patinoire du Parvis de la Défense（「近郊まで足をのばす」のラ・デファンス地区の地図参照 ☎01-46-93-92-92 インフォメーション用 Ⓜラ・デファンス・グランド・アルシュ La Défense Grande Arche ◐10:00～20:00）や市庁舎スケート場 Patinoire de l'Hôtel de Ville（MAP6 ☎01-42-76-40-40 Ⓜオテル・ド・ヴィル Hôtel de Ville ◐月～木12:00～22:00、金12:00～24:00、土9:00～24:00、日9:00～22:00）に集まる。リンクで滑るのは無料だが、スケート靴を借りる場合は€5かかる。

フィットネス
今はどこでもそうだが、パリでもスポーツ・ジムやフィットネス・クラブが大流行だ。短期入会ができるクラブもいくつかある。

ジムナーズ・クラブ Gymnase Club（MAP6 ☎01-44-37-24-24 🌐www.gymnaseclub.fr フランス語のみ ▲147 bis rue St-Honoré, 1er Ⓜパレ・ロワイヤル・ミュゼ・デュ・ルーヴル Palais Royal-Musée du Louvre）市内20カ所以上にスポーツ・ジムを展開しているパリ最大手のクラブで、設備も充実している（なかにはプールやサウナ付きの所もある）。

ジムナジウム Gymnasium（MAP3 ☎01-42-74-14-56 ▲62 blvd de Sébastopol, 3er Ⓜエティエンヌ・マルセル Étienne Marcel）とてもわかりやすい名前のスポーツ・ジム。チェーン展開をしており、パ

市庁舎前にある季節限定のスケートリンクで楽しもう

リ市内の25カ所以上にエアロビクス・コース付きのスポーツ・ジムを持っている。なかにはプールやサウナ付きの所もある。

ボウリング

パリで最もすばらしいボウリング場の一つがブーローニュの森にある。

ボウリング・ド・パリ Bowling de Paris（MAP1 ☎01-53-64-93-00 🏠Jardin d'Acclimatation, route du Mahatma Gandhi, 16e Ⓜポルト・ド・ヌイイPorte de Neuilly 🕐月〜金10:00〜翌3:00、土・日10:00〜翌5:00 💴2.45〜€6.55 曜日と時間により異なる。20:00以降と週末は最高料金を適用）超モダンな施設。

各種教室

在外フランス政府観光局や領事館だけでなく、文化局（「基本情報」の「文化センター」参照）に行けばフランスでの学習に関する各種情報が得られる。パリの観光案内所でも一般の人が受講できる講座や教室のリストが入手できる。

語学

パリでは2週間〜1学年度まであらゆる形のフランス語のコースがある。学校の多くはそれぞれ月ごとまたはそれに近い間隔で新しいコースを開始している。数あるフランス語学校の中で主なものを以下に紹介する。

アリアンス・フランセーズ Alliance Française（MAP4 ☎01-42-84-90-00 🌐www.alliancefr.org 🏠101 blvd Raspail, 6e Ⓜサン・プラシドSt-Placide 📧入学登録手続き€46〈5日前から行われる〉、1日4時間の集中intensifコース〈1カ月64時間〉月€534、1日2時間の通常extensifコース〈1カ月32時間〉月€267）あらゆるレベルの月単位のフランス語コースが各月の第1営業日から始まる。講座に欠員があれば、2週間だけの登録も可能だ。登録事務所の受付時間は平日の9:00〜17:00。登録にはパスポートとパスポートサイズの写真1枚が必要になる。

ソルボンヌ大学フランス語文明講座 Cours de Langue et Civilisation Françaises de la Sorbonne（MAP5 ☎01-40-46-22-11 🌐www.fle.fr/sorbonne 🏠54 rue St-Jacquesまたは17 rue de la Sorbonne, 5e Ⓜクリュニー・ラ・ソルボンヌCluny-La Sorbonneまたはモベール・ミュチュアリテMaubert Mutualité 📧コースによって異なる。4週間の夏季講座€435、週20時間の講義と個別指導を含むコースは学期ごとに€1098）このソルボンヌ大学の有名なフランス語文明講座はあらゆる語学レベルの学生を対象にしている。教師はとてもアカデミック（堅苦しいともいえる）語学教育手法をとる。ただし、ここで1年間学んでも、市場での値切り方や車の運転手への悪態のつき方が学べるとは限らない。事務所の受付時間は月〜金曜11:00〜16:00。

アンスティチュ・パリジャン・ド・ラング・エ・ド・シヴィリザシオン・フランセーズ Institut Parisien de Langue et de Civilisation Françaises（MAP4 ☎01-40-56-09-53 🌐www.institutparisien.com 🏠87 blvd de Grenelle, 15e ⓂデュプレックスDupleix 📧入学登録料が€40、週10時間の4週間コース〈1クラス最大12人〉€117、週15時間€177、週25時間€294）事務所の受付時間は平日の8:30〜17:00。

料理

パリには料理学校がいくつかある。主なものは、**コルドン・ブルー料理学校 École Le Cordon Bleu**（MAP4 ☎01-53-68-22-50 📠01-48-56-03-96 🏠8 rue Léon Delhomme, 15e ⓂヴォジラールVaugirardまたはコンヴァンションConvention)、**リッツ・エスコフィエ・フランス料理学校 École de Gastronomie Française-Ritz Escoffier**（MAP2 ☎01-43-16-30-50 📧ecole@ritzparis.com 🏠38 rue Cambon, 1er ⓂコンコルドConcorde)、それに**ラ・トック・ドール La Toque d'Or**（MAP4 ☎01-45-44-86-51 📧youngsg@aol.com 🏠55 rue de Varenne, 7e ⓂヴァレンヌVarenne)といったところだ。

授業料は学校によってかなり異なるが、人気のある料理教室の**フランソワーズ・ムニエ料理講座 Cours de Cuisine Françoise Meunier**（MAP3 ☎01-40-26-14-00 🌐www.inti.fr/fmeunier 🏠7 rue Paul Lelong, 2e ⓂブルスBourse）では、火〜土曜の10:30と水曜の19:30に行われる3時間コースで1回€76。5回受講、20回受講は割引料金になり、それぞれ€305と€1190だ。

散策コース

Walking Tours

この章では3つのテーマ別散策コースを紹介する。パリにある多くの建築遺産や芸術遺産をじっくり見て回る際の参考にしてほしい。1つ目は、栄華を極めたルネッサンス期の邸宅が建ち並ぶマレ地区を歩くコース。2つ目は、セーヌ左岸を探索して、20世紀を代表する作家たちが歩いた通りや行きつけの場所を訪れるコース。3つ目は、19世紀に造られたセーヌ右岸の壮麗なパッサージュ（ショッピング・アーケード）を集中的に見て回るコースだ。

各コースの所要時間は、歩くペースや途中立ち寄る回数によって異なるので、特に示さなかった。それぞれの観光名所の詳しい情報は、「観光スポットと楽しみ方」を参照のこと。

散策コース1：中世のたたずまいを残すマレ地区

マレ地区（4区）は、すでに13世紀には僧侶やテンプル騎士団が居を構えていた。この界隈の通りの名前に、タンプル通りrue du Temple（"聖堂の通り"という意味）やブラン・マント通りrue des Blancs Manteaux（"白いマントの通り"という意味）といった宗教的な性格のものが多いのはそのためだ。ただし、マレ地区を特徴づけるオテル・パルティキュリエールhôtel particuliers（貴族の館）やパヴィヨンpavillons（貴族の館よりやや小さい）が建てられるようになったのは、17世紀初めにヘンリー4世が王宮広場place Royale（今日のヴォージュ広場place des Vosges）の建設に着手した後のことだ。

金色やクリーム色のレンガでできているこれらの建物は、パリ市内で最も美しいルネサンス期の建造物とされている。その多くがほぼ同時に建てられたため、マレ地区は、パリのほかのどの地区よりも建物の調和がとれている。

これらの邸宅の建築は18世紀前半まで続いたが、マレ地区の貴族の館が黄金時代であったのは17世紀だ。1692年に金のスリッパに至るまで王宮のすべてがヴェルサイユに移転されたのは、まさにマレ地区の終わりを告げるものだった。その結果、邸宅は一般庶民の手に渡り、彼らはこれを倉庫や市場、店として使った。

マレ地区では、1960年代終わりと1970年代初めに大がかりな修復が行われた。現在、貴族の館の多くが官公庁のオフィスや図書館、美術館として使用されている。この本では、内部を見学できるものついてはその開館時間を記した。この散策コースで紹介する4つの美術館と、時折展覧会が開かれるベテューヌ・シュリー館Hôtel de Béthune-Sullyの詳細については、この「マレ地区」の中に後出する。

2kmに及ぶこのコースは、リヴォリ通りrue de Rivoliにぶつかるフランソワ・ミロン通りrue François Miron（4区）にあるメトロ駅サン・ポール St-Paulからスタートする。長くて細いプレヴォ通りrue du Prévôt（"首席司祭の通り"という意味）を南に歩くと、かつてプレストル通りrue des Prestres（"僧侶の通り"という意味）と呼ばれていたシャルルマーニュ通りrue Charlemagneに出る。そこから右（西）に向かい、ノナン・ディエール通りrue des Nonnains d'Hyèresとジュイ通りrue de Jouyが交わる所まで行くと、その角に、1650年頃に財政家のために建てられた壮大な**ドモン館 Hôtel d'Aumont** ❶（🏠7 rue de Jouy, 4e）と幾何学模様の庭園がある。これはマレ地区で最も美しい貴族の館の一つで、現在ここには、傲慢で議論が絶えないフランス行政機関のまさにうんざり"sacré blue!"するような内部紛争を取り扱う地方行政裁判所のオフィスがある。ドモン館の向かい側のジュイ通りとフルシー通りrue de Fourcyが交差する角には、**17世紀のワイン醸造業者の見事なレリーフ（浮き彫り）** ❷がある。

ノナン・ディエール通りをさらに南に進み、ドモン館の庭園を過ぎたところで左（東）に折れてオテル・ド・ヴィル通りrue de l'Hôtel de Villeに入ると、左手にマレ地区最古の邸宅である**サンス館 Hôtel de Sens** ❸（🏠1 rue du Figuier, 4e）が見える。これは、強大な権力のもとにパリをその支配下に治めたサンス大司

散策コース1：マレ地区

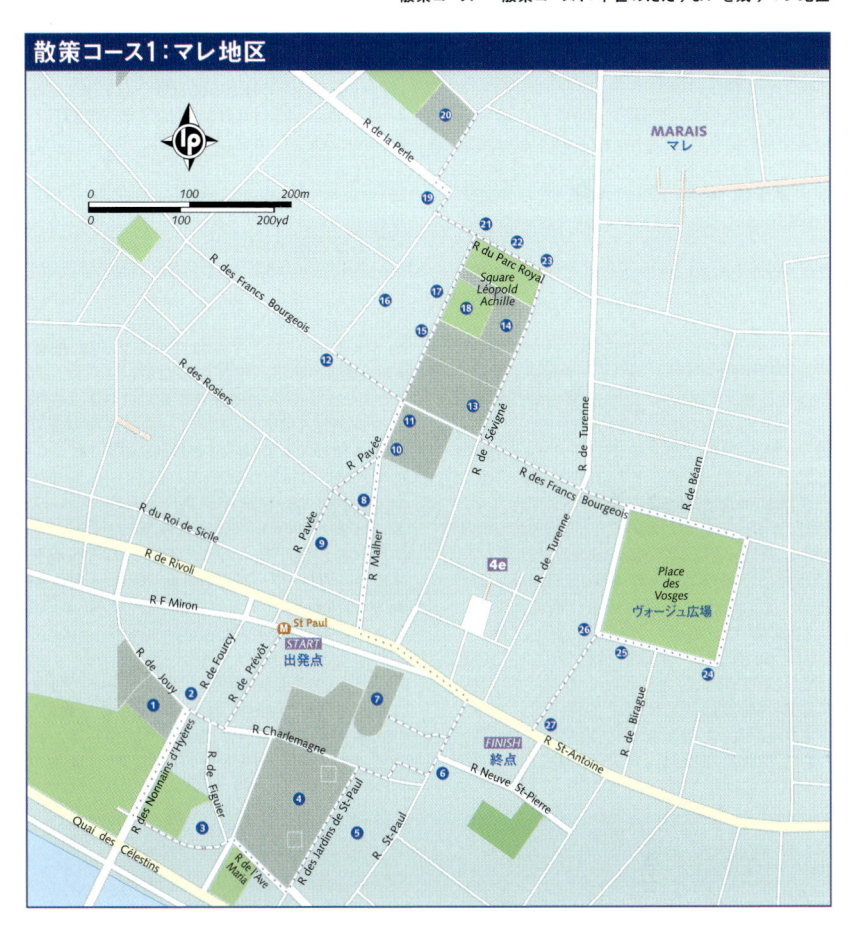

教のパリの私邸として1475年頃に建てられたものだ。パリ自体が大司教区となった時、ここは、馬車の御者や、果物売り、帽子屋、ジャムの製造者にまで貸し出されたという。1911年に大がかりな改修が行われ、小塔を付け加えてゴシック様式もどきの建物になった。現在は、**フォルネー図書館 Bibliothèque Forney**（☎01-42-78-14-60 ◎火〜金13:30〜20:00、土10:00〜20:30）になっている。美しい中庭はいつでも楽しめる。

そこからアヴェ・マリア通りrue de l'Ave Mariaを東に向かい、途中でジャルダン・ド・サン・ポール通りrue des Jardins de St-Paulに入って北に進む。左側に見えるツインタワーは、中世の要塞だった**フィリップ・オーギュストの城壁 Philippe-Auguste's enceinte ④**の跡だ。1190年頃に建てられた時は39の塔があったが、今は名門高校リセ・シャルルマーニュの一部になっている。ジャルダン・ド・サン・ポール通りrue des Jardins de St-Paulの右側には、**ヴィラージュ・サン・ポール Village St-Paul ⑤**への入口がある。この中庭にはアンティークや工芸品売りが集まっている。シャルルマーニュ通りrue Charlemagneを渡り、エジナール通りrue Eginhardに入ると、そこには小さな中庭とルイ13世時代に作られた格子付きの井戸がある。そこから、くの字に曲がった道を歩いてサン・ポール通りに出る。そのそばのヌーヴ・サン・ピエール通りrue Neuve St-Pierre23番地の角には中世の**サン・ポール教会 Église St-Paul ⑥**の遺跡がある。そこから小さなサン・ポール小路passage St-Paulを西に進むと、反宗教改革期の1641年に完成したイエズス会の教会**サン・ルイ・サン・ポール教会 Église St-Louis-St-Paul ⑦**（◎月〜土8:00〜20:00、日9:00〜20:00）の側面の入口に着く。

散策コース ― 散策コース1：中世のたたずまいを残すマレ地区

サン・ポール通りrue St-Paulからサン・タントワーヌ通りrue St-Antoineに出たところを左折し、99番地のサン・ルイ・サン・ポール教会の正面入口の前を通り、リヴォリ通りrue de Rivoliを渡ってマレール通りrue Malherに入り、そこを北に進む。マレール通り13番地の**昔の菓子屋 former pâtisserie❽**（今は洋服屋）の建物には、ガトー・セックgâteaux secs（ビスケット）やパン・フランセーズ・エ・ヴィエヌpains français et viennois（フランスとウィーンのパン）と書かれた、昔の立派な看板が目に入る。

マレール通りrue Malherは、パリで初めて石畳が敷かれたパヴェ通りrue Pavéeまで続くが、そこまで北進せずに、途中でロジエ通りrue des Rosiersに入って西に向かうと、パヴェ通りに出られる。そこを南に行くと、10番地にアール・ヌーヴォー建築の**ギマール・シナゴーグ Guimard synagogue❾**がある（詳しくは「観光スポットと楽しみ方」の「マレ地区周辺」参照）。再びパヴェ通りrue Pavéeを北に進むと、24番地に**ラモワニョン館 Hôtel Lamoignon❿**がある。これは、アングレーム公爵夫人でアンリ2世の娘であるディアーヌ・ド・フランスDiane de France（1538～1619年）のために1585～1612年に建てられたもので、ルネサンス後期の建築様式を代表する建物だ。コリント式の柱頭、正門上部の切妻壁にあるレリーフに描かれた狩猟場面（狩猟の女神ディアナを思い起こさせる）、中庭にある象徴的な鏡（真実）と蛇（慎重さ）などに注目したい。今は、パリ市歴史図書館Bibliothèque Historique de la Ville de Paris（☎01-44-59-29-40 ◐月～土 9:30～18:00）が入っている。

パヴェ通りrue Pavéeとフラン・ブルジョワ通りrue des Francs Bourgeoisの角にある"SC"のイニシャルは、そこに中世の**サント・カトリーヌ小修道院 priory of Ste-Catherine⓫**があったことを示している。そこを西に向かうと、4区のフラン・ブルジョワ通りrue des Francs Bourgeoisの31番地に、貴族の館全盛時代の末期（1740年）に建てられた**アルブレ館 Hôtel d'Albret⓬**がある。そこから交差点に戻り、ペイエンヌ通りrue Payenneを北に進むと、右側に、16世紀中期のルネッサンス様式を採用した**カルナヴァレ館 Hôtel Carnavalet⓭**（⌂2 rue Payenne）の後姿が見える。1548～1654年に建てられたこの館は、書簡作家セヴィニェ夫人（1626～96年）の自宅だった。さらに北に向かうと17世紀後半に建てられた**ル・ペルティエ・ド・サン・ファルジョー館 Hôtel Le Peletier de St-Fargeau⓮**がある。これら2つの館は、現在、カルナヴァレ博物館Musée Carnavaletの一部になっている。

ペイエンヌ通り5番地（3区）にある**リュマニテ礼拝堂 Chapelle de l'Humanité⓯**（☎01-44-78-01-97 ◐火～日15:00～18:00）は、18世紀に建てられた"理性の聖堂"で、建物の

マレ地区はパリで最も洗練された貴族の館の発祥の地

ファサード（正面）には「愛を原則とし、秩序を基礎とし、進歩を目標とする」という引用文が掲げられている。そのちょっと先にある鉄格子からは、1598年に建てられ、今はコニャック・ジェイ美術館Musée Cognacq-Jayとなっている**ドノン館 Hôtel Donon**⓰（🏠8 rue Elsévir, 4e）の後姿が見える。ペイエンヌ通り11番地には16世紀末に建てられた美しい**マルル館 Hôtel de Marle**⓱がある。現在、ここにはスウェーデン文化研究所が入っている。

反対側には、**ジョルジュ・カーン広場 square George Cain**⓲という名のきれいな緑の広場があり、かつての市庁舎Hôtel de Villeのなごりがある。南側のティンパナム（屋根下のファサード）に描かれた「最後の審判」のレリーフと、針が1本しかない時計も見逃したくない。

そこから少し西と北西に行ったところに、2つの壮麗な17世紀の貴族の館があり、いずれも博物館や美術館として使われている。1つは**リベラル・ブリュアン館 Hôtel de Libéral Bruant**⓳（🏠1 rue de la Perle, 3e）で、錠前博物館Musée de la Serrure（Musée Bricardとも呼ばれる）として使われ、もう1つは3階建てのアーチ形天井造りの**オベール・ド・フォントネー館 Hôtel Aubert de Fontenay**⓴（塩の館 Hôtel Saléとも呼ばれる）（🏠5 rue de Thorigny, 3e）で、すばらしいピカソ美術館Musée Picassoとして使われており、見学客が絶えない。

ここでパルク・ロワイヤル通りrue du Parc Royalに戻り、しばらく東に歩くと、南に向かうセヴィニェ通りrue de Sévignéに出る前に3つの館がある。12番地にある**クロワジル館 Hôtel de Croisille**㉑、10番地にある**ヴィニー館 Hôtel de Vigny**㉒、そして8番地にある**デュレ・ド・シュヴリー館 Hôtel Duret de Chevry**㉓だ。この3つの館の中ではピンクのレンガ造りのデュレ・ド・シュヴリー館が最も美しい。いずれも1620年頃に建てられたもので、現在は古文書館や歴史図書館として広く市民に利用されている。

セヴィニェ通りの29番地にあるルペルティエ・ド・サン・ファルジョー館と23番地にあるカルナヴァレ館の2つについては、すでにその後ろから見た。前者の正面玄関にある、最初の所有者ミッシェル・ル・ペルティエ・ド・スジーのスパゲッティのような紋章や、後者の屋外にある中庭とすばらしいレリーフも必見。北側にはローマの神々や女神が、南には自然の力が、そして西側にはルネサンス期の彫刻家で、1549年にフォーラム・デ・アルの近くにあるイノサンの噴水Fontaine des Innocentsを造ったジャン・グジョン（1510〜68年）の作とされる四季のレリーフがある。中庭の中央にあるルイ13世の彫像は、1689年7月14日に市庁舎の正面に設置されたものだ。それは武器を携えた群衆がバスチーユ牢獄を襲撃してその後の歴史を変えることになるフランス革命が勃発する100年前のことだ。

フラン・ブルジョワ通りrue des Francs Bourgeoisに沿って東に進むと、華麗な**ヴォージュ広場 place des Vosges**に出る。ここには、4つの対称的な泉と、1639年に設置されたが革命で失われたため1829年に復元されたルイ13世の騎馬像がある。この広場の6番地の南東の角にある**ロアン・ゲメネ館 Hôtel de Rohan-Guéménée**㉔は、19世紀前半の16年間にわたり、作家ヴィクトル・ユゴーが住んでいた。現在はヴィクトル・ユゴー記念館（ヴィクトル・ユゴーの家ともいう）となっている。フランス人作家セヴィニェ夫人は1626年にこの広場の**1番地**㉕で生まれた。

ヴォージュ広場の南西の角には、1624年に建てられた貴族の館を完全に修復した**ベテューヌ・シュリー館 Hôtel de Béthune-Sully**㉗（🏠62 rue St-Antoine, 4e）の**裏側入口**㉖がある。現在、ここは（まさにピッタリだが）フランス国内の歴史的記念建造物を管理・保全する国立歴史的建造物センターCentre des Monuments Nationaux（Monum 🌐www.monum.fr）の本部になっている。警備上の理由で入口が閉まっている時は、ビラーグ通りrue de Biragueを南に行き、4区のサン・タントワーヌ通りrue St-Antoineに突き当たったところを右折して、62番地から中に入る。

ベテューヌ・シュリー館の裏側には、きれいに飾られたルネサンス後期様式の中庭が2つあり、いずれも、四季や自然の力をテーマとした寓話的なレリーフが付いた花づなの装飾が施されている。北の中庭の南壁には春（花鳥）と夏（小麦）が、南の中庭の北壁には秋（葡萄）と冬（年と命の終わりの象徴）が刻まれている。南の中庭の西壁には左に空気、右に火、東壁には左に土、右に水が刻まれているのでお見逃しなく。ここには、大きな書店もある（火〜日10:00〜19:00営業）。

ここからちょっと西に行くと、スタート地点であるメトロ駅サン・ポールSt-Paulがある。

散策コース2：左岸を愛した作家たち

16世紀の快楽主義者フランソワ・ラブレーが修道誓願を捨てて首都パリに逃亡してきて以来、いろんな作家がパリに集まるようになった。なかでも1920年代は、アメリカ人をはじめ多くの外国人作家が大挙してパリに押し寄せた時代だ。自由な思想が許され、モラルにもうるさくないというパリの評判がヘミング

散策コース ― 散策コース2:左岸を愛した作家たち

ウェイ、フィッツジェラルド、エズラ・パウンドらを惹き付けたと思っている人が多いが、それは真相のほんの一部に過ぎない。当時のパリそして特に左岸は物価が安かったし、フランスでは、禁酒法時代のアメリカと違って心ゆくまで（あるいは肝に染み入るまで）酒が飲める場所だったのだ。

このコースはとても長い（7km）が、途中で多くのメトロ駅やバス停留場を通るので、いくつかの区間だけを歩き、あとはメトロやバスを利用することもできる。

このコースの出発点は、5区のカルディナル・ルモワヌ通りrue du Cardinal Lemoineとモンジュ通りrue Mongeが交差するところにあるメトロ駅カルディナル・ルモワヌCardinal Lemoineである。**71番地の小路 Passageway at No 71** ❶を見ながらカルディナル・ルモワヌ通りを南西に進む。残念ながら、この小路は現在一般公開されていない。1921年に初めてパリに出てきたジェーズ・ジョイス（1882～1941年）が住んだのは、ここの中庭の奥にある"E"と表示されたフラットで、彼はそこで「ユリシーズUlysses」を書き上げた。

そこから少し南に行くと**74番地**❷に3階建てのアパルトマンがある。ここはアーネスト・ヘミングウェイ（1899～1961年）が、1922年1月から1923年8月まで、最初の妻ハドリーや息子のバンピーと一緒に暮らしたフラットだ。ここは、彼の回想記である「移動祝祭日A Moveable Feast」にもよく出てくる。その壁の標示板にはこの作品から引用された次の文がフランス語で書かれている。「これが、私たちがとても貧しく、そしてとても幸せだった最初の頃のパリの様子である」。当時のフラットの下には、大衆的なダンスホールbal musette"バル・オ・プランタンBal au Printemps"があり、ヘミングウェイの小説「日はまた昇るThe Sun Also Rises」の中でジェイク・バーンズとブレット・アシュリーの出会いの場のモデルとなった。

ヘミングウェイはカルディナル・ルモワヌ通りに住んでいたが、実際に作品を書いたのは**デカルト通り rue Descartes 39番地**❸の角にあるホテルの最上階の屋根裏部屋だった。ちなみに、1896年に詩人ヴェルレーヌが亡くなったのもこのホテルだ。現在はレストランになっており、その標示板には「ヘミングウェイが1921年から1925年までここに住んでいた」と誤って記述されている。

デカルト通りを南に進むと、**コントルスカルプ広場 place de la Contrescarpe**に出る。現在は、セイヨウズオウの木を植えた、噴水のあるきれいな広場になっているが、かつては（ヘミングウェイの言葉を借りれば）"汚水だめのよ

文学散策はここからスタート

うに汚い場所"だった。特にカフェ・デ・アマトゥールCafé des Amateursはひどかったが、現在はとても人気のある**カフェ・デルマ Café Delmas**❹になっており、広場の2～4番地にある。また、12番地にあり、陽気な黒人が描かれた大きな色ガラスの壁画が最近まで掛かっていた**ネーグル・ジュワイユー Nègre Joyeux**❺は、当時人気のミュージック・クラブだった。

コントルスカルプ広場の南にはムフタール通りrue Mouffetard（スカンクを意味するフランス語のmofetteが語源）があり、この通りの右側の最初の角を西（右）に曲がると、歩行者専用のポ・ド・フェール通りrue du Pot de Ferに出る。その6番地に、オテル・デ・トゥルワ・ムワノーHôtel des Trois Moineaux（3羽の雀の宿という意味）という名の安くて薄汚れた**6番地の下宿屋 boarding house at No 6**❻がある。ここには、1928年にジョージ・オーウェル（本名エリック・ブレアー）（1903～1950年）が泊まっていた。彼の自伝的作品「パリ・ロンドン零落記Down and Out in Paris and London」にもこの下宿屋とポ・ド・フェール通りのことが出ており、この通りは「コックドール通りrue du Coq d'Or（金の鶏という意味）」と書かれている。

ポ・ド・フェール通りを北（右）に曲がるとトゥルヌフォール通りrue Tournefort（バルザックの小説「ゴリオ爺さんPère Goriot」の舞台となった通り）に入る。そのまま進み、突き当りを左に折れてエストラパード通りrue de l'Estrapadeに入ると、右側に見える大きな建物が有名高校のリセ・アンリ・カトルだ。校舎の北側には13世紀に造られた（後に大改修された）**クロヴィスの塔 Tour Clovis**❼があるが、これはクロヴィス1世によって建てられた修道院の遺跡だ。

ここからは、「移動祝祭日」に書かれているヘミングウェイ自身の道案内に沿って進もう。「私は、リセ・アンリ・カトルと古い教会**サンテチエンヌ・デュ・モン St-Étienne-du-Mont**❽を通り過ぎ、風の吹きすさぶパンテオン広場place du Panthéonを通り、風をよけながら右

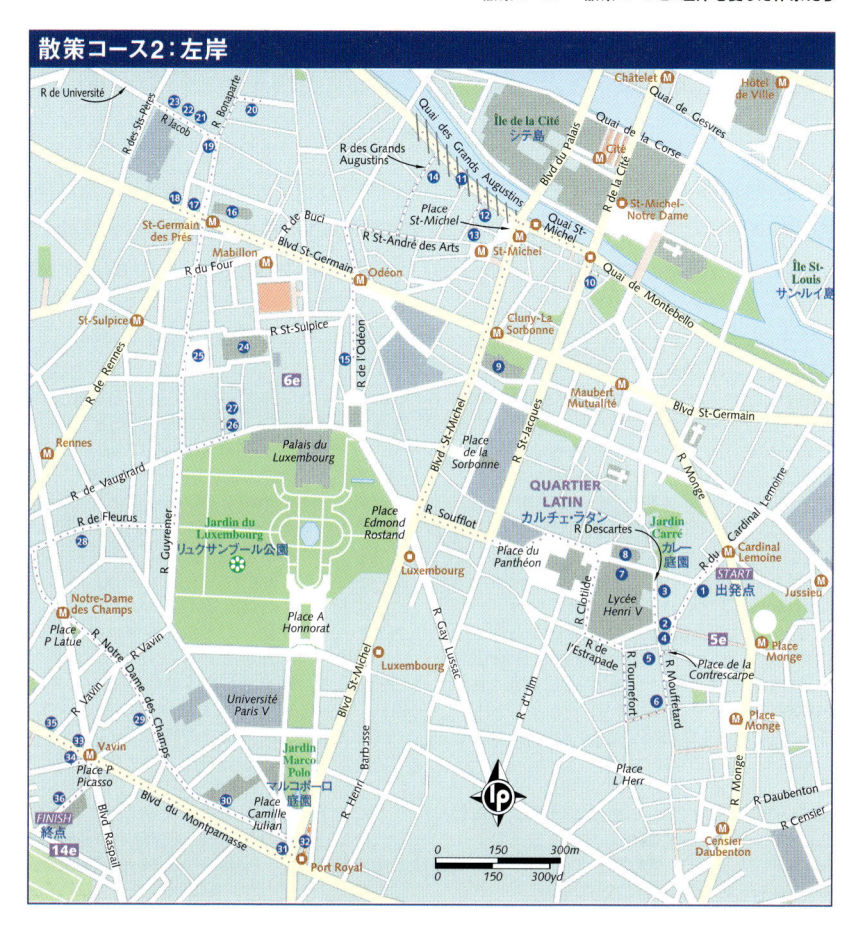

に進み、やっとの思いでサン・ミッシェル大通りboulevard St-Michelの風のあたらない側に出ると、そのまま**クリュニー Cluny ⑨**を通り越し、サン・ジェルマン大通りboulevard St-Germainを横切り、サン・ミッシェル広場place St-Michelの馴染みのすてきなカフェまで歩き続けた」

　数十年前には、サン・ミッシェル広場のカフェはもう多くの旅行客で賑わうようになっていた。5区のビュシュリー通りrue de la Bûcherieの37番地の角には**シェークスピア・アンド・カンパニー Shakespeare & Company ⑩**があるが、このコースの後半に出てくる同名の実在した書店とはまったく無関係である。それより、セーヌ川の西側をグラン・ゾーギュスタン河岸quai des Grands Augustins沿いに歩こう。河岸沿いには今なお多くの**古本屋 bouquinists ⑪**が並んでおり、ヘミングウェイもよくこのあたりで本を買った。グラン・ゾーギュスタン河岸の南にある小さなジ・ル・クール通りrue Gît le Cœurの9番地には、ビート世代の代表的小説家ジャック・ケルアック（1922～69年）と詩人アレン・ギンズバーグ（1926～97年）が1950年代に好んで利用したホテル、**ルレ・オテル・デュ・ヴィユー・パリ Relais Hôtel du Vieux Paris ⑫**がある。すぐそばのサン・タンドレ・デ・ザール通り rue St-André des Arts（6区）の28番地にある**ル・ジャンティオム Le Gentilhomme ⑬**という名のバーで彼らはよく酒を飲んだが、現在ここは、大きなアイリッシュ・パブになっている。

　パブロ・ピカソ（1881～1973年）は、グラン・ゾーギュスタン河岸から南に走るもう1つの通り、**グラン・ゾーギュスタン通りrue des Grands Augustinsの7番地 ⑭**に1936年から1955年までアトリエを持っていた。1937年に名作

「ゲルニカGuernica」を完成させたのもこのアトリエだ。この邸宅は、バルザックの「知られざる傑作Le Chef d'Œuvre Inconnu」の舞台にもなっている。

グラン・ゾーギュスタン通りを南に歩くとサン・タンドレ・デ・ザール通りrue St-André des Artsに突き当たる。そこを右に曲がって西に向かい、大きな交差点を南に折れるとランシエンヌ・コメディ通りrue de L'Ancienne Comédieに出る。そのままサン・ジェルマン大通りを超えてまっすぐ進むとオデオン通りrue de l'Odéonに入り、その12番地に元祖の**シェークスピア・アンド・カンパニー Shakespeare & Company ⓯**があった。創設者兼オーナーのシルビア・ビーチ（1887～1962年）は、ヘミングウェイに本を貸したり、1922年にはジョイスの「ユリシーズ」の編集やリタイプを手伝って発刊し、また第2次世界大戦中には2年にわたりジョイスをナチからかくまった。

ここでサン・ジェルマン大通りに戻り、通り沿いに西に向かうと11世紀に造られた**サン・ジェルマン・デ・プレ教会 Église St-Germain des Prés ⓰**がある。その向かい側にはカフェの**レ・ドゥー・マゴ Les Deux Magots ⓱**があり、その先には**カフェ・ド・フロール Café de Flore ⓲**がある。いずれも、ジャン・ポール・サルトル（1905～1980年）やシモーヌ・ド・ボーヴォワール（1908～1986年）といった戦後の左岸の知識人が好んで集まった場所だ。

サルトル・ボーヴォワール広場place Sartre-Beauvoirからボナパルト通りrue Bonaparteを北に歩くと、30番地にヘミングウェイのもう一つの行きつけだった**カフェ・プレ・オ・クレール Café Pré aux Clercs ⓳**がある。ボナパルト通りをさらに北に進み、途中で東（右）に折れると、そこはボザール通りrue des Beaux-Artsで、その13番地に**ロテル L'Hôtel ⓴**がある。このホテルの前身はオテル・ダルザスHôtel d'Alsaceで、ここでイギリスの作家・詩人のオスカー・ワイルド（1854年生まれ）が1900年に脳膜炎で亡くなった。彼は、いかにも彼らしいやり方で、自分は部屋の壁紙と"死の決闘"をしていることを示して死んだ。アルゼンチンの作家ホルヘ・ルイス・ボルヘス（1899～1986年）も、1970年代と1980年代にこのホテルを何回も利用している。

ボナパルト通りと直角に交わるジャコブ通りrue Jacobには、崇高なものからかなりばかげたものまで、いくつかの文学ゆかりの場所がある。44番地の**オテル・アングルテール Hôtel Angleterre ㉑**は、ヘミングウェイがパリに着いて最初の夜を過ごした所だ（正確には1921年12月に14号室で）。数軒先の56番地にある前の**オテル・デョーク Hôtel d'York ㉒**は、文学には関係ないが、歴史的に重要な役割を果たした場所である。ここで1783年9月3日に、ジョージ3世の代理人であるデービッド・ハートリーが、ベンジャミン・フランクリン、ジョン・アダムズ、ジョン・ヘイと会談し、アメリカの独立を認める条約に調印したのだ。

ジャコブ通りとサン・ペール通りrue des Sts-Pèresの角には、これといって特徴がなく、2度目は見過ごしてしまいそうなカフェ、**ル・コントワール・デ・サン・ペール Le Comptoir des Sts-Pères ㉓**がある。だが、ここは、かつては高級なレストラン、ミショーMichaud'sだった。ジョイスが家族と食事をしているのを外から眺めていたヘミングウェイがその後、自分が中に入って外を見やっていると、あの起こりえないようなことが起こったとされている。ヘミングウェイの「移動祝祭日」によれば、アメリカの作家F・スコット・フィッツジェラルド（1896～1940年）が、妻を性的に満足させることができないことを気に病み、ヘミングウェイにこの店のトイレでモノを見てくれないかと頼んだとされている。「要は、休んでいる時のサイズの問題ではないのだが…」と、ヘミングウェイは、まさにアメリカの文学史上で最大の真っ赤な嘘ともいえる助言をしたことになる。残念ながら、昔のアール・デコ様式のトイレは最近取り除かれてしまった。アメリカ文学史の貴重な資料をゴミの山に捨ててしまったようなものだとオーナーに話したら、彼はいぶかしげな眼差しをしていた。

ここでボナパルト通りに戻って南に向かうと、**サン・シュルピス教会 Église St-Sulpice ㉔**と**四司祭の噴水 Fontaine des Quatre Évêque ㉕**がある。この通りは、最後はリュクサンブール公園Jardin du Luxembourgの北西角でヴォジラール通りrue de Vaugirardに交わる。この界隈は、ヘミングウェイをはじめ、いわゆる"失われた世代"の多くの人々が、数年間カルチエ・ラタンで窮乏生活を送った後に移り住んできた場所である。アメリカの作家ウィリアム・フォークナー（1897～1962年）は、1925年の数カ月を**ヴォジラール通り rue de Vaugirard 42番地 ㉖**で過ごした。またヘミングウェイも、パリでの最後の数年を**フェルー通り rue Férou 6番地 ㉗**のかなり大きなフラットで過ごした。そこは、アメリカの小説家ガートルード・スタイン（1874～1946年）とその友人アリス・B・トクラスが26年を共に過ごした**フルリュ通り rue de Fleurus 27番地 ㉘**から弾丸の届く"射程"距離内にあった（この頃にはヘミングウェイとスタインは仲違いしていたので、この表現がピッタリだ）。スタインとトクラスは、マチス、ピカソ、ブラック、ゴーギャン、エズラ・パウンドといった有名人たちを歓待し

た。もちろん彼女らは、仲がよかった頃の若いヘミングウェイやハドリーも、"善良で、品行方正で、将来有望な子供たち"としてもてなした。

パウンド（1885～1972年）は、そう遠くない**ノートルダム・デ・シャン通り rue Notre Dames des Champs 70-2番地**㉙のフラットに住んでいたが、この部屋は家具代わりに使用する梱包用の木枠や日本絵画でいっぱいだった。ここには1934年にアメリカの女流作家キャサリン・アン・ポルター（1890～1980年）も住んでいた。この界隈でヘミングウェイが最初に住んだアパルトマンは、同じ通りの**113番地**㉚にある製材所の上にあった。今はアルザス学校の一部となっている。そのさらに東には、モンパルナス大通りblvd du Montparnasseに面した優雅な**ラ・クロズリ・デ・リラ La Closerie des Lilas**㉛（詳細は「エンターテインメント」参照）がある。ヘミングウェイはよくここでジョン・ドス・パソストに会ったり、時にはひとりで座ったまま、正面にある**マレシャル・マーシャル・ネイの彫像 statue of Maréchal Marshall Ney**㉜に見入っていたという。

メトロ駅ポール・ロワイヤルPort Royalはラ・クロズリ・デ・リラのちょうど向かい側にある。駅の西側から、パブロ・ピカソ広場place Pablo Picassoとメトロ駅ヴァヴァンVavin周辺にかけては、世界で最も著名な作家たちが集まったカフェ・レストランが3つある。**ラ・ロトンド La Rotonde**㉝と**ル・ドーム Le Dôme**㉞、そして、ジェイク・バーンズが映画「日はまた昇る*The Sun Also Rises*」の中で"新しい隠れ家"として取り上げた**ル・セレクト le Select**㉟である。ラスパイユ大通りblvd Raspailからちょっと入ったドゥランブル通りrue Delambreの10番地には、かつての**ディンゴ・バー former Dingo Bar**㊱があったが、今はオベルジュ・ド・ヴニーズAuberge de Veniseという名の普通のイタリアレストランになっている。米国中西部出身の中流階級の野心家だったヘミングウェイと、裕福で放蕩なプリンストン大学卒のフィッツジェラルドが初めて出会ったのがこのディンゴ・バーだった。それを機に、彼らはある種の友達になり、その後のアメリカ文学の様相を一変させることになる。少なくとも、我々文学を愛する者にはかつてのディンゴは聖なる場所である。

散策コース3：
時を刻んだ右岸のパッサージュ

19世紀初めのパリの雰囲気を味わいたい時は、右岸のパッサージュ・クヴェール*passages couverts*（屋根付きショッピング・アーケード）か、ギャラリー*galeries*（ギャラリー）を見るのが一番だ。パッサージュが出現したのは、ナポレオン失脚後にブルボン王朝が復活し、新興産業階級が急成長した比較的平和で繁栄した時代だ。下水設備や石畳、安全な歩道のない時代のパリで、こうしたパッサージュは、買い物客が風雨や通りの汚物などを気にせずに店から店を訪れるのに役立った。

このパッサージュは、たちまちパリの大きな魅力となり、地方から出てきた人たちは、最初にまずここを訪れて、パリにふさわしい身なりを整えた。こうして19世紀半ばまでに、パリには豪華に装飾されて富のシンボルともいえるこうしたパッサージュが150ほどできた。訪れる人たちは、買い物はもちろん、飲食をし、ビリヤードに興じ、入浴（すべてのパッサージュに公共浴場があった）、観劇を楽しみ、夜にはナイトライフを楽しんだ（当時のパッサージュは24時間営業だった）。夜になると娼婦たちが集まり、1階（日本でいう2階）にはそのための部屋もあったことで、不評を買った。

パッサージュが消滅していった理由はいろいろ考えられるが、最大の原因は、1852年にパリで最初の百貨店ル・ボン・マルシェLe Bon Marchéができたことだ。現在、パリに残っているパッサージュは全部で18しかない。その多くは1区、2区、9区にあり、さまざまに修復されている。パッサージュは、パリっ子とその好みが長年にわたりどのように変化したのかを知るには持ってこいの場所だ。たとえば伝統的な婦人帽子屋とステッキの店がポストモダンのデザイナーのファッションと違和感なく混在し、使い込まれた印刷機がOAショップの隣に並んでいる。そして、もし本当にその気になれば、パリ滞在中ずっとパッサージュのガラス屋根の下で過ごすこともできる。パッサージュには、レストランやバー、劇場、ホテル、そして店など必要なものがすべて揃っているからだ。

2.75kmに及ぶこの散策コースは、1区のリヴォリ通りrue de Rivoliにあるメトロ駅ルーヴル・リヴォリLouvre-Rivoliからスタートする。ここからルーヴル通りrue du Louvre沿いに北に進み、最初の角を左（西）に曲がってサン・トノレ通りrue St-Honoréに入り、再び右（北）に曲がってジャン・ジャック・ルソー通り rue Jean-Jacques Rousseauに出る。この通りの19番地には、1823年に裕福な2人の豚肉屋*charcutiers*によって造られた**ギャラリー・ヴェロ・ドダ Galerie Véro Dodat**❶の入口がある。パッサージュの中には、19世紀の天窓や天井画、コリント式円柱、タイル張りの床と店がある。なかでもおもしろいのは、28番地にあるマリ

散策コース — 散策コース3：時を刻んだ右岸のパッサージュ

散策コース3：右岸

らの建物は、その後のギャラリーの原型になったと見られている。7月のある暑い日に、カフェ・ド・フォワCafé de Foyで革命の火ぶたが切って落とされたのは、このギャラリーがオープンしてわずか3年後のことだった。このカフェは、現在の**ギャラリー・ド・モンパンシエ Galerie de Montpensier** ❸の西側にかつて建っていた。またフランスの政治家マラーを暗殺したシャルロット・コルデーは、かつての**ギャラリー・ド・ヴァロワ Galerie de Valois** ❹で働いていた。

ギャラリー・デュ・パレ・ロワイヤルの北側からボジョレー通りrue de Beaujolaisに行く途中にある曲がりくねった小さなアーケードが**パッサージュ・デュ・ペロン passage du Perron** ❺だ。フランスの女流作家コレット（1873～1954年）が晩年を過ごしたフラットがこの近く（ボジョレー通り9番地）にあり、彼女はそこで「私の窓から見たパリParis de Ma Fenêtre」を書いた。パッサージュを出て斜め向かいのプティ・シャン通りrue des Petits Champs 4番地には、パリのパッサージュの中で最も美しく改修された**ギャラリー・ヴィヴィエンヌ Galerie Vivienne** ❻と、これとつながる**ギャラリー・コルベール Galerie Colbert** ❼の入口がある。

スタッコのレリーフやモザイクの床、そして蛇（"慎重さ"を象徴）、錨（"希望"）、ミツバチの巣箱（"産業"）で飾られたガラスの円形大広間があるギャラリー・ヴィヴィエンヌ（1823年）は、今でも最も優雅なパッサージュの一つだ。中に入ったら、まず左側の13番地の大理石風の壁のある階段吹き抜けを見よう。この2階には、19世紀初めの強盗の親玉で、しかもパリ探偵のチーフだったフランソワ・ユジェーヌ・ヴィドック（1775～1857年）が住んでいた。そのほか見どころは、絹のスカーフで知られる18番地のウォルフ・エ・デスクルティWolff et Descourtis、アンティークの台所用品を扱う32番地のデコール・ド・キュイジーヌDécor de Cuisine、パリで最も美しい花屋の一つである29～33番地のラトリール・エミリオ・ロッボL'Atelier Emilio Robbo、コレットもよく訪れた45番地の本屋リブレリー・アンシエヌ・エ・モデルヌLibrairie Ancienne & Moderne、デザイナーのジャン・ポール・ゴルチエのブティック1号店（正面入口は外側の2区のヴィヴィエンヌ通りrue Vivienne 6番地にある）など。

大々的に改修されたギャラリー・コルベール（1826年）の目玉は巨大なガラス・ドームと円形の大広間で、1980年代初めまで車の作業場兼ガレージとして使われていた。ここにはベル・エポックbelle époqueを偲ばせるブラッスリー、ル・グラン・コルベールLe Grand

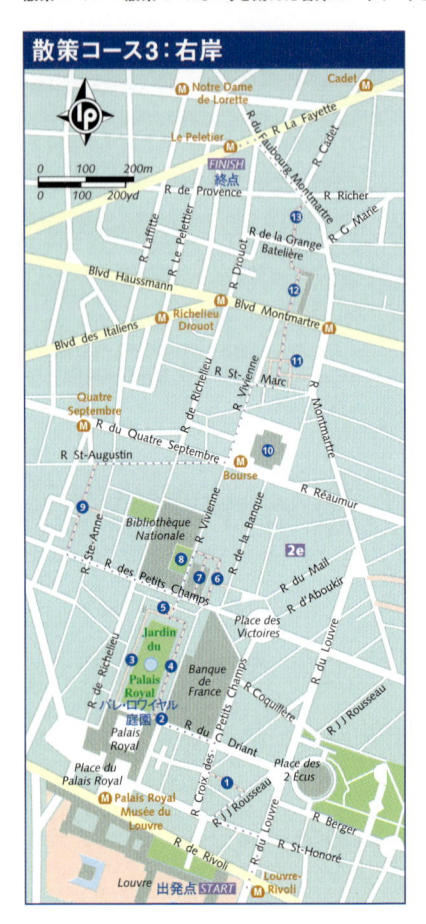

ーニ・フランスMarini Franceのステンドグラスの作業現場、23番地と24～26番地にあるアンティークな人形や蓄音機を扱うキャピアCapia、17番地にあるギターとバイオリンの楽器店リュティエLuthier、そして2～4番地にある文房具兼印刷屋papeterie-imprimerieで、いずれも1848年から続いている。

ギャラリー・ヴェロ・ドダの西側の出口を出ると、そこはクルワ・デ・プティ・シャン通りrue Croix des Petits Champsで、そこから北に向かうと、コロネル・ドゥリアン通りrue du Colonel Driantと交わる角に巨大なフランス銀行Banque de France本店の建物が見えてくる。そこを左に（西）に曲がって進むと、ヴァロワ通りrue de Valoisの5番地に**ギャラリー・デュ・パレ・ロワイヤル Galeries du Palais Royal** ❷の入口の一つがある。厳密に言うと、これらのギャラリーは屋根がなく、パッサージュとはいえないが、1786年に造られたこれ

Corbert（「食事」の「ルーヴル＆レ・アル周辺」参照）があるが、全体に店はそれほど多くない。プティ・シャン通りrue des Petits Champs側の出口の上にある、まったく場違いで奇妙なフレスコ画も一見の価値がある。

ヴィヴィエンヌ通りに出て、プティ・シャン通りに向かって南に歩く。途中、旧国立図書館Bibliothèque Nationaleを通るが、ここの中庭には奇妙に傾いた**サルトルの彫像 statue of Sartre** ❽がある。プティ・シャン通りに出て右（西）に曲がって行くと、40番地には**パッサージュ・ショワズールpassage Choiseul** ❾の入口がある。

全長約45mで80店舗が入っているパッサージュ・ショワズール（1828年）は、やや古めかしい感じだが、特に週末などには賑わう。日本のデザイナー、ケンゾーも、1980年代初めにパリで名を成すまでここにいた。このパッサージュには、ディスカウントの洋品店や靴屋（7～9番地、16～18番地）、ギリシャ料理店やアジア料理店（48番地、59番地、68番地）など、古本屋、男優ジャン・クロード・ブリアリー主宰のコメディー劇場**テアトル・デ・ブフ・パリジャン Théâtre des Bouffes Parisiens**（61番地）などがある。また、詩人ポール・ヴェルレーヌ（1844～1896年）はここでアプサン酒を飲み、作家セリーヌ（1894～1961年）は62番地の母親の店で育つなど、作家や詩人たちとの関わりも深い。

サン・オーギュスタン通りrue St-Augustin 23番地でパッサージュ・ショワズールを出て、東に向かってカトル・セプタンブル通りrue du Quatre Septembreまで歩く。カトル・セプタンブル通りに出たところにある広場の向こう側に、1826年に建てられた**証券取引所 Bourse** ❿が見える。そこからヴィヴィエンヌ通りを北に向かって歩き、途中サン・マルク通りrue St-Marcを東（右）に曲がると、10番地に迷路のような**パッサージュ・デ・パノラマ passage des Panoramas** ⓫の入口がある。

このパッサージュ・デ・パノラマは、パリ最古のパッサージュ（1800年）で、1817年に初めてガス灯がともされた所でもある。1834年に、互いにつながった4つのパッサージュ（フェイドFeydeau、モンマルトルMontmartre、サン・マルクSt-Marc、ヴァリエテVariétés）を加えて拡張された。17番地にあるジャン・ポール・ヴェルモンド主宰の**ヴァリエテ劇場 Théâtre des Variétés**（前身は軽喜劇中心のオッフェンバック劇場Théâtre d'Offenbach）は、ややさびれた印象はあるが、ぜひ見ておきたい場所だ。休憩時間には観劇客が出てきて買い物をする。また、かつて8番地には彫刻師のメルシエが、47番地には同じく彫刻師のステ

ルヌが住んでいた。22番地にはシャンソニエ *chansonniers*（歌手）で有名なレストラン、ル・クロックノットLe Croquenote（「エンターテインメント」の「フランス・シャンソン」参照）や、すてきなティールーム、ラルブル・ア・キャネルL'Arbre à Cannelle（「食事」の「ルーヴル＆レ・アル周辺」を参照）などもある。

モンマルトル大通りblvd Montmartre 11番から出て、道路を横切ると、10～12番地に**パッサージュ・ジュフロア passage Jouffroy** ⓬の入口がある。

ここは、パリの主要なパッサージュの中で最後にオープンした（1847年）。天窓に金属やガラスを使用し、セントラル・ヒーティングを導入したのはここが最初で、今も筆者の個人的にお気に入りの場所だ。他のどのパッサージュよりも活気がある。ここには2つの大きな建物がある。オテル・ショパンHôtel Chopin（「宿泊」の「中級」の「サン・ラザール駅＆グラン・ブールヴァール周辺」参照）とグレヴァン博物館Musée Grévin（「観光スポットと楽しみ方」の「グラン・ブールヴァール周辺」参照）だ。

そのほかに、本屋のリブレリー・デュ・パッサージュLibrairie du Passage（48番地と62番地）やポール・ヴュランPaul Vulin（50番地）、トゥールーズ・ロートレックがステッキを買ったM&G セガM&G Segas（34番地）、すべてが貝殻でできているようなロココ調のトーマス・ブーグThomas Boog（36番地）などのすてきな店も入っている。

グランジュ・バトリエール通りrue de la Grange Batelière 9番地からパッサージュ・ジュフロアを出て、道路を渡って6番地に行き、そこから**パッサージュ・ヴェルドー passage Verdeau** ⓭に入る。最後に登場の最も慎ましやかなヴェルドーは、一番はずれという立地のため、これまで特に賑わうことはなかった。しかし、ル・キャビネ・デ・キュリユーLe Cabinet des Curieux（12番地）、フォト・ヴェルドーPhoto Verdeau（14番地）の銀板写真師、ジェラール・ガネGerard Ganet（10番地）の本と印刷物、ローラン・ビュレRoland Buret（6番地）の昔の漫画本など見るべきものは多い。

パッサージュ・ヴェルドーを北側の出口から出ると、そこはフォブール・モンマルトル通りrue du Faubourg Montmartreとリシェ通りrue Richerが交差している角で、そこを左（西）に曲がって、ラ・ファイエット通りrue La Fayetteに向かってしばらく歩いて行くと、終点のメトロ駅ル・ペルティエLe Peletierに着く。

宿泊

Places to Stay

パリ市内にはさまざまな宿泊施設があり、予算に合わせて好みの宿を選ぶことができる。宿泊費の目安は、ユースホステルが1人1泊€15〜30、最低ランクのホテルで洗面台付きのダブルが€25以上（シャワー付きの部屋は€50程度）。低予算のホテルでは共同シャワーの利用に€2〜4.50かかることに注意しておきたい。毎日入浴しないとがまんできない人にはかえって高くつく。

パリの中級ホテルはダブルが€50〜100だが、特にこのランクで料金が高めのホテルには泊まってみる価値がある。高級ホテルは1泊約€200（2名宿泊）で、さらにこの上の超高級ホテルもある。

低予算のホテルを除いて、ほとんどのホテルでは朝食を取ることができる。普通はパン、クロワッサン、バター、ジャム、それにコーヒーか紅茶という簡単なコンチネンタルスタイルで、料金は€5.50から。

パリ市に滞在する場合は滞在税を徴収されるが、金額は宿泊施設によって異なり、キャンプ場やランク付けの星なしホテルでは1人1泊€0.15、4つ星ホテルでは€1程度。

宿泊施設案内サービス

パリの宿泊案内は、まず**パリ観光案内所中央オフィス**（MAP2 ☎0892-68-31-12 ⅲ01-49-52-53-00 ⓔinfo@paris-touristoffice.fr ⓦwww.paris-touristoffice.com ⌂127 av des Champs-Élysées, 8e Ⓜジョルジュ・サンクGeorge V）がある。また支店として**リヨン駅の到着コンコースにパリ観光案内所リヨン駅オフィス**（MAP5 問い合わせ先は中央オフィスに同じ Ⓜガール・ド・リヨンGare de Lyon ◯月〜土8:00〜20:00）があり、到着したその日の宿も見つけてくれる。

観光案内所には、ホームステイのパンフレットも豊富にそろっており、朝食付きの簡易宿泊であるB&B（ベッド＆ブレックファースト）タイプのパンシオン・ド・ファミーユpensions de familleもある。

パリ観光案内所おすすめのパンシオン・ド・ファミーユは次の4つ。

パンシオン・オ・パレ・グルマン
Pension Au Palais Gourmand（MAP4）
☎01-45-48-24-15 ⅲ01-42-22-33-41
⌂3rd floor, 120 blvd Raspail, 6e
ⓂヴァヴァンVavinまたはノートルダム・デ・シャンNotre Dame des Champs
1泊2食付S€34〜56 W€52〜56

にぎやかな通りにあるが、何かにつけて便利なロケーション。

パンシオン・オ・マロニエ
Pension Aux Marroniers（MAP4）
☎01-43-26-37-71 ⅲ01-43-26-07-72
⌂78 rue d'Assas, 6e
ⓂヴァヴァンVavinまたはノートルダム・デ・シャンNotre Dame des Champs
1泊2食付S€42〜 W€76〜

庭に面したきれいな建物の中にあり、月極めだと20％割引になる。ベジタリアン向けの食事もある。

パンシオン・ラダニュー
Pension Ladagnous（MAP4）
☎01-43-26-79-32 ⅲ01-43-54-60-61
⌂2nd Floor, 78 rue d'Assas, 6e
ⓂヴァヴァンVavinまたはノートルダム・デ・シャンNotre Dame des Champs
1泊朝食付S€42 W€58

レジダンス・カルディナル
Résidence Cardinal（MAP2）
☎01-48-74-16-16 ⅲ01-48-74-22-25
⌂2nd floor, 4 rue Cardinal Mercier, 9e
ⓂリエージュLiègeまたはプラス・ド・クリシーPlace de Clichy
1泊朝食付S€32〜44 W€44〜55

突き当たりに昔ながらの噴水のある閑静な通りに面している。

また、以下のような旅行代理店でも手頃な価格の宿を予約してくれる（「基本情報」の「旅行代理店」参照）。**OTUヴウィヤージュ OTU Voyages**（MAP6 ☎01-40-29-12-12 ⓔinfovente@otu.fr ⓦwww.otu.fr（フランス語のみ）⌂119 rue St-Martin, 4e ⓂランビュトーRambuteau ◯月〜金9:30〜18:30、土10:00〜17:00）は、ポンピドゥー・センターCentre Pompidouから広場parvisを突き切ったところにあり、夏期シーズンを含めいつでも宿泊先を紹介してくれる。宿泊代プラス€3前後の手数料を払うと、代理店のスタッフがホテルのクーポン券をくれる。シングルは€40前後、ダブルは€45以上。ハイシーズンには窓口は長蛇の列になるのでそのつもりで。

このほか、読者に好評の**アルコーヴ＆アガップ Alcôve & Agapes**でもパリの朝食付き宿泊施設を手配してくれる（☎01-44-85-06-05 ⅲ01-44-85-06-14 ⓔinfo@paris-bedandbreakfast.com）。シングルとダブルの料金は€44〜92.50。

ホームステイ

学生、若者、旅行者は、オート・ペイアン*hôtes payants*（下宿人）やエベルジュマン・シェ・ラビタン*hébergement chez l'habitant*（個人宅への下宿）としてフランスの家庭にホームステイすることができる。普通は一部屋を借り、その家のキッチンや電話を利用できるが、なかにはその利用が制限されることもある。多くの語学学校では学生にホームステイを手配してくれる（「観光スポットと楽しみ方」の「各種教室」参照）。

直前に手配することもできるが、なるべく6週間前までに電話、手紙、FAXなどで旅行代理店にホームステイの料金や条件を問い合わせるのが望ましい。主な旅行代理店は以下の2つだが、学生も旅行者も、1人部屋（朝食付き）で1カ月€460〜840、1週間€185〜230、1日€20〜45の予算を見込んでおきたい。

アクイュ・ファミリアル・デ・ジュンヌ・エトランジェ
Accueil Familial des Jeunes Étrangers
☎01-42-22-50-34 ℻01-45-44-60-48
🏠23 rue du Cherche Midi, 6e
Ⓜ セーヴル・バビロンSèvres Babylone
1カ月€460〜535（朝食付き）で下宿を見つけてくれる。1カ月以内の滞在は1日€22〜。長期滞在の場合は、1カ月につき約€20の予算で紹介してくれる。

フランス・ロッジ・ロケーションズ
France Lodge Locations
☎01-53-20-02-54 ℻01-53-20-01-25
🏠41 rue La Fayette, 9e
Ⓜ ル・ペレティエLe Peletier
年会費€15で1人1泊€20〜（月極めならさらに割安）の予算で、個人宅やアパルトマンへの宿泊を手配してくれる非営利団体。

アパルトマン＆フラット

長期宿泊施設の詳細は、後出の「長期滞在」を参照。

宿泊−低料金

キャンプ場

ブーローニュの森キャンプ場
Camping du Bois de Boulogne（MAP1）
☎01-45-24-30-00 ℻01-42-24-42-95
🌐www.mobilhome-paris.com
🏠2 allée du Bord de l'Eau, 16e
▫「テント用場所貸し（2人用）」はオフシーズン€11 ミッドシーズン€13 ハイシーズン€14 「オートキャンプ場」はオフシーズン€17 ミッドシーズン€21 ハイシーズン€23「電源付きキャンプ場」はオフシーズン€21 ミッドシーズン€24 ハイシーズン€29。初回予約金€10、24時間受付。

面積7haのパリ市内唯一のキャンプ場で、イル・ド・ピュトーÎle de Puteaux（ピュトー島）の向かい側に広がるブーローニュの森の西の端にかけてセーヌ川沿いに位置する。夏場はとても混雑するが、小規模なテント・スペースは常時確保できる。完全装備のハウス・トレーラー（4〜5人用）のレンタルも可能だが、料金は車種とシーズンによって異なる。キャンプ場に行くには、森の北東4.5kmのところにあるメトロ駅ポルト・マイヨーPorte Maillot（MAP2）からRATP（パリ交通公団）のバスNo 244が出ている。運行は毎日6:00〜20:30。4〜10月には私営のシャトルバス（€1.70）も運行する。

パリの主な観光案内所ではイル・ド・フランス地域の10カ所近くのキャンプ場を紹介しており、そのホームページにもリストが掲載されている（「基本情報」の「観光案内所」参照）。

ユースホステル

パリのユースホステルは決して安くはなく、1人1泊€20未満のユースホステルはほとんどない。なので1台のベッドで一緒に寝てもよいという2人連れであれば、低予算のホテルで宿泊した方がかえって安くつく。また2〜3台のベッドを3〜4人で共有できるグループの場合は、最低ランクのホテルの方がさらに割安になる。

パリのユースホステルはどこでもシャワーは無料で、料金は朝食込み。本書で紹介するユースホステルの多くではインターネットも利用できる（€0.15/分〜）。シーツを持参していない時は、€1.50〜2.50でレンタルできる。タオルは€1〜1.50。

特に夏場などには宿泊客の滞在日数が3泊までに限定されているユースホステルもあるが、年齢制限（30歳など）のあるユースホステルでは、ピーク時を除き、滞在日数が限定されることはあまりない。オベルジュ・ド・ジュネス*auberges de jeunesse*と呼ばれる正規のユースホステルでは、ホスティング・インターナショナル（Hostelling International: HI）カードかそれに準ずるものの提示を求められる。門限がある場合は、たいてい1:00か2:00。

ルーヴル＆レ・アル周辺 Louvre & Les Halls

パリの中心地でユースホステルを探すなら、1区のルーヴル美術館Musée du Louvreとフォーラム・デ・アルForum des Hallesの間ということになる。

サントル・アンテルナシオナル・BVJ・パリ・ルーヴル
Centre International BVJ Paris-Louvre（MAP6）
☎01-53-00-90-90 ℻01-53-00-90-91

宿泊 – 低料金

📧 bvj@wanadoo.fr
🏠 20 rue Jean-Jacques Rousseau, 1er
Ⓜ ルーヴル・リヴォリLouvre-Rivoli
🛏 ドミトリー（相部屋）1人初日€26、2日目以降€24

ビュロー・ド・ヴワィヤージュ・ド・ラ・ジュネスBureau des Voyages de la Jeunesseが経営するベッド数200のユースホステル。男女別の2〜8人部屋に2段ベッドが置かれている。料金は朝食込み。年齢制限35歳。

部屋は到着日の14:30から利用できる。キッチン設備はなく、シャワーは廊下にある。夏でも午前中には空きがあることが多い。

マレ地区周辺 Marais
マレ地区はセーヌ右岸で最も活気に満ちた地区の一つで、市内有数のユースホステルがそろっている。

メゾン・アンテルナシオナル・ド・ラ・ジュネス・エ・デ・ゼテュディアン Maison Internationale de la Jeunesse et des Étudiants（MIJE）
（MAP6）☎01-42-74-23-45 📠01-40-27-81-64
🌐www.mije.com　きれいに改修された17〜18世紀の貴族の館 hôtels particuliers 内に、以下に紹介する3軒のユースホステルがある。

　3軒とも料金は同じで、男女別ドミトリー形式のシャワー付き5〜8人部屋1人€21.80（4人部屋1人€22.60、トリプル1人€24.10、W1人€27.30、S€37.40）。部屋は12:00〜15:00の間は閉められる。門限は1:00で、7:00まで外出禁止。滞在できる日数は最長7泊まで。個人客は代表番号に電話かファクスを入れて、下記3軒のMIJEユースホステルのうちいずれかを予約することができる。ベッドは12:00まで確保しておいてくれる。夏などのハイシーズンには9:00過ぎから空きがなくなることもある。年会費€2.30が必要。

MIJE・ル・フルシー
MIJE Le Fourcy （MAP6）
🏠6 rue de Fourcy, 4e
Ⓜ サン・ポールSt-Paul
3軒の中で最大のベッド数207を誇る。格安レストランラ・ターブル・ドート La Table d'Hôteがあり、ドリンク付き3品定食 menu €9.40、ドリンク付き2品定食 formula €7.80。

MIJE・ル・フォーコニエ
MIJE Le Fauconnier （MAP6）
🏠11 rue du Fauconnier, 4e
Ⓜ サン・ポールSt-Paulまたはポン・マリーPont Marie
MIJE・ル・フルシーから南に2ブロックのところにあり、ベッド数111。

MIJE・モビュイッソン
MIJE Maubuisson （MAP6）
🏠12 rue des Barres, 4e

Ⓜオテル・ド・ヴィルHôtel de Villeまたはポン・マリーPont Marie
3軒の中で特におすすめのユースホステル。ベッド数114で、4区の区役所（メリー mairie）から南に半ブロックのところにある。

カルチエ・ラタン周辺 Quartier Latin
5区北部のセーヌ川近くにある活気に満ちたカルチエ・ラタンは、中世の頃から学生や若者に人気のある街。

サントル・アンテルナシオナル・BVJ・パリ・カルチエ・ラタン
Centre International BVJ Paris-Quartier Latin （MAP5）
☎01-43-29-34-80 📠01-53-00-90-91
📧bvj@wanadoo.fr
🏠44 rue des Bernardins, 5e
Ⓜモベール・ミュチュアリテMaubert Mutualité
🛏ドミトリー1人部屋€26、2人部屋1人€23.60、6人部屋1人€22

ベッド数138で、諸条件はサントル・アンテルナシオナル・BVJ・パリ・ルーヴル（前出の「ルーヴル＆レ・アル周辺」参照）と同じだが、ここは全室シャワー・電話付き。

ヤング・アンド・ハッピー・オステル
Young & Happy Hostel （MAP5）
☎01-45-35-09-53または01-47-07-47-07
📠01-47-07-22-24
🌐www.youngandhappy.fr
🏠80 rue Mouffetard, 5e
Ⓜプラス・モンジュPlace Monge
🛏1人€20、W1人€23

やや古びた感じだが、親切。カルチエ・ラタンの中心部にあるので、若者に人気がある。部屋は11:00〜16:00の間は閉められる。受付は開いており、門限は2:00で厳守。部屋は洗面台付きの2〜4人部屋で小さめ。夏にベッドを確保するには9:00頃までに直接立ち寄るのがベスト。

バスチーユ周辺 Bastille
観光客をあまり見かけない11区は、気取りのない労働者階級の多い地区で、"現実の"パリに触れることができる。

オベルジュ・アンテルナシオナル・デ・ジュンヌ
Auberge Internationale des Jeunes （MAP5）
☎01-47-00-62-00 📠01-47-00-33-16
🌐www.aijparis.com
🏠10 rue Trousseau, 11e
Ⓜルドリュ・ロランLedru Rollin
🛏ドミトリー1人€13（11〜2月）€14（3〜10月）

バスチーユ広場 place de la Bastilleから東へ700mほどのところにあり、清潔でとても親切。世界各国の若者が集まり、夏は非常に混雑する。

宿泊 － 低料金

気取った感じがなくて楽しいバスチーユ地区は宿泊に最高

部屋はドミトリー形式の2〜4人部屋で、毎日10:00〜15:00の間は清掃のため閉められる。

メゾン・アンテルナシオナル・デ・ジュンヌ・プール・ラ・キュルチュール・エ・ラ・ペ
Maison Internationale des Jeunes pour la Culture et la Paix（MAP5）
☎01-43-71-99-21 FAX 01-43-71-78-58
@ mij.cp@wanadoo.fr
🏠 4 rue Titon, 11e
Ⓜ フェデルブ・シャリニーFaidherbe Chaligny
💰 ドミトリー1人€19

ベッド数150で、バスチーユ広場から東へ1.3kmのところにある。部屋は最高8人まで泊まることができる簡素なドミトリー形式。門限は2:00で、6:00まで外出禁止。30歳という年齢制限はあるがそれほどうるさくない。電話予約もできるが、ベッドを確実に押さえるには8:00〜10:00に直接立ち寄るのがベスト。原則として滞在日数は最長3日間だが、空きがあれば1週間の滞在も可能。

レピュブリック周辺 République レピュブリック広場place de la Républiqueは、メニルモンタンMénilmontantや少し離れたバスチーユでのナイトライフを楽しむのに便利な場所である。

オベルジュ・ド・ジュネス・ジュール・フェリー
Auberge de Jeunesse Jules Ferry（MAP3）
☎01-43-57-55-60 FAX 01-43-14-82-09
@ auberge@easynet.fr
🏠 8 blvd Jules Ferry, 11e
Ⓜ レピュブリックRépubliqueまたはゴンクールGoncourt
💰 ドミトリー1人€18

正規のユースホステルで、レピュブリック広場から東に3ブロックのところにある。多少形式ばっているが、部屋はきれいで、かなりリラックスした雰囲気が味わえる。2〜6人部屋で10:30〜14:00の間は清掃のため閉じられる。HIカード（またはそれに準じるもの）がない

と1泊€2.90が加算される。このほか、パリ中心部の正規のユースホステルとしてオベルジュ・ド・ジュネス・ル・ダルタニャンAuberge de Jeunesse Le D'Artagnan（後出の「20区周辺」参照）がある。

北駅＆東駅周辺 Gare du Nord & Gare de l'Est
この両駅の東〜北東付近にはホテルが多くあるが、最近までユースホステルはなかった。しかし、次のユースホステルができたことにより状況は変わった。

ピース＆ラブ・オステル
Peace & Love Hostel（MAP3）
☎01-46-07-65-11 FAX 01-42-05-47-50
🌐 www.paris-hostels.com
🏠 245 rue La Fayette, 10e
Ⓜ ジョレスJaurès
💰 ドミトリー1人€14.80、W1人€26.70

雑然としているが魅力的なユースホステル。部屋は小さめの2〜4人部屋でシャワー付き。新しいキッチンもある。パリで最も安いブロンド*blondes*（ラガービールの一つ）を売り物にしている1階のバー（2:00まで営業）はいつもにぎわっている。

リヨン駅周辺 Gare de Lyon ベルシー・ヴィラージュBercy Villageの開発は、12区の活性化に大きく貢献した。

ブルー・プラネット・オステル
Blue Planet Hostel（MAP5）
☎01-43-42-06-18 FAX 01-43-42-09-89
🌐 www.hostelblueplanet.com
🏠 5 rue Hector Malot 12e
Ⓜ ガール・ド・リヨンGare de Lyon
💰 ドミトリー1人€18

全43室で、リヨン駅（早朝、南に向かう列車に乗るのに便利）の至近距離にある。ただし、スタッフの態度が無礼で傲慢だとの不満の声が読者から寄せられており、我々も同感だ。部屋はドミトリー形式の3〜4人部屋で、11:00〜15:00は閉められる。門限はない。

ナシオン周辺 Nation 地図で見るとナシオンNationは中心から離れたところにあるが、実際にはメトロとRER（高速郊外鉄道）の5路線が交差する交通の要所だ。

CISPモーリス・ラヴェル（サントル・アンテルナシオナル・ド・セジュール・ド・パリ・モーリス・ラヴェル）
CISP Maurice Ravel（Centre International de Séjour de Paris Maurice Ravel）（MAP1）
☎01-44-75-60-06 FAX 01-43-44-45-30
🌐 www.cisp.asso.fr
🏠 6 av Maurice Ravel, 12e
Ⓜ ポルト・ド・ヴァンセンヌPorte de Vincennes

151

宿泊 － 低料金

シャワー付2～4人部屋1人€19.30、シャワー・トイレ付S€29.50 W1人€23.80

パリ市南東端のナシオン広場place de la Nationの真東に位置し、ベッド数230。受付時間は6:30～翌1:30。食事もできる（€7.60～120.20）。圧倒的多数を占めるグループ客とは異なり、個人客は宿泊日の2日前から電話予約できる。メトロのポルト・ド・ヴァンセンヌPorte de Vincennes駅からは、スール大通りblvd Soultを南に向かい、4つ目の角を左折してジュール・ルメートル通りrue Jules Lemaîtreに入って直進すると突き当たるモーリス・ラヴェル通りrue Maurice Ravelにある。

チャイナタウン＆モンパルナス周辺 Chinatown & Montparnasse

南部の13区と14区は特に面白みがある場所ではないが、セーヌ左岸の主な観光名所からほど近い。また、ここの麺類は最高。

CISP・ケレルマン（サントル・アンテルナシオナル・ド・セジュール・ド・パリ・ケレルマン）
CISP Kellermann（Centre International de Séjour de Paris Kellermann）（MAP1）
☎01-44-16-37-38 FAX01-44-16-37-39
W www.cisp.asso.fr
🏠17 blvd Kellermann,13e
Ⓜポルト・ディタリーPorte d'Italie
🛏ドミトリー8人部屋1人€15.40、2～4人部屋1人€19.30、S€22.40、シャワー・トイレ付S€29.50 W1人€23.80

同系列のCISPモーリス・ラヴェル（前出の「ナシオン周辺」の「CISPモーリス・ラヴェル」参照）よりも大きくて広い。ベッド数は約350。金・土曜の夜を除いて門限は1:30で、最長7日まで滞在できる。キッチン設備はない。1階（日本でいう2階）には身体障害者用設備の整った部屋がある。

FIAP・ジャン・モネ（フォワィエ・アンテルナシオナル・ダクィユ・ド・パリ・ジャン・モネ）
FIAP Jean Monnet（Foyer International d'Accueil de Paris Jean Monnet）（MAP1）
☎01-43-13-17-00または01-43-13-17-17
FAX01-45-81-63-91
W www.fiap.asso.fr
🏠30 rue Cabanis, 14e
ⓂグラシエールGlacière
🛏5～6人部屋1人€22.10、3～4人部屋1人€27.40、T1人€31.25、S€48.50

ダンフェール・ロシュロー広場place Denfert Rochereauから南東に数ブロックのところにあるベッド数500の巨大ユースホステル。モダンできれいな部屋はすべてバス付きで、ユースホステルとしてはかなり豪華。唯一の欠点は2:00の門限。身体障害者用の部屋も12室ある。

電話予約は15日前から可能だが、グループ客が優先される。

メゾン・デ・クリュブUNESCO
Maison des Clubs UNESCO（MAP1）
☎01-43-36-00-63 FAX01-45-35-05-96
📧clubs.unesco.paris@wanadoo.fr
🏠43 rue de la Glacière, 13e
ⓂグラシエールGlacière
🛏ドミトリー1人€20、S€28、W€46

多少形式ばったところがあり、部屋はごく普通で、最大4人が泊まれる全40室。ドミトリー形式の部屋は18～30歳が優先されるが、特に年齢制限はない。電話予約（10日前から受付）した部屋は当日14:00まで確保される。身体障害者用の部屋も数室ある。

15区周辺 15e

パリで最も人気薄の15区には、経営母体が同じ2つのユースホステルがある。アロハ・オステルAloha Hostelとスリー・ダックス・ホステルThree Ducks Hostelで、バックパッカーや低予算の旅行者の間ではよく知られている。過去2年間に、スタッフの不愛想な態度や不衛生な状態、警備上の問題点などを指摘する読者の声が何件かロンリープラネットに届いていることも伝えておきたい。

アロハ・オステル
Aloha Hostel（MAP4）
☎01-42-73-03-03 FAX01-42-73-14-14
📧friends@aloha.fr
🏠1 rue Borromée, 15e
ⓂヴォロンテールVolontaires
🛏ドミトリー1人€19.30（11～4月）€20.80（5～10月）、W1人€20.80（11～4月）€22.40（5～10月）

西にある同系列のユースホステルよりもリラックスできる静かな環境で、部屋は2～4人部屋（シャワー付きあり）。部屋は11:00～17:00の間は閉められるが、受付は開いている。門限は2:00。キッチン設備あり。

スリー・ダックス・オステル
Three Ducks Hostel（MAP4）
☎01-48-42-04-05 FAX01-48-42-99-99
W www.3ducks.fr
🏠6 place Étienne Pernet, 15e
Ⓜフェリックス・フォールFélix Faure

かつて中庭に住んでいた3羽のアヒルにちなんで命名された。宿泊料金は上記のアロハ・オステルAloha Hostelと同じ。1階のバーは2:00まで営業するなど、多くの人が集まってにぎわう場所なので、ゆっくり眠りたい人はほかの場所を選んだ方が賢明。2～12人部屋に2段ベッドが置かれており、キッチン設備や荷物保管ルームもある。部屋は11:00～17:00の間は閉まり、門限は2:00。

活気あふれるピガールには、深夜まで食事のできる場所が多い

ラ・メゾン・オステル
La Maison Hostel（MAP1）
☎01-42-73-10-10 FAX01-42-73-08-08
W www.mamaison.fr
67 bus rue Dutot, 15e
M ヴォロンテールVolontaires
料 ドミトリー1人€19（11〜3月）€21（4〜10月）、W1人€22.50（11〜3月）€24（4〜10月）
上記2つのユースホステルと同系列のグループに属しているが、ここはやや小さめで静か。親切で、清潔で、安いとの評判。2段ベッドは3〜4人部屋にのみ置かれており、キッチン設備もある。部屋は11:00〜17:00の間は閉められ、門限は2:00。

モンマルトル&ピガール周辺 Montmartre & Pigalle
9区と18区には、好感の持てるおすすめのユースホステルがある。

ル・ヴィラージュ・オステル
Le Village Hostel（MAP7）
☎01-42-64-22-02 FAX01-42-64-22-04
W www.villagehostel.fr
20 rue d'Orsel, 18e
M アンヴェール Anvers
料 ドミトリー1人€19.30（11〜2月）€21.50（3〜10月）、W1人€22.40（11〜2月）€25（3〜10月）、トリプル1人€20.80（11〜2月）€23（3〜10月）
梁（はり）天井のある快適な全26室のユースホステルで、サクレ・クール寺院Sacré Cœurを一望できる。部屋はドミトリー形式の4〜6人部屋で、全室シャワー・トイレ付き。キッチン設備やすばらしい屋外テラスもある。部屋は11:00〜16:00の間は閉まり、門限は2:00。

ウッドストック・オステル
Woodstock Hostel（MAP3）
☎01-48-78-87-76 FAX01-48-78-01-63
E flowers@woodstock.fr
48 rue Rodier, 9e
M アンヴェールAnvers
料 ドミトリー1人€14.70（冬期）€17.80（夏期）、W1人€17.80（冬期）€20.90（夏期）
にぎやかなピガールから丘を下った静かな住宅街にある。ドミトリー形式の3〜6人部屋で、キッチン設備もある。部屋は12:00〜17:00の間は閉められ、門限は2:00。

20区周辺 20e
パリ中心部には正規のユースホステルがもう1つある。繁華街からは離れるが、国際バスターミナルGare Routière Internationale de Paris-Gallieniからメトロで1駅先。

オベルジュ・ド・ジュネス・ル・ダルタニャン
Auberge de Jeunesse Le D'Artagnan（MAP1）
☎01-40-32-34-56 FAX01-40-32-34-55
E paris.le-d'artagnan@fuaj.org
80 rue Vitruve, 20e
M ポルト・ド・バニョレPorte de Bagnolet
2〜8人部屋と、大型ロッカー、洗濯設備、バー、ビデオ鑑賞設備がある。条件と料金は、オベルジュ・ド・ジュネス・ジュール・フェ

宿泊 − 低料金

リーAuberge de Jeunesse Jules Ferry（前出の「レピュブリック周辺」参照）と同じ。親切心に欠けるスタッフに苦言を呈す読者の声が何件か届いている。

ホテル

10年前に比べてパリはもはや格安ホテルの数を誇ることはできなくなったが、それでもまだまだ選択肢は広い。特にマレ地区、バスチーユ周辺、そしてグラン・ブールヴァールGrands Boulevardsから少し離れた主要鉄道駅の近くには多く見つけられる。1つ星や「HT」（観光ホテルHôtel de Tourisme）、あるいは格付け待ちだが一定水準以上の快適性を示す「NN」（等級認可の新規格Nouvelle Norme）といった表示のあるホテルは、どれもほぼ同じレベルだ。忘れてならないのは、こうしたホテルでは品質よりも料金を考慮すべきことだ。すでに述べたが、「料金に見合ったものを得る」必要があることをもう一度繰り返しておく。

パリの低予算ホテルではクレジットカードが使えないことが多いことも知っておきたい。

ルーヴル＆レ・アル周辺 Louvre & Les Halles

1区にあるこの地区は市の中心部だが、静けさや割引料金などは期待できない。2つの空港は、最寄りのメトロ駅シャトレ・レ・アルChâtelet-Les Hallesからロワシーを往復するRERや、オルリーヴァル乗り継ぎのRERによって結ばれている。

オテル・ド・リール・ペリカン
Hôtel de Lille Pélican （MAP6）
☎01-42-33-33-42
🏠8 rue du Pélican, 1er
Ⓜパレ・ロワイヤル・ミュゼ・デュ・ルーヴルPalais Royal-Musée du Louvre
シャワー・トイレ共同 S€33.50 W€39.60 トリプル€64、シャワー付W€48.80
閑静な道路に面した全13室の古典的スタイルのホテル。部屋は清潔で、洗面台・ビデ付き。天井は安っぽいタイル張り。シャワー使用料は€4.50と高い。

マレ地区周辺 Marais

パリで最も活気のあるトレンディな地区で、高級住宅街だが、格安ホテルも残っている。

オテル・ド・ラ・エルス・ドール
Hôtel de la Herse d'Or （MAP5）
☎01-48-87-84-09 01-48-87-94-01
🏠20 rue St-Antoine, 4e
ⓂバスチーユBastille
洗面台付S€29、洗面台・トイレ付S€35、トイレ・小シャワー付W€48〜
交通量の多いサン・タントワーヌ通りrue St-Antoine沿いにある親切なホテル。これといった特徴のないごく普通の客室が全35室。共同シャワー使用料は€1.50。

オテル・モデルヌ
Hôtel Moderne （MAP6）
☎01-48-87-97-05 01-48-87-97-05
🏠3 rue Caron, 4e
Ⓜサン・ポールSt-Paul
シャワー・トイレ共同 S€27.50〜 W€39.60〜、シャワー付W€48.70、シャワー・トイレ付W€54.80、トリプル€67
美しいマルシェ・サント・カトリーヌ広場place du Marché Ste-Catherine近くにある小さなホテル。部屋はあまり清潔でなく、また予約が守られなかったとこぼす読者もいた。シャワー（€2.30）は各階の踊り場にある。

オテル・リヴォリ
Hôtel Rivoli （MAP6）
☎01-42-72-08-41
🏠44 rue de Rivoli/2 rue des Mauvais Garçons, 4e
Ⓜオテル・ド・ヴィルHôtel de Ville
洗面台付€26〜34、シャワー付S€34 W€37、バス・トイレ付W€48
いつ訪れても明るい感じのホテルだが、料金は以前ほど格安ではない。部屋は簡素で、いくぶん音が気になる。共同シャワーの使用は無料。正面玄関は2:00〜7:00の間は閉門となる。

オテル・シュリー
Hôtel Sully （MAP5）
☎01-42-78-49-32 01-44-61-76-50
🏠48 rue St-Antoine, 4e
ⓂバスチーユBastille
洗面台付W€39.60、シャワー付W€47.25、シャワー・トイレ付W€52〜
魅力的なヴォージュ広場place des Vosgesから1ブロック南に入ったところにある。

シテ島周辺 Île de la Cité

意外なことに、シテ島にある唯一のホテルは低予算ホテルだ。

オテル・アンリ・キャトル
Hôtel Henri IV （MAP6）
☎01-43-54-44-53
🏠25 place Dauphine, 1er
Ⓜポン・ヌフPont NeufまたはシテCité
洗面台付S€21 W€25 トリプル€34、シャワー付W€42、シャワー・トイレ付W€53、バス・トイレ付W€68
使い込んだ感じのする部屋が全21室ある古典的スタイルのホテル。便利なロケーションゆえに人気は高い。共同シャワー使用料は€2.50。朝食込み。予約はできるだけ早めにすること。

カルチエ・ラタン周辺 Quartier Latin

カルチエ・ラタン界隈の本当の安宿は、時の流れと

宿泊 − 低料金

今でも予算に応じていくつかの選択肢のあるマレ地区は宿泊にはおすすめの場所

ともにほとんどなくなり、現在残っているのは2軒だけ。

オテル・ド・メディシス
Hôtel de Médicis（MAP5）
☎01-43-54-14-66
🏠214 rue St-Jacques, 5e
Ⓜリュクサンブール Luxembourg
🚇S€15.20 W€30.50 トリプル€38
ギリギリの予算で旅する学生や旅行者が飛び込んでくるカルチエ・ラタンの安宿の典型。シャワー・トイレ共同のシングルはたいてい満室。

ポール・ロワイヤル・オテル
Port Royal Hôtel（MAP1）
☎01-43-31-70-06　📠01-43-31-33-67
🏠8 blvd de Port Royal, 5e
Ⓜレ・ゴブラン Les Gobelins
🚇シャワー・トイレ共同 S€33〜41.60 W€41.60、シャワー・トイレ付€62〜64.50、バス・トイレ付トリプル€66〜76
古いホテルを改装したもので、手入れの行き届いた清潔で静かな部屋が46室ある。共同シャワー使用料は€2.30。

北駅周辺　Gare du Nord
この界隈は市内で特に魅力のある地域とはいえないが、治安は悪くなく、かなり満足できる低予算ホテルもいくつかある。北駅Gare du Nordとシャルル・ド・ゴール空港はRERとRATPバスNo 350で結ばれ、北駅とオルリー空港はオルリーヴァルで結ばれている。

オテル・ボンヌ・ヌーヴェル
Hôtel Bonne Nouvelle（MAP3）
☎01-48-74-99-90
🏠125 blvd de Magenta, 10e
Ⓜガール・デュ・ノール Gare du Nord
🚇W€38.40〜43（レストラン"Good News"での朝食込み）
シンプルで清潔なシャワー付きのダブルルームのあるこぢんまりとしたホテル。ただし、トイレは踊り場にある。

グラントテル・マジャンタ
Grand Hôtel Magenta（MAP3）
☎01-48-78-03-65　📠01-48-78-41-64
🏠129 blvd de Magenta, 10e
Ⓜガール・デュ・ノール Gare du Nord
🚇洗面台・ビデ付€26〜30.50、シャワー付€41〜、シャワー・トイレ付€48.80〜、4〜5人部屋€68.60〜91.40
清潔で広々とした部屋が30室あり、大部屋になるほどお得。共同シャワー使用料は€3。

オテル・ラ・ヴィエイユ・フランス
Hôtel La Vieille France（MAP3）
☎01-45-26-42-37　📠01-45-26-99-07
✉la.vieille.france@wanadoo.fr
🏠151 rue La Fayette, 10e
Ⓜガール・デュ・ノール Gare du Nord
🚇洗面台・ビデ付W€40.40、バスまたはシャワー・トイレ付W€58〜61、トリプル€73〜90
広々として快適で防音の部屋が34室あり、共同シャワーの使用は無料。

東駅周辺　Gare de l'Est
労働者階級の多い10区のこの地域は活気があり、独特の魅力にあふれ、東駅への到着客でなくても惹かれてやって来る。駅の正面にはシャルル・ド・ゴール空港へのRATPバスNo 350の発着所がある。10区には粗末な安宿が集まっているが、掘り出し物のホテルも数軒あり、格安の料金で宿泊できる。

オテル・ダルザス・ストラスブール＆マジャンタ
Hôtel d'Alsace, Strasbourg & Magenta（MAP3）
☎01-40-37-75-41
✉alsace@hotelsparisonline.com
🏠85 blvd de Strasbourg, 10e
Ⓜガール・ド・レスト Gare de l'Est
🚇洗面台付S€21.50 W€30 トリプル€38、シャワー付W€36
古いが明るくて清潔、手入れの行き届いた部屋が全30室。部屋の暖炉が古き良き時代をしのばせる。共同シャワー使用料は€1.50。

オテル・デュ・ブラバン
Hôtel du Brabant（MAP3）
☎01-47-70-12-32　📠01-47-70-20-32
✉hotel.brabant@lemel.fr
🏠18 rue des Petits Hôtels, 10e

宿泊 – 低料金

Ⓜ ポワソニエールPoissonnièreまたはガール・ド・レストGare de l'Est
🛏 シャワー・トイレ共同 S€27 W€33、トイレ付S€33 W€34、シャワー・トイレ付S€42 W€45 トリプル€60 4人部屋€74

正面入口にすばらしいアール・ヌーヴォーのモザイクがある。東駅と北駅に近くて便利。部屋は簡素。

オテル・リバティ
Hôtel Liberty（MAP3）
☎ 01-42-08-60-58　📠 01-42-40-12-59
✉ liberthotel@free.fr
🏠 16 rue de Nancy, 10e
Ⓜ シャトー・ドーChâteau d'Eau
🛏 シャワー・トイレ共同 S€22〜 W€28〜、シャワー付S€32 W€38、シャワー・トイレ付S€35.80 W€44

清潔で簡素な部屋を持つ2階建てのホテル。共同シャワー使用料は€1.50。

オテル・パシフィック
Hôtel Pacific（MAP3）
☎ 01-47-70-07-91　📠 01-47-70-98-43
🏠 70 rue du Château d'Eau, 10e
Ⓜ シャトー・ドーChâteau d'Eau
🛏 シャワー・トイレ共同 S€27.40、シャワー付S€38 W€42.70 トリプル€53.30

簡素な部屋が23室ある古いホテル。共同シャワー使用料は€2.30。

オテル・デュ・プラド
Hôtel du Prado（MAP3）
☎ 01-40-22-97-91または01-47-70-11-49
🏠 12 rue du Faubourg St-Denis, 10e
Ⓜ ストラスブール・サン・ドニStrasbourg St-Denis
🛏 S€24.30 W€39.60 トリプル53.30

シャワー・トイレ共同 の部屋でまさに格安ホテル。10区のサン・ドニ大通り18〜20番地blvd St-Denisにあるパッサージュ・デュ・プラドPassage du pradoの内側から入る。

シブール・オテル
Sibour Hôtel（MAP3）
☎ 01-46-07-20-74　📠 01-46-07-37-17
✉ sibour.hotel@wanadoo.fr
🏠 4 rue Sibour, 10e
Ⓜ ガール・ド・レストGare de l'Est
🛏 シャワー・トイレ共同 €35、トイレ付€40、シャワー・トイレ付S€50 W€58 トリプル€63 4人部屋€80

古典的スタイルの数室を含み手入れの行き届いた部屋が45室ある、とても親切なホテル。共同シャワー使用料は€3。

バスチーユ周辺 Bastille

バスチーユ広場place de la Bastilleの東側周辺は日暮れとともににぎやかになる。ラップ通りrue de Lappeやロケット通りrue de la Roquetteのバーやクラブ、そしてオペラ・バスチーユOpéra Bastille（新オペラ座）に人々が集まるからだ。さらにその東側の一帯はパリの労働者階級が多く住む気取らない地区で、ホテル利用客にも中流のフランス人ビジネスマンが多い。この界隈にはパリではおすすめの昔ながらの格安ホテルが数多くある。

オテル・バスチーユ・オペラ
Hôtel Bastille Opéra（MAP5）
☎ 01-43-55-16-06
🏠 6 rue de la Roquette, 11e
Ⓜ バスチーユBastille
🛏 S€19.80〜22.80 W€42.70

バスチーユ広場から少し離れたところにある20室の古いホテル。シャワー・トイレ共同の部屋しかないが、共同シャワーの使用は無料。受付は1階（日本でいう2階）にある。

オテル・ボダン
Hôtel Baudin（MAP5）
☎ 01-47-00-18-91　📠 01-48-07-04-66
🏠 113 av Ledru Rollin, 11e
Ⓜ ルドリュ・ロランLedru Rollin
🛏 S€19〜 W€36〜、シャワー付S€34 W€45、シャワー・トイレ付S€40 W€49 トリプル€54〜72

かつては華々しかった古典的スタイルのホテルで、一部改装された客室が17室ある。共同シャワーの使用は無料。

オテル・サン・タマン
Hôtel St-Amand（MAP5）
☎ 01-47-00-90-55
🏠 6 rue Trousseau, 11e
Ⓜ ルドリュ・ロランLedru Rollin
🛏 シャワー・トイレ共同 S€16.80〜 W€21.70〜、シャワー付€29

6階（日本でいう7階）まで続く客室の床はリノリウム仕上げで、どの部屋も洗面台付き。エレベーターはない。上等な部屋ではないが料金は安い。共同シャワー使用料は€3.80と高い。

オテル・ド・サヴォワ
Hôtel de Savoie（MAP5）
☎ 01-43-72-96-47
🏠 27 rue Richard Lenoir, 11e
Ⓜ ヴォルテールVoltaire
🛏 S€22.80〜 W€29〜、シャワー付S€33.50 W€39.60

これといった特徴のない普通の客室。共同シャワーの使用は無料。

ビックス・オテル
Vix Hôtel（MAP5）
☎ 01-48-05-12-58　📠 01-48-06-15-09
🏠 19 rue de Charonne, 11e
Ⓜ バスチーユBastilleまたはルドリュ・ロラン

Ledru Rollin
🛏 S€19.80〜 W€30.50〜、シャワー付W€33.50、シャワー・トイレ付W€41 トリプル€55

多少汚れた感じで塵ひとつないとは言いがたいが、シャワー・トイレ共同の部屋が多く、親切なホテルである。共同シャワー使用料は€2.30。

ナシオン周辺 Nation
ナシオン広場place de la Nationとシャルル・ド・ゴール空港はRATPバスNo 351で結ばれている。

オテル・カメリア・プレスティージュ
Hôtel Camélia Prestige（MAP1）
☎01-43-73-67-50 📠01-43-73-13-01
🏠6 av Philippe Auguste, 11e
Ⓜナシオン Nation
🛏シャワー・トイレ共同 €42、シャワー付W€46、バス・トイレ付W€54

手入れの行き届いた部屋が30室ある魅力的なホテル。もう少し温かく迎えてくれればよいのだが。共同シャワー使用料は€3。

チャイナタウン周辺 Chinatown
パリのチャイナタウンは、イタリー広場place d'Italie南側のイヴリー通りav d'Ivryとショワジー通りav de Choisy沿いにある。13区は特に刺激のある場所ではないが、良い格安ホテルが数軒あり、また手頃な値段で食事のできる中華レストランも多い。

アリアン・オテル
Arian Hôtel（MAP1）
☎01-45-70-76-00 📠01-45-70-85-53
📧arianhotel@aol.com
🏠102 av de Choisy, 13e
ⓂトルビアックTolbiac
🛏S€26、シャワー付€38、シャワー・トイレ付W€46 トリプル€61

モーテルのような30室のホテル。客室はシンプルで清潔。

オテル・デ・ボザール
Hôtel des Beaux-Arts（MAP1）
☎01-44-24-22-60 📠01-44-24-52-10
🌐www.hotel-beaux-arts.fr フランス語のみ
🏠2 rue Toussaint Féron, 13e
ⓂトルビアックTolbiac
🛏トイレ付€29〜36.60、シャワー（またはバス）・トイレ付€38〜58.70

親切な夫妻が経営する全25室のホテル。

オテル・トルビアック
Hôtel Tolbiac（MAP1）
☎01-44-24-25-54 📠01-45-85-43-47
🌐www.hotel-tolbiac.com
🏠122 rue de Tolbiac, 13e

ⓂトルビアックTolbiac
🛏シャワー・トイレ共同€20〜30、シャワー付€28〜30、シャワー・トイレ付€35

宣伝に力を入れており、明るく静かで、とてもきれいな部屋が47室ある。共同シャワーの使用は無料。

モンパルナス周辺 Montparnasse
この界隈は観光地ではなく、特に興味を引く場所ではないが、14区と15区の東端には手頃なホテルが数多くある。モンパルナス駅Gare Montparnasseと2つの空港の間をエールフランス・バスが運行し、ダンフェール・ロシュロー広場place Denfert Rochereauと2つの空港もオルリーバス、オルリーヴァル、RERで結ばれている。14区の低予算ホテルを利用する外国人旅行客はそれほど多くない。

オテル・ド・ブロワ
Hôtel de Blois（MAP1）
☎01-45-40-99-48 📠01-45-40-45-62
🏠5 rue des Plantes, 14e
Ⓜムトン・デュヴェルネMouton Duvernet
🛏シャワー・トイレ共同 S€39 W€51、シャワー付S€43 W€46、シャワー・トイレ付S€45 W€47、トリプル€51〜61

メーヌ通りav du Maineから少し入ったところにある25室のホテル。洗面台・ビデ付きとシャワー付きの小さめのシングルとダブルがある。トリプルは諸設備完備。

セルティック・オテル
Celtic Hôtel（MAP4）
☎01-43-20-93-53 📠01-43-20-66-07
🏠15 rue d'Odessa, 14e
Ⓜエドガー・キネEdgar Quinet
🛏シャワー・トイレ共同 S€38 W€43.60、シャワー付€50.30、シャワー・トイレ付W€53.50 トリプル€70

全29室の古典的スタイルのホテルだが、一部は近代化されている。客室は家具のないシングルとダブル。

オテル・ド・レスペランス
Hôtel de l'Espérance（MAP4）
☎01-43-21-63-84
🏠45 rue de la Gaîté, 14e
ⓂゲテGaîté
🛏シャワー・トイレ共同 €26.70、シャワー付S€33.50 W €36.50、シャワー・トイレ付S€36.60 W€33.50 トリプル€45.70

セックス・ショップが連なる街路沿いにある14室のホテルで、部屋は多少傷んでいる。共同シャワー使用料は€2.30。

オテル・ド・レスペランス
Hôtel de l'Espérance（MAP1）
☎01-43-21-41-04 📠01-43-22-06-02

宿泊 − 低料金

🏠1 rue de Grancey, 14e
Ⓜ ダンフェール・ロシュローDenfert Rochereau
🛏 シャワー・トイレ共同 S€24.80 W€30.50、シャワー付€42～53

前述のホテルと同じ名前だが何の関係もない。食料品店が建ち並ぶダゲール通りrue Daguerreを少し入ったところにあり、客室はシャワー・トイレ共同の部屋など全17室。

オテル・フロリドール
Hôtel Floridor（MAP1）
☎ 01-43-21-35-53　📠 01-43-27-65-81
🏠28 place Denfert Rochereau, 14e
Ⓜ ダンフェール・ロシュローDenfert Rochereau
🛏 シャワー・トイレ共同 S€35 W€37.50、シャワー付€44、シャワー・トイレ付€45、バス付€46、トリプル€58.70

簡素だが居心地の良い部屋が全48室。交通の要所にある。

モンマルトル＆ピガール周辺 Montmartre & Pigalle
18区から9区の北側にかけて広がるモンマルトルは、パリの最も魅力的なエリアの1つ。ヒット映画「Le Fabuleux Destin d'Amélie Poulain（アメリ）」（「基本情報」の「映画」参照）にはこの界隈の魅力が描かれている。丘のふもとの平地には驚くほど安いホテルがある。サクレ・クール寺院Sacré Cœur東側の多人種がたむろする界隈は少し物騒なので、特に夜間にメトロ駅シャトー・ルージュChâteau Rouge周辺に行くのは避けたい。

オテル・ボンセジュール
Hôtel Bonséjour（MAP7）
☎ 01-42-54-22-53　📠 01-42-54-25-92
🏠11 rue Burq, 18e
Ⓜ アベスAbbesses
🛏 シャワー・トイレ共同 S€20～23 W€26～30、シャワー付W€36～40、トリプル€51

モンマルトルの静かな通りの一番奥にあるホテル。小さなバルコニー付きの部屋（14、23、33、43、53号室）や、サクレ・クール寺院の一部が見える部屋（55号室）がある。エレベーターはなくシンプルだが、快適で親切。共同シャワー使用料は€1.60。

オテル・ド・カルタゴ
Hôtel de Carthago（MAP7）
☎/📠 01-46-06-27-03
🏠10 rue Poulet, 18e
Ⓜ シャトー・ルージュChâteau Rouge
🛏 シャワー・トイレ共同 S€23 W€27.50、シャワー付S€33.20 W€38、シャワー・トイレ付W€45.80

全40室、門限は1:00。

オテル・エルドラド
Hôtel Eldorado（MAP2）
☎ 01-45-22-35-21　📠 01-43-87-25-97
🏠18 rue des Dames, 17e
Ⓜ プラス・ド・クリシーPlace de Clichy
🛏 シャワー・トイレ共同 S€27.40～ W€38～トリプル€45.80～、シャワー付S€38 W€53.40 トリプル€76

街のはずれにあるが、掘り出し物。温かく迎えてくれ、経営も堅実。客室は静かな通りに面した本館とその裏側にある庭付きの別館にある。本当にここはパリかと目を疑うほど。

オテル・ド・ロアン
Hôtel de Rohan（MAP7）
☎ 01-42-52-32-57　📠 01-55-79-79-63
✉ rohan@parishotelonline.com
🏠90 rue Myrha, 18e
Ⓜ シャトー・ルージュChâteau Rouge
🛏 S€18.20 W€23、シャワー付W€33.50

ベッドだけのこぎれいな部屋など全25室。共同シャワー使用料は€3。

オテル・サン・ピエール
Hôtel St-Pierre（MAP7）
☎/📠 01-46-06-20-73
🏠3 rue Seveste, 18e
Ⓜ アンヴェール Anvers
🛏 シャワー・トイレ共同 S€23 W€27.40～29.70、シャワー・トイレ付S€29.70 W€39.60～42.70

築150年の建物を改装した家族経営のホテル

モンマルトルの古い絵はがき。家族にもぜひ1枚は送りたい

で、とても親切。シンプルだが実用的な部屋が全36室。にぎやかなロシュシュアール大通りblvd de Rochechouartに近く、多少うるさい。

宿泊－中級

ヨーロッパの他の都市に比べて、パリの中級ホテルは料金に見合ったサービスを提供しており、必ずスイートルームがある。

ルーヴル＆レ・アル周辺
Louvre & Les Halles

この界隈には高級ホテルが多いが、そこそこの中級ホテルもある。

オテル・サン・トノレ
Hôtel St-Honoré（MAP6）
☎01-42-36-20-38または01-42-21-46-96
FAX01-42-21-44-08
e hotel-st-honore@wanadoo.fr
85 rue St-Honoré, 1er
Mシャトレ Châtelet
S€48.80 W€67 トリプル€74.70 4人部屋€82.40

改装された全29室のホテルで、高級店の建ち並ぶショッピング街の東端にある。狭い部屋と広めの部屋がある。

マレ地区周辺
Marais

にぎやかなマレ地区には1つ星と2つ星ホテルが山ほどある。

オテル・キャステックス
Hôtel Castex（MAP5）
☎01-42-72-31-52 FAX01-42-72-57-91
www.castexhotel.com
5 rue Castex, 4e
Mバスチーユ Bastille
シャワー付S€39.60 W€51.80、シャワー・トイレ付S€51.80 W€58、トリプル€73 4人部屋€83.40

明るい感じの全29室のホテル。バスチーユとマレからほぼ等距離に位置し、1919年以来、同じ一族が経営している。客室は静かで古典的スタイルだが清潔感がある。

オテル・サントラル・マレ
Hôtel Central Marais（MAP6）
☎01-48-87-56-08 FAX01-42-77-06-27
e hotelcentralmarais@wanadoo.fr
2 rue Ste-Croix de la Bretonnerie, 4e
Mオテル・ド・ヴィル Hôtel de Ville
S&W€84、1～2人用スイート€100

ゲイ王国パリの中心にある全7室の小さなホテル。基本的にはゲイの男性向けだが、レスビアンも受け入れる。シングルとダブルは2部屋ごとに1つのバスルームがある。15:00以降の受付は、ヴィエイユ・デュ・タンプル通りrue Vieille du Temple33番地にあるバー「ル・サントラル Le Central」の脇で行われる。

オテル・ル・コンポステル
Hôtel Le Compostelle（MAP6）
☎01-42-78-59-99 FAX01-40-29-05-18
31 rue du Roi de Sicile, 4e
Mオテル・ド・ヴィル Hôtel de Ville
シャワー・トイレ付S€58 W€85.40、バス付W€91.50

マレ地区のはずれの閑静な場所にある全25室の上品なホテル。

グラントテル・ジャンヌ・ダルク
Grand Hôtel Jeanne d'Arc（MAP6）
☎01-48-87-62-11 FAX01-48-87-37-31
3 rue de Jarente, 4e
Mサン・ポール St-Paul
小さめS€53 W€67～73、大きめS€64 W€78～92 トリプル€107 4人部屋€122

美しいマルシェ・サント・カトリーヌ広場place du Marché Ste-Catherine近くにある全36室のホテル。マレ地区や、ヴィラージュ・サン・ポール Village St-Paul、バスチーユ Bastille界隈の美術館、バー、レストランなどにも便利なロケーション。

オテル・ド・ニース
Hôtel de Nice（MAP6）
☎01-42-78-55-29 FAX01-42-78-36-07
42 bis rue de Rivoli, 4e
Mオテル・ド・ヴィル Hôtel de Ville
S€58 W€89 トリプル€108

なごやかな雰囲気の家族経営のホテルで、快適な部屋が全23室。にぎやかなリヴォリ通りrue de Rivoliを見下ろすバルコニー付きの部屋もある。

オテル・プラティック
Hôtel Pratic（MAP6）
☎01-48-87-80-47 FAX01-48-87-40-04
9 rue d'Ormesson, 4e
Mサン・ポール St-Paul
洗面所・トイレ付S€46 W€53、シャワー付S€65 W€69、バス・トイレ付S€80 W€86 トリプル€97

美しいマルシェ・サント・カトリーヌ広場place du Marché Ste-Catherineの反対側にある23室のホテル。最近改装されたが、割高感はぬぐえない。

オテル・デュ・セッティエム・アール
Hôtel du Septième Art（MAP6）
☎01-44-54-85-00 FAX01-42-77-69-10
e hotel7art@wanadoo.fr
20 rue St-Paul, 4e
Mサン・ポール St-Paul

宿泊 − 中級

夕日を浴びるマレ地区の美しい眺め

シャワー・トイレ共同 S€50、シャワー（またはバス）・トイレ付S&W€70～120 T€80～120

なんとなく東京のラブホテルに似ているが、映画ファンには楽しいホテル（le septième art「第7芸術」とはフランス語で「映画」の意味）。タイル張りの床から浴室まで、あちこちにモノクロ映画のテーマが取り入れられている。

カルチエ・ラタン周辺
Quartier Latin

この界隈には2つ星や3つ星の魅力的なホテルが多く、特にソルボンヌSorbonne周辺や活気のあるデ・ゼコール通りrue des Écolesに集中している。カルチエ・ラタンの中級ホテルは学会に出席する学者などに人気があるので、会議やセミナーが開かれる時期（通常3～7月と10月）の予約はかなり難しくなる。

　RERのリュクサンブール駅Luxembourgとポール・ロワイヤル駅Port Royalから、RERとオルリーヴァルで2つの空港に行くことができる。

オテル・クリュニー・ソルボンヌ
Hôtel Cluny Sorbonne（MAP5）
☎01-43-54-66-66 ℻01-43-29-68-07
www.hotel-cluny.fr
8 rue Victor Cousin, 5e
リュクサンブールLuxembourg
S€69～74 W€78 トリプル€122 4人部屋€130

1872年に詩人のランボーとヴェルレーヌが滞在したといわれる全23室のホテル。客室は快適で手入れが行き届いている。エレベーターは電話ボックスほどの大きさだが、旅行客とその荷物を乗せるには十分。

カムフォート・イン・ムフタール
Comfort Inn Mouffetard（MAP5）
☎01-43-36-17-00 ℻01-43-36-25-78
comfort.mouf@wanadoo.fr
56 rue Mouffetard, 5e
プラス・モンジュ Place Monge
S€84 W€105

パリに行こうと決めた時に思い描いていたイメージとは違うかもしれないが、全42室のこのホテルにはそれなりの魅力がある。すぐそばには美しいコントルスカルプ広場place de la Contrescarpeやパリ有数の新鮮食材の市が立つ場所がある。

オテル・ド・レスペランス
Hôtel de l'Espérance（MAP5）
☎01-47-07-10-99 ℻01-43-37-56-19
hotel.esperance@wanadoo.fr
15 rue Pascal, 5e
サンシエ・ドーバントンCensier Daubenton
シャワー・トイレ付S€61 W€68、大きめの部屋€84

活気のあるムフタール通りrue Mouffetardから南に2～3分のところにある全38室のホテル。静かで清潔な客室にはルイ14世風の家具があしらわれ、大きめの部屋にはダブルベッドが2つ置いてある。

オテル・エスメラルダ
Hôtel Esmeralda（MAP6）
☎01-43-54-19-20 📠01-40-51-00-68
🏠4 rue St-Julien le Pauvre 5e
Ⓜサン・ミッシェルSt-Michel
🚇洗面台付S€30、シャワー・トイレ付W€55、バス・トイレ付W€76〜85、トリプル€95〜、4人部屋€105〜

静かな通りを入ったところにある全19室のホテルで、ノートルダム大聖堂の全景が楽しめる。長年、旅行客の秘密の「掘り出し物」だったが、今や改装が急務で、星もなくなった。しかし、その便利なロケーションは最高。

ファミリア・オテル
Familia Hôtel（MAP5）
☎01-43-54-55-27 📠01-43-29-61-77
🌐hotel-paris-familia.com
🏠11 rue des Écoles, 5e
Ⓜカルディナル・ルモワヌCardinal Lemoine
🚇シャワーまたはバス付€62.50 W€75.30 トリプル€99 4人部屋€121

愛想がよくロケーションも最高。21室の客室の壁にはパリの歴史的建物が魅力的に描かれている。とても狭い部屋が数室ある。小さなバルコニー付きの8部屋からはノートルダム大聖堂が眺められる。

オテル・ゲ・リュサック
Hôtel Gay-Lussac（MAP5）
☎01-43-54-23-96 📠01-40-51-79-49
🏠29 rue Gay Lussac, 5e
Ⓜリュクサンブールルクセンブール Luxembourg
🚇シャワー・トイレ共同 S€33.50、トイレ付€46、シャワー（またはバス）・トイレ付€55、トリプル€76 4人部屋€91.50

全35室の家族経営の個性的なホテルで、エレベーターもある。シングルは狭いが、それ以外の部屋は大きく、天井も高い。料金は朝食込み。

オテル・デュ・プログレ
Hôtel du Progrès（MAP5）
☎01-43-54-53-18 📠01-56-24-87-80
🏠50 rue Gay Lussac, 5e
Ⓜリュクサンブール Luxembourg
🚇シャワー・トイレ共同 S€26〜29 W€41〜45 トリプル€59、シャワー・トイレ付S€53 W€55

全26室の古いホテル。洗面台付きのシングルと、眺めがすばらしく朝日の差し込む大きな古典的スタイルのダブルがある。料金は朝食込みで、共同シャワーの使用は無料。

オテル・マリニャン
Hôtel Marignan（MAP6）
☎01-43-54-63-81 📠01-43-25-16-63
🏠13 rue du Sommerard, 5e

Ⓜモベール・ミュチュアリテMaubert Mutualité
🚇シャワー・トイレ共同 S€39 W€52 トリプル€77 4人部屋€89、シャワー付W€76〜85、トリプル€100、4人部屋€115

全30室の親切なホテル。古典的スタイルの客室は快適で、半分近くがトイレ付き。宿泊客は設備の整ったキッチン、皿洗い機、乾燥機を自由に使える。コンピュータが5台設置されたインターネット・ルームもある。

オテル・ミネルヴ
Hôtel Minerve（MAP5）
☎01-43-26-26-04または01-43-26-81-89
📠01-44-07-01-96
🌐www.hotel-paris-minerve.com
🏠13 rue des Écoles, 5e
Ⓜカルディナル・ルモワヌ Cardinal Lemoine
🚇シャワー・トイレ付S€65.50〜88.50 W€75.50〜99 トリプル€99〜119

全54室の「ファミリア・オテル」（前出）の姉妹ホテル。受付に飾られているオリエンタル風のじゅうたんや古本は、愛想の良いオーナー経営者が収集したもの。客室のうち数室は改装されて広くなった。フランスのモニュメントを描いたフレスコ画や18世紀風の複製壁紙が目を楽しませてくれる。10室は小さなバルコニー付きで、8室からノートルダム大聖堂が眺められる。ロマンチックな小さな中庭付きの部屋も2室ある。

オテル・サン・ジャック
Hôtel St-Jacques（MAP5）
☎01-44-07-45-45 📠01-43-25-65-50
✉hotelstjacques@wanadoo.fr
🏠35 rue des Écoles, 5e
Ⓜモベール・ミュチュアリテMaubert Mutualité
🚇S€44.50〜68 W€76.50〜103 トリプル€114.50

全35室のかわいらしいホテル。バルコニーからはパンテオンPanthéonが一望できる。半世

宿泊 — 中級

紀前にここで映画「シャレードCharade」の数シーンを撮影したオードリー・ヘップバーンとケリー・グラントが今このホテルを訪れたら、19世紀のオリジナル細工（装飾天井、鉄製階段など）に付け加えられた最新設備に驚くはずだ。シングルは広々としているが、全室トイレ付きというわけではない。

オテル・サニー
Hôtel Sunny（MAP5）
- ☎01-43-31-79-86　FAX01-43-31-36-02
- W www.hotel-sunny.com
- 🏠48 blvd du Port Royal, 5e
- シャワー・トイレ付S€56 W€64 T€66、バス・トイレ付S€57.50 W€67 T€68、トリプル€90

いく人かの読者からも折り紙付きの全37室の清潔なホテル。5区のモンパルナスMontparnasseやムフタール通りrue Mouffetardなどにも便利なロケーション。

サン・ジェルマン&オデオン周辺
St-Germain & Odéon

サン・ジェルマン・デ・プレSt-Germain des Présは魅力的なエリアだが、中級ホテルの多くは快適さに欠け、かなりの割高感がある。6区には次のような低料金の中級ホテルがある。

デリーズ・オテル
Delhy's Hôtel（MAP6）
- ☎01-43-26-58-25　FAX01-43-26-51-06
- E delhyhotel@hotelsparisonline.com
- 🏠22 rue de l'Hirondelle, 6e
- M サン・ミッシェルSt-Michel
- 洗面台付S€34 W€46.70、シャワー付S€46 W€60.30

サン・ミッシェル広場place St-Michelの6番地にあるアーチを抜けたところにある全21室のホテル。客室はこぎれいだが簡素。共同シャワー使用料は€3.80。夏期とホリデーシーズンには必ず朝食（€5.35）を取らなければならないが、これは見え見えのぼったくり。今ではほとんどのホテルがこの方式をやめている。

オテル・デュ・グローブ
Hôtel du Globe（MAP6）
- ☎01-43-26-35-50　FAX01-46-33-62-69
- E globe@hotelsparisonline.com
- 🏠15 rue des Quatre Vents, 6e
- M オデオンOdéon
- トイレ付€51、シャワー・トイレ付€66〜84、バス・トイレ付€100

さまざまな様式を取り入れた全15室のホテル。各部屋にそれぞれのテーマがある。

オテル・ド・ネスル
Hôtel de Nesle（MAP6）
- ☎01-43-54-62-41
- W www.hoteldenesle.com
- 🏠7 rue de Nesle, 6e
- M オデオンOdéonまたはマビヨンMabillon
- シャワー付S€50〜 W€70〜、バス・トイレ付W€100

サン・ミシェル広場西側の静かな通りにある全20室のホテル。客室には色彩豊かな装飾（千一夜をテーマ）が施されており、リラックスできる。予約の受付は2日前まで。

オテル・プチ・トリアノン
Hôtel Petit Trianon（MAP6）
- ☎01-43-54-94-64
- 🏠2 rue de l'Ancienne Comédie, 6e
- M オデオンOdéon
- シャワー・トイレ共同 S€31〜39、シャワー付W€61〜、シャワー・トイレ付W€84、トリプル€92〜100

装飾にそれほど気を使っていない全13室のホテル。共同シャワーの使用は無料。4泊以上滞在する時は5泊目から割引料金が適用される。

オテル・サン・タンドレ・デ・ザール
Hôtel St-André des Arts（MAP6）
- ☎01-43-26-96-16　FAX01-43-29-73-34
- E hsaintand@minitel.net
- 🏠66 rue St-André des Arts, 6e
- M オデオンOdéon
- S€52〜 W€76〜 トリプル€92〜 4人部屋€103〜

レストランの建ち並ぶにぎやかな大通りにある全31室のホテル。料金は朝食込み。

サン・ラザール駅&
グラン・ブールヴァール周辺
Gare St-Lazare & Grands Boulevards

モンマルトル大通りblvd Montmartre付近の通りは、ナイトライフ・エリアとして人気がある。サン・ラザール駅Gare St-Lazareから離れたところでは、よりリーズナブルな予算でホテルが見つかるが、駅のすぐそばのアムステルダム通りrue d'Amsterdam沿いにもいくつかある。

オテル・デ・ザール
Hôtel des Arts（MAP3）
- ☎01-42-46-73-30　FAX01-48-00-94-42
- 🏠7 Cité Bergère, 9e（rue Bergèreから少し入ったところ）
- M グラン・ブールヴァールGrands Boulevards
- シャワー付S€61 W€64、バス付S€64 W€67、トリプル€84

安くてしゃれた感じの全26室のホテルで、とても個性的（ホテルが飼っているオウムもいる）。フォブール・モンマルトル通りrue du Faubourg Montmartreから小道を少し入ったところにある魅力的なオアシス。

宿泊 – 中級

オテル・ブリタニア
Hôtel Britannia（MAP2）
☎01-42-85-36-36　℻01-42-85-16-93
⌂24 rue d'Amsterdam, 9e
Ⓜサン・ラザールSt-Lazare
🛏シャワー付S€67　W€75、バス付S€75　W€82、シャワー・バス付トリプル€93
廊下は狭いが居心地の良いきれいな客室が全46室。トリプルはやや狭い感じがする。

オテル・ショパン
Hôtel Chopin（MAP3）
☎01-47-70-58-10　℻01-42-47-00-70
⌂46 passage Jouffroy, 9e 入口は10 blvd Montmartre, 9e
Ⓜグラン・ブールヴァールGrands Boulevards
🛏シャワー・トイレ共同 S€55、シャワー付S€62〜　W€69〜　トリプル€91〜
パリで最も美しい19世紀のパッサージュ（屋根で覆われたアーケード）内にある全36室のホテル。やや古びた感じはするが、ベル・エポック（1900年代初期の良き時代）の面影が色濃く残っており、つねに温かく迎えてくれる。アーケードが閉まる22:00以降は、夜間用ベル sonnette de nuit を押すこと。

オテル・ペルティエ・オスマン・オペラ
Hôtel Peletier-Haussmann-Opéra（MAP3）
☎01-42-46-79-53　℻01-48-24-12-01
🌐www.peletieropera.com
⌂15 rue Le Peletier, 9e
Ⓜリシュリュー・ドゥルオーRichelieu Drouot
🛏S€71.60　W€82.40　トリプル€88.50
オスマン大通りblvd Haussmannから少し入った居心地の良い全24室のホテル。受付は1階（日本でいう2階）にある。

北駅＆東駅周辺
Gare du Nord & Gare de l'Est
10区の鉄道駅周辺にはかなりの数の2つ星や3つ星ホテルがある。

オテル・フランセ
Hôtel Français（MAP3）
☎01-40-35-94-14　℻01-40-35-55-40
🌐www.hotelfrancais.com
⌂13 rue du 8 Mai 1945, 10e
Ⓜガール・ド・レストGare de l'Est
🛏シャワー付S€73〜　W€74〜　トリプル€99〜
豪華ともいえる魅力的な客室（バルコニー付きの部屋もある）が全71室。ホテル内の駐車料金は€7。

グラントテル・ド・パリ
Grand Hôtel de Paris（MAP3）
☎01-46-07-40-56　℻01-42-05-99-18
✉grand.hotel.de.paris@gofornet.com
⌂72 blvd de Strasbourg, 10e

Ⓜガール・ド・レストGare de l'Est
🛏S€68.60　W€73　トリプル€88.50　4人部屋€103.70
居心地の良い防音付きの部屋が49室と小さなエレベーターのあるホテル。管理が行き届いている。

ノール・オテル
Nord Hôtel（MAP3）
☎01-45-26-43-40　℻01-42-82-90-23
🌐www.nordhotel.com
⌂37 rue de St-Quentin, 10e
Ⓜガール・デュ・ノールGare du Nord
🛏S€58.70〜67　W€67〜75.50　トリプル€103
北駅Gare du Nordの反対側にある全46室のホテル。清潔で静かな客室はすべてシャワーまたはバス付き。

ノール・エスト・オテル
Nord-Est Hôtel（MAP3）
☎01-47-70-07-18　℻01-42-46-73-50
✉hotel.nord.est@wanadoo.fr
⌂12 rue des Petits Hôtels, 10e
ⓂポワソニエールPoissonnière
🛏オフシーズンS€56.40　W€61　トリプル€64、ハイシーズンS€61　W€70　トリプル€91.40
風変わりな全30室のホテル。通りから少し入った魅力的な邸宅の中にあり、小さな庭が前にある。東駅と北駅のすぐそばで便利。

バスチーユ周辺
Bastille
11区の2つ星ホテルは、2区や3区など内側の区よりも安い。

オテル・リヨン・ミュルーズ
Hôtel Lyon Mulhouse（MAP5）
☎01-47-00-91-50　℻01-47-00-06-31
🌐www.1-hotel-paris.com
⌂8 blvd Beaumarchais, 11e
ⓂバスチーユBastille
🛏S€55〜75、シャワー・トイレ付W€64　T€78、バス・トイレ付W€75　T€83、トリプル€88〜92、4人部屋€95〜100
かつての駅舎で、ここからリヨンLyonやミュルーズMulhouseに向けて列車が出た。快適で静かな客室が40室ある。

オテル・ボードレール・バスチーユ
Hôtel Baudelaire Bastille（MAP5）
☎01-47-00-40-98　℻01-43-38-57-81
✉buadelaire-bastille@wanadoo.fr
⌂12 rue de Charonne, 11e
ⓂバスチーユBastilleまたはルドリュ・ロランLedru Rollin
🛏シャワー・トイレ共同 S€36　W€44、シャワー付S€44〜62、シャワー・トイレ付W€50〜72、トリプル€66〜72、4人部屋€76〜82

宿泊 - 中級

旧称「パックスPax」。部屋は大きくて清潔。

オテル・ロワイヤル・バスチーユ
Hôtel Royal Bastille（MAP5）
☎01-48-05-62-47 ℻01-49-23-07-58
🏠14 rue de la Roquette, 11e
ⓂバスチーユBastille
💰S€78〜 W€87〜 トリプル€104〜 4人部屋€123〜

ロケット通りrue de la Roquette沿いにある他のホテルよりも高級感がある。料金に見合った快適な部屋が全26室。

12区 & 13区周辺
12e & 13e

この地区には、フランス国立図書館Bibliothèque Nationale de Franceがあり、またセーヌ川沿いとベルシー・ヴィラージュBercy Village界隈にはレストランやナイトスポットも多い。

キリア・パリ・ベルシー・エクスポ
Kyriad Paris Bercy Expo（MAP8）
☎01-44-67-75-75 ℻01-44-67-76b-77
✉kyriadexpo@aol.com
🏠19 rue du Baron Le Roy, 12e
Ⓜクール・サン・テミリオンCour St-Émilion
💰S&W€61 トリプル€77

低予算・中級ホテルチェーンの1つで、現在パリで7軒を運営。ベッドだけのとても清潔な全200室のこのホテルは、ベルシー・ヴィラージュから2分のところにある。

シティ・マエヴァ・トルビアック
City Maeva Tolbiac（MAP8）
☎01-53-61-62-00 ℻01-53-61-62-01
✉tolbiac@city-maeva.com
🏠15 rue de Tolbiac, 13e
ⓂビブリオテークBibliothèque
💰S€70 W€75 トリプル€90

改装済みの全87室のホテルで、設備よりもロケーションが注目される。新装の国立図書館やセーヌ川に浮かぶ船上のミュージック・クラブ兼レストランなどが目と鼻の先。長期滞在も可能（本章後出の「長期滞在」の「ホテル形式のフラット」参照）。

モンパルナス周辺
Montparnasse

モンパルナス駅Gare Montparnasse東側のヴァンダム通りrue Vandammeとセックス・ショップが乱立しているゲテ通りrue de la Gaîtéには2つ星と3つ星ホテルが数多くある。

プチ・パラス・オテル
Petit Palace Hôtel（MAP1）
☎01-43-22-05-25 ℻01-43-21-79-01
✉petitpalace@hotelsparisonline.com
🏠131 av du Maine, 14e
ⒶゲテGaîté
💰洗面台・ビデ付W€39.60 トリプル€53.30、シャワー・トイレ付€68.60〜

「宮殿」（Palace）という大仰な名を持つこの全44室のホテルは半世紀にわたり同じ一族が経営している。とても親切で、部屋は小さめだが清潔。共同シャワー使用料は€3。

モンマルトル&ピガール周辺
Montmartre & Pigalle

アリスティド・ブリュアン通りrue Aristide Bruantには魅力的な2つ星ホテルがいくつかあり、春・秋より7、8月の方が空いていることが多い。

オテル・デ・ザール
Hôtel des Arts（MAP7）
☎01-46-06-30-52 ℻01-46-06-10-83
✉hotel.arts@wanadoo.fr
🏠5 rue Tholozé, 18e
ⓂアベスAbbesses
💰S€57 W€73 T€81

親切で、魅力的な全50室のホテル。ピガールPigalleやモンマルトルMontmartreにも近い。

オテル・デ・カピュシーヌ・モンマルトル
Hôtel des Capucines Montmartre（MAP7）
☎01-42-52-89-80 ℻01-42-52-29-57
✉capucines@compuserve.com
🏠5 rue Aristide Bruant, 18e
ⓂアベスAbbesses
💰S€40〜44 W€48〜55 トリプル€55〜66

上品な全30室のホテル。宿泊施設が建ち並ぶ小さな通りにある。

オテル・リュクシア
Hôtel Luxia（MAP7）
☎01-46-06-84-24 ℻01-46-06-10-14
🏠8 rue Seveste, 18e
ⓂアンヴェールAnvers
💰S€45.80 W€61 トリプル€76

全45室のホテルで、主に団体旅行客を受け入れているが、個人旅行者用にも清潔でモダンな部屋が数室確保されている。

オテル・デュ・ムーラン
Hôtel du Moulin（MAP7）
☎01-42-64-33-33 ℻01-46-06-42-66
🌐www.hotelmoulin.com
🏠3 rue Aristide Bruant, 18e
ⓂアベスAbbesses
💰S€52〜66 W€59〜76

韓国人が経営する全27室のホテル。部屋は適切な大きさでトイレ・バス（またはシャワー）付き。

オテル・ユトリロ
Hôtel Utrillo（MAP7）
☎01-42-58-13-44 ℻01-42-23-93-88
✉adel.utrillo@wanadoo.fr

🏠7 rue Aristide Bruant, 18e
Ⓜ️アベスAbbesses
🅟S€58、シャワー付W€67、バス付W€73、トリプル€85
サウナもある全30室のホテル。

空港周辺
2つの空港周辺には、中級ホテルのイビスIbisなどいろいろなホテルがある。

オテル・イビス・パリ・CDG・アエロポール
Hôtel Ibis Paris CDG Aéroport
☎01-49-19-19-19 📠01-49-19-19-21
📧H1404@accor-hotels.com
🅟S&W€69〜 トリプル€91〜
巨大でモダンな全556室の2つ星チェーンホテル。列車のシャルル・ド・ゴール空港1駅Aéroport Charles de Gaulle 1のすぐそばにある。ホテルと空港ターミナルの間をシャトルバスが運行。

オテル・イビス・パリ・オルリー・アエロポール
Hôtel Ibis Paris Orly Aéroport
☎01-56-70-50-50 📠01-46-87-29-92
🌐www.ibishotels.com
🅟3人部屋まで€63〜、4人部屋€76〜
オルリー空港にある全299室のチェーンホテル。ホテルと空港の西・南両ターミナルの間をADPシャトルバスが運行。

宿泊－高級
パリの3つ星と4つ星ホテルの料金は、ホテルによって差がある。

シャルル・ド・ゴール広場周辺
Place Charles de Gaulle
8区と16区には超高級ホテルが並んでいるが、シャルル・ド・ゴール広場place Charles de Gaulle近くに行けば、高級ホテルもいくつかある。

エリゼ・セラミック
Élysée Ceramic（MAP2）
☎01-42-27-20-30 📠01-46-22-95-83
🌐www.elysees-ceramic.com
🏠34 av de Wagram, 8e
Ⓜ️シャルル・ド・ゴール・エトワールCharles de Gaulle-Étoile
🅟S€149.50〜167.70 W€166〜192
陶器店やガラス店に入ると、すぐ物を壊してしまうというような荒っぽい人は宿泊を避けるべきだろう。優雅なワグラム通りav de Wagramにある全57室のこのホテルは、少なくとも正面玄関が彫刻と彩色を施したアール・ヌーヴォー様式のセラミックで出来ているからだ。

ルーヴル&レ・アル周辺
Louvre & Les Halles
1区は予算を気にせずに散財したい人が多く集まる場所だ。

オテル・ブライトン
Hôtel Brighton（MAP2）
☎01-47-03-61-61 📠01-42-60-41-78
📧hotel.brighton@wanadoo.fr
🏠218 rue de Rivoli, 1er
Ⓜ️チュイルリーTuileries
🅟オフシーズンS€81〜 W€105〜 トリプル€150〜、ハイシーズンS€142 W€183 トリプル€207、スイート€210
全65室の3つ星ホテル。部屋はきれいだが、この界隈にしてはやや古びた感がある。チュイルリー公園Jardin des Tuileriesを見下ろせる部屋は人気がある。4階と5階（日本でいう5階と6階）の部屋からは樹木の向こうにセーヌ川を眺めることができる。

グラントテル・ド・シャンパーニュ
Grand Hôtel de Champaigne（MAP6）
☎01-42-36-60-00 📠01-45-08-43-33
🌐www.hotelchampaigneparis.com
🏠17 rue Jean Lantier, 1er
Ⓜ️シャトレChâtelet
🅟S€109〜131 W€122〜146
リヴォリ通りとセーヌ川の間の静かな通りに面した、とても居心地の良い全43室の3つ星ホテル。

マレ地区周辺
Marais
マレ地区の中心部と優雅なヴォージュ広場place des Vosgesの近くに高級ホテルがいくつかある。

オテル・アクシアル・ボブール
Hôtel Axial Beaubourg（MAP6）
☎01-42-72-72-22 📠01-42-72-03-53
🌐www.axialbeaubourg.com
🏠11 rue du Temple, 4e
Ⓜ️オテル・ド・ヴィルHôtel de Ville
🅟シャワー付S€98 W€130、バス付S€112 W€138
マレ地区の中心部にある全39室のホテル。"歴史と現代的なものが交錯する"という意味のホテルの名前がすべてを物語っている。

オテル・デュ・ブール・ティブール
Hôtel du Bourg Tibourg（MAP6）
☎01-42-78-47-39 📠01-40-29-07-00
📧hotel.du.bourg.tibourg@wanadoo.fr
🏠19 du Bourg Tibourg, 4e
Ⓜ️オテル・ド・ヴィルHôtel de Villeまたはサン・ポールSt-Paul
🅟S€150 W€190〜215 スイート€300
マレ地区の中心部にある新装ホテル。部屋も

宿泊 − 高級

手頃な大きさ。

オテル・ド・ラ・ブルトヌリー
Hôtel de la Bretonnerie（MAP6）
☎01-48-87-77-63 📠01-42-77-26-78
🌐www.bretonnerie.com
🏠22 rue St-Croix de la Bretonnerie, 4e
Ⓜ️オテル・ド・ヴィルHôtel de Ville
🛏S&W€108〜140 スイート€180
マレ地区のナイトライフの中心地にある魅力的な全29室のホテル。朝食ルームは17世紀に建てられた。

グラントテル・マラー
Grand Hôtel Malher（MAP6）
☎01-42-72-60-92 📠01-42-72-25-37
📧ghmalher@yahoo.fr
🏠5 rue Malher, 4e
Ⓜ️サン・ポールSt-Paul
🛏オフシーズンS€86〜91 W€103〜108、ハイシーズンS€103〜111 W€118〜128、スイート€155〜170
親切な家族経営の全31室のホテル。部屋の調度はりっぱだが、リノリウム仕上げのロビーはあまり感心しない。

オテル・ド・ラ・プラス・デ・ヴォージュ
Hôtel de la Place des Vosges（MAP5）
☎01-42-72-60-46 📠01-42-72-02-64
📧hotel.place.des.vosges@gofornet.fr
🏠12 rue de Birague, 4e
Ⓜ️バスチーユBastille
🛏S€77、バス付W€105〜145
壮麗なヴォージュ広場の真南という最高のロケーションにある全16室のホテル。部屋はごく普通で、料金は朝食込み。1階〜4階（日本でいう2階〜5階）には小さなエレベーターがある。

オテル・サン・メリー
Hôtel St-Merry（MAP6）
☎01-42-78-14-15 📠01-40-29-06-82
📧hotelstmerry@wanadoo.fr
🏠78 rue de la Verrerie, 4e
Ⓜ️シャトレChâtelet
🛏W€146〜210 トリプル€186〜250 スイート€305〜370
マレ地区の西側にある全11室のホテル。部屋は梁（はり）天井付きで、居心地は最高。

オテル・デュ・ヴィユー・ソール
Hôtel du Vieux Saule（MAP6）
☎01-42-72-01-14 📠01-40-27-88-21
📧reserv@hotelvieuxsaule.com
🏠6 rue Picardie, 3e
Ⓜ️レピュブリックRépubliqueまたはフィーユ・デュ・カルヴェールFilles du Calvaire
🛏オフシーズンS€76 W€91〜122、ハイシーズンS€91 W€106〜137

花で飾られた全31室のホテル。マレ地区の北側にあり、個人的に新しいお気に入りの場所で特におすすめ。

サン・ルイ島周辺
Île St-Louis

セーヌ川に浮かぶ2つの島のうち、小さいほうのサン・ルイ島Île St-Louisは、大きいほうのシテ島Île de la Citéよりもはるかにロマンチックだが、ホテルの料金は高い。サン・ルイ島はパリ中心部から歩いて行ける。

オテル・デ・ドゥー・ジル
Hôtel des Deux Îles（MAP6）
☎01-43-26-13-35 📠01-43-29-60-25
🌐www.hotel-ile-saintlouis.com
🏠59 rue St-Louis en l'Île, 4e
Ⓜ️ポン・マリーPont Marie
🛏S€124 W€142
どことなく田舎風で風情のある全17室のホテル。部屋が小さいのが残念。

オテル・ド・リュテス
Hôtel de Lutèce（MAP6）
☎01-43-26-23-52 📠01-43-29-60-25
🌐www.hotel-ile-saintlouis.com
🏠65 rue St-Louis en l'Île, 4e
Ⓜ️ポン・マリーPont Marie
🛏S€119 W€142 トリプル€157
とても美しい全23室のホテル。都会的というよりも田舎風。気さくで親切な経営者は上記のオテル・デ・ドゥー・ジルの経営者でもある。快適な部屋はきれいに装飾されていて、便利なロケーションはパリでも最高のレベルだといえる。

オテル・サン・ルイ
Hôtel St-Louis（MAP6）
☎01-46-34-04-80 📠01-46-34-02-13
🌐www.hotelsaintlouis.com
🏠75 rue St-Louis en l'Île, 4e
Ⓜ️ポン・マリーPont Marie
🛏S€125〜 W€140〜 スイート€198〜
魅力的ではあるが、華やかさには欠ける全21室のホテル。共用スペースはきれいだ。地階にある朝食ルームは17世紀初めに建てられたもの。

カルチエ・ラタン周辺
Quartier Latin

一般にカルチエ・ラタン周辺の高級ホテルは、隣の6区の高級ホテルよりも値打ちがある。

オテル・デ・グランド・ゼコール
Hôtel des Grandes Écoles（MAP5）
☎01-43-26-79-23 📠01-43-25-28-15
📧hotel.grandes.ecoles@wanadoo.fr
🏠75 rue du Cardinal Lemoine, 5e

宿泊 − 高級

オテル・デ・グランド・ゼコールの美しい庭

Mカルディナル・ルモワヌCardinal Lemoine
またはモンジュMonge
料S&W€90〜115、エクストラベッド€15
コントルスカルプ広場place de la Contrescarpe
のすぐ北にある全51室の素敵なホテル。カルチエ・ラタンでも最高のロケーションの1つ。中世風の通りの奥の中庭に建てられていて、ホテル自体にも庭園がある。1921年に、アイルランドの小説家ジェームズ・ジョイスがこの一室に滞在したこともある。

オテル・デュ・パンテオン
Hôtel du Panthéon（MAP5）
☎01-43-54-32-95 **FAX**01-43-26-64-65
Wwww.hoteldupantheon.com
🏠19 place du Panthéon, 5e
MリュクサンブールLuxembourg
料S€107〜168 W€137〜168 T€153〜198
パリ最大の霊廟（英雄たちの墓所）であるパンテオンPanthéonのすぐそばにある魅力的な全36室のホテル。リュクサンブール公園Jardin du Luxembourgから坂道を少し登ったところにあり、"高級"というよりも"超高級"といった感じ。

グラントテル・サン・ミッシェル
Grand Hôtel St-Michel（MAP5）
☎01-46-33-33-02 **FAX**01-40-46-96-33
Wwww.grandhotel-st-michel.com
🏠19 rue Cujas, 5e
MリュクサンブールLuxembourg
料S€120 W€160 スイート€220
サン・ミッシェル大通りblvd St-Michelの喧噪から離れた恵まれた立地条件にある全46室のホテル。人里離れたところにいるような感じさえする静かな環境。バルコニー付きの部屋もあり、ホテル直営のサロン・ド・テ*salon de thé*（ティールーム）はとても感じが良い。

オテル・レジダンス・モンジュ
Hôtel Résidence Monge（MAP5）
☎01-43-26-87-90 **FAX**01-43-54-47-25
Wwww.hotelmonge.com
🏠55 rue Monge, 5e
Mプラス・モンジュPlace Monge
料S€61〜80 W€80〜115 T€84〜115
カルチエ・ラタンのど真ん中にある清潔で管理の行き届いた全36室のホテル。1人で泊まるには高くつくが、ほかに仲間が1〜2人いる時は割安になる。

サン・ジェルマン＆オデオン周辺
St-Germain & Odéon

この地区の3つ星ホテルはサン・ジェルマン・デ・プレ界隈に集中している。

オテル・ダングルテール
Hôtel d'Angleterre（MAP6）
☎01-42-60-34-72 **FAX**01-42-60-16-93
Eanglotel@wanadoo.fr
🏠44 rue Jacob, 6e
Mサン・ジェルマン・デ・プレSt-Germain des Prés
料S&W€122〜206 スイート€159
にぎやかなサン・ジェルマン大通りblvd St-Germainの近くの静かな通り沿いにある全27室の美しいホテル。オルセー美術館Musée d'Orsayにも近い。かつて英国大使館だったこのホテルの中庭で朝食やブランチを取る常連客もいる。作家ヘミングウェイもここに泊まったことがある（「散策コース」の「左岸を愛した作家たち」参照）。

オテル・デ・ドゥー・コンティナン
Hôtel des Deux Continents（MAP6）
☎01-43-26-72-46 **FAX**01-43-25-67-80
Wwww.2continents-hotel.com
🏠25 rue Jacob, 6e
Mサン・ジェルマン・デ・プレSt-Germain des Prés
料S€132 W€144〜152 トリプル€186
静かな通りに面したホテルで、広々とした部屋が41室ある。

オテル・ルノックス・サン・ジェルマン
Hôtel Lenox St-Germain（MAP4）
☎01-42-96-10-95 **FAX**01-42-61-52-83
Wwww.lenoxsaintgermain.com
🏠9 rue de l'Université, 7e
Mリュ・デュ・バックRue du Bac
料シャワー付S&W€112〜117、バス付S&W€138〜147、スイート€266
シンプルですっきりした、快適な客室が34室ある。1階には、遅くまで営業をしている1930年代風のバーがあって、シックな宿泊客を魅了する。アール・デコ様式の装飾がすばらしい。

宿泊－超高級

オテル・デ・マロニエ
Hôtel des Marronniers（MAP6）
☎01-43-25-30-60　📠01-40-46-83-56
🌐 www.hotel-marronniers.com
🏠 21 rue Jacob, 6e
Ⓜ️ サン・ジェルマン・デ・プレSt-Germain des Prés
💴 S€110〜 W€145〜 トリプル€180〜
小さな中庭の奥にある全37室のホテル。部屋は広々しているとはいえないが、裏にはきれいな庭がある。

オテル・サン・ジェルマン・デ・プレ
Hôtel St-Germain des Prés（MAP6）
☎01-40-46-83-63　📠01-43-25-74-39
🌐 www.hotel-st-ger.com
🏠 36 rue Bonaparte, 6e
Ⓜ️ サン・ジェルマン・デ・プレSt-Germain des Prés
💴 S&W€145〜183 スイート€282〜305
18世紀の豪華な邸宅に造られた全30室の美しいホテル。サン・ジェルマン・デ・プレ教会Église St-Germain des Présと6区の有名なカフェの間の通りを入ったところにある。

サン・ラザール駅 &グラン・ブールヴァール周辺
Gare St-Lazare & Grands Boulevards

この界隈には妥当な料金の高級ホテルがいくつかある。

オテル・ファヴァール
Hôtel Favart（MAP3）
☎01-42-97-59-83　📠01-40-15-95-58
✉️ favart.hotel@wanadoo.fr
🏠 5 rue Marivaux, 2e
Ⓜ️ リシュリュー・ドゥルオーRichelieu Drouot
💴 S€84 W€106 トリプル€130
オペラ・コミック座Opéra Comiqueの向かいにある全37室のアール・ヌーヴォー調のしゃれたホテル。ベル・エポック（良き時代）が偲ばれる。

モンマルトル&ピガール周辺
Montmartre & Pigalle

この界隈には、ピガール近くのホテルを含めて高級ホテルが多い。

ティモテル・モンマルトル
Timhôtel Montmartre（MAP7）
☎01-42-55-74-79　📠01-42-55-71-01
✉️ montmartre@timhotel.fr
🏠 11 rue Ravignan & place Émile Goudeau, 18e
Ⓜ️ アベスAbbesses
💴 S€110 W€110 トリプル€150
部屋の広さよりもロケーションを重視する時におすすめ。小ぎれいでモダンな全60室のこのホテルは、ティモテルTimhôtelチェーンの1つ。5階と6階（日本でいう6階と7階）の客室（追加料金€15）からは、パリ市内のすばらしい眺望が楽しめる。

オテル・デ・トロワ・プサン
Hôtel des Trois Poussins（MAP3）
☎01-53-32-81-81　📠01-53-32-81-82
🌐 www.les3poussins.com
🏠 15 rue Clauzel, 9e
Ⓜ️ サン・ジョルジュSt-Georges
💴 S€120〜 W€135〜 トリプル€200〜
ピガール広場place Pigalleのすぐ南にある全40室の美しいホテル。部屋の半数は小さなステュディオ（ワンルームマンション）形式でキッチン設備付き。

宿泊－超高級

パリの豪華ホテルの多くは4つ星か、4つ星に「L」のマーク付き（「L」は*luxe*〈豪華〉の意味で、5つ星に相当）。なかには、英語の辞書にも載るほど有名なものもある。

オテル・ベラミ・サン・ジェルマン・デ・プレ
Hôtel Bel Ami St-Germain des Prés（MAP6）
☎01-42-61-53-53　📠01-49-27-09-33
🌐 www.hotel-bel-ami.com
🏠 7-11 rue St-Benoît, 6e
Ⓜ️ サン・ジェルマン・デ・プレSt-Germain des Prés
💴 S&W€270〜390 スイート€490
18世紀の印刷工場を改装した全115室のホテル。ミニアリスト（必要最小限の装飾を好む人）にとっては天国だ。あまりにもすっきりしているので、まるでロンドンに来たような感じがしても不思議でない。

オテル・コスト
Hôtel Costes（MAP2）
☎01-42-44-50-00　📠01-42-44-50-01
🌐 www.srs-worldhotels.com
🏠 239 rue St-Honoré, 1er
Ⓜ️ コンコルドConcorde
💴 S&W€300〜620 スイート€1000〜
ホテル王、ジャン・ルイ・コストの名前をとった全83室のホテル。スタイルにこだわる宿泊客には、家とはかけ離れているのに我が家のような雰囲気が味わえる豪華な宿となる。第二帝政時代の遺物に過度な装飾が施され、富と名声を手に入れた人々のお気に入りの場所となっている。

オテル・ド・クリヨン
Hôtel de Crillon（MAP2）
☎01-44-71-15-00　📠01-44-71-15-02
🌐 www.crillon.com
🏠 10 place de la Concorde, 8e

宿泊－超高級

ⓂコンコルドConcorde
🏷S€450〜550 W€550〜725 スイート€755〜 大型スイート€990〜1660
列柱で飾られた、200年の歴史を持つ全157室のホテル。ミシュランの2つ星レストラン**レ・ザンバサドゥール Les Ambassadeurs**もあるまばゆいばかりの共用スペースは、シャンデリア、オリジナル彫像、金のモールディング、タペストリー、象眼を施した家具などで豪華に飾られている。フランス流の贅を尽くしたホテルの典型。どの部屋も広々としていて、ほとんどの部屋にピンク色に輝く大理石のバスルームがある。

ロテル
L'Hôtel（MAP6）
☎01-44-41-99-00 📠01-43-25-64-81
🌐www.l-hotel.com
🏠13 rue des Beaux Arts, 6e
Ⓜサン・ジェルマン・デ・プレSt-Germain des Prés
🏷オフシーズンS&W€236〜298、ハイシーズンS&W€260〜344、スイート€595〜

河岸近くの静かな通りにある全20室のホテル。パリのロマンチックな伝説でいっぱいの場所。このホテルを利用するロックスターや映画スターたちに、100年前に作家オスカー・ワイルドが生涯を閉じた部屋（16号室）や、伝説的な女優・歌手のミスタンゲットが使ったアール・デコ調の鏡の部屋（36号室）を確保するのに躍起だ。

オテル・リュクサンブール・パルク
Hôtel Luxembourg Parc（MAP6）
☎01-53-10-36-50 📠01-53-10-36-59
🌐www.hotelluxparc.com
🏠42 rue de Vaugirard, 6e
ⓂリュクサンブールLuxembourg
🏷S€155 W€200〜300 スイート€400

リュクサンブール公園を見下ろす全23室の素敵なホテル。アメリカの小説家ウィリアム・フォークナーも1925年にここに泊まったことがある（「散策コース」の「左岸を愛した作家たち」参照）。

メリア・コルベール・ブティック・オテル
Mélia Colbert Boutique Hotel（MAP6）
☎01-56-81-19-00 📠01-56-81-19-02
📧melia.colbert@solmelia.com
🏠7 rue l'Hôtel Colbert, 5e
Ⓜモベール・ミュチュアリテMaubert Mutualité
🏷S&W€320 スイート€549〜602

きれいな前庭のある全37室のホテル。その住所もホテルの名前と同じだ。裕福な友人たちはこの控えめなホテルを絶賛している。

オテル・ムーリス
Hôtel Meurice（MAP2）

パリの洗練：「オテル・リッツ」の入口

☎01-44-58-10-10 📠01-44-58-10-15
🌐www.meuricehotel.com
🏠228 rue de Rivoli, 1er
ⓂチュイルリーTuileries
🏷S€470〜600 W€600〜740 スイート€900〜
チュイルリー公園Jardin des Tuileriesに面した全60室のホテル。大々的な改装により、金箔とアール・ヌーヴォー調のガラスに飾られた全盛時代の姿が復活した。

オテル・ルレ・クリスティーヌ
Hôtel Relais Christine（MAP6）
☎01-40-51-60-80 📠01-40-51-60-81
🌐www.relais-christine.com
🏠3 rue Christine, 6e
ⓂマビヨンMabillonまたはサン・ミッシェルSt-Michel
🏷S€300〜 W€350〜 スイート€490〜

有名なシャトー・エ・オテル・ド・フランスChâteaux et Hôtels de Franceのチェーンホテル。全51室のきれいなホテルで、静かな通りから印象的な中庭に入る。

オテル・リッツ
Hôtel Ritz（MAP2）
☎01-43-16-30-30 📠01-43-16-36-68
🌐www.ritzparis.com
🏠15 place Vendôme, 1er
ⓂオペラOpéra
🏷S&W€580〜680（11〜4月、7〜8月）€630〜730（5、6、9、10月）、ジュニアスイート€800〜1030、1ベッドルーム・スイー

ト€1050〜1500

世界で最も有名で料金も高いホテルの1つ。豪華な客室とスイートが全部で175室あり、ホテル直営のレストラン**レスパドン L'Espadon**は、ミシュランの2つ星に格付けされている。最近改装された**ヘミングウェイ・バー Hemingway Bar**は、アメリカ人作家ヘミングウェイが有名になってからよく利用した所。

ラ・ヴィラ・サン・ジェルマン・デ・プレ
La Villa St-Germain des Prés（MAP6）
☎01-43-26-60-00 FAX01-46-34-63-63
W www.villa-saintgermain.com
29 rue Jacob, 6e
Mサン・ジェルマン・デ・プレSt-Germain des Prés
S&W€195〜320 スイート€400〜

全32室のこのホテルは、小さくて、装飾を最小限に抑え、控えめで、パリのホテルの新しい基準になりそうな感じだ。

長期滞在

パリに1週間以上滞在するのであれば、ホテル形式のアパルトマンに滞在したり、家具付きフラットを借りることを考えてみよう。パリの観光案内所の配布資料やそのホームページ（W www.paris-touristoffice.com）の「家具付き賃貸アパルトマンLocation Appartements Meublés」に掲載されている代理店に頼めば手配してくれる。パリで少なくとも一学期を過ごす学生は、「学生向け賃貸物件Logements pour Étudiants」に掲載されている仲介機関に頼めば物件を探してくれる。

フラットを探す

9月と10月にパリで部屋を探すのは難しく、特に安い物件はなかなか見つからない。みんながバカンスから戻り、夏休みを終えた学生が新学年に向けて部屋探しを始めるからだ。手頃な料金の物件が見つかりやすいのは、大学の学期の終わり頃、つまりクリスマスから2月上旬にかけての期間と7〜9月だ。

洗面台付きのごく小さな屋根裏部屋（最低9m^2）は毎月€400ほどの家賃で借りられるが、電話やキッチン、専用トイレはなく、共有シャワーさえないところもある。学生が借りることの多いこれらの部屋は、たいていはエレベーターのない古いアパルトマンの6階か7階（日本でいう7階か8階）の chambres de bonne（使用人の部屋）を改装したものだが、立地条件はまずまずだ。

家具なしまたは家具付きでトイレ別の小さなステュディオ（15〜30m^2）を借りるには、毎月1m^2あたりおよそ€15かかる。理屈の上では、1m^2当たりの料金は、部屋が大きくなるほ

ど、また中心部から離れるほど安くなり、エレベーターがないとそれだけ安くなる。

口コミ情報源（現地在住者、学生、一時的にパリに住んでいる同国人など）を使い果たしてしまったら、アメリカ教会（「基本情報」の「文化センター」参照）の掲示板をのぞいてみるのもよい。そこに広告を出す人は、外国人への賃貸を希望していることが多く、おそらく英語も話せるだろうし、比較的短期の契約にも喜んでサインしてくれるはずだ。2週間ごとに発行される無料の定期刊行物FUSAC（「基本情報」の「新聞・雑誌」参照）も情報源として役立つ。

フランス語が多少わかれば（あるいは知人にわかる人がいれば）、新聞・雑誌販売店で入手できる定期刊行物で物件を調べることもできる。たとえば、木曜発売の『De Particulier à Particulier』（€2.75）や『Se Longer』（€2.30）、水曜発売の『L'Hebdo Immobilier』（€1.85）や『Les Annonces Immobiliers』（€2.40）などがある。ただし、問い合わせの電話をする時はフランス語で話さなければならない。電話が利用できる時は、『De Particulier à Particulier』に「求む」の広告を出し、相手から電話をかけてもらうこともできる。

賃貸仲介代理店

アロー・ロジュマン・タンポレール
Allô Logement Temporaire（MAP6）
☎01-42-72-00-06 FAX01-42-72-03-11
E alt@claranet.fr
1st floor, 64 rue du Temple, 3e
Mランビュトー Rambuteau
O月〜金12:00〜20:00

1週間〜1年の単位で家具付きアパルトマンを探している外国人と家主を仲介する非営利団体。約25〜30m^2の小さな家具付きステュディオの毎月の家賃は、立地にもよるが、€460〜765程度。大学の授業が始まる10月に部屋を探すのは至難の業だが、夏の間ならたいてい数日間で何らかの物件が見つかる。契約書にサインする前に、代理店の仲介で借主が家主と電話で話すことになるが、必要に応じて通訳を入れることができる。年会費は€50で、家賃と1カ月分の保証金（直接家主に支払う）のほかに、毎月€35の手数料が必要になる。

フランス・ロッジ・ロケーションズ
France Lodge Locations（MAP3）
☎01-53-20-09-09 FAX01-53-20-01-25
41 rue La Fayette, 9e
Mル・ペルティエ Le Peletier

フラット（多くは共有）探しを手伝ってくれる非営利団体。家賃は1週間約€350〜、1カ月約€850〜。

旅行者にステュディオやフラットを賃貸する民間代理店（読者のおすすめ）のホームページは次のとおり。

Ⓦ www.multimania.com/parisrent
Ⓦ www.parismarais.com
Ⓦ www.rentoparis.com
Ⓦ www.paris-apts.com

ホテル形式のフラット
余分なものをいっさい省いてホテルに滞在する感覚のホテル形式のフラットは、低予算の人、特に小グループには賢明な選択だ。パリにはこの種の物件がかなり多い。

アパルトテル・シタディヌ
Apart'hotels Citadines
☎0-825-333-332 フランス国外からの国際電話は01-41-05-79-05
Ⓦ www.citadines.com
Ⓔ res@citadines.com
以下に列挙するものをはじめパリ市内17カ所の建物にステュディオとアパルトマン物件を持つチェーン店。料金は時期や物件によって異なるが、普通は、キッチン設備付き2人用小ステュディオ1泊€104～195、4人が泊まれる1ベッドルーム付きフラット€181～293である。6日以上の滞在には約10％、そして30日以上滞在には約25％の割引がある。

- バスチーユ・ナシオン **Bastille Nation**（MAP5）
  ☎01-40-04-43-50 📠01-40-04-43-99
  🏠14-18 rue de Chaligny, 12e
  Ⓜ ルイィ・ディドロReuilly Diderot
- レ・アル **Les Halles**（MAP6）
  ☎01-40-39-26-50 📠01-45-08-40-65
  🏠4 rue des Innocents, 1er
  Ⓜ シャトレ・レ・アルChâtelet-Les Halles
- メーヌ・モンパルナス **Maine Montparnasse**（MAP4）
  ☎01-53-91-27-00 📠01-43-27-29-94
  🏠67 av du Maine, 14e
  Ⓜ ゲテGaîté
- モンマルトル **Montmartre**（MAP7）
  ☎01-44-70-45-50 📠01-45-22-59-10
  🏠16 av Rachel, 18e
  Ⓜ ブランシュBlanche
- オペラ・ドゥルオー **Opéra Drouot**（MAP3）
  ☎01-40-15-14-00 📠01-40-15-14-15
  🏠18 rue Favart, 2e
  Ⓜ リシュリュー・ドゥルオーRichelieu Drouot
- サン・ジェルマン・デ・プレ **St-Germain des Prés**（MAP6）
  ☎01-44-07-70-00 📠01-44-07-29-50
  🏠53 ter quai des Grands Augustins, 6e
  Ⓜ サン・ミッシェルSt-Michel

- トゥール・エッフェル **Tour Eiffel**（MAP4）
  ☎01-53-95-60-00 📠01-53-95-60-95
  🏠132 blvd de Grenelle, 15e
  Ⓜ ラ・モット・ピケ・グルネルLa Motte Picquet Grenelle

シティ・マエヴァ・トルビアック
City Maeva Tolbiac（MAP8）
☎01-53-61-62-00 📠01-53-61-62-01
Ⓔ tolbiac@city-maeva.com
🏠15 rue de Tolbiac, 13e
Ⓜ ビブリオテークBibliothèque
🛏キチネット付1泊（最低3泊が条件）1人部屋€65 2人部屋€70 3～4人部屋€80、キチネット付1週間1人部屋€420 2人部屋€434 3～4人部屋€504

国立図書館Bibliothèque Nationale近くにあるホテル（本章前出の「宿泊-中級」の「12区＆13区周辺」参照）で、長期滞在用に諸設備完備の部屋の賃貸もしている。

フラトテル・トゥール・エッフェル
Flatôtel Tour Eiffel（MAP4）
☎01-53-95-20-00 📠01-45-79-73-30
🏠14 rue du Théâtre, 15e
Ⓜ シャルル・ミッシェルCharles Michels
🛏2人用ステュディオ€104～111、4人用フラット€150～175

40m²のキッチン設備のあるステュディオと、ベッドルームが1、2、3室のフラットがある。最低7泊必要。料金は月極めの方が割安になる。

レジダンス・デ・ザール
Résidence des Arts（MAP6）
☎01-55-42-71-11 📠01-55-42-71-00
Ⓦ www.hotel-and-paris.com
🏠14 rue Gît le Cœur, 6e
Ⓜ サン・ミッシェルSt-Michel
🛏ステュディオ€130～160、スイート€229～252、アパルトマン€275～305、フラット（ベッドルーム2室）€352～386

サン・ミッシェル広場のすぐ西にある15世紀の大邸宅内にある美しい部屋。フラットというよりも贅沢なホテルといった感じ。

レジダンス・ピエール＆ヴァカンス
Résidence Pierre & Vacances（MAP7）
☎01-42-57-14-55 📠01-42-54-48-87
Ⓔ montmartre@pierreetvacances.com
🏠10 place Charles Dullin, 18e
Ⓜ アベスAbbesses
🛏4人以内のステュディオ€91～121、フラット（ベッドルーム1室）€150、フラット（ベッドルーム2室）€198

モンマルトル中心部の静かな通りの奥にある素敵な住まい。8日以上の滞在には10％、そして28日以上の滞在には30％の割引がある。

食事

Places to Eat

食事

「フランス人はたいてい2つのこと、つまりその日の大事な2回の食事のことを考えていて、その他のことは二の次だ」と、陽気で楽天家 bon vivant でよく太ったパリの友人が教えてくれた。まさにそのとおりだ。おいしいものを食べることは、今でも多くのフランス人にとって最も大切なことなのだ。彼らは食べ物のことを考え、話し、そして食べることに多大な時間を費やす。それも無理もない。フランス料理には、各地の特産品や料理法を用いた地方色豊かな料理が山ほどあり、とてもバラエティに富んでいるからだ。

パリとフランスの各地方の食べ歩きについては、ロンリープラネットの『World Food France』(英語)が参考になる。

フランス料理

料理の種類 フランス料理にはいくつかの種類がある。オート・キュイジーヌ haute cuisine またはグランド・キュイジーヌ grande cuisine と呼ばれる高級料理は、フランスに古くから伝わる豪華な料理で、丹念に調理され、見た目も美しく、品数も多い。その真髄は、全体の調和と芸術的ともいえるきれいな盛り付けにある。

キュイジーヌ・ブルジュワーズ cuisine bourgeoise は、最高級のフランス家庭料理で、大胆で素朴な味覚と食感が楽しめる。そして、地方料理キュイジーヌ・デ・プロヴァンス cuisine des provinces は、各地の最高の食材と洗練された調理法を用いて作られる伝統的な料理で、田舎料理キュイジーヌ・カンパニャールド cuisine campagnarde とも呼ばれる。

20世紀後半にもてはやされた新しい料理ヌーヴェル・キュイジーヌ nouvelle cuisine は、きれいに盛り付けられた少量の料理に薄めのソースをかけたものだが、その後は人気も下火になった。しかし、ヌーヴェル・キュイジーヌが調理法や料理の盛り付け方に与えた影響は大きい。

地方色豊かな料理 バラエティに富んでいるフランス料理は、ノルマンディー、ブルゴーニュ、ペリゴール、リヨン、プロヴァンス、アルザスなど特色のあるいくつかの地方の料理が代表的である。このほかにも、ロワール地方やバスク地方、ラングドック・ルション地方などの料理も、いわゆる"フランス料理"に大きく貢献している。

ノルマンディー地方 ノルマンディーの料理に欠かせないのは、クリーム、リンゴ、シーフードの3つだ。この地方の自慢料理は、ムール・ア・ラ・クレーム・ノルマンド moules à la crème normande (シードルをかけたムール貝のクリームソース煮)とカナール・ア・ラ・ルアネーズ canard à la rouennaise (ルアン風カモ料理。レバーを詰めたカモの赤ワインのソース添え)だ。できれば、食事の途中でトゥルー・ノルマン trou normand ("ノルマンの穴"という意味の酒カルヴァドス Calvados)を飲んで消化を助け、あとの料理に備えたい。

ブルゴーニュ地方 この地方の料理に欠かせない"3大食材"は、牛肉、ワイン、マスタードで、ブフ・ブルギニョン bœuf bourguignon (マリネードに漬けた牛肉をマッシュルーム、タマネギ、にんじん、ベーコンとともに若い赤ワインで煮込んだもの)は、この3つのうちの2つを使った料理だ。ブルゴーニュ地方の中心地であるディジョン Dijon はマスタードの産地として有名で、何世紀にもわたりマスタードの同意語になっている。

ペリゴール地方 この地方はトリュフと家禽で有名だが、なかでもアヒルやカモの肥大した肝臓からはパテ・ド・フォアグラ pâté de foie gras (アヒルやカモのレバーのパテ)が作られる。コニャックやトリュフで味付けされることもある。ア・ラ・ペリグルディーヌ à la périgourdine (アヒル、カモ、鶏肉、ときには牛肉を用いた料理)と呼ばれる地方料理には、たいてい、フォアグラとトリュフで作った濃厚なブラウンソースがかけられる。コンフィ・ド・カナール confit de canard (アヒルのコンフィ)とコンフィ・ドワ confit d'oie (ガチョウのコンフィ)は、アヒルやガチョウの骨付き肉をその脂(コンフィ)でゆっくり煮込んだもの。家禽は、数ヵ月間保存してから食べられる。

リヨン地方 フランス第三の都市リヨンがフランスのグルメの聖堂 temple de gastronomie だと考えている人は多く、実際、パリにもリヨン料理のレストランが数多くある。ソシソン・ド・リヨン saucisson de Lyon (リヨンのソーセージ)は、リヨンを代表するシャルキュトリー charcuterie (料理された肉)で、リヨンのトレードマークとなっているソシソン・ソ・オ・ポム saucisson aux pommes (ジャガイモ付きソーセージ)に使われる。もう一つ忘れてならないリヨン料理として、魚(通常はカワカマス)のすり身で作った団子にソース・ナンチュア sauce Nantua (淡水のザリガニをベースにしたクリーミーなソース)をかけたクネル quenelle と呼ばれる料理がある。

パリのあちこちにあるエスニック食材店

プロヴァンス地方　プロヴァンス料理la cuisine provençaleに欠かせない3大食材は、ローマ時代から受け継がれているオリーブと小麦とワインで、多くの料理にオリーブオイルとガーリックがたっぷり使われる。プロヴァンス地方を代表する料理はブイヤベースbouillabaisseだ。これは、少なくとも3種類の魚をいろいろなハーブのだし汁でタマネギ、トマト、サフランと一緒に10分ほど煮込み、トーストされたパン、ルイユrouille（オリーブオイル、ガーリック、チリで作る辛みのあるマヨネーズ）とともにメイン料理として出される。

アルザス地方　アルザスの食卓には最初から肉が並ぶ。この地方に古くから伝わる料理に、シュークルート・アルザシエンヌchoucroute alsacienneがあるが、これは、シュークルート・ガルニchoucroute garnieとも呼ばれ、セイヨウビャクシンの実で味付けしたザワークラウトとソーセージ、ベーコン、ポークやハムの骨付きすね肉が付け合わされた料理だ。また、この地方のブドウ畑や果樹園も有名である。シュークルートを食べながら、よく冷えたリースリングRiesling（辛口白ワイン）かアルザスのピノ・ノワールPinot Noir（ワイン）を飲み、その後タルト・アルザシエンヌtarte alsacienne（地元のフルーツを使ったカスタード・タルト）を味わってみよう。

エスニック料理

パリには昔の植民地や保護領からの移民が多く住んでいるため、エスニック料理はパリっ子にとってオニオン・スープのようにごく普通の食べ物になった。パリのあちこちで、ベトナム料理のネムnems（春巻）、中国料理のパテ・アンペリアルpâtés impériaux（春巻や卵巻）、北アフリカ料理のクスクスcouscous（小麦の粗びき粉を蒸したもので、野菜や羊肉のシチューと一緒に食べる）やタジンtajines（円錐型のふたのついた土鍋で煮込んだ肉と野菜のシチュー）、カリブのブーダン・アンティエboudin antillais（西インド諸島の血のプディング）、セネガルのヤッサyassa（タマネギとレモンソースを添えた肉や魚のグリル）などを食べることができる。パリではインド料理の人気が高く、また最近は日本料理も注目されている。

ベジタリアン料理

かつて"食べ物"といえば肉viandeを意味したフランスでは、ベジタリアンやビーガン（卵・チーズ・牛乳なども食べない絶対菜食主義者）の数はごくわずかで、ベジタリアン料理を出すレストランもあまりない。パリにもベジタリアン専門のレストランはほとんどない。しかし、このところベジタリアン料理をメニューに加えるレストランが増えており、そうしたレストランはⓦwww.veg.orgで検索できる。

フランスの食事

パリっ子の一日はプティ・デジュネpetit déjeuner（朝食。次ページのコラム「朝食にはブランチを」参照）で始まる。普通は、軽いロールパンかバゲット半分（前の晩の夕食の残り物であることが多い）にバターかジャムを塗って食べ、カフェ・オ・レcafé au lait（コーヒーにミルクをたっぷり入れたもの）か少量のブラック・コーヒーまたはホット・チョコレートを飲む。外国人の多くが、フランス人は毎日クロワッサンを食べると思っているが、実際にはそうではなく、クロワッサンは週末のご馳走に取っておくのが普通だ。

多くのパリっ子にとって一日のうちで最も大切な食事は、やっぱりデジュネdéjeuner（昼食）であり、ディネdîner（夕食）は昼食より軽く済ませることが多い。

外食

レストラン＆ブラッスリー　一般に、パリのレストランは特定の料理（たとえば、伝統的なフランス料理、フランスの地方料理、北アフリカ料理、ベトナム料理など）を専門としているが、これに対してブラッスリー（元来は"ビール醸造所"という意味）は、一般的なフランス料理やアルザス料理を提供している。

たいていのレストランは、ランチタイムとディナータイム（12:00～14:30頃までと、19:00か19:30から22:00と23:00の間の時刻くらいまで）だけ営業する。ブラッスリーは朝から夜遅くまで開いているのが普通で、日曜に営業している店も多い。

学生食堂　パリには学生食堂restaurants universitairesが17カ所あり、ボリュームのある料理を腹いっぱい食べられる。この食堂は、各

食事 – 食事

朝食にはブランチを

伝統的なイギリスの朝食に慣れている人たちの中には、フランスの朝食（プティ・デジュネ*petit déjeuner*）についていけない人も多いだろう。クロワッサン、残り物のバゲットにバターやジャムを塗ったもの、それにミルクをたっぷり入れたコーヒーというのは、多くの人には朝食と呼べない代物である。一日のほかの時間帯にはキッチンの主であるフランスのシェフも、どうも朝は気が乗らないようだ。しかし、最近のパリで人気のあるブランチ（遅い朝食兼早めの昼食）となれば話は別だ。週末（特に日曜）には、このブランチのサービスを行っている店も多い。

カフェ・ボブール Café Beaubourg（MAP6 ☎01-48-87-63-96 ⌂43 rue St-Merri, 4e Ⓜシャトレ・レ・アルChâtelet-Les Halles 🕐月～木・日8:00～翌1:00、金・土8:00～翌2:00）ポンピドゥー・センターの反対側にあるカフェ。陽気なミニマリスト（最小限のもので満足できる人）に人気だ。テラスでの朝食や日曜のブランチ（€12.50～21.50）は芸術家気取りの人々でにぎわう。向かい側にあるパルヴィ*parvis*（大広場）では、年中、無料のエンターテインメントをやっている。

レ・フ・ド・リル Les Fous de l'Île（MAP6 ☎01-43-25-76-67 ⌂33 rue des Deux Ponts, 4e Ⓜポン・マリーPont Marie 🕐火～金12:00～23:00、土15:00～23:00、日12:00～19:00）親しみやすい落ち着いた雰囲気のティールームと展示スペースとレストランがある。おいしいランチ定食*menu*（ムニュ）（€12）とア・ラ・カルトの夕食（€18.30～22.85）、そして日曜にはすばらしいブランチを楽しむことができる。

ピッチ・ポイ Pitchi Poï（MAP6 ☎01-42-77-46-15 ⌂7 place du Marché Ste-Catherine, 4e Ⓜサン・ポールSt-Paul 🕐ランチ＆ディナー23:00まで）パリの最も美しい広場の一つ、マルシェ・サント・カトリーヌ広場*place du Marché Ste-Catherine*にある陽気な東欧系ユダヤ料理レストラン。ランチとディナーにはチュラン*tchoulent*（豆と野菜と肉をとろ火で煮た料理）のような伝統料理が出される。本日のおすすめ料理*plat du jour*（プラ・デュ・ジュール）€12.95、定食€18。日曜のブランチには、スモークサーモンや鶏肉レバーのぶつ切りといった軽い食べ物が楽しめる。

ル・トロワジィエーム・ビュロー Le Troisième Bureau（MAP3 ☎01-43-55-87-65 ⌂74 rue de la Folie Méricourt, 11e ⓂオベルカンフOberkampf 🕐12:00～翌2:00）パブ兼ビストロで、おもしろい客が集まる。読書をしたり、音楽を聞いたり、軽いオフィスワークもできる（電話ボックスにはファクスもある）。日曜のブランチ（€13）も楽しい。ランチ定食は€10＆€13.50。

ル・ヴィアデュック・カフェ Le Viaduc Café（MAP5 ☎01-44-74-70-70 ⌂43 av Daumesnil, 12e Ⓜガール・ド・リヨンGare de Lyon 🕐9:00～翌4:00）ガラス屋根で覆われたアーケード"ヴィアデュック・デ・ザールViaduc des Arts"の中にあるテラス付きのトレンディなカフェ。早朝を過ごしたりまた日曜には12:00～16:00にライブ・ミュージックを聴きながらブランチ（€19＆€21）を楽める。

ウェブ・バール Web Bar（MAP3 ☎01-42-72-66-55 ⌂32 rue de Picardie, 3e Ⓜタンプル Templeまたはレピュブリック République 🕐月～金8:30～翌2:00、土・日11:00～翌2:00）1階（日本でいう2階）に広々とした人気のインターネット・カフェがある。日曜11:00～16:30にブランチ（€11）を取りながらリラックスできる。

大学区の**学生厚生センター** Centre Régional des Œuvres Universitaires et Scolaires（CROUS）（☎01-40-51-55-55 Ⓦwww.crous-paris.fr フランス語のみ）が運営している。3品料理の食券は、フランスの大学やカレッジの学生は€2.40、ISIC（国際学生証）かユース・カードがあれば€4.20、一般の人は€4.80である。

CROUS レストラン（通常"レスト・ユーrestos U"と呼ばれる）の営業時間は、大学の休暇スケジュールや週末のローテーションによって変わることがあるので、下記の場所に張り出される予定表や、CROUSのホームページで営業時間を確認すること。

アサ Assas（MAP5）
☎01-44-41-58-01
⌂92 rue d'Assas, 6e
Ⓜポール・ロワイヤルPort Royalまたはノートル・ダム・デ・シャンNotre Dame des Champs
🕐ランチ11:00～15:00のみ

ブリエ Bullier（MAP5）
☎01-44-41-33-44
⌂39 av Georges Bernanos, 5e
Ⓜポール・ロワイヤルPort Royal
🕐ランチ11:30～14:00、ディナー18:15～20:00

サンシェ Censier（MAP5）
☎01-45-35-41-24
⌂31 rue Geoffroy St-Hilaire, 5e
Ⓜサンシエ・ドバントンCensier Daubenton
🕐ランチ11:30～14:00、ディナー18:30～20:00

シャトレ Châtelet（MAP5）
☎01-43-31-51-66
⌂10 rue Jean Calvin, 5e
Ⓜサンシエ・ドバントンCensier Daubenton
🕐ランチ11:30～14:00、ディナー18:30～20:00

マビヨン Mabillon（MAP6）
☎01-43-25-66-23
⌂3 rue Mabillon, 6e
ⓂマビヨンMabillon

🕐ランチ11:30〜14:00、ディナー18:00〜20:00
マゼ Mazet（MAP6）
🏠5-5 bis rue André Mazet, 6e
Ⓜオデオン Odéon
🕐朝食・ランチ8:00〜18:00、ディナー18:00〜20:00

カフェ　カフェは多くのパリっ子の日常生活に欠かせない場所だが、伝統的なカフェで食べられるのは、カマンベールやパテをはさんだバゲット、クロック・ムッシューcroque-monsieur（グリルされたハムとチーズのサンドイッチ）、クロック・マダムcroque-madame（クロック・ムッシューに目玉焼きをのせたもの）といったところ。「エンターテインメント」の章で紹介するたくさんのパブやバー、それにそれほど伝統的でないカフェでもそこそこの食事や軽い食事ができる。

ファストフード&チェーン・レストラン　フランスのハンバーガー・チェーン"クイックQuick"やアメリカのファストフード・チェーンがパリのあちこちに店を出し、お客で混み合っている。

パリ市内に定番メニューの店を出しているチェーン・レストランも多い。こうしたレストランは、ファストフード店より明らかにワンランク上であり、シャンゼリゼ大通りなどのように値段が高いか割高な（あるいはその両方の）レストランが建ち並ぶところでは、お得な食事どころとなっている。

ビストロ・ロマン
Bistro Romain
🕐通常11:30〜翌1:00
パリ市内に22店ほどある人気急上昇のチェーン・レストラン。ランチは€10.50、ディナーは€15.10と€24.50。**シャンゼリゼ・ビストロ・ロマン Champs-Élysées Bistro Romain**（MAP2　☎01-43-59-93-31　🏠122 av des Champs-Élysées, 8e Ⓜジョルジュ・サンクGeorge V）は、さらに遅くまで営業している。

ビュッファロ・グリル
Buffalo Grill
🕐日〜木11:00〜23:00、金・土11:00〜24:00
かつてのバティフォルBatifolレストランを引き継いだチェーン店。パリ市内に12店ほどの店がある。

その一つが**ガール・デュ・ノール・ビュッファロ・グリル Gare du Nord Buffalo Grill**（MAP3　☎01-40-16-47-81　🏠9 blvd de Denain, 10e Ⓜガール・デュ・ノールGare du Nord）。主な料理は、グリル（€8〜15）とステーキ（Tボーンステーキ€15、オーストリッチ€13.50）。定食は€10.50から。

イポポタミュス
Hippopotamus
🕐通常日〜木11:45〜翌1:00、金・土11:45〜翌1:30
パリ市内に19店を持つ。ステーキをベースとしたボリュームのある食事が専門。定食は€12.90〜24.20。4店は、毎日朝5:00まで営業している。**オペラ・イポポタミュス Opéra Hippopotamus**（MAP3 ☎01-47-42-75-70 🏠1 blvd des Capucines, 2e Ⓜオペラ Opéra）もその一つ。

レオン・ド・ブリュッセル
Léon de Bruxelles
🕐日〜金11:30〜翌1:00、土11:30〜翌2:00
12の店を持つレストラン・チェーン。
フォーラム・デ・アル・ブランチ Forum des Halles branch（MAP6 ☎01-42-36-18-50 🏠120 rue Rambuteau, 1er Ⓜシャトレ・レ・アル Châtelet-Les Halles）もその一つ。レオン・ド・ブリュッセルは、ムールmoules（ムール貝）を売り物にしている。大きな鉢いっぱいのムール貝にポテトフライとパンが付いて€11.50から。定食も€10.90と€14.20がある。

テイクアウト

新鮮なパンにペーストリーとチーズ、果物、野菜、出来合いの惣菜を買い込んで、グルメピクニックpique-niqueとしゃれこむのもパリの楽しみの一つだ。だが、食料品店の多くが日曜の午後と月曜は閉店し、たいていのスーパーマーケットも日曜は終日閉まっているので要注意だ。

新鮮なパンはブーランジュリーboulangeries（パン屋）で買い、よだれの出そうなペーストリーはパティスリーpâtisseries（ケーキ屋）で買う。フロマジュリーfromagerie（チーズ専門店）には、好みの固さに熟成faitしたチーズが置いてあり、シャルキュトリーcharcuterie（豚肉製品店）には、薄切りの肉やパテなどが置いてある。そして、新鮮なフルーツや野菜はエピスリーépiceries（食料品店）や、スーパー、青空市場で手に入る。

ブッシュリーboucherieは一般的な肉店で、特別な家禽の肉を買う時はマルシャン・ド・ヴォライユmarchand de volaille（家禽専門店）へ行かなくてはならない。入口の上方に金塗りの馬頭が掛かっているブッシェリー・シュヴァリーヌboucherie chevaline（馬肉店）は、牛肉や羊肉よりも馬肉を好む人のために馬肉を売っている。新鮮な魚やシーフードはポワソヌリーpoissonnerie（魚店）で買える。

パリ近郊の食料市場では、最も新鮮で最高品質の果物、野菜、チーズ、サラダなどが安く手に入る。詳細は「ショッピング」のコラム「市場に行こう」を参照のこと。

食事 – 飲み物

数えきれないほど多くの種類があるチーズ

飲み物

ノンアルコール飲料

現在、フランスで最もよく飲まれるノンアルコール飲料はコーヒーとミネラルウォーターで、フルーツジュース、ソフトドリンク、紅茶がこれに続く。

コーヒー コーヒーにもいろいろな種類がある。最も一般的なのはエスプレッソである。小カップのブラック・エスプレッソは、カフェ・ノワール*café noir*、エクスプレス*express*、あるいは単にカフェ*café*と呼ばれる。グラン*grand*（大カップ入り）も注文できる。

カフェ・クレーム*café crème*は、泡立てたミルクやクリームを加えたエスプレッソのこと。小カップのカフェ・クレームはプティ・クレーム*petit crème*と呼ばれる。カフェ・オ・レ*café au lait*は、少量のコーヒーと大量のホットミルクを混ぜたもので、大きなカップ、時には小鉢のようなものに入って出てくる。ノワゼット*noisette*（"ハシバミの実"という意味）は、ほんの少しミルクを入れたエスプレッソのこと。カフェのコーヒーは、カウンターで立ち飲みすると€1から€1.20と安いが、テーブルに座って飲むと値段は2倍に跳ね上がる。

水 パリの水道水は飲んでも安全なので、本当はボトルに入った水を買う必要はない。飲めない水（公園の噴水など）には、"オー・ノン・ポタブル*eau non potable*"（非飲用）と表示されている。

食事の際に、ソフトドリンクやワインよりも水道水を飲みたい時は、たとえウェイターがいやな顔をしても遠慮せずに注文すること。なぜなら法律では、お客が希望した時にレストランは水道水を出さなければならないと定められているのだ。このほかオー・ミネラル*eau minérale*（ミネラルウォーター）を注文することもできる。ミネラルウォーターには、プラット*plate*（炭酸無し）とガズーズ*gazeuse*（炭酸入り）がある。瓶に入ったオー・ド・スルス*eau de source*（泉などの湧き水）は、ほとんどの場合炭酸は入っていない。

アルコール飲料

フランスの食卓で飲まれるアルコール飲料はワインだけではない。また、アルコール飲料は必ず食事とともに飲まれるわけではなく、食事の前後にも飲まれる。

ワイン フランスの有名なワイン産地はボルドーとブルゴーニュである。ブルゴーニュの極上のワインは驚くほど味わい深いが、一般にはボルドーワインの方が味は確かだ。ボージョレ*Beaujolais*（ブルゴーニュ産の軽い赤ワイン）は、その年の秋にブドウを収穫してから2カ月ほどで飲まれる。ロワール地方も、サンセール*Sancerre*、プイイ・フュメ*Pouilly-Fumé*、ヴヴレイ*Vouvray*といった優れた白ワインの産地である。

食前酒＆食後酒 食事は、食欲を誘う食前酒から始まることが多い。食前酒には、キール*kir*（黒すぐりのリキュールで甘みを加えた白ワイン）やパスティス*pastis*（アニスで香りをつけた白ワインに水を加えて濁らせたもの）などがある。

フランスのブランデーで最も有名なのはアルマニャック*Armagnac*とコニャック*Cognac*で、このほかにもいろいろな種類があるが、これらを総称してオー・ド・ヴィ*eaux-de-vie*（"命の水"という意味）と呼ばれる。カルヴァドス*Carvados*はリンゴから作ったブランデーで、熟成するにつれて味わいが深くなる。このほかによく知られているリキュールには、コワントロー*Cointreau*、ベネディクティン*Bénédictine*、シャルトルーズ*Chartreuse*などがある。

ビール ビール*bière*（ビエール）は、バーやカフェでドゥミ*demi*（小ジョッキ1杯、約0.33ℓ）と言って注文することが多い。たいていは国産物のクローネンブルグ*Kronenbourg*、33（トラント・トロワ）、あるいはペルフォース*Pelforth*だが、どれもとりたてていうほどの味

ではない。ただし、アルザス産のビール（シュッツ・ジュビラトールSchutz Jubilator、フィッシャーFischer）やフランス北部のビール（コルヴェールColvertやテルカン・ブリュンヌTerken Brune）はぜひ試してみたい。ビエール・ア・ラ・プレッシオン*bière à la pression*は生ビールのこと。

ルーヴル＆レ・アル周辺
LOUVRE & LES HALLES

フォーラム・デ・アルからポンピドゥー・センターにかけての一帯は、トレンディーなレストランが山のようにあるが、特別においしくて値段もそれほど張らないといった店はまずない。特に、ロンバール通りrue des Lombardsと歩行者専用のモントルグイユ通りrue Montorgueil、それにフォーラム・デ・アルの北と東にある狭い通りにはレストランが軒を連ねている。

パッサージュ・クヴェール*passages couverts*（屋根付きショッピング・アーケード。「散策コース」の「時を刻んだ右岸のパッサージュ」参照）には、たとえば次のような、値打ちのあるレストランが多く入っている。

カフェ・ド・レポック
Café de l'Époque（MAP6）
☎01-42-33-40-70
🏠35-37 Galerie Véro Dodat, 2 rue du Bouloi, 1er
Ⓜ ルーヴル・リヴォリLouvre-Rivoli
前菜€5.35～6.20、メイン€13～14.50
飲み物と軽い食事ができる。

チップについて

フランスの法律は、レストランやカフェの請求書にサービス料（通常は12～15％）を含めるよう義務付けている。ただし、いくつか注意点を挙げておく。セルヴィス・コンプリ*service compris*（サービス料込み。請求書の下にS.C.と略記で書かれていることが多い）は、サービス料金が料理の値段に含まれていることを示す。セルヴィス・ノン・コンプリ*service-non-compris*（サービス料抜き）や、セルヴィス・アン・シュス*service en sus*（サービス料を別途加算）のときは、食べ物や飲み物の料金にサービス料金が加算される。いずれにしても、請求書にある書いてある合計額を払えばいいわけで、その上にチップ*pourboire*を払う必要はない。たいていの場合、レストランもチップを期待していない。しかし、サービスが特別悪い場合を除いて、レストランで硬貨を数枚テーブルの上に置いていくパリっ子は多い。そんなパリっ子も、コーヒーやドリンクだけを飲んだカフェやバーでチップを置くことはまずない。

レストラン・ヴェロ・ドダ
Restaurant Véro Dodat（MAP6）
☎01-45-08-92-86
🏠19 Galerie Véro Dodat, 2 rue du Bouloi, 1er
Ⓜ ルーヴル・リヴォリLouvre-Rivoli
前菜€4.75、メイン€14、デザート€4.75
カフェ・ド・レポックよりも凝った店。

カフェ・ムスカド
Café Muscade（MAP3）
☎01-42-97-51-36
🏠67 Galerie de Montpensier, 36 rue de Montpensier, 1er
Ⓜ ピラミッドPyramides
前菜€9.20～10.70、メイン€14～19.50
洗練された美しいカフェで、パレ・ロワイヤル庭園Jardin du Palais Royalに面している。

ル・グラン・コルベール
Le Grand Colbert（MAP3）
☎01-42-86-87-88
🏠2-4 rue Vivienne, 2e
Ⓜ ピラミッドPyramides
前菜€7.80～17、メイン€14.35～21、定食€24.50
かつての労働者のカフェテリアを世紀末風*fin-de-siècle*に改装したレストラン。高所得者層が集まるギャラリー・コルベールGalerie Colbertにある。

ラルブル・ア・カネル
L'Arbre à Cannelle（MAP3）
☎01-43-31-68-31
🏠57 passage des Panoramas, 2e
Ⓜ グラン・ブールヴァールGrands Boulevards
美しいティールーム。タルト・サレ*tartes salées*（塩辛いパイ€6.25～6.70）やサラダ（€6.25～8.80）が食べられるだけでなく、すばらしい（そして独創的な）19世紀様式の内装である。

フランス料理

1区と4区には、すばらしいフランス料理の店がいくつかある。

食事 – ルーヴル&レ・アル周辺

ラマゾニアル
L'Amazonial（MAP6）
☎01-42-33-53-13
🏠3 rue Ste-Opportune, 1er
Ⓜシャトレ Châtelet
🍴前菜€5.35〜15.30、メイン€10〜19
🕐ランチ&ディナー月〜金12:00〜翌1:00、土・日12:00〜翌1:30

パリ最大のゲイ・レストラン。とりたてて書くような料理はないが、お得な定食（€13.30と€24.40）とぴったりしたTシャツ姿のウェイターがこのレストランのご自慢。日曜日のブランチ（12:00〜17:00）は人気がある。

カフェ・マルリー
Café Marly（MAP6）
☎01-46-26-06-60
🏠cour Napoléon, 93 rue de Rivoli, 1er
Ⓜパレ・ロワイヤル・ミュゼ・デュ・ルーヴル Palais Royal-Musée du Louvre
🍴前菜€8.50〜15.50、メイン€9.50〜27.50
🕐11:00〜翌1:00

今風のフランス料理をルーヴル美術館の列柱の下でサービスしてくれる。ガラスのピラミッドも見える。

オ・クリュ・ド・ブルゴーニュ
Aux Crus de Bourgogne（MAP3）
☎01-42-33-48-24
🏠3 rue de Bachaumont, 2e
Ⓜレ・アル Les Halles またはサンティエ Sentier
🍴前菜€7〜16.75、メイン€13〜26、定食€23.50
🕐月〜金22:30まで

歩道に面したとてもすてきなビストロ。シーフードと魚料理がおいしい。

レピ・ドール
L'Épi d'Or（MAP6）
☎01-42-36-38-12
🏠25 rue Jean-Jacques Rousseau, 1er
Ⓜルーヴル・リヴォリ Louvre-Rivoli
🍴前菜€4.60〜14.70、メイン€14.50〜31.25、定食€17.50
🕐ランチ&ディナー月〜金、土夕方は22:00まで

まさにパリの店といった感じのビストロ。レ・アルの東にある。ジゴ・ダニョ gigot d'agneau（仔羊の足）のように7時間もかけてじっくり煮込む古典的な料理を、驚くほど裕福な客が味わっている。

ル・グラン・ヴェフール
Le Grand Véfour（MAP3）
☎01-42-96-56-27
🏠17 rue de Beaujolais, 1er
Ⓜピラミッド Pyramides
🍴メイン€58〜93、ランチ定食€70、ディナー定食€198
🕐ランチ&ディナー月〜金22:15まで

パレ・ロワイヤルの北端にある18世紀の宝石箱のようなレストラン。1784年の創業以来、パリのエリートたちのお気に入りの場所。

ル・モンド・ア・ランヴェール
Le Monde à L'Envers（MAP3）
☎01-40-26-13-91
🏠35 rue Tiquetonne, 2e
Ⓜエティエンヌ・マルセル Étienne Marcel
🍴前菜€8.40、メイン€14.50、デザート€5.40
🕐ランチ&ディナー火〜日24:00まで

小さくてこぢんまりしたゲイ・レストラン。店名（"さかさまの世界"という意味）とは裏腹に料理には真剣だ。3品定食（€22）はお得。

ル・プティ・マション
Le Petit Mâchon（MAP6）
☎01-42-60-08-06
🏠158 rue St-Honoré, 1er
Ⓜパレ・ロワイヤル・ミュゼ・デュ・ルーヴル Palais Royal-Musée du Louvre
🍴前菜€6.40〜13、メイン€11.80〜18、ランチ定食€15
🕐ランチ&ディナー火〜日23:00まで

リヨン風料理を出すビストロ。

オ・ピエ・ド・コション
Au Pied de Cochon（MAP6）
☎01-40-13-77-00
🏠6 rue Coquillère, 1er
Ⓜレ・アル Les Halles
🍴前菜€7.50〜18.60、メイン€13.50〜25、本日のおすすめ料理€15.25
🕐24時間営業

オニオン・スープとピエ・ド・コション pieds de cochon（豚の足）などの豚肉料理が自慢の老舗のレストラン。かつては市場の荷物運搬人や観劇の常連の食欲を満たしていたが、中央市場が郊外に移ってからは、以前より上層の客や観光客でにぎわっている。今でも1週間ノンストップの24時間営業。

ウィリーズ・ワイン・バー
Willi's Wine Bar（MAP3）
☎01-42-61-05-09
🏠13 rue des Petits Champs, 1er
Ⓜブルス Bourse
🍴ランチ定食€25、ディナー定食€32、ア・ラ・カルト前菜€10.50、メイン€15、デザート€7.50
🕐ランチ&ディナー月〜土23:00まで

洗練されているが楽しい雰囲気のワインバー。1980年代半ばにパリにワインバーのコンセプトを紹介したフランス在住のイギリス人が経営している。

アジア料理

本物の寿司とソバを求める日本のビジネスマ

ンは、サンタンヌ通りrue Ste-Anneや、パリのジャパン・タウンと呼ばれるパレ・ロワイヤル庭園の西側あたりの通りに集まる。その他にもお得なアジア料理のレストランが数軒ある。

國虎屋
Kunitoraya（MAP3）
☎01-47-03-33-65
🏠39 rue Ste-Anne, 1er
ⓂピラミッドPyramides
🍴汁物€7.60〜14.50、うどん€8.40〜13.60、定食€12&€13.75
🕐月〜土11:30〜22:00

2階席あり。いろいろな種類のうまい日本のうどんが食べられる。ランチとディナーの定食もある。

ラ・メゾン・サヴルーズ
La Maison Savoureuse（MAP3）
☎01-42-60-03-22
🏠58 rue Ste-Anne, 2e
Ⓜカトル・セプタンブルQuatre-Septembre
🍴ランチ定食€6〜8.25

安くて陽気で、こぢんまりとしたレストラン。テーブル席で、値段の割にお得なベトナム料理が味わえる。ネムnems（€1.85）やバーミセリ・ヌードルをテイクアウトし、南東のそばにあるかわいい小公園のルヴォワ広場square Louvoisでピクニック気分を味わうこともできる。

その他の料理

パリのこの界隈は、ファストフード愛好家の楽園といえる。ポンピドゥー・センターやレ・アルの近くにはいろいろなチェーン店がある。

カリベアン・コーフィー・クレオル
Caribbean Coffee Creole（MAP6）
☎01-42-33-21-30
🏠15 rue du Roule, 1er
Ⓜパレ・ロワイヤル・ミュゼ・デュ・ルーヴルPalais Royal Musée du Louvre
🍴前菜€4〜8、メイン€13〜16
🕐月〜金12:00〜翌1:30、土16:00〜翌1:30

ブーダン・クレオルboudin créole（西インド諸島の血のソーセージ）とチキンジャーキーを提供するカフェ。シンプルだが陽気で、応対も親切で、料理も信頼できる。

ジョー・アラン
Joe Allen（MAP6）
☎01-42-36-70-13
🏠30 rue Pierre Lescot, 1er
Ⓜエティエンヌ・マルセルÉtienne Marcel
🍴ランチ定食€12.20、ディナー定食2品€18、3品€22.25、ブランチ€14.50〜16.75
🕐12:00〜翌2:00

親切なアメリカ風のバー・レストラン。とても雰囲気が良く、カリフォルニアワインの極上品がある。週末のブランチ（12:00〜16:00）もすばらしい。

ル・ルー・ブラン
Le Loup Blanc（MAP3）
☎01-40-13-08-35
🏠42 rue Tiquetonne, 2e
Ⓜエティエンヌ・マルセルÉtienne Marcel
🍴メイン€12〜14.50、ベジタリアン料理€9.30〜11.80
🕐日〜木19:30〜24:00、金19:30〜翌0:30、土19:30〜翌1:00、週末のブランチ11:00〜16:30

やや値は張るが、タイ風のエビやアニス風のイカなどをきれいに盛り合わせたメイン料理を試してみたい。

テイクアウト

オペラ通りav de l'Opéraやリシュリュー通りrue de Richelieu、そしてフォーラム・デ・アルForum des Hallesの周辺にはたくさんのスーパーマーケットがある。主なものは、**モノプリ Monoprix**（MAP3 🏠21 av de l'Opéra, 2e 🕐月〜金9:00〜22:00、土9:00〜21:00）、**フランプリ Franprix**（MAP6 🏠35 rue Berger, 1er 🕐月〜土8:30〜19:50）、**ウデ・レピシエ Ed l'Épicier**（MAP6 🏠80 rue de Rivoli, 4e 🕐月〜土9:00〜20:00）など。1区のリシュリュー通りには良質の食料品店があり、南東には**シュペルマルシェ G20 Supermarché G20**（MAP6 🏠16 rue Bertin Poirée, 1er ⓂシャトレChâtelet 🕐月〜土8:30〜19:30）もある。

マレ地区周辺
MARAIS

パリの食事どころとしてまず最初に名前が浮かぶのはマレ地区で、ここにはいろいろな種類のこぢんまりしたレストランが集まっている。きれいな小広場であるマルシェ・サント・カトリーヌ広場place du Marché Ste-Catherineのまわりには、こうした小さなレストランが軒を連ねており、なかにはテラス席のある店もある。

フランス料理

この界隈のフランス料理の店には、こぢんまりしたものが多い。

ランバサード・ドーヴェルニュ
L'Ambassade d'Auvergne（MAP6）
☎01-42-72-31-22
🏠22 rue du Grenier St-Lazarre, 3e
Ⓜランビュトー Rambuteau
🍴前菜€9、メイン€13〜14.70
🕐ランチ&ディナー22:30まで

"オーヴェルニュ大使館"という意味のこの店は、すごく空腹な時に訪れたいところだ。オーヴェルニュ地方のソーセージとハムは、ピュイPuy産の豆料理や極上のクラフティclafoutis（タルト・タタンtarte Tatinのように上下ひっくり返して焼いたカスタードとチェリーのタルト）とともに、フランスで最高級の一品である。

オ・バスクー
Au Bascou（MAP3）
☎01-42-72-69-25
🏠38 rue Réaumur, 3e
Ⓜアール・ゼ・メティエArts et Métiers
🍴前菜€8.40、メイン€13.75、デザート€7
🕐ランチ火〜金、ディナー月〜土23:00まで

バスク地方の伝統料理が食べられる人気の店。ピペラドpipérade（西洋ピーマン、タマネギ、トマト、ハムを入れたオムレツ）、トロttoro（バスク地方のブイヤベース）、いろいろな形のバイヨンヌ（スペイン国境近くの都市）産のハムなどが出る。

シェ・ジェニー
Chez Jenny（MAP3）
☎01-42-74-75-75
🏠39 blvd du Temple, 3e
ⓂレピュブリックRépublique
🍴前菜€6〜16.60、メイン€15〜26、定食2品€16 3品€15
🕐日〜木12:00〜翌0:30、金・土12:00〜翌1:00

1930年代様式の広々としたブラッスリーで、チェーン・レストラン「フロFlo」の一つ。大きなシュークルート・ガルニchoucroute garnie（ザウアークラウトのワイン煮に肉を盛り合わせた料理。€15.30）が出る。しかし、ここに来る多くの人にとって目当ては、1階（日本でいう2階）にある、アルザス風景を再現したすばらしい寄せ木細工を見ることのようである。

ル・ドーム・デュ・マレ
Le Dôme du Marais（MAP6）
☎01-42-74-54-17
🏠53 bis rue des Francs Bourgeois, 4e
Ⓜランビュトー Rambuteau
🍴ランチ定食2品€15 3品€23、ディナー定食€31
🕐ランチ&ディナー火〜土23:00まで

パリで最も話題のレストラン。風変わりな料理のパヌケ・デスカルゴ・エ・ド・ピエ・ド・コション pannequets d'escargot et de pied de cochon（豚の足とカタツムリが詰まったパンケーキ）を、一風変わった場所（革命前の建物で、かつてのオークション・ルーム）で食べる。かなり前からの予約が必要。

ル・プティ・ピカール
Le Petit Picard（MAP6）
☎01-42-78-54-03
🏠42 rue Ste-Croix de la Bretonnerie, 4e
Ⓜオテル・ド・ヴィルHôtel de Ville
🕐ランチ&ディナー火〜日22:30まで

伝統的なフランス料理が味わえる人気の小レストラン。ランチ定食は€10.50と€14.50、ピカルディ地方の郷土料理定食は€19.70。

ル・レコンフォール
Le Réconfort（MAP6）
☎01-42-76-06-36
🏠37 rue de Poitou, 3e
Ⓜサン・セバスティアン・フロワサールSt-Sébastien Froissartまたはフィーユ・デュ・カルヴェールFilles du Calvaire
🍴前菜€5.50〜7.60、メイン€12.50〜13.70、ランチ定食€11
🕐ランチ月〜金、ディナー月〜土23:00まで

レストラン名は"なぐさめ"という意味で、テーブル間にたっぷり余裕があり、声を張り上げなくても会話できるほど静か。自家製のフォアグラやグラス・オ・ジンジャンブルglace au gingembre（ショウガ入りアイスクリーム）など、料理は大変おいしい。

ロベール・エ・ルイーズ
Robert et Louise（MAP6）
☎01-42-78-55-89
🏠64 rue Vieille du Temple, 3e
Ⓜサン・セバスティアン・フロワサールSt-Sébastien Froissart
🍴前菜€4〜10、本日のおすすめ料理€11、メイン€13〜18
🕐ランチ月〜金、ディナー月〜土22:00まで

おいしいデリカテッセンなら、ジョー・ゴールデンベルグにかぎる

赤いギンガムのカーテンで飾られた田舎の宿屋風レストラン。コート・ド・ブフ côte de bœuf（€37）など、シンプルで値段も手頃なおいしいフランス料理が食べられる。肉は経営者夫婦が目の前で焼いてくれる。

ル・トリュミルー
Le Trumilou（MAP6）
☎01-42-77-63-98
🏠84 quai de l'Hôtel de Ville, 4e
Ⓜオテル・ド・ヴィル Hôtel de Ville
🍴前菜€3〜7、メイン€12〜15、定食€13.50 & €16.50
🕐ランチ&ディナー月〜土23:00まで、日22:30まで

1世紀以上にわたり、パリっ子におなじみの場所。20世紀初期頃のメニューの料理をそれに見合った値段で食べられるのはここだけだ。

ヴァン・デ・ピレネー
Vins des Pyrénées（MAP6）
☎01-42-72-64-94
🏠25 rue Beautreillis, 4e
Ⓜバスチーユ Bastille
🍴前菜€6.40〜13、メイン€12〜16.80、平日ランチ定食€12.20
🕐ランチ月〜金、ディナー毎日23:30まで

古いワイン倉庫をレストランに改装。ドアーズのジム・モリソンが1971年に亡くなった場所（17〜19番地）から2、3軒先にある。フランス料理にうんとお金をかけたい時におすすめの場所。予算は€30程度をみておきたい。

北アフリカ料理&中東料理

マレ地区には、パリの中でも最高級のマグレブ・レストラン restaurants maghrébins（北アフリカのモロッコ、アルジェリア、チュニジアのレストラン）がある。

404（キャトル・サン・キャトル）（MAP3）
☎01-42-74-57-81
🏠69 rue des Gravilliers, 3e
Ⓜアール・ゼ・メティエ Arts et Métiers
🕐ランチ&ディナー24:00まで

パリで最も居心地の良いマグレブ・レストラン。とてもおいしいクスクスやタジンが€13〜23で食べられる。グリル grills（焼き網で焼いた肉・魚料理）は€9〜20.50。アニス入りのパンとランチ定食は€16.60。週末の12:00〜16:00には、ブランチ・ベルベール brunch berbère（ベルベル風ブランチ）€20.50がある。

シェ・オマール
Chez Omar（MAP6）
☎01-42-72-36-26
🏠47 rue de Bretagne, 3e
Ⓜアール・ゼ・メティエ Arts et Métiers
🕐ランチ月〜土、ディナー毎日23:30まで

ショービジネスやファッション関係者のお好みの場所。おいしいクスクス（€9.50〜18.50）とパスティーヤ pastillas（€8.50〜）が食べられるもう一つのレストラン。ただし、サービスが悪いこともある。

ユダヤ料理

ロジエ通り rue des Rosiers沿いにはユダヤ料理、あるいはユダヤ料理風のレストランが何軒かあり、北アフリカ、中欧、イスラエルの特別料理が食べられる。金曜の夜、土曜、ユダヤの祝祭日には閉まる店が多い。通り沿いの数軒では、ファラフェル falafel（中東の野菜コロッケ）やシュワルマ shwarma（ケバブ）を買って持ち帰ることができる。

シェ・アンナ
Chez Hanna（MAP6）
☎01-42-74-74-99
🏠54 rue des Rosiers, 4e
Ⓜサン・ポール St-Paul
🍴前菜€3〜9.20、メイン€9.20〜12.20
🕐11:00〜翌2:00

アシェット・ロワイヤル assiette royale（7種類のサラダとギリシャ・近東の前菜「メゼ」を盛り合わせたもの、€9.20）などイスラエル料理が食べられる。

シェ・マリアンヌ
Chez Marianne（MAP6）
☎01-42-72-18-86
🏠2 rue des Hospitalières St-Gervais, 4e

Ⓜサン・ポールSt-Paul
🕐11:00〜24:00

スペイン・ポルトガル系ユダヤ料理のレストラン。次項で紹介する北方系ユダヤ料理のジョー・ゴールデンベルグJo Goldenbergのいずれかを選ぶこともできる。ファラフェルやハマス（ヒヨコマメとゴマ油のペースト）などのメゼ（前菜）に、ナスのピュレ、ヒヨコマメなどを加えた料理が、€9.90（メゼ4種類）、€11.50（メゼ5種類）、€13（メゼ6種類）。プラ・デギュスタシオンplat dégustation（おすすめの料理が少しずついく皿も運ばれてくるコース）は€17.50。隣のデリカテッセンでは、ファラフェルのサンドイッチを持ち帰れる（€3.35）。

ジョー・ゴールデンベルグ
Jo Goldenberg（MAP6）
☎01-48-87-20-16
🏠7 rue des Rosiers, 4e
Ⓜサン・ポールSt-Paul
🕐12:00〜24:00

創業1920年のユダヤ料理のデリカテッセン・レストランで、パリで最も有名なユダヤ料理の店。盛り合わせの前菜やリンゴのシュトルーデルstrudel（各€5.35）は申し分ないが、本日のおすすめ料理とメイン料理（€12〜13.50）の量は、ニューヨークの普通のデリカテッセンより少ない。

ベジタリアン料理

マレ地区は、パリでも数少ない肉無しメニューのレストランがある。

アカリウス
Aquarius（MAP6）
☎01-48-87-48-71
🏠54 rue Ste-Croix de la Bretonnerie, 4e
ⓂランビュトーRambuteau
🍴サラダ€6.85〜9.15、メイン€4.30〜10.70、ランチ定食2品€10.70、ディナー定食3品€15.40
🕐月〜土12:00〜22:30

落ち着いた雰囲気で健康的なレストラン。軽いものや緑の野菜が食べたい時におすすめ。14区にも支店がある（MAP1 ☎01-45-41-36-88）
🏠40 rue de Gergovie Ⓜペルネティy Pernéty）。

ピッコロ・テアトロ
Piccolo Teatro（MAP6）
☎01-42-72-17-79
🏠6 rue des Écouffes, 4e
Ⓜサン・ポールSt-Paul
🍴ランチ定食€8.20〜13.30、ディナー定食€14.50＆€20
🕐ランチ＆ディナー火〜日23:30まで

こぢんまりしたレストランで、石壁と天井の梁に囲まれた店内に座り心地の良い小テーブルが置いてある。アシエット・ヴェジェタリエンヌassiette végétarienne（ベジタリアン料理）は€11.50。

その他の料理

マレ地区には、エスニック料理のおいしいレストランがある。本物の中華料理が食べたいが13区の中華街や20区のベルヴィルBellevilleまで行くのは面倒だという時には、3区の新しい工芸博物館Musée des Arts et Métiersの南東にあるオ・メール通りrue Au Maire（MAP3 Ⓜアール・ゼ・メティエArts et Métiers）沿いにある小さな麺類の店やレストランのいずれか行くのもよい。

カーヴ・サン・ジル
Caves St-Gilles（MAP5）
☎01-48-87-22-62
🏠4 rue St-Gilles, 3e
Ⓜシュマン・ヴェールChemin Vert
🍴タパスtapas€4.25〜13.75
🕐ランチ&ディナー24:00まで

ヴォージュ広場place des Vosgesの北東にあるスパニッシュ・ワインバー。タパスやパエリヤ（週末のみ、€16.50）、サングリア（1ℓで21.50）については、右岸で最もおすすめの店。ただし、21:00以降はサービスが悪いことがあるので、そのつもりで。

レノテカ
L'Enoteca（MAP6）
☎01-42-78-91-44
🏠25 rue Charles V, 4e
Ⓜポン・マリーPont Marie
🍴前菜€8〜11、パスタ€10〜13、メイン€15〜16

由緒あるヴィラージュ・サン・ポールVillage St-Paulの近くにある魅力的な高級イタリア料理店。おいしいイタリア・ワインの数々がグラス（€3〜8）で楽しめる。

ラ・ペルラ
La Perla（MAP6）
☎01-42-77-59-40
🏠26 rue François Miron, 4e
Ⓜサン・ポールSt-Paulまたはオテル・ド・ヴィルHôtel de Ville
🕐ランチ毎日、ディナー月〜木23:00まで

若いパリっ子に人気のあるカリフォルニアスタイルのメキシカンバー・レストラン。グアカモーレguacamole（アボガドのサラダ、€6）、ナッチョnachos（チーズをかけたトルティーヤ、€5〜6.50）、ブリートburritos（ひき肉などのトルティーヤ巻き、€7.30〜8.20）が食べられる。バー（毎日12:00〜翌2:00まで営業）で飲むマルガリータmargaritas（€8.50〜9.20）

は最高だ。

サンクスギビング
Thanksgiving（MAP6）
☎01-42-77-68-28
🏠20 rue St-Paul, 4e
Ⓜサン・ポールSt-Paul
前菜€7〜18.30、メイン€13.60〜19.80
火〜金19:30〜23:00、土12:00〜15:00 日11:00〜16:00
アメリカのあらゆる地方料理が食べられる。なにもパリまで来てわざわざジャンバラヤjumbalayaやガンボシチューgumboを食べなくても、という気持ちはわかるが、今パリでケイジャン料理を出しているのはここだけだということを覚えておいてほしい。土曜と日曜にはブランチもある（土€15.25〜23、日€13.75〜17.50）。

テイクアウト
モノプリ Monoprix（🏠71 rue St-Antoine, 4e 月〜土9:00〜21:00）と**シュペルマルシェ G20 Supermarché G20**（🏠115 rue St-Antoine, 4e 月〜土9:00〜20:30）の間にある4区のサン・タントワンヌ通りrue St-Antoine（MAP6）の奇数番地側には、食料品店やアジア料理のデリカテッセンが数軒ある。チーズなら、すばらしい**フロマジュリー・G・ミレ Fromagerie G Millet**（☎01-42-78-48-78 🏠77 rue St-Antoine, 4e）に行ってみよう。メトロ駅サン・ポールSt-Paulの近くには、**フランプリ Franprix**（🏠135 rue St-Antoine, 4e 月〜土8:30〜19:45）もある。また、その北西にはもう一軒の**フランプリ Franprix**（🏠87 rue de la Verrerie, 4e 月〜金9:00〜20:15、土9:00〜20:30）がある。

フロ・プレスティージュ
Flo Prestige（MAP5）
☎01-53-01-91-91
🏠10 rue St-Antoine, 4e
ⓂバスチーユBastille
8:00〜23:00
有名なデリカテッセン・チェーンの一つで、トゥルネル通りrue des Tournellesの角にある。ピクニック用の食事やパリで最もおいしいペストリーがある。

　北に行くともう一軒の**フランプリ Franprix**（MAP6 🏠49 rue de Bretagne, 3e Ⓜアール・ゼ・メティエArts et Métiers 火〜土9:00〜20:00、日9:00〜13:00）がある。

サン・ルイ島周辺
ÎLE ST-LOUIS

何よりもアイスクリームで有名なサン・ルイ島は、食事をすると高くつくが、軽い食事やセーヌ河畔でのランチの食材を買い求める人たちにはピッタリの場所だ。4区にあるサン・ルイ・アン・リル通りrue St-Louis en l'Île（MAP6 Ⓜポン・マリーPont Marie）には、サロン・ド・テsalons de thé（ティールーム）が数軒ある。きれいな店構えの**ラ・シャルロット・アン・イル La Charlotte en Île**（MAP6 ☎01-43-54-25-83 🏠rue St-Louis en l'Île 24, 4e Ⓜポン・マリーPont Marie 木〜日12:00〜20:00）もその一つだ。

フランス料理
ベルティヨン
Berthillon（MAP6）
☎01-43-54-31-61
🏠31 rue St-Louis en l'Île, 4e
Ⓜポン・マリーPont Marie
テイクアウト用カウンターと店 水〜日10:00〜20:00、店内座席 水〜金13:00〜20:00、土・日14:00〜20:00
おそらくパリでも最もおいしいアイスクリームを作るグラシエールglacier（アイスクリーム専門店）。フルーツ味が有名だが、ほかにチョコレート、コーヒー、マロン・グラッセmarrons glacés（砂糖煮の栗）、アジュネーズagenaise（アルマニャックとプルーン）、ヌガー・オ・ミエルnougat au miel（ハチミツ入りヌガー）といった、もっとこってりした味もある。テイクアウトは、カウンターにある小さなスクープ1杯で€2.30、2杯だと€2.75、3杯は€3.65で、4杯は€4.85。

ブラッスリー・ド・リール・サン・ルイ
Brasserie de l'Isle St-Louis（MAP6）
☎01-43-54-02-59
🏠55 quai de Bourbon, 4e
Ⓜポン・マリーPont Marie
木17:00〜翌1:00、金〜火12:00〜翌1:00
1870年の創業以来ずっと独立経営を貫いている店。セーヌ川沿いの最高に眺めのいい場所にあり、定番料理は、シュークルート・ガルニ、ジャレjarret（仔牛のすね肉）、カスレーcassoulet（肉入り白インゲンシチュー）（各€16）など。食事をしなくても、コーヒーかビールを注文して、すばらしい眺めを楽しむこともできる（コーヒー／カウンター席€1.10 テーブル&テラス席€2.50、ビール／カウンター席€2.30 テーブル&テラス席€4.50）。

テイクアウト
サン・ルイ・アン・リル通りrue St-Louis en l'Îleには、チーズ専門店や食料雑貨店が多い（通常、日曜の午後と月曜は閉店する）。ドゥー・ポン通りrue des Deux Pontsにも食料品店がある。

カルチエ・ラタン周辺
QUARTIER LATIN

ムフタール通りrue Mouffetard（MAP5 Ⓜ️プラス・モンジュPlace Mongeまたはサンシエ・ダバントンCensier Daubenton）には、食事どころが多く、学生に人気がある。多くのスタンドでバゲット、パニーニpanini（詰めものを入れたイタリアのトーストパン）、クレープなどを売っているのもその理由の一つだ。

ノートルダム大聖堂からセーヌ川を渡ったところにある5区のユシェット通りrue de la Huchette（MAP6）や迷路のようないくつかの狭い通りには行かないほうがよい。サン・ジャック通りrue St-Jacques、サン・ジェルマン大通りblvd St-Germain、それにサン・ミッシェル大通りblvd St-Michelの3つの通りで囲まれた一帯では、ギリシャ料理や北アフリカ料理、中東料理のレストランが特に外国人観光客を相手に呼び込みを行っている。ユシェット通りや、その近くのサン・セヴラン通りrue St-Séverin、アルプ通りrue de la Harpeなどは"バクテリア通り"と呼ばれているので注意が必要だ。さらに、そうした場所で食事をすることになった哀れな人たちは、この狭い迷路こそが有名なカルチエ・ラタンだと思い込んでしまう。

フランス料理
カルチエ・ラタンには手頃な値段のフランス料理の店が多い。

ル・ビュイソン・アルダン
Le Buisson Ardent（MAP5）
☎01-43-54-93-02
🏠25 rue Jussieu, 5e
Ⓜ️ジュシューJussieu
🍽前菜€6、メイン€8、デザート€6、ランチ定食2品€14.50、ディナー定食3品€26
🕐ランチ&ディナー月〜土22:00まで
"燃えるやぶ"という奇妙な名前を持つモダンなビストロ。控えめだが明るい雰囲気の中で、工夫を凝らした前菜（フェタ・ラヴィオリfeta ravioli）やメイン料理が味わえる。

シェ・レナ・エ・ミミーユ
Chez Léna et Mimille（MAP5）
☎01-47-07-72-47
🏠32 rue Tournefort, 5e
Ⓜ️サンシエ・ダバントンCensier Daubenton
🍽ランチ定食2品€15 3品€21、ディナー定食€30
🕐ランチ火〜土、ディナー月〜土23:00まで
くつろいだ雰囲気でありながら優雅なフレンチ・レストラン。夜はピアノのライブ演奏が入ることが多い。すてきなテラスからは、美しく小さな庭やサラサラと音をたてている噴水が見える。

レトワール・デュ・ベルジェ
L'Étoile du Berger（MAP5）
☎01-43-26-38-87
🏠42 rue de la Montagne Ste-Geneviève, 5e
Ⓜ️モベール・ミュチュアリテMaubert Mutualité
🍽定食€20
🕐ランチ土・日、ディナー24:00まで
山小屋のように装飾されたサヴォア料理（フランス南東部の地方料理）のレストラン。おすすめ料理は、ラクレットraclette（€13.75〜16）とフォンデュfondue（チーズ€14.50 牛肉€16）。

ペロダン
Perraudin（MAP5）
☎01-46-33-15-75
🏠157 rue St-Jacques, 5e
Ⓜ️リュクサンブールLuxembourg
🕐ランチ火〜金、ディナー月〜土22:30まで
伝統的なフランス料理のレストランで、店の様子は19世紀後半からほとんど変わっていない。昔ながらの料理を味わいたい時は、値段も手頃なここのブフ・ブルギニョンbœuf bourguignon（€12.20）、ジゴ・ダニョーgigot d'agneau（€13.75）、コンフィ・ド・カナールconfit de canard（€13〜18.30）などがおすすめ。ランチには€12の定食がある。ワイン付きのムニュ・ガストロノミックmenu gastronomique（特別豪華定食）は€30。

ル・ビニュロン（"ワイン醸造業者"の意味）
Le Vigneron（MAP5）
☎01-47-07-29-99
🏠18-20 rue du Pot de Fer, 5e
Ⓜ️プラス・モンジュPlace Monge
🍽前菜€11.50〜20.60、メイン€18.30〜24.40、デザート€8.40〜11.50、ランチ定食€14.50&€21.30
🕐ランチ&ディナー24:00まで
ムフタール界隈で最高のフランス・レストラン（一流とまではいかないが）で、南西地方の料理を専門としている。

レ・ヴィーニュ・デュ・パンテオン
Les Vignes du Panthéon（MAP5）
☎01-43-54-80-81
🏠4 rue des Fossés St-Jacques, 5e
Ⓜ️リュクサンブールLuxembourg
🍽前菜€5.80〜8.40、メイン€14〜15、ランチ定食€13.75、ディナー定食€25
🕐ランチ&ディナー月〜金22:00まで
夫婦で経営しているレストラン。南西地方風の料理といろいろなワインが選べることが売り物だが、サービスがあまり行き届かないときもある。

北アフリカ料理＆中東料理

カルチエ・ラタンには、クスクスやタジン、メゼを食べさせる店が多い。カルチエ・ラタンの東にある**モスケ・ド・パリ** Mosquée de Paris（MAP5 ⌂place du Puits de l'Ermite, 5e Ⓜサンシエ・ドバントンCensier Daubentonまたはプラス・モンジュPlace Monge）には、アフリカ風の**ティールーム tea room**（⌂39 rue Geoffroy St-Hilaire ◑9:00〜23:30）と**レストラン restaurant**（☎01-43-31-38-20 ⌂39 rue Geoffroy St-Hilaire 🍴前菜と軽い料理€4〜12 ◑ランチ＆ディナー毎日22:30まで）がある。おいしいクスクス（€11〜19）やタジン（€12〜16）、ミント・ティー（€2）も味わえる。

アル・ダール
Al Dar（MAP6）
☎01-43-25-17-15
⌂8-10 rue Frédéric Sauton, 5e
Ⓜモベール・ミュチュアリテMaubertMutualité
🍴メゼ€6〜8.30、メイン€8.80〜18.50、ランチ定食€20
◑ランチ＆ディナー24:00まで、デリカテッセン7:00〜24:00

レバノン・レストランで、隣にはおいしいデリカテッセンの売り場もあって、小さなピザやサンドイッチなど（€2.30〜4）を売っている。

フンティ・アガディール
Founti Agadir（MAP5）
☎01-43-37-85-10
⌂117 rue Monge, 5e
Ⓜサンシエ・ドバントンCensier Daubenton

🍴ランチ定食€12＆€14
◑ランチ火〜土、ディナー火〜日22:30まで

モロッコ・レストラン。クスクスとタジン（€11.50〜15）とパスティーヤ（€6.50〜7）はセーヌ左岸で最高の部類に入る。

クッチ
Koutchi（MAP5）
☎01-44-07-20-56
⌂40 rue du Cardinal Lemoine, 5e
Ⓜカルディナル・ルモワヌCardinal Lemoine
🍴ランチ定食€8.40、ディナー定食€15
◑ランチ月〜金、ディナー月〜土23:00まで

中央アジアのキャラバン宿風の装飾が施されたアフガン・レストラン。アフガン・サラダ（€3.80〜4.50）、肉料理（€10〜13）、デザート（€3.80〜4.50）が自慢。

アジア料理

タシ・デレク
Tashi Delek（MAP5）
☎01-43-26-55-55
⌂4 rue des Fossés St-Jacques, 5e
ⓂリュクサンブールLuxembourg
🍴スープ€3.20〜4、チベットの深鉢Tibetan bowls€5.35〜6.25、ランチ定食€11.50、ディナー定食€17.50
◑ランチ月〜土、ディナー月・水〜土23:00まで

居心地の良い小さなレストラン（店名はチベット語の"タシデレ*tashi dele*（こんにちは）"に似ている）。グルメな料理ではないが値段は安い。パリにはチベット料理のレストランが多いが、最初にできたのはこの店だ。ベジタリアン向けの料理も6種類（€4.50〜9.20）ある。

タオ
Tao（MAP5）
☎01-43-26-75-92
⌂248 rue St-Jacques, 5e
ⓂリュクサンブールLuxembourg
🍴スープ€5.50〜6.40、メイン€9.60〜11.20
◑ランチ月〜土、ディナー月・水〜土23:00まで

禅風の上質なアジア・レストラン。ここのベトナム料理はカルチエ・ラタンで1、2を争うほどおいしい。温かいビーフ・ヌードル・サラダや細かく刻んだエビのグリルがおすすめ。

ベジタリアン料理

カルチエ・ラタンには、ベジタリアン向けのレストランがマレ地区ほど多くあるわけではないが、そこそここの店が2、3軒ある。

ジャルダン・デ・パット（"パスタの庭"という意味）
Jardin des Pâtes（MAP5）
☎01-43-31-50-71
⌂4 rue Lacépède, 5e

至るところで売られているケバブもフランス料理の仲間入りをしている

カルディナル・ルモワヌCardinal Lemoine
前菜・軽い料理€3～4
ランチ&ディナー毎日23:00まで

厳密にベジタリアン料理ではないかもしれないが、100%有機栽培bioの野菜を使用している。また全粒小麦粉、そば粉、栗などから作られたいろいろな種類の麺類（€6.40～12）や、新鮮な野菜ジュース（€2.15～3.65）が味わえる。13区に支店がある（MAP1 ☎01-45-35-93-67 33 blvd Arago, 13e レ・ゴブランLes Gobelins ランチ&ディナー月～土23:00まで）。

ラ・プティ・レギューム
La Petit Légume（MAP5）
☎01-40-46-06-85
36 rue des Boulangers, 5e
カルディナル・ルモワヌCardinal Lemoine
サラダ€10.50～12.65 一品料理€5.50～9 定食€8.25＆€10.50＆€13
ランチ&ディナー月～土22:00まで

狭い通りにある小さなレストラン。自家製のベジタリアン料理がいろいろある。

その他の料理

ル・チッパー
Le Chipper（MAP5）
☎01-43-26-05-55
14 rue Thouin, 5e
プラス・モンジュPlace Monge
日～木23:00まで、金・土24:00まで

この店のフィッシュ&チップス（€8.40）とアイリッシュ・ブレックファースト（€8.40）とバーガー（€6）は間違いなく本物だ。夜遅くまで営業している。

フォゴン・サン・ジュリアン
Fogon St-Julien（MAP6）
☎01-43-54-31-33
10 rue St-Julien le Pauvre, 5e
サン・ミッシェルSt-Michel
ランチ定食€20、ディナー定食€29＆€36.50
ランチ土・日、ディナー毎日24:00まで

パリで最高のスペイン・レストラン（一見矛盾したような表現だがそうではない）だという人もいる。野菜、ウサギ、鶏肉、シーフードなど6種類のすばらしいパエリヤがあるが、値段はやや高めだ（平均で€45）。おすすめの一品は、イカ墨で黒くしたライスでエビと大きな魚のかたまりを包んだアロス・ネグロarroz negroだ。

マシュ・ピチュ
Machu Picchu（MAP5）
☎01-43-26-13-13
9 rue Royer Collard, 5e
リュクサンブールLuxembourg
前菜€5～7、メイン€8.85～13.50、ランチ定食€7.80
ランチ月～金、ディナー月～土23:00まで

小さなペルー・レストラン。肉のグリルとシーフード料理は最高。ランチ定食はとてもお得な値段である。

ティー・キャディー
Tea Caddy（MAP6）
☎01-43-54-15-56
14 rue St-Julien le Pauvre, 5e
サン・ミッシェルSt-Michel
サラダ€9.15～10.30、軽食€8～11.50、サンドイッチ€7.30～8.80
12:00～19:00

パリで最もイギリスらしさを味わえるイングリッシュ・ティールーム。ノートルダム大聖堂の近くを見て回ったあとでちょっと休んでお茶（€5.35～7.30）をするのにピッタリ。

テイクアウト

5区のモベール広場place Maubert（MAP6）は、週に3回、食料品の朝市でにぎわう（「ショッピング」のコラム「市場に行こう」参照）。ここには食料品店もいくつかあり、すばらしいチーズの店、**クレムリー・デ・カルム Crémerie des Carmes**（MAP6 ☎01-43-54-50-93 47 ter blvd St-Germain, 5e モベール・ミュチュアリテMaubert Mutualité）もその一つだ。

ムフタール通りrue Mouffetardには、とても活気のある食料品市場がある。「ショッピング」のコラム「市場に行こう」を読んでみよう。すぐそばに**フランプリ Franprix**（MAP5 82 rue Mouffetard, 5e サンシエ・ドバントンCensier Daubentonまたはプラス・モンジュPlace Monge 月～土9:00～20:00）がある。

モンジュ広場place Mongeには、もっと小さな食料品市場がある（MAP5 place Monge, 5e プラス・モンジュPlace Monge 水・金・日7:00頃～14:00頃）。その近くには**シャンピオン Champion**（MAP5 34 rue Monge, 5e プラス・モンジュPlace Monge 月～土8:30～21:00）と**ウデ・レピシエ Ed l'Épicier**（MAP5 37 rue Lacépède, 5e 月～土9:00～19:30）がある。

リュクサンブール公園Jardin du Luxembourgに持って行く食べ物を買う時は、狭くて薄暗いが人気のある店**ドゥース・フランス Douce France**（MAP5 7 rue Royer Collard, 5e リュクサンブールLuxembourg 月～金11:00～16:00）に行ってみよう。この店のサンドイッチ（€2.20）とフルーツ・ジュース（€1）は好評で、ランチタイムに学生の列が出来るほどだ。近くのサン・ジャック通りrue St-Jacquesにも、**フロマジュリー fromagerie**（チーズ専門店）（MAP5 198 rue St-Jacques,

5e ⓂリュクサンブールLuxembourg）などの食料品店がいくつかある。

サン・ジェルマン＆オデオン周辺
ST-GERMAIN & ODÉON

サン・タンドレ・デ・ザール通りrue St-André des Arts（Ⓜサン・ミッシェルSt-Michelまたはオデオン Odéon）にはレストランが軒を並べており、59番地と61番地の間にあるパッサージュ・ド・ロアンpassage de Rohan（屋根付きショッピング・アーケード）にも数軒がある。サン・シュルピス教会Église St-Sulpiceとサン・ジェルマン・デ・プレ教会Église St-Germain des Présの間にも多くのレストランがあり、特にカネット通りrue des Canettes、プランセス通りrue Princesse、ギザルド通りrue Guisardeに集中している。オデオン交差点carrefour de l'Odéon（ⓂオデオンOdéon）には、活気にあふれたバーやカフェ、レストランがかたまっている。

フランス料理

サン・ジェルマン・デ・プレSt-Germain des Présには、**レ・ドゥー・マゴ Les Deux Magots**や**カフェ・ド・フロール Café de Flore**（「エンターテインメント」の「パブ、バー、カフェ」参照）など有名なカフェやよく知られたブラッスリーがある。

ブラッスリー・リップ
Brasserie Lipp（MAP6）
☎01-45-48-53-91
🏠151 blvd St-Germain, 6e
Ⓜサン・ジェルマン・デ・プレSt-Germain des Prés
🍴前菜と軽い食事€7.50～12.90
🕐12:00～翌1:00

羽目板張りのカフェ・ブラッスリー。1880年にレオナール・リップがブラッスリー・デ・ボル・デュ・ランBrasserie des Bords du Rhinとして創業した。値の張るア・ラ・カルト料理（シュークルート・ガルニchoucroute garnie€16.60、テット・ド・ヴォtête de veauやブフ・グロ・セルbœuf gros selなどの本日のおすすめ料理 €14.90～26.20）をディナージャケットに身を包んだウェイターが給仕する中で、政治家たちが知識人や編集者と歓談している。禁煙で、あまりパッとしない2階席よりも1階席を取ろうと躍起になる客が多い。

カサ・コルサ
Casa Corsa（MAP6）
☎01-44-07-38-98
🏠25 rue Mazarine, 6e
ⓂオデオンOdéon

レ・ドゥー・マゴ――全盛期には多くの著名な作家たちが集った

🍴前菜€8.50～13、メイン€14～20、ランチ定食€20
🕐ランチ火～土、ディナー月～土24:00まで

コルシカ料理la cuisine corseは絶品。プロシウット（イタリアのハム）に似たコッパcoppaや、ロンゾlonzoなどのハム・ソーセージ類、新鮮なブロッチュbrocciuチーズも最高だ。

ル・シプロン
Le Chiperon（MAP5）
☎01-43-26-26-45
🏠22 rue de Vaugirard, 6e
ⓂオデオンOdéon
🍴前菜€5.70～15、メイン€12～13.75、定食€15.50＆€20
🕐ランチ＆ディナー月～土22:30まで

レストランの名を一躍有名にしたイカ料理が自慢。鏡張りのダイニング・ルームではフランス南西部の料理やスパイシーなバスク料理が楽しめる。

ア・ラ・クール・ド・ロアン
À la Cour de Rohan（MAP6）
☎01-43-25-79-67
🏠59-61 rue St-André des Arts, 6e
ⓂマビヨンMabillon
🍴ランチ定食€14.50
🕐12:00～19:30、4～10月は金・土12:00～24:00

やや古い感じがするティールーム。すばらしい家具や美術品objets d'artが置かれており、そこで地元のライターや出版業者が静かにくつ

ろいで、自家製のスコーンを食べている光景もよく目にする。ミックス・サラダ（€6.40〜9.60）、パスタ料理（€8〜10.40）、タルティーヌtartines（€9.20〜）は、すばらしい香りの紅茶にとてもよく合う。側では、3人のパティシエが、デザート・カートにおいしいデザートを並べている。

フィッシュ・ラ・ボワッソヌリー
Fish la Boissonnerie（MAP6）
- ☎01-43-54-34-69
- 🏠69 rue de Seine, 6e
- Ⓜ マビヨンMabillon
- 🍴前菜€6〜9、メイン€15〜20
- 🕐ランチ＆ディナー火〜日22:45まで

ニュージーランド人とキューバ系アメリカ人が経営する地中海料理の店。異文化が混在している。何年もの間、簡単に調理された魚にさまざまなソースをかけたものが主流だったロンドンのレストランからヒントを得たに違いない。正面の古いモザイクは一見の価値がある。

ル・マション・ダンリ
Le Mâchon d'Henri（MAP6）
- ☎01-43-29-08-70
- 🏠8 rue Guisarde, 6e
- Ⓜ サン・シュルピスSt-SulpiceまたはマビヨンMabillon
- 🍴前菜€6、メイン€16
- 🕐ランチ＆ディナー23:30まで

バーが軒を並べる界隈にある、パリっ子好みのビストロ。レンティル・サラダlentil saladやロゼット・デュ・マコネrosette du mâconnais（赤ワインで煮込んだ大きな豚肉ソーセージのスライス）、クラフティclafoutis（たっぷりのバターをのせて焼いたフルーツ）といったリヨン風料理が味わえる。

ル・プティ・ザング
Le Petit Zinc（MAP6）
- ☎01-42-61-20-60
- 🏠11 rue St-Benoît, 6e
- Ⓜ サン・ジェルマン・デ・プレSt-Germain des Prés
- 🍴前菜€13〜18.60、メイン€19.50〜45.50、ランチ定食2品€21.50 3品€26.50
- 🕐12:00〜翌2:00

すてきな（そして値の張る）ビストロ。本物のアール・ヌーヴォー様式のインテリアに囲まれて、伝統的なフランス料理と南西地方の料理が味わえる。

ポリドール
Polidor（MAP6）
- ☎01-43-26-95-34
- 🏠41 rue Monsieur le Prince, 6e
- Ⓜ オデオンOdéon
- 🍴定食€9（平日のランチ）＆€18
- 🕐ランチ＆ディナー月〜土0:30まで、日23:00まで

典型的なパリのカフェ風レストランcrémerie-restaurant。一瞬、ヴィクトル・ユゴーの時代のパリに舞い戻ったような気になる。レストランとインテリアの歴史は1845年にまで遡るが、今では誰もがそのことを知っており、観光客相手のレストランになっている。とはいえ、おいしいフランスの家族料理の定食が食べられる。自慢の料理は、ブフ・ブルギニョンbœuf bourguignon（€10）、ブランケット・ド・ヴォblanquette de veau（仔牛のホワイトソース煮€11）、そしてパリで一番有名なタルト、タタンTatin（カラメル・ソースがかかったアップル・パイ€5）など。

ベジタリアン料理

ゲン・マイ
Guen Maï（MAP6）
- ☎01-43-26-03-24
- 🏠2 bis rue de l'Abbaye, 6e
- Ⓜ サン・ジェルマン・デ・プレSt-Germain des PrésまたはマビヨンMabillon
- 🍴一品料理€7.60〜10
- 🕐月〜土11:45〜15:30

自然食と有機素材を使った本日のおすすめ料理とスープのある、居心地の良いレストラン。

その他の料理

6区には南欧料理やアジア料理のレストランが多い。

シェ・アルベール
Chez Albert（MAP6）
- ☎01-46-33-22-57
- 🏠43 rue Mazarine, 6e
- Ⓜ オデオンOdéon
- 🍴前菜€5〜19、メイン€16〜22、ランチ定食3品€14.50、ディナー定食€23
- 🕐ランチ＆ディナー火〜土23:00まで

本物のポルトガル料理が味わえるレストラン。パリにはポルトガル人が多いのに、ポルトガル料理の店を探すのは難しい。ポーク・アレンテハナ・オ・パルードporc Alentejana aux palourdes（ハマグリと豚肉をキャセロールの中で煮込んだもの）や、何種類もあるバカルオbacalhau（塩味の干しダラ）、そしてニンニクをたっぷり入れて炒めたエビなどを試してみよう。おいしいポルトガル・ワインもある。

ル・ゴルフ・ド・ナプル
Le Golfe de Naples（MAP6）
- ☎01-43-26-98-11
- 🏠5 rue de Montfaucon, 6e
- Ⓜ マビヨンMabillon
- 🍴ピザ€8.50〜11、パスタ料理€9.50〜13、メ

イン€10〜18.50
パリでも最高級のピザと自家製パスタがある。新鮮な野菜をグリルしたアシエット・ナポリタン*assiette napolitaine*（€13）もぜひ食べてみたい。

インドネシア
Indonesia（MAP5）
☎01-43-25-70-22
🏠12 rue de Vaugirard, 6e
ⓂリュクサンブールLuxembourg
🍴ランチ定食€9、ディナー定食€12.50〜19
🕐ランチ日〜金、ディナー毎日23:00まで
パリに2軒しかないインドネシア・レストランの一つ。凝った9皿のリスタフェル*rijstafel*（€22.75）やルンピア*lumpia*（€4.50）から、レンダン*rendang*（€8.50）、ガドガド*gadogado*（€5）まで、昔ながらの料理がすべてそろっている。定食は8種類。

テイクアウト
リュクセンブール公園Jardin du Luxembourgがすぐ近くにあるこの界隈は、ピクニック・ランチにはピッタリの場所だ。6区のセーヌ通りrue de Seineやビュシ通りrue de Buci（Ⓜマビヨン Mabillon）には、食料品店がたくさん並んでいる。サン・ジェルマン・デ・プレ教会の東端の北側には、改装して覆いが付けられた**マルシェ・サン・ジェルマン Marché St-Germain**（MAP6 🏠rue Lobineau, 6e Ⓜマビヨン Mabillon）があり、いろいろな種類の食材や出来合いの食べ物を売っている。

　近くには**シャンピオン Champion**（MAP6 🏠79 rue de Seine, 6e Ⓜマビヨン Mabillon 🕐月〜土8:40〜21:00）があり、また、地階の奥にある**モノプリ Monoprix**（MAP6 🏠52 rue de Rennes, 6e Ⓜサン・ジェルマン・デ・プレSt-Germain des Prés 🕐月〜土9:00〜22:00）にはスーパーマーケットもある。

シャンゼリゼ周辺（MAP2）
CHAMPS-ÉLYSÉES

観光客の多いシャンゼリゼ大通り沿いにあるレストランの大半は値段負けするが、その周辺一帯には申し分のないレストランが何軒かある。

フランス料理
この界隈で安いフランス料理レストランを見つけるのはなかなか難しいが、最高の料理を出す店はそこそこある。

ラルドワーズ
L'Ardoise（MAP2）
☎01-42-96-28-18
🏠28 rue du Mont Thabor, 1er
Ⓜコンコルド Concordeまたはチュイルリー Tuileries
🍴定食€28.20
🕐ランチ火〜金、ディナー火〜日23:00まで
この小さなビストロにはメニューというものが置いてなく、料理は黒板*ardoise*に書いてあるが、誰も気にしない。シェフのピエール・ジェイ（元トゥール・ダルジャンTour d'Argentのシェフ）が、手際よく調理するウサギとハシバミのテリーヌ、アミガサダケと牛肉のフィレなどの料理は最高だし、数種類の料理から選べる定食*prix fixe*（プリ・フィックス）はこの上なくお得。

レトワール・ヴェルト
L'Étoile Verte（MAP2）
☎01-43-80-69-34
🏠13 rue Brey, 17e
Ⓜシャルル・ド・ゴール・エトワールCharles de Gaulle-Étoile
🍴前菜€5.40〜8、メイン€10.70〜19.80、ランチ定食€11.30、ディナー定食（ワイン付き）€16.80&€23.60
🕐ランチ月〜金、ディナー毎日23:00まで
オニオン・スープ、エスカルゴ、ウサギといった昔ながらの定番料理がすべてそろっている。われわれのスタッフの一人がまだ学生でパリにいた頃（ペリゴールにあるラスコー洞窟の壁画が塗り直された直後）、ここはエスペラント語を話す人たち（店名のエトワール・ヴェルト*étoile verte*は"緑の星"の意味で、彼らのシンボルだった）や、贅沢を決め込んだ学生たちが集まる場所だったが、いまだに当時の雰囲気が残っている。

メゾン・プリュニエ
Maison Prunier（MAP2）
☎01-44-17-35-85
🏠16 av Victor Hugo, 16e
Ⓜシャルル・ド・ゴール・エトワールCharles de Gaulle-Étoile
🍴前菜€12〜28、メイン€17〜31
🕐ランチ&ディナー火〜土翌1:00まで
1925年創業の歴史のあるレストラン。そのアール・デコ調のインテリアと魚やシーフード料理が有名。€85以上の出費を覚悟すること。

その他の料理

ル・マン・レイ
Le Man Ray（MAP2）
☎01-54-88-36-36
🏠34 rue Marbeuf, 8e
Ⓜフランクラン・デ・ルーズヴェルトFranklin D Roosevelt
🍴フランス料理の前菜€11.45〜21.35、アジア

料理の前菜€11.45〜26、メイン€24.50〜28、ランチ定食€20
🕐ランチ月〜金、ディナー毎日翌0:30まで
愛すべきシュールレアリストの写真家マン・レイにちなんだ名のレストラン。右岸の上流階層の人たちbeau mondeが好む店。各国料理を組み合わせたり混合した料理（€6.90〜9.95）がいろいろある。金曜の夜は、朝の5:00まで異様な雰囲気のクラブに変身する（入場料€15.25）。

ル・スプーン
Le Spoon（MAP2）
☎01-40-76-34-44
🏠14 rue de Marignan, 8e
Ⓜフランクラン・デ・ルーズヴェルトFranklin D Roosevelt
🍴前菜€10〜38、メイン€26.60〜38
🕐ランチ&ディナー月〜金23:00まで
ミシュランの3つ星シェフ、アラン・デュカスが、メイン料理とソースをいろいろと組み合わせることをお客にすすめる。たとえば、イカのグリルにサテイソース（ピーナッツペーストのソース）、カレー、ベアルネ風ソースなどを組み合わせるといった具合だ。フランス・ワインはそれほど置いていないが、南北アメリカ大陸や欧州産のワインは良いものを置いている。

テイクアウト
8区のマドレーヌ広場place de la Madeleine（ⓂマドレーヌMadeleine）には贅沢な食料品店が数多く集まり、世界有数の食べ物の都となっている（「ショッピング」の「食料品と飲み物」参照）。店で売っている食べ物はけっして安くはないが、慎ましい予算の旅行客でもマドレーヌ界隈を歩いてグルメの旅をするのは可能だ。

リナズ
Lina's（MAP2）
☎01-40-15-94-95
🏠4 rue Cambon, 1er
ⓂコンコルドConcorde
🍴月〜金9:30〜18:30、土10:00〜17:30
急速に伸びているサンドイッチ・チェーンの支店。高級サンドイッチ€3.35〜7、サラダ€5〜5.80。この店のほかに、1区（MAP3 ☎01-47-03-30-29 🏠av de l'Opéra, 1er ⓂピラミッドPyramides）、6区（店内スペースが通常より広い）（MAP6 ☎01-43-25-55-55 🏠7 rue Princess, 6e ⓂマビロンMabillon）、そして12区（MAP8 ☎01-43-40-42-42 🏠104 rue de Bercy ⓂベルシーBercy）にも支店がある。

モノプリ・シティマルシェ
Monoprix Citymarché（MAP2）

🏠62 av des Champs-Élysées, 8e
Ⓜフランクラン・デ・ルーズヴェルトFranklin D Roosevelt
🕐月〜土9:00〜24:00
地階には大きなスーパーマーケットがある。

サン・ラザール駅＆グラン・ブールヴァール周辺
GARE ST-LAZARE & GRANDS BOULEVARDS

ネオンが光り輝くモンマルトル大通りblvd Montmartre（Ⓜグラン・ブールヴァールGrands Boulevardsまたはリシュリュー・ドゥルオーRichelieu Drouot）とフォブール・モンマルトル通りrue du Faubourg Montmartre付近（どちらもモンマルトル界隈には近くないのだが）は、セーヌ右岸で最も活気のあるカフェ、レストラン街である。

フランス料理
この界隈には、国家指定の建造物になってもおかしくないほどのフレンチ・レストランが2軒ある。

オ・ベルジェ・デュ・シュッド
Aux Bergers du Sud（MAP3）
☎01-48-00-80-30
🏠4 rue Saulnier, 9e
ⓂカデCadet
🍴前菜€8.40〜12、メイン€12.20〜16.80、ランチ定食€12
🕐ランチ月〜金、ディナー月〜土23:00まで
すてきなコルシカやプロヴァンス料理のレストラン。季節ごとにメニューが変わる。週末にはコルシカのミュージシャンのライブ演奏が入ることがある。

シャルティエ
Chartier（MAP3）
☎01-47-70-86-29
🏠7 rue du Faubourg Montmartre, 9e
Ⓜグラン・ブールヴァールGrands Boulevards
🍴前菜€1.40〜5.50、メイン€6.25〜10.20、定食€11.50 €16.75 €29
🕐ランチ&ディナー22:00まで
まさに価値あるレストラン。1896年以来ほとんど手が加えられていない330席のベル・エポックbelle époque調の店内が有名なのもうなずける。0.5ℓのピッチャー入りシードル€2.75、同量のワイン€3.65。予算は1人€14ほどみておけば十分。予約はできないので、列に並ぶ覚悟が必要。

ジュリアン
Julien（MAP3）
☎01-47-70-12-06
🏠16 rue du Faubourg St-Denis, 10e

腰を下ろして、のんびりとパリの朝食を味わってみよう

Ⓜ ストラスブール・サン・ドニStrasbourg St-Denis
💴 前菜€6〜15 メイン€11〜27
🕐 ランチ＆ディナー翌1:00まで

サン・ドニのあまり冴えない界隈にあるレストラン。料理はたいしたことはないが、何と（*mon Dieu!*）インテリアと雰囲気のよさは最高だ。アール・ヌーヴォー調の店内は圧倒されるばかりで、当時に戻ったような錯覚に陥る。3品の定食が€21.50（22:00〜）でディナーは約€30。両方とも0.25ℓのワインが付く。

ユダヤ料理＆北アフリカ料理

9区のメトロ駅カデCadetの南にあるリシェール通りrue Richer、カデ通りrue Cadet、ジョフロワ・マリー通りrue Geoffroy Marieには、ユダヤ料理や北アフリカ料理のレストランが多い。

レ・ゼル
Les Ailes（MAP3）
☎01-47-70-62-53
🏠34 rue Richer, 9e
Ⓜ カデCadet
🕐 ランチ＆ディナー23:30まで

フォリ・ベルジェール（ナイトクラブ）のすぐそばにある正真正銘のチュニジア料理レストラン。ここのクスクス（肉または魚付きで約€20〜）は最高。北アフリカのサラダも申し分のない品ぞろえだ。前もって料金を払って注文すればユダヤ教安息日の料理も作ってくれる。

ウォリー・ル・サアリアン
Wally le Saharien（MAP3）
☎01-42-85-51-90
🏠36 rue Rodier, 9e
Ⓜ サン・ジョルジュSt-Georgesまたはカデ Cadet
🕐 ランチ火〜土、ディナー月〜土22:30まで

パリにある多くのマグレブ・レストランよりも少しばかり格が上。本物のサハラ・スタイルのクスクス（€23.50）が食べられる。ストックや野菜を使わず、丹念に調理された穀物においしいソースをかけ、すばらしいタジンが添えてある（€17.50〜26）。

その他の料理

ハード・ロック・カフェ
Hard Rock Café（MAP3）
☎01-53-24-60-00
🏠14 blvd du Montmartre, 9e
Ⓜ グラン・ブールヴァールGrands Boulevards
💴 前菜€7.50〜11.50、メイン€9〜13
🕐 日〜木12:00〜翌1:00、金・土12:00〜翌2:00

かつてモーリス・シュヴァリエが歌っていた劇場の中にある。昼はランチを食べるビジネスマンや旅行客、若者でにぎわい、夜はトレンディなパリっ子が集まる。平日の17:00〜20:00は、半額のサービスタイム。

シェ・ヘインズ
Chez Haynes（MAP3）
☎01-48-78-40-63
🏠3 rue Clauzel, 9e
Ⓜ サン・ジョルジュSt-Georges
💴 前菜€6.80〜7.50、メイン€7.60〜15.25
🕐 ディナー火〜土24:00まで

戦後、アフリカ系アメリカ人の退役兵が開店した、伝説的な大衆の溜まり場。本物のエビのガンボー、フライド・チキン、バーベキュー・リブやトウモロコシパンが食べられる。金、土の夜は、ブルースやダンス、アートパフォーマンス目当ての客でにぎわう。

北駅＆東駅周辺
GARE DU NORD & GARE DE L'EST

この界隈にはあらゆるタイプのレストランがあるが、特に目を引くのは、パリではそれほど存在感のないインド料理やパキスタン料理の店だ。

フランス料理

北駅Gare du Nordの向かい側にはブラッスリーやビストロが密集しており、"光の都"パリでの最初の（あるいは最後の）食事にはうってつけ。

テルミニュス・ノール
Terminus Nord（MAP3）
☎01-42-85-05-15
📍23 rue de Dunkerque, 10e
Ⓜガール・デュ・ノールGare du Nord
🍴ランチ定食€21.50、ディナー定食€30
🕐8:00〜翌1:00

銅製のカウンター、白いテーブル・クロス、真鍮の金具、鏡張りの壁は、1925年の創業当時とまったく変わらない。朝食（€6〜）は毎日8:00〜11:00、フルコースの食事は11:00〜翌0:30まで休みなしで営業。22:00以降は、ファン・ド・ニュイ（夜の空腹）定食faim de nuit menuがある（€21.50）。

その他の料理

ストラスブール大通りblvd de Strasbourg周辺の小さなレストランの多くは、午後もずっと営業しており、パリで一番の本格的なインド料理やパキスタン料理が食べられる。

ル・パリ・ダカール
Le Paris-Dakar（MAP3）
☎01-42-08-16-64
📍95 rue du Faubourg St-Martin, 10e
Ⓜガール・ド・レストGare de l'Est
🍴ランチ定食€9、ディナー定食€22.70〜30.50
🕐ランチ火〜木・土・日、ディナー火〜日翌1:00まで

15年近く営業している本物のセネガル料理レストラン。自慢料理は、アシエット・セネガレーズassiette sénégalaise（前菜の盛り合わせ、€5.80）、ティエブディエンヌtiéboudienne（米、魚、野菜、€15）、ヤッサyassa（ライムジュースとオニオンソースでマリネした鶏肉か魚、€12）、マフェ・キャップ、ヴェールmafé Cap Vert（ピーナッツソースで炒めた仔羊肉、€11.60）など。

パッサージュ・ブラディ
Passage Brady（MAP3）
Ⓜシャトー・ドーChâteau d'Eau

フォブール・サン・ドニ通りrue du Faubourg St-Denis 46番地とストラスブール大通りblvd de Strasbourg 33番地（10区）の間にあるパッサージュ・ブラディは、まるでカルカッタにいるような気分が味わえる、古い屋根付きアーケード街。ここには信じられないほど安いインド、パキスタン、バングラデシュのカフェがあり、パリでも最も安いランチが食べられる（肉入りカレー、ライス、小サラダ€4.60〜。鶏肉または仔羊のビルヤニ約€7.60）。ディナー定食は€6.80〜19。火〜日にランチとディナー（23:00くらいまで）を出しているレストランは多いが、特に**プージャ Pooja**（MAP3 ☎01-48-24-00-83 📍91 passage Brady）、**ロワ・デュ・カシミール Roi du Kashmir**（MAP3 ☎01-48-00-08-85 📍76 passage Brandy）、**ヤスマン Yasmin**（MAP3 ☎01-45-23-04-25 📍71-73 passage Brady）がおすすめ。

テイクアウト

10区のサン・ドニ大通りblvd St-Denisとマジェンタ大通りblvd de Magentaを結ぶフォブール・サン・ドニ通りrue du Faubourg St-Denis（Ⓜストラスブール・サン・ドニStrasbourg St-Denisまたはシャトー・ドーChâteau d'Eau）は、パリで最も安く食料品が手に入る場所の一つで、特にフルーツと野菜が安い（23番地、27〜29番地、41番地の店）。中東の雰囲気が漂い、トルコ、北アフリカ、インドの特産品を売る食料雑貨店も少なくない。54番地の**フロマジュリー fromagerie**（チーズ専門店）をはじめ、多くの食料品店が火〜日曜正午まで営業している。スーパーマーケットも何軒かある。主な店は、**フランプリ Franprix**（MAP3 📍25 rue du Faubourg St-Denis, 10e Ⓜストラスブール・サン・ドニStrasbourg St-Denis 🕐月〜土9:00〜19:50）と、その先の交差点近くにあるもう一軒の**フランプリ Franprix**（MAP3 📍7-9 rue des Petites Écuries, 10e Ⓜシャトー・ドーChâteau d'Eau 🕐月〜土9:00〜19:50）。

さらに北に行くと、**マルシェ・サン・カンタン Marché St-Quentin**（MAP3 Ⓜガール・ド・レストGare de l'Est）（「ショッピング」のコラム「市場に行こう」参照）と**フランプリ Franprix**（MAP3 📍57 blvd de Magenta, 10e Ⓜガール・ド・レストGare de l'Est 🕐月〜土9:00〜20:00）もある。

バスチーユ周辺
BASTILLE

バスチーユ界隈には、レストランが密集している。狭くて薄汚い11区のラップ通りrue de Lappe（MAP5）は、昼間は特に目を引くこともないが、ナイトライフには依然人気の高い場所で、若者や型にはまらない人々が多く集まる。

フランス料理

バスチーユ界隈では、あらゆる値段の伝統的なフランス料理を味わうことができる。

ル・ビストロ・デュ・ドーム・バスチーユ
Le Bistrot du Dôme Bastille（MAP5）
☎01-48-04-88-44
📍2 rue de la Bastille, 4e
ⓂバスチーユBastille
🍴前菜€8〜11、メイン€17〜21.80
🕐ランチ&ディナー23:30まで

淡いパステルカラーの美しいレストラン。見事に料理された（値段も高い）魚料理が自慢。

食事 – バスチーユ周辺

パリのすてきな市場でフルーツや野菜を買って、地元の人たちに溶け込もう

日替わりメニューが黒板に書いてある。ワインは通常一律1本€17.50。

ボーファンジェ
Bofinger（MAP5）
☎01-42-72-87-82
🏠5-7 rue de la Bastille, 4e
ⓂバスチーユBastille
🍴ランチ定食€20、ディナー定食€30.50
🕐ランチ&ディナー月〜金翌1:00まで、土・日12:00〜翌1:00

パリでも最も古いといわれるブラッスリー（1864年創業）。磨き込まれたアール・ヌーヴォー調の真鍮やグラス、鏡が店内のあちこちに置いてある。自慢料理は、シュークルート・ア・ラルザシエンヌ *choucroute à l'alsacienne*（€13.50〜19）、シーフード料理（€17.50〜35）など。

ブラッスリー・レ・グランド・マルシュ
Brasserie Les Grandes Marches（MAP5）
☎01-43-43-90-32
🏠6 place de la Bastille, 12e
Ⓜバスチーユ Bastille
🍴メイン€15〜25、定食€21.50（ランチ）€30.50
🕐ランチ月〜土18:00まで

Floチェーンがオペラ・バスチーユの隣にオープンした超モダンなレストラン。この店をデザインしたのはエリザベス・ポルザンパルクとクリスチャン・ポルザンパルクで、パリというよりはロンドンの雰囲気がある。幸いなことに、食べ物の方は間違いなくパリの味だ。

ル・カブール
Le Cabourg（MAP5）
☎01-47-00-71-43
🏠102 blvd Voltaire, 11e
Ⓜヴォルテール Voltaire またはサン・タンブロワーズ St-Ambroise

🍴前菜€5.40〜16、メイン€13〜25、ランチ定食€13
🕐ランチ日〜金、ディナー土〜木23:00まで

珍しいタイプのレストラン。ユダヤ料理店だが、経営しているのはアシュケナジ（中部・東部ヨーロッパ系ユダヤ人）でもセファルディック（スペイン・ポルトガル系ユダヤ人）でもなく、生粋のフランス人だ。自慢の品はフォンデュ・ブルギニョンヌ *fondue Bourguignonne*。

シェ・ポール
Chez Paul（MAP5）
☎01-47-00-34-57
🏠13 rue de Charonne, 11e
Ⓜルドリュ・ロラン Ledru Rollin
🍴前菜€5.10〜12.20、メイン€11〜18
🕐ランチ&ディナー翌0:30まで

陽気で、とても人気のあるビストロ。伝統的なフランス料理のメインコースが、黄ばんだメニューに手書きで書かれている。食事には€25程度の予算をみておこう。

クレープ・ショー
Crêpes Show（MAP5）
☎01-47-00-36-46
🏠51 rue de Lappe, 11e
Ⓜルドリュ・ロラン Ledru Rollin
🍴定食€7（ランチ）、€10&€10.70
🕐ランチ月〜金、ディナー毎日翌1:00まで

気さくな感じの小さなレストラン。甘いクレープ、香りのいいソバ粉で作ったガレット（€3〜6.80）が自慢。ベジタリアン向けの料理も多く、サラダは€6.25〜7。

ダム・ジャンヌ
Dame Jeanne（MAP5）
☎01-47-00-37-40
🏠60 rue de Charonne, 11e
Ⓜルドリュ・ロラン Ledru Rollin
🍴前菜€8.40、メイン€14.50、デザート€6.90、定食3品€20
🕐ランチ&ディナー月〜土23:00または23:30まで

小さくてモダンなビストロ。すばらしいガスパーチョやラムチョップのグリルのほかに、珍しい"フルーツと野菜"のメニューもある。

ランクリイエ
L'Encrier（MAP5）
☎01-44-68-08-16
🏠55 rue Traversière, 12e
Ⓜルドリュ・ロラン Ledru Rollin
🍴前菜€3.65〜5.80、メイン€7.30〜14、ランチ定食€10、ディナー定食€13&17.50
🕐ランチ月〜金、ディナー月〜土23:00まで

とてもお得な3品のランチ定食とディナー定食がある。バスチーユの南で手頃なランチを探しているのなら、"インク壺"という意味の名

食事 − バスチーユ周辺

パリの独創的な哲学者たちの行きつけだったカフェで、コーヒーとクロワッサンを食べながら、あなたの実存空間を見つけよう

を持つこのレストランはピッタリだ。

レ・ギャロパン
Les Galopins（MAP5）
☎01-47-00-45-35
🏠24 rue des Taillandiers, 11e
Ⓜ バスチーユBastilleまたはヴォルテールVoltaire
🍴前菜€6〜10.50、メイン€11〜29、ランチ定食€11&€14
🕐ランチ月〜金、ディナー月〜土23:00まで

キュートで小さな近所のビストロ。マスタード添えのウサギやフォアグラ入りグリーンサラダなど、シンプルだが質の高い前菜やメインコースがある。ただし、週末の夜は工場のようになり、雰囲気を欠く。

リール・アントレ・レ・ヴィーニュ
Lire Entre les Vignes（MAP5）
☎01-43-55-69-49
🏠38 rue Sedaine, 11e
Ⓜ バスチーユBastilleまたはブレゲ・サバンBréguet Sabin
🍴前菜€6、メイン€9、デザート€6、ランチ定食€13
🕐ランチ月〜金、ディナー月〜土22:30または23:00まで

これといって特徴のないバスチーユの裏通りにある。心おきなくワイワイ騒げる場所で、居心地の良い広々とした田舎のキッチンを思い出させる。友達と食事をするにはうってつけの店。食べ物は新鮮で、独創的で、おいしく、隅にあるキッチンで目の前で料理してくれる。

ラ・メゾン・ドール
La Maison d'Or（MAP5）
☎01-44-68-04-68
🏠133 rue du Faubourg St-Antoine, 11e
Ⓜ ルドリュ・ロランLedru Rollin
🍴メイン€14〜17
🕐ランチ&ディナー月〜土23:00まで

これといった特徴はないが、ステュフャッテュstufatu（ハムとトマトと白ワインで煮込んだ羊肉のシチュー）やプレモナタpremonata（セイヨウビャクシンの実と牛肉を弱火で煮込んだもの）といった本物のコルシカ料理が味わえる。パリでは警官の2人に1人がアジャクシオ（コルシカの都市）の出身と思われるのに、市内にはコルシカ料理の店が驚くほど少ない。予算は1人€26程度をみておこう。

ル・ソファ
Le Sofa（MAP5）
☎01-43-14-07-46
🏠21 rue St-Sabin, 11e
Ⓜ ブレゲ・サバンBréguet Sabin
🍴本日のおすすめ料理€13
🕐ディナー日・火・水24:00まで、木〜土翌2:00まで

なごやかで機能的な雰囲気の中で、独創的な前菜や伝統的フランス料理のメインコースが味わえる。

ル・スクワール・トゥルソー
Le Square Trousseau（MAP5）
☎01-43-43-06-00
🏠1 rue Antoine Vollon, 12e

Ⓜ️ルドリュ・ロラン Ledru Rollin
🍴前菜€6.30〜13.20、メイン€7〜20.60、ランチ定食2品€20 3品€24.30
🕐ランチ＆ディナー火〜土23:30まで

エッチング・ガラスと亜鉛のカウンター、磨き上げられた羽目板のある古風なビストロ。トレンディというよりも居心地の良い場所で、いろいろな層の陽気な客でにぎわう。多くの客は、小さな公園を見下ろすすてきなテラスでのひとときを楽しみにやって来る。1人€38程度の予算をみておこう。

北アフリカ料理＆中東料理

ル・マンスリア
Le Mansouria（MAP5）
☎01-43-71-00-16
🏠11 rue Faidherbe, 11e
Ⓜ️フェデルブ・シャリニーFaidherbe Chaligny
🍴前菜€12〜15.50 メイン€14.50〜20.50
🕐ランチ火〜土、ディナー月〜土23:00まで

美しいモロッコ料理レストラン。クスクスは町一番とはいえないが、母乳で育った仔羊の蒸し煮は最高。定食（ワイン付き）は€28と€42.60の2種類。

アジア料理

バリ・バー
Bali Bar（MAP5）
☎01-47-00-25-47
🏠9 rue St-Sabin, 11e
Ⓜ️バスチーユBastille
🍴日替わりランチ定食€10
🕐ランチ月〜金、ディナー月〜土翌2:00まで

店の名とは裏腹にインドネシアとはまったく関係なく、バーでもない。町で一番の新しいタイ料理のレストランの一つ。植民地の交易所をイメージした装飾で、食べ物は丁寧に調理され、味も良い。ア・ラ・カルトは1品€28。

ブルー・エレファン
Blue Elephant（MAP5）
☎01-47-00-42-00
🏠43-45 rue de la Roquette, 11e
Ⓜ️バスチーユBastille
🍴平日のランチ定食€18、定食€43.50＆€47
🕐ランチ日〜金、ディナー毎日23:00または24:00まで

パリで最も有名なタイ・レストラン（最高ではないにしても）で、最先端を行くインターナショナル・チェーンの一つ。少々成功しすぎた感もあるが、インテリアの熱帯雨林は一見の価値があり、またスパイスの効いたおいしい料理も、値段は高いが味わってみる価値はある。

シェ・アング
Chez Heang（MAP5）

☎01-48-07-80-98
🏠5 rue de la Roquette, 11e
Ⓜ️バスチーユBastille
🍴ランチ定食€8.85、ディナー定食€10.40〜22.50
🕐ランチ＆ディナー24:00まで

韓国の焼肉レストラン。テーブルの真ん中にあるグリルに食べ物をのせて焼く。辛味のホットポットのような感じの自家製のタレ fondue maisonに食べ物を浸してから焼く。1人€20.50（最低2名から）。

コーフィー・インディア
Coffee India（MAP5）
☎01-48-06-18-57
🏠33-35 rue de Lappe, 11e
Ⓜ️バスチーユBastille
🍴前菜€5.35〜8.40、メイン€12〜21.40、ランチ定食€9
🕐ランチ＆ディナー翌2:00まで

ラップ通りrue de Lappeに出来た新しいレストラン。驚くほど本格的なインド料理が食べられる。

その他の料理

バスチーユ広場place de la Bastilleのすぐ東側のロケット通りrue de la Roquetteやラップ通りrue de Lappeでは、世界中の料理が楽しめる。なかでも特に目を引くのは、南米料理とテックス・メックスTex-Mex（テキサス風メキシコ料理）である。そして、この界隈には"インターナショナル"という曖昧な言葉があふれている。

カフェ・ド・ランデュストリー
Café de l'Industrie（MAP5）
☎01-47-00-13-53
🏠16 rue St-Sabin, 11e
Ⓜ️ブレゲ・サバンBréguet Sabin
🍴前菜€4.30〜7.30、メイン€7.30〜14
🕐10:00〜翌2:00

新植民地風の装飾が施された人気のインターナショナル・カフェ・レストラン。すばらしいデザートは€3.80〜4.90。

アヴァニタ・カフェ
Havanita Café（MAP5）
☎01-43-55-96-42
🏠11 rue de Lappe, 11e
Ⓜ️バスチーユBastille
🍴前菜€7.30〜12.50、メイン€10.20〜16.30
🕐月〜木17:00〜翌2:00、日12:00〜翌2:00

キューバを思い起こさせるポスターや壁画（食べ物や飲み物もそうだが）で飾られたバー・レストラン。メインコースは最高。カクテルが€5以下になるサービスタイムは16:00〜20:00。

テイクアウト

レオン・ブリュム広場place Léon Blumに向かうロケット通りrue de la Roquette（MAP5 ⓂヴォルテールVoltaireまたはバスチーユBastille）にはたくさんの食料品店がある。また、**モノプリ Monoprix**（MAP5 🏠97 rue du Faubourg St-Antoine, 11e Ⓜルドリュ・ロランLedru Rollin 🕐月〜土9:00〜22:00）もある。

メニルモンタン&ベルヴィル周辺
MÉNILMONTANT & BELLEVILLE

11区の北側から19区、20区にかけて続くオベルカンフ通りrue Oberkampfとその先のメニルモンタン通りrue de Ménilmontantは、夜の食事をする人々と常連客でにぎわう。もっとも最近では、平行して走る北のジャン・ピエール・タンボー通りrue Jean-Pierre Timbaudにその座を奪われた感もある。ベルヴィル通りrue de Bellevilleとそこから出るいくつかの通りには、中華料理、東南アジア料理、トルコ料理のレストランが数軒ある。ベルヴィル大通りblvd de Bellevilleにはユダヤ料理のクスクス・レストランも数軒あるが、たいてい土曜は閉店する。

フランス料理

この地域には、最高級店から驚くほど安い店まで、あらゆるランクのフランス料理レストランがある。

ル・バラタン
Le Baratin（MAP3）
☎01-43-49-39-70
🏠3 rue Jouye-Rouve, 20e
ⓂピレネーPyrénéesあるいはベルヴィルBelleville
🍴ランチ定食€13
🕐ランチ火〜金、ディナー火〜土23:30まで

にぎやかなワイン・ビストロ。活気のあるベルヴィル界隈から少し離れたところにあるが、すばらしいパリの眺望が楽しめる。20区では最高のフランス料理が味わえる。ワイン（グラスかカラフ）の種類も多い。ア・ラ・カルトは€30から。

ル・キャムロ
Le C'Amelot（MAP5）
☎01-43-55-54-04
🏠50 rue Amelot, 11e
Ⓜサン・セバスティアン・フロワサールSt-Sébastien Froissart
🍴定食€21.50〜30
🕐ランチ火〜金、ディナー火〜土24:00まで

ランチに入れる申し分のない小さなビストロ。みんなの"お気に入り"の場所になっているので、予約は早めにすること。

見るだけでも楽しいベルヴィル市場

ル・クラウン・バー
Le Clown Bar（MAP5）
☎01-43-55-87-35
🏠114 rue Amelot, 11e
Ⓜフィーユ・デュ・カルヴェールFilles du Calvaire
🍴前菜€5.80〜9、メイン€10.40〜13.50、ランチ定食€13.50
🕐ランチ月〜土、ディナー毎日23:30まで

シルク・ディヴェールCirque d'Hiverの隣にある、すてきなワインバー。天井画、壁のモザイク画、美しい亜鉛製のカウンターなどがあり、まるで美術館のようだ。食べ物はシンプルで飾り気のない伝統的フランス料理。ワイン込みで1人€30〜の予算をみておこう。

ホワン・エ・ホワニタ
Juan et Juanita（MAP3）
☎01-43-57-60-15
🏠82 rue Jean-Pierre Timbaud, 11e
ⓂパルマンティエParmentierまたはクーロンヌCouronnes
🍴定食2品€14
🕐ディナー火〜土翌2:00まで

2人の若い女性が経営するこのレストランは、メニルモンタン界隈のレストランが目指すべき新しい基準を打ち出した。微妙な味わいと色合いのサラダ、アンズ添え仔羊のタジン、セイヨウワサビ添え豚のヒレ肉、バニラ・アイスクリーム付きマンゴ・スープ、ワイン付き焼きイチジクといったメニューが料理に新しい時代を生み出した。

ル・パヴィヨン・プエブラ
Le Pavillon Puebla（MAP3）
☎01-42-08-92-62
🏠cnr av Simon Bolivar & rue Botzaris, parc des Buttes-Chaumont, 19e
ⓂビュットショーモンButtes-Chaumont
🍴定食€30 & €40
🕐ランチ&ディナー火〜土22:30まで

ビュット・ショーモン公園parc des Buttes-Chaumont内の第二帝国様式の建物に入っている上品なレストラン。すばらしいシーフードや魚料理が人気だが、夏場はオープン・テラ

スを目当てに訪れる客も多い。ア・ラ・カルト料理は1人€55の予算をみておきたい。

ル・ルペール・ド・カルトゥーシュ
Le Repaire de Cartouche（MAP5）
☎01-47-00-25-86
🏠8 blvd des Filles du Calvaire & 99 rue Amelot, 11e
Ⓜサン・セバスティアン・フロワサールSt-Sébastien Froissart
🍽前菜€8.40〜11.50、メイン€14.50〜29、デザート€6、ランチ定食€21.50
🕐ランチ&ディナー火〜土23:00または23:30まで

オールド・ファッションのレストラン。シェフのロドルフ・パカンの指導のもとに、とてもモダンで独創的なフランス料理に取り組んでいる。

オ・トゥルー・ノルマン
Au Trou Normand（MAP3）
☎01-48-05-80-23
🏠9 rue Jean-Pierre Timbaud, 11e
Ⓜオベルカンフ Oberkampf
🍽前菜€1.50〜2.60、メイン€4.50〜6、デザート€1.70前後
🕐ランチ月〜金、ディナー月〜土23:00まで

パリで最も値段の安いレストランの一つで、居心地も良い。1人€10以内で食べられる。野菜のポタージュ potage（スープ）は最高。

ル・ヴィラレ
Le Villaret（MAP3）
☎01-43-57-89-76
🏠13 rue Ternaux, 11e
Ⓜパルマンティエ Parmentier
🍽前菜€7〜13.70、メイン€13.70〜21.30、デザート€7、ランチ定食2品€18.30 3品€23
🕐ランチ月〜金、ディナー月〜水24:00まで 木〜土翌1:00まで

最高に親しみやすいビストロで、とても豪華な料理を出す。パリ中からこのレストランの自慢料理を食べに来る人も多く、夜遅くまでにぎわう。

アジア料理

クルン・テップ
Krung Thep（MAP3）
☎01-43-66-83-74
🏠93 rue Julien Lacroix, 20e
Ⓜピレネー Pyrénées
🕐ディナー23:00まで
🍽前菜€4.60〜8、メイン€6.10〜16.70

小さな（人によっては狭苦しいという）庶民的なレストランだが、グリーン・カレー、トム・ヤム・クン tom yam gung、バナナの葉で包んで蒸した魚や鶏肉など、我々のお目当ての

料理はすべてそろっている（そのほかに、メニューには130品が載っている）。蒸しエビのラビオリとカニの詰めものは申し分ない品だ。予算は1人€22〜30程度。

ラオ・シアム
Lao Siam（MAP3）
☎01-40-40-09-68
🏠49 rue de Belleville, 19e
Ⓜベルヴィル Belleville
🍽前菜€3.80〜6、メイン€5.80〜10
🕐ランチ&ディナー23:00まで

とてもおいしいタイ料理とラオス料理（たとえば、温めた米と香草とともに鶏肉、豚肉または牛肉を切り刻んだラルプ larb）の店で、禁煙席も多い。

ニュー・ニューヤヴィル
New Nioullaville（MAP3）
☎01-40-21-96-18
🏠32 rue de l'Orillon, 11e
Ⓜベルヴィル Belleville
🍽前菜€3.80〜4.60、メイン€7〜9、ライス&麺類€7〜8.80、定食€5.80〜12
🕐ランチ&ディナー翌1:00まで

全500席のレストラン内は、あわただしい香港証券取引所を思わせる。ディムサム dim sum（点心）がビーフ・サテイの横に並んでいたり、黒豆を添えたホタテ貝がシンガポール・ヌードルの脇にあったりと、多少寄せ集め料理の感はある。しかし、注意して品を選べば、本物の中華料理を味わえるはずだ。予算は1人€25程度をみておきたい。

タイ・クラシック
Thai Classic（MAP3）
☎01-42-40-78-10
🏠41 rue de Belleville, 19e
Ⓜベルヴィル Belleville
🍽スープ€6.10〜7 一品料理€7〜7.60
🕐ランチ&ディナー月〜土23:30まで

パリで私たちが見つけた最も本格的なタイ料理店の一つ。スープや私たちのお目当ての料理はすべてそろっている（ただし、サービスはもう少し親切でも良い）。ベジタリアン料理も6品ほどある。

その他の料理

この界隈には、南欧料理、北アフリカ料理、アジア料理の店がかなりある。

ビストロ・フロランタン
Bistrot Florentin（MAP3）
☎01-43-55-57-00
🏠40 rue Jean-Pierre Timbaud, 11e
Ⓜパルマンティエ Parmentier
🍽前菜€3.70〜11.50、メイン€9.20〜14.50、ランチ定食€10

食事 – ナシオン周辺

☐ランチ月～金、ディナー月～土23:00まで
すばらしいイタリア料理が味わえる、居心地の良い店。24種類のパスタ料理は€7～11.50。

ル・キッチ
Le Kitch（MAP5）
☎01-40-21-94-14
🏠10 rue Oberkampf, 11e
Ⓜフィーユ・デュ・カルヴェールFilles du Calvaire
🍴前菜€5.60～7.50、メイン€8.80～10.60、ランチ定食€9
☐ランチ月～金、ディナー毎日翌2:00まで
ミススペルの店名がすべてを物語っている。プラスチックの花のカーテン、オレンジ色のクリスマス・ツリー、ゴム製の水差し、フォーマイカのテーブルかけ、ミスマッチのナイフ、フォーク、スプーンなど。料理のほうはどうかといえば、地中海風スープにカレー、ガスパッチョなどどぎつい色のものが多い（1人€19程度）。明らかに、味わうというよりも体験してみる店だ。

ラ・ピラガ
La Piragua（MAP5）
☎01-40-21-35-98
🏠6 rue Rochebrune, 11e
Ⓜサン・タンブロワーズSt-Ambroise
🍴前菜€3.35～6、メイン€10～19、定食€15 ア・ラ・カルト€17.50
☐ディナー月～土翌2:00まで
明るい彩色のこぢんまりしたコロンビア・レストラン。すばらしい南米音楽が流れているのもここの特徴だ。

テイクアウト

この界隈のスーパーマーケットには、**フランプリ Franprix**（MAP3 🏠28 blvd Jules Ferry, 11e ⓂレピュブリックRépubliqueまたはゴンクールGoncourt ☐月～土8:00～20:00）と、もう一軒の**フランプリ Franprix**（MAP3 🏠23 rue Jean-Pierre Timbaud, 11e ⓂオベルカンフOberkampf ☐月～土8:00～20:00）などがある。

ナシオン周辺
NATION

ナシオン広場place de la Nationから放射状に広がる街路沿いには魅力的なレストランがたくさんある。

フランス料理

この地域のフレンチ・レストランは、まさに穴場であることが多い。

レ・ザモーニュ
Les Amognes（MAP5）
☎01-43-72-73-05
🏠243 rue du Faubourg St-Antoine, 11e
Ⓜフェデルブ・シャリニーFaidherbe Chaligny
🍴定食3品€30
☐ランチ火～金、ディナー月～木23:00まで 金・土23:30まで
サービスは控えめで、田舎風ともいえる好ましい雰囲気を持つ店。ここの食事は、パリの料理というよりもフランス料理の真髄を追求するもので、リーズナブルなセット料金で高級フランス料理が味わえる。

その他の料理

ナシオン広場とその周辺には、フランス料理以外を専門とするレストランが多い。

ア・ラ・バナヌ・イヴォワリエンヌ
À la Banane Ivoirienne（MAP5）
☎01-43-70-49-90
🏠10 rue de la Forge Royale, 11e
Ⓜルドリュ・ロランLedru Rollin
🍴前菜€3～5.80、メイン€8.40～15.20
☐ディナー火～土24:00まで
ゆったりしたなごやかな雰囲気の中で西アフリカ料理を味わうことができる。金曜の22:00からは、アフリカ系ブラジル音楽のライブ演奏がある。

カフェ・カネル
Café Cannelle（MAP5）
☎01-43-70-48-25
🏠1 bis rue de la Forge Royale, 11e
Ⓜルドリュ・ロランLedru Rollin
🍴前菜€5.50～6、メイン€12～14.50
☐ディナー火～日24:00まで、日曜ブランチ12:00～17:00
アルジェリア人が経営する、にぎやかなモロッコ料理レストラン。クスクスやタジンもひと工夫されている（たとえば、シナモンとオレンジの花の汁とアーモンドで味付けしたセモリナがデザートとして出される）。日曜のブランチは€15。

クム・アコルヌ
Khun Akorn（MAP1）
☎01-43-56-20-03
🏠8 av de Taillebourg, 11e
ⓂナシオンNation
🍴前菜€7.60～9.20、メイン€11.50～13
☐ランチ＆ディナー火～日23:00まで
ナシオン広場近くにそびえる、広々としたタイ料理レストラン。

ル・レゼルヴォワール
Le Réservoir（MAP5）
☎01-43-56-39-60
🏠16 rue de la Forge Royale, 11e
Ⓜルドリュ・ロランLedru Rollin
☐ディナー翌2:00まで、日曜ブランチ12:00～

17:00
倉庫を改装した、モダンな装飾のあるバー・レストラン。有名人とその取り巻きが地中海料理を楽しむ。予算は1人€30～38程度。日曜の午後を過ごすには、ジャズ・ブランチ（ビュッフェ形式、€18）がおすすめ。

リヨン駅＆ベルシー周辺
GARE DE LYON & BERCY

リヨン駅の南西にあるウォーター・フロントは、近年、遊覧船péniche上のレストランが数軒オープンし、ベルシー・ヴィラージュBercy Villageの古いワイン倉庫地区の開発が進んだことから（「観光スポットと楽しみ方」の「ベルシー周辺」参照）、ワインや食事を楽しむ人たちで深夜までにぎわうようになり、活気を取り戻した。

フランス料理

ベルシー界隈には、新しい流行の発信地といえるフレンチ・レストランがいくつかある。

ルレット
L'Oulette（MAP8）
☎01-40-02-02-12
🏠15 place Lachambeaudie, 12e
Ⓜクール・サン・テミリオンCour St-Émilion
🍽前菜€15、メイン€22、デザート€7.70、定食€27（ランチ）＆€44
🕐ランチ＆ディナー月～金22:15まで

テラスから、美しい教会とかなり混雑したロータリーが見下ろせるすてきなレストラン。しかし、典型的なパリのレストランで、料理は南フランス風。

パルティ・ド・カンパーニュ
Partie de Campagne（MAP8）
☎01-43-40-44-00
🏠36 cour St-Émilion, 12e
Ⓜクール・サン・テミリオンCour St-Émilion
🍽朝食€5.40～6.90 パイ＆薄切りパン€8.40～11.40 本日のおすすめ料理€9
🕐8:00～24:00

ベルシーの古いワイン倉庫chaisの一角にある。この新興開発地区の中では最高の料理が味わえる。カスレcassouletとイチジクのタルトtarte aux figuesを試してみよう。

その他の料理

この界隈には、フランス料理への取り組みを完全に放棄し、風変りな料理を出したり、新世界のワインをストックしたりで、一日中営業しているレストランもある。

カフェ・バルジュ
Café Barge（MAP5）

☎01-40-02-09-09
🏠5 port de la Rapée, 12e
Ⓜガール・ド・リヨンGare de Lyon
🍽定食（ランチ）€13.70～23、定食€18.30～29
🕐ランチ日～金、ディナー毎日24:00まで

セーヌ川に浮かぶ500m²の大型遊覧船内のレストラン。本物の地中海風料理が食べられる。親切なスタッフが各国語で説明してくれる。

ラ・コンパニー・デュ・リュバン・ブルー
（"ブルー・リボン会社"）
La Compagnie du Ruban Bleu（MAP5）
☎01-43-41-15-15または01-43-41-11-55
🏠Port de la Rapée, 12e
Ⓜベルシー Bercyまたはガール・ド・リヨンGare de Lyon
🍽定食2品€25 3品€32
🕐ランチ日～金、ディナー毎日翌2:00まで

前出の大型遊覧船内のカフェ・バルジュに比べると小型船といった感じで、料理もかなりインターナショナルだ。日曜のブランチ（€20＆€23）では12:00～16:00に音楽の生演奏がある。

ル・ヴィネア・カフェ
Le Vinéa Café（MAP5）
☎01-44-74-09-09
🏠26-28 cour St-Émilion, 12e
Ⓜクール・サン・テミリオンCour St-Émilion
🍽前菜€4.50～13.50、メイン€12～19
🕐8:00～24:00

クール・サン・テミリオンcour St-Émilionの客を引きつけるための大型有名店（少なくともそう思われる）。とても楽しいワインバー・レストランで、裏にあるすてきなテラスはヴァン・ド・フランス広場place des Vins de Franceに面している。音楽の生演奏が入る夜もある。

テイクアウト

ベルシー公園parc de Bercyの西に**フランプリFranprix**がある（MAP8 🏠3 rue Baron le Roy, 12e Ⓜクール・サン・テミリオンCour St-Émilion 🕐月～金8:45～13:30 & 15:00～19:45、土9:00～14:00 & 15:00～20:00）。

13区＆チャイナタウン周辺
13E ARRONDISSEMENT & CHINATOWN

ハイテクのメトロ線「メテオルMétéor」（14号線）と国立フランソワ・ミッテラン図書館Bibliothèque Nationale de France François Mitterrandがオープンするまでは、本物の中華料理店を探す時を除いて、南のこの界隈にまで足を伸ばす旅行客はほとんどいなかった。しかし、いまや状況は変わりつつある。

食事 − 13区＆チャイナタウン周辺

　イタリア広場place d'Italieの南西にあるビュット・オ・カーユButte aux Cailles地区は夕方の外食にうってつけで、興味を引くレストランがたくさんある。

フランス料理
この界隈では、創造的なすばらしいフランス料理が楽しめる。

ロディエルヌ
L'Audiernes（MAP8）
- ☎01-44-24-86-23
- 🏠22 rue Louise Weiss, 13e
- Ⓜシュヴァルレ Chevaleret
- 🍴前菜€3.35〜10.70、メイン€9〜15.25
- 🕐ランチ月〜土

経済財政産業省の別館にあるレストラン。丹念に調理された伝統的フランス料理を、要求の多い公務員に出している。

ラヴァン・グー
L'Avant-Goût（MAP1）
- ☎01-53-80-24-00
- 🏠26 rue Bobillot, 13e
- Ⓜプラス・ディタリー Place d'Italie
- 🍴前菜€8〜、メイン€14〜、デザート€7〜、定食（ランチ）€10.60、定食€23＆€26
- 🕐ランチ＆ディナー火〜土22:55まで

パリの"ネオ・ビストロ"（クラシックかつモダン）の典型。シェフのクリストフ・ボフロンが創意工夫して作ったモダンな料理が味わえる。ただし、かなり騒がしいことやサービスが行き届かないこともある。ア・ラ・カルト料理は€26から。

シェ・ジャッキー
Chez Jacky（MAP8）
- ☎01-45-83-71-55
- 🏠109 rue du Dessous des Berges, 13e
- Ⓜビブリオテーク Bibliothèque
- 🍴前菜€15〜22.50、メイン€15〜25.60、定食3品€27
- 🕐ランチ＆ディナー月〜金22:30まで

国立図書館の裏側にある。3兄弟が経営するバロック様式の豪華なレストラン。仔牛肉とフォアグラのパテ料理は最高の味。

オ・ペ・ド・ラパン
Au Pet de Lapin（MAP8）
- ☎01-45-86-58-21
- 🏠2 rue Dunois, 13e
- Ⓜビブリオテーク Bibliothèque
- 🍴定食€10
- 🕐ランチ＆ディナー火〜土22:00まで

フランス南西部から取り寄せた良質の食材を使用し、ベーコン入りホウレン草サラダ（€4）、フォアグラのテリーヌ（€10.50）、カモのコンフィ（€10.50）などをリーズナブルな値段で提供する。食欲がなくなるような店の名前"ウサギのおなら"に気をそがれないように。

ル・タン・デ・セリーズ
Le Temps des Cérises（MAP1）
- ☎01-45-89-69-48
- 🏠18-20 rue de la Butte aux Cailles, 13e
- Ⓜコルヴィザール Corvisartまたはプラス・ディタリー Place d'Italie
- 🍴定食€12＆€20
- 🕐ランチ月〜金、ディナー月〜土23:45まで

ビュット・オ・カイユButte aux Cailles地区の中心にある家族経営のレストラン。典型的なパリっ子の夜の食事、おいしくてボリュームのある料理（マスタード添えウサギ、ステーキとフライドポテト）が食べられ、値段も安い。熱気はあるがリラックスした雰囲気で、即興のエンターテインメントもある。"サクランボの実る頃"という意味の名前を持つこの店は、いつも客でにぎわっている。

アジア料理
パリのチャイナタウンの目抜き通りには、中国料理だけでなく、北東アジア料理や東南アジア料理のレストランが数十軒も店を出している。なかでも店が多いのはショワジー通りav de Choisy、イヴリー通りav d'Ivry、そしてボドリクール通りrue Baudricourtだ。通常、最も安い定食（約€8.50）が食べられるのは、平日のランチタイムのみ。

ラ・フルーヴ・ド・シンヌ
La Fleuve de Chine（MAP1）
- ☎01-45-82-06-88
- 🏠15 av de Choisy, 13e
- Ⓜポルト・ド・ショワジー Porte de Choisy
- 🍴一品料理€6.80〜15.25
- 🕐ランチ＆ディナー金〜水23:00まで

マセナ大通りblvd Masséna 130番地のトゥール・ベルガムTour Bergame住宅団地を通り抜

ASA ANDERSSON

けて行くこともできる。パリで一、二を争う本格派の広東料理や客家料理が楽しめる店。よくあることだが、周辺の雰囲気やサービスのことは忘れるべきだ。鶏肉、エビ、すばらしい土鍋料理のメインコースは約€7.50。

シノラマ
Sinorama（MAP1）
☎01-53-82-09-51
🏠118 av de Choisy & 23 rue du Docteur Magnan, 13e
Ⓜトルビアック Tolbiac またはプラス・ディタリー Place d'Italie
🍽前菜€3.65～14.50、メイン€8.60～14.50、ライス・麺類€4.50～7.30、ランチ定食€8.40
🕐ランチ&ディナー翌2:00まで

空港の格納庫のような形をした中国レストラン。上海料理と、数は少ないが広東料理があり、味はいずれも申し分ない。

モンパルナス周辺
MONTPARNASSE

1920年代以降、カフェに座って道行く人々を眺めるのが多くのパリっ子の娯楽になったが、モンパルナス大通り blvd du Montparnasse の周辺は、そうした楽しみにうってつけの場所の一つだった。しかし今では、パリの若者の多くがこの地区をやや時代遅れ démodé の、観光客でにぎわう場所と考えている。そして、それはある程度確かだ。

　モンパルナス駅 Gare Montparnasse は、パリに仕事を求めてやって来るイギリス人がたいてい最初に電車を降りる駅（そして、明らかにそれより先には行こうとしない駅）であるため、このあたりにはクレープ屋が山ほどある。オデッサ通り rue d'Odessa 20番地だけでも3軒のクレープ屋があり、角を曲がってモンパルナス通り rue du Montparnasse に出れば、さらに多くの店がある。

フランス料理

メトロ駅ヴァヴァン Vavin の入口のそばを走っているモンパルナス大通りは、数多くの伝説を生んだ場所で、2つの大戦の間にここに移り住んだ作家（「散策コース」の「左岸を愛した作家たち」参照）や前衛的な芸術家（ダリやコクトーなど）によって有名になった。また、ロシア革命前には、レーニンやトロツキーといった政治亡命者たちもこの界隈のカフェをたまり場にしていた。

ラ・クーポル
La Coupole（MAP4）
☎01-43-20-14-20または01-43-27-56-00
🏠102 blvd du Montparnasse, 14e
Ⓜヴァヴァン Vavin
🍽前菜€6.50～15、メイン€15～35、定食（ランチ）€15.50、定食€21.50&€29
🕐8:00～翌1:30

壁画で覆われた有名な列柱（ブランクーシやシャガールなどの芸術家による装飾）や、黒ずんだ羽目板、間接照明が置かれており、サルトル、スーティン、マン・レイ、そしてダンサーのジョゼフィン・ベーカーの時代からほとんど変わっていない。1927年創業のこの全450席のブラッスリーでは、フルコースの食事で€30程度の予算をみておきたい。週のうち4夜はダンスが楽しめ、また日曜の午後にはティータイム・ダンスがある。
（「エンターテインメント」の「クラブ」とコラム「サルサとメレンゲ：ダンスを味わう」参照）

ル・ドーム
Le Dôme（MAP4）
☎01-43-35-25-81または01-43-35-34-82
🏠108 blvd du Montparnasse, 14e
Ⓜヴァヴァン Vavin
🍽前菜€13～22、メイン€29～59.50
🕐ランチ&ディナー翌0:30まで

アール・デコ調の豪華で奇抜な装飾のかなり大きなレストラン。カキ、貝類、舌ビラメのムニエル sole meunière などの魚料理が主体。

ル・セレクト
Le Select（MAP4）
☎01-42-22-65-27
🏠99 blvd du Montparnasse, 6e
Ⓜヴァヴァン Vavin
🍽定食€16、朝食€8.90、ブランチ€13
🕐8:00～翌3:00

1923年以来ほとんど変わらない、モンパルナスのもう一つのレストラン。ポワラン Poilâne パンで作ったタルティーヌ tartines（バターを塗った薄切りのパンにトッピングをしたもの）は€4.90～13。

ル・カメレオン
Le Caméléon（MAP4）
☎01-43-20-63-43
🏠6 rue de Chevreuse, 6e
Ⓜヴァヴァン Vavin
🍽前菜€6.70～19、メイン€13.50～19、ランチ定食€18.30
🕐ランチ月～金、ディナー月～土23:00まで

"新しいビストロ nouveau bistro"を試したい時は、ここを訪れてみよう。伝統的な食器に盛り付けられた新鮮で革新的な料理が楽しめる。ロブスターのラビオリ（€14）や、オーヴェルニュ・ソーセージと自家製のピュレ purée maison（ソーセージとフランス風マッシュポテトを合わせた料理。€13.50）を食べるだけで

レストランの誕生

1765年に、あるパン屋の主人が1区のリヴォリ通りから少し入ったバイユール通りで、小さなビジネスを始めた。はじめはスープやブロス（肉、魚、野菜などを煮出したスープ）を売り、その後、人々に人気のある羊の足のホワイトソース煮を売るようになった。扉の上には、このレストランrestaurants（もともと"栄養食"という意味）を宣伝する看板を掲げた。こうして、今日我々になじみの深いレストランの一号店と食事どころの新たな名前が誕生したのである。

それ以前も、誰もが一年を通して毎日家で料理をしていたわけではない。ホテルや宿屋はあったが、宿泊客に定時の定食table d'hôteとして準備された食事を、決められた値段で、決められた回数だけ提供しているにすぎなかった。カフェでは飲み物だけが出された。このパン屋の主人が始めたレストランは、いろいろな料理が書いてあるメニューの中から一般の客が好きなものを選んで注文できる最初の店だったとされている。1804年までに、パリには約500軒のレストランができ、典型的なメニューには、12種類のスープと20種類の前菜、12～30種類の牛肉、仔牛肉、羊肉、鳥肉、獣肉のアントレ、24種類の魚料理、12種類のパティスリーと50種類のデザートがあったという。

も足を運んだ価値がある。

その他の料理

モンパルナスでテックス・メックス（テキサス風メキシコ料理）を食べようか？ いいねぇ *Porqué no?*

ムスタン・カフェ
Mustang Café（MAP4）
☎01-43-35-36-12
🏠84 blvd du Montparnasse, 14e
Ⓜモンパルナス・ビアンヴニュMontparnasse Bienvenüe
🕐10:00～翌5:00

ほとんど眠らずに営業しているカフェ。まずまずのテックス・メックスのコンビネーション料理とナチョが€7.50～12.80、ファヒータは€15。

テイクアウト

大きなイノ **Inno**（MAP4 🏠29-31 rue du Départ, 14e Ⓜモンパルナス・ビアンヴニュMontparnasse Bienvenüe 🕐月～金9:00～21:50、土9:00～20:50）が、モンパルナス・タワーTour Montparnasseの反対側にある。近くには**食料品市場 food market**（MAP4 🏠blvd Edgar Quinet 🕐水・土7:00～13:30）もある。南に少し行ったところには、別のスーパーマーケット、

フランプリ **Franprix**（MAP4 🏠55 av du Maine, 14e ⓂゲテGaité 🕐月～土8:30～20:00）がある。

15区周辺
15E ARRONDISSEMENT

グルネル大通りblvd de Grenelleの南には、食事どころがかなりある。

フランス料理

パリっ子はいつでも"穴場"を探している。次の2つのレストランは、まさにそれにピッタリの場所といえよう。

ロス・ア・モエル（"髄骨"という意味）
L'Os à Moëlle（MAP1）
☎01-45-57-27-27
🏠3 rue Vasco de Gama, 15e
ⓂバラールBalard
🍽おすすめ料理数皿の定食ランチ€29、定食ディナー€32
🕐ランチ＆ディナー火～土23:30まで

少し離れた15区の南西部まで足を運ぶ価値は十分あるレストラン。シェフのティエリー・フォシェ（元オテル・クリヨンのシェフ）の作った、町一番の、そして値段も手頃なおすすめ料理数皿の定食が、モダン・アート調に飾られた広々とした店内で食べられる。その4品の例を挙げると、コリアンダー添えホタテ貝のクリーム煮、スズキのヒメウイキョウ風味バター焼き、エンダイブと栗を入れたウズラ肉半羽分、そしてデザートといった具合だ。

ル・トロケッツ
Le Troquet's（MAP4）
☎01-45-66-89-00
🏠21 rue François Bonvin, 15e
Ⓜセーヴル・ルクールブSèvres Lecourbe
🍽ランチ定食（3品）€22、ディナー定食（4品）€26＆€29
🕐ランチ＆ディナー火～土23:00まで

若いバスク人のシェフが、"ありふれた"食材からすばらしい料理を作り上げる。アニスの実で味付けした仔牛のブイヨンに野菜のクネル、野菜のピュレに乗せた豚肉のカラメル・ソースがけ、新鮮なさや豆を敷き旨味を封じ込めたタラなどは、息を飲むほど見事だ。

北アフリカ料理＆中東料理

フェルーズ
Feyrouz（MAP4）
☎01-45-78-07-02
🏠8 rue de Lourmel, 15e
ⓂデュプレックスDuplex
🍽ランチ定食€10＆€12、ディナー定食€16.80
🕐7:00～翌2:00

明るくて活気のある、持ち帰り用デリカテッセン・レストラン*traiteur-restaurant*。すばらしいレバノン料理が味わえる。

ル・ティパザ
Le Tipaza（MAP4）
☎01-45-79-22-25
🏠150 av Émile Zola, 15e
Ⓜ️アヴニュ・エミール・ゾラAvenue Émile Zola
🍽ランチ定食€12、ディナー定食€20
🕐ランチ&ディナー24:00まで

上品なモロッコ・レストラン。おいしいクスクス、タジン、薪ストーブの上で焼いた肉や魚などが食べられる。

テイクアウト

この界隈にはたくさんのスーパーマーケットがある。**モノプリ Monoprix**（MAP4 🏠2 rue du Commerce, 15e Ⓜ️ラ・モット・ピケ・グルネルLa Motte Picquet-Grenelle 🕐月〜土9:00〜22:00）、**フランプリ Franprix**（MAP4 🏠32 rue de Lourmel, 15e Ⓜ️デュプレックスDupleix 🕐月〜土8:30〜20:00)、もう一軒の**フランプリ Franprix**（MAP4 🏠4 place du Général Beuret, 15e Ⓜ️ヴォジラールVaugirard 🕐火〜金9:00〜14:00&15:30〜20:00、土8:00〜20:00、日9:30〜13:30）などだ。

モンマルトル＆ピガール周辺
MONTMARTRE & PIGALLE

18区のトロワ・フレール通りrue des Trois Frères（MAP7）には、観光客でにぎわうテルトル広場place du Tertreとその周辺のレストランよりもはるかに優れたレストランがある。

フランス料理

モンマルトルのフレンチ・レストランの中には、モンマルトルの丘Butte de Montmartreにあるほとんどすべてのものがそうであるように、イマイチといった感じの店がある。

シェ・レ・フォンデュ
Chez Les Fondus（MAP7）
☎01-42-55-22-65
🏠17 rue des Trois Frères, 18e
Ⓜ️アベスAbbessesまたはアンヴェールAnvers
🕐ディナー19:00〜翌2:00

1966年以来、モンマルトルで人気のある店。€14.50で食前酒と前菜、ビブロン*biberon*（小さなビン）に入った赤ワイン（またはビールかソフトドリンク）、さらにかなりの量のフォンデュ・サヴォワイヤール*fondue savoyarde*（溶けたチーズ）かフォンデュ・ブルギニョンヌ*fondue bourguignonne*（肉のフォンデュ。最低2名から）が食べられる。24:00ないし翌0:30には席に着いていないとだめだ。

マチス・エ・ムスカド
Macis et Muscade（MAP2）
☎01-42-26-62-26
🏠110 rue Legendre, 17e
Ⓜ️ラ・フルシュLa Fourche
🍽前菜€7〜11、メイン€10〜15、デザート€6〜8、定食（ランチ）€12、定食（ディナー）€23
🕐ランチ日・火〜金、ディナー火〜木・金・土22:30ないし23:00まで

町のレストラン*restaurant du quartier*のすばらしい例。サービスも申し分ない。

ル・ソレイユ・グルマン
Le Soleil Gourmand（MAP7）
☎01-42-51-00-50
🏠10 rue Ravignan, 18e
Ⓜ️アベスAbbesses
🍽本日のおすすめ料理€11〜13
🕐ランチ&ディナー月〜土23:00まで

双子の姉妹が経営している、陽気なこぢんまりとしたレストラン。温かみのあるインテリアと料理で南仏を演出している。

その他の料理

シャルロ・ロワ・デ・コキヤージュ
Charlot, Roi des Coquillages（MAP2）
☎01-53-20-48-00
🏠12 place de Clichy, 9e
Ⓜ️プラス・ド・クリシーPlace de Clichy
🍽前菜€10〜21、メイン€17〜30
🕐ランチ&ディナー24:00まで

アール・デコ調のレストラン。この界隈で最も内容の充実したシーフード料理（たとえば、1ダース*douzaine*もの申し分のないカキ、イワシのグリル、舌ビラメのムニエルなど）が味わえる店だというパリっ子もいる。

イル・デュカ
Il Duca（MAP7）
☎01-46-06-71-98
🏠26 rue Yvonne le Tac, 18e
Ⓜ️アベスAbbesses
🍽前菜€7〜12、メイン€12〜13.70、定食3品€13.50
🕐ランチ&ディナー23:00まで

居心地の良い小さなイタリア・レストラン。自家製パスタ（€8.40〜13.70）など、シンプルでおいしい料理が出される。

ア・ラ・グランド・ブルー
À la Grande Bleue（MAP1）
☎01-42-28-04-26
🏠4 rue Lantiez, 17e
Ⓜ️ブロシャンBrochantあるいはギ・モケGuy Moquet
🕐ランチ月〜金、ディナー月〜土23:00まで

食事 － モンマルトル＆ピガール周辺

珍しいベルベルのクレープ crêpes berbères（€4.30〜7）に、これまた珍しい東部アルジェリアのカビール風に作られた大麦のクスクス（€9.75〜16）と、ごく普通のセモリナのクスクス（€8.40〜14.40）、そして甘辛いパスティラ・オ・プレ pastilla au poulet（鶏肉のパスティラ、€14.50）がある。これに加えて、さわやかな青と黄色の装飾、壁面のアート、温かいもてなしがあるのだから、良い店を見つけたというほかない。

ラ・マフィオサ・ディ・テルモリ
La Maffiosa di Termoli（MAP2）
☎01-42-93-52-43
🏠19 rue des Dames, 17e
Ⓜプラス・ド・クリシー Place de Clichy
🍴ピザ€5.30〜7.30、パスタ料理€6〜7.30
🕐ランチ月〜土、ディナー毎日23:00まで
約40種類のピザがあり、食べずにはいられない。

ル・モノ
Le Mono（MAP7）
☎01-46-06-99-20
🏠40 rue Véron, 18e
ⓂアベスAbbessesまたはブランシュBlanche
🕐ディナー木〜火23:30まで
トーゴやその他の西アフリカ諸国の自慢料理が食べられる。たとえば、レレ lélé（平たい白豆の蒸しケーキとエビのトマトソース添え、€4.60）、マフェ mafé（牛肉か鶏肉のピーナッツソース添え、€7.60）、ベキュイ gbekui（ホウレン草、タマネギ、牛肉、魚とエビで作られたグーラッシュのようなもの）、ジョンクメ djenkoumé（セモリナ・ヌードル付き鶏肉のグリル、€9.20）といった具合だ。ベジタリアン料理もいくつかある。

昔ながらのフレンチ・バゲットのおいしさにはかなわない

テイクアウト

ピガール Pigalleにかけて、たくさんの食料雑貨店があり、それらの多くは夜遅くまで営業している。クリシー大通り blvd de Clichyから入る横通り（ルピ通り rue Lepicなど）にも行ってみよう。クリシー大通りから南に走る9区のマルティール通り rue des Martyrs（MAP3）には、メトロ駅ノートル・ダム・ド・ロレット Notre-Dame de-Loretteまで食料品店が軒を連ねている。

この界隈のスーパーマーケットには、**フランプリ Franprix**（MAP7 🏠44 rue Caulaincourt, 18e Ⓜラマルク・コーランクール Lamarck Caulaincourt 🕐月〜土8:30〜19:25）、ケーブルカーのふもとから1ブロック南に下ったところにある**ウデ・レピシエ Ed l'Épicier**（MAP7 🏠31 rue d'Orsel, 18e Ⓜアンヴェール Anvers 🕐月〜土9:00〜20:00）、**シューペルマルシェ G20 Supermarché G20**（MAP7 🏠17 rue Lepic, 18e Ⓜアベス Abbesses 🕐火〜木8:45〜12:45 & 15:30〜19:45、金・土8:45〜19:45、日9:00〜13:00）などがある。

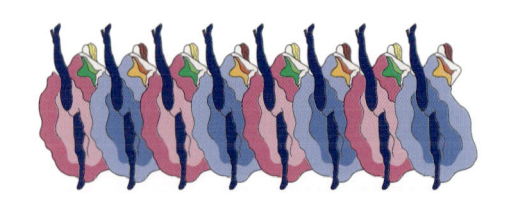

パリの中の世界

パリの中の世界

パリといえばオートクチュールとカフェとクロワッサンの街だと思っている人が多いかもしれない。確かに、パリにはフランス的なものがあり、今後もそれは変わらないだろう。しかし、パリは今や国際的な世界になっており、そうした動きに合わせて躍動している。パリは、世界各国のミュージシャンやパフォーマーを惹きつける街だ。かつて、パリで食べられる料理といえばもっぱらフランス料理だったが、今ではベトナム料理やエチオピア料理、セネガル料理、ブラジル料理などがいつでも味わえる。彩り豊かな商品が並んだエスニック市場に行くと、まるでアフリカかアジアにいるような気分にもなる。これこそが文字通り"パリの中の世界Paris Mondial"、すなわち多様性に富み、ダイナミックで様々な文化が混在する街、まさに多文化都市パリなのだ。

パリの中の世界に生きる人々

20世紀の半ば頃まで、フランスは世界の国や地域のかなりの部分を支配していた。そして今日、フランスの人口には、かつて植民地や保護国だったアフリカやインドシナ、中東、インド、カリブ、南太平洋の国々からの移民やその子孫たちが多く含まれている。同時にフランスは、これまでかなりの数の亡命者や難民を受け入れてきた。

公式の移民数はパリ中心部の総人口212万5000人の17.5％を占めており、不法滞在者を含めるとこの数字はさらに大きくなるはずだ。このうち最も人数が多いのは、人口5万人弱のアルジェリア人で、次に（一見それほどとは思えないが）ポルトガル人（4万2500人）、モロッコ人（2万8650人）、チュニジア人（2万4500人）と続く。アジア系移民の中で最も多いのは中国人で、その人口は1万7300人に達している。サハラ砂漠以南のアフリカ出身の民族では、マリ人（1万300人）が最も多い。

1950年代から1960年代にかけてフランスの植民地だったアルジェリア、モロッコ、チュニジアからの移民は、20世紀初めからフランスに住みついて労働に従事している。彼らの多くは、特に19区から20区のベルヴィル地区にかけて、そして18区のラ・グット・ドールに住んでいる。フランス生まれの北アフリカ人はブール*beurs*と呼ばれることが多いが、これは侮蔑的な呼称ではなく、マスコミ関係者や北アフリカの2世たち自らもよく使う言葉である。

パリにいるサハラ砂漠以南のアフリカ人の大半は、マリ、セネガル、コートジボワール、カメルーン、コンゴ、ギニア、トーゴ、ベニンの出身者である。最初に移民として渡ってきたのは、第1次世界大戦中にフランスのために戦ったセネガルの兵士たちだ。彼らは18区に住みついたが、その界隈は今でもパリのアフリカ人社会の中心地となっている。フランスが労働力強化策の一環として積極的に移民を推進した1940年代と1950年代には、多くの学生や知識人がアフリカからやって来た。

パリに住む中国系移民には、かつてフランスの植民地だったインドシナ出身者が多い。また、1954年にインドシナ戦争が終結してからは、アジアからの移民が大挙してフランスに押し寄せた。1970年代にラオスのパテ・ラオ体制やカンボジアのクメール・ルージュを逃れてきた者や1980年代まで続いたベトナムからのボート・ピープル（難民）だ。さらに1989年の天安門事件によって中国から逃れてくる者が増えた。しかし、中国人移民の歴史はけっして新しいものではなく、すでに1920年代から浙江省出身の中国人が、主としてパリの3区、13区、19区、20区を中心に移り住んでいた。

インド、パキスタン、バングラデシュ、スリランカ、それに元フランス植民地のマダガスカル、モーリシャス、そして海外の県*département*であるレユニオン島からの移民は共通文化を持っているように思われるが、各グループはまるで異

中扉：未来を見つめて：新年を迎える準備をした中国人の若者（写真提供：ブレンダ・ターニッジ）

なっており、それぞれ独自のネットワークをパリに築いている。これらの地域からの移民は、10区の周辺で仕事をする傾向にあるようだが、郊外から通勤している人もいる。

ユダヤ人は中世からパリに移住し働いているが、現在、北方系ユダヤ人Ashkenazi Jewsはマレ地区に住み、南方系ユダヤ人Sephardic Jewsはベルヴィルに住んでいる。南方系ユダヤ人はチューヌ*Tunes*とも呼ばれ、彼らが後にした1950年代のチュニジアに似た社会を作り上げた。その他のユダヤ人は、パリの衣類取引の中心地である2区のサンティエ通りrue du Sentier周辺で働いている。

パリにポルトガル人が移り住むようになったのは、19世紀後半のことだ。1974年まではポルトガルの政治亡命者もパリに逃げてきた。しかし、郊外を含めたパリ首都圏に住んでいるポルトガル人の大半は、パリの新しい郊外づくりに携わった労働者たちである。1960年代後半には、トルコ人とクルド人がパリに移住し始め、その数は現在パリ首都圏で約4万5000人に達している。彼らの多くもまた、郊外からパリに通勤している。

パリは古い時代から、表現の自由を求める知識人たちの楽園だった。パリを拠点とするギリシア人の多くは、軍事独裁政権の時代（1967～74年）の移民であり、また南米からの亡命者も同じような理由でパリに移り住んだ。約4300人のレバノン人移民は、1975年に始まった内戦から逃れてきた人たちである。

20世紀にはロシア人もパリに移住し、またポーランドやその他の東欧、中欧の国々からの移民もかなりの数にのぼっている。現在、パリ市内には旧ユーゴスラビアからの移民が約1万500人いる。

ベルヴィル（MAP3）
Belleville

20区にあるベルヴィル地区（ⓂベルヴィルBelleville）には、コーシャーとハラル（ユダヤ教やイスラム教の戒律に従って処理された食肉）を売る肉屋が、大きな中華レストランとともに軒を並べている。市が立つ火曜と金曜の朝は、この界隈一帯に地中海、アフリカ、そしてアジアの雰囲気が漂う。鮮やかな色のブーブ（アフリカの伝統的な丈の長い上着）を身につけ、ターバンを巻いたエレガントなアフリカ女性が、携帯電話を耳にあてて興奮ぎみの若いアジア人の横を通り過ぎるのを見たり、ヤムルカ（ユダヤ人男性が礼拝などでかぶる縁なし帽）をかぶった、のんびりした様子の正統派ユダヤ教徒とジュラバ（北アフリカやアラブ諸国のフード付き男性用上着）を着た北アフリカ人がモスクへ向かって並んで歩く姿を眺めるのも面白い。

右：年に一度のフェット・デ・ガネッシュ（ガネッシュ祭）で神を礼拝する信者たち

メトロ駅ベルヴィルからベルヴィル大通りを南に向かい、テラス付きのレストランが数多く建ち並ぶチュニジア人街（東側）をぶらついてみよう。パティスリー・カシェール*pâtisserie cachère*（ユダヤ教やイスラム教の戒律にかなったケーキ屋）に立ち寄ってペストリーを買ったり、まるで古い映画館を改装したようなシナゴーグ（ユダヤ教の教会堂）をのぞいてみよう。チュニジア人の花売りが、うれしそうにジャスミンの花束を耳の後ろに差してくれるだろう。通り沿いに立ち並ぶ多くの店は、整髪料から水ギセルまで何でも売っている。そして、レストランの看板には「安息日のための注文を忘れないように」と書いてある。

ベルヴィル大通りからランポノ通りrue Ramponeauかビソン通りrue Bissonに入ると、東に向かうことができる。ランポノ通りを進むと、ユダヤ教の書籍や宗教グッズを売る店、さらには人種や信仰に関係なく貧困者に無料でスープなどの食事を提供する食堂"ナザレのマリアMarie de Nazareth"がある。トゥルティーユ通りrue de Tourtilleに沿って北に向かうとベルヴィル通りに出る。そこを東に行くと、タイやラオスを連想させる店名のアジア料理レストランが軒を連ね、またル・ケールLe Caire（カイロ）という名前のエジプトの食料雑貨店が並んでいる。そこを西に向かうと、もと来たメトロ駅ベルヴィルに戻る。

シャトー・ルージュ（MAP7）
Château Rouge

18区にあるこの地区の中心には「ジャンボ・アフリカ！」（"アフリカへようこそ！"という意味）という店があり、その店名がすべてを物語っている。メトロ駅シャトー・ルージュChâteau Rougeの前を右に曲がり、クレムリー・フロマジュリー*crémerie-fromagerie*（チーズや乳製品を売る店）を通り過ぎ、もう一度右に曲がるとドゥジャン市場Marché Dejeanに出る。ここでは火曜と日曜に青空市場が開かれ、カリブ産のチリ、料理用バナナ、タロイモなどが山のように積まれた手押し車が並び、そのそばにはセネガルから届いた新鮮な魚を売る魚屋が店を出している。近くのポワソニエ通りrue des Poissonniers（"漁師の通り"という意味）には、魚を除くすべてのものが揃っており、5kgの鶏肉パックを特別価格で売るハラルの肉屋や、通り過ぎるときには（間違いなく）足早になる、

左：生活の一面。ベルヴィルにはパリ最大の多文化混交市場がある

こちらをじっと見ている異様な羊の頭を見かけるだろう。
　ここでは、アフリカのNo 1ラジオ局（107.5mHz FM）の音が鳴り響いている。アフリカ音楽の店を訪ね、カメルーンのビクツィ*bikutsi*（伝統的なリズムとテンポの速い電気ギターのフュージョン）や、セネガルのムバラ*mbalax*の最新曲に耳を傾けてみよう。この地区の生地屋では、最高の品質のジャワ・バティック（サラサ）が6ヤード（約5.5m）単位（アフリカの店では今でも大英帝国の度量法が使用*de rigueur*されている）で売られている。道を歩きながら通りの名前を見ていると、100年前に国際貿易の促進に大きな役割を果たした運河の名前のついた通りが出てくる。パナマ通りrue de Panamaとスエズ通りrue de Suezだ。

ラ・グット・ドール（MAP7）
La Goutte d'Or

18区にあるラ・グット・ドールLa Goutte d'Or地区の北アフリカ人街にも足を延ばすことができる。ラ・グット・ドールとは、"金色の滴"という意味で、19世紀にここにあったブドウ園で白ワインが作られていたことに由来する名前だ。行き方は、メトロ駅シャトー・ルージュを出てミラ通りrue Myrhaに入り南に向かって歩くか、メトロ駅バルベス・ロシュシュアールBarbès Rochechouartから歩く。メトロ駅では霊媒師や占い師の名刺を渡されることが多く、また女性の場合はミラ通りをうろつく地元の男たちに"じろじろ見られる"ことがある。
　メトロ駅バルベス・ロシュシュアールBarbès Rochechouartから行くには、バルベス大通りblvd Barbèsを北に向かって歩き、軒を連ねる金細工やファストフードの店を通り過ぎ、東に曲がってグット・ドール通りrue de la Goutte d'Orに入る。そこから市場に入るわけだが、ミント・ティー用のけばけばしいグラス・セットや先のとがった革のバブーシュ*babouches*（スリッパ）、ベリー・ダンサーの衣装などを買わないと抜け出せないこともある。
　ブールBeur FM局（106.7mHz FM）やラジオ・オリエント局Radio Orient（94.3mHz FM）にダイアルを合わせたラジオからは、ライ*raï*（アルジェリアのフォークミュージックとロックのフュージョン）の音色や、この分野のプリンス的存在とされているシェブ・マミの歌声が流れている。空腹を感じたら、街で一番安いクスクス（€5〜6）を食べるか、ショルバ*chorba*（羊肉とヒヨコ豆と野菜を煮込んだ栄養のあるスープ）を試してみよう。ただし、店の中では多少控えめにするのが望ましい。この界隈のこぢんまりしたレストランは、家族から離れて暮らす男たちが集まる場所になっていることが多く、彼らはミント・ティーをすすり、アルジェリアからの衛生放送のテレビを見ながら仕事の合間の時間を過ごしたいと考えているからだ。
　最近、男女を問わず地元の人たちが頻繁に訪れるのは、ヴィ@ヴィVis@Visインターネット・カフェだ。このカフェは、サン・ベルナール・ド・ラ・シャペル

右：アフリカ建築やアラブ建築の影響がパリの随所に見られる

パリの中の世界

教会Église St-Bernard de la Chapelle（MAP3 Ⓜ ラ・シャペルLa Chapelle）の向かい側のステファンソン通りrue Stephensonにある。ここではセネガル人が家族連れで集まり、インターネットやテレビ電話で故国にいる身内と話し合っている。多くのテレフォン・ショップから電話をするよりもこのほうが安くつき、しかもずっと楽しいsympathiqueからだ。

　7月の初めにパリにいる時は、ラ・グット・ドール・アン・フェットLa Goutte d'Or en Fêteに参加してみよう。これは、ライ、レゲエ（西インド諸島ジャマイカ起源のロックミュージック）、ラップミュージックなどを中心とした世界的な音楽祭で、レオン広場square Léon（MAP7 Ⓜ バルベス・ロシュシュアールBarbès Rochechouartまたはシャトー・ルージュ Château Rouge）で開かれる。

フォブール・サン・ドニ通り（MAP3）
Rue du Faubourg St-Denis

10区にある全長2kmのフォブール・サン・ドニ通りは、トルコ人街とインド人街を直接結ぶ通りだ。ちょっとした気分転換にアフリカ系カリブ人のように美容をしてみたい時は、フォブール・サン・ドニ通りから、シャトー・ドー通りrue du Château d'Eauやストラスブール大通りblvd de Strasbourgに行き、アフリカ系の美容院を訪ねることができる。

　メトロ駅ストラスブール・サン・ドニStrasbourg St-Denisを出てサン・ドニ門Porte St-Denisをくぐり、フォブール・サン・ドニ通りを北に向かって歩いていると、ケバブkebabsやピデpide（トルコの"ピザ"）、ラフマークンlahmacun

左：サン・リュック通りにあるアフリカ風の壁画

210

パリの中の世界

（挽肉、トマト、タマネギ、新鮮なパセリなどをのせたピタ・パン）を食べろと声をかけられる。フォブール・サン・ドニ通り12番地とサン・ドニ大通り18〜20番地の間にあるパッサージュ・デュ・プラドPassage du Pradoにはモーリシャス料理のレストランとカフェやボスポラス海峡から抜け出したようなトルコの喫茶店、年中ラマダンのカードを売っている店など思いがけないものがいくつかある。少し開いたドアの隙間から中をのぞくと、見なければよかったと思うような光景が目に飛び込んでくる。そこは、過酷な労働条件のもとで移民労働者が服に"デザイナー・ブランド"のラベルを縫いつけている秘密の工場なのだ。

　フォブール・サン・ドニ通りをさらに北に進んで46番地まで行くと、パッサージュ・ブラディpassage Bradyの入口がある（このパッサージュには10区のストラスブール大通りblvd de Strasbourg 33番からも入れる）。ここでトルコ人街を後にしてパリのインド人街の中心部に足を踏み入れると、レストランやカフェが立ち並んでいる（「食事」の「北駅&東駅周辺」参照）。ここでは、カレー・スパイスをミックスしたタンドーリ料理、ポパムpoppams（薄くて平らなインドのパン）、ココナッツミルク、バンディbhindi（オクラ）や旬のマンゴーなどが買える。パッサージュを抜けて通りに戻ると、壁には自由を求めるクルド人戦闘員やアフリカの歌手たちのポスターが並べて貼ってある。

　パラディ通りrue de Paradis（天国通り）、フィデリテ通りrue de la Fidélité（貞節通り）、あるいはパッサージュ・デュ・デジルpassage du Désir（欲望のパッサージュ）など、フォブール・サン・ドニ通りから分岐する通りやパッサージュの名前は、かつてここが赤線地帯だったことを物語っている。さらに北に進んでマジャンタ大通りblvd Magentaを横切ると、そこにはサリーとジャガイモの両方を売る大きな店が並んでいる。しばらく足を止めて、名物料理の一つであるマサラ・ドーサmasala dosas（詰め物をしたパンケーキ）やビリヤーニbiryani（ライス・肉・魚などを香辛料で味付けしたインド料理）を味わってみるのもいい。いくつかの店ではパリの中で最も風変わりなウィンドウ・ディスプレーが見られる。たとえば、ヒンズー教のクリシュナ神やシバ神とマハトマ・ガンジーやイエス・キリストが同じ場所に置かれていたり、エッフェル塔の模型が白いドームのタージ・マハルと並んでいたりといった具合だ。パリのインド人街に行くなら、スリ・マニカル・ヴィナヤカル・アラヤムSri Manikar Vinayakar Alayam（MAP3）を訪れないわけにはいかない。これは1985年に建てられた、ガネーシャ（長鼻・象面の知恵の神）を祭るヒンズー教の寺院で、メトロ駅ラ・シャペルLa Chapelleから少し行ったフィリップ・ド・ジラール通りrue Philippe de Girardの72番地にある。ここを訪れるのに最もいい時期は、年に一度のフェット・ド・ガネーシュFête de Ganesh（ガネーシャ祭）が行われる8月末か9月初めだ。

パリの中のアジア（MAP1、3、5）

パリには、前述のベルヴィル地区のチャイナタウンのほかに2つのチャイナタウンがある。一つは、3区のメトロ駅アール・ゼ・メティエArts et Métiersの南のメール通りrue au Maire（MAP3）とその周辺の狭い通りにあるチャイナタウンで、もう一つは、市の南側にある13区（MAP1）のチャイナタウンだ。13区のチ

右：10区で売られているエレガントなサリー

パリの中の世界

ャイナタウンには、香港のような高層ビルが建ち、活気のある大きなレストランが軒を並べている。

メール通りは、パリで最も安い中華料理が食べられる場所だが、ヴォルタ通りrue Volta 3番地のパリ最古の建物の一つに入っているベトナム料理店のフォーphoに勝るものはない。1月末から2月初めにかけては、爆竹の音とともにパリで最も本格的な中国暦の新年を祝う行事が繰り広げられる（「基本情報」の「祝日・年中行事」参照）。朝のタイ・シーtai chi（太極拳）やキー・ゴンqi gong（気功）の練習を眺めたり、参加したいなら、タンプル通りrue du Templeの北東にあるタンプル広場square du Temple（MAP3）に行ってみるといい。

13区のチャイナタウンは、マセナ大通りblvd Masséna、イヴリー通りav d'Ivry、それにショワジー通りav de Choisyの周辺に集中している。ここに行くには、メトロ駅トルビアックTolbiacで下車する。駅からトルビアック通りrue de Tolbiacを東に進み、おびただしい数の微笑した仏陀像を売っているギフトショップを通り過ぎると、交差点に出る。その交差点の正面にはすばらしいレストラン、シノラマSinorama（「食事」の「13区＆チャイナタウン周辺」参照）があり、左側にはベトナム料理フォーの店がある。そこからイヴリー通りに入ると、一転して緑が多くなり1930年代のサイゴンにいるような気分になる。数多くのアジア料理レストランが客の呼び込みをしており、あたり一帯にはレモングラスや新鮮なライム、スパイシーなココナッツ・カレー、いいにおいのするライスなどの香りが漂っている。

チャイナタウンのショッピング・センターには何千キロも離れたアジアと同様に、CDショップやアジアの衣料ブティック、書店、開放した店頭で軽食やヌードルを売る店が所狭しと並んでいる。ベトナム料理のボー・ブンbo bun（春巻き入りサラダ）、バン・クシオbanh xio（クレープ）、ブン・リェウbun rieu（ヴェルミセリと豚肉とカニのスープ）などを食べてみよう。この地区では、ブラッスリーもアジア人によって経営されており、そうした店ではもっぱらインドシナの音楽が流れている。帰りには、13区のイヴリー通り48番地にある大きなラオス・中華食材店タン・フレールTang Frèresにも立ち寄ってみたい。この店には、ドリアンから中国ワインまですべてが揃っている。

仏教センターを訪れたい時は、ヴァンセンヌの森Bois de Vincennes（12区）に行こう。そこには、チベット仏教と東南アジア仏教の両方の寺院を備えた仏教センターCentre Bouddiqueがある。ドーメニル湖Lac Daumesnilの南にあるこのセンターは、1931年にパリで開かれた植民地展示会の際に建てられたカメル

左：気分も新たに、仏教センターで新年を祝う仏教徒

ーン館の中に入っており、4月の第2週の週末には、カンボジアの人たちがここに集まって新年を祝う。森全体を顔に見立てるとちょうど首の部分にあたるセンター周辺には食べ物の屋台が立ち並び、ライブ・パフォーマンスが行われ、みんなが陽気に浮かれ、まさにカンボジア"村"といった感じになる。

パリの中の島々

フランスには、カリブ海アンティル諸島のマルティニックMartiniqueとグアドループGuadeloupe、インド洋のレユニオンRéunionなど5つの海外の県départementsと、南太平洋上に浮かぶ3つの海外領土がある。パリの音楽活動に積極的に参加している西インド諸島出身のミュージシャンは、ズークzouk(アンティル諸島のダンス音楽)やハイチのコンパcompas、あるいは伝統的なビギンbiguines(ポルカに近いもの)や原形のグウォカgwokaといった民族音楽でパリのナイトライフを盛り上げている。パリには、アンティル諸島出身の人たちles Antillaisが好んで住む区は特になく、彼らの家族はどちらかといえば緑の多い郊外の方を好む。市内の9区や14区には、彼らの郷土料理が味わえるレストランが何軒かある。

パリの中のラテン

パリには、南米出身者やスペイン語を公用語とするカリブ諸島出身者が多い。彼らも市内のあちこちに散らばって住んでいるが、音楽やダンスなどの催しがある時、あるいは祝日にはみんなが集まる。ラテンアメリカのように朝まで踊り明かしたい人は、「エンターテインメント」のコラム「サルサとメレンゲ:ダンスの味わい」を参照のこと。暑い夏の夜には、ダンス愛好者が、5区のアラブ世界研究所Institut du Monde Arabeの向かい側にあるサン・ベルナール河岸quai St-

右:毎年4月には、ヴァンセンヌの森でカンボジアの新年が祝われる

Bernard（MAP5）に集まり、月明かりの下で踊りを楽しむ。毎年6月21日に開かれる恒例の音楽祭Fête de la Musique（「基本情報」の「祝日・年中行事」参照）では、ラテン音楽やブラジル音楽が目玉になることが多い。

パリのユダヤ人（MAP6）

パリのユダヤ人社会は、4区のマレ地区、特にロジエ通りrue des Rosiers、ベルヴィルBelleville、それにグラン・ブールヴァールGrands Boulevardsの北側に集中している。マレ地区には、トゥルネル通りrue des Tournellesのシナゴーグ、ユダヤ人芸術家の作品を展示したギャラリー、書店、東欧のテイクアウト食品店traiteursやケーキ屋、そして言うまでもなくユダヤ芸術・歴史博物館Musée d'Art et d'Histoire du Judaïsme（「観光スポットと楽しみ方」の「マレ地区周辺」参照）など訪れたい場所がたくさんある。この界隈では、簡単なファラフェル・サンドイッチ（中東の野菜コロッケを挟んだサンドイッチ）、あるいはもう少し手の込んだ物を食べてみたい。ただし、金曜の日暮れから土曜の日暮れまでは安息日のため、たいていの店は閉まってしまうことを忘れないように。

フリーランスの写真家兼ライターのブレンダ・ターニッジは、多文化都市パリの中心地に住んでいる

左：秋に行われるユダヤ教の「仮庵（かりいお）の祭り」のためにフルーツを吟味するパリジャンのラビ（ユダヤ教区の長）

エンターテインメント

Entertainment

イベント情報

山ほどあるパリのエンターテインメントの中から興味のあるものを選んで楽しむには、「パリスコープ*Pariscope*」（€0.40）や「オフィシエル・デ・スペクタークル*Officiel des Spectacles*」（€0.35）といった情報誌を見る必要がある。この2つの情報誌は毎週水曜発行で、街の新聞・雑誌販売所で買える。「パリスコープ」の巻末には、ロンドンの情報誌「タイム・アウト*Time Out*」とジョイントした英語のページ（6ページ）があり、またホームページ www.pariscope.fr（フランス語のみ）でも情報を検索できる。週刊誌「ジュルバン*Zurban*」（€0.80 www.zurban.com フランス語のみ）は、これまでにない新しい切り口でパリのエンターテインメントを紹介する雑誌で、この2年のうちに愛読者がかなり増えた。

クラブやミュージック関係の最新情報を知りたい時は、「リロ*LYLO*」（*Les Yeux, Les Oreilles* "目と耳"という意味の頭文字）を入手しよう。これは、街の多くのカフェやバーに置いてある無料の冊子で、ロックコンサートやその他のライブ・ミュージックの情報が満載だ。月刊誌の「ノヴァ*Nova*」（€2）と「レ・ザンロキュプティーブル*Les Inrockuptibles*」（€2.30）は、クラブや音楽関係の情報源としておすすめだ。特に、「ノヴァ」に付いている「ホット・ガイド*Hot Guide*」の一覧情報は役に立つ。フナック*Fnac*の各店（次項参照）、特にフォーラム・デ・アル*Forum des Halles*のショッピング・センターやバスチーユ*Bastille*、シャンゼリゼ*Champs-Élysées*の店に置いてある無料のチラシやプログラムも見てみよう。

そのほかに、ラジオ*FG Radio FG*（98.2 mHz FM）やラジオ・ノヴァ*Radio Nova*（101.5 mHz FM）のホームページ www.novaplanet.com フランス語のみ）でもイベント情報を提供しており、またホームページ www.france-techno.fr（フランス語のみ）にもクラブの最新情報が掲載されている。

予約代理店

文化的イベントのチケットは、たとえば、フナック*Fnac*（"スナック"と韻を踏んでいる）の各店やヴァージン・メガストトア*Virgin Megastores*などにあるプレイガイドで購入できる。いずれも電話での予約と発券が可能で、ほとんどのクレジットカードが利用できる。基本的にイベントがキャンセルされない限り、チケットの返却・交換はできない。

フナック *Fnac*（☎0-892-68-36-22）には、プレイガイド*billeteries*（チケット・オフィス 通常月～土10:00～19:30）のある店がパリ市内に9店ある。主な店は、フナック・フォーラム*Fnac Forum*（MAP6 ☎01-40-41-40-00 1-7 rue Pierre Lescot, 1er〈フォーラム・デ・アル内ショッピング・センターのレベル3〉シャトレ・レ・アル*Châtelet-Les Halles*）、フナック・モンパルナス*Fnac Montparnasse*（MAP4 ☎01-49-54-30-00 136 rue de Rennes, 6e サン・プラシド*St-Placide*）、フナック・シャンゼリゼ*Fnac Champs-Élysées*（MAP2 ☎01-53-53-64-64 74 av des Champs-Élysées, 8e フランクラン・デ・ルーズヴェルト*Franklin D Roosevelt* 月～土10:00～24:00、日12:00～24:00）、フナック・ミュージック・バスチーユ*Fnac Musique Bastille*（MAP5 ☎01-43-42-45-23 4 place de la Bastille, 12e バスチーユ*Bastille* 月・火・木・土10:00～20:00、水・金10:00～22:00）、そしてフナック・エトワール*Fnac Étoile*（MAP2 ☎01-44-09-18-00 26-30 av des Ternes, 17e テルヌ*Ternes*）だ。チケットは、クレジットカードを利用して、フナックのホームページ www.fnac.com やミニテル（3615 FNAC）でも購入できる（手数料€1.50～3）。

テュレンヌ通りの標識のまわりに貼られたエンターテインメント情報

RICHARD NEBESKY

ヴァージン・メガストア Virgin Megastore（MAP2）
- ☎01-49-53-50-00 🏠52-60 av des Champs-Élysées, 8e Ⓜフランクラン・デ・ルーズヴェルトFranklin D Roosevelt 🕐月～土10:00～24:00、日12:00～24:00）の地階にはプレイガイドがある。さらにもう1軒、ガラスの逆ピラミッドの後ろのショッピング・センター、カルーゼル・デュ・ルーヴルCarrousel du Louvreにあるヴァージン・メガストアにもプレイガイドがある（MAP6 ☎01-49-53-52-90 🏠99 rue de Rivoli, 1er パレ・ロワイヤル・ミュゼ・デュ・ルーヴルPalais Royal-Musée du Louvre 🕐日～火10:00～20:00、水～土10:00～22:00)。

このほかに以下の予約代理店もある。

アジャンス・マリヴォ Agence Marivaux（MAP3）
- ☎01-42-97-46-70
- 🏠7 rue de Marivaux, 2e
- Ⓜリシュリュー・ドゥルオーRichelieu Drouot

アジャンス・ペロシエ／エス・オー・エス・テアトル Agence Perrossier/SOS Théâtres（MAP2）
- ☎01-42-60-58-31または01-44-77-88-55
- 🏠6 place de la Madeleine, 8e
- ⓂマドレーヌMadeleine

アジャンス・デ・テアトル Agence des Théâtres（MAP2）
- ☎01-43-59-24-60
- 🏠Les Arcades des Champs-Élysées, 78 av des Champs-Élysées, 8e
- Ⓜフランクラン・デ・ルーズヴェルトFranklin D Roosevelt

インターネットのホームページⓂwww.ticketavenue.com（〈Minitel〉3615 THEA）でも、いろいろな演劇やオペラの席の予約ができる。

割引チケット
演劇やミュージカルの上演日当日には、**キオスク・テアトル Kiosque Théâtre**（🕐火～土12:30～19:45、日12:30～15:45）で半額のチケット（手数料約€2.50が加算される）が販売されている。

これらのチケットは、1階舞台前の特別席や2階正面桟敷席といった最も値段の高い席のものであることが多い。コンサート、オペラ、バレエなどのチケットも入手できることがある。

キオスク・テアトルのオフィスは2カ所ある。一つは8区のマドレーヌ広場place de la Madeleine 15番地の向かい側（MAP2 ⓂマドレーヌMadeleine）にあり、もう一つは15区（MAP4 Ⓜモンパルナス・ビアンヴニュMontparnasse Bienvenüe）のモンパルナス駅Gare Montparnasseとモンパルナス・タワーの間のモンパルナス広場にある。

パブ、バー、カフェ

伝統的に、パリで酒を飲むのはパブやバーよりもカフェの方が圧倒的に多かった。カフェでは、ドゥミdemi（小ジョッキ1杯のビール）が330㎖のビールというよりも目薬のように見えたものだ。しかし、パブやバーのサービス・タイムが夜遅く21:00頃まで延長されたことにより状況が変わり、1パイントのビールやグラス1杯のワイン、カクテルの料金が、法外なレベルから高値のレベルにまで下がった。

パリのカフェには、文学や歴史と深く関わっている店が多い。機会があれば、マルタン・HM・シュライバーとジェラール・ジョルジュ・ルマールが書いた「昨今の芸術家たちがこよなく愛したパリのカフェ*Cafés d'Artistes à Paris Hier et Aujourd'hui*」に目を通してみよう。

ルーヴル&レ・アル周辺
Louvre & Les Halles

フォーラム・デ・アルForum des Hallesの近くには魅力的な酒場が多くある。

フラン・オブリアン
Flann O'Brien（MAP6）
- ☎01-42-60-13-58
- 🏠6 rue Bailleuil, 1er
- Ⓜルーヴル・リヴォリLouvre-Rivoli
- 🕐16:00～翌2:00

ルーヴル美術館とレ・アルの間にあるこの店は、おそらくパリで最も本格的なアイリッシュ・パブだ。ビリヤード、音楽、詩の朗読、スポーツが楽しめ、冗談が飛び交う。サービス・タイムは16:00～20:00。

ル・フュモワール
Le Fumoir（MAP6）
- ☎01-42-92-00-24
- 🏠6 rue de l'Amiral Coligny, 1er
- Ⓜルーヴル・リヴォリLouvre-Rivoli
- 🕐11:00～翌2:00

チャイナ・クラブ（後出の「バスチーユ周辺」参照）と同じオーナーが経営するこの大きなバー・カフェは、ルーヴル美術館の向かい側にあり、紳士的なクラブ兼書斎をテーマにしている。親切で、にぎやかで、楽しい店だ。12:00～15:00と19:00～23:00には食事ができる。

カフェ・オズ
Café Oz（MAP6）
- ☎01-40-39-00-18
- 🏠18 rue St-Denis, 1er
- ⓂシャトレChâtelet
- 🕐月～木・日15:00～翌2:00、金・土15:00～翌3:00

セーヌ川を挟んだ5区にある1号店（後出の「カルチエ・ラタン周辺」参照）と同じくオー

ストラリアの熱気（そう呼んでおこう）で盛り上がっているオージー・パブ。サービス・タイムは18:00～20:00。

ル・トゥール・デュ・ターブル
Le Tour du Table（MAP3）
☎01-42-96-47-54
🏠17 rue des Petits Champs, 1er
Ⓜブルス Bourse
📅月～金11:00～24:00、土18:00～24:00

ワインを味わうには最高の場所で、ボトル（€12～41）とグラスの両方が用意されている。キッシュ、サラダ、オムレツなども食べられる（€5.80～10.40）。

マレ地区周辺
Marais

4区には、昼間や勤めの帰りに酒を飲むのに適した活気のある店がかなり多くある。

ラパルマン・カフェ
L'Apparement Café（MAP6）
☎01-48-87-12-22
🏠18 rue des Coutures St-Gervais, 3e
Ⓜサン・セバスティアン・フロワサール St-Sébastien Froissart
📅月～金12:00～翌2:00、土16:00～翌2:00、日12:30～24:00

ピカソ美術館の裏側にあるこの店は、まったく隙がないほど洗練されていて、まるで我が家のようにくつろげる。羽目板や革製のソファー、室内ゲーム、すり切れた本などがその魅力を高めている。

レ・ゼタージュ
Les Étages（MAP6）
☎01-42-78-72-00
🏠35 rue Vieille du Temple, 4e
Ⓜオテル・ド・ヴィル Hôtel de Ville
📅月～金17:00～翌2:00、土・日12:00～翌2:00

階段を上って2階、3階に行くと、壁のいたずら書きや人工 faux 皮革の大きな肘掛け椅子、今にも落ちそうな天井が、わざと汚くした場所や路上の雰囲気を醸し出している。飲み物は安くはなく、カクテルが€7.50だが、15:30～21:00のサービス・タイムには気前がよくなり、わずか€4になる。この店では、かなり真剣にナンパが行われている。

オ・プティ・フェール・ア・シュヴァル
Au Petit Fer à Cheval（MAP6）
☎01-42-72-47-47
🏠30 rue Vieille du Temple, 4e
Ⓜオテル・ド・ヴィル Hôtel de Ville またはサン・ポール St-Paul
📅9:00～翌2:00

やや風変わりなバー・レストランで、店名は馬蹄型のザング zinc（カウンター）にちなんで

ASA ANDERSSON

名づけられた。たいていは、仲のいい、ノーマルな（同性愛でない）若者の常連客でいっぱいになる。サービス・タイムは18:00～20:00。食事（本日のおすすめ品€10、サンドイッチ€3.35～）は12:00～翌1:15の間いつでも注文できる。

ル・ピック・クロップ
Le Pick Clops（MAP6）
☎01-40-29-02-18
🏠16 rue Vieille du Temple, 4e
Ⓜオテル・ド・ヴィル Hôtel de Ville またはサン・ポール St-Paul
📅月～土7:30～翌2:00、日10:00～24:00

このあたりはゲイが多いにもかかわらず、この店はノーマルな低所得者向けのロック・バーで、飲み物も安く、俗世間の様子を眺めるにはピッタリの場所だ。サービス・タイムは20:00～21:00と短いので、注文はまとめてしたほうがいい。

ストリーズ・ストーン・バー
Stolly's Stone Bar（MAP6）
☎01-42-76-06-76
🏠16 rue de la Cloche Percée, 4e
Ⓜオテル・ド・ヴィル Hôtel de Ville
📅16:30～翌2:00

リヴォリ通り rue de Rivoli のすぐ北の小さな通りにあるこのバーは英語が通じる。つねに混雑しているが、特に16:30～20:00のサービス・タイムには、ピッチャー（1.6ℓ）入りの安いブロンド blonde（ハウス・ラガービール）が€9.20、カクテル（通常€5.40～7.30）が€3.80になり、店は満員になる。

シテ島周辺
Île de la Cité

夕暮れ以降、島はそれほどにぎやかではないが、おもしろいワイン・バーが1軒ある。

エンターテインメント － パブ、バー、カフェ

タヴァーン・アンリ・カトル
Taverne Henri IV（MAP6）
☎01-43-54-27-90
🏠13 place du Pont Neuf, 1er
Ⓜポン・ヌフPont Neuf
🕐月～金11:00～15:30と18:30～22:00、土11:00～16:00

まじめなワイン・バーであると同時に、ちょっとした食事にも適した店で、14種類のタルティーヌ*tartines*（トッピングや付け合わせをのせた薄切りパン€6.10）がある。近くにある裁判所Palais de Justiceからの法曹界の客が多い。

カルチエ・ラタン周辺
Quartier Latin

カルチエ・ラタンは、英語が恋しくなった人向けのバーがパリで最も多く集中している場所だ。

カフェ・オズ
Café Oz（MAP5）
☎01-43-54-30-48
🏠184 rue St-Jacques, 5e
ⓂリュクサンブールLuxembourg
🕐16:00～翌2:00

カジュアルなオーストラリアン・パブで、フォスターズFoster'sの生ビールが€3.50（400mlの"大ジョッキ"は€5.50）。ほかにVB（ビクトリア・ビター）、クーパーズ、カールトンといった銘柄のビールがあり、またオーストラリア産のグラス・ワイン（€3～）もある。サービス・タイムは16:00～21:00。

ル・クロワトル
Le Cloître（MAP6）
☎01-43-25-19-92
🏠19 rue St-Jacques, 5e
Ⓜサン・ミッシェルSt-Michel
🕐15:00～翌2:00

のんびりしていて飾り気のない店だ。静かにバックグラウンド・ミュージックが流れていて、ここに集まる学生（そして元学生たち）の雰囲気とよく合っている。

ピアノ・ヴァッシュ
Piano Vache（MAP5）
☎01-46-33-75-03
🏠8 rue Laplace, 5e
ⓂリュクサンブールLuxembourgまたはモベール・ミュチュアリテMaubert Mutualité
🕐月～金12:00～翌2:00、土・日21:00～翌2:00

パンテオンPanthéonから少し丘を下ったところにある、1970年代に舞い戻ったような雰囲気の店。店内には、時代に合わせるように1980年代の新ゴシック様式の装飾がわずかに施されている。音楽はすばらしいし（ゲストDJがいる）、客質もいい。

パリのナイトライフのハイライトの一つ、エッフェル塔の夜景

ル・ヴィオロン・ダング
Le Violon Dingue（MAP5）
☎01-43-25-79-93
🏠46 rue de la Montagne Ste-Geneviève, 5e
Ⓜモベール・ミュチュアリテMaubert Mutualité
🕐日～木18:00～翌1:30、金・土20:00～翌3:30、セラー・バー 火～木20:00～翌1:30、金・土22:00～翌4:30

にぎやかで活気のあるアメリカン・スタイルのバー。20代前半の英語を話す若者が集う。ビール1パイントが€5.35で、サービス・タイム（20:00～22:00）には€3になる。このサービス・タイムにはたいていのカクテル・ドリンク（通常€6～7）も半額になる。週末の1:30以降の飲み物には追加料金約€1が必要になる。大きなテレビ画面で放映されるアメリカやイギリスのスポーツ・イベントが客を惹きつけている。

サン・ジェルマン＆オデオン周辺
St-Germain & Odéon

6区には、パリでも最も有名なカフェや魅力的な新しい店がかなりある。

ル・ディス
Le 10（MAP6）
☎01-43-26-66-83
🏠10 rue de l'Odéon, 6e
ⓂオデオンOdéon

◉17:30〜翌2:00

フランスと外国の大学生やホームステイをして言語を学ぶ学生たちが集まるセラー・パブで、壁に煙で黒みを帯びたポスターが貼られている。さまざまな曲を集めたジュークボックスには、ジャズからザ・ドアーズ、イヴ・モンタンまで何でも入っている。ハウス自慢のサングリアはいつでも飲める。サービス・タイムは18:00〜21:00。

カフェ・ド・フロール
Café de Flore（MAP6）
☎01-45-48-55-26
🏠172 blvd St-Germain, 6e
Ⓜサン・ジェルマン・デ・プレSt-Germain des Prés
◉7:00〜翌1:30

アール・デコ調のカフェだが、ドゥー・マゴ（後出）ほど観光客向けでない。赤い布張りの椅子、鏡、大理石の壁は、サルトルやボーヴォワール、カミュ、ピカソが酒を飲んでいた時代から変わっていない。この店のテラス席は人気があり、ビール（400㎖が€6.90）や自家製のプイイ・フュメ酒Pouilly Fumé（辛口白ワイン）（€5.50）、コーヒー（€4）を飲む客が奪い合う。

カフェ・ド・ラ・メリー
Café de la Mairie（MAP6）
☎01-43-26-67-82
🏠8 place St-Sulpice, 6e
Ⓜサン・シュルピスSt-Sulpice
◉月〜土7:00〜翌2:00

このカフェには2階席もあり、にぎわっているが何となくあかぬけしない。カフェ・ド・フロールに飽きた学生や作家、そして1980年代後半以降は映画監督たちが、少し古びた左岸の雰囲気に惹かれてこの店に通うようになった。ビールは、カウンターで飲めば€1.85だが、テーブル席で飲むと€3.35取られる。

ル・コントワール・デ・カネット
Le Comptoir des Cannettes（MAP6）
☎01-43-26-79-15
🏠11 rue des Canettes, 6e
ⓂマビヨンMabillon
◉火〜土12:00〜翌2:00、8月は閉店

シェ・ジョルジュChez Georgesの名前のほうがよく知られている。上階には、作家ジョージ・オーウェルの「パリ・ロンドン零落記 *Down and Out in Paris and London*」から抜け出したような和やかなワイン・バーがある。階下のセラーには、むせるような学生好みのパブ（22:00から営業）があり、1960年代や1970年代にここで演奏したミュージシャンの写真が飾ってある。瓶ビールは約€2.75〜（22:00以降は€3.35、セラーでは€3.80）。

クーラン
Coolín（MAP6）
☎01-44-07-00-92
🏠15 rue Clément, 6e
ⓂマビヨンMabillon
◉月〜土10:00〜翌2:00、日12:00〜翌2:00

どちらかといえば高所得者層向けのアイリッシュ・パブ（実際は半ばフレンチ・カフェ風）で、改装された古いアーケード街の中にある。日曜は17:30〜20:30の間に音楽のライブ演奏が入る。サービス・タイムは17:00〜20:00。

レ・ドゥー・マゴ
Les Deux Magots（MAP6）
☎01-45-48-55-25
🏠170 blvd St-Germain, 6e
Ⓜサン・ジェルマン・デ・プレSt-Germain des Prés
◉7:00〜翌1:00

店名は、1914年に入口に置かれていた2体の中国高僧のマゴ*magots*（グロテスクな小立像）に由来するが、むしろ、サルトル、ヘミングウェイ、ピカソ、アンドレ・ブルトンらの行きつけの店だったことで有名だ。コーヒーは€3.80、生ビールは€5.20、陶器製のジョッキ入りの有名な自家製のホット・チョコレートは€5.95だ。

ラ・パレット
La Palette（MAP6）
☎01-43-26-68-15
🏠43 rue de Seine, 6e
ⓂマビヨンMabillon
◉月〜土8:00〜翌2:00

世紀末風*fin-de-siècle*のカフェ。かつてセザンヌやブラックの行きつけの店だったが、今は、近くのギャラリーからアートディーラーやコレクターがよく訪れる。カクテルが約€8.50なので、心ゆくまで飲むには高すぎる店といえよう。

シャンゼリゼ周辺
Champs-Élysées

かつてはかなり流行遅れ*très démodé*と思われていたシャンゼリゼ大通りav des Champs-Élyséesとその周辺の店は、1990年代半ばに多額の費用をかけて改装され、新たな息吹を取り戻した。

ブッダ・バー
Buddha Bar（MAP2）
☎01-53-05-90-00
🏠8 rue Boissy d'Anglas, 8e
ⓂコンコルドConcorde
◉月〜金12:00〜翌2:00、土・日18:00〜24:00

しゃれた店だが、今でもバー・レストランであることに変わりはなく、壁の仏陀が客を迎

エンターテインメント – パブ、バー、カフェ

えてくれる。今ではビジネスマン、人気ファッションモデルとその取り巻きたちの行きつけの店になっている。一度行ってみる価値はあるが、注文は飲み物だけにしたほうがいい（カクテルは€11から）。太平洋周辺地域の国々の料理を組み合わせたメニューは€75以上（前菜€11～29、メイン€19～34）で、ランチ定食*menu*も€32である。

ザ・クリケッター
The Cricketer（MAP2）
☎01-40-07-01-45
🏠41 rue des Mathurins, 8e
Ⓜサン・トーギュスタンSt-AugustinまたはマドレーヌMadeleine
🕐月～金11:00～翌2:00、土・日16:00～翌2:00

すべてをイギリスのイプスウィッチ市から運んで来たのではないかと思われるほど本格的なイングリッシュ・パブ。ホームシックにかかった英国人の駆け込み寺といえよう。ダーツやクイズの行われる夜があり、ニューカッスル・ブラウンとストロングボウといった銘柄の生ビールがある（ドゥミ*demi*小ジョッキ1杯€3.35）。

グラン・ブールヴァール周辺
Grands Boulevards

延々と続くように見えるグラン・ブールヴァールGrands Boulevardsやそこから脇道に入ったところにあるバーやカフェは、セーヌ川を渡って左岸に行く気がしない時に夜を過ごすのにピッタリの場所だ。

カフェ・ノワール
Café Noir（MAP3）
☎01-40-39-07-36
🏠65 rue Montmartre, 2e
ⓂサンティエSentier
🕐月～金8:00～翌2:00、土16:00～翌2:00

サンティエの衣料品街のはずれにある一風変わったこのカフェには、和やかな雰囲気と手頃な値段に惹かれて、英語を話す客やフランス人客が夜遅くまで訪れる。

ハリーズ・バー
Harry's Bar（MAP2）
☎01-42-61-71-14
🏠5 rue Daunou, 2e
ⓂオペラOpéra
🕐10:30～翌4:00

戦前のパリに何十軒もあった人気のアメリカン・スタイルのバーの一つで、かつてはF・スコット・フィッツジェラルドやヘミングウェイといった作家たちの常連客でにぎわった。彼らも、このバー自慢のカクテル、ブラディ・マリーを飲んでいたに違いない。キューバ産のマホガニー材を使用したインテリアは19世紀半ばのもので、1911年にマンハッタンのバーからここに持ち込まれた。ビールは€4.60（22:00以降は€5.80）で、地階のピアノ・バー（月～土曜22:00～翌2:00にソフト・ジャズの演奏あり）のドリンクは€9.50～15.25。

オ・サリヴァンズ
O'Sullivan's（MAP3）
☎01-40-26-73-41
🏠1 blvd Montmartre, 2e
Ⓜグラン・ブールヴァールGrands Boulevards
🕐月～木11:00～翌2:00、金11:00～翌5:00、土12:00～翌5:00、日12:00～翌2:00

一見、ほかのスーパーマーケット・チェーンのアイリッシュ・パブのような感じだが、グラン・ブールヴァールの人目につきやすい場所にあるため、この界隈で最も人気の高い混雑したパブの一つになっている。週末にはすばらしい音楽のライブ演奏が入る。

オベルカンフ＆メニルモンタン周辺
Oberkampf & Ménilmontant

レピュブリック広場place de la Républiqueの南を走るオベルカンフ通りrue Oberkampfとその周辺、およびそこから東側に延びるメニルモンタン通りrue Ménilmontantは、現在パリで最も活気のある地区とされ、興味深いカフェやバーがたくさんある。

レ・ザバ・ジュール・ア・クードル
Les Abats-jour à Coudre（MAP3）
（"ランプのかさの縫いつけ"という意味）
☎06-16-24-08-54
🏠115 rue Oberkampf, 11e
ⓂメニルモンタンMénilmontant
🕐17:00～翌2:00

風変わりな店名が示すように、店内ではミシンがテーブル代わりに使われている。活気のある気取らないパブで、その雰囲気にどっぷり浸ることができる。17:00～21:00のサービス・タイムにはビール（€3.80～5.60）が半額になる。

ロートゥル・カフェ
L'Autre Café（MAP3）
☎01-40-21-03-07
🏠62 rue Jean-Pierre Timbaud, 11e
ⓂパルマンティエParmentier
🕐月～金8:00～翌1:30、土・日11:30～翌1:30

この店のおかげでナイトライフの中心がオベルカンフ通りの北側からジャン・ピエール・タンボー通りrue Jean-Pierre Timbaudに移動した。地元の若者グループ、芸術家、パーティー好きな人などさまざまな客が、ゆとりのあるバーや広々としたスペース、リラックスした雰囲気、手頃な値段（本日のおすすめ料

カフェ・カニバル
Café Cannibale（MAP3）
☎01-49-29-95-59
🏠93 rue Jean-Pierre Timbaud, 11e
Ⓜクーロンヌ Couronnes
🕐月～金8:00～翌2:00、土・日9:00～翌2:00

オベルカンフ通りのパブやバーに取って代わるリラックスした雰囲気の店。コーヒー1杯（€2）で長い時間を過ごすことができ、またバー（€2）やテーブル席à table（€2.60）で軽くビールが飲める。

カフェ・シャルボン
Café Charbon（MAP3）
☎01-43-57-55-13
🏠109 rue Oberkampf, 11e
Ⓜパルマンティエ Parmentier
🍴サラダ€8.50、本日のおすすめ料理€7.30～11.40、ブランチ€12～
🕐9:00～翌2:00

古いものと新しいものが入り混じった感じのこの店は、メニルモンタンに登場したしゃれたカフェやバーの元祖だ。土曜と日曜の11:00～17:00にはブランチが食べられる。

シェ・ヴォルフ・モータウン・バー
Chez Wolf Motown Bar（MAP3）
☎01-46-07-09-79
🏠81-83 blvd de Strasbourg, 10e
Ⓜガール・ド・レスト Gare de l'Est
🕐24時間営業

真夜中から早朝までのどが渇き、友達もいないという時に訪れる店。飲み物はいつでも注文できるが、食事（スープとサラダ€5.35～9.90、メイン€9.90～12.20）は11:00～翌5:00に限定されている。スタッフも店主もとても親切だ。

ル・メカノ・バー
Le Mécano Bar（MAP3）
☎01-40-21-35-28
🏠99 rue Oberkampf, 11e
Ⓜパルマンティエ Parmentier
🕐21:00～翌2:00

古い機械工場を改装してできたしゃれたカフェ・バー。オベルカンフ通りでの食事やパーティーに出かける前の待ち合わせにもおすすめの場所だ。

バスチーユ周辺
Bastille

バスチーユ広場 place de la Bastilleの北東地域は10年ほど前のしゃれた雰囲気はなくなったが、それでも夜遅くまで食事をし、飲み、踊れる場所として人気がある。広場の南東にはナイトライフをエンジョイできる場所がたくさんある。

ラルマニャック
L'Armagnac（MAP5）
☎01-43-71-49-43
🏠104 rue de Charonne, 11e
Ⓜシャロンヌ Charonne
🕐月～金7:00～翌2:00、土・日10:30～翌2:00

昼間はランチ客でにぎわい、夜は適度の煙と騒音と地元の香りに染まる。この店には、バスチーユ寄りにある自意識の強い多くのバーが真似をしたがる本物の何かがある。

バリオ・ラティノ
Barrio Latino（MAP5）
☎01-55-78-84-75
🏠46-48 rue du Faubourg St-Antoine, 11e
Ⓜバスチーユ Bastille
🕐12:00～翌2:00

ブッダ・バーとこの店の正面にあるサン・サン Sanz Sans（後出）と同じオーナーが経営する店。3フロアを占める大きなバーとレストランがあるこの店には、パリに住むラテン・アメリカ出身者が多く集まる。装飾はすばらしいが、飲み物はイマイチ。

ボカ・チカ
Boca Chica（MAP5）
☎01-43-57-93-13
🏠58 rue de Charonne, 11e
Ⓜルドリュ・ロラン Ledru Rollin
🕐日～木11:00～翌2:00、金・土11:00～翌5:00

2フロアにまたがる大きなバーが3つもある広々とした店。親しみのある陽気な客が集まり、酒のつまみ（€4.60～13.80）もある。サービス・タイムは16:00～19:00で、サングリア（グラス1杯€3.10、1ℓボトル€14.60）とカクテルが半額になる。

カフェ・デ・ファール
Café des Phares（MAP5）
☎01-42-72-04-70
🏠7 place Bastille, 4e
Ⓜバスチーユ Bastille
🕐日～木7:00～翌3:00、金・土7:00～翌4:00

近年ブームになっているパリのフィロカフェ philocafé（哲学者のカフェ）の元祖。"真実とは何か？"とか"人々はコミュニケートできるのか？"といったテーマで議論をしたいなら、日曜の11:00に店に行ってみよう。料理はサラダ€6.80～8.40、クロック・ムッシュー€6.60～7.60、本日のおすすめ料理€6～10.70。

ル・カフェ・デュ・パッサージュ
Le Café du Passage（MAP5）
☎01-49-29-97-64
🏠12 rue de Charonne, 11e
Ⓜルドリュ・ロラン Ledru Rollin

エンターテインメント – パブ、バー、カフェ

◎日〜金18:00〜翌2:00、土12:00〜翌2:00
モダンだがリラックスした雰囲気のワイン・バー。布張りの肘掛け椅子でくつろぎながら何種類ものワインが試飲でき、そのうち16種類はグラス・ワイン（€4.90〜10.40）で注文できる。パスタやリゾット、サラダといった軽い食事（€6.70〜15.25）もできる。

チャイナ・クラブ
China Club（MAP5）
☎01-43-43-82-02
🏠50 rue de Charenton, 12e
Ⓜルドリュ・ロランLedru RollinまたはBastilleバスチーユ
◎19:00〜翌2:00
南国の上流クラブ風に作られた上品な店で、オペラ・バスチーユ（新オペラ座）の裏にある。1階には天井の高い大きなバーがあり、2階は喫煙席fumoir、そして地階には1930年頃の上海を思わせるジャズ・クラブ、ル・シング・ソングLe Sing Songがある。サービス・タイムは19:00〜21:00で、すべての飲み物が€6になる。料理は前菜€6.90〜14.50、メイン€11〜29、点心€6.40〜8で、お得な定食は€17.50（日曜ブランチ）と€25。

イグアナ・カフェ
Iguana Café（MAP5）
☎01-40-21-39-99
🏠15 rue de la Roquette, 11e
ⓂバスチーユBastille
◎9:00〜翌5:00
2フロアからなるカフェ・パブで、20代と30代の客に人気がある。カクテルが€8〜8.50（22:00以降は€8.50〜9.20）で、生ビールは€3.65〜4.60（夕方は€4.30〜5.20）。

サン・サン
Sanz Sans（MAP5）
☎01-44-75-78-78
🏠49 rue du Faubourg St-Antoine, 11e
ⓂバスチーユBastille
◎日〜木9:00〜翌2:00、金・土9:00〜翌5:00
バスチーユ界隈でお酒を飲むのに最も活気のある（つまり最も騒々しい）店の一つで、夜は本格的なバーになる。人目を引く服を着てみる（あるいは脱いでみる）のもいい。昼間は赤いベルベットの装飾が何となく派手に映る。料理は前菜€3.50〜5、メイン€8〜12。

ワックス
Wax（MAP5）
☎01-40-21-16-16
🏠15 rue Daval, 11e
ⓂバスチーユBastille
◎20:00〜翌2:00
バー・クラブ。まるで作家アントニー・バージェスのSF長編小説「時計じかけのオレンジ

いっぱいに注ごう。コーヒーを注ぐスタンドのあるバスチーユのカフェ

A Clockwork Orange」の世界で、その物語を語るにふさわしい店だ。サービス・タイムは18:00〜21:00。

ベルシー周辺
Bercy
ベルシー・ヴィラージュBercy Villageには、古いワイン倉庫を改装して作られたいろいろなレストランやバーがある。セーヌ川を渡った13区で夕暮れ時に一杯飲むには、川岸に停泊しているペニシュpéniche（川船）がおすすめだ。

エル・アラメイン
El Alamein（MAP8）
☎01-45-86-41-60
🏠quai François Mauriac, 13e
Ⓜケ・ド・ラ・ガールQuai de la GareまたはビブリオテークBibliothèque
◎18:30〜翌2:00
店のさびついた甲板排水孔が木や花、ときには野菜で飾られている。まともなレコード音楽があり、夕暮れ時に一杯飲むには最高の場所だ。

バール・ア・ヴァン・ニコラ
Bar à Vins Nicolas（MAP8）
☎01-43-40-12-11
🏠24 cour St-Émilion, 12e
Ⓜクール・サン・テミリオンCour St-Émilion
◎12:00〜23:30
大手ワイン小売店のニコラが経営する2軒のワイン・バーのうちの一つ。棚の下段に置いて

あるワインはグラス1杯€1.85～2.75で、ビンテージ・ワインは€3.50～6.85。サラダ、チーズ盛り合わせ、その他の料理は€6～11.30。

ザ・フロッグ・アット・ベルシー・ヴィレッジ
The Frog at Bercy Village（MAP8）
☎01-43-40-70-71
🏠25 cour St-Émilion, 12e
Ⓜクール・サン・テミリオンCour St-Émilion
🕛12:00～翌2:00

パリ最大の英国風パブ。イギリスのビールのあらゆる銘柄が揃い、自家製のラガービールもある。サービス・タイムは月～金17:30～18:30と19:30～20:30。

13区周辺
13e Arrondissement

イタリー広場place d'Italieの南西のビュット・オ・カイユButte aux Caillesと呼ばれる小高い丘付近はナイトライフを楽しむにはうってつけの場所で、面白いパブやバーがたくさんある。

ル・メルル・モクール
Le Merle Moqueur（MAP1）
☎01-45-65-12-43
🏠11 rue de la Butte aux Cailles, 13e
Ⓜ Place d'Italieプラス・ディタリー
🕛月～土8:30～翌1:00、日9:30～20:00

これまで見た店の中では、フレーバー・ラムの品揃えが最も充実している（€4.40）。向かい側にあるレストラン、ル・タン・デ・セリーズLe Temps des Cérises（「食事」の「13区＆チャイナタウン周辺」参照）で食事をする前に1、2杯食前酒を飲むのにおすすめの場所。

モンパルナス周辺
Montparnasse

モンパルナス界隈で飲み物やコーヒーを片手に時を過ごすのに最も人気があるのは、モンパルナス大通りblvd du Montparnasse沿いにある**ラ・クポール La Coupole**や**ル・セレクト Le Select**といった大きなカフェ・レストランだ。詳しくは「食事」の章を参照のこと。

ラ・クロズリー・デ・リラ
La Closerie des Lilas（MAP5）
☎01-40-51-34-50
🏠171 blvd du Montparnasse, 6e
Ⓜポール・ロワイヤルPort Royal
🕛12:00～翌1:00

ヘミングウェイの小説を読んだことのある人ならこの店を知っているはずだ。パパがせっせと小説を書き、酒を飲み、カキ（6個€11.40～18.90）を食べたのがこの店だ。ヘミングウェイ（そしてピカソやアポリネールなどの有名人たち）が座った席には、そのことを示す小さな真鍮のプレートが付いている。料理は前菜€18～32、メイン€20～60、定食€42.50。

キュバーナ・カフェ
Cubana Café（MAP4）
☎01-40-46-80-81
🏠47 rue Vavin, 6e
Ⓜヴァヴァンヴァンス
🕛12:00～15:00と19:00～翌3:00

近くにあるレストラン、クポールに行く前に食前酒を2、3杯飲むのにおすすめの場所だ。サービス・タイム（17:00～19:00）にはカクテル（€6.70）が€4.50になる。日曜のキューバ風ブランチ（12:00～17:00）は€16.50。愛煙家には座り心地の良いソファーのある喫煙室salon fumoirがある。

モンマルトル＆ピガール周辺
Montmartre & Pigalle

ビュット・ド・モンパルナスButte de Montmartre（モンマルトルの丘）の麓の性風俗があふれる界隈には面白いバーが数軒ある。

チャオ・バ・カフェ
Chào-Bà Café（MAP7）
☎01-46-06-72-90
🏠22 blvd de Clichy, 18e
ⓂピガールPigalle
🕛日～水8:30～翌2:00、木8:30～翌4:00、金・土8:30～翌5:00

古いスタイルだったカフェ・ピガールCafé Pigalleを改装して作られた店で、インドシナIndochineからそのまま持ってきたような感じがする。すばらしいカクテルやとてもおいしいフランス風ベトナム料理（前菜€5.40～8.30、メイン€10.40～19）が食べられる。

コルコランズ・クリシー
Corcoran's Clichy（MAP7）
☎01-42-23-00-30
🏠110 blvd de Clichy, 18e
ⓂブランシュBlanche
🕛12:00～翌5:00

モンマルトル墓地Cimetière de Montmartreの入口からほんの少し離れたところにある。ゾラやスタンダールの墓への行き帰りにぜひ立ち寄ってみたい。

ル・デパヌール
Le Dépanneur（MAP7）
☎01-40-16-40-20
🏠27 rue Fontaine, 9e
ⓂブランシュBlanche
🕛年中無休24時間営業

ポストモダンの装飾が施されたアメリカン・スタイルの食事どころ。テキーラや変わったカクテルが多くある（€5.40～）。ビールは€4.25～4.60だが、サービス・タイム（18:00

エンターテインメント － クラブ

〜20:00)には安くなる。ランチとディナーの定食はそれぞれ€10.70と€15。夜23:00以降はたいていDJが入る。

ラ・フルミ
La Fourmi（MAP7）
☎01-42-64-70-35
🏠74 rue des Martyrs, 18e
Ⓜピガールpigalle
🕐10:00〜翌2:00

トレンディーなピガールのたまり場になっており、昼も夜も客でにぎわっている。向かい側にあるル・ディヴァン・デュ・モンドLe Divan du Monde（後出の「フォーク＆民族音楽」参照）に行く前の待ち合わせにも便利。料理はランチ定食€7.60、本日のおすすめ料理€6.80。

ル・サンセール
Le Sancerre（MAP7）
☎01-42-58-08-20
🏠35 rue des Abbesses, 18e
ⓂアベスAbbesses
🕐7:00〜翌2:00

人気があり夕方には満員になることが多いが、かなりがさつな感じのするビストロ兼バー。最も安いビールは€2.60。12:00〜23:00の間に食事ができ、本日のおすすめ料理（€9）2種類がある。

20区周辺
20e Arrondissement

国際バスを利用したり、オベルジュ・ド・ジュネス・ル・ダルタニャンAuberge de Jeunesse Le D'Artagnan（「宿泊」の「ユースホステル」参照）に宿泊する時には、最初に次の店を訪れることになりそうだ。

ラ・フレッシュ・ドール
La Flèche d'Or（MAP1）
☎01-43-72-04-23または01-43-72-98-18
🏠102 bis rue de Bagnolet, 20e
Ⓜポルト・ド・バニョレPorte de Bagnoletまたはアレクサンドル・デュマAlexandre Dumas
🕐10:00〜翌2:00

ペール・ラシェーズ墓地南東の鉄道廃駅を改装して作られた煙っぽいミュージック・バー。トレンディーな芸術家気取りの若者が集まり、ベルリンのような感じがする。大きなカフェでは23:00まで食事（ランチ定食€10.60〜、ディナー定食€16.80〜）ができ、また日曜の12:00〜15:00にはそこそこのブランチが食べられる。

クラブ

パリっ子の仲間たちが多く集まるクラブやダンスホールなどは目まぐるしく変わり、その多くが表向きはプライベートな場所になっている。男性が1人で行くと、たとえ服装がきちんとしていても、単に男が1人だからという理由で入場を断られることがある。一方、女性は無料で入場できる夜も何日かある。自分が希望するクラブには平日のほうが入りやすいし、週末よりも盛り上がっていることがある。トレンディーな人々は、1:00前に姿を現すのは無粋だと考えている。通常、入場料にはアルコール・ドリンクが1ドリンク含まれる。

パリはすばらしい音楽の街で、ここを拠点に活躍しているDJも何人かいる。ラテン・アメリカやキューバのサルサやメレンゲは特に人気がある（後出のコラム「サルサとメレンゲ：ダンスの味わい」参照）。テーマ・ナイトもよく催される。詳細は、本章の最初に紹介した「イベント情報」の中の情報源に掲載されている。

レ・バン・ドゥーシュ
Les Bains-Douches（MAP3）
☎01-48-87-01-80
🏠7 rue du Bourg l'Abbé, 3e
Ⓜエティエンヌ・マルセルÉtienne Marcel
入場料€15.25〜19.80
🕐23:00〜翌5:00

古いトルコ浴場を改装して作られた店。今でも、店の前には無愛想で客選びをするドア・マンがいて、店内は有名人とその取り巻き連中でにぎわっていることで有名。週末に入るのはかなり難しい。音楽はハウスとガラージュが多い。

ル・バラジョ
Le Balajo（MAP5）
☎01-47-00-07-87
🏠9 rue de Lappe, 11e
ⓂバスチーユBastille
入場料€7.60〜15.25
🕐火〜土22:00〜翌5:00、日21:00〜翌1:00

1936年以来、パリのナイトライフを支えてきた店。最近はややすたれた感じもするが、依然としてテーマ・ナイトも多い。火〜木曜はサルサとラテン音楽、金・土曜はDJがロックや1970年代のディスコ・ミュージック、ファンクをかけ、日曜はタンゴの夜となる。入場料に1ドリンク含む。木曜の14:30〜18:30と日曜の15:00〜19:30には、ティー・ダンス（午後のティー・タイムや夕方近くに開かれるダンスパーティー）の好きなマニアのためにDJが昔ながらのミュゼットmusette（アコーディオン音楽）のワルツやタンゴ、チャチャチャをかけてくれる。

ル・バトファール
Le Batofar（MAP8）
☎01-56-29-10-00

エンターテインメント − クラブ

🌐 www.batofar.org フランス語のみ
🏠 Port de la Gare, 13e（11 quai François Mauriacの向かい側）
Ⓜ ケ・ド・ラ・ガールQuai de la GareまたはビブリオテークBibliothèque
🎫 入場料無料〜€9.60
🕐 火〜日21:00〜翌4:00

荘重なフランス国立図書館近くのセーヌ川に浮かぶ船上のクラブ。国際的に活躍しているトップクラスのDJがやって来るにぎやかなダンス・スポット。日曜の朝（5:00〜12:00）のアフターズ・デュ・バトファル*Afters du Batofar*（パーティー）は有名。

カフェ・カバル
Café Kabal（MAP5）
☎ 01-53-36-74-02
🏠 20 rue Keller, 11e
Ⓜ ルドリュ・ロランLedru Rollin
🕐 17:00〜翌2:00

ヒップホップやファンク、R&B（リズム・アンド・ブルース）が人気を呼んでいる新しいスポット。サービス・タイムは18:00〜21:00。

ル・シテア
Le Cithéa（MAP3）
☎ 01-40-21-70-95
🏠 114 rue Oberkampf, 11e
Ⓜ パルマンティエParmentierまたはメニルモンタンMénilmontant
🕐 10:00〜翌2:00

熱狂的なコンサートが開かれる人気のスポット。ソウル、ラテン、ファンク、そして特にアシッド・ジャズ（ジャズとラップの中間）のバンド演奏が入る。ワインとビールは€3〜7、カクテルは€9から。

ラ・クポール
La Coupole（MAP4）
☎ 01-43-20-14-20または01-43-27-56-00
🏠 102 blvd du Montparnasse, 14e
Ⓜ ヴァヴァンVavin
🎫 入場料€12〜16
🕐 火22:30〜翌3:00、木21:30〜翌3:00、金23:30〜翌5:30、土22:00〜翌5:00、日15:00〜21:00

火曜の夜には、パリで最もすばらしいサルサ・コンサートの一つが開かれる（後出のコラム「サルサとメレンゲ：ダンスの味わい」参照）。木曜にはラティチュード・カライブL'Attitud' Caraïbesでズーク、レゲエ、ファンクを楽しみ、金曜はハウス・ミュージックとガラージュ・ミュージックが流れる中で乾杯する。土曜にはロックとR&Bが流れ、日曜にはティー・ダンスがある。

フォリー・ピガール
Folies Pigalle（MAP7）
☎ 01-48-78-25-56または01-40-36-71-58
🏠 11 place Pigalle, 9e
Ⓜ ピガールPigalle
🎫 入場料無料〜€15.25
🕐 火〜土0:00〜夜明け、日18:30〜翌7:00

ゲイや普通の人たちでにぎわう店。ダンスフロアの上にあるバルコニーからナンパ相手を探すのも楽しい。コンサートは通常2:00から始まる。日曜の夜は、"ブラック・ブラン・ブールBlack, Blanc, Beur"（北アフリカ人を指す俗語）と呼ばれるエスニックとゲイ*ethnik et gay*のティー・ダンス、そして0:00〜翌7:00にはオカマのショーがある。

ジブュス・クラブ
Gibus Club（MAP3）
☎ 01-47-00-78-88
🏠 18 rue du Faubourg du Temple, 11e
Ⓜ レピュブリックRépublique
🎫 入場料無料〜€16
🕐 火21:00〜夜明け、水〜土0:00〜夜明け

酒蔵のように改装されたこのクラブでは、火曜はもっぱらテクノ・ミュージック、そして水曜はトランス・ミュージックとハウス・ミュージックの演奏となる。

ラ・ガンゲット・ピラト
La Guinguette Pirate（MAP8）
☎ 01-56-29-10-20または01-45-84-41-71
🏠 Port de la Gare, 13e（11 quai François Mauriacの向かい側）
Ⓜ ケ・ド・ラ・ガールQuai de la GareまたはビブリオテークBibliothèque
🎫 入場料€7.60〜10
🕐 火〜土20:00〜翌2:00、日16:00〜翌2:00

3本マストの中国式平底帆船にあるもう一つの船上クラブ。通常、"ピラト・ダンス・カフェ*Pirate Dance Café*"では21:00〜22:30に何らかのコンサートが開かれ、元気な若者でいっぱいになる。

サルサとメレンゲ：ダンスの味わい

"アイ・ケ・リコ! !Ay, que rico!"（なんてリッチなんだ！）。あなたがラテン音楽ファンであれ、マンボ・マニアであれ、あるいはバイラリーノ・ダ・ボッサbailarino da bossa（ボサノバ・バップファン）や本格的なモヒトmojito（ラムのカクテル）を求めるヘミングウェイ気取りの人間であれ、パリには南の国々に負けないほど多くのキューバ風、ブラジル風のバーやクラブboîtesがあることに気づくはずだ。なかには、ハバナやリオそのものだといわれる店もある。

さらに、地元で育った多民族のラテン・アメリカ・バンドや最高にかっこいいセクシーなDJたちを追っかける熱狂的なファンがいるおかげで、パリには年中お祭り気分が漂っている。太陽に飢えているパリっ子たちは、ラテンの香りが漂う場所やトロピカル風、ブラジル風の場所でサンバを踊ってストレスを発散し、夜明けまでサルサに夢中になる。

ラテン・アメリカ音楽で最もカリエンテcaliente（ホット）なのは誰の何という曲かを知りたければ、ラジオ・ラティナRadio Latina（99 mHz FM）の月～土曜18:00～20:00の番組「ロベルト・ブルゴス・オフィシエル・ド・ラ・サルサRoberto Burgos's Officiel de la Salsa」を聴いてみよう。また、ラジオ・ラティナのホームページ（■www.latina.fr フランス語のみ）や週刊情報誌の「パリスコープPariscope」、「オフィシエル・デ・スペクタークルOfficiel des Spectacles」、「ジュルバンZurban」（本章の最初の「イベント情報」参照）などでコンサートを調べることもできる。

現在パリで最も人気があり、しかも本格的なラテン・ダンスが楽しめるスポットを以下に紹介する。パリにある他のほとんどのクラブでは、入場料に1ドリンクが含まれており、これらのクラブの多くが夕方早い時間にダンス・クラスを開いている。それでは、ヴァモス・ア・バイラールVamos a bailar!（踊りに行こう！）。

ル・バラジョ Le Balajo （MAP5 ☎01-47-00-07-87 ☗9 rue de Lappe, 11e ⓂバスチーユBastille）週の半ばにサルサを楽しみたいのなら、昔ながらのこのダンス・クラブがおすすめだ。営業時間は火～木曜の22:00～翌5:00（€15.25）。

ビストロ・ラタン Bistrot Latin （MAP6 ☎01-42-77-21-11 ☗20 rue du Temple, 4e Ⓜオテル・デュ・ヴィルHôtel de Ville）シネマ・ラティナCinéma Latinaの上の階にある、なごやかな雰囲気のビストロ兼クラブ。水～土曜の20:30～翌1:00ないし2:00はタンゴ、日曜の20:30～翌1:00はサルサが楽しめる。入場料は水～金曜で€6、土曜€9、日曜€8で、19:00～20:30のダンス・クラスにも参加できる。ディナー客の入場料は無料となる。

ラ・カサ128 La Casa 128 （MAP3 ☎01-48-01-05-71 ☗128 rue La Fayette, 10e Ⓜガール・デュ・ノールGare du Nord）ホットで温かなchaud et chaleureuxラテン、トロピカル、そしてカリブの雰囲気を売り物にしているクラブ。営業時間は木～日曜の21:00～翌2:00（€16）。

ラ・シャペル・デ・ロンバール La Chapelle des Lombards （MAP5 ☎01-43-57-24-24 ☗19 rue de Lappe, 11e ⓂバスチーユBastille）日曜の22:30～翌7:00には、トロピカルなバル・カライブBal Caraïbes（カリブのダンスパーティー）が開かれる（€15～19）。

ラ・クポール La Coupole （MAP4 ☎01-43-20-14-20または01-43-27-56-00 ☗102 blvd du Montparnasse, 14e ⓂヴァヴァンVavin）パリのラテン・フィーバーは、1993年にラ・クポールで口火を切った。今では有名な（悪評高い面もある）火曜のサルサ・ナイト（22:30～翌3:00）が、生出演したビッグバンドと共に始まったのだ。入場料は€16（21:00～22:00のダンス・クラス込みの料金は€22.50）。

ル・ディヴァン・デュ・モンド Le Divan du Monde （MAP7 ☎01-44-92-77-66 ☗75 rue des Martyrs, 18e ⓂピガールPigalle）この店にはワールド・ミュージック・ナイトがあり、1カ月に1回、22:30から夜明けまでノイテス・ド・ブラジルNoîtes do Brasil（ブラジルの夜）（€38）が開かれる。リオに行けなくても、ここに来ればカーニバル気分が味わえる。

ラ・ロコモティヴ
La Locomotive （MAP7）
☎0-836-69-69-28または01-53-41-88-88
☗90 blvd de Clichy, 18e
ⓂブランシュBlanche
🕐23:30～翌6:00ないし7:00

3フロアの広大なスペースを誇る人気のディスコで、かなり前から、バップ好きなパリ郊外のティーンエージャーのお気に入りのダンス・スポットの一つになっている。入場料は、月～木曜が1ドリンク付きで€10.70、ドリンクなしで€9.20（女性は1:00以降無料）。金曜は、0:00より前はドリンクなしで€12.20、0:00以降は1ドリンク付きで€15.25となる。土曜は1ドリンク付きの入場のみ。

ル・ヌーヴォー・カジノ
Le Nouveau Casino （MAP3）
☎01-43-57-57-40または01-43-57-55-13
☗109 rue Oberkampf, 11e
ⓂパルマンティエParmentier
料入場料€5～10.60
🕐21:00～翌2:00ないし4:00

大ブレイクした新しいバー・クラブ兼コンサートの店。カフェ・シャルボン（前出の「パ

サルサとメレンゲ：ダンスの味わい

レ・ゼトワール Les Étoiles（MAP3 ☎01-47-70-60-56 🏠61 rue du Château d'Eau, 10e Ⓜシャトー・ド−Château d'Eau）1856年創業のパリの最初のミュージック・ホールで、今でもその勢いは衰えていない。ラテン音楽のライブ・バンドとアンビエンテ・ポプラール*ambiente popular*（庶民的な雰囲気）を売り物にしている。営業時間は木〜土曜の23:00〜翌4:00で、入場料は€9（23:00のディナーとダンス・クラス込みの料金は€19）。

ラ・ファヴェーラ・シック La Favela Chic（MAP3 ☎01-40-21-38-14 🏠18 rue du Faubourg du Temple, 10e Ⓜレピュブリック République）このレストバー*restobar*（レストラン・バー）兼ダンスホールには、シックというよりもスラム街*favel*のような雰囲気がある。店のモットーは"無秩序と進歩"（ブラジルの国家的標語である"秩序と進歩Ordem e Progresso"をもじったもの）である。ここは、まさにパリ・デ・ジャネイロであり、DJのグリンゴ・ダ・パラダがかける熱狂的なサンバ、ファンク、そしてクラシックなブラジルのポップに合わせて、ブラジル人とフランス人の客が踊る。パリでも絶品のカイピリーニャ*cäpirinhas*（サトウキビから作るブラジルの蒸留酒カシャーサ*cachaça*にライム・ジュース、サトウキビ・シロップ、かき氷を加えて作るカクテル）は€7。入場無料。

ラ・ジャヴァ La Java（MAP3 ☎01-42-02-20-52 🏠105 rue du Faubourg du Temple, 10e Ⓜベルヴィル Belleville）エディット・ピアフが最初のチャンスをつかんだダンスホール。金・土曜の23:00〜翌5:00（€16）にかけてサルサのライブ・バンドの音が鳴り響き、日曜の14:00〜19:00にはテ・ダンサン*thé dansant*（ティー・ダンス）が楽しめる。

ラティナ・カフェ Latina Café（MAP2 ☎01-42-89-98-89 🏠114 av des Champs-Élysées, 8e Ⓜジョルジュ・サンク George V）カフェというよりも、サルサに捧げた聖堂のような感じの店。1階にはボデギータ*bodeguita*（小さなバー）とタパス・バー（ビール小ジョッキ1杯*demi*€4.15、カクテル€8.50）があり、2階にはレストランとバー・アシエンダ Bar Hacienda、そして地階にはステージとライブ・バンド付きのクラブがある。木曜にはラジオ・ラティナ Radio Latinaがここから生放送をしている。営業時間は毎日9:00〜翌5:00。

モンテクリスト・カフェ Montecristo Café（MAP2 ☎01-45-62-30-86 🏠68 av des Champs-Élysées, 8e Ⓜフランクラン・デ・ルーズヴェルト Franklin D Roosevelt）このバー・レストランによってラテン音楽の主流が右岸に持ち込まれ、観光客にも人気がある。営業時間は毎日11:00〜翌6:00で、DJとサルサが22:00から始まる（€10〜15、日〜水曜女性無料）。1970年代や1980年代のクラシック・サルサを演奏する月曜か火曜の夜に行ってみたい。

オピュス・ラティノ Opus Latino（MAP4 ☎01-40-61-08-66 🏠33 rue Blomet, 15e Ⓜヴォロンテール Volontaires）かつてこの場所に、古い歴史を持つバル・ネーグル Bal Nègreがあった。レストラン兼バーの店内にはオーク材を使用したすばらしいダンスフロアがある。営業時間は火〜日曜の22:00〜翌2:00。食事（定食*menus*€18.30と€24.40）をしない場合の入場料は、火〜木曜が€6、金〜土曜が€8。火曜と土曜にはサルサ・クラス（€18.50）があり、初心者クラスは20:00に、中級者クラスは21:00に始まる。日曜のクラスは14:00と15:30と17:00に行われる。

ルンバ・カフェ Rumba Café（MAP3 ☎06-09-13-19-07 🏠4 blvd de Strasbourg, 10e Ⓜストラスブール・サン・ドニ Strasbourg-St-Denis）新しくできたカラフルなこの店の目玉は、サルサとドミニカ共和国の最新メレンゲをかけるスターDJたち。毎日18:00から夜遅くまで営業しており、入場料は日〜木曜が€8、金・土曜が€16だ。

ブレンダ・ターニッジ

ルンバ・カフェの"サルサとルンバ"

BRENDA TURNINDGE

ブ、バー、カフェ」の「オベルカンフ＆メニルモンタン周辺」参照）の別棟にある。

オー・ペー・アー
OPA（MAP6）
☎01-49-28-97-16
🏠9 rue Biscornet, 12e
Ⓜバスチーユ Bastille
💶入場料無料〜€15.25
🕐日〜木21:00〜翌5:00、金23:30〜翌5:00、土22:00〜翌5:00

フランス語で"乗っ取り"を意味する略語と同じ発音の風変わりなレストラン兼クラブ。店は3フロアからなり、火曜の"ラウンジ・ハウス"や金曜の"ドラムンベースの夜"など、週を通じてテーマ・ナイトを設けている。

ル・クイーン
Le Queen（MAP2）
☎01-53-89-08-90
🏠102 av des Champs-Élysées, 8e
Ⓜジョルジュ・サンク George V
💶入場料木〜日€9〜18
🕐0:00〜翌6:00

かつてはパリのゲイ・ディスコの王様的存在だったが、現在は特別のテーマ・パーティー

エンターテインメント – ゲイ&レズビアン向けの店

（たとえば、月曜は"ディスコ・インフェルノ"、水曜は"ブレイク・ナイト"など）に誰もが参加でき、以前にも増して活況を呈している。

レックス・クラブ
Rex Club（MAP3）
☎01-42-36-10-96
🏠5 blvd Poissonnière, 2e
Ⓜボンヌ・ヌーヴェルBonne Nouvelle
💴入場料€4.60〜12.20
🕐水〜土23:00〜夜明け

テクノ・ミュージックではパリで最も人気のある大型クラブ。パリのトップクラスのDJが集まる。最高に盛り上がるのは金曜の"オートマチック"の夜だ。

スロー・クラブ
Slow Club（MAP6）
☎01-42-33-84-30
🏠130 rue de Rivoli, 1er
ⓂシャトレChâteletまたはルーヴル・リヴォリLouvre-Rivoli
💴入場料€7.60〜12.20
🕐火〜木22:00〜翌3:00、金・土22:00〜翌4:00

かつてカリブ産バナナを熟すのに使われた地下室を改装して作られた地味なダンス兼ジャズ・クラブ（コンサートは22:00から）。さまざまな年齢層の客が集まる。音楽はジャズ、ブギー、ビーバップ、スイングといったふうに毎晩変わり、水曜の"ゴールデン・ナイト・パーティー"ではR&Bに合わせてダンスが楽しめる。

クラブ・ゼッド
Club Zed（MAP6）
☎01-43-54-93-78
🏠2 rue des Anglais, 5e
Ⓜモベール・ミュチュアリテMaubert Mutualité
💴入場料　水・木€8、金・土€16
🕐水・木22:30〜翌3:00、金・土23:00〜翌5:30

アーチ型の丸天井を持つ地下室にあり、何となくあやしげな雰囲気が漂うクラブ。DJは、ロックンロールやジャズ、スイング、サルサを好む。ギャルソン・ノン・アコンパニェ *garçons non accompagnés*（同伴者のいない男の子）は入場を断られることがある。

ゲイ&レズビアン向けの店

マレ地区、特にサント・クロワ・ド・ラ・ブルトヌリー通りrue Ste-Croix de la Bretonnerieとアルシーヴ通りrue des Archivesが交差するあたりやその東側にあるヴィエイユ・デュ・タンプル通りrue Vieille du Templeの一帯は、20年以上にわたりパリのゲイとレズビアンのナイトライフの中心となっている。セバストポール大通りblvd de Sébastopolから歩いて行けるところにもバーやクラブが何軒かある。

アムネジア
Amnésia（MAP6）
☎01-42-72-16-94
🏠42 rue Vieille du Temple, 4e
Ⓜオテル・ド・ヴィルHôtel de Ville
🕐10:30〜翌2:00

なごやかで、温かい照明のある人気の店。座り心地の良いソファーがあり、普通のゲイ・カフェよりも客層が広い。ビール€3.50〜、カクテル€7.50、人気のブランチ（12:00〜16:00）約€15〜。

ラレーヌ
L'Arène（MAP6）
☎01-42-72-30-05または01-40-41-00-12
🏠80 quai de l'Hôtel de Ville, 4e
Ⓜオテル・ド・ヴィルHôtel de Ville
💴入場料€5.30（週末）
🕐日〜木14:00〜翌6:00、金・土14:00〜翌8:00

真剣にプロの相手を探す人向けの店。上下の階に薄暗い部屋と小さな部屋があり、真夜中頃から盛り上がり、やがて最高潮に達する。通常の予防措置を怠らないこと。サービス・タイムは21:00〜23:00。

バナナ・カフェ
Banana Café（MAP6）
☎01-42-33-35-31
🏠13 rue de la Ferronnerie, 1er
ⓂシャトレChâtelet
🕐16:30〜翌7:00

上下2階からなり、同性愛の相手を探すバーとして人気がある。外から見えないように囲われたテラスには立食式のテーブルが置いてあり、オカマやゴーゴーダンサー（週末）をちべらすのが好きな筋骨たくましい若者たちが集まる。サービス・タイムは18:00〜21:00。

ラ・シャンムスレ
La Champmeslé（MAP3）
☎01-42-96-85-20
🏠4 rue Chabanais, 2e
ⓂピラミッドPyramides
🕐月〜木14:00〜翌2:00、金・土14:00〜夜明け

古い歴史を持つ（1979年創業）、リラックスした雰囲気のレズビアン・バー。静かな音楽が流れ、木曜22:00のフレンチ・シャンソン*chansons*歌手のショーなど定期的にテーマ・ナイトが開かれる。ビールまたはフルーツジュース€6〜。

ル・コックス
Le Cox（MAP6）
☎01-42-72-08-00
🏠15 rue des Archives, 4e
Ⓜオテル・ド・ヴィルHôtel de Ville
🕐12:00〜翌2:00

一晩中、好奇心旺盛な面白い人たちが集まる小さなバー。そのものずばりの名前が気になるが、どうしようもない。サービス・タイムは18:00～21:00。

ル・デポ
Le Dépôt（MAP6）
☎01-44-54-96-96
🏠10 rue aux Ours, 3e
ⓂランビュトーRambuteauまたはエティエンヌ・マルセルÉtienne Marcel
💶 入場料平日€6.80、週末€9
🕐14:00～翌8:00

前出のラレーヌより格が上で清潔な感じの店。会話を楽しむバーと、相手を探す薄暗いスペースがある。

フル・メタル
Full Metal（MAP6）
☎01-42-72-30-05
🏠40 rue des Blancs Manteaux, 4e
ⓂランビュトーRambuteau
🕐日～木17:00～翌2:00、金・土17:00～翌8:00

相手を探したい人にピッタリのもう一つのバー。普通、真夜中から夜明け近くまでとてもヘビーな時間が続く。水曜にはレザー、ラテックス、ジーンズ、ユニフォームなどフェティシストの服装ルールが決められている。サービス・タイムは17:00～20:00。

ミクサー・バー
Mixer Bar（MAP6）
☎01-48-87-55-44
🏠23 rue Ste-Croix de la Bretonnerie, 4e
Ⓜオテル・ド・ヴィルHôtel de Ville
🕐17:00～翌2:00

店の名がすべてを物語っている。あらゆる種類のテクノ・ミュージックやハウス・ミュージックとゲイ（若干のヘテロ）愛好者が入り混じっている。ビール€2.80～4.30。サービス・タイムは18:00～20:00。

オープン・カフェ
Open Café（MAP6）
☎01-42-72-26-18または01-48-87-80-25
🏠17 rue des Archives, 4e
Ⓜオテル・ド・ヴィルHôtel de Ville
🕐11:00～翌2:00

あらゆる年齢層の"男の子たちboyz"が（昼間は何をしていたかはともかく）仕事が終わってから向かう店。混雑しているが、相手探しの場所というよりも社交の場といった感じがする。サービス・タイム（生ビールのみ）は18:00～21:00。

ル・キュー・ジェー
Le QG（MAP6）
☎01-48-87-74-18
🏠12 rue Simon Le Franc, 4e
ⓂランビュトーRambuteau
🕐月～木16:00～翌6:00、金16:00～翌8:00、土14:00～翌8:00、日14:00～翌6:00

前出のラレーヌやフル・メタルよりも小さいが、店のタイプはよく似ているので、そのつもりで出かけること。サービス・タイム（生ビールのみ）は17:00～22:00。

ル・ケトゥザル
Le Quetzal（MAP6）
☎01-48-87-99-07
🏠10 rue de la Verrerie, 4e
Ⓜオテル・ド・ヴィルHôtel de Ville
🕐17:00～翌5:00

モヴェ・ギャルソン通りrue des Mauvais Garçons（"悪童通り"という意味。1540年に悪童たちがここに集まったことからこの名前がついた）の向かい側にある。薄暗い照明のモダンなバーで、30歳を過ぎてもなお相手を求めるゲイに人気がある。マレ地区で最も気取りのない店。サービス・タイムは17:00～21:00で、平日のみ23:00～24:00のサービス・タイムが追加される。

レ・スカンダルーズ
Les Scandaleuses（MAP6）
☎01-48-87-39-26
🏠8 rue des Écouffes, 4e
Ⓜオテル・ド・ヴィルHôtel de Ville
🕐18:00～翌2:00

マレ地区にある活気にあふれた派手な女性専用バーで、芸術家やデザイナーに人気がある。水曜と金～日曜にはゲストDJが来る。ビール€3.50～、カクテル€6.90～で、サービス・タイムは19:00～20:00。

ル・スコルプ
Le Scorp（MAP3）
☎01-40-26-28-30
🏠25 blvd Poissonnière, 2e
Ⓜグラン・ブールヴァールGrands Boulevards
💶 入場料平日無料、土・日€10.70
🕐日・水・木0:00～翌6:30、金・土0:00～翌7:30

比較的リラックスした雰囲気のゲイ向けダンス・クラブの一つ。

オ・タンゴ
Au Tango（MAP3）
☎01-42-72-17-78
🏠13 rue au Maire, 3e
Ⓜアール・ゼ・メティエArts et Métiers
💶 入場料€4.50～6
🕐水・木23:30～翌5:00、金・土22:30～翌5:00、日18:00～23:00

以前はアフリカ系カリブ人が経営するクラブ・フロッティ・フロッタclub frotti-frotta "お触りクラブ"だったが、今はボワット・ア・

フリソンboîte à frissons "快感クラブ"という触れ込みで、ゲイとレズビアンが入り混じって行為にふけっている。

ロック&ポップ

パリの多くのバー、カフェ、クラブではロックの演奏があり、また定期的に国際的パフォーマーのショーを行う店も多い。英語圏での有名なショーは、母国よりもパリのほうが簡単に見られることもよくある。国際イベント会場として有名なスタジアムやその他の大型施設として、12区の**ベルシー多目的スポーツセンター** Palais Omnisports de Paris-Bercy（MAP8）☎0-803-03-00-31または01-44-68-44-68 Ⓦwww.bercy.fr フランス語のみ）、サン・ドニの**フランス・スタジアム** Stade de France（☎0-825-30-19-98または01-55-93-00-00 Ⓦwww.stadedefrance.fr）（「近郊に足をのばす」参照）、19区のラ・ヴィレット公園Parc de la Villette内の音楽シティ館Cité de la Musiqueにある**ル・ゼニット** Le Zénith（MAP1 ☎01-42-08-60-00）などがある。

その他のロックやポップ音楽のイベント会場は以下のとおり。

ル・バタクラン
Le Bataclan（MAP5）
☎0-826-02-12-12または01-43-14-35-35
Ⓦwww.bataclan.fr フランス語のみ
🏠50 blvd Voltaire, 11e
ⓂオベルカンフOberkampfまたはサン・タンブロワーズSt-Ambroise
🎫入場料€15〜40

1864年に建てられたこの小さなコンサート・ホールで、1910年にモーリス・シュヴァリエがデビューした。ここは、国際的な大型イベント会場にもなり、また劇場やダンスホールとして使われることもある。通常、20:30からコンサートが行われる。

カフェ・ド・ラ・ダンス
Café de la Danse（MAP5）
☎01-47-00-57-59
🏠5 Passage Louis-Philippe, 11e
ⓂバスチーユBastille

ラップ通りrue de Lappe 23番地から小さな路地に入り、数メートルほど行ったところにある300〜500人収容の大きなホール。ほぼ毎日19:30または20:30からロックやワールド・ミュージックのコンサート、ダンス、ミュージカル、詩の朗読などが行われる。チケット（€15〜20）はフナックで買える。

ラ・シガル
La Cigale（MAP7）
☎01-49-25-89-99または01-49-25-81-75
🏠120 blvd de Rochechouart, 18e
ⓂアンヴェールAnversまたはピガールPigalle
🎫入場料€12〜36

古くからある大きなミュージック・ホール。国際的なロック・コンサートが開かれ、時にはジャズ・グループやフォーク・グループが演奏し、また本格的なダンスやさまざまなパフォーマンスの公演会場にもなる。バルコニーに席があり、前面はダンスフロアになっている。

レリゼ・モンマルトル
L'Élysée Montmartre（MAP7）
☎01-44-92-45-45または01-55-07-16-00
Ⓦwww.elyseemontmartre.com
🏠72 blvd de Rochechouart, 18e
ⓂアンヴェールAnvers

古くからある大きなミュージック・ホール。優れた音響システムを完備しており、1回限りのロック・コンサートやインディー系ロック・コンサート会場として好評。コンサートは19:30頃に始まる。チケットは€16前後。金・土曜の23:00〜翌5:00には大衆的なクラブとなる。2カ月に1度、土曜に開かれるル・バルLe Bal（ダンスパーティー）（€13.70）にはライブ・バンドが入り、多くの人々が集まる。

ジャズ&ブルース

第2次世界大戦後、パリはヨーロッパ最大のジャズの中心地となった。そして今日再びジャズが大流行し、パリの上級クラブでは世界のトップスターたちが演奏している。毎年3月から4月の初めにかけて開かれるサン・ドニのジャズ・フェスティバル、**バンリュー・ブルー** Banlieues Bleues（郊外のブルース）（☎01-49-22-10-10 Ⓦwww.banlieuesbleues.org）には有名タレントが集まる。

ル・ベゼ・サレ
Le Baiser Salé（MAP6）
☎01-42-33-37-71
🏠58 rue des Lombards, 1er
ⓂシャトレChâtelet
🎫入場料無料〜€14

同じ通りに数軒並ぶジャズ・クラブの一つ。2階のサル・ド・ジャズsalle de jazz（ジャズ・ホール）では、19:00と22:00にアフロ・ジャズやジャズ・フュージョンなどのコンサートが開かれる。料金は演目によって異なるが、日曜（若いミュージシャンの演奏）と月曜夜のソワレ・ブフsoirée bœuf（ジャム・セッション：即興のジャズ演奏）は無料。1階のバーは毎日18:00〜翌6:00まで営業。

カフェ・ユニヴェルセル
Café Universel（MAP5）

☎01-43-25-74-20
🏠267 rue St-Jacques, 5e
Ⓜポール・ロワイヤルPort Royal
🎫入場料無料
🕐月～土21:30～翌2:00

ライブの演奏が入り、学生やジャズ愛好家が集まる。ビーバップやラテンからボーカル・ジャズまですべてが揃っている。

ル・カヴォー・ド・ラ・ユシェット
Le Caveau de la Huchette（MAP6）
☎01-43-26-65-05
🏠5 rue de la Huchette, 5e
Ⓜサン・ミッシェルSt-Michel
🎫入場料月～金€10.50、土・日€13、学生€9
🕐日～木21:00～翌2:30、金21:00～翌3:30、土21:00～翌4:00

フランス革命期には裁判所や拷問室として使われた中世のカヴォー*caveau*（地下室）に作られた店。第2次世界大戦後は、有名なジャズメンのほとんどがここで演奏している。観光客向けだが、"まじめな"ジャズ・クラブよりもはるかに刺激的な雰囲気だ。演奏開始は21:30。

ル・デューク・デ・ロンバール
Le Duc des Lombards（MAP6）
☎01-42-33-22-88
🏠42 rue des Lombards, 1er
ⓂシャトレChâtelet
🎫入場料€12.20～15.25

名祖であるデュークなど偉大なジャズメンのポスターで飾られたかっこいい店。前出のル・ベゼ・サレや後出のル・サンセットに比べて、ざっくばらんでくだけた感じの客が集まる。1階のバーは毎晩、演奏が始まる21:00から翌4:00まで営業している。

ニュー・モーニング
New Morning（MAP3）
☎01-45-23-51-41
🌐www.newmorning.com フランス語のみ
🏠7-9 rue des Petites Écuries, 10e
Ⓜシャトー・ドーChâteau d'Eau
🕐20:00～翌1:00

形式ばらないこのホールでは、週に3～7夜、21:00からジャズ・コンサートやブルース、ロック、ファンク、サルサ、アフロ・キューバン、ブラジル音楽のコンサートが行われる。2回目の演奏は1:00頃終わる。チケット（€18.30～22.80）は、チケット売り場（16:30～19:30）、フナック、ヴァージン・メガストアなどでも購入できるが、たいていは入口の窓口で当日券が買える。

オピュス・ジャズ＆ソウル・クラブ
Opus Jazz & Soul Club（MAP3）
☎01-40-34-70-00

🏠167 quai de Valmy, 10e
Ⓜルイ・ブランLouis Blanc
🎫入場料無料～€7.60
🕐日・火～木20:00～翌2:00、金・土20:00～翌4:00

サン・マルタン運河近くの旧公務員食堂を改装して作られたコンサート・クラブ。音楽は、ヒップホップからジャズ、ソウル、ブルース、ゴスペル、ファンクといったクールなサウンドに変わった。定食*menu*（€30.50）がある。

ル・プティ・ジュルナル・サン・ミッシェル
Le Petit Journal St-Michel（MAP5）
☎01-43-26-28-59
🌐www.petitjournalsaintmichel.comフランス語のみ
🏠71 blvd St-Michel, 5e
ⓂリュクサンブールLuxembourg
🎫入場料€15.25
🕐月～土20:00～翌2:00

洗練された新しいジャズ・クラブ。デキシーランド（ニューオーリンズ生まれのジャズ）やボーカル・ジャズ、ビッグバンド、スイングなどすべてが揃っている。演奏は21:00に始まる。月曜夜のジャム・セッションは無料。

ル・サンセット
Le Sunset（MAP6）
☎01-40-26-46-60
🏠60 rue des Lombards, 1er
ⓂシャトレChâtelet
🎫入場料無料～€22

トレンディーなクラブで、地下室では毎晩22:00からファンク、ラテン・アメリカ音楽、ビーバップなどのライブ・コンサートが行われる。この店によく顔を出すジャズファンの中には、ミュージシャンや映画・演劇俳優も多い。入場料は演奏者によって異なる。

フォーク＆民族音楽

ラテン・アメリカ音楽の種類とおすすめの場所は、前出のコラム「サルサとメレンゲ：ダンスの味わい」を参照。

ル・ディヴァン・デュ・モンド
Le Divan du Monde（MAP7）
☎01-44-92-77-66
🏠75 rue des Martyrs, 18e
ⓂピガールPigalle

パリ有数のコンサート・クラブの一つ。よく目立つ場所にあり、サウンドも申し分ない。毎月1回はラテン音楽のイベントがある。ラッガやライ、ワールド・ビートのコンサート（無料～€16）は、たいてい19:30に始まる。人気の高いこのクラブ（入場料平日€9、週末€18.30）は毎日23:30～翌5:00まで営業している。

サテリット・カフェ
Satellit' Café（MAP5）
☎01-47-00-48-87
🏠44 rue de la Folie Méricourt, 11e
Ⓜ オベルカンフOberkampf
🕐火～木20:00～翌4:00、金・土22:00～翌6:00
ワールド・ミュージックを聴きたい時におすすめの店。パリのほかの店にありがちな、トレンディー過ぎて気疲れすることもない。ビール€5.20、カクテル€7.60～10.40で、週末には€9の入場料が必要になる。

フランス・シャンソン

フランス音楽といえば、アコーディオンの音色やエディット・ピアフ、ジャック・ブレル、ジョルジュ・ブラッサン、レオ・フェレといったシャンソニエ *chansonniers*（ナイトクラブ歌手）の歌声を思い浮かべる人も多いはずだ。しかし、街で大道芸人がシャンソン・フランセーズ *chansons françaises*（フランス・シャンソン）やミュゼット *musette*（アコーディオン音楽）を奏でている光景を目にすることはあっても、正式な場所で伝統的なフランス音楽を聴くのはなかなかできないこともある。

ラ・ボエーム
La Bohème（MAP6）
☎01-42-36-00-02
🏠Théâtre des Déchargeurs, 3 rue des Déchargeurs, 1er
Ⓜ シャトレChâtelet
💴大人€13.70、特別割引料金€9.30
テアトル・デ・デシャルジュールにあるこの店では、フランス・シャンソンのイベントが不定期に行われる。本章初めの「イベント情報」に掲載した刊行物で最新の情報を調べてみよう。

シェ・アデル
Chez Adel（MAP3）
☎01-42-08-24-61
🏠10 rue de la Grange aux Belles, 10e
Ⓜ ジャック・ボンセルジャンJacques Bonsergent
🕐日～金12:00～14:30、毎日18:30～翌2:00
まさにパリらしい趣向の店。ほぼ毎晩、ホスト役のマグレバン *maghrébin*（北アフリカ人）がシャンソニエをゲストに迎え、さまざまな層の情熱的な客にシャンソンを披露する。定食は€6と€8。

シェ・ルイゼット
Chez Louisette（MAP1）
☎01-40-12-10-14
🏠Marché aux Puces de St-Ouen
Ⓜ ポルト・ド・クリニャンクールPorte de Clignancourt
🕐土～月12:00～18:00
パリで最大の蚤の市（「ショッピング」の「蚤の市」参照）に行ったついでに立ち寄ってみたい場所の一つ。蚤の市を訪れた人たちが小さなテーブルを囲んでランチ（メイン€10～20）を食べながら、ベテランの歌手たち（定期的に変わる）がアコーディオンの伴奏に合わせてピアフの曲を元気よく歌うのを聴いている。この店は、メトロ駅ポルト・ド・クリニャンクールPorte de Clignancourtから高速環状道路の外側に延びるミシュレ通りav Michelet 130番地からそれほど遠くないヴェルネゾン区画（蚤の市発祥の地）の迷路のような小道の中にある。

ル・クロクノット
Le Croquenote（MAP3）
☎01-42-33-60-70
🏠22 passage des Panoramas, 2e
Ⓜ グラン・ブールヴァールGrands Boulevards
🕐8月は閉店
親しみの持てるフレンチ・レストラン。月～土曜のディナー（€28）は20:00から始まり、シャンソンはブレル、ブラッサン、フェレ、フェリックス・ルクレールの順で22:00頃から始まる。定食は€17と€22。

オ・ラパン・アジル
Au Lapin Agile（MAP7）
☎01-46-06-85-87
🏠22 rue des Saules, 18e
Ⓜ ラマルク・コランクールLamarck Caulaincourt
💴入場料€24、学生€13.70（土・祝日以外）
モンマルトルにある飾り気のないシャンソニエ。20世紀初めに芸術家や知識人が好んでここを訪れた。現在は、火～日曜の21:00～翌2:00にシャンソンと詩の朗読がある。入場料は1ドリンク込み。

クラシック音楽、オペラ、ダンス

オペラ・ナシオナル・ド・パリ Opéra National de Paris（ONP）（パリ国立オペラ座 ☎（Minitel）3615 OPERAPARIS 🌐www.opera-de-paris.fr フランス語のみ）は、現在、1875年設立のオペラ・ガルニエと1989年オープンの近代的なオペラ・バスチーユの2カ所で上演している。この2つのオペラ座では、ONP専属のオーケストラやバレエ団によるバレエやクラシック・コンサートも開かれている。上演シーズンは9月から翌年7月まで。

オペラ・バスチーユ
Opéra Bastille（MAP5）
☎0-836-69-78-68または01-44-73-13-99

エンターテインメント – クラシック音楽、オペラ、ダンス

🏠2-6 place de la Bastille, 12e
Ⓜ️バスチーユBastille
🎫オペラ・チケット€20〜105
チケットは、上演日の14日前から**チケット売り場**（MAP5 🏠120 rue de Lyon, 11e 🕐月〜土11:00〜18:30）で売られる。しかし、地元のオペラファンによれば、席を確実に手に入れるには、2カ月ほど前から行われるチケットの**郵送サービス Post**（🏠120 rue de Lyon, 75576 Paris CEDEX12）を利用するにかぎるとのことだ。一番安い最悪の席（€10）を手に入れるには、上演の14日前の発売日（上演日が日曜なら月曜）にチケット売り場に立ち寄る必要がある。料金はバレエが€17〜64（一番安い席が€8）、クラシック・コンサートが€13〜39（一番安い席が€7）だ。売れ残りのチケットがあれば、26歳未満または65歳以上と学生は、開演時間のほんの15分前に最高の席を€15〜20で手に入れることができる。

オペラ・ガルニエ
Opéra Garnier（MAP2）
☎0-836-69-78-68
🏠place de l'Opéra, 9e
Ⓜ️オペラOpéra
チケットの値段や条件（上演直前の割引も含めて）は、オペラ・バスチーユとほぼ同じ。室内楽のコンサートは€6〜15。

オペラ・コミック
Opéra Comique（MAP3）
☎0-825-00-00-58または01-42-44-45-46
🌐www.opera-comique.com フランス語のみ
🏠5 rue Favart, 2e
Ⓜ️リシュリュー・ドゥルオーRichelieu Drouot
🎫チケット€15〜170
築後1世紀を経たこのホールでは、あまり知られていない古典オペラが上演される。チケットは、フナックやヴァージン・メガストアでも購入できるし、ボワルデュ広場place Boieldieuに面した劇場南西側の**チケット売り場**（🕐月〜土9:00〜21:00、日11:00〜19:00と上演の1時間前）で直接買うこともできる。学生や26歳未満の人は、売れ残りのチケットを約€7で買える。

パリでは、オペラのほかにオーケストラ、オルガン、室内楽などのコンサートが毎週数多く開かれる。すばらしいパリ交響楽団の演奏は、9月から6月にかけて、パリ・シャトレ劇場Théâtre Musical de Paris（シャトレ劇場Théâtre du Châteletの名のほうが有名）とサル・プレイエルSalle Pleyelで行われる。

音楽シティ館
Cité de la Musique（MAP1）
☎01-44-84-44-84または01-44-84-46-77 予約用は（Minitel）3615 CITEMUSIQUE
🌐www.cite-musique.fr
🏠221 av Jean Jaurès, 19e
Ⓜ️ポルト・ド・パンタンPorte de Pantin
ラ・ヴィレット公園Parc de la Villetteにあり、西洋クラシックや北アフリカ、日本など考えうる限りの音楽やダンスが1200席の楕円形のメイン・ホールで上演される。席は、パフォーマンスの種類によって並べ替えられる。夜のコンサートのチケットは€15〜33（18歳未満は€12〜28）で、土曜16:30と日曜15:00に小さなアンフィテアトル・デュ・ミュゼ・ド・ラ・ミュージックAmphithéâtre du Musée de la Musiqueで行われるコンサートのチケットは通常€6〜15。チケットは、メイン・ホール向かい側のフォンテーヌ・オ・リオンFontaine aux Lions（ライオンの噴水）の隣にある**チケット売り場**（🕐月〜土11:00〜18:00）や、フナック、ヴァージン・メガストアで買える。

ルガール・デュ・シーニュ
Regard du Cygne（MAP1）
☎01-43-58-55-93
🏠210 rue de Belleville, 20e
Ⓜ️プラス・デ・フェットPlace des Fêtes
🎫チケット正規€8、割引€5
ベルヴィルにあるすばらしいパフォーマンス会場。ダンス、音楽、演劇部門の有能なパリの若者が多く集う。革新的なモダン・ダンスのパフォーマンスを観たり、参加したい人におすすめの場所。学生やシニアには開幕30分前に割引料金が適用される。

サル・プレイエル
Salle Pleyel（MAP2）
☎01-45-61-53-00
🏠252 rue du Faubourg St-Honoré, 8e
Ⓜ️テルヌTernes
🎫チケット€9〜69.50
1920年代に設立された評判の高いこのホールでは、パリで最高級のクラシック・コンサートやリサイタルが数多く開かれる。チケットは**チケット売り場**（🕐月〜土11:00〜18:00）で購入できる。

シャンゼリゼ劇場
Théâtre des Champs-Élysées（MAP2）
☎01-49-52-50-50
🌐www.theatrechampselysees.com フランス語のみ
🏠15 av Montaigne, 8e
Ⓜ️アルマ・マルソAlma Marceau
🎫チケット€5〜125
右岸にあるこの有名なオーケストラ＆リサイタル・ホールでは、年間を通じてコンサートが行われている。チケットは**チケット売り場**（🕐月〜土13:00〜19:00）で購入できる。

エンターテインメント − クラシック音楽、オペラ、ダンス

もちろん、フレンチ・カンカンもある

歌と踊りで世界的に有名なムーラン・ルージュ

パリのキャバレーのレビュー（ショー）は、きわどくて、まばゆくて、ボヘミアンのように自由奔放な演出で、すべての女性がビーズのネックレス2つと羽飾り1つ（あるいは羽飾り2つとビーズのネックレス1つだったかもしれない）をまとっているが、これはオーストラリアにおけるクロコダイル・ダンスやアメリカにおけるロデオと同様、21世紀のパリを代表するものだといえよう。しかし、こうしたキャバレーのレビューは、画家トゥールーズ・ロートレックや歌手アリスティド・ブリュアンの時代と同じく、今なお人々を惹きつけてやまないのである。

クレージー・ホース Crazy Horse （MAP2 ☎01-47-23-32-32 www.lecrazyhorseparis.com 12 av George V, 8e アルマ・マルソAlma Marceau）ストリップティーズ l'art du nuの上演50周年を迎えたばかりだ。ここの楽屋（あるいは更衣室）は、ウディ・アレンの映画「何かいいことないか子猫チャンWhat's New Pussycat?」（1965年）にも出てくる。ショーは、日〜金曜には2回（20:30と23:00）、土曜には3回（19:30、21:45、23:50）行われ、2ドリンク込みの料金は、バー席が€49、オーケストラ席が€69、中2階席が€90で、近くのレストランでの食事付きは€125〜165となる。

フォリ・ベルジェール Folies-Bergère （MAP3 ☎01-44-79-98-98 www.foliesbergere.com フランス語のみ 32 rue Richer, 9e カデCadet）アフリカ系アメリカ人のエキゾチックダンサー、ジョゼフィン・ベイカーがデビューしたこの店は、羽毛を身にまとい、足を高く上げるカンカン・ダンサーで有名だが、最近は主流のミュージカルを上演している。火〜土曜の20:30にショーがあり（ディナーは19:00）、日曜の15:00にはマチネー（昼間興行）がある（ランチは12:00）。ショーの入場料は€23〜62、ディナーは€18.50〜33.50。

リド Le Lido de Paris （MAP2 ☎01-40-76-56-10 www.lido.fr 116 bis av des Champs-Élysées, 8e ジョルジュ・サンクGeorge V）1946年に設立されたキャバレーで、その大胆な舞台装置と豪華絢爛なコスチュームはトップクラス。夜のショーの料金は、ハーフ・ボトルのシャンペン付きで、22:00の部が€86、24:00の部が€70（金・土曜は€86）、2ドリンク付きで、バーからの観劇が€59、ディナー付きはメニューによって€124、€139.50、€155となる。

ムーラン・ルージュ Moulin Rouge （MAP7 ☎01-53-09-82-82 www.moulinrouge.fr 82 blvd de Clichy, 18e ブランシュBlanche）1889年に設立されたこの伝説的なキャバレーのショーは「わー、すごい」といった感じだ。ダンサーは、トゥールーズ・ロートレックの有名なポスターにも描かれてきた。店のトレードマークは赤い風車（1925年に作られた）。料金は、シャンペン付きディナー・ショー（19:00）が€125、€140、€155、ハーフ・ボトルのシャンペン付きドリンク・ショー（21:00）は€89で、23:00の部は€79と安くなる。

パラディ・ラタン Paradis Latin （MAP5 ☎01-43-25-28-28 www.paradis-latin.com 28 rue du Cardinal Lemoine, 5e カルディナル・ルモワヌCardinal Lemoine）贅沢なノンストップの歌とダンスのパフォーマンスに加えてナイトクラブ定番のショーがある。ウェイターを含めたスタッフがパフォーマンスに参加することがある。ショーは水〜月曜の21:30に始まり、料金は、ハーフ・ボトルのシャンペンか2ドリンク付きが€75で、20:00のディナー込みのチケットはメニューにより€109、€139、€200となる。

エンターテインメント － クラシック音楽、オペラ、ダンス

パリ・シャトレ劇場
Théâtre Musical de Paris（Théâtre du Châtelet）（MAP6）
☎01-40-28-28-40（Minitel）3615 CHATELET
🌐www.chatelet-theatre.com
🏠2 rue Édouard Colonne, 1er
Ⓜシャトレ Châtelet

オペラ（€19～106、あまりよく見えない席€11）、バレエ（€12～41、一番安い席€8）、コンサート（パリ交響楽団のコンサートを含む）、演劇などが行われる。日曜11:30（€20）と月・水・金曜12:45（€9）にはクラシックの公演もある。チケットは、上演の14日前に**チケット売り場**（🕐11:00～19:00）で発売される。売れ残りのチケットがあれば、26歳未満または65歳以上の人は開演15分前から割引料金で買える（たとえば、日曜朝のコンサートは€10になる）。7～8月は休演。

パリ市立劇場
Théâtre de la Ville（MAP6）
☎01-42-74-22-77（Minitel）3615 THEAVILLE
🌐www.theatredelaville-paris.com フランス語のみ
🏠2 place du Châtelet, 4e
Ⓜシャトレ Châtelet
🎟チケット€15～29

演劇やダンス、あらゆる種類の音楽イベントが行われる。売れ残りのチケットがあれば、27歳未満と学生は、開演日当日に1枚€11ないし€12.50（演目による）で2枚まで買える。チケットは**チケット売り場**（🕐月11:00～19:00、火～土11:00～20:00、日曜の開演1時間前）で購入する。7～8月は休演。パリ市立劇場のモンマルトルのステージについては、後出「演劇」の「パリ市立劇場アベス・ホール」参照。

教会

パリの教会ではクラシック・コンサートやオルガン・リサイタルがよく行われる。**ノートルダム大聖堂 Notre Dame Cathedral**（MAP6 ☎01-42-34-56-10 🎟正規€15、割引€12）では不定期にコンサートが開かれ、そのスケジュールが市のポスターなどで宣伝されている。特に冬には日曜の17:15から無料のオルガン・コンサートが開かれる。4～10月には、**サント・シャペル Ste-Chapelle**（MAP6 ☎01-42-77-65-65 または01-53-73-78-51 🏠Île de la Cité, 1er）でクラシック・コンサートが開かれ、料金は、一番安い席が€17前後（学生と26歳未満は€12）だ。11月から翌年6月にかけて、**ロワイヤル・デュ・ヴァル・ド・グラス教会 Église Royale du Val-de-Grâce**（MAP5 ☎01-42-01-47-67 🏠277 bis rue St-Jacques, 5e Ⓜポール・ロワイヤル Port Royal 🎟大人€18.30、子供€12.20）でもコンサートが開かれる。

そのほか、入場料がほぼ同じ有名なコンサート会場として、**サン・トゥスタッシュ教会**

夕暮れ時のノートルダム大聖堂は、クラシック・コンサートにふさわしい雰囲気を醸し出す

Église St-Eustache（MAP6）、1区の**オラトワール・デュ・ルーヴル** Oratoire du Louvre（MAP6 🏠145 rue St-Honoré 🅜ルーヴル・リヴォリLouvre-Rivoli）、4区の**サン・ポール・サン・ルイ教会** Église St-Paul-St-Louis（MAP6）、5区の**サン・テチエンヌ・デュ・モン教会** Église St-Étienne du Mont（MAP5）と**サン・ジュリアン・ル・ポーヴル教会** Église St-Julien le Pauvre（MAP6）、6区の**サン・ジェルマン・デ・プレ教会** Église St-Germain des Prés（MAP6）、7区の**アメリカン教会** American Church（MAP4）、8区の**マドレーヌ教会** Église de la Madeleine（MAP2）がある。

映画

「パリスコープ*Pariscope*」や「オフィシエル・デ・スペクタクル*Officiel des Spectacles*」（本章最初の「イベント情報」参照）には、パリで上映される映画がフランス語タイトルのアルファベット順に掲載され、フランス語のタイトルの後ろに英語（またはドイツ語、イタリア語、スペイン語など）の表記が付いている。パリの映画はけっして安くなく、封切りの映画だと€6〜8の入場料をみておく必要がある。学生や18歳未満または60歳以上は、金・土・日曜の夜を除き通常25％の割引がある。水曜（時に月曜）には、たいていの映画館で観客全員に20〜30％の割引が適用される。

映画の'v.o.' または 'VO'（オリジナル版*version originale*）の表示は、その映画が吹き替えでなく字幕付きであることを示している（フランス語版は'v.f.'と表示される）。'v.o.'と表示された英語の映画は英語のまま上映される。

ハリウッドの大ヒット作を上映するような映画館を除いて、注目すべき映画館は以下のとおり。

ル・シャンポ
Le Champo（MAP6）
☎01-43-29-79-04
🅜www.lechampo.com フランス語のみ
🏠51 rue des Écoles, 5e
🅜サン・ミッシェルSt-Michelまたはオデオンodéon
🎫大人€7、子供€5.50、昼間の上映€4.50
カルチエ・ラタンにある映画館の中で最も人気のある映画館の一つ。ヒッチコックやジャック・タティ、フランク・カプラ、ウディ・アレンの作品を中心に昔の名作や回顧的な映画を上映している。

シネマ・デ・シネアスト
Cinéma des Cinéastes（MAP2）
☎01-53-42-40-20または0-836-68-97-17

🏠7 av de Clichy, 17e
🅜プラス・ド・クリシーPlace de Clichy
🎫大人€6.50、子供€5.30、午前の上映€4
3人のクロード（クロード・ミレール、クロード・ベリ、クロード・ルルーシュ）と、映画「ベティー・ブルー*Betty Blue*」を監督したジャン・ジャック・ベネックスによって設立された映画館。スクリーンが3つあり、フランス映画、外国映画を問わず、質の高い作品が上映されるが、つねに前衛的である。テーマ別シーズン、ドキュメンタリー、監督を囲む会などがレパートリーに入っている。

シネマテーク・フランセーズ
Cinémathèque Française
☎01-56-26-01-01
🅜www.cinemathequefrancaise.com フランス語のみ
🎫大人€4.75、子供€3
国の文化施設であり、ほとんど上映されない外国映画の昔の名作をオリジナル版で上映することが多い。映画館*salles*は、**シャイヨー宮** Palais de Chaillot（MAP4 🏠7 av Albert de Mun, 16e 🅜トルカデロTrocadéroまたはイエナIéna）にあるメイン・シアターと、**グラン・ブールヴァール館** Grands Boulevards branch（MAP3 🏠42 blvd Bonne Nouvelle, 10e 🅜ボンヌ・ヌーヴェルBonne Nouvelle）の2つがある。上映は火〜日曜だが、正確な時間はホームページで確認のこと。

演劇

パリで上演される演劇は、他の言語による作品も含めて、ほとんどがフランス語で上演されるが、英語で上演する劇団もいくつかある。メトロの広告、あるいは英書を扱う書店やパブなどで無料でもらえる「*FUSAC*」（「基本情報」の「新聞と雑誌」参照）、「パリ・ヴォイス*Paris Voice*」、「ジ・アイリッシュ・アイズ*The Irish Eyes*」、「リヴィング・イン・フランス*Living in France*」といった英語情報誌などで調べてみよう。後出の有名なテアトル・デ・ブッフ・デュ・ノール*Théâtre des Bouffes du Nord*のほかに、たまに英語で上演している劇場として、**テアトル・ド・ネスル** Théâtre de Nesle（MAP6 ☎01-34-78-24-23または01-46-34-61-04 🏠8 rue de Nesle, 6e 🅜オデオンOdéonまたはマビヨンMabillon）、**テアトル・デ・デシャルジュール** Théâtre des Déchargeurs（MAP6 ☎01-42-36-00-02 🏠3 rue des Déchargeurs, 1er 🅜シャトレChâtelet）、**テアトル・ド・メニルモンタン** Théâtre de Ménilmontant（MAP1 ☎01-46-56-20-50 🏠15 rue du Retrait, 20e 🅜ガンベッタGambetta）などがある。

エンターテインメント – 喜劇

定評のある革新的なパリの劇場は以下のとおり。

テアトル・ド・ラ・バスチーユ
Théâtre de la Bastille（MAP5）
☎01-43-57-42-14
Ⓦwww.theatre-bastille.com フランス語のみ
🏠76 rue de la Roquette, 11e
Ⓜバスチーユ Bastille またはヴォルテールVolataire
🎫大人€19.50、割引€12.50、天井桟敷€4.60
おそらくパリで最高のフリンジ・シアター（周辺小劇場）であるこの劇場では、テキスト、ムーブメント、音楽などのさまざまな実験的作品が上演される。チケットは**チケット売り場**（Ⓞ月～金10:00～18:00、土14:00～18:00）で購入できる。

テアトル・デ・ブッフ・デュ・ノール
Théâtre des Bouffes du Nord（MAP3）
☎01-46-07-34-50
🏠37 bis blvd de la Chapelle, 10e
Ⓜラ・シャペル La Chapelle
🎫チケット€13.70～24.40
ピーター・ブルックの実験的劇団のパリの拠点といったほうがわかりやすい。特にステファン・リスナーなどその他の監督の作品や昔の名作が上演され、ジャズ・コンサートも行われる。チケットは**チケット売り場**（Ⓞ月～土11:00～18:00）で購入できる。

コメディ・フランセーズ
Comédie Française（MAP6）
☎01-44-58-15-15 Minitel 3615 COMEDIE FRANCAISE
Ⓦwww.comedie-francaise.fr
🏠2 rue de Richelieu, 1er
Ⓜパレ・ロワイヤル・ミュゼ・デュ・ルーヴル Palais Royal-Musée du Louvre
ルイ14世の時代に設立されたこの劇場では、モリエール、ラシーヌ、コルネイユといった古典的フランス劇作家の作品を中心としたレパートリーを上演している。もっとも、最近は現代的な作品やフランス以外の作品も加わっている。チケットは**チケット売り場**（Ⓞ11:00～18:00）で購入できる。一般席€10.70～30.50、天井桟敷席（95席）€4.60で、開演（通常20:30）の1時間前にチケットが残っていれば、27歳未満なら良い席が€9.35で買うことができる。割引チケットは、正面入口から角を曲がったモンパンシエ通りrue de Montpensierに面した窓口で買える。

オデオン座
Odéon Théâtre de l'Europe（MAP6）
☎01-44-41-36-36
Ⓦwww.theatre-odeon.fr フランス語のみ
🏠place de l'Odéon, 6e

Ⓜオデオン Odéon
1780年代初めに設立された巨大で華麗なこの劇場は、外国の演劇を原語（フランス語の字幕付き）で上演することが多く、海外から劇団も招くこともある。チケット（€5～28）は**チケット売り場**（Ⓞ月～土11:00～18:00）で購入できる。60歳以上であれば、値の張る席の割引が受けられる。また、学生や30歳未満であれば、€7.50という安い料金で良い席が予約できる。木曜と日曜には、開演1時間半前に全員を対象に50席に限り€3のチケットが売られる。

パリ市立劇場アベス・ホール
Théâtre de la Ville-Salle des Abbesses（MAP7）
☎01-42-74-22-77
Ⓦwww.theatredelaville-paris.com フランス語のみ
🏠31 rue des Abbesses, 18e
Ⓜアベス Abbesses
🎫チケット€15～29
赤とクリーム色の新古典主義調のこのパリ市立劇場では戯曲作品が上演される。その多くは現代劇だが、音楽やダンスの上演もある。チケットは**チケット売り場**（Ⓞ火～土17:00～20:00、開演1時間前）で購入できる。

喜劇

驚く人もいるかもしれないが、パリっ子は笑うのが好きで、パリはコメディ・クラブに事欠かない。

カフェ・ド・ラ・ガール
Café de la Gare（MAP6）
☎01-42-78-52-51
Ⓦwww.cafe-de-la-gare.fr.st フランス語のみ
🏠41 rue du Temple, 4e
Ⓜオテル・ド・ヴィル Hôtel de Ville またはランビュトー Rambuteau
🎫正規€18、割引€15
パリで最高の、そして最も革新的なカフェ・テアトルの一つ。喜劇から一人芝居、新たな演出による古典劇までさまざまな出し物がある。

オテル・デュ・ノール
Hôtel du Nord（MAP3）
☎01-48-06-01-20 または 01-39-80-32-43
Ⓦwww.anythingmatters.com
🏠102 quai de Jemmapes, 10e
Ⓜレピュブリック République
日曜（€19）と月曜（€16）の20:30からお笑いショーが行われる。英語で大笑いしたい時にパリで最もおすすめできる場所。一人芝居の英国芸人たちがレギュラー出演している。

ポワン・ヴィルギュル
Point Virgule（MAP6）
☎01-39-91-62-10 または 01-42-78-67-03

237

🏠7 rue Ste-Croix de la Bretonnerie, 4e
Ⓜ️オテル・ド・ヴィルHôtel de Ville
🎫ショー1回€15、2回€24、3回€27、学生€12

マレ地区にある人気のコメディ・スポット。一人芝居の喜劇、パフォーマンス・アーティスト、ミュージカル・グループなど呼び方はさまざまだが、カフェ・テアトルでは最高のパフォーマンスが楽しめる。質にばらつきがあるが、楽しいことに変わりない。ショーは、毎日20:00と21:15と22:15の3回行われる。

スポーツ観戦

パリっ子は熱狂的なスポーツファンだ。スポーツ・イベントの予定は、スポーツ日刊紙の「レキップ*L'Équipe*」（€4）、「ル・フィガロ*Le Figaro*」の付録として毎週水曜に発売される「フィガロスコープ*Figaroscope*」などで確認できる。

サッカー

1998年のワールドカップでフランスが優勝し、さらに2000年のヨーロッパ選手権の決勝戦でイタリア相手に劇的な勝利を収めて以来、フランスではル・フット*Le foot*（サッカー）の人気が高まる一方だ。パリ唯一の第1リーグのサッカー・チーム、パリ・サンジェルマンは、4万8000人収容の**パルク・デ・プランス Parc des Princes**（MAP1 ☎01-42-30-03-60 🌐www.psg.fr 🏠24 rue du Commandant Guilbaud, 16e Ⓜ️ポルト・ド・サン・クルPorte de St-Cloud）でホームゲームを行う。チケット（€13～62）は、フナックやヴァージン・メガストア（前出「予約代理店」参照）、パルク・デ・プランスのスタジアムの**チケット売り場**（🕐月～土9:00～21:00）で購入できる。サン・ドニにある8万人収容の**フランス・スタジアム Stade de France**（☎0-825-30-19-98または01-55-93-00-00 🌐www.stadedefrance.fr）は、サッカーのメイン・スタジアムで、1998年のワールドカップの決勝戦もここで行われた。チケットは€11.50～67.50。詳しくは「近郊に足をのばす」を参照。

テニス

5月の終わりから6月の初めにかけて、テニス界の目は、ブーローニュの森にある1万6500人収容の**ローラン・ギャロス・スタジアム Stade Roland Garros**（MAP1 ☎01-47-43-48-00 🌐www.frenchopen.org 🏠2 av Gordon Bennett, 16e Ⓜ️ポルト・ドートゥイユPorte d'Auteuil）のクレーコートで繰り広げられる全仏オープンテニスLes Internationaux de France de Tennisに注がれる。これは、4大トーナメントの中で2番目に行われるトーナメントで、チケットは高くて、なかなか手に入らない。通常、遅くとも3月までに予約する必要がある。

インドア・トーナメントの最高峰はパリ・オープンテニスOpen de Tennis de la Ville de Parisで、通常10月の終わりから11月の初めにかけて**ベルシー多目的スポーツセンター Palais Omnisports de Paris-Bercy**（MAP8 ☎01-44-68-44-68または0-803-03-00-31 🌐www.bercy.fr フランス語のみ 🏠8-12 blvd de Bercy, 12e Ⓜ️ベルシーBercy）で行われる。

サイクリング

1974年以来、世界でも最も有名なサイクリング・イベントであるツール・ド・フランスは、最終ゴールのシャンゼリゼ大通りでその幕を閉じる。最終日はその年により異なるが、通常、7月の第3日曜か第4日曜で、レースは午後に終わる。この感動的なイベントを見るには、正午前にバリケード近くに場所を確保したい。

熱狂的なペースで繰り広げられるトラック・サイクリングは、10月にグラン・プリ・デ・ナシオンGrand Prix des Nationsが、そして1月にシ・ジュール・ド・パリSix Jours de Parisが**ベルシー多目的スポーツセンター**（前出「テニス」参照）で行われる。

競馬と障害飛越競技

あらゆる年齢層、背景、身分、職業のパリっ子と一緒に最も安上がりな方法で午後のリラックスした一時を過ごしたい時は、競馬を見に行くにかぎる。パリ周辺にある7つの競馬場のうち、最も行きやすいのは、ブーローニュの森の南東隅にある**オートゥイユ競馬場 Hippodrome d'Auteuil**（MAP1 ☎01-40-71-47-47 Ⓜ️ポルト・ドートゥイユPorte d'Auteuil）だ。2月から7月初めにかけて、そして9月初めから12月初めにかけて障害レースがある。

レースは、日曜やその他の平日に行われ、14:00～17:30に6回ほど予選が行われる。トラックの真ん中の芝生*pelouse*に立っている分には料金はかからないが、スタンド席*tribune*は約€4（日曜は€6）かかる。最低掛け金は€2。レースの開催予定は大半の全国紙に掲載される。フランス語が読める人は、€1.15の競馬日刊紙「パリ・ターフ*Paris Turf*」を読んでみよう。

障害飛越競技は大流行しており、3月に**ベルシー多目的スポーツセンター**（前出の「テニス」参照）で行われるジャンピング・アンテルナショナル・ド・パリJumping International de Parisには数千人のファンが詰めかける。

ショッピング

Shopping

カルティエのオリジナル・ダイアモンド・ブレスレットを買える人にとっても、また予算がなくてウィンドウ・ショッピング*lèche-vitrine*しかできない人にとっても、パリはショッピングを楽しめる街だ。モンテーニュ大通り*av Montaigne*のとてもおしゃれな高級婦人服店やマレ地区のこぢんまりしたブティック、レ・アル*Les Halles*の広大な地下ショッピング・センターやサン・トゥアン*St-Ouen*の蚤の市など、パリは、作り方からディスプレーの仕方、値段のつけ方まですべてを知っている街だ。

ショッピングの時間

パリでは店の営業時間がまちまちで、それぞれの店が独自に時間を決めていることはよく知られている。多くの店は少なくとも週5日（土曜を含む）10:00〜18:00に営業しているが、それよりも早く店を開けたり、もっと遅くまで営業する店もある。また昼休み（通常13:00〜14:30）を取ったり、月曜か火曜に1日または半日休む店もある。大きな店やデパートでは、週に1日、夜遅くまでショッピングできる夜間営業*nocturne*の日（通常22:00まで）を設けているところが多い。

観光客が多く集まる地区（たとえばシャンゼリゼ通りやマレ地区）の店だけは日曜も営業している。

何を買うか

ファッション、宝石、高級食料品、高級ワイン、本格的なキッチン用品、化粧品、高級ギフト、みやげ物など、パリではいろいろな商品が売られているが、すでに試したことのあるものや本物以外には手を出さないほうがいい。パリの蚤の市は、十分に吟味して選ばれたものだけが並んでいることで有名で、今や世界最大級の蚤の市の一つに数えられ、週末の朝を過ごすにはもってこいの場所だ。

アンティーク

パリの高級アンティークの店は、8区のフォブール・サントノレ通り*rue du Faubourg St-Honoré*（MAP2）サン・フィリップ・デュ・ルール*St-Philippe du Roule*またはマドレーヌ*Madeleine*）、7区のオルセー美術館の東側のカレ・リーヴ・ゴーシュ*Carré Rive Gauche*（MAP4）ミュゼ・ドルセー*Musée d'Orsay*）、4区の美しいヴィラージュ・サン・ポール*Village St-Paul*（MAP6）サン・ポール*St-Paul*）とその周辺に集中している。6区のボナパルト通り*rue Bonaparte*やジャコブ通り*rue Jacob*（MAP6）サン・ジェルマン・デ・プレ*St-Germain des Prés*）には、アンティークの地図や古書を売っている店が多くある。

ドゥルオー
Drouot（MAP3）
☎ 01-53-34-55-00
🌐 www.gazette-drouot.com
🏠 7 rue Drouot, 9e
Ⓜ リシュリュー・ドゥルオー*Richelieu Drouot*
🕐 週3回14:00〜18:00

パリで最も定評のあるオークション・ハウスで、骨董のオークションには150年の歴史を持つ。入札は矢継ぎ早のフランス語で行われ、買値に10〜15％の手数料が上乗せされる。オークション前日の11:00〜18:00と当日の朝10:30〜11:30に見学ができ、まるで自分が参加しているような楽しみが味わえる。詳細は、オークション・ハウスで入手できる「ガゼット・ド・ロテル・ドゥルオー*Gazette de l'Hôtel Drouot*」かオークション・ハウスのホームページで確認できる。

ルーヴル・デ・ザンティケール
Louvre des Antiquaires（MAP6）
🏠 2 place du Palais Royal
Ⓜ パレ・ロワイヤル・ミュゼ・デュ・ルーヴル*Palais Royal-Musée du Louvre*
🕐 9〜6月 火〜日11:00〜19:00、7〜8月 火〜土11:00〜19:00

立派なアンティーク・ショップが250軒ほど入っており、いずれの店も美術工芸品*objets d'art*、家具、時計、年代物のアンティークなど莫大なお金を出さないと買えないような品であふれている。

ヴワイヤジュール＆キュリユー
Voyageurs & Curieux（MAP6）
☎ 01-43-26-14-58
🏠 4 rue Visconti
Ⓜ サン・ジェルマン・デ・プレ*St-Germain des Prés*
🕐 水〜土14:00〜19:00

世界各地から収集した18世紀の"骨董品を陳列した棚"といった感じの、小さいながらすばらしい店。

洋服＆ファッション・アクセサリー

フランスの有名デザイナーは、パリに自分のブティックを持っている。しかし、ル・プラ

ンタンLe Printempsやギャルリー・ラファイエットGaleries Lafayette、ル・ボン・マルシェLe Bon Marchéといった大きなデパートでも、すばらしいプレタポルテ・デザイナーのコレクションを見ることができる。伝統的に右岸はパリのファッションの中心地であり、年に2回、春・夏と秋・冬のニューコレクションが発表される。

金の三角地帯　パリでは最高級の服は、1区と8区の金の三角地帯と呼ばれる一帯にあるオート・クチュール*haute couture*店（MAP2 🅜フランクラン・デ・ルーズヴェルトFranklin D Rooseveltまたはアルマ・マルソーAlma Marceau）で売られている。この三角地帯とは、コンコルド広場と凱旋門とアルマ広場の3点を結ぶ三角形で囲まれた非常におしゃれな界隈をいう。モンテーニュ通り（8区）の偶数地番沿いには、**プラダ** Prada（10番地）、**イネス・ド・ラ・フレサンジュ** Inès de la Fressange（14番地）、**クリスチャン・ラクロワ** Christian Lacroix（26番地）、**クリスチャン・ディオール** Christian Dior（32番地）、**セリーヌ** Céline（38番地）、**シャネル** Chanel（40番地）があり、反対側の奇数地番沿いには、**ヴァレンティノ** Valentino（17番地）、**ニナ・リッチ** Nina Ricci（39番地）、**バルバラ・ビュイ** Barbara Bui（45番地）、**ティエリー・ミュグレー** Thierry Mugler（49番地）がある。**ジヴァンシー** Givenchy（🏠3 & 8 av George V, 8e）と**ジャンフランコ・フェレ** Gianfranco Ferré（🏠44 av George V, 8e）も近くにある。

フォブール・サントノレ通り&サントノレ通り Rue du Faubourg St-Honoré & Rue St-Honoré　コンコルド広場の北側にある8区のフォブール・サントノレ通り（MAP2 🅜マドレーヌMadeleineまたはコンコルドConcorde）と、そこから東に続くサントノレ通り（🅜チュイルリーTuileries）の一帯にも、**ロリータ・レンピカ** Lolita Lempicka（🏠14 rue du Faubourg St-Honoré）、**エルメス** Hermès（🏠22 rue du Faubourg St-Honoré）、**ギ・ラロッシュ** Guy Laroche（🏠28 rue du Faubourg St-Honoré）、**クリスチャン・ラクロワ** Christian Lacroix（🏠73 rue du Faubourg St-Honoré）といったファッション・ブティックや高級服・アクセサリーの店が並んでおり、近くには**ピエール・カルダン** Pierre Cardin（🏠27 av de Marigny, 8e）の店もある。

ヴィクトワール広場 Place des Victoires　1区と2区のヴィクトワール広場（MAP3 🅜ブルスBourseまたはサンティエSentier）には、**ケンゾー** Kenzo（🏠3 place des Victoires, 1er&2e）、**カシャレル** Cacharel（🏠5 place des Victoires,

1er & 2e）、**ティエリー・ミュグレー** Thierry Mugler（🏠8 place des Victoires, 1er&2e）といったトレンディなデザイナー・ブティックがある。ヴィクトワール広場の数ブロック西にある**ジャン・ポール・ゴルチエ** Jean Paul Gaultier（🏠6 rue Vivienne, 2e）では、ポスト・モダンなデザインの洋服が売られている。

ヴィクトワール広場から東に延びる1区のエティエンヌ・マルセル通りrue Étienne Marcel（MAP3 🅜エティエンヌ・マルセルÉtienne Marcel）では、近年ストリート・ファッションが注目されているが、依然として**マリテ&フランソワ・ジルボー** Marthe & François Girbeaud（🏠38 rue Étienne Marcel）、**シルヴィア・リエル** Sylvia Rielle（🏠42 rue Étienne Marcel）、**ヨージ・ヤマモト** Yohji Yamamoto（🏠47 rue Étienne Marcel）、**ジュンコ・シマダ** Junko Shimada（🏠54 rue Étienne Marcel）などのブティックがある。フォーラム・デ・アルに向かってさらに東へ行くと、サン・トゥスタッシュ教会Église St-Eustache（MAP6）の近くにモダンでカジュアルなスタイルの**アニエス・ベ** agnès bのメンズ店（🏠3 rue du Jour, 1er 🅜レ・アルLes Halles）とレディス店（🏠6 rue du Jour）がある。

マレ地区 Marais　4区のロジエ通りrue des Rosiers（MAP6 🅜サン・ポールSt-Paul）には、**テーン** Tehen（🏠5 bis rue des Rosiers）、**マルタン・グラン** Martin Grant（🏠32 rue des Rosiers）といったファッショナブルなブティックが多くある。4区のヴォージュ広場place des Vosges（MAP5 🅜バスチーユBastille）の高級アーケード街には、5番地に**イッセイ・ミヤケ** Issey Miyake、そして17番地には**マサトモ** Masatomoのブティックがある。ヴォージュ広場から出て3区と4区の境界沿いに続くフラン・ブルジョワ通りrue des Francs Bourgeoisにも興味深

い店がある。リヴォリ通りrue de Rivoli（MAP6 Mサン・ポールSt-Paul）沿いには普段着を売る店が多く、1区から4区に向けて東に行くに従い、値段も安くなる。4区のテュレンヌ通りrue de Turenneの南の端（MAP3 Mサン・ポールSt-PaulまたはバスチーユBastille）には、デザイナー・ブティックや洋服店がひしめいている。

サン・ジェルマン＆オデオン St-Germain & Odéon

ファッショナブルな6区では、サン・シュルピス広場place St-Sulpice（MAP4 Mサン・シュルピスSt-Sulpiceまたはサン・ジェルマン・デ・プレSt-Germain des Prés）の北西にしゃれた洋服の店が最も多く集まっている。その多くは若手デザイナーや前衛的なデザイナーが経営するブティックで、**イヴ・サン・ローラン・リーヴ・ゴーシュ Yves St-Laurent Rive Gauche**（⌂6 & 12 place St-Sulpice）や**クリスチャン・ラクロワ Christian Lacroix**（⌂4 place St-Sulpice）もここにある。

シェルシュ・ミディ通りrue du Cherche Midi（MAP4 MSt-Sulpiceまたはセーヴル・バビロンSèvres Babylone）には、**ファウスト・サンティーニ Fausto Santini**（⌂4 ter rue du Cherche Midi）、**JBマルタン JB Martin**（⌂13 rue du Cherche Midi）、**イル・ビゾンテ Il Bisonte**（⌂17 rue du Cherche Midi）といった、とてもしゃれた洋服や靴類、革製品の店が並んでいる。その北と北西には**ソニア・リキエル Sonia Rykiel**のレディス店（⌂175 blvd St-Germain）とメンズ店（⌂194 blvd St-Germain）があり、北東には**セリーヌ Celine**（⌂58 rue de Rennes）と**ケンゾー Kenzo**（⌂60 rue de Rennes）の店がある。

少し南西に行ったところのデパート、ル・ボン・マルシェから南に延びるサン・プラシッド通りrue St-Placide（MAP4 Mセーヴル・バビロンSèvres Babylone）には、主にレディス向けの洋服や靴を売る魅力的な店が多くあり、メンズ用品の店もいくつかある。

手頃な値段のブティックや靴屋は、レンヌ通りrue de Rennes（MAP4 MレンヌRennesまたはサン・プラシッドSt-Placide）の南半分に集中している。

ラ・グット・ドール La Goutte d'Or

今いち清潔感に欠ける18区のこの地域には、若手デザイナーの創作品や雑多な安物を売る店や露店が所狭しと立ち並んでいる。めぼしい品を見つけるには、ミラ通りrue Myrhaからグット・ドール通りrue de la Goutte d'Orに向けて南に延びるガルド通りrue des Gardes（MAP7 Mシャトー・ルージュChâteau Rouge）に行こう。

ファッション・ブティック

次のセレクト・ショップでは、いろいろな新進デザイナーの創作品やアクセサリーを扱っている。

アブ・ダビ・バザール
Abou Dhabi Bazar（MAP6）
☎01-42-77-96-98
⌂10 rue des Francs Bourgeois, 3e
Mサン・ポールSt-Paul
◯日・月14:00〜19:00、火〜土10:30〜19:00

ポール＆ジョーPaul & Joeやタラ・ジャルモンTara Jarmonといった若手デザイナーのスマートで手頃な値段のプレタポルテの掘り出し物が見つかる。

コレット
Colette（MAP2）
☎01-55-35-33-90
⌂213 rue St-Honoré, 1er
Mチュイルリーーーーー Tuileries
◯月〜土10:30〜19:30

日本やその他の世界のスタイルにヒントを得て作り上げた抒情詩ともいえる店。洋服やアクセサリー、雑貨の品揃えとディスプレーはみごとだ。アレクサンダー・マックイーンAlexander McQueen、マーク・ジェイコブスMarc Jacobs、マルコ・マティシクMarko Matysikといったデザイナーのアイテムを扱っている。

キリウォッチ
Kiliwatch（MAP3）
☎01-42-21-17-37
⌂64 rue Tiquetonne, 2e
Mエティエンヌ・マルセルÉtienne Marcel
◯月14:00〜19:00、火〜土11:00〜19:00

この大きな店に並ぶ棚は、色彩豊かでオリジナルのストリートウェアやクラブウェアでいっぱいだ。また、良質の古着や中古のアクセサリーも豊富に揃っている。

ラプサント
l'Absinthe（MAP6）
☎01-42-33-54-44
⌂74-76 rue Jean-Jacques Rousseau, 1er
Mレ・アルLes Halles
◯月〜金11:00〜19:30、土11:00〜13:00と14:30〜19:30

とてもクールなデザイナーのタウン着があり、またフランス、ベルギー、スペインなどの才能ある若手デザイナーのアイテムも置いてある。

スプリーン・ショップ
Spleen Shop（MAP6）
☎01-42-74-65-66
⌂3 bis rue des Rosiers, 4e
Mサン・ポールSt-Paul
◯日15:00〜19:00、火〜土11:00〜19:00

驚くほど品揃えが豊富で、ジョン・リッチモンドJohn Richmond、ローレンス・スティー

ルLawrence Steele、エミリオ・カヴァリーニEmilio Cavallini、ジョエルグ・ハルトマンJoerg Hartmannなど、イタリアや英国の新進クリエーター*créateurs*のアイテムを扱っている。

食料品＆飲み物

パリの食料品店とワインショップはとても人気があり、一度行ってみる価値がある。

パン＆チーズ

フロマジュリー・アレオッス
Fromagerie Alléosse（MAP2）
☎01-46-22-50-45
🏠13 rue Poncelet, 17e
Ⓜ テルヌTernes
🕐火～土9:00～13:00と15:30～19:00、日9:00～13:00
おそらくパリで一番のチーズ専門店。

フロマジュリー・バルテルミー
Fromagerie Barthelemy（MAP4）
☎01-45-48-56-75
🏠51 rue de Grenelle, 7e
Ⓜ リュ・デュ・バックRue du Bac
🕐火～土8:00～13:00と15:30～19:30
パリだけでなくフォンテーヌブローにもファンがいる店（「近郊に足をのばす」参照）。

ポワラーヌ
Poilâne（MAP4）
☎01-45-48-42-59
🏠8 rue du Cherche Midi, 6e
Ⓜ セーヴル・バビロンSèvres Babylone
🕐月～土7:15～20:15
パリで一番有名なパン屋*boulangerie*で、ランチタイムには長い列ができるほど。伝統的な発酵生地と海の塩を使用した完全な全粒パン（小1斤€3.60）を焼いている。すべてがオリジナル商品。15区にも支店（MAP4 ☎01-45-79-11-49 🏠49 blvd de Grenelle Ⓜ デュプレックスDupleix）がある。

コーヒー＆紅茶

ブリュルリー・デ・テルヌ
Brûlerie des Ternes（MAP2）
☎01-46-22-52-79
🏠10 rue Poncelet, 17e
Ⓜ シャルル・ド・ゴール・エトワールCharles de Gaulle-Étoile
🕐火～金9:00～14:00と15:30～19:30、土9:00～19:30、日9:00～13:00
おそらくはパリで一番のコーヒーの焙煎・挽

記憶に残るタルト

パリっ子はシュクルリー*sucreries*（「甘いもの」または「砂糖菓子」）や果物が好きだ。パリの街中にある菓子屋のウィンドウに並んだ人目を引く、おいしそうな商品から判断するに、どんどん売れているようだ。しかし、パリ一番のパティスリー*pâtisseries*（菓子屋）のリストを作ろうとしても、糸をたぐるように次から次へと出てくるため、どこで切ればいいのかわからない。ロンリープラネットのパリ・オフィスの党員6人に、自家製の特製菓子*specialités de la maison*についてお気に入りの店を選ぶよう依頼したが、彼ら曰く、「実際に食べてみることだ」。

ダロワイヨ Dalloyau（MAP2 ☎01-42-99-90-00 🏠101 rue du Faubourg St-Honoré, 8e Ⓜ サン・フィリップ・デュ・ルールSt-Philippe du Roule 🕐8:30～21:00）おすすめは、レーズン・パン*pain aux raisins*、ミルフィーユ*millefeuille*（何層ものパイ生地の間にクリームを挟んだもの）、レモン・タルト*tarte au citron*など。

ジャン・ミレ Jean Millet （MAP4 ☎01-45-51-49-80 🏠103 rue St-Dominique, 7e Ⓜ エコール・ミリテールÉcole Militaire 🕐月～土9:00～19:00、日8:00～15:00）おすすめは、デリス・オ・ショコラ・プラリネ*délice au chocolat praliné*（アーモンドとチョコレートを絶妙ににに混ぜた菓子）とバヴァロワ・ダブリコ*bavarois d'abricots*（クリームとアンズのピュレをムースで固めて型に入れた冷たいデザート）。

ジェラール・ミュロ Gérard Mulot （MAP6 ☎01-43-26-85-77 🏠76 rue de Seine, 6e Ⓜ オデオンOdéon 🕐木～火6:45～20:00）おすすめは、さまざまなフルーツ・タルト（ピーチ、レモン、リンゴ）、タルト・ノルマンド*tarte normande*（リンゴケーキ）、マビヨン*mabillon*（アンズジャムを添えたカラメル・ムース）など。

ラデュレ Ladurée （MAP2 ☎01-40-75-08-75 🏠75 av des Champs-Élysées, 8e Ⓜ ジョルジュ・サンクGeorge V 🕐月～土8:30～19:00、日10:00～19:00）おすすめは、マカロン・オ・ショコラ*macarons au chocolat*（チョコレート味のココナッツ・クッキー）、マカロン・ア・ラ・ピスタシュ*macarons à la pistache*（ピスタチオ入りのココナッツ・クッキー）など。

オ・ルヴァン・デュ・マレ Au Levain du Marais （MAP6 ☎01-42-78-07-31 🏠32 rue de Turenne, 3e Ⓜ サン・ポールSt-Paul 🕐月～土7:00～20:00）おすすめは、フルーツ・タルト*tartes aux fruits*、マカロン・オ・シトロン*macarons au citron*（レモン味のココナッツ・クッキー）と特製パン。

ストレー Stohrer （MAP3 ☎01-42-33-38-20 🏠51 rue Montorgueil, 2e Ⓜ レ・アルLes HallesまたはサンティエSentier 🕐7:30～20:30）おすすめは、ガレット・デ・ロワ*galette des rois*（王様のケーキ）。フランジパン・クリームが入った柔らかいペーストリー）とマロン・グラッセ*marrons glacés*（栗の砂糖煮）。

き売り店である。

ル・パレ・デ・テ
Le Palais des Thés（MAP6）
☎01-43-56-96-38
🏠64 rue Vieille du Temple, 3e
Ⓜオテル・ド・ヴィルHôtel de Villeまたはサン・ポールSt-Paul
🕘火〜土10:30〜19:30、日14:00〜19:00

マリアージュ・フレールに比べると歴史は浅いが、品揃えは同じくらい豊富で、店内はなんとなく21世紀を感じさせる。

マリアージュ・フレール
Mariage Frères（MAP6）
☎01-42-72-28-11
🏠30 rue du Bourg Tibourg, 4e
Ⓜオテル・ド・ヴィルHôtel de Villeまたはサン・ポールSt-Paul
🕘販売10:30〜19:30、ティールーム12:00〜19:00

パリ最初のそしておそらく最高の紅茶専門店（1854年創業）。30カ国以上から取り寄せた500種類の紅茶がある。支店が6区（MAP6 ☎01-40-51-82-50 🏠13 rue des Grands Augustins Ⓜオデオン Odéon）と8区（MAP2 ☎01-46-22-18-54 🏠260 rue du Faubourg St-Honoré Ⓜチュイルリー Tuileries）にあり、いずれも営業時間は本店と同じ。

砂糖&スパイス

カカオ・エ・ショコラ
Cacao et Chocolat（MAP6）
☎01-46-33-77-63
🏠29 rue du Buci, 6e
ⓂマビヨンMabillon
🕘火〜土10:00〜19:30

チョコレートをモダンでエキゾチックな観点から見直した店。固形や液体などあらゆる形のココア豆がディスプレーされている。そこにシトラスの香りやスパイス、チリが加わり、何回も訪れたくなるはずだ。

ジャディス・エ・グルマンド
Jadis et Gourmande（MAP5）
☎01-43-26-17-75
🏠88 blvd de Port Royal, 5e
Ⓜポール・ロワイヤルPort Royal
🕘月13:00〜19:00、火・水9:30〜19:00、木〜土9:30〜19:30

4店舗のうちの1店。考えられる限りの形とサイズのチョコレートが揃っている。

ラ・メゾン・デュ・ミエル
La Maison du Miel（MAP2）
☎01-47-42-26-70
🏠24 rue Vignon, 9e
ⓂマドレーヌMadeleine

🕘月〜土9:15〜19:00

500gで€3.20（ヒマワリ）から€7.30（コルシカの野花）まで、40種類以上の蜂蜜をストックしている。

グルメ

ア・ロリヴィエ
À l'Olivier（MAP6）
☎01-48-04-86-59
🏠23 rue de Rivoli, 4e
Ⓜサン・ポールSt-Paul
🕘月〜土9:30〜13:00と14:00〜19:00

たえず店舗を拡大しているチェーン店。オリーブオイルやくるみ油などパリでオイルを買うならやはりここにかぎる。ビネガーやオリーブの品揃えも充実している。

フォーション
Fauchon（MAP2）
☎01-47-62-60-11
🏠26-30 place de la Madeleine, 8e
ⓂマドレーヌMadeleine
🕘月〜土8:30〜19:00

2つの建物に6種類の売り場がある。とてもおいしそうな（そして高価な）フォアグラのパテやジャムconfituresなどの高級食品も売っている。フルーツの中には、これまで見たこともないような見事な東南アジア産のエキゾチックなもの（マンゴスチンやランブータンの実など）もある。

エディアール
Hédiard（MAP2）
☎02-43-12-88-88
🏠21 place de la Madeleine, 8e
ⓂマドレーヌMadeleine
🕘月9:00〜20:00、火〜土9:00〜21:00

少しでもすばらしい日常の食料品を探しながら…

ショッピング – 何を買うか

有名な高級食料品店。隣り合った2つの区画で、総菜や紅茶、コーヒー、ジャム、ワイン、パイ生地、フルーツ、野菜などを売っている。

ラ・メゾン・ド・ラ・トリュフ
La Maison de la Truffe（MAP2）
☎01-42-65-53-22
🏠19-21 place de la Madeleine, 8e
ⓂマドレーヌMadeleine
🕐月9:00～20:00、火～土9:00～21:00、食事月～土11:30～21:00

高級トリュフが味わえる店。10月下旬～3月はフランスの黒トリュフ、10月半ば～12月はイタリアの白トリュフ（100gが€300以上）がある。小さな椅子席コーナーもあり、貴重なキノコ料理（トリュフ料理€22.50～30、定食€57）が食べられる。

ワイン

ルグラン・フィーユ&フィス
Legrand Filles & Fils（MAP3）
☎01-42-60-07-12
🏠12 Galerie Vivienne, 2e
ⓂピラミッドPyramides
🕐火～金9:00～19:30、土9:00～13:00と15:00～19:00

高級ワインのほかに、コルク抜き、テイスティング・グラス、デカンターといったワイン付属品も売っている。

レ・カーヴ・オジェ
Les Caves Augé（MAP2）
☎01-45-22-16-97
🏠116 blvd Haussmann, 8e
Ⓜサン・トギュスタンSt-Augustin
🕐月13:00～19:30、火～土9:00～19:30

作家マルセル・プルーストの助言に従えば、こここそが本物のマルシャン・ド・ヴァン*marchand de vin*（ワインショップ）ということになる。現在は、情熱家で博識なソムリエのマルク・シバルが経営している。

ギフト&みやげ物

パリにはギフト用品を売る専門店が山ほどある。

ア・シモン
A Simon（MAP3）
☎01-42-33-71-65
🏠48 & 52 rue Montmartre, 2e
Ⓜエティエンヌ・マルセルÉtienne Marcel
🕐月13:30～19:00、火～土8:30～19:00

近くのウ・ドゥイルランよりもモダンなキッチン用品の店。予想以上に多くのポット、鍋、ボウル、調理道具が並んでいる。

アルボム
Album（MAP6）

こんな生活必需品の買いだめもできる

☎01-43-25-85-19
🏠8 rue Dante, 5e
Ⓜモベール・ミュチュアリテMaubert Mutualité
🕐月～土10:00～20:00

コミック本*bandes dessinées*の専門店。フランスには、タンタン*Tintin*やババール*Babar*、エロティック・コミック、最近の日本の漫画などコミック・ファンがとても多い。

アンナ・ジョリエ
Anna Joliet（MAP3）
☎01-42-96-55-13
🏠passage du Perron, 9 rue de Beaujolais, 1er
ⓂピラミッドPyramides
🕐月13:00～19:00、火～土10:00～19:00

パレ・ロワイヤル庭園の北端にある、すばらしい（そして小さな）オルゴール専門店で、新しいものから古いものまですべて揃っている。まずはドアを開けて、入りたくなるか（あるいは流れている曲に覚えがあるか）試してみよう。

バン・プリュス
Bains Plus（MAP6）
☎01-48-87-83-07
🏠51 rue des Francs Bourgeois, 3e
Ⓜオテル・ド・ヴィルHôtel de VilleまたはランビュトーRambuteau
🕐火～土11:00～19:30、日14:30～19:00

21世紀のバスルーム用品の店。豪華なバスローブやガウン、石けん、オイル、ひげそり用ブラシ、鏡などがある。

ウ・ドイルラン
E Dehillerin（MAP6）
☎01-42-36-53-13
🏠18-20 rue Coquillière, 1er
Ⓜレ・アルLes Halles

ショッピング － 何を買うか

◎月8:00～12:30と14:00～18:00、火～土8:00～18:00

1820年の創業。信じられないほど本格的なキッチン用品*matériel de cuisine*が揃っている。きっとここでは、最新式のキッチンにもないものが見つかるはずだ。

ウ・オ・エル・モデリスム
EOL' Modelisme（MAP6）
☎01-43-54-01-43
🏠62 blvd St-Germain, 5e
Ⓜモベール・ミュチュアリテMaubert Mutualité
◎火～土10:00～13:00と14:00～19:00

大きな男の子や女の子向けの高級おもちゃ店。ラジコンの飛行機から木製大型ヨットまで、考えられる限りのあらゆる種類の模型がある。支店が2つある（🏠55 blvd St-Germain ◎月13:00～20:00、火～土9:00～20:00と🏠70 blvd St-Germain ◎火～土10:00～19:00）。

ギャルリー・アラン・カリオン
Galerie Alain Carion（MAP6）
☎01-43-26-01-16
🏠92 rue St-Louis en l'Île, 4e
Ⓜポン・マリーPont Marie
◎火～土10:30～13:00と14:00～19:30

40カ国から収集した驚くほど美しい美術館並みの鉱石、水晶、化石、隕石などがあり、なかにはイヤリング、ブローチ、ペンダントの形をしたものもある。

イル・プール・ロム
Il pour l'Homme（"男性向け"の意味）（MAP2）
☎01-42-60-43-56
🏠209 rue St-Honoré, 1er
ⓂチュイルリーTuileries
◎月～土10:30～19:00

昔ペンキ屋だった建物に入っており、19世紀の展示用カウンターや整理棚が置いてある。しゃれたフラスコからシガー・カッター、ひげそり用ブラシ、デザイナー・ピンセットまで、男性なら誰もが欲しがる物、あるいは必要でない物まですべて揃っている。

マドレーヌ・ジェリ
Madeleine Gély（MAP4）
☎01-42-22-63-35
🏠218 blvd St-Germain, 7e
Ⓜサン・ジェルマン・デ・プレSt-Germain des Prés
◎火～土10:00～19:00

1834年創業の店。あつらえ物の杖や傘を買いたい時に行ってみたい。

ラ・メゾン・デュ・セルフ・ヴォラン
La Maison du Cerf-Volant（MAP5）
☎01-44-68-00-75
🏠7 rue de Prague, 12e
Ⓜルドリュ・ロランLedru Rollin
◎火～土11:00～19:00

凧、凧、そして凧。考えられ得る限りのサイズと形と色の凧が並んでいる。

メロディ・グラフィック
Mélodies Graphiques（MAP6）
☎01-42-74-57-68
🏠10 rue du Pont Louis-Philippe, 4e
Ⓜポン・マリーPont Marie
◎月14:00～19:00、火～土11:00～19:00

とても美しいフィレンツェのパピエ・ア・キュヴ*papier à cuve*（手作りのマーブル紙）で作られたあらゆる種類の品がある。同じ通り沿いに別の高級文房具店が数軒ある。

ミュゼ＆コンパニー
Musée & Compagnie（MAP8）
☎01-40-02-98-72
🏠40-42 Cour St-Émilion, 12e
Ⓜクール・サン・テミリオンCour St-Émilion
◎11:00～21:00

美術館ですばらしいと思ったが買えなかった小物や古美術品の最高級の複製品を売っている。モナリザ*Mona Lisa*、ミロのヴィーナス*Venus de Milo*、ケルト宝飾品などがある。

ロバン・デ・ボワ
Robin des Bois（MAP6）
☎01-48-04-09-36
🏠15 rue Fernand Duval, 4e
Ⓜサン・ポールSt-Paul
◎月～土10:30～19:30、日14:00～19:30

環境保護にうるさい店で、宝石類から紙製品までリサイクル品で作られた商品ばかりを扱っている。

ジュエリー

1区のヴァンドーム広場周辺（MAP2 ⓂチュイルリーTuileries）には、**カルティエ** Cartier（🏠7 place Vendôme）、**パテク・フィリップ** Patek Philippe（🏠10 place Vendôme）、**ヴァン・クリフ・エ・アーペル**Van Cleef & Arpels（🏠22 place Vendôme）の店がある。近くのカスティグリオン通りrue de Castiglione（1区）と2区のラ・ペ通りrue de la Paixには、高級宝飾店が多く並んでいる。

それほど値の張らないジュエリーは、市内のさまざまな場所で売られている。多くが輸入品であるファンキー・アイテムは、3区から4区にかけてのフラン・ブルジョワ通りrue des Francs Bourgeois（MAP6 ⓂランビトーRambuteau）などマレ地区で見つかる。コスチューム・ジュエリーは蚤の市などで買える。

セシル・エ・ジャンヌ
Cécile et Jeanne（MAP2）
☎01-42-61-68-68
🏠215 rue St-Honoré, 1er

ショッピング – どこで買うか

Ⓜチュイルリー Tuileries
🕐月〜土11:00〜19:00
2人の若手宝飾デザイナーの名前が店名になっている。カラフルでアート感覚に満ちたジュエリーとハンドバッグはパリで大評判になっている。

ギャルリー・ダモン
Galerie d'Amon（MAP6）
☎01-43-26-96-60
🏠28 rue St-Sulpice, 6e
Ⓜサン・シュルピス St-Sulpice
🕐火〜土11:00〜18:45
デザイナー・ジュエリーとモダン・グラスの専門店。

シック・アモール
Sic Amor（MAP6）
☎01-42-76-02-37
🏠20 rue du Pont Louis-Philippe, 4e
Ⓜポン・マリー Pont Marie
🕐月〜土10:30〜19:30、日12:00〜19:30
フランス共産党本部の向かい側にあり、地元デザイナーによるモダンなジュエリーを売っている。

どこで買うか

パリのデパートの中には、ル・ボン・マルシェ Le Bon Marchéなど絢爛豪華なアール・ヌーヴォー調の建物に入っている店や、屋根越しに市内のすばらしい眺めが楽しめる店がある。いずれも自宅に持って帰るには贅沢なほど高品質でとても上品な品々を売っている。

パリには、いまだに特定の商品を専門に売っている通りがある。たとえば、4区のポン・ルイ・フィリップ通り rue du Pont Louis-Philippe（MAP6 Ⓜポン・マリー Pont Marie）には、あらゆる種類の紙製品や文房具を売る店があり、また、3区のレオミュール通り rue Réaumur（MAP3 Ⓜアール・ゼ・メティエ Arts et Métiers）には数多くのジュエリー・ショップが並び、10区のパラディ通り rue de Paradis（MAP3 Ⓜシャトー・ドー Château d'Eau）は、クリスタル、グラス、テーブルウェアの店で有名だ。ミシンを買いたい時は、パラディ通り rue de Paradisから南に向かって延びるマルテル通り rue Martelに行けば、商品が所狭しと並んでいる。

近くのアンデュストリー小路 passage de l'Industrieには、美容院 coiffeurs関連の商品や道具などの専門店がある。9区のヴィクトル・マッセ通り rue Victor Massé（MAP3 Ⓜピラミッド Pyramides）に沿って歩いていくと、こんなにあったのかと思うほど多くの楽器が目に入る。9区のドゥルオー通り rue Drouot（MAP3

Ⓜリシュリュー・ドゥルオー Richelieu Drouot）には、収集用の切手だけを売っている店がある。

書店

パリには英語国民向けの書店が数多くある。

アビー・ブックショップ
Abbey Bookshop（MAP6）
☎01-46-33-16-24
🏠29 rue de la Parcheminerie, 5e
Ⓜクリュニー・ラ・ソルボンヌ Cluny-La Sorbonne
🕐月〜土10:00〜19:00
サン・ミッシェル広場からそれほど遠くない場所にあり、愛想の良いカナダ人が経営している。無料の紅茶やコーヒーのサービスがあり、またカナダの新聞や小説の新刊・古本の品揃えが豊富なことで有名だ。

ブランタノス
Brentano's（MAP3）
☎01-42-61-52-50
🏠37 av de l'Opéra, 2e
Ⓜオペラ Opéra
🕐月〜土10:00〜19:30
ルーヴルとオペラ・ガルニエの中間にあり、アメリカの小説、ビジネス書、児童書や雑誌などを探す時に便利。

エスパス・イ・ジェ・エヌ
Espace IGN（MAP2）
☎01-43-98-85-00
🏠107 rue La Boétie, 8e
Ⓜフランクラン・デ・ルーズヴェルト Franklin D Roosevelt
🕐月〜金9:30〜19:00、土11:00〜12:30と14:00〜18:30
地図、地図帳、地球儀、歩行地図、市内地図、コンパス、衛星映像、歴史地図、ガイドブックなど国立地理院（IGN）のすべての刊行物が置いてある。

レ・モ・ア・ラ・ブーシュ
Les Mots à la Bouche（MAP6）
☎01-42-78-88-30
🏠6 rue Ste-Croix de la Bretonnerie, 4e
Ⓜオテル・ド・ヴィル Hôtel de Ville
🕐月〜土11:00〜23:00、日14:00〜20:00
パリ一番のゲイ関連の書店である。奥の書棚の大部分には、小説を含めた英語の書籍が並んでいる。

リブレリー・グルマンド
Librairie Gourmande（MAP6）
☎01-43-54-37-27
🏠4 rue Dante, 5e
Ⓜモベール・ミュチュアリテ Maubert Mutualité
🕐月〜土10:00〜19:00

フランスの料理、ワイン、料理法の秘訣を知るにはこの書店に行くといい。

リブレリー・パランテーズ
Librairie Parenthèses（MAP4）
☎01-43-54-53-81
🏠56 rue Notre Dame des Champs, 6e
Ⓜノートル・ダム・デ・シャンNotre Dame des Champs
🕐月～土10:00～18:00
こぢんまりした小さな書店で、ガイドブックや地図の品揃えが豊富。

リブレリー・ユリス
Librairie Ulysse（MAP6）
☎01-43-25-17-35
🏠26 rue St-Louis en l'Île, 4e
Ⓜポン・マリーPont Marie
🕐火～土14:00～20:00
旅行ガイドブックや地図、ナショナル・ジオグラフィック誌のバックナンバーが揃っており、適切な助言がもらえるすばらしい店。

シェークスピア＆カンパニー
Shakespeare & Company（MAP6）
☎01-43-26-96-50
🏠37 rue de la Bûcherie, 5e
Ⓜサン・ミシェルSt-Michel
🕐12:00～24:00
パリで最も有名な英語書籍の書店。1冊わずか€1というペーパーバックの小説をはじめ、新刊・古本の在庫が豊富で雑然と並んでいる。ほぼ毎週月曜の20:00には、詩の朗読が開かれ、2階には図書館がある。シルヴィア・ビーチが所有していた元祖のシェークスピア＆カンパニーはオデオン通りrue de l'Oéon12番地にあったが、1941年にナチスによって閉店に追いやられた。

ヴィレッジ・ヴォイス
Village Voice（MAP6）
☎01-46-33-36-47
🏠6 rue Princesse, 6e
ⓂマビヨンMabillon
🕐月14:00～20:00、火～土10:00～20:00、日14:00～19:00
北米の現代小説とヨーロッパ文学の翻訳本の品揃えがすばらしい。スタッフも親切で、パリの英語書籍の書店の中でお気に入りの店という人もいる。

ダブリュー・エイチ・スミス
WH Smith（MAP2）
☎01-44-77-88-99
🏠248 rue de Rivoli, 1er
ⓂコンコルドConcorde
🕐月～土9:00～19:30、日13:00～19:30
断然英国寄りの書店で、コンコルド広場から1ブロック東に行ったところにある。

デパート

パリには、次に紹介するものを含め数多くのグラン・マガザン*grands magasins*（デパート）があり、一般に1月と6～7月にソルド*soldes*（バーゲンセール）が行われる。

バザール・ド・ロテル・ド・ヴィル（BHV）
Bazar de l'Hôtel de Ville（MAP6）
☎01-42-74-90-00
🏠14 rue du Temple, 4e
Ⓜオテル・ド・ヴィルHôtel de Ville
🕐月・火・木・土9:30～19:00、水・金9:30～20:30
広いがひどく雑然とした地階の金物類・大工用品売場を除けば、ごく普通のデパートだ。ハンマーや電動道具、釘、プラグ、ちょうつがいなら、あらゆる種類が揃っている。

ル・ボン・マルシェ
Le Bon Marché（MAP4）
☎01-44-39-80-00
🏠24 rue de Sèvres, 7e
Ⓜセーヴル・バビロンSèvres Babylone
🕐月～水・金9:30～19:00、木10:00～21:00、土9:30～20:00
ギュスタフ・エッフェルによって建てられたパリ最古のデパート。セーヌ川を挟んで左岸にある競合店ほどは熱くはないが、上品さにおいてはひけをとらない。メンズ・ファッションとレディス・ファッションの売れ行きは好調。その輝くばかりの食料品店 **ラ・グランド・エピスリー・ド・パリ** La Grande Épicerie de Paris（🏠26 rue de Sèvres 🕐月～土8:30～21:00）は別館（No 2）にある。

ギャラリー・ラファイエット
Galeries Lafayette（MAP2）
☎01-42-82-34-56
🏠40 blvd Haussmann, 9e
ⓂオベールAuberまたはショセ・ダンタン・ラ・ファイエットChaussée d'Antin La Fayette
🕐月～水・金・土9:30～19:30、木9:30～21:00
隣接する2館がモガドール通りrue de Mogadorの上にある連絡通路で結ばれている巨大デパート。7万5000以上のブランド・アイテムと、ファッションやアクセサリーの幅広い品揃えを誇る。屋上レストランからの眺めは最高。毎週水曜11:00（4～10月は金曜14:30）にファッション・ショーが行われる（予約☎01-42-82-30-25）。

ル・プランタン
Le Printemps（MAP2）
☎01-42-82-50-00
🏠64 blvd Haussmann, 9e
Ⓜアーヴル・コマルタンHavre Caumartin
🕐月～水・金・土9:35～19:00、木9:35～22:00
モード館（*De la Mode*）、メンズ館（*De l'Homme*）、

ショッピング － どこで買うか

市場へ行こう

週末に街の食料品市場*marché alimentaire*で買い物をすると、必ず地元の人間に間違えられる。たいていのパリっ子はそうやって週末を過ごすからだ。朝からルーヴルや蚤の市*marché aux puces*に出かけるのをやめて、かごを持って新鮮な食物をいっぱい詰め込んでみよう。

パリの青空市場*marchés découverts*は、時期によって時間が変わるが、普通は7:00か8:00頃から13:00から14:00まで開いている。そのうちの50店ほどは、週に2～3回公共の広場に店を出す。屋根で覆われた18カ所の市場*marchés couverts*は、火～土曜7:00～13:00および15:30（または16:00）～19:00（または19:30）と、日曜のランチタイムまで開いている。この市場の全体を構成しているのは、独立営業の多くの商店街*rues commerçantes*と、歩道いっぱいに店を出している露店である。宿泊するホテルやユースホステルの周辺で市場が立つ日時を知りたければ、スタッフや近所の住人に聞けば教えてくれる。

商品の多様性、民族性、その界隈の雰囲気などによって特徴のあるパリの市場を以下に紹介する。いずれも選りすぐりの市場 *la crème de la crème*だ。

マルシェ・ダリグル Marché d'Aligre（MAP5 🏠place d'Aligre, 12e Ⓜルドリュ・ロランLedru Rollin 🕐火～土8:00～13:00と16:00～19:30、日8:00～13:00）バスチーユから目と鼻の先にある、色彩豊かなアラブと北アフリカ人街にある。

マルシェ・バスチーユ Marché Bastille（MAP5 🏠blvd Richard Lenoir, 11e Ⓜバスチーユ Bastille 🕐火・金7:00〈または8:00〉～13:00）メトロ駅リシャール・ルノワールRichard Lenoirまでずっと北に延びている、おそらくパリで一番のストリート・マーケット。

マルシェ・バティニョル・クリシー Marché Batignolles-Clichy（MAP2 🏠17区のrue des Batignollesとrue Puteauxの間のblvd des Batignolles Ⓜプラス・ド・クリシーPlace de ClichyまたはロームRome 🕐土9:00～13:30）パリに3カ所ある有機栽培作物市場*marchés bio*の1つ。残りの2カ所は、マルシェ・ラスパイユ Marchés Raspail（MAP4 6区のrue de Rennesとrue du Cherche Midiの間のblvd Raspail Ⓜレンヌ Rennes 🕐日9:00～13:30）と、マルシェ・サン・シャルル Marché St-Charles（MAP4 🏠rue St-Charles & place Charles Michels, 15e Ⓜシャルル・ミッシェル Charles Michels 🕐金9:00～13:00）である。

マルシェ・ベルヴィル Marché Belleville（MAP3 🏠11区から20区にかけてのrue Jean-Pierre Timbaudとrue du Faubourg du Templeの間のblvd de Belleville Ⓜベルヴィル BellevilleまたはクーロンヌCouronne 🕐火・金7:00〈または8:00〉～13:00）東の界隈*quartiers de l'est*にある、活気に満ちた大きな民族コミュニティーへの魅力的な入口になっている。アフリカ、中東、アジアからの移民にとって、また芸術家や学生にとっては憩いの場所である（『パリの中の世界』参照）。

メゾン館（*De la Maison*）の3館からなる。香水、化粧品、アクセサリー、有名・新進հデザイナーの洋服などのディスプレーは見事。毎週火曜（3～10月は金曜）10:00には、8階の丸天井の下でファッション・ショーが開かれる。

ラ・サマリテーヌ
La Samaritaine（MAP6）
☎01-40-41-20-20
Ⓜポン・ヌフPont Neuf
🕐月～水・金・土9:30～19:00、木9:30～22:00
ポン・ヌフと1区のリヴォリ通りrue de Rivoli 142番地の間にある2つの建物からなる。本館の最大の目玉は屋上からのすばらしい眺めだ。メンズ・ファッション&スポーツ専門館の地階には巨大なスーパーマーケットがある。

タチ
Tati（MAP7）
☎01-55-29-50-00
🏠4 blvd Barbès, 18e
Ⓜバルベス・ロシュシュアールBarbès Rochechouart
🕐月～金10:00～19:00、土9:15～19:00
最も安い価格*les plus bas prix*というスローガンを掲げ、それに見合った質の商品を提供している。50年もの間ずっとパリの労働者階級の人々のデパートだという人もいる。トレンディーなパリっ子が街の流行り物を探し、大きな箱やテーブルの上に積み上げられた半端物の中から隠れたバーゲン品をみつけようと必死になっている姿を見ても驚いてはならない。3区にここより小さな支店（MAP3 ☎01-48-87-72-81 🏠13 place de la République Ⓜレピュブリックっ République）がある。

蚤の市

パリの蚤の市*marchés aux puces*は、山ほどある中古品*brocante*や骨董品の中から思いがけない掘り出し物を見つけたい人には実に面白い場所だ。なかには新品もあり、値段の駆け引きもできる。市が閉まる時間は時期により異なる。

アリグルの蚤の市
Marché aux Puces d'Aligre（MAP5）
🏠place d'Aligre, 12e
Ⓜルドリュ・ロランLedru Rollin
🕐火～日 早朝～13:00
規模は小さいが、以下に紹介する他の蚤の市に比べてパリの中心部からかなり近いところ

ショッピング – どこで買うか

市場へ行こう

リュ・クレール **Rue Cler**（MAP4 ⓂエコールŁミリテールÉcole Militaire 🕒火～土7:00〈または8:00〉～19:00〈または19:30〉、日8:00～12:00）7区にあるこの市場は、退屈に感じることがあるこの界隈に新鮮な空気を注ぎ込んでいる。週末には近隣の人々が繰り出してくるため、まるでパーティのようににぎやかになる。

ブールヴァール・ド・グルネル **Blvd de Grenelle**（MAP4 🏠15区のrue de Lourmelとrue du Commerceの間のblvd de Grenelle Ⓜラ・モット・ピケ・グルネルLa Motte-Picquet Grenelle 🕒水・日7:00～13:00）高架鉄道の下にあり、堂々たるグルネル大通りとアール・ヌーヴォー様式のアパルトマンのブロックに挟まれている。上流階級の人たちもここで週末のディナー・パーティーの買い物をする。

プラス・モベール **Place Maubert**（MAP3 Ⓜモベール・ミュチュアリテMaubert Mutualité 🕒火・木・土7:00～14:00）交差する通りの小さな三角地帯に広がる市場。自由奔放な感じのする5区では、最高所得者層が住むサン・ジェルマン・デ・プレで開かれる。

リュ・モントルグイユ **Rue Montorgueil**（MAP3 🏠2区のrue de Turbigoとrue Réaumurの間のrue Montorgueil Ⓜレ・アルLes Halles 🕒火～土7:00〈または8:00〉～19:00〈または19:30〉、日8:00～12:00）パリで700年の歴史を持つ卸売市場であるレ・アルに一番近い市場。レ・アルは1969年に南郊外のランジスに移った。

リュ・ムフタール **Rue Mouffetard**（MAP5 🏠rue de l'Arbalète周辺のrue Mouffetard Ⓜサンシエ・ドバントンCensier Daubentonまたはプラス・モンジュPlace Monge 🕒火～土7:00〈または8:00〉～19:00〈または19:30〉、日8:00～12:00）パリの中で開かれる市場のうち、ツーリストが見学するには最も美しい通りだ（本物の旅行者はバスチーユ市場に行く）。

マルシェ・サン・カンタン **Marché St-Quentin**（MAP3 🏠85 blvd de Magenta, 10e Ⓜガール・ド・レストGare de l'Est 🕒火～土8:00～13:00と15:30～19:30、日8:00～13:00）1866年に造られた、鉄とガラスの屋根で覆われた市場。グルメ・フードの露店が並ぶ、迷路のような通りだ。

街中の市場でパリの傑作を手に入れよう

RICHARD I'ANSON

にある。古着や何十年も前にはファッショナブルだった（それほどファッショナブルでなかったものもあるが）パリっ子が身に着けていたユニークなアクセサリーでいっぱいの箱を混ぜ返して回るにはピッタリの場所の一つだ。

ポルト・ド・ヴァンヴの蚤の市
Marché aux Puces de la Porte de Vanves（MAP1）
🏠av Georges Lafenestre & av Marc Sangnier, 14e
Ⓜポルト・ド・ヴァンヴPorte de Vanves
🕒土・日7:00～17:00（または18:00）

蚤の市の中では最も小さな規模だが、一番親切だと評する人もいる。ジョルジュ・ラフネストル大通りav Georges Lafenestreには、アンティークというほど古くもない（好奇心をそそらない）骨董品が多くあり、まるで巨大なトランク・セールのようだ。マルク・サンニエ大通りav Marc Sangnierには、新品の洋服や靴、ハンドバッグ、家庭用品を売る露店が並んでいる。

モントルイユの蚤の市
Marché aux Puces de Montreuil（MAP1）
🏠av du Professeur André Lemière, 20e
Ⓜポルト・ド・モントルイユPorte de Montreuil
🕒土～月7:00（または8:00）～18:00（または19:00）

19世紀以来の歴史を持つ市で、質の良い古着やデザイナー服の古着があることで有名だ。500軒ほどの露店では、彫刻やジュエリー、リネン、食器、古い家具や電気製品まで売っている。

サン・トゥアンの蚤の市
Marché aux Puces de St-Ouen（MAP1）
🏠rue des Rosiers, av Michelet, rue Voltaire, rue Paul Bert & rue Jean-Henri Fabre, 18e
Ⓜポルト・ド・クリニャンクールPorte de Clignancourt
🕒土～月9:00（または10:00）～19:00

19世紀後半に開かれるようになった巨大な蚤の市で、欧州で最大規模ともいわれている。約2500軒の露店がそれぞれ専門分野のある10のマルシェmarchés（市場区画）に区分されている（たとえば、アンティークはマルシェ・セルペットMarché Serpetteとマルシェ・ビロンMarché Biron、古着はマルシェ・マリクMarché Malikといった具合）。

近郊に足をのばす

Excursions

パリを取り巻くように広がるイル・ド・フランス地方Île de France（"フランスの島"という意味）は、面積1万2000km²でそれを囲むように5つの川がある。すなわち北西を流れるエプト川、エーヌ川（北東）、ウール川（南西）、ヨンヌ川（南東）、マルヌ川（東）が流れている。この地方はまた、紀元1100年頃に誕生して周辺に勢力を拡大していったフランス王家の発祥の地でもある。

今日、この地方では鉄道や道路網が完備され、これによってこの地方のすばらしい観光名所とパリが結ばれている。主な観光スポットは、サン・ドニSt-Denis、シャルトルChartres、それにサンリスSenlisにあるそれぞれの大聖堂、ヴェルサイユVersailles、フォンテーヌブローFontainebleau、シャンティイChantilly、ヴォー・ル・ヴィコントVaux-le-Vicomteといった宮殿や城館、ラ・デファンス地区La Défenseのモダンな都市風景。そして、もちろん子供の大好きなディズニーランド・パリDisneyland Parisやパルク・アステリクスParc Astérixなどで、これらの場所にパリから日帰りで行く旅はとても人気がある。また、フォンテーヌブローやシャンティイの森も含めて、パリ市周辺の多くの森ではさまざまな野外活動を楽しむことができる。

インフォメーション

エスパス・デュ・トゥーリスム・ディル・ド・フランス Espace du Tourisme d'Île de France（MAP6）
☎0-803-81-80-00または0-826-16-66-66、外国からは33-1-44-50-19-98 ℹ️info@paris-ile-de-france.com 🌐www.paris-ile-de-france.com
🏠99 rue de Rivoli, 1er Ⓜ️パレ・ロワイヤル・ミュゼ・デュ・ルーヴルPalais Royal Musée du Louvre ⏰10:00〜19:00）は、I・M・ペイが設計したガラスのピラミッドのそばの地下ショッピング・センター、カルーゼル・デュ・ルーヴルにあり、担当スタッフからこの地方についていろいろ役に立つ情報を得ることができる。

車を運転して名所を訪れる場合は縮尺20万分の1のミシュランの地図「イル・ド・フランスÎle de France」（No 237、€5.50）か、もっとコンパクトな大きさの縮尺10万分の1の「パリ近郊Environs de Paris」（No 106、€4.20）を手に入れておくこと。

ツアー

時間が限られている人や、自分で計画を立てるのが面倒な人は、以下に紹介する各社が行っているパリ近郊観光ツアーを利用するといい。通常、4〜11歳までの子供は料金が半額になる。

シティラマ Cityrama（MAP3）
☎01-44-55-61-00
🌐www.cityrama.fr
🏠4 place des Pyramides, 1er
Ⓜ️チュイルリーTuileries
半日コースには、ヴェルサイユ（€34〜52）、シャルトル（€47）、ヴォー・ル・ヴィコント（€53）、フォンテーヌブローとバルビゾン（€53）があり、このほかにもいろいろなツアーがある。

ツーリングスコープ Touringscope（MAP3）
☎01-53-34-11-91
🌐www.touringscope.com
🏠11 bis blvd Haussman, 9e
Ⓜ️リシュリュー・ドゥルオーRichelieu Drouot
1日コース（通常8時間）には、ヴェルサイユ（€87、ランチ付き）、ヴェルサイユとジヴェルニー（€96）、ヴェルサイユとシャルトル（€96）がある。

パリ・ヴィジョン Paris Vision（MAP2）
☎01-42-60-30-01
🌐www.parisvision.com
🏠214 rue de Rivoli, 1er
Ⓜ️チュイルリーTuileries
ヴォー・ル・ヴィコント城とバルビゾン、それにフォンテーヌブローを訪ねる10時間コース（€83）、ヴェルサイユとジヴェルニーを訪ねる9時間コース（€94.50）がある。

ラ・デファンス地区
LA DÉFENSE

郵便番号92080 ● 人口3万5000人（公園地区を含む）

パリ17区の西方3kmのセーヌ川沿いにある高層ビル街、ラ・デファンスの超モダンな建築（デンマーク人の建築家ヨハン・オットー・フォン・スプレケルセンの設計）は、何世紀もの古い歴史を持つ他のパリ市街とはあまりにも異なっているので、パリの全体像をつかむためにも、ちょっと立ち寄って見る価値はある。詳細は「パリについて」の最後にある「パリの現代建築」を参照のこと。

パリ周辺

近郊に足をのばす - パリ周辺

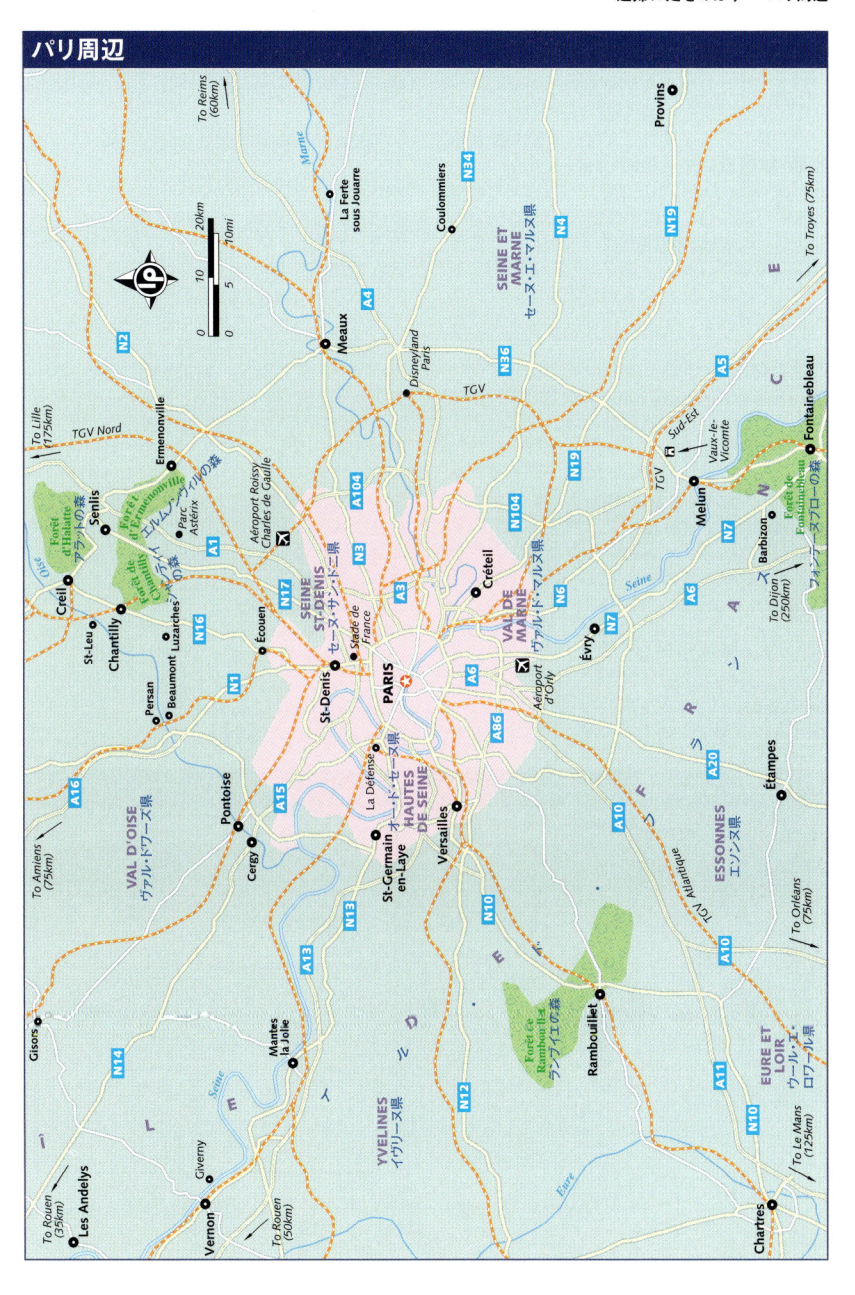

近郊に足をのばす

近郊に足をのばす − ラ・デファンス地区

1950年代の後半に750haに及ぶラ・デファンス地区の開発が始まったが、この計画は、土木工学的に見て世界で最も野心的なものだった。そこに最初に建てられた大きな建物が、ドーム形の天井を持つ巨大な三角形の**国立新産業・技術センター** Centre des Nouvelles Industries et Technologies（CNIT）で、1958年に落成し、その30年後に大がかりな改装がなされた。しかし、その後1970年代半ばに起こった経済危機の影響で、ラ・デファンス地区のオフィス用スペースの販売や賃貸が難しくなり、空きビルが目立ち、地域開発はほとんど進まなくなった。

その後の10年間に状況は好転し、今日、ラ・デファンス地区には60棟ほどのビルが建ち並んでいる。最も高層なのは、地区のほぼ中心に位置し190mのツイン・タワーを持つ（そして、まさにピッタリの命名といえる）**クール・デファンス** Cœur Défense（"デファンスの心臓部"という意味）だ。フランス大企業のおよそ70%がこの地区に本社を置き、中小企業や大企業を含めた合計3600社の企業の従業員約13万人がここで働いている。

インフォメーション
アンフォ・デファンス
Info-Défense
☎01-47-74-84-24 FAX01-47-78-17-93
🌐www.epaladefense.fr フランス語のみ
🏠15 place de la Défense
🕐10〜3月 月〜金9:30〜17:00、4〜10月 10:00〜18:00

この地区で行われる文化活動の詳細について多くの情報を無料で提供しており、またこの地区のガイドブック、モニュメンタル・アート（€2.30）、建築（€5.40）、歴史（€6）も販売している。階下には小さな**美術館** museum（**入場料**無料）があり、そこに展示されている図面や建築計画、縮尺模型を通じて、何年にもわたるラ・デファンス地区開発の歴史をたどることができる。特に興味深いのは、現在グランド・アルシュ（新凱旋門）が立っているテット・デファンス Tête Défense（"デファンスの頭部"という意味）で予定されていながら実現しなかったいくつかのプロジェクトがあることだ。これには、高さ750mのトゥーリスムTVビルやハンガリー生まれの芸術家ニコラス・シェファーの作で、言語に絶する彫刻「シベルネティク Cybernetic」の設置などが含まれていた。

スルス・デューロップ
Sources d'Europe
☎01-41-25-12-12 FAX01-41-25-12-13
🌐www.info-europe.fr フランス語のみ
🏠Le Socle de la Grande Arche
🕐月〜金10:00〜18:00

ラ・デファンス地区

1 セジェテル・ビル	17 CIC銀行
2 グランド・アルシュ（新凱旋門）	18 アンフォ・デファンスと美術館
Brasserie du Toit de la Grande Arche	19 「ラ・デファンス・ド・パリ」（パリ防衛）の彫刻
スルス・デューロップ	20 アガンの泉水
3 新産業・技術センター（CNIT）	21 クール・デファンス
4 テクニップ・ビル	22 EDFビル
5 トータル・フィナ・エルフ・ビル	23 ウィンタートゥール・ビル
6 フィアット・ビル	24 デファンス2000
7 郵便局	25 フランクリン・ビル
8 パントット・ノートルダム教会	26 アトランティック・ビル
	27 クレディ・リヨネ・ビル
9 BNPパリバ銀行	28 アリアン・ビル
Bistro Romain	29 トータル・ガリレー
10 Le Petit Dôme	30 ソフィテル・ラ・デファンス
11 デファンスの丘	31 マンハッタン・ビル
12 レ・キャトル・タン ショッピング・センター	32 ミロワール（鏡）ビル
	33 アルモニー・ビル
13 ミロの彫刻	34 アクサ・ビル
14 アイス・スケート場（冬期）	35 全国保険会社（GAN）ビル
15 カルデール・スタビル	36 アカシア・ビル
	37 アテナ・ビル

このマルチメディア・インフォメーションセンターは、グランド・アルシュの台座の部分にあり、欧州や欧州連合（EU）について必要な（あるいは希望する）情報がすべて入手できる。メトロ駅ラ・デファンス・グランド・アルシュLa Défense Grande Archeからも行ける。

ラ・デファンス地区には、**BNPパリバ銀行 BNP Paribas**（☎01-41-26-83-99 ❏4 place de la Défense ❍月～金9:00～17:00）や**CIC銀行**（☎0-836-68-75-20 ❏11 place de la Défense ❍月～金9:00～17:00）など、至るところにATMを備えた銀行があり、CNITビルの1階には**郵便局**（❏Passage du Levant ❍月～金9:15～18:00）もある。

グランド・アルシュ
Grande Arche

デンマーク人の建築家ヨハン・オットー・フォン・スプレケルセンによって設計された、ほぼ立方体のすばらしいグランド・アルシュ Grande Arche（新凱旋門）（☎01-49-07-27-57 ⓦ www.grandearche.com）は、カララ産の白大理石、灰色花崗岩、ガラスで作られ、長さは各辺が正確に110mで、官公庁や民間企業が入っている。1989年7月14日に落成式が行われたこの凱旋門は、8kmに及ぶ**歴史的軸線 Axe Historique**の西の端に位置している。

この軸線は、ヴェルサイユ庭園の造園師として有名なアンドレ・ル・ノートルが1640年に提唱したもので、ルーヴルのガラスのピラミッドのある場所を起点として、チュイルリー庭園を通り、シャンゼリゼ大通りから凱旋門を抜け、ポルト・マイヨーに進み、最後にラ・デファンス地区のジェネラル・ド・ゴール遊歩道にある噴水、街路樹に囲まれた街区、そして広場まで延びている。世界に向けて開かれた窓を象徴するこの建物は、歴史的軸線からは多少ずれている。

エレベーターでグランド・アルシュの36階まで行くことができるが（❍10:00～19:00 ❑ 大人€7、子供€5.50、家族€15.50～）、屋上からの眺めと最上階で行われている特別展は、いずれもチケットの値段に見合ったものとはいえない。

前庭広場＆遊歩道
Parvis & Esplanade

前庭広場、デファンス広場、およびジェネラル・ド・ゴール遊歩道からなる約1kmの気持ちのよい歩行者専用散歩道は、**現代アートの庭園**に生まれ変わった。この庭園、そして歴史的軸線をグランド・アルシュの西側に2km延長したところにある**ジャルダン・ド・ラルシュ Jardins de l'Arche**と**カルチエ・デュ・パルク Quartier du Parc**（"公園地区"）に置かれている約70のモニュメンタルな影像や壁画には、カルダー、ミロ、アガン、トリチーニなどのカラフルで想像力に富んだ作品が含まれている。

デファンス広場の南東の角、アンフォ・デファンスの事務所の向かい側には、1870～1871年の普仏戦争の際にパリを守り抜いたことを讃えて制作されたとても古い彫刻「**ラ・デファンス・ド・パリ La Défense de Paris**」がある（コラムの「パリの防衛」を参照）。その後方には、カラフルなモザイク模様とコンピュータ制御の噴水で構成された**アガンの泉水 Bassin Agam**と呼ばれる泉がある。平日の12:00～14:00と17:00～18:00、そして週末の15:00～18:00 バレエ・ミュエ *ballets muets*（音楽なしの水のアトラクション）が行われる。また、水曜の13:00と週末の16:00には音楽付きの水のアトラクションがある。

雑踏や"スーツ族"から逃れたい時は、**パントコット・ノートルダム教会 Église Notre Dame de la Pentecôte**（☎01-47-75-83-25 ❏1 place de la Défense ❍月～金8:30～18:30、土・日14:00～18:30）に行ってみよう。これは2001年に建てられた崇高で近未来的なカトリック系の教会で、CNITビルの隣にある。

食事

ラ・デファンスはまさにファストフードの天国で、次の店を含めおすすめの店がいくつかある。

パリの防衛

ラ・デファンスという地名は、1870～1871年の普仏戦争の際のパリ防衛を記念して1883年ここに立てられた彫刻「ラ・デファンス・ド・パリ *La Défense de Paris*」（パリの防衛）にちなんだものだ。1971年には建設工事の都合で別の場所に移されたが、1983にアガンの泉水西側の丸い台座の上に置かれて現在に至っている。

「防衛」という、何となく軍事的な響きを持つこの名前を嫌う人は多く、現に誤解を招いたことも何度かあった。かつて、このプロジェクトの管理当局であるEPADの高官がエジプトへの入国を拒否されたことがあった。彼のパスポートには"ラ・デファンスのマネージング・ディレクター managing director of La Défense"と記されており、エジプトの役人がこれをフランスの軍産複合体の関連会社の社長と勘違いしたからだ。また、かつてラ・デファンス地区を訪れたソ連の将軍が、この地区の軍事施設は実に巧みにカムフラージュされていると賞賛したこともあった。

近郊に足をのばす － 航空・宇宙博物館

ビストロ・ロマン
Bistro Romain
☎01-40-81-08-08
■ランチ定食€10.50、ディナー定食€15.10と€24.50
◎11:30～翌1:00
前庭広場を一望できる。

ブラッスリー・デュ・トワ・ド・ラ・グランド・アルシュ
Brasserie du Toit de la Grande Arche
☎01-49-07-27-32
■ランチ定食€14
◎12:00～15:30
グランド・アルシュの最上階にある店。まずまずの料理が食べられ、地上110mからパリで最も美しい眺めの一つが楽しめる。

ル・プティ・ドーム
Le Petit Dôme
☎01-46-92-46-46
🏠1 place du Dôme
■定食€18と€22
◎ランチとディナー23:00まで
ガラス張りのダイニングルームと通りから離れた静かな感じが受けて、つねにビジネスマン*gens d'affaires*のお気に入りの場所だ。

アクセス
メトロ駅ラ・デファンス・グランド・アルシュLa Défense Grande Archeは、メトロ1号線の西の終点駅で、ルーヴルからは約15分かかる。メトロから乗り換えて高速のRER A線を利用する場合、ラ・デファンスはゾーン3に属するので、ゾーン1とゾーン2のトラベルパスしか持っていない人は、追加料金（€1.80）を支払うことになる。

航空・宇宙博物館
MUSÉE DE L'AIR ET DE L'ESPACE

航空・宇宙博物館（☎01-49-92-71-99 🌐www.mae.org ■大人€6、学生または8～16歳の子供€4.50 ◎11～4月 火～日10:00～17:00、5～10月 10:00～18:00）は、パリ北部の郊外の町ル・ブルジェLe Bourgetにある世界最古の航空博物館（1919年設立）だ。約180機の軍用機と民間機、数十ものロケットや宇宙船、そして飛行や宇宙探査の歴史を示す系図が展示されている。ここにも新しいプラネタリウムがある。

ル・ブルジェに行くには、RERならB3線かB5線（ル・ブルジェLe Bourget駅下車）を利用し、バスなら10区のフォブール・サン・ドニ通りrue du Faubourg St-Denis 184番地にある北駅Gare du Nord（MAP3）か、10区の1945年5月8日通りrue du 8 Mai 1945にある東駅Gare de l'Est（MAP3）の正面から出る350番のバス（ミュゼ・ド・レールMusée de l'Air駅下車）に乗る。メトロなら7号線でポルト・ド・ラ・ヴィレットPorte de la Villette駅（MAP1）からクールヌヴLa Courneuve駅まで行き、そこから152番のバスを利用する。

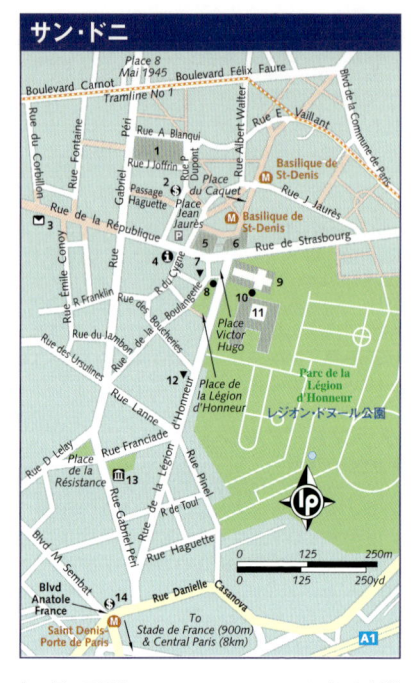

サン・ドニ
ST-DENIS

郵便番号93200・人口8万7000人

サン・ドニは、1200年間にわたり歴代フランス国王の埋葬の場所だったが、今は18区のちょうど北側に位置する閑静な住宅街になっている。とてもすばらしい彫像で飾られた華麗な王家の墓とそれらを収容しているサン・ドニ大聖堂は、メトロを使えば半日で巡ることができる距離にある。

最近、サン・ドニは、1998年7月のワールドカップ決勝戦でフランスがブラジルを破って優勝した近未来的なフランス・スタジアムがあることで有名になった。

最も混雑する時期は、サバーバン・ブルースのジャズとブルースの音楽フェスティバルが開催される3～4月と、サン・ドニ祭Festival de St-Denisが行われる6月初旬～7月初旬である。

サン・ドニ

1　アル・デュ・マルシェ
2　ソシエテ・ジェネラル・バジリク
3　郵便局
4　観光案内所
5　市庁舎
6　市庁舎（近代的別館）
7　Les Mets du Roy
8　ル・キオスク
9　サン・ドニ大聖堂
10　地下聖堂入口
11　レジオン・ドヌール教育会館
12　Au Petit Breton
13　芸術・歴史博物館
14　BNPパリバ銀行

インフォメーション

サン・ドニ大聖堂から西に100m行ったところに**観光案内所**（☎01-55-87-08-70 FAX01-48-20-24-11 Wwww.ville-saint-denis.frフランス語のみ 1 rue de la République 月～土9:30～13:00と14:00～18:00、日10:00～13:30）があり、いろいろな情報が得られる。フェスティバルやその他の文化イベントの詳しいことを知りたい時は、**ル・キオスク Le Kiosk**（☎01-48-13-06-07　6 place de la Légion d'Honneur 月～金11:00～18:00、土10:00～13:00）に問い合わせてみよう。

ATMを備えた銀行としては、街の中心部にある**ソシエテ・ジェネラル・バジリク Société Générale Basilique**（☎01-48-20-86-39　11 place Jean Jaurès 火～金8:45～13:00と14:00～17:15、土8:45～12:40）とメトロ駅サン・ドニ・ポルト・ド・パリSt-Denis-Porte de Parisの近くにある**BNPパリバ銀行 BNP Paribas**（☎01-48-13-53-49　6 blvd Anatole France 月～金9:30～18:15）などがある。

最も便利な**郵便局**（59 rue de la République 月～金8:00～19:00、土8:00～12:00）は、観光案内所から西に200mのところにある。

サン・ドニ大聖堂
Basilique de St-Denis

サン・ドニ大聖堂（☎01-48-09-83-54　1 rue de la Légion d'Honneur）は、ダゴベルト1世（在位629～639年）からルイ18世（在位1814～24年）に至る歴代のフランス国王のほとんどすべての埋葬場所だった。その墓石と霊廟は、欧州で最も重要な墓石彫刻のコレクションの一つになっている。

塔を一つだけ有するこの大聖堂の建築は1135年頃に開始され、西洋建築の様相を一変させることになった。これはゴシック様式で建設された初の代表的建築物であり、シャルトル大聖堂など12世紀にフランスで建てられた多くの大聖堂の見本となった。12世紀に造られた多くの**ステンドグラスの窓 stained-glass windows**で飾られた**内陣 choir**や**周歩廊 ambulatory**には、ロマネスク様式からゴシック様式への変遷の特徴が見てとれる。**拝廊 narthex**（大聖堂の西側にある柱廊玄関）もこの時期のものだが、身廊と翼廊は13世紀に造られたものだ。

フランス革命と恐怖政治の時代に大聖堂は大きな被害を受けた。王家の墓から遺骨が持ち出され、教会の外に掘った2つの穴に投げ込まれたのだ。しかし、霊廟はパリで保管されたおかげで無傷のまま残った。これらは1816年に元の場所に戻され、王たちの遺骨はその1年後に地下聖堂に再び埋葬された。大聖堂の修復工事は、ナポレオンの時代に始められたが、工事のほとんどは、ゴシック様式の復活を唱えた建築家ウージェーヌ・ヴィオレ・ル・デュックによって1858年から1879年（彼の没年）まで行われた。

墓石　地下聖堂に安置されている墓石は死者の等身大の像で飾られている。ルネサンス期以前に作られたものは横臥像gisantsとなっている。1285年以降の墓はデスマスクをもとに彫刻されており、かなり本物に近くなっている。ルイ9世（サン・ルイSt-Louis、在位1214～70年）の時代に作られた14体を見ると、王朝初期の統治者たちがどんな姿をしていたかがわかる。1230年頃に作られた最古の墓石は、**クローヴィス1世 Clovis I**（511年没）とその息子の**キルデベルト1世 Childebert I**（558年没）のものだ。

開館時間＆チケット　身廊は無料だが、地下聖堂は有料（大人€5.50、18～25歳・学生・シニア€3.50、18歳未満無料　大聖堂10～3月 月～土10:00～17:00、日12:00～17:00、4～9月 月～土10:00～19:00、日12:00～19:00）。観光案内所では大聖堂の3時間見学ツアー（€15）を組んでいる。詳細は、観光案内所に問い合わせること。自分のペースで見学できる正味1時間15分のCD-ROMによるオーディオガイドセットは地下聖堂のチケット売場で€4で借りられる（2人で共用する場合は€5.50）。秋の日曜には14:15と16:15に大聖堂で無料コンサートが開かれることがあるので、観光案内所に問い合わせてみよう。

フランス・スタジアム
Stade de France

8万人の観客を収容できるフランス・スタジアム（☎0-825-30-19-98または01 55 93 00 00〈Minitel〉3615 STADE DE FRANCE Wwww.

stadefrance.com 🏠rue Francis de Pressensé）は、1998年のワールドカップのために造られたもので、サン・ドニの中心部の真南にあり、ガブリエル・ペリ通りrue Gabriel Périからその全景が眺められる。ワールドカップの決勝戦では、フランスが3対0で奇跡的にブラジルを破って優勝した。コンコルド広場ほどの大きさの屋根を持ち、近未来的な非常に美しい形をしたこの建物は、現在、サッカーやラグビーの試合、主要なスポーツ競技会、大規模なミュージック・コンサートなどの会場として利用されている。

スタジアムは、毎日（試合予定日を除く）10:00～18:00にHゲート（Porte H）から入ってガイドなしで"一目見る"ことができる（🎫大人€6、学生・6～17歳の子供€4.50）。また、内部を丹念に見て回る1時間30分のガイド付きツアー"レ・クリス・デュ・スタッドLes Coulisses du Stade（スタジアムの舞台裏）"（🎫大人€14、学生・6～17歳の子供€10）が、フランス語で10:00、14:00、16:00、英語で14:30にある。

芸術・歴史博物館
Musée d'Art et d'Histoire

サン・ドニには、かつてのカルメル会修道院（1625年に建てられ、後にルイ15世の末娘であるルイーズ・ド・フランスが院長を務めた）を改修して造られたすばらしい芸術・歴史博物館がある（☎01-42-43-05-10 🏠22 bis rue Gabriel Péri 🎫大人€3、学生・シニア€1.50、16歳未満無料 🕐月・水・金10:00～17:30、木10:00～20:00、土・日14:00～18:30)。この博物館には、カルメル会修道士の独房室の復元模型や18世紀の薬屋の展示をはじめ、サン・ドニ周辺の発掘作業中に見つかったすばらしい品々が展示されている考古学のセクションや現代芸術のセクション、そして1871年のパリ・コミューン時代の政治色の強いポスターや漫画、リトグラフ、絵画の展示セクションもある。

食事

メトロ駅バジリク・ド・サン・ドニBasilique de St-Denis周辺のモダンなショッピング・エリアとレジオン・ドヌール通りrue de la Légion d'Honneur沿いにはレストランがたくさんある。**オ・プティ・ブルトン　Au Petit Breton**（☎01-48-20-11-58 🏠18 rue de la Légion d'Honneur 🍴定食€10.50～11.50、本日のおすすめ料理€7.60 🕐月～金7:30～16:00と18:30～20:30、土7:30～16:00)では、甘いクレープやガレットgalettes（塩味のきいたクレープ）、ブルターニュ産の辛口のシードルが味わえる。

レ・メ・デュ・ロワ
Les Mets du Roy
☎01-48-20-89-74
🏠4 rue de la Boulangerie
🍴ア・ラ・カルト料理約€45
🕐土・日のランチと日のディナーなし

大聖堂の向かい側にあり、かなり値の張る定番のフランス料理が食べられる。
　観光案内所の通りを横切り、北西に少し歩いたところに、屋根付きの大きな市場**アル・デュ・マルシェ　Halle du Marché**があり、その中にある大きな**食料品市場**（🏠place Jean Jaurès 🕐火・金・日7:00～13:00）には各種のエスニック食材が揃っている。特にスパイスの品揃えで有名。

アクセス

サン・ドニ大聖堂と観光案内所に行くには、メトロ13号線の終着駅の1つ手前のバジリク・ド・サン・ドニBasilique de St-Denis駅で下車し、芸術・歴史博物館とフランス・スタジアムに行くには、サン・ドニ・ポルト・ド・パリSt-Denis-Porte de Paris駅で下車する。サン・ドニ・ポルト・ド・パリ駅には、RERのD1線（スタッド・ド・フランス・サン・ドニStade de France-St-Denis駅下車）経由でも行ける。ただし、メトロ13号線で行く時は、ラ・フルシュLa Fourche駅で線路が分岐するので、サン・ドニ・ユニヴェルシテSt-Denis Université行きであることを確認し、ガブリエル・ペリGabriel Péri行きやアニエール・ジュヌヴィリエAsnières-Gennevilliers行きには乗らないこと。

パリに2本しかない市街電車の1つがメトロ5号線の終点駅ボビニー・パブロ・ピカソBobigny Pablo Picassoとバジリク・ド・サン・ドニ駅間を運行している。

パルク・アステリクス
PARC ASTÉRIX

郵便番号60128

ディズニーランド・パリ（次項参照）のフランス版ともいえるパルク・アステリクスParc Astérix（☎03-44-62-34-34〈Minitel〉3615 PARC ASTERIX 🌐www.parcasterix.fr 🎫大人1日券€30 2日券€56、3～11歳の子供 1日券€22 2日券€40）は、パリの北東36kmの、ロワシー・シャルル・ド・ゴール空港を少し過ぎた高速道路A1号線沿いにある。ディズニーランドのように、「ガリア人の村」、「ローマ帝国」、「古代ギリシア」といったいくつかの"国"に分かれており、また特にスリル満点の「ゼウスの雷」と呼ばれるジェットコースター

近郊に足をのばす − ディズニーランド・パリ

や「オクシジェナリオムの峡谷」といった乗り物もたくさんある。「三銃士」のアトラクションも呼び物になっている。

開園時間は季節によって大きく異なるが、基本的には4月初旬～10月初旬の毎日10:00～18:00。5～9月の週末と、7月中旬～8月いっぱいは毎日9:30～19:00の開園となる。

アクセス

シャトレChâtelet駅または北駅Gare du NordからRERのB3線でアエロポール・シャルル・ド・ゴール1Aéroport Charles de Gaulle 1駅まで行き、そこからでパルク行きのクーリエ・イル・ド・フランスCourriers Île-de-Franceのバス（9:00～14:00まで30分間隔で運行）に乗る（🚌往復 大人€5.70、3～11歳の子供€4.20）。帰りのバスは16:00～19:00（または20:00）に30分間隔でパルクから出ている。入場料とパルクまでの往復運賃をセットにしたチケットがパリ市内の大半のRERやSNCFの駅で売られており、料金は大人が€36、12歳未満の子供が€25。

ディズニーランド・パリ
DISNEYLAND PARIS

郵便番号77777

パリの東方32kmにあるビート畑を整備してディズニーランド・パリ（🌐www.disneylandparis.com）を造るのに、総工費約€46億と5年の歳月がかかった。そして1992年に、にぎやかなファンファーレと反対派の声が交錯する中でオープンした。ディズニーの株主たちは、当初はユーロ・ディズニーと呼ばれていたこのテーマパークの最初の数年間の業績の低さに恐怖を覚えたほどだが、現在は完全に黒字で、小さな子供連れの家族を中心に多くの人が訪れ、心ゆくまで楽しんでいるようだ。今や欧州で最も人気のある観光客向け有料アトラクションの場として、年間の入場者数は約1250万人（41％がフランス人）に達している。

オリエンテーション

ディズニーランド・パリは3つのメイン・エリアからなっている。5軒のホテル、店舗、レストラン、クラブなど商業施設のある"ディズニー・ヴィレッジ"（🕐7:30～翌4:00）、5種類のテーマパークに分かれた"ディズニーランド・パーク"、そして2002年3月にオープンした"ウォルト・ディズニー・スタジオ・パーク"だ。最初の2つのエリアの境界にはRERとTGVの駅がある。ウォルト・ディズニー・スタジオ・パークは、ディズニーランド・パークの隣にある。動く歩道が、遠くの駐車場から訪れる客を迅速に運んでいる。

ディズニーランド・パリ：パリのすぐ近くにあるアメリカの一部分

インフォメーション

ディズニーランド・パークの周辺には、RER駅の隣やシティ・ホールの中などあちこちにインフォメーション・ブースがある。フランス国内の場合、ディズニーランドの情報を入手できるのは☎01-60-30-60-30または01-60-30-60-23で、英国では☎0870-503-0303となる。ミニテルで検索する時は3615 DISNEYLANDをキー入力すること。

両替所も、ディズニーランド・パークの正面入口に一番近いディズニーランド・ホテルのウィングの中（🕐10:00～18:30）や、ディズニー・ヴィレッジのアメックスのオフィス（🕐月～金9:30～21:30、土・日9:00～22:00）など、いたるところにある。

ディズニーランド・ヴィレッジには郵便局（🕐冬期 月～金12:30～19:00、土9:45～18:00、日13:00～19:00、夏期 月～土8:30～22:30、日13:00～19:00）もある。

ディズニーランド・パーク
Parc Disneyland

ディズニーランド・パークは、5つの国paysに分かれている。**メインストリートUSA Main Street USA**は、正面入口を入ってすぐのディズニーランド・ホテルの後方にある。ここはゴ

257

ミ一つ落ちていない通りで、ノーマン・ロックウェルが理想とした1900年頃のアメリカの小さな町の雰囲気を漂わせている。その人混みにディズニーの人気キャラクターたちが加わってすべてが揃うことになる。隣の**フロンティアランド Frontierland**は"ごつごつとした荒々しいアメリカの西部"を再現したものだ。

アドベンチャーランド Adventurelandは、アラビアン・ナイトやアフリカの荒野を(ディズニー映画に登場するエキゾチックなその他の国々も含めて)再現したものだ。「インディ・ジョーンズ魔宮の伝説」と同じく昔から人気のある、360度回転しながら後ろ向きに走るジェットコースター「カリブの海賊」もある。

ファンタジーランド Fantasylandでは、「眠れる森の美女」や「ピノキオ」、「ピーター・パン」、「白雪姫」といった、おとぎの国の物語に出てくるキャラクターたちをよみがえらせてくれる。「イッツ・ア・スモール・ワールド」のアトラクションもここにある。**ディスカバリーランド Discoveryland**の目玉は、ハイテクの乗り物(スペース・マウンテンとオービトロン)やレオナルド・ダ・ヴィンチ、ジョージ・ルーカス、──そしてフランスのカラーも少し取り入れて──ジュール・ヴェルヌに敬意を表した近未来的映画のアトラクションだ。

ウォルト・ディズニー・スタジオ・パーク
Parc Walt Disney Studios

ディズニーランド・パリの最新のアトラクションとして、2002年3月にオープンした。観光客はサンセット・ブルヴァード*Sunset Boulevard*というサウンドステージやオープンセット、アニメーションスタジオで映画やアニメーション、それにテレビの制作現場を体感できる。

開園時間&チケット

ディズニーランド・パーク Disneyland Parkと**ウォルト・ディズニー・スタジオ・パーク Walt Disney Studios Park**には1日券(3~11月 大人€36 3~11歳の子供€29、12~2月 大人€27 子供€23)があり、このチケットがあれば、ディズニーランド・パークかウォルト・ディズニー・スタジオ・パークの乗り物やアトラクションに何度でも乗ったり参加することができる。ウォルト・ディズニー・スタジオ・パークのほうを選んだ場合は、閉園3時間前からディズニーランド・パークに入ることもできる。数日間有効のパスもある。たとえば、3日券のホッパー・パスHopper pass(ハイシーズン 大人€99 子供€80、オフシーズン 大人€73 子供€62)の場合、両方のパークへの出入りが自由にできる。ディズニーランド・パークの開園時間は、9~3月初旬が月~金曜10:00~20:00、土・日曜9:00~20:00で、3月初旬~3月中旬が月~金曜10:00~20:00、土・日曜9:00~23:00、3月中旬~7月初旬が月~金曜9:00~20:00、土・日曜9:00~23:00、7月初旬~8月が毎日9:00~23:00となっている。ウォルト・ディズニー・スタジオ・パークのほうは、7月初旬~8月が毎日9:00~21:00、9・10月が月~金曜10:00~20:00、土・日曜9:00~20:00、11~6月が土・日曜9:00~20:00だ。

食事

ディズニーランド・パリには、フロンティアランドの**シルヴァー・スプー・ステークハウス Silver Spur Steakhouse**、ファンタジーランドの**ブルー・ラグーン・レストラン Blue Lagoon Restaurant**、ディズニー・ヴィレッジの**アネッツ・ダイナー Annette's Diner**など、レストランが50軒あり、いずれも思い出に残る店だ。たいていのレストランでは大人向けの定食が€12~15、子供向けが€6だ。ディズニーランド・パークのレストランは、シーズンによりランチとディナーをやっている。ディズニー・ヴィレッジのレストランは、毎日11:00ないし11:30の開店で、24:00頃まで営業している。ディズニーランド・パリでは、決められた場所以外での食事は禁止されている。

アクセス

マルヌ・ラ・ヴァレ/シュシー駅Marne-la Vallée/Chessy(RERのディズニーランド下車駅)はA4線の終点で、電車はパリの中心部から約15分間隔で運行されている(€5.80、所要時間35~40分)。マルヌ・ラ・ヴァレ/シュシー駅からの電車には"Q"で始まる4文字のコードがついている。パリ行き最終列車の発車は0:20頃。

ヴェルサイユ
VERSAILLES

郵便番号78000 • 人口8万6000人

パリの南西23kmの郊外にあるヴェルサイユは、裕福なブルジョワたちが住む緑豊かな街で、ここにフランス国内で最も壮大で有名なヴェルサイユ宮殿がある。ヴェルサイユは、1682年から1789年までの1世紀以上にわたり、フランス王国の政治の首都兼王宮の本拠地となっていた。1789年というのは、フランス革命が起こり、これに共鳴して蜂起した民衆が宮殿の衛兵を虐殺し、ルイ16世とマリー・アントワネットがパリに引き戻された年だ。後に2人はギロチンで処刑されることになる。

多くの人がヴェルサイユ宮殿を必見の名所

近郊に足をのばす − ヴェルサイユ

ヴェルサイユ

食事
- 11 Au Mandarin Royal
- 25 Crêperie St-Louis
- 26 Le Falher
- 27 Pizzeria Via Veneto
- 38 Le Potager du Roy
- 39 À la Ferme

その他
- 1 王妃の村里
- 2 サンタントワンヌ村
- 3 プティ・トリアノン
- 4 グラン・トリアノン
- 5 レンタサイクル店
- 6 アポロンの泉
- 7 王妃の格子門、レンタサイクル店
- 8 ネプチューンの格子門
- 9 ネプチューンの泉
- 10 ドラゴンの格子門
- 12 ランビネ博物館
- 13 ノートルダム教会
- 14 屋外＆屋根付き食料品市場
- 15 CCF銀行
- 16 入口A（入場券売り場）
- 17 ヴェルサイユ宮殿
- 18 王の中庭
- 19 ルイ14世の騎馬像
- 20 大臣の中庭
- 21 国会の歴史展示室
- 22 マトロの門
- 23 オランジュリー、南の花壇
- 24 球戯場（ジュ・ド・ポーム）
- 28 小厩舎
- 29 パリ往復バスNo 171発着所
- 30 大厩舎、四輪馬車博物館
- 31 郵便局
- 32 モノプリ
- 33 県庁舎
- 34 観光案内所
- 35 マネージュ・ショッピングセンター
- 36 市庁舎
- 37 市内バス発着所
- 40 ポタジェ・デュ・ロワ（国王の菜園）
- 41 サン・ルイ大聖堂
- 42 フェビュス

259

と見なすため、宮殿には年間300万人もの観光客が訪れる。行列を避ける最良の方法は朝一番に到着することだ。もし大居室Grands Appartements（グラン・ザパルトマン）にだけ興味があるのなら、15:30〜16:00頃に訪れるといいだろう。

インフォメーション

観光案内所 ☎01-39-24-88-88 📠01-39-24-88-89 🌐www.versailles-tourisme.com 🏠2 bis av de Paris ⏰4〜10月 9:00〜19:00、11〜3月 9:00〜18:00）が、鉄道駅ヴェルサイユ・リヴ・ゴーシュVersailles-Rive Gaucheのちょうど北側、宮殿の東側にある。ここでは市街や宮殿のテーマ別ガイド付きツアー（€7.50）を行っており、そのほとんどが火曜と木曜に行われ、たまに土曜に行われることもある。出発は一年を通じて14:15だ。

観光案内所と市場の間にある**CCF銀行 CCF bank**（☎01-30-84-01-01 🏠17-19 rue du Maréchal Foch ⏰月〜金9:00〜17:00）にはATMがある。**郵便局**の本局（🏠av de Paris ⏰月〜金8:00〜19:00、土8:00〜12:00）は観光案内所のパリ通りav de Parisをはさんだ向かい側にある。

ヴェルサイユ宮殿
Château de Versailles

巨大なヴェルサイユ宮殿（☎01-30-83-78-00 または01-30-83-77-77〈Minitel〉3615 VERSAILLES 🌐www.chateauversailles.fr）は、17世紀中頃のルイ14世（太陽王Roi Soleil）の時代に、当時頂点に達していたフランス王政の絶対的権力を国内外に誇示するために建てられた宮殿だ。そのスケールの大きさと装飾のすばらしさは、贅を尽くすことを好み、自己讃美の傾向が強かったルイ14世の趣向を反映したものだ。およそ3万人もの人夫や兵士が建設に携わり、その莫大な経費により王国の金庫は空になった。

宮殿は4つの主要部分からなっている。宮殿の建物は長さが580mにも及び、数多くの翼棟、そして大ホールと何室もある華麗な寝室（そのごく一部だけが公開されている）で構成されている。そして、宮殿の西側には広大な庭園と運河と泉があり、さらに別棟の2つの建物、すなわちグラン・トリアノンと、そこから数百メートルほど離れたところにあるプティ・トリアノンがある。

宮殿は建築されてからほとんど改築されていないが、それでもフランス革命期には内部装飾品のほとんどがなくなり、ルイ・フィリップ（在位1830〜48年）によって多くの部屋が修復された。

歴史 長期にわたる統治（1643〜1715年）が始まって20年ほどたった時点で、ルイ14世は、父王がヴェルサイユに建てた狩猟小屋を拡張し、当時6000人を数えた宮廷人のすべてを収容できる大宮殿を建設することにした。

この事業を成し遂げるために、彼は特に才能豊かな4人の人物を雇った。建築家のルイ・ル・ヴォーと1670年代半ばにル・ヴォーの仕事を引き継ぐことになるジュール・アルドゥアン・マンサール、画家で室内装飾家でもあるシャルル・ル・ブラン、造園家のアンドレ・ル・ノートルである。ル・ノートルの工事に駆り出された人たちは、丘を平らにし、湿地の水抜きをし、森林を移し替え、庭園や池、泉が限りなく広がっているように見えるようにした。

また、ル・ブランと彼の下で働く何百人という職人たちは、ギリシア・ローマ神話からとられたテーマやシンボルを使ったフレスコ画や、大理石、金箔、木彫といった最高に贅沢で華美な調度品を使って蛇腹部やコーニス、天井、ドアなど建物内のあらゆる部分を飾り立てた。たとえば**王の大居室 Grand Appartement du Roi**には、ヘラクレス、ヴィーナス、ディアナ、マルス、メルクリウスなどの神々に捧げられた部屋がある。その壮麗な美しさは、「鏡の間Galerie des Glaces」で頂点に達する。長さ75mのこの舞踏室の片側には、17面の巨大な鏡板がはめこまれ、その反対側には庭を臨む同じ数の窓がある。

庭園と泉 宮殿に最も近い広大な庭園部分は1661〜1700年に整然としたフランス式庭園として造園された。幾何学的に配置されたそのテラス、花壇、並木の小道、池、泉などが有名だ。大理石やブロンズ、亜鉛を使って制作された多くの彫像は、当時の最も才能のある彫刻家たちの作品だ。イギリス式庭園である**プティ・トリアノンの庭園 Jardins du Petit Trianon**は、他と比べると牧歌的な雰囲気が漂い、樹木がうっそうと茂り、曲がりくねった小道に囲まれている。

長さ1.6km、幅62mの**大運河 Grand Canal**は、沈みゆく太陽の光を反射するように向きを工夫されている。これに、長さ1kmの**小運河 Petit Canal**が交差して水の十字架の形を作り、周縁の長さは5.5kmを超える。ルイ14世はここでよく船遊びをしたといわれる。5〜10月半ばまでは大運河でボートを漕ぐことができ、料金は、4人乗りのボートが30分€8、1時間€11だ（☎01-39-66-97-66）。船着き場は運河の東端にある。宮殿の南西に位置する南の花壇Parterre du Midiの下に造られた**オランジュリー Orangerle**（オレンジ栽培用温室）は、

近郊に足をのばす - ヴェルサイユ

ヴェルサイユ：フランスにおける最も壮大で最も有名な宮殿

外来の植物を冬越しさせるのに使われている。

庭園で最も大きな泉の一つは、17世紀に造られた**ネプチューンの泉 Bassin de Neptune**で、宮殿の北300mのところにある。この半円形をした泉のすぐ横には、翼のあるドラゴンで美しく飾られた小さな丸い池がある。もう一つの大きな泉は**アポロンの泉 Bassin d'Apollon**で、大運河の東端にあり、泉の中央部には後ろ立ちした馬たちに引かれて水の中からまさに出ようとするアポロの戦車の彫像が置かれている。

7～9月までの毎土曜と4月初旬～10月初旬の毎日曜には、11:00から1時間ほど、**壮大な眺望 Grande Perspective**（€3）という噴水のショーがあり、15:30～17:00にはもっと時間が長く、演出も凝った**音楽と噴水のショー Grandes Eaux Musicales**（€5.50）がある。同じ日にネプチューンの泉でも17:20から10分間、噴水のショーが行われる。

トリアノン The Trianons 庭園の中央、本宮殿の1.5kmほど北西に2つのヴェルサイユ小宮殿があり、それぞれ手入れの行き届いた花壇がまわりを囲んでいる。ピンクの列柱が立ち並ぶ**グラン・トリアノン Grand Trianon**は、ルイ14世とその家族のために1687年に建てられたもので、厳格な宮廷儀礼から逃避できる場所として利用された。後にナポレオン1世がこれを帝国様式に修復した。それよりもはるかに小さい、オークル色の**プティ・トリアノン Petit Trianon**は、1760年代に建てられたもので、1867年にはナポレオン3世の妻ウージェニー皇后によって室内改装が行われ、ルイ16世様式の家具調度が置かれた。もっとも、これらの家具類は、現在プティ・トリアノンの2階の部屋に置かれている家具調度のように、ごくありふれたものだった。

そこから少し北に行くと、**王妃の村里 Hameau de la Reine**がある。これは、マリー・アントワネットが自らの娯楽のために1775～1784年に建てさせたもので、田舎の村に似せた数軒の藁葺きの農家が並んでいる。彼女はここで乳搾りの女のように振る舞うのを好んだという。

開園時間＆チケット 宮殿の主要部分をなす**大居室 Grands Appartements**（[料]15:30以前 大人€7,50、15:30以降 大人€5,30、18歳以下無料 [時]11～3月 火～日9:00～17:30、4～10月 火～日9:00～18:30）は、**鏡の間 Galerie des Glaces**、**王妃の居室 Appartement de la Reine**、そして**フランス史博物館 Musée de l'Histoire de France**を含めて、ガイド付きツアーでなくても見学できる。宮殿に向かって歩いて行くと、ルイ14世の騎馬像の右側にある入口A（Entrée A）でチケットを販売している。窓口前の行列が最も長くなるのは、パリの美術館・博物館の多くが閉まっている火曜と日曜だ。

宮殿の南の翼棟には、フランスの国民議会Assemblée Nationaleの歴史に焦点を当てた、**国会の歴史展 Les Grandes Heures du Parlement**（☎01-39-25-70-70 [W]www.assemblee-nationale.fr [料]大人€3、18～25歳€2.20、18歳未満無

近郊に足をのばす － ヴェルサイユ

料 ◎10〜4月 火〜日9:00〜17:30、5〜9月 火〜日9:00〜18:30）といういささか難解な展示をしている部屋がある。入場料には音声ガイドの料金が含まれている。

午後だけだが、**グラン・トリアノン Grand Trianon**（☎大人€5、特別割引€3、18歳未満無料 ◎4〜10月 12:00〜18:30、11〜3月 毎日12:00〜17:30）と**プティ・トリアノン Petit Trianon**（☎大人€5、特別割引€3、18歳未満無料 ◎3〜10月 12:00〜18:30、11〜2月 12:00〜17:30）の両方が見学できる。

庭園 gardens（◎ 季節により7:00〜17:30または21:30、冬期 毎日8:00〜日暮れまで）は、11〜3月までは無料だが、それ以外の時期は入場料（€3）が必要。

カルト・ミュゼ・エ・モニュマン Carte Musées et Monuments（「観光スポットと楽しみ方」のコラム『『待たずに入場』の便利なカード」参照）があれば、入口A2からすぐに入場することができ、長蛇の列に並ぶ必要はなくなる。

身体障害者のための入口（入口H）は、入口Aの北西にある。詳細は☎01-30-83-77-88に問い合わせること。

ツアー 大居室Grands Appartementsの概要を知るのに一番よい方法は、入口Aで€3.50の音声ガイド借りることだ。これがあれば、80分のすばらしい解説を聞きながら見学できる。

ルイ14世の居室 Appartement de Louis XIVと**王太子と王太子妃の居室 Appartements du Dauphin et de la Dauphine**を扱う1時間の音声ガイドは、入口Cで€4（10歳未満の子供は無料）で借りられる。見学開始時間は、9:00〜15:30（4〜10月は16:15まで）となっている。これは入口Aでの長蛇の列を避ける意味でも便利な方法だ。

英語によるガイド付きツアーが9:00〜15:30（4〜10月は16:00まで）の間に何回か行われる（詳細は☎01-30-83-76-20）。料金は1時間で大人€4、10〜17歳€2.70、1時間30分で大人€6、10〜17歳€4.20、2時間で大人€8、10〜17歳€5.50。チケットは入口Dで販売しており、見学は中庭を横切ったところにある入口Fから出発する。

どのツアーでも大居室へのチケットを購入することが義務付けられている。入口Cまたは入口Dでそのチケットを買っておけば入口Bに直接行けるので、大居室を見学するために入口Aで長蛇の列に並ぶ必要がなくなる。

ヴェルサイユ市街

道幅の広い大通りが何本も交差する魅力的なヴェルサイユの街は、宮殿と同様にルイ14世によって造られた。しかし、今日残っている建物のほとんどは18世紀か19世紀に建てられたものだ。

大厩舎&小厩舎 Grandes & Petites Écuries パリ大通りav de Paris、サン・クルー大通りav de St-Cloud、ソー大通りav de Sceauxという3つの大通りが、宮殿正面のアルム広場place d'Armesから扇を広げたような形で東に向かって走り、これらの大通りに挟まれて、17世紀後半に建てられた2つの大きな厩舎がある。1つは、大厩舎（大部分が県の古文書館として使用されている）で、もう1つは、建築学校と修復作業所が置かれている小厩舎だ。大厩舎の中には、**四輪馬車博物館 Musée des Carrosses**（☎01-30-83-77-88 ⌂1 av Rockefeller ⊞€1.90、18歳未満無料 ◎3〜9月 土・日14:00〜18:30）もある。

球戯場 Jeu de Paume 宮殿から350m南東のところにある球戯場（☎01-30-83-77-88 ⌂1 rue du Jeu de Paume ⊞無料 ◎5〜9月 土・日14:00〜17:00）は、1686年に建てられたが、それから100年もたたないうちに起こったフランス革命で非常に重要な役割を果たした（コラム「球戯場の誓い」参照）。

ポタジェ・デュ・ロワ Potager du Roi 球戯場の南にある国王の菜園（☎01-39-24-62-62 ⌂10 rue du Maréchal Joffre ⊞大人 平日€6.50、週末€4.50、学生と18歳未満€3 ◎4〜10月 10:00〜18:00）は、宮廷の料理に必要な大量の食材をまかなうために17世紀末に作られたもので、広さは9ha。当時の畑の区画が今でも残っている。古いリンゴ園や梨園もいくつか残っており、年間70トンもの野菜や果物がとれる。

サン・ルイ大聖堂 Cathédrale St-Louis 新古典様式の（そして多少バロック様式を含む）サン・ルイ大聖堂（⌂4 place St-Louis ◎9:00〜12:00と14:00〜18:00または19:00）は、簡素ではあるが調和のとれた建物で、建築を担当したのはアルドゥアン・マンサールだ。ルイ15世自らが最初の礎石を置いた1743年から1754年の間に建てられ、1802年に司教座聖堂になった。この大聖堂にある3636本のパイプからなるクリコのオルガンは有名で、また数多くの興味深い絵画やステンドグラスのパネルで飾られている。この界隈quartierは、ヴェルサイユで最も美しい場所の一つだ。

ランビネ博物館 Musée Lambinet 18世紀に建てられた美しい邸宅の中にあるランビネ博物館（☎01-39-50-30-32 ⌂54 blvd de la Reine

球戯場の誓い

1789年5月、ルイ16世は、貴族、聖職者、そして中流階級（いわゆる第三身分）の3つの「身分」を代表する1000人余りのメンバーで構成される全国三部会États-Générauxをヴェルサイユで招集した。その目的は、税制改革によって国家の膨大な債務を処理し、各身分の間に見られた意見の相違を調整することだった。

6月17日、メンバーの過半数を占める第三身分の代表者たちは三部会の議場への入室を断られたため、別に、"球戯場の間Salle de Jeu de Paume"で会議を開き、この日に国民議会を組織した。その3日後、彼らは、ルイ16世が新たな憲法を受け入れるまで決して国民議会を解散しないという有名な「球戯場の誓い」を採択した。この挑戦的な行為をきっかけに、その支持者たちが街頭でデモを行い、それから1カ月もたたないうちに、暴徒化したパリの民衆がバスチーユの牢獄を襲撃することになった。

大人€5、割引料金€2.50 火・木・土・日14:00～18:00、水13:00～18:00、金14:00～17:00）には、ヴェルサイユの歴史（フランス革命期を含む）に関連する18世紀の家具調度（陶器、彫刻、絵画、家具）や道具類が展示されている。

食事

レストラン

ル・ファレ
Le Falher
☎01-39-50-57-43
🏠22 rue Satory
ランチ定食€19と€23、ワイン付きランチ定食€28.50、ディナー定食€26と€32
月・土のランチと日・月のディナーなし
宮殿からそれほど遠くなく、静かでエレガントな店。フランス料理の豪華メニューがある。

ル・ポタジェ・デュ・ロワ
Le Potager du Roy
☎01-39-50-35-34
🏠1 rue du Maréchal Joffre
平日ランチ定食€23、ディナー定食€30
月のランチと日・月のディナーなし
洗練された店。伝統的なフランス料理が味わえる。

ア・ラ・フェルム
À la Ferme
☎01-39-53-10-81
🏠3 rue du Maréchal Joffre
2品定食と定食€12.50～20
日～火のランチと月のディナーなし
肉の網焼きとフランス南西部の料理が専門。隣にあるル・ポタジェ・デュ・ロワよりもずっと安く、くつろいだ雰囲気がある。

クレプリー・サン・ルイ
Crêperie St-Louis
☎01-39-53-40-12
🏠33 rue du Vieux Versailles
定食€8.50、€10、€12.50
ランチとディナー毎日
甘味のクレープ、塩味のクレープ、ガレット（€3～7.50）などブルターニュ地方料理が食べられる居心地のいい店。すぐ近くにも、以下の2店を含めてたくさんのレストランがある。

ピッツェリア・ヴィア・ヴェネト
Pizzeria Via Veneto
☎01-39-51-03-89
🏠20 rue Satory
ランチとディナー毎日
ピザ（€6.50～9）とパスタ料理（€7～10.50）の店。

オ・マンダラン・ロワイヤル
Au Mandarin Royal
☎01-39-50-48-03
🏠5 rue de Ste-Geneviève
ランチ定食€7.50、ディナー定食€10、€13.50、€18
月のランチと日のディナーなし
ベトナム料理も食べられる中華料理店。

テイクアウト 屋外の**食料品市場**（🏠place du Marché Notre Dame 火・金・日7:30～14:00）は、一度行ってみる価値がある。観光案内所の方向から行く時は、サン・クルー大通りav de St-Cloud 33番地にあるサラダン小路passage Saladinから入る。隣接する屋根付きの市場には**食料品スタンド**も出る（月～土7:00～19:30、日7:00～14:00）。

モノプリ Monoprix（🏠9 rue Georges Clemenceau 月～土8:30～21:00）は、パリ大通りav de Parisの北にある大きなスーパーマーケット。

アクセス

171番のバス（€1.30またはメトロ・バス共通切符1枚、所要時間35分）がパリ15区のポン・ド・セーヴルPont de Sèvres駅とアルム広場place d'Armesの間を毎日8～12分間隔で運行しているが、電車で行ったほうが早い（いずれにせよ往復の際にメトロ9号線のポン・ド・セーヴル駅を利用することになる）。最終バスはヴェルサイユを1:00少し前に出る。

ヴェルサイユには3つの鉄道駅があり、いずれもパリ市内のRERやSNCFのさまざまな駅から来る電車（€2.35）の停車駅になっている。パリ左岸の駅からRER C5線に乗ると、宮殿

から南東に700mほどのところにあり、観光案内所にも近いヴェルサイユ・リーヴ・ゴーシュVersailles-Rive Gauche駅に着く。パリの駅では、4文字コードが"V"で始まる電車ならどれに乗ってもいい。1日70本ほどの電車が走っており（日曜は半分）、パリ行きの最終電車は、24:00少し前にヴェルサイユ・リーヴ・ゴーシュ駅を出る。

パリの左岸にあるRERのいずれかの駅からC8線に乗ると、宮殿から1.3kmのところにあるヴェルサイユ・シャンティエVersailles-Chantiers駅に着く。パリからは、4文字コードが"S"で始まる電車ならどれに乗ってもいい。ヴェルサイユ・シャンティエ駅は、モンパルナス駅Gare Montparnasseから1日約30本（日曜は20本）出ているSNCFの列車の停車駅でもあり、この線の列車はすべてシャルトルまで行く（€9.70、所要時間45～60分）。

パリのサン・ラザール駅Gare St-Lazare（€2.90）とラ・デファンスLa Défense駅（€1.90）からは、SNCFの列車が1日約70本出ており、宮殿から1.2kmのヴェルサイユ・リーヴ・ドロワットVersailles-Rive Droite駅に停まる。パリ行きの最終列車は24:00過ぎにヴェルサイユ・リーヴ・ドロワット駅を出る。

交通手段

2～12月には、大運河の東の端にある王妃の格子門Grille de la Reineに隣接するプティット・ヴニーズPetite Venise（小ベネチア）にある売店（☎01-39-66-97-66）で自転車をレンタルできる。料金は1時間€3、半日€5、1日€10で、営業時間は10:00から最も早くて17:00まで（日が長くなるにつれて遅くなる）。ヴェルサイユ・シャンティエ駅の正面にある**フェビュスPhébus**（☎01-39-20-16-60 ⓦwww.phebus.tm.fr ⌂place Raymond Poincaré ◯月～金7:15～19:45、土・日11:00～17:00）でも自転車のレンタルができる。料金は1時間€5、2時間€10（または1日€12、1週間€16、1カ月€25）で、保証金として€300が必要になる。

フェビュスでは、乗り降り自由の周遊観光バスも走らせている。これはヴェルサイユ・リーヴ・ドロワット駅からサン・ルイ広場まで、宮殿やいくつかの観光スポットを見て回るもので、運行時間は火～日曜の10:00頃から16:00まで（7～8月は17:00まで）。料金は、1周€1.40、1日パス€4。

フォンテーヌブロー
FONTAINEBLEAU

郵便番号77300・人口1万5900人

パリの南東65kmにあるフォンテーヌブローの街は、優美なルネサンス様式の宮殿があることで有名だ。この宮殿は、国王が居住したフランス最大の城館の一つで、特にそのすばらしい家具や調度類は必見だ。ヴェルサイユ宮殿ほど混んでいないし、せかされることもない。街には、数多くのすばらしいレストランやナイトクラブがあり、充実した時を過ごすことができる。街のまわりには、歴代の王たちが好んで狩りをした、美しいフォンテーヌブローの森が広がっている。

インフォメーション

フォンテーヌブローの**観光案内所**（☎01-60-74-99-99 ℻01-60-74-80-22〈Minitel〉3615 FONTAINEBLEAU ⓔfontainebleau.tourisme@wanadoo.fr ⌂4 rue Royale ◯月～土10:00～18:00、日10:00～12:30と15:00～17:00）は、昔のガソリンスタンドを改装したもので、宮殿の西約200～300mのところにある。ここでは自転車のレンタルができ（「交通手段」参照）、また宮殿とフォンテーヌブローの森の個人見学用音声ガイド（英語）も準備されている。所要時間はそれぞれ1時間30分で、料金は€3。

ATMもある大きな銀行としては、**ソシエテ・ジェネラル銀行 Société Générale**（☎01-64-69-57-00 ⌂102 rue Grande ◯月～金8:35～12:30と13:30～17:25、土8:35～12:30と13:30～16:25）がある。**郵便局**の本局（⌂2 rue de la Chancellerie ◯月～金8:15～19:00、土～12:00）でも両替ができる。

フォンテーヌブロー宮殿
Château de Fontainebleau

1900室を有する巨大なフォンテーヌブロー宮殿（☎01-60-71-50-70 ⓦwww.fontainebleau.org）は、フランスで最も美しい装飾と家具調度類を持つ宮殿の一つだ。かつてここに住んだり、ここを訪れたことのある人のリストを見ると、まるでフランスの王族の名士録を見ているような感じがする。壁や天井は、1cmごとに木製の鏡板や金箔の彫り物、フレスコ画、タペストリー、絵画などで豪華に飾られている。寄せ木張りの床には最高の木材が使用されており、暖炉には見事な彫刻が施されている。家具の多くはルネサンス期に作られたものだ。

歴史 12世紀初めにフォンテーヌブローの最初の城館が建てられ、その1世紀後にルイ9世がこれを拡張した。その後、フランソワ1世（在位1515～47年）がルネサンス様式による改築を精力的に進めたが、中世風の塔だけはその影響を受けずに残った。当時の優秀な職人

フォンテーヌブロー

食事
- 2 Ty Koz
- 6 Fromagerie Barthelemy
- 9 Pizza Mimi
- 11 La Route du Beaujolais
- 13 Croquembouche
- 14 Chez Arrighi
- 16 Maharaja
- 19 François 1er 'Chez Bernard'

その他
- 1 ソシエテ・ジェネラル銀行
- 3 ナポレオン軍事史博物館
- 4 屋根付き食料品市場
- 5 サン・ルイ教会
- 7 モノプリ
- 8 シクル・ア・ラ・プティット・レーヌ
- 10 市庁舎
- 12 郵便局
- 15 トップ・ロワジール
- 17 市立劇場
- 18 観光案内所
- 20 宮殿正面入口
- 21 大住居棟
- 22 皇后の寝室
- 23 フランソワ1世の回廊

の多くはイタリアから連れてこられたが、そんな彼らを中心に、イタリア様式とフランス様式を折衷した第1期フォンテーヌブロー派が生まれた。かつてここには、王家が収集した他のすばらしい美術品とともに「モナ・リザ *Mona Lisa*」が飾られていた。

16世紀後半に、宮殿はアンリ2世（在位1547～59年）やカトリーヌ・ド・メディシス、さらにはアンリ4世（在位1589～1610年）によってさらに拡張され、フラマン人とフランス人の芸術家たちによって第2期フォンテーヌブロー派が生まれた。ルイ14世もこれに加わり、ル・ノートルを雇って庭園を設計し直した。

フォンテーヌブロー宮殿は、フランス革命期にも損傷を受けなかった（家具は盗まれたり破壊された）。ナポレオンはフォンテーヌブロー宮殿をこよなく愛し、自らもかなりの改修工事を行った。ナポレオン3世もここをよく訪れた。

第2次世界大戦中、宮殿はドイツ軍の司令部となった。アメリカの将軍ジョージ・パットンにより1944年に解放された後、1945年から1965年にかけて、建物の一部が連合軍の本部になり、次いでNATOの本部になった。

中庭＆居室 Courtyards & Rooms 歴代の王が宮殿に自分用の翼棟を追加したことから、不規則な形をした中庭が5つできた。そのうち最も古くて興味深いのが**楕円形の中庭 Cour Ovale**だ。これはアンリ4世の建築工事によって楕円ではなくU字形になってしまったが、中世の城館の様子を唯一今に残す塔とよく調和している。最も広い中庭は、**白馬の中庭 Cour du Cheval Blanc**で、エルバ島に島流しになる直前の1814年に、ナポレオンはここにある17世紀建造の華麗な**馬蹄形の階段 double-horse-shoe staircase**の上から近衛兵たちに別れを告げた。そのため、ここは別れの中庭Cour des Adieux

近郊に足をのばす - フォンテーヌブロー

部屋が1900室もあるフォンテーヌブロー宮殿は荘厳な王の別邸だ

とも呼ばれる。

大住居棟 Grands Appartementsには、特筆すべき部屋がたくさんある。華々しい**三位一体礼拝堂 Chapelle de la Trinité**の装飾は17世紀前半のもので、1725年にはここでルイ15世とマリア・レグザンスカの結婚式が行われ、また1810年には、後のナポレオン3世の洗礼式が行われた。ルネサンス様式の建築の宝庫である**フランソワ1世の回廊 Galerie François 1er**の室内装飾は、1533年から1540年にかけて、ミケランジェロのフィレンツエの弟子であるイル・ロッソが手がけたものだ。木製の鏡板には、フランソワ1世のモノグラムと彼の紋章であるドラゴンのようなサラマンダー（火トカゲ）が繰り返し使われている。

舞踏会の広間 Salle de Balは、16世紀半ばに造られた長さ30mの大広間で、レセプションや大宴会にも使われた。神話をモチーフとしたフレスコ画や寄せ木の床、イタリア風の格間天井が有名だ。大きな窓からは、楕円形の中庭と庭園が一望できる。17世紀から18世紀にかけて造られた**皇后の寝室 Chambre de l'Impératrice**には、金箔のベッドが置かれている。これはマリー・アントワネットのために1787年に製作されたものだが、彼女がこれを使うことはなかった。ナポレオン1世時代以前には国王の寝室だった**玉座の間 Salle du Trône**の金箔には、金と緑と黄色の3色の陰影がつけられている。

小住居棟 Petits Appartementsは、皇帝と皇后の個人的な居室だ。ここの開館時間は一定ではなく、見学には追加入場料が必要になるはずだ。正面のチケット売り場で尋ねてみること。

庭園 宮殿の北側には、**ディアナの庭園 Jardin de Diane**がある。これはカテリーヌ・ド・メディシスによって造られた整然とした庭園で、騒がしいクジャク*paons*の群れが住んでいる。狩猟の女神ディアナの彫像と4匹の放尿する犬の像で飾られた庭園中央の大理石の泉は1603年に作られたものだ。

ル・ノートルの設計により17世紀に造園された整然とした**フランス式庭園 Jardin Français**は、大花壇Grand Parterreとも呼ばれ、**泉の中庭 Cour de la Fontaine**と**鯉の池 Étang des Carpes**の東側にある。**大運河 Grand Canal**が掘られたのは1609年で、ヴェルサイユ宮殿の運河よりも約半世紀以上も前に掘られたことになる。1812年に造られた、形式ばらない**イギリス式庭園 Jardin Anglais**が池の西側にある。縦横に何本もの小道が走っている**フォンテーヌブローの森 Forêt de Fontainebleau**は、宮殿の南500 mのところから始まる。

開館時間＆チケット 宮殿内部（大人€5.50、18～25歳€4、日曜全員€4、18歳未満無料 6～9月 水～月9:30～18:00、10～5月 水～月9:30～17:00）には、白馬の中庭Cour du Cheval Blancから入る。大住居棟とフランソワ1世の回廊のチケットは1日有効だ。英語による大住居棟のガイド付きツアーが一日数回あり、チケット売場近くの階段から出発する。

庭園も無料で見学できる（**◎**5～9月 9:00～19:00、10～4月 9:00～17:00頃まで）。

ナポレオン軍事史博物館
Musée Napoléonien d'Art et d'Histoire Militaire
ナポレオン軍事史博物館（**☎**01-60-74-64-89 **▲**88 rue St-Honoré **▲**大人€1.60、学生と12～18歳€0.80、12歳未満無料 **◎**火～土14:00～17:30）は、19世紀に建てられた邸宅内にあり、7つの部屋に軍服や武器が所狭しと展示されている。邸宅のまわりには、博物館付属の美しい**庭園**がある（**▲**入園料は博物館の入場料に含まれる **◎**11月中旬～3月中旬 火～土10:00～17:00、3月中旬～11月中旬 月～土10:00～19:00）。

フォンテーヌブローの森
Forêt de Fontainebleau
街を取り囲む形で広がる2万haの森は、パリ地域で最も美しい森の一つだ。**GR1**や**GR11**など多くの小道があり、ジョギング、散歩、サイクリング、乗馬、ロック・クライミングなどに適している。このエリアの地図としては、縮尺2万5000分の1のIGN（国立地理院）の地図「フォンテーヌブローの森*Forêt de Fontainebleau*」（No 2417OT、€6.20）がある。観光案内所で売っている「フォンテーヌブローの森散策ガイド*Guide des Sentiers de Promenades dans le Massif Forestier de Fontainebleau*」（€7.60）の地図と本文（フランス語）には、この森の20近くの散策コースが掲載されている。また、国立営林局Office National des Forêtsが発行している総合ガイドブック「フォンテーヌブローの森*La Forêt de Fontainebleau*」（€12）もある。

ロック・クライミングの愛好者たちが、この森の砂岩でできた尾根を目指して遠方からやって来る。いたるところに絶壁やオーバーハング（傾斜60度を超える岩壁）があるので、アルプス登山に向かう前に自分の技術に磨きをかけることができるのだ。自分でもやってみたい時は、**トップ・ロワジール Top Loisirs**（**☎**01-60-74-08-50 **▲**10 passage Ronsin）に装備のレンタルや注意事項について問い合わせること。行ってみる価値のある峡谷が2つある。1つは、フォンテーヌブローの北西約7kmの**バルビゾン Barbizon**（風景画で知られる19世紀バルビゾン派の発祥地）近くにある**アプルモン峡谷 Gorges d'Apremont**で、もう1つは、そこから南に数キロのところにある**フランシャール峡谷 Gorges de Franchard**だ。観光案内所で総合ガイドブック「フォンテーヌブローでのロック・クライミング*Escalade à Fontainebleau*」（€23）を売っている。

食事
レストラン

シェ・アリギ
Chez Arrighi
☎01-64-22-29-43
▲53 rue de France
▲定食€15、€22、€30
◎月休み
コルシカ島の料理が食べられる優雅なレストラン。

クロカンブーシュ
Croquembouche
☎01-64-22-01-57
▲43 rue de France
▲ランチ定食€20、ディナー定食€32
◎木のランチと日のディナーなし、水休み
すばらしいフランス料理のレストラン。前出のシェ・アリギから少し行ったところにある。

フランソワ・プルミエ "シェ・ベルナール"
François 1er 'Chez Bernard'
☎01-64-22-24-68
▲3 rue Royale
▲定食€15と€26
ノルマンディー地方とブルターニュ地方のシーフード中心のすばらしい料理が食べられる。ア・ラ・カルト料理は1人約€35の予算を見ておくこと。

マアラジャ
Maharaja
☎01-64-22-14-64
▲15 rue Dénecourt
▲前菜€3.50～6.50、メイン€5.50～17.50
◎月～土
カレー（€7.50～9）とタンドール料理（€5.50～17.50）、それにパコラやサモサといった定番の前菜がある。

ピッザ・ミミ
Pizza Mimi
☎01-64-22-70-77
▲17 rue des Trois Maillets
◎ランチとディナー23:00まで
ピザ（€6.80～9）、パスタ（€6～11.50）、そして本格的なイタリアのメイン料理（€10.50～11.50）が食べられる。

ラ・ルート・デュ・ボジョレー
La Route du Beaujolais
☎01-64-22-27-98
▲3 rue Montebello
▲ランチ定食€12（21:00まで）、ディナー定

近郊に足をのばす – ヴォー・ル・ヴィコント

食€14と€21
🍴ランチとディナー毎日
ごく普通の店だが、街の中心部にあり、確かなリヨン料理が味わえる。

ティ・コズ
Ty Koz
☎01-64-22-00-55
🕐12:00〜22:00
クロシュ通りrue de la Cloche 18番地から少し小道を入ったところにある。ブルターニュ地方のクレープやガレット（€2.50〜7.60）が食べたくなったら訪れてみよう。

テイクアウト
フォンテーヌブローの屋根付き**食料品市場**（🏠rue des Pins 🕐火・金・日 8:00〜16:00）が、街の中心部の歩行者専用エリアの北側にある。

モノプリ
Monoprix
🏠58 rue Grande
🕐月〜土8:45〜19:45
2階がスーパーマーケットになっている。

フロマジュリー・バルテルミー
Fromagerie Barthelemy
☎01-64-22-21-64
🏠92 rue Grande
🕐火〜土8:00（または8:30）〜12:30（または13:00）と15:30〜19:30、日8:30〜12:30
有名なパリのチーズ専門店の支店（「ショッピング」参照）。イル・ド・フランス地方で最高のチーズ専門店の一つ。

アクセス

毎日約30本の通勤電車がパリのリヨン駅Gare de Lyonと、街の中心部から北東に約2kmのところにあるフォンテーヌブロー・アヴォンFontainebleau-Avon駅を結んでいる（€7.35、所要時間40〜60分）。ピークの時間帯を過ぎると電車の本数は1時間に約1本になる。パリ行きの最終電車は21:45過ぎ（日曜・祝日は、22:30過ぎ）に出る。SNCFでは、パリ往復料金と乗り継ぎバス料金と宮殿入場料をセットにしたチケットを売っており、料金は大人€20、10〜17歳の子供€15.50、10歳未満€8。

交通手段

鉄道駅とフォンテーヌブロー中心街の間を市内バス（€1.40）が15分間隔で運行している（運行時間は6:00頃〜23:30頃）。

観光案内所では自転車をレンタルしており、料金は半日€12.50、1日€15.50。**シクル・ア・ラ・プティット・レーヌ Cycles À La Petite Reine**（☎01-60-74-57-57 🏠32 rue des Sablons 🕐月〜土9:00〜19:30、日9:00〜18:00）では、マウンテンバイクを1時間€4.50、半日€9、1日€12.50（週末は半日€12.20、1日€15.20）でレンタルしている。週末レンタルの料金は€27.50、1週間レンタルの料金は€53.50（保証金€305が必要）。

ヴォー・ル・ヴィコント
VAUX-LE-VICOMTE

郵便番号77950

個人所有のヴォー・ル・ヴィコント城（☎01-64-14-41-90 www.vaux-le-vicomte.com 📧 大人€10、学生または10〜18歳の子供€8 🕐3月下旬〜11月中旬 月〜金10:00〜13:00と14:00〜18:00、土・日10:00〜18:00）とそのすばらしい庭園は、フォンテーヌブローから北に20km、パリの南東55kmのところにある。この城は、大規模なヴェルサイユの工事に先駆けて、ル・ブラン、ル・ヴォー、ル・ノートルらが、1656年から1661年にかけて設計し、造営したものだ。

不幸にも、この美しいヴォー・ル・ヴィコント城のおかげで、ルイ14世の財務長官でもあった、この城の所有者ニコラス・フーケは破滅してしまった。城の落成を祝う式典の場で主役の座を奪われたルイ14世が、嫉妬のあまりフーケを投獄し、フーケは1680年に獄中で亡くなったのだ。今日、見学者は城の内部を見ることができる。ここには**整然とした庭園 formal gardens**（🕐シーズン中10:00〜18:00）や**旅行装備博物館 Musée des Équipages**もある。旅行装備博物館の開館時間はヴォー・ル・ヴィコント城と同じだ。

4〜10月の各月の第2土曜と最終土曜の15:00〜18:00には、庭園ですばらしい噴水ショー jeux d'eau が行われる。また5月初旬〜10月中旬の土曜の20:00〜24:00には、キャンドルに照らされた城を訪れることもできる（大人€13、学生または10〜18歳の子供€11.50）。

交通手段

ヴォー・ル・ヴィコント城に行くのはそれほど容易ではない。パリからは、まずRER D2線でムランMelun駅（€6.70 所要時間45分）まで行き、そこから北東6kmにある城をめざすことになる。最近まで、4月下旬〜9月中旬には毎日1〜2回、市内バスがムラン駅と城の間を走っていたが、このバス路線はすでに廃止されているので、徒歩かタクシー（€15〜20程度）で行くしかない。自分の車で行く時は、パリから国道N6号線経由で高速A5号線に入るか（53km）、フォンテーヌブローから国道N6号線経由で国道N36号線に入ることになる。

シャンティイ

```
食事                    3 ソシエテ・        12 シャンティイ城
  7 L'Adresse             ジェネラル銀行       コンデ美術館
  8 Château Mandarin    4 市庁舎           14 アンギァン城
  9 Le Vertugadin       5 郵便局           15 サン・ポール礼拝堂
 13 Aux Goûters         6 ジョフル元帥像      16 王の橋
    Champêtres         10 サント・ファミーユ    17 城館＆庭園への入口
                          教会             18 サント・クロワ礼拝堂
その他                  11 大厩舎、          18 観光案内所
  1 フランプリ              生きた馬の博物館     19 国立営林局
  2 アタク
```

シャンティイ
CHANTILLY

郵便番号60500 • 人口1万900人

シャンティイはパリの北48kmのところにある優雅な街だ。特に有名なのは、大々的に修復されたとはいえ今なお美しい姿を保ち、周囲を公園や庭園、湖、広大な森で囲まれたシャンティイ城だ。この城は鉄道駅から東に2kmほどのところにある。城まで最短の直線コースで行くには、プレーヌ・デ・ゼーグル大通りav de la Plaine des Aiglesに沿いにシャンティイの森を通り抜けることになるか、マレシャル・ジョフル大通りav du Maréchal Joffreとパリ通りrue de Parisを経由してシャンティイの目抜き通りであるコネタブル通りrue du Connétableまで行くと、街の雰囲気が味わえる。

インフォメーション
観光案内所（☎03-44-67-37-37 ℻03-44-67-37-38 ⓦwww.chantilly-tourisme.com ⍟60 av du Maréchal Joffre ◷5～9月 9:00～18:00、10～4月 水～月9:00～12:00と14:00～18:00）が、鉄道駅の角を曲がったところにある。

観光案内所と鉄道駅の北東には、ATMを備えた**ソシエテ・ジェネラル銀行 Société Générale**（☎03-44-62-57-00 ⍟1 av du Maréchal Joffre ◷月～木8:30～12:15と13:45～17:30、金8:30～12:15と13:45～18:30、土9:30～15:25）があり、同じ通りに**郵便局**（⍟26 av du Maréchal Joffre ◷月～金9:00～12:15と13:45～18:00、土9:00～12:30）もある。

シャンティイ城
Château de Chantilly

シャンティイ城（☎03-44-62-62-62 ⓦwww.chateaudechantilly.com）は、フランス革命時に荒らされ、革命後もそのまま放置されていたが、今は特にその庭園や数々の優れた絵画のおかげで注目されている。城は互いにつながっている2つの建物で構成され、これらの建物には同じ入口から入ることになる。**プティ・シャトー Petit Château**は、アンヌ・ド・モンモランシー（1492～1567年）のために1560年頃に建てられたものだ。彼は6人の歴代フランス国王に仕えた大元帥connétableで、また外交官や軍人でもあったが、反宗教改革でプロテスタント軍と戦って亡くなった。このプティ・シャトーとつながっているルネサンス様式の**グラン・シャトー Grand Château**は、フランス革命時に完全に破壊されたが、1875～1885年にルイ・フィリップ国王の息子オーマール公によって再建された。

美術館＆居室 入口を入ってすぐの右手にあるグラン・シャトーにはコンデ美術館

近郊に足をのばす － シャンティイ

Musée Condéが入っている。この美術館のご く平凡な19世紀風の各部屋は、コンデ公爵が 気の向くままに配置した家具や絵画、彫刻で 飾られている。公爵は、展示物の配置を変え ないこと、および一般に公開することを条件 に、19世紀末にこの城をフランス学士院に寄 贈した。ラファエロやフィリッポ・リッピ、 ジャン・フーケの絵画など最も注目すべき作 品が、**サンクチュエール Sanctuaire**と呼ばれる 小さな部屋ひっそりと展示されている。

入口からまっすぐ中に進むと、プティ・シャ トーの**公子の住居棟 Appartements des Princes**がある。ここでの目玉は**図書室 Cabinet des Livres**で、700もの写本と3万冊以上の蔵書 が収められている。その中には、グーテンベ ルク聖書、小作農や貴族の生活を彩色付きの 月暦画に描いた15世紀の「ベリー公のいとも 華麗なる時祷書Très Riches Heures du Duc de Berry」の複製などもある。入口を入って左手 にある**礼拝堂 chapel**には、16世紀半ばの木工 細工とステンドグラスの窓がある。これらは 1882年に公爵が集めたものだ。

公園と庭園 長い間忘れ去られていたすばら しい庭園は、かつてフランスで最も華やかな 庭園の一つとされていた。城館の北東には、 17世紀半ばにル・ノートルが造った花壇、湖、 大運河などで構成される整然とした**フランス 式庭園 Jardin Français**があり、西には1817年に 造られた"野性的"な**イギリス式庭園 Jardin Anglais**がある。またフランス式庭園の東側に は、1770年代に造られた田園風の**イギリス・中 国風庭園 Jardin Anglo-Chinois**がある。緑の樹木 や泥のたまった水路に囲まれた**村里 Hameau** は、田舎の村に似せて1774年に造られたもの で、その水車や木骨造りの建物は、ヴェルサ イユの"王妃の村里Hameau de la Reine"の 見本になったとされる。この村里は、クレー ム・シャンティイ(生クリームに砂糖を入れて 泡立てたバニラ風味のクリームで、フランス では昔から甘い物にかけられた)の発祥の地 だ(コラム「ホイップクリームの城」参照)。

暖かい時期には、**イドロフィル Hydrophile** (◯3~11月初旬 10:00~19:00)と呼ばれる電動 ボートで半時間ほどかけてゆっくりと大運河を 巡ることができ、特に子供たちに人気がある。

開館時間＆チケット 普通のチケット(◯大 人€6.40、12~17歳€5.65、3~11歳€2.30 ◯3~10月 水~月10:00~18:00、11~2月 水~ 月10:30~12:45と14:00~17:00)を買えば、 城館、コンデ美術館、それに庭園に入場でき る。庭園だけの見学も可能だ(◯大人€2.60、 3~11歳€1.50 ◯毎日)。また、庭園の見学と

ホイップクリームの城

300年前には、フランスの城はいずれも自尊心が 高く、もちろんシャンティイ城も例外ではなかっ た。この城は独自の村里hameauを持ち、そこに は酪農場laitierがあり、城主の奥方やその招待客が 乳搾りの女のまねをして楽しむことができた。後 にマリー・アントワネットもヴェルサイユの"王 妃の村里"で同じように楽しんだ。ただし、シャ ンティイの酪農場の牛たちは、他のいくつかの城 の模造fauxの酪農場にいる仲間の牛たちよりもは るかに真剣に働き、乳をたくさん出した。村里のお 茶会で出されたクレーム・シャンティイ(砂糖を 入れて泡立てたクリーム)のニュースは、18世紀 の欧州貴族たちの間で話題に(そして羨望の的に も)なった。後に神聖ローマ皇帝となるヨーゼフ 2世は、1777年にひそかにこの"大理石の寺院 temple de marbre"(彼はシャンティイの城をこ う呼んだ)を訪れ、その白いクリームを試食した。 それを口にしたオーベルキルヒ男爵夫人は、「こん なにおいしいクリームを食べたのは初めて。食欲 をそそるし、すばらしいできだわ」と叫んだとい う。

負けてはならじと、シャンティイと同じくらい 裕福な南のほうの城も、他の甘い乳製品に自分た ちの城の名前を付けさせた。たとえば、フレッシ ュ・チーズをクレーム・シャンティイに混ぜる と…ほらvoilà! トリプル・クリームチーズ "クレ フォンテーヌブロー"のできあがりだ、といった 具合だ。

イドロフィル乗船をセットにしたチケット (大人€8、12~17歳€7.20、3~11歳€4.60) や、城館と庭園の見学とイドロフィル乗船を セットにしたチケット(大人€11、12~17 歳€9.80、3~11歳€5.40)もある。

生きた馬の博物館 Musée Vivant du Cheval 240頭の馬と400頭以上の猟犬を飼うために 1719~1740年に建てられた**大厩舎 Grandes Écuries**は、有名な**シャンティイの競馬場 Champ de Course**(1834年に完成)の隣にある。ここ には、生きた馬の博物館(☎03-44-57-13-13 ⓦwww.musee-vivant-du-cheval.fr ▣大人 €7.60、12~17歳€6.10、3~11歳の子供 €5.40)があり、第7代コンデ公ルイ・アン リ・ド・ブルボンが造った木製の豪華な馬房 に30頭の馬が飼われている。31の展示室には、 馬具や馬のおもちゃ、有名な競走馬の肖像画 や絵画、彫像などさまざまな品が展示されて いる。開館時間は、5~6月の月~金曜10:30~ 17:30、土・日曜10:30~18:00、7~8月の月・ 水~金曜10:30~17:30、火曜14:00~17:30、 土・日曜10:30~18:00、4月と9~10月の月・ 水~金曜10:30~17:30、土・日曜10:30~

18:00、11～3月の月・水～金曜14:00～17:00、土・日曜10:30～17:30。

　調教の実演 Présentation Équestre Pédagogique（30分間）の見学は入場料に含まれている。通常、これは4～10月の毎日と11～3月の土・日曜の11:30、15:30、17:15に行われる（11～3月の平日は15:30のみ）。さらに本格的な1時間の調教のデモンストレーション（■大人€15.20、4～12歳の子供€13.70）は、2～11月の第1日曜の15:30に行われる。

シャンティイの森
Forêt de Chantilly

かつて王の狩り場だったシャンティイの森（面積約6300ha）は、宮殿の南方に広がり、さまざまな散策道や乗馬道が縦横に走っている。何世紀も前に作られた多くの直線道がさまざまな角度で集まって交差点carrefoursになっているところもある。シャンティイの森の中を通り抜ける長い道路がいくつかある。たとえば**GR11**は、宮殿とサンリスの街およびそのすばらしい大聖堂を結んでおり、リュザルシュLuzarches（12世紀に建造が始まっていた大聖堂で有名）からシャンティイの森を通ってエルムノンヴィルErmenonvilleまで続いている。**GR12**は、コメルの池 Étangs de Commellesと呼ばれるシャンティイの森の4つの湖から北東に向かい、アラットの森Forêt d'Halatteまで続いている。

　この地域の詳細については、縮尺2万5000分の1のIGN（国立地理院）の地図「シャンティイ、アラットおよびエルムノンヴィルの森 Forêts de Chantilly, d'Halatte and d'Ermenonville」（No.2412OT、€8.80）がある。観光案内所で入手できる縮尺10万分の1の「自然環境・建造物文化遺産発見地図 Carte de Découverte des Milieux Naturels et du Patrimoine Bâti」（€6.10）には、主な見学スポット（教会、城、美術館、遺跡など）が掲載されている。観光案内所の南東のシルヴィー大通りav de Sylvie 1番地にある**国立営林局 Office National des Forêts**（ONF）（☎03-44-57-03-88 ■03-44-57-91-67 ｗwww.onf.frフランス語のみ ◎月～金8:30～12:00と14:00～17:00）は、「ピカルディーの森の散策Promenons-Nous dans les Forêts de Picardie」（€7.50）という家族向けの便利な散策ガイドを発行している。森林散策ツアーについては、国立営林局の係員に尋ねること。

食事

ル・ヴェルチュガダン
Le Vertugadin
☎03-44-57-03-19
🏠44 rue du Connétable
■前菜€6.50～18.50、メイン€12.50～20、定食€22.50
◎ランチとディナー23:00まで

おすすめのレストランが入っている人気のホテル。

　この近くには、ビストロ形式の**ラドレス L'Adresse**（☎03-44-57-27-74 🏠49 rue du Connétable ■前菜€6～7.50、メイン€6.50～15、定食€22 ◎日のディナーなし、月休み）と、中華料理の**シャトー・マンダラン Château Mandarin**（☎03-44-57-00-29 🏠62 rue du Connétable ■前菜€3～5.50、メイン€6.80～14.70、ランチ定食€11.50 ◎月休み）もある。

オ・グーテ・シャンペトル
Aux Goûters Champêtres
☎03-44-57-46-21
■定食€14.50、€23、€30
◎3～11月11:00～19:00

村里の風車の中にあり、ランチ（特に夏）には最高の店だ。

　スーパーマーケットは、鉄道駅と城の中間地点に**アタク Atac**（🏠5 petit place Omer Vallon ◎月～土8:30～19:30）があり、コネタブル大通りrue du Connétable沿いを東に行ったところに**フランプリ Franprix**（🏠132 rue du Connétable ◎月～木8:30～12:30と14:30～19:30、金・土8:30～19:30、日8:30～13:00）がある。

アクセス

パリの北駅Gare du Nordからシャンティイ・グヴュー Chantilly-Gouvieux駅に行くには、RERの電車とSNCFの通勤電車の両方が利用でき（€6.40、所要時間30～45分）、1日約40本の電車（日曜は約20本）が出ている。午前中には少なくとも1時間に2本の便があり、夕方以降のパリ行き電車は、通常、24:00近くまで1時間に約1本の割合で出ている。

　電車の行き先は、コンピエーニュCompiègne、サン・カンタンSt-Quentin、アミアンAmiens、クレイユCreilなどさまざまで、国内長距離線Grandes Lignesと郊外線Banlieueのいずれかのプラットホームからも発車している。

　シャンティイのバスターミナルは鉄道駅の隣にある。

サンリス
SENLIS

郵便番号60300・人口6万3000人

シャンティイの北東10kmのところにあるサンリスは、曲がりくねった石畳の道、ガロ・ロマン時代の城壁、尖塔といった中世の面影の残る魅力的な街だ。クローヴィスの時代から

近郊に足をのばす － シャルトル

アンリ4世の時代まで王宮があったこの街には、4つのすばらしい美術館と12世紀に建てられた歴史的価値の高い大聖堂がある。

1150～1191年に建てられたゴシック様式の**ノートルダム大聖堂 Cathédrale de Notre Dame**にはノートルダム広場place Notre Dameの南側にある入口から入る。大聖堂の中は異様に明るいが、作られた当時のままのステンドグラスはとりたてて言うほどのものではない。ノートルダム聖堂前広場place du Parvis Notre Dameに向かって西側には、みごとな彫像で飾られた**正面入口 Grand Portal**（1170年建造）があり、その中央には聖母マリアの生涯を伝えるレリーフがある。この正面入口はシャルトルの大聖堂の入口の製作に影響を与えた。

観光案内所 ☎03-44-53-06-40 ℻03-44-53-29-80 ℯoff.tourisme-senlis@wanadoo.fr ⌂place du Parvis Notre Dame ◉月～土10:00～12:30と14:00～17:00、日11:15～13:00と14:30～17:00）が、大聖堂の向かいの西側にある。

食事

大聖堂の周辺には食事どころがいくつかある。高級**ル・スカラムーシュ Le Scaramouche**（☎03-44-53-01-26 ⌂4 place Notre Dame ℬ定食€24、€33、€46）もその一つだ。もっと安い店（ピザ屋、クレープ屋、カフェなど）もあるし、大聖堂の南西には屋外の**市場**（⌂rue St-Hilaire ◉火・金午前）もある。

アクセス

サンリスとシャティイを結ぶバスがあり、およそ30分間隔で運行している（€2.60、所要時間25分）。シャンティイ行きの最終バスは、毎日19:00過ぎに出る。

シャルトル
CHARTRES

郵便番号28000・人口4万300人

13世紀に建てられた荘厳なシャルトルの大聖堂には、形の異なる2つの尖塔（1つはゴシック様式、もう1つはロマネスク様式）がそびえている。パリの南西88kmの豊かな穀倉地帯にあるこのシャルトルの大聖堂は、まわりに広がる中世の街を見下ろすように立っている。大聖堂はさまざまな聖遺物、特にイエス・キリストが誕生した時に聖母マリアが身にまとっていたとされる"聖なる衣Sainte Voile"は、中世に多くの巡礼者を惹きつけ、これらの巡礼者が大聖堂の建設と拡張に貢献することになった。目を見張るばかりのブルーのステンドグラスと多くの宝物のあるシャルトルの大聖堂は、パリを訪れたらぜひ足をのばしたい必見のスポットだ。

インフォメーション

観光案内所（☎02-37-18-26-26 ℻02-37-21-51-91 ⌂place de la Cathédrale ℯchartres.tourism@wanadoo.fr ℳwww.ville-chartres.fr ◉4～9月 月～土9:00～19:00、日9:30～17:30、10～3月 月～土10:00～18:00、日10:00～13:00と14:30～16:30）は、大聖堂の正面入口から広場をはさんで向かい側にある。ここでは正味1時間30分の英語の音声ガイドを貸し出しており（€5.35、2人共用の場合は€6.10）、これにより自分のペースで中世の街並みを見学できる。

大聖堂の向かい側にはATMを備えた**クレディ・アグリコル銀行 Crédit Agricole**（☎02-37-21-96-87 ⌂1 Cloître Notre-Dame ◉火～金8:45～12:30と13:50～17:30、土8:45～12:30と13:50～16:00）があり、中心部から少し離れたところに**BNPパリバ銀行 BNP Paribas**（☎0-802-35-63-91 ⌂7-9 place des Épars ◉火8:30～12:00と13:30～17:35、水～金8:50～12:00と13:45～17:35、土8:30～12:00と13:30～16:45）もある。

郵便局の本局（⌂place des Épars ◉月～金8:30～19:00、土8:30～12:00）は、19世紀末風のモザイク装飾のある印象的な新ゴシック様式の建物の中にある。

ノートルダム大聖堂
Cathédrale Notre Dame

建物内部の全長が130mのシャルトルの大聖堂（☎02-37-21-75-02 ℳwww.cathedrale-chartres.comフランス語のみ）は、1194年6月10日夜半の火災で街の大半と共に壊滅的な被害を受けたロマネスク様式の大聖堂の代わりに、13世紀の第1四半期にゴシック様式で建てられたもので、西洋文明が生み出した建造物の最高傑作の一つとされている。貴族たちの献金と平民の無償の役務のおかげでわずか30年で完成したこの大聖堂は、建築学的に見ても高度レベルの建造物だ。

中世以降の改修、戦争による被害、偶像破壊を伴う恐怖政治（後出のコラム「官僚主義に救われる」参照）など数々の危機を乗り越えてきたこの大聖堂は、フランスで最も保存状態のいい中世の聖堂とされている。

入口と塔 大聖堂の西、北、南の3つの入口には、みごとな装飾が施されている。**王の扉 Portail Royal**と呼ばれる西の入口だけは、12世紀末の火災以前に作られたものだ。細長い姿をしたロマネスク様式のすばらしい彫像は

近郊に足をのばす － シャルトル

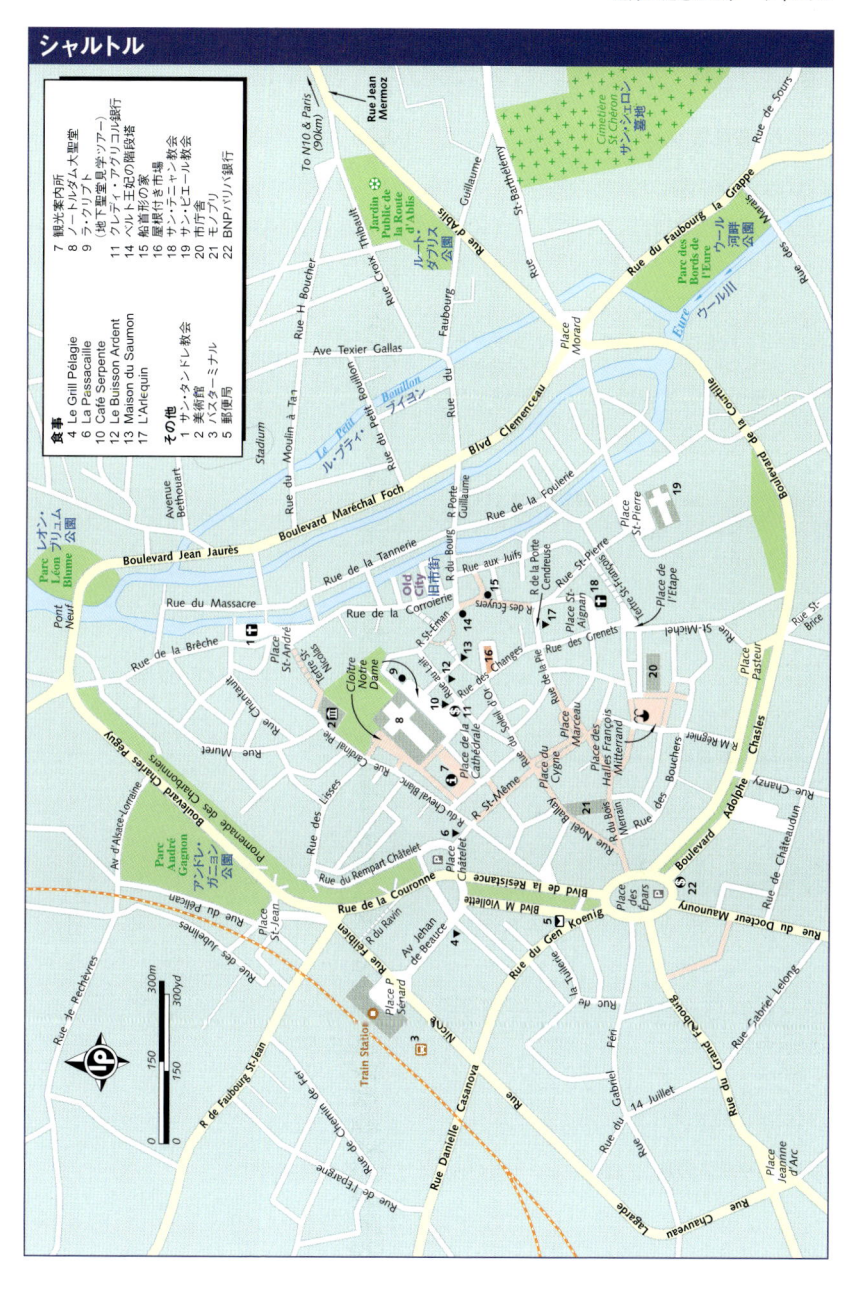

シャルトル

食事
4 Le Grill Pélagie
6 La Passacaille
10 Café Serpente
13 Le Buisson Ardent
14 Maison du Saumon
17 L'Arlequin

その他
1 サン・タンドレ教会
2 美術館
3 バスターミナル
5 郵便局
7 観光案内所
8 ノートルダム大聖堂
9 ラ・クリプト（地下聖堂見学ツアー）
12 クレディ・アグリコル銀行
14 ベルト王妃の階段階段
16 船首形の家
18 サン・テニャン教会
19 サン・ピエール教会
20 市庁舎
22 BNPパリバ銀行

近郊に足をのばす － シャルトル

1145～1155年の作で、中央がキリストの栄光、右がキリスト降誕、そして左がキリスト昇天を表している。その他にロマネスク様式の特徴を示すものとして、1140年代に造られた高さ103mの**旧鐘塔 Clocher Vieux**（南塔とも呼ばれる）がある。これは現存するロマネスク様式の尖塔で最も高いものだ。

高さ112mの**新鐘塔 Clocher Neuf**（北塔とも呼ばれる）は、入場料を払い、長いらせん階段を上って見学するだけの価値がある。塔の入口は大聖堂の書店のちょうど裏手にある。初期の木製の尖塔が焼失した後、1507～1513年に建てられたフランボワイヤン式ゴシック様式の尖塔には地上70mのところに回廊があり、この回廊からは、3層になった飛び梁（丸天井や壁を支える半円形の柱）や緑青で緑になった19世紀の銅葺き屋根のすばらしい眺めが楽しめる。

日曜には、新鐘塔の見学（大人€4、18～25歳€2.50、18歳未満無料）が全員無料になることもある。見学時間は、5～8月の月～土曜9:00～18:00、日曜14:00～18:00、11～2月の月～土曜10:00～11:30と14:00～16:00、日曜14:00～16:00、9～10月と3～4月の月～土曜9:30～11:30と14:00～17:00、日曜14:00～17:00。

サン・サクルマン礼拝堂 Chapelle de la St-Sacrement 聖母のヴェール Sainte Voileは、もともと東ローマ帝国の皇帝所有の宝物の一つだったが、西ローマ皇帝シャルルマーニュが紀元802年に東ローマ帝国の女帝イレーネに結婚を申し込んだ際に、これがシャルルマーニュに贈られた。現在、このヴェールは内陣の北西にある小さなサン・サクルマン礼拝堂に展示されているが、禿頭王シャルルが876年にシャルトルに寄贈して以来ずっとこの街にある。黄ばんだ絹の一巻きが展示台にかけられているだけで、たいしたものには見えないが、信仰のあつい何百万人もの巡礼者にとっては2000年近くも崇拝の対象となってきた貴重なものだ。我々は、どうやってヴェールをきれいに保存するのだろうと不思議に思うだけだ。

ステンドグラスの窓 大聖堂には、大半が13世紀に作られた172ものすばらしいステンドグラスの窓があり、ヨーロッパで最も貴重な中世風ステンドグラスの揃った場所となっている。13世紀以前に作られた最も貴重な3つの窓は、西の入口の上、バラ窓の下の壁面にある。1150年頃に作られ、1194年の火災を逃れたこれらの窓の、深みと濃さを併せ持つブルーの色調は有名で、シャルトル・ブルーと呼ばれている。

官僚主義に救われる

シャルトルのすばらしい大聖堂とその貴重なステンドグラスがフランス革命や恐怖政治の被害を受けずにすんだのは、しばしばフランスの日常生活を複雑にしていると思われる理由と同じだった。それはあらゆることに対するフランスの官僚主義的な対応である。

反宗教熱が最高潮に達した1791年に、革命派はそれまで大聖堂に対して行ってきた単なる冒とくだけでは不十分で、もっと過激な措置、すなわち取り壊しが必要だと結論づけた。問題はどうやってそれを行うかだった。その解決策を得るために、彼らは委員会を設け、驚くほど完璧主義の委員たちが4～5年にわたって協議を重ねた。しかし、その頃までに革命の激情は冷めてしまい、この計画は棚上げになった。それは、歴史的にみて実に幸運なことだった。

もっと近くから、しかももっとモダンなステンドグラスを見たい時は、大聖堂の北の入口の前にある丘を下り、**国際ステンドグラス・センター Centre International du Vitrail**（☎02-37-21-65-72 www.centre-vitrail.org 5 rue du Cardinal Pie 大人€4、学生・シニア・子供€3 9:30～12:30と13:30～18:00）を訪ねてみよう。このセンターは、かつて穀物倉として使われていた木骨造りの建物の中にあり、展示品を見たり、ワークショップや講習会に参加することができる。

地下聖堂 Crypt 9世紀からあった地下聖堂のまわりに1024年に造られた、墓のないロマネスク様式の地下聖堂は、長さ110mで、フランス最大の規模を誇っている。フランス語による30分間のガイド付きツアー（英語に翻訳された説明書付き）があり、4～10月は大聖堂直営の宗教グッズ・みやげ物店の**ラ・クリプト La Crypte**（☎02-37-21-56-33 18 Cloître Notre Dame）から出発し、それ以外の時期は、大聖堂内の北塔の下にある店から出発する。出発時間は年間を通して毎日11:00と16:15または16:30で、4～10月には毎日2～3回追加して行われる。料金は€2.30（学生・シニア€1.60、7歳未満の子供無料）。

開館時間＆ガイド付きツアー 大聖堂（4～10月 8:00～20:00、11～3月 8:30～19:30）では、通常、ミサや結婚式、葬儀の際には関係者以外の入場は禁止される。イースターから11月初旬までの月～土曜の12:00と14:45に、シャルトルの専門家**マルコム・ミラー Malcolm Miller**（☎02-37-28-15-58 02-37-28-33-03）によるすばらしい1時間30分の英語によるガイ

ド付きツアーが行われる（🎧大人€5.50、学生€3）。彼のツアーに参加できなくても、大聖堂にあるギフト・ショップで、「シャルトル *Chartres*」（€4.70）、「シャルトル大聖堂 *Chartres Cathedral*」（€18、ハードカバー€25）といった彼の著作を買うことができる。

3つの異なるテーマによる英語の音声ガイドもあり、大聖堂直営の書店で借りることができる。所要時間は25分（€3）、45分（€3.80）、70分（€5.70）。フランス語のガイド付きツアーは、4～10月の10:30（火～土曜）と15:00（毎日）、および11～3月の14:30（毎日）に行われ、料金は大人€5.50、シニア€3.80、学生€3（10歳未満無料）。

シャルトルのノートルダム大聖堂の"王の扉"

美術館
Musée des Beaux-Arts

シャルトルの美術館（☎02-37-36-41-39 🏠29 Cloître Notre Dame 🎫大人€2.40、学生とシニア€1.20 🕐11～4月 月・水～土10:00～12:00と14:00～17:00、日14:00～17:00、5～10月月・水～土10:00～12:00と14:00～18:00、日14:00～18:00）には、大聖堂の北の入口のそばにある門から入るのが一番わかりやすい。美術館は、17～18世紀に大半が建造された**旧司教館 Palais Épiscopal**の中にある。コレクションには、16世紀にレオナール・リモザンがフランソワ1世のために作った12使徒を表す七宝、16～19世紀の絵画、中世に作られた多彩色の木製彫刻などが含まれている。

旧市街

細心の注意を払って保存されてきたシャルトルの旧市街は、大聖堂の北東から東側にかけて、川幅の狭いウール川の西側の分流沿いに広がっている。このウール川の分流には多くの歩道橋がかかっている。カルディナル・ピー通りrue Cardinal Pieから、**サン・ニコラの丘 Tertre St-Nicolas**と呼ばれる階段、そして中世の家並みが残る**シャントール通り rue Chantault**を通って歩くと、外壁だけが残された12世紀の**サン・タンドレ教会 Collégiale St-André**に出る。これは1791年に閉鎖されたロマネスク様式の聖堂参事会の教会で、19世紀初めと1944年に大きな損害を受けた。

タヌリー通り rue de la Tannerieと、その延長線上に川の東岸沿いに続く**フルリー通り rue de la Foulerie**には、復元された花壇、用水路、川辺の職業（洗濯屋、製革所など）がある。西岸にある**ジュイフ通り rue aux Juifs**（ユダヤ人の通り）も、大幅に改修されている。丘を半ブロックほど下って行くと川辺の散歩道があり、丘の上の**エキュイエ通り rue des Écuyers**には16世紀頃の建物が数多く残っている。たと

えば、26番地には、上部を梁で支えた木骨造りの**船首形の家 prow-shaped house**があり、35番地には**ベルト王妃の階段塔 Escalier de la Reine Berthe**がある。この階段塔は、塔の形をした覆いのある吹抜けの階段で、16世紀初めに建てられた木骨造りの家にくっついている。

ブール通り rue du Bourgと**ポワソヌリー通り rue de la Poissonnerie**にも古い木骨造りの家がある。ポワソヌリー通りでは、10～12番地のすばらしい**鮭の家 Maison du Saumon**を見逃したくない。ここには、大天使ガブリエル（キリスト受胎をマリアに告げた天使）と聖母マリア、ドラゴンを退治する大天使ミカエルを彫ったコンソール、そしてもちろん名前の由来となった鮭の姿を彫ったコンソールもある。現在、レストランになっている。

サン・ピエール広場 place St-Pierreからは、12～13世紀に建てられた**サン・ピエール教会 Église St-Pierre**（🕐9:00～12:00と14:00～18:00）を支える飛び梁の眺めが楽しめる。この教会は、7世紀に建てられたベネディクト修道院の一部だったが、街の城壁の外側にあったため何度も外敵の攻撃を受けることになった。これに付随する、前ロマネスク様式の要塞風の**鐘塔 bell tower**は紀元1000年ごろに造られたもので、修道士たちの避難所として使われた。身廊や内陣、そして後陣にある、明るい色の美しい**高窓 clerestory windows**は14世紀初めに造られたものだ。

サン・テニャン教会 Église St-Aignan 16世紀初めに建てられたこの教会（🏠place St-Aignan 🕐9:00～12:00と14:00～18:00）で興味深いのは、木製の筒形丸天井（1625年）、屋根のついた身廊、淡い青と金の花模様のモチーフで描かれたインテリア（1870年頃）だ。ステンドグラスとルネサンス様式のサン・ミッシェル礼拝堂は16世紀に造られたものだ。

食事
レストラン

ラルルカン
L'Arlequin
☎02-37-34-88-57
🏠8 rue de la Porte Cendreuse
📖前菜€6.80〜11、メイン€11.50〜12.20、ランチ定食€14.50、ディナー定食€18と€23
🕐土のランチと日のディナーなし、月休み
魚料理を専門にする、居心地のいいブラッスリー。

ル・ビュイッソン・アルダン
Le Buisson Ardent (燃える茂みという意味)
☎02-37-34-04-66
🏠10 rue au Lait
📖前菜€10.50〜15、メイン€13〜19.50、2品定食€16.50、3品定食€21.50
🕐日のディナーなし、水休み
オールドスタイルの魅力的なレストラン。お得な定食がある。

ル・グリーユ・ペラジー
Le Grill Pélagie
☎02-37-36-07-49
🏠1 av Jehan de Beauce
📖前菜€3.70〜7.30、メイン€9〜13.50、定食€11〜20
🕐土のランチなし、日休み
網焼き料理とグアカモーレ(€6)やファヒータ(€13〜14)といったテキサス風メキシコ料理を専門とする人気の店。

メゾン・デュ・ソモン
Maison du Saumon
☎02-37-36-28-00
🏠10-12 rue de la Poissonnerie
📖前菜€7.50〜8.50、メイン€12〜17.50
🕐日のディナーなし、月休み
店名と同じ中世風の"鮭の家"(前出)の中にあるレストラン。アルザス料理のシュークルート、ポーランド料理のピロシキ、魚料理など万人向けの料理を試みて、かえって収拾がつかなくなっている。一度行って確かめてみよう。

ラ・パッサカイユ
La Passacaille
☎02-37-21-52-10
🏠30 rue Ste-Mêmе
🕐ランチとディナー22:00または22:30まで
居心地のいいイタリアンレストラン。特にピザ(€6.70〜9.60)とフレッシュ・パスタ(€7.50〜8.60)がおすすめ。

カフェ・セルパント
Café Serpente
☎02-37-21-68-81

🏠2 Cloître Notre Dame
📖本日のおすすめ料理€8〜13.50、サラダ、オムレツ€6.75〜10.50
🕐10:00〜13:00
大聖堂の向かい側という、便利な場所にあるブラッスリー兼ティー・ルーム*salon de thé*。

テイクアウト 大聖堂の南側のシャンジュ通りrue des Changesを入ったところにある**屋根付き市場**(🏠place Billard 🕐土7:00〜13:00)のまわりに**食料品店**がたくさんある。

モノプリ
Monoprix
🏠21 rue Noël Ballay
🕐月〜土9:00〜19:30
1階はスーパーマーケット。ボワ・メラン通りrue du Bois Merrainからも入れる。

アクセス

1日30本程度(日曜は20本)の電車がパリのモンパルナス駅Gare Montparnasseとシャルトルchartres駅を結んでおり(€11.40、所要時間55〜70分)、そのすべてがヴェルサイユ・シャンティエVersailles-Chantiers駅経由(€9.70、所要時間45〜60分)になっている。パリ行きの最終電車は、平日の21:00過ぎ、土曜の19:40、そして日曜と祝日の22:00過ぎにシャルトルを出る。

ジヴェルニー
GIVERNY

郵便番号27620 • 人口525人

パリからルーアンRouenに向けて北西76kmのところにある小さな村ジヴェルニーには、クロード・モネの家Maison de Claude Monetがあり、印象派の代表的画家の一人であるモネの住居(1883〜1926年)と花が咲き乱れる庭園で構成されている。モネはここで、「睡蓮*Décorations des Nymphéas*」をはじめとする最も有名な作品のいくつかを描いた。

モネ美術館
Maison Musée Claude Monet

モネがここに所有していた1haの土地は、小さな鉄道路線であるロワ線Chemin du Royにより分断され、2つのエリアに分かれていた。残念ながら、この路線は後に自動車が頻繁に行き交う道路D5号線になってしまった。

北の部分は**クロ・ノルマン Clos Normand**(ノルマンディーの畑)で、ここに淡いピンク色の壁と緑色の窓枠を持つ有名なモネの家と、**睡蓮のアトリエ Water Lilies studio**がある。今日、アトリエは玄関ホールになっており、彼

近郊に足をのばす － ジヴェルニー

絵のように美しい：ジヴェルニーにあるモネの牧歌的な庭園は今でもインスピレーションに満ちている

の作品の精巧な複製で飾られている。そして観光客であふれるみやげ物店からお金を出し入れするレジの音が聞こえてくる。家の外には、左右対称的に配置された庭園が広がっている。

モネの家と庭園の見学（☎02-32-51-28-21 大人€5.50、学生€4.80、子供€3 4～10月 火～日10:00～18:00）は、季節ごとに違った楽しみがある。春先から晩春にかけて、まずスイセン、チューリップ、ツツジ、フジ、アイリスが咲き、ケシの花とユリがそれに続く。6月までにはキンレンカ、バラ、スイートピーが咲き、9月頃になるとダリア、ヒマワリ、タチアオイが咲き乱れる。

クロ・ノルマン内の邸宅から離れた場所に、道路D5号線の下を走るトンネルがあり、このトンネルを通って水の庭園 Jardin d'Eauに行くことができる。名声を得たモネは1895年にこの土地を買って池を掘り（近くを流れるセーヌ川の支流のエプト川を水源とした）、睡蓮を植え、日本の太鼓橋を架けた（現在ある橋は架け直されたもの）。紫色のフジが垂れ下がるこの橋は、非対称な前景と後景を調和させ、優しい雰囲気を漂わせている。彼はこの情景を絵にして"光の画家"の名を不動のものにした。

アメリカ美術館
Musée d'Art Américain

近くには、アメリカ美術館（☎02-32-51-94-65 99 rue Claude Monet 大人€5.35、学生€3、7～12歳の子供€2.30）があり、19世紀末から20世紀初めにフランスに渡ってきたアメリカ人印象派画家たちのすぐれた作品が展示されている。この美術館は、クロード・モネの家から100mほどのところにある見栄えのしない建物に入っており、開館時間はモネの家と同じだ（ただし、毎月第1木曜は21:00まで開館）。

アクセス

ジヴェルニーは、パリの北西76kmのところにあり、最寄りの街はヴェルノンVernonだ。ヴェルノンは、ジヴェルニーの北西7kmほどのところにあり、パリとルーアンを結ぶ鉄道路線の停車駅になっている。

パリのサン・ラザール駅Gare St-Lazareからヴェルノンに行くには、早朝の電車が2本ある（€10.50、所要時間50分）。ヴェルノンでは、ほとんどの電車の到着に合わせてバスが発着している（☎02-32-51-28-21 €2.30）。パリ行きの電車は、17:00～21:00の間に1時間に約1本の割合で出ている。

フランス語の基礎知識

Language

現代フランス語は、オイル語*langue d'oïl*（ガロ・ロマン時代末期に使われていた日常ラテン語から生まれ、ロワール川以北で話されていたさまざまな方言）をもとに発展してきた。オイル語と並んで国の南部ではオック語*langue d'oc*も話されていたが、結局はオイル語、特にイル・ド・フランス地方で話されていたフランシアン方言がオック語に取って代わり主流の座を占めるに至った。なお、地中海に面した南仏のラングドック地方Languedocの名は、オック語（フランス語で"ラング・ドック"と発音）にちなんだものだ。

フランスでは標準フランス語が教えられ、話されているが、いくつかの地方では、さまざまな訛りや方言がその地方の独自性を示す重要な源泉になっている。さらに、かなり前にフランスの統治下に入ったものの、伝統的な言語が残っているものもある。たとえば、フランス最北部のフラマン語、アルザス地方のアルザス語、ブルターニュ地方のブルトン語（コーンウォール語やウェールズ語と関係の深いケルト系言語）、バスク地方のバスク語（他の言語と類縁関係のない言語）、ルシヨン地方のカタロニア語（近くにあるアンドラ公国の公用語であり、スペインのカタロニア自治州の住人800万人の第一言語）などだ。また、プロヴァンス地方のプロヴァンス語やコルシカ島のコルシカ島方言などもこれにあたる。

文法

フランス語では、"テュ*tu*"と"ヴー*vous*"（どちらも英語の"you"を意味する）がはっきり区別される。テュ*tu*は親しい人や子供、動物に対して使われる。個人的に親しくない大人に話しかける時は、相手からチュ*tu*で話すようすすめられない限り、ヴー*vous*を使うべきだ。一般に、若い人ほどこの区別にこだわりがなく、知り合ったばかりでもテュ*tu*を使っているようだ。

フランス語では、すべての名詞は男性、女性のいずれかであり、形容詞は修飾する名詞の性に応じて変わる。名詞と形容詞の多くは、男性形の語尾に発音しない"*e*"をつけると女性形になる。たとえば、エテュディアン*étudiant*（男子学生）にeをつけて、エテュディアント*étudiante*（女子学生）といった具合だ。以下に紹介する語句については、必要に応じて男性形（m）と女性形（f）の両方を示すことにする。具体的には、最初に男性形を示し、そのあとにスラッシュ（/）を入れて女性形を示す。多くの場合、名詞の性は、その前につく冠詞*le*、*un*、*du*（m）と*la*、*une*、*de la*（f）（それぞれ英語であればthe、a、someにあたる）や所有形容詞*mon*、*ton*、*son*（m）と*ma*、*ta*、*sa*（f）（それぞれ英語であればmy、your、hisまたはherにあたる）によって男性か女性かがわかる。ただし、英語とは異なりフランス語では、所有形容詞は、所有者ではなく、所有の対象となるものの性と数に一致する。たとえば、*sa mère*は英語のhis mother（彼の母親）とher mother（彼女の母親）の両方を示すのである。

発音

フランス語でほとんどの文字は、だいたい英字と同じような発音をする。混同しやすい文字を下に挙げる。

- **j** 英語の"leisure（レジャー）"にある"s（ジ）"の発音になり、*jour*（ジュール、日）のように使われる。
- **c** 後ろに**e**や**i**が来ると、英語の"sit（シット）"にある"s（サ行）"の発音になり、後ろに**a**や**o**、**u**が来ると英語の"k（カ行）"の発音になる。ただし、セディーユcedillaが付いて**ç**となる場合は、必ず英語の"sit（シット）"にある"s（サ行）"の発音になる。

フランス語には英語圏の人にとって発音しにくい音がいくつかある。たとえば、次のような発音だ。

- "u"の音（テュ*tu*に含まれる音）と"oo"の音（トゥー*tout*に含まれる音）の区別。両方とも唇を丸めて前に突き出すが、"u"は舌を口内の前にもっていき、舌先を下の前歯につけるのに対し、"oo"は口内の後ろに舌を置き、舌先を下の前歯裏の歯茎につけるようにする。
- 鼻母音。鼻母音の場合、息の一部は鼻から抜け、一部は口から抜ける。音節が**n**または**m**の1字単子音で終わっている場合にはこれらの音になる。**n**や**m**は無音声であるが、その直前の母音が鼻音になる。
- **r**の発音。パリっ子が話すフランス語の標準的な**r**の音は、舌先を下の前歯の後ろに置いたまま舌の大部分を後ろに動かして後部を高め、咽頭を通る空気の流れを圧縮して発声をする。

挨拶・儀礼

こんにちは／おはようございます
　ボンジュール　　　　　　Bonjour.
こんばんは
　ボンスワール　　　　　　Bonsoir.
おやすみなさい
　ボンヌ・ニュイ　　　　　Bonne nuit.
さようなら
　オ・ルヴワール　　　　　Au revoir.
はい
　ウイ　　　　　　　　　　Oui.
いいえ
　ノン　　　　　　　　　　Non.
たぶん
　プ・テートル　　　　　　Peut-être.
お願いします
　シル・ヴー・プレ　　　　S'il vous plaît.
ありがとう
　メルシー　　　　　　　　Merci.
どういたしまして
　ジュ・ヴー・ザン・プリ　Je vous en prie.
ごめんなさい
　エクスキュゼ・モワ　　　Excusez-moi.
すみません／失礼
　パルドン　　　　　　　　Pardon.
お元気ですか？（ていねいな言い方）
　コマン・タレ・ヴー　　　Comment allez-vous?
元気かい？（くだけた言い方）
　コマン・ヴァ・テュ／コマン・サ・ヴァ
　Comment vas-tu?/Comment ça va?
元気です。ありがとう
　ビヤン・メルシー　　　　Bien, merci.
あなたのお名前は？
　コマン・ヴー・ザプレ・ヴー
　Comment vous appelez-vous?
私の名前は…です。
　ジュ・マペル…　　　　　Je m'appelle ….
はじめまして
　アンシャンテ　　　　　　Enchanté (m) /
　　　　　　　　　　　　　Enchantée (f).
何歳ですか？
　ケラージュ・アヴェ・ヴー
　Quel âge avez-vous?
私は…歳です
　ジェ・…アン　　　　　　J'ai … ans.
…は好きですか？
　エメ・ヴー…　　　　　　Aimez-vous …?
お国はどちらですか？
　ドゥ・ケル・ペイ・エット・ヴー
　De quel pays êtes-vous?

私は…から来ました
　ジュ・ヴィヤン…　　　　Je viens ….
　　日本から
　　　デュ・ジャポン　　　du Japon

言葉に困ったとき

英語を話しますか？
　パルレ・ヴー・アングレ　Parlez-vous anglais?
わかりました
　ジュ・コンプラン　　　　Je comprends.
わかりません
　ジュ・ヌ・コンプラン・パ　Je ne comprends pas.
それを書いていただけますか？
　エ・ス・ク・ヴー・プヴェ・レクリール
　Est-ce que vous pouvez l'écrire?

交通手段

…は何時に（出発／到着）しますか？
　ア・ケルール・（パール／アリーヴ）…
　À quelle heure (part / arrive) …?
　　飛行機
　　　ラヴィヨン　　　　　l'avion
　　バス（市内）
　　　ロトビュス　　　　　l'autobus
　　バス（長距離）
　　　ロトカール　　　　　l'autocar
　　フェリー
　　　ル・フェリー　　　　le ferry (-boat)
　　（ボート）

標示

Entrée アントレ	入口
Sortie ソルティ	出口
Ouvert ウヴェール	開店／開館
Fermé フェルメ	閉店／閉館
Chambres Libres シャンブル・リーブル	空室あり
Complet コンプレ	満員／満室
Renseignements ランセニュマン	案内書
Interdit アンテルディ	禁止
(Commissariat de)Police （コミサリア・ドゥ）ポリス	警察署
Toilettes トゥワレット	トイレ
WC ドゥブルヴェ・セ	WC
Hommes オム	男子
Femmes ファム	女子

フランス語の基礎知識

列車
ル・トラン　　　le train

路面電車
ル・トゥラムウェー　le tramway

…はどこにありますか？
ウ・エ…　　　　Où est …?

バス停
ラレ・ドトビュス　l'arrêt d'autobus

メトロ駅
ラ・スタシオン・　la station de métro
ドゥ・メトロ

駅
ラ・ガール　　　la gare

路面電車の停留所
ラレ・ドゥ・　　l'arrêt de tramway
トゥラムウェー

切符売場
ル・ギシェ　　　le guichet

…の切符がほしいのですが
ジュ・ヴドゥレ・アン・ビエ…
Je voudrais un billet....

片道
アレ・サンプル　aller-simple

往復
アレ・ルトゥール　aller-retour

1等車
プルミエール・　première classe
クラス

2等車
ドゥジエーム・　deuxième classe
クラス

どのくらい時間がかかりますか？
コンビヤン・ドゥ・タン・デュール・ル・トラジェ
Combien de temps dure le trajet?

列車は…
ル・トラン・エ…　Le train est ….

遅れている
アン・ルタール　en retard

時間通りだ
ア・ルール　　　à l'heure

定刻より早い
アン・アヴァンス　en avance

…する必要がありますか？
エ・ス・ク・ジュ・ドワ…
Est-ce que je dois …?

列車を乗り換える
シャンジェ・　　changer de train
ドゥ・トラン

別のホームへ移る
シャンジェ・　　changer de quai
ドゥ・ケ

コインロッカー
コンシーニュ・オトマティーク
consigne automatique

プラットホーム
ケ　　　　　　　quai

時刻表
オレール　　　　horaire

…を借りたい（頼みたい）のですが
ジュ・ヴドゥレ・ルエ…
Je voudrais louer ….

自転車
アン・ヴェロ　　un vélo

車
ユヌ・　　　　　une voiture
ヴォワテュール

ガイド
アン・ギッド　　un guide

街の中で

…を探しています
ジュ・シェルシュ…　Je cherche …

銀行
ユヌ・バンク　　une banque

両替所
アン・ビュロー・　un bureau de change
ドゥ・シャンジュ

シティ・センター
ル・サントル・　le centre ville
ヴィル

…大使館
ランバサード・　l'ambassade de …
ドゥ…

病院
ロピタル　　　　l'hôpital

宿泊のホテル
モン・ノテル　　mon hôtel

市場
ル・マルシェ　　le marché

警察
ラ・ポリス　　　la police

郵便局
ル・ビュロー・　le bureau de poste /
・ドゥポスト／　la poste
ラ・ポスト

公衆電話
ユヌ・　　　　　une cabine téléphonique
キャビーヌ・
テレフォニーク

公衆トイレ
　　レ・トゥワレット　　les toilettes
観光案内所
　　ロフィス・ドゥ・　　l'office de tourisme
　　トゥーリスム

何時に（開き／閉まり）ますか？
　　ケレ・ルール・（ドゥーヴェルテュール／
　　ドゥ・フェルムテュール）
　　Quelle est l'heure (d'ouverture / de fermeture) ?

電話をかけたいのですが
　　ジュ・ヴドゥレ・テレフォネ
　　Je voudrais téléphoner.

（お金／トラベラーズチェック）を両替したい
のですが
　　ジュ・ヴドゥレ・シャンジェ・ドゥ・（ラルジャン／
　　シェック・ドゥ・ヴワィヤージュ）
　　Je voudrais changer de (l'argent /
　　chèques de voyage) .

道を尋ねる

…へはどう行けばよいですか？
　　コマン・ドゥワ・ジュ・フェール・プール・アリ
　　ヴェ・ア…
　　Comment dois-je faire pour arriver à …?

（近い／遠い）ですか？
　　エ・ス・（プレ／ルワン）
　　Est-ce (près / loin) ?

どこにあるか（地図／市街図）で教えてもらえ
ますか？
　　エ・ス・ク・ヴ・プヴェ・ム・ル・モントレ・
　　シュール・（ラ・カルト／ル・プラン）
　　Est-ce que vous pouvez me le montrer sur (la
　　carte / le plan) ?

まっすぐ行きなさい
　　コンティニュエ・トゥ・ドゥルワ
　　Continuez tout droit.

左に曲がりなさい
　　トゥルネ・ア・ゴーシュ
　　Tournez à gauche.

右に曲がりなさい
　　トゥルネ・ア・ドゥルワット
　　Tournez à droite.

宿泊

…を探しています
　　ジュ・シェルシュ…　　Je cherche ….
　　　キャンプ場
　　　　ル・カンピング　　le camping
　　　ユースホステル
　　　　ロベルジュ・　　l'auberge de jeunesse
　　　　ドゥ・ジュネス

　　　ホテル
　　　　アン・ノテル　　un hôtel

どこか安いホテルはありますか？
　　ウ・エ・ス・ク・ジュ・プ・トゥルヴェ・アン・
　　ノテル・ボン・マルシェ
　　Où est-ce que je peux trouver un hôtel bon
　　marché?

住所はどこですか？
　　ケ・レ・ラドレス　　Quelle est l'adresse ?

空いている部屋がありますか？
　　エ・ス・ク・ヴー・ザヴェ・デ・シャンブル・リーブル
　　Est-ce que vous avez des chambres libres?

…を予約したいのですが
　　ジュ・ヴドゥレ・レゼルヴェ…
　　Je voudrais réserver ….
　　　ベッド
　　　　アン・リ　　un lit
　　　シングルルーム
　　　　ユヌ・シャンブル・　　une chambre
　　　　プール・ユヌ・　　pour une personne
　　　　ペルソンヌ
　　　ツインルーム
　　　　ユヌ・シャンブル・　　une chambre double
　　　　ドゥーブル
　　　シャワー・トイレ付きの部屋
　　　　ユヌ・シャンブル・　　une chambre
　　　　アヴェック・　　avec douche et WC
　　　　ドゥーシュ・エ・
　　　　ドゥブルヴェセ

ドミトリー形式の部屋に泊まりたいのですが
　　ジュ・ヴドゥレ・クーシェ・ダン・ザン・ドルトワール
　　Je voudrais coucher dans un dortoir.

…の料金はいくらですか？
　　ケ・レ・ル・プリ…
　　Quel est le prix …?
　　　1泊
　　　　パル・ニュイ　　par nuit
　　　1人あたり
　　　　パル・ペルソンヌ　　par personne

朝食付きですか？
　　エ・ス・ク・ル・プティ・デジュネ・エ・コンプリ
　　Est-ce que le petit déjeuner est compris?

部屋を見せてもらえますか？
　　エ・ス・ク・ジュ・プ・ヴワール・ラ・シャンブル
　　Est-ce que je peux voir la chambre?

トイレはどこですか
　　ウ・ソン・レ・トゥワレット
　　Où sont les toilettes?

フランス語の基礎知識

...はどこにありますか?
 ウ・エ...   Où est ...?
  浴室
   ラ・サル・ドゥ・   la salle de bains
   バン
  シャワー
   ラ・ドゥーシュ   la douche

ショッピング

いくらですか?
 セ・コンビヤン   C'est combien?
高すぎます
 セ・トゥロ・シェール・プール・モワ
 C'est trop cher pour moi.
それを見せてもらえますか?
 エ・ス・ク・ジュ・プ・ル／ラ・ヴワール
 Est-ce que je peux le / la voir? (m / f)
ちょっと見るだけです
 ジュ・ヌ・フェ・ク・ルガルデ
 Je ne fais que regarder.
クレジットカードで支払えますか?
 エ・ス・ク・ジュ・プ・ペイエ・アヴェック・
 マ・カルト・ドゥ・クレディ
 Est-ce que je peux payer avec ma carte de crédit?
(大きすぎ／小さすぎ) ます
 セ・トゥロ・（グラン／プティ）
 C'est trop (grand / petit) .

もっと多い
 プリュ   plus
もっと少ない
 モワン   moins
安い
 ボン・マルシェ   bon marché
もっと安い
 モワン・シェール   moins cher

時間・日付

何時ですか?
 ケルール・エ・ティル   Quelle heure est-il?
いつ?
 カン   Quand?

(2) 時です
 イレ・(ドゥー)・ズール   Il est (deux) heures.
午前
 デュ・マタン   du matin
午後
 ドゥ・ラプレ・ミディ   de l'après-midi
夕方
 デュ・スワール   du soir
きょう
 オージュルデュイ   aujourd'hui
今晩
 ス・スワール   ce soir

あした
 ドゥマン   demain
あさって
 アプレ・ドゥマン   après-demain
きのう
 イエール   hier
一日中
 トゥット・ラ・ジュルネ   toute la journée

月曜
 ランディ   lundi
火曜
 マルディ   mardi
水曜
 メルクルディ   mercredi
木曜
 ジュディ   jeudi
金曜
 ヴァンドゥルディ   vendredi
土曜
 サムディ   samedi
日曜
 ディマンシュ   dimanche

1月
 ジャンヴィエ   janvier
2月
 フェヴリエ   février
3月
 マルス   mars
4月
 アヴリル   avril
5月
 メ   mai
6月
 ジュアン   juin
7月
 ジュイエ   juillet
8月
 ウー（またはウット） août
9月
 セプタンブル   septembre
10月
 オクトーブル   octobre
11月
 ノヴァンブル   novembre
12月
 デサンブル   décembre

数

 1   アン
     un
 2   ドゥー
     deux

フランス語の基礎知識

3	トゥルワ	trois
4	キャトル	quatre
5	サンク	cinq
6	シス	six
7	セット	sept
8	ユイット	huit
9	ヌフ	neuf
10	ディス	dix
11	オーンズ	onze
12	ドゥーズ	douze
13	トゥレーズ	treize
14	キャトルズ	quatorze
15	キャーンズ	quinze
16	セーズ	seize
17	ディ・セット	dix-sept
18	ディズ・ユィット	dix-huit
19	ディズ・ヌフ	dix-neuf
20	ヴァン	vingt
21	ヴァン・テ・アン	vingt-et-un
22	ヴァント・トゥー	vingt-deux
23	ヴァント・トゥルワ	vingt-trois
30	トゥラント	trente
40	キャラント	quarante
50	サンカント	cinquante
60	スワサント	soixante
70	スワサント・ディス	soixante-dix （直訳すると60＋10）
80	キャトル・ヴァン	quatre-vingts （直訳すると4×20）
90	キャトル・ヴァン・ディス	quatre-vingt-dix （直訳すると4×20＋10）
100	サン	cent
1000	ミル	mille
100万	アン・ミリオン	un million

緊急の場合

助けて！	オ・スクール	Au secours!
医者を呼んでください！	アプレ・アン・メドゥサン	Appelez un médecin!
警察を呼んでください！	アプレ・ラ・ポリース	Appelez la police!
ほっといてください！	フィシェ・モワ・ラ・ペ	Fichez-moi la paix!
泥棒です！	オン・マ・ヴォレ	On m'a volé.
男から暴行を受けました	オン・マ・ヴィオレ	On m'a violée.
道に迷いました	ジュ・ム・スュイ・エガレ	Je me suis égaré / égarée (m / f).

健康

病気です
　ジュ・スュイ・マラッド　Je suis malade.

医者に診てもらう必要があります
　イル・ム・フォ・アン・メドゥサン　Il me faut un médecin.

病院はどこにありますか？
　ウ・エ・ロピタル　　Où est l'hôpital?

私は…です
　ジュ・スュイ…　　Je suis ….
　　糖尿病
　　　ディアベティック　diabétique
　　てんかん症
　　　エピレプティック　épileptique
　　喘息
　　　アスマティック　asthmatique
　　貧血症
　　　アネミック　　anémique

私は…アレルギーです
　ジュ・スュイ・アレルジック…
　Je suis allergique ….
　　抗生物質
　　　オ・ザンティビオティック　aux antibiotiques

ペニシリン
　ア・ラ・ペニシリヌ　à la pénicilline
ミツバチ
　オ・ザベイユ　aux abeilles

消毒薬
　アンティセプティック　antiseptique
アスピリン
　アスピリヌ　aspirine
コンドーム
　プレゼルヴァティフ　préservatifs
避妊薬
　コントラセプティフ　contraceptif
薬
　メディカマン　médicament
吐き気
　ノゼ　nausée
日焼け止めクリーム
　クレーム・ソレール・オート・プロテクシオン
　crème solaire haute protection
生理用タンポン
　タンポン・イジエニック　tampons hygiéniques

食べ物

朝食
　ル・プティ・デジュネ　le petit déjeuner
ランチ
　ル・デジュネ　le déjeuner
ディナー
　ル・ディネ　le dîner

前菜
　ユヌ・アントレ　une entrée
メイン料理
　アン・プラ・プランシパル
　un plat principal
デザート
　アン・デセール　un dessert

定食をお願いします
　ジュ・プラン・ル・ムニュ
　Je prends le menu.
私はベジタリアンです
　ジュ・スュイ・ヴェジェタリヤン／
　ヴェジェタリエンヌ
　Je suis végétarien / végétarienne.
私は肉を食べません
　ジュ・ヌ・マンジュ・パ・ドゥ・ヴィアンド
　Je ne mange pas de viande.

前菜

assiette anglaise　アシエット・アングレーズ
　冷製肉・ソーセージの盛り合わせ

assiette de crudités　アシエット・ドゥ・
　　　　　　　　　　クリュディテ
　ドレッシング付き生野菜盛合せ
soufflé　スフレ
　卵の黄身と固めに泡立てた白身、小麦粉、チーズなどを混ぜて軽くふっくらと焼き上げた料理

スープ

bouillabaisse　ブイヤベース
　ラスカスrascasse（カサゴ）など数種類の魚を煮込んだマルセイユ生まれの地中海風魚介スープ。メイン料理となることが多い
bouillon　ブイヨン
　肉・魚・野菜などを煮出したスープ
bourride　ブリッド
　魚のスープ。メイン料理となることも多い
potage　ポタージュ
　野菜のピューレで作られた濃厚なスープ
soupe au pistou　スープ・オ・ピストゥ
　バジルとガーリックペーストで作られた野菜スープ
soupe de poisson　スープ・ドゥ・ポワソン
　魚のスープ
soupe du jour　スープ・デュ・ジュール
　本日のおすすめスープ

肉類

agneau　アニョー
　仔羊
aiguillette　エギュイエット
　鴨の胸肉を薄切りにしたもの
andouilleまたはandouillette
　アンドゥイユまたはアンドゥイエット
　豚や仔牛の胃・腸の細切れを詰めたソーセージ
bifteck　ビフテック
　ステーキ
bœuf　ブフ
　牛肉
bœuf haché　ブフ・アシェ
　牛のひき肉
boudin noir　ブーダン・ヌワール
　豚の血と脂で作った腸詰め
brochette　ブロシェット
　串焼き（ケバブ）
canard　カナール
　鴨
caneton　カヌトン
　子鴨
charcuterie　シャルキュトリー
　調理・加工された肉（主に豚肉）
chevreuil　シュヴルイユ
　小鹿
côte　コート
　豚・仔羊・羊の骨付きあばら肉
côtelette　コトゥレット
　カツレツ

cuisses de grenouilles　キュイス・ドゥ・グルヌイユ
　カエルのもも肉
entrecôte　アントゥルコット
　リブロース
dinde　ダンド
　七面鳥
escargot　エスカルゴ
　カタツムリ
faisan　フザン
　キジ
faux-filet　フォー・フィレ
　サーロイン
filet　フィレ
　ヒレ肉
foie　フォワ
　レバー
foie gras de canard　フォワ・グラ・ドゥ・カナール
　鴨やガチョウのレバーペースト
gibier　ジビエ
　狩猟した鳥獣の肉
gigot d'agneau　ジゴ・ダニョー
　子羊のもも肉
jambon　ジャンボン
　ハム
langue　ラング
　舌
lapin　ラパン
　ウサギ
lard　ラール
　ベーコン
lardon　ラルドン
　細切りしたベーコン
lièvre　リエーヴル
　野ウサギ
mouton　ムートン
　羊
oie　オワ
　ガチョウ
pieds de porc　ピエ・ドゥ・ポール
　豚足
pintade　パンタッド
　ホロホロ鳥
porc　ポール
　豚肉
poulet　プーレ
　チキン
rognons　ロニヨン
　腎臓
sanglier　サングリエ
　猪
saucisson　ソシソン
　大きいソーセージ

saucisson fumé　ソシソン・フュメ
　大きい燻製ソーセージ
steak　ステック
　ステーキ
tournedos　トゥルヌド
　牛ヒレ肉を脂身で巻いて厚く輪切りにして焼いたもの
tripes　トリップ
　牛・仔牛の胃袋
veau　ヴォー
　仔牛
viande　ヴィアンド
　食肉
volaille　ヴォライユ
　家禽肉

一般的な肉料理

blanquette de veau　ブランケット・ドゥ・ヴォー
　仔牛の肉と野菜をホワイトソースで煮込んだシチュー
bœuf bourguignon　ブフ・ブルギニヨン
　牛肉をタマネギなどと一緒に赤ワインで煮込んだもの
cassoulet　カスレー
　ガチョウ、鴨、豚、子羊ヒレ肉などを白インゲンと煮込んだラングドック地方のシチュー
choucroute　シュークルート
　ザウアークラウトとソーセージなどの加工肉を付け合せたもの
confit de canard（またはconfit d'oie）　コンフィ・ドゥ・カナール（またはコンフィ・ドワ）
　鴨（またはガチョウ）の肉をその脂で煮て、その脂に漬けた保存食
coq au vin　コック・オ・ヴァン
　若鶏の赤ワイン煮
civet　シヴェ
　狩猟した鳥獣の肉のシチュー
fricassée　フリカッセ
　炒めた肉を煮込んだもの
grillade　グリヤード
　網焼きした肉
quenelles　クネル
　魚や（まれに）肉のすり身で作った団子
steak tartare　ステック・タルタル
　タマネギ、卵黄、ケッパーを混ぜて食べる、生の牛肉のたたき

ステーキの焼き加減

bleu　ブルー
　レアより生焼け
saignant　セニャン
　レア（"血のしたたるような"という意味）
à point　ア・ポワン
　ミディアム（ただし、ピンク色が残っている）
bien cuit　ビヤン・キュイ
　ウェルダン（"よく焼いた"という意味だが、通常はミディアムに近い）

フランス語の基礎知識 − 食べ物

魚・シーフード

anchois アンショビ	アンショワ
anguille ウナギ	アンギーユ
brochet カワカマス	ブロシェ
cabillaud 生タラ	カビヨー
calmar イカ	カルマール
chaudrée 海魚のスープ	ショドレ
coquille St-Jacques ホタテ貝	コキーユ・サン・ジャック
crabe カニ	クラブ
crevette grise 小エビ	クルヴェット・グリーズ
crevette rose クルマエビ	クルヴェット・ローズ
écrevisse 淡水ザリガニ	エクルヴィス
fruits de mer 海の幸（貝、ウニ、エビ、カニの類。魚は含まない）	フリュイ・ドゥ・メール
hareng ニシン	アラン
homard ロブスター	オマール
huître カキ	ユイットル
langouste イセエビ	ラングスト
langoustine 手長エビ（ヨーロッパアカザエビ）	ラングスティーヌ
maquereau サバ	マクロー
merlan ホワイティング（タラの一種）	メルラン
morue 塩ダラ	モリュ
moule ムール貝	ムール
palourde ハマグリ、アサリの類	パルゥルド
poisson 魚	ポワソン
raie エイ	レ
rouget ヒメジ	ルゥジェ
sardine イワシ	サルディヌ
saumon サケ	ソモン
sole 舌ビラメ	ソル
thon マグロ	トン
truite マス	トゥリュイット

野菜、豆、香辛料

ail ニンニク	アイユ
aneth ういきょう	アネット
anis アニス（香草の一種）	アニ（またはアニス）
artichaut アーティチョーク	アルティショー
asperge アスパラガス	アスペルジュ
aubergine ナス	オベルジヌ
basilic バジル	バジリック
betterave テンサイ	ベトラーヴ
cannelle シナモン	カネル
carotte ニンジン	カロット
céleri セロリ	セルリ
cèpe ヤマドリタケ（イグチ属のキノコ）	セープ
champignon キノコ	シャンピニョン
chou キャベツ	シュー
citrouille カボチャ	シトルイユ
concombre キュウリ	コンコンブル
cornichon 小キュウリ（ピクルス）	コルニション
courgette ズッキーニ	クルジェット
crudités 生野菜の盛り合わせ	クリュディテ
échalotte エシャロット	エシャロット
épice 香辛料	エピス
épinard ほうれん草	エピナール

フランス語の基礎知識 − 食べ物

fenouil	フヌイユ	truffe	トリュフ
ウイキョウ		トリュフ（松露）	

調理法

gingembre	ジャンジャンブル
ショウガ	
haricot	アリコ
インゲン豆	
haricots blancs	アリコ・ブラン
白インゲン豆	
haricots rouges	アリコ・ルージュ
赤インゲン豆	
haricots verts	アリコ・ヴェール
サヤインゲン	
herbe	エルブ
ハーブ	
laitue	レテュ
レタス	
légume	レギューム
野菜	
lentilles	ランティーユ
レンズ豆	
maïs	マイス
トウモロコシ	
menthe	マント
ミント	
navet	ナヴェ
カブ	
oignon	オニョン
タマネギ	
olive	オリーヴ
オリーブ	
origan	オリガン
オレガノ	
persil	ペルシ
パセリ	
petits pois	プティ・ポワ
グリンピース	
poireau	ポワロー
ポロネギ	
poivron rouge / vert	ポワヴロン・ルージュ／ヴェール
赤トウガラシ／ピーマン	
pomme de terre	ポム・ドゥ・テール
ジャガイモ	
ratatouille	ラタトゥイユ
ナス、トマトなどをコショウとニンニクで炒めて煮込んだ野菜料理	
riz	リ
米	
salade	サラッド
サラダ菜またはレタス	
sarrasin	サラザン
ソバ粉	
tomate	トマト
トマト	

à la vapeur	ア・ラ・ヴァプール
蒸した	
au feu de bois	オ・フー・ドゥ・ボワ
薪火で焼いた	
au four	オ・フル
オーブンで焼いた	
en croûte	アン・クルート
パイ皮で包んだ	
farci	ファルシ
（ひき肉などの）詰め物をした	
fumé	フュメ
スモークした	
gratiné	グラティネ
チーズをかけて焼き色をつけた	
grillé	グリエ
網焼きした	
pané	パネ
パン粉をつけた	
rôti	ロティ
ローストした	
sauté	ソテ
炒めた	

ソースと付け合わせ

aïoliまたはailloli	アイオリ
ニンニク入りマヨネーズソース	
béchamel	ベシャメル
ホワイトルーと牛乳で作るソース	
huile d'olive	ユイル・ドリーヴ
オリーブ油	
moutarde	ムタルド
マスタード	
pistou	ピストゥ
ペスト（バジル、チーズ、ニンニク、オリーブ油を混ぜて作るソース）	
provençale	プロヴァンサル
トマト、ニンニク、香草、オリーブ油で作ったドレッシングまたはソース	
tartare	タルタル
香草を加えたマヨネーズソース	
vinaigrette	ヴィネグレット
油、酢、マスタード、ニンニクで作ったサラダ・ドレッシング	

果物・木の実

abricot	アブリコ
アンズ	
amande	アマンド
アーモンド	
ananas	アナナ（またはアナナス）
パイナップル	

フランス語の基礎知識 – 食べ物

arachide　　　アラシッド
落花生

banane　　　バナヌ
バナナ

cacahuète　　カカユエット
ピーナッツ

cassis　　　　カシス
黒すぐり

cerise　　　　スリーズ
サクランボ

citron　　　　シトロン
レモン

fraise　　　　フレーズ
イチゴ

framboise　　フランボワーズ
ラズベリー

marron　　　マロン
栗

melon　　　　ムロン
メロン

mirabelle　　　ミラベル
ミラベル（小さな黄色いスモモ）

myrtille　　　ミルティーユ
コケモモ（ブルーベリー）

noisette　　　ヌワゼット
ヘイゼルナッツ

orange　　　オランジュ
オレンジ

pamplemousse　パンプルムース
グレープフルーツ

pêche　　　　ペシュ
桃

pistache　　　ピスタシュ
ピスタチオ

poire　　　　ポワール
洋ナシ

pomme　　　ポム
リンゴ

prune　　　　プリュヌ
プラム

pruneau　　　プリュノー
プルーン

raisin　　　　レザン
ブドウ

デザート・菓子

crêpe　　　　クレープ
薄いパンケーキ

crêpes suzettes　クレープ・シュゼット
オレンジで味付けし、リキュールでフランベしたパンケーキ

dragée　　　ドラジェ
アーモンドを糖衣でくるんだボンボン

éclair　　　　エクレール
クリームの入ったペストリー（エクレア）

flan　　　　　フラン
卵・砂糖・牛乳を混ぜて焼いたデザート

frangipane　　フランジパヌ
アーモンド風味のクリーム入りペストリーまたは粉末アーモンドの入ったミックス・ケーキ

galette　　　　ガレット
全粒小麦粉やソバ粉で焼いたパンケーキ。ビスケットの一種をいうこともある

gâteau　　　　ガトー
ケーキ

gaufre　　　　ゴーフル
ワッフル

gelée　　　　ジュレ
ゼリー

glace　　　　グラス
アイスクリーム

île flottante　　イル・フロッタント
"浮き島"という意味。卵白を泡立て、砂糖と香料を加えたものを、クリーム・ソースの上に浮かせたデザート

macaron　　　マカロン
マカロン（粉末アーモンド、砂糖、卵白を混ぜて作る甘いビスケット）

sablé　　　　サブレ
バターをたっぷり入れたさくさくしたクッキー状のビスケット

tarte (aux pommes)　タルト（オ・ポム）
（リンゴの）タルトまたはパイ

yaourt　　　　ヤウール
ヨーグルト

スナック（軽食）

croque-monsieur　クロック・ムッシュー
ハムとチーズをはさんで焼いたサンドイッチ

croque-madame　クロック・マダム
クロック・ムッシューに目玉焼きを乗せたもの

frites　　　　フリット
フライドポテト

quiche　　　　キッシュ
キッシュ

調味料

beurre　　　　ブール
バター

chocolat　　　ショコラ
チョコレート

confiture　　　コンフィチュール
ジャム

crème fraîche　クレーム・フレシュ
生クリーム（通常は濃厚なもの）

farine　　　　ファリーヌ
小麦粉

huile	ユイル		牛乳	
油			レ	lait
miel	ミエル		オレンジジュース	
ハチミツ			ジュ・ドランジュ	jus d'orange
œuf	ウフ		（赤／白）ワイン	
卵			ヴァン・（ルージュ／ブラン）	
poivre	プワーヴル		vin (rouge / blanc)	
コショウ			紅茶	
sel	セル		テ	thé
塩			水	
sucre	シュクル		オー	eau
砂糖			ミネラルウォーター	
vinaigre	ヴィネーグル		オー・ミネラル	eau minérale
酢				

飲み物

ビール
  ビエール　bière
コーヒー
  カフェ　café

ミルク入り
  オ・レ　au lait
砂糖入り
  アヴェック・シュクル
  avec sucre

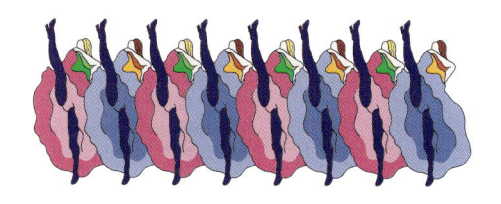

フランス語単語集

Glossary

(m) は男性形、(f) は女性形、(pl) は複数形、(adj) は形容詞であることを示す。

accueil (m) [アクィユ] — 受付、受入れ
adjoint (m) [アジュワン] — (市町村の) 助役
alimentation (f) [アリマンタシオン] — 食料雑貨店
ancien régime (m) [アンシャン・レジーム] — 旧制度、フランス革命前のフランス王政
apéritif (m) [アペリティフ] — 食前酒
arrondissement (m) [アロンディスマン] — 20に分割されたパリの行政区。1er (1区)、2eまたは2ème (2区) のように省略した形で表記される
auberge de jeunesse (f) [オベルジュ・ドゥ・ジュネス] — ユースホステル
avenue (f) [アヴニュ] — 大通り (省略形はavまたはave)

baguette (f) [バゲット] — 長くて固い標準的なフランスパンで、重さはおよそ50g
bains-douches municipal (m) [バン・ドゥーシュ・ミュニシパル] — 市町村が運営する公衆浴場
bande dessinée (f) [バンドゥ・デシネ] — 新聞・雑誌の続き漫画、またはコミック本
belle époque (f) [ベル・エポック] — "美しい時代" という意味。第1次世界大戦前のパリのファッショナブルな生活に代表される優雅で楽しい時代をいう
bière (f) [ビエール] — ビール
bière à la pression (f) [ビエール・ア・ラ・プレッシオン] — 生ビール
bière blonde (f) [ビエール・ブロンド] — ラガービール
billet (m) [ビエ] — 切符、入場券、チケット
billet jumelé (m) [ビエ・ジュムレ] — 共通入場券 (たとえば、1枚で2つ以上の遺跡や美術館・博物館が見学できるもの)
billeterie (f) [ビエトゥリー] — 切符売場、チケットカウンター、プレイガイド
biologique または **bio** (adj) [ビオロジック] または [ビオ] — オーガニック、有機の
boîte (f) [ボワット] — 箱、ナイトクラブ
borne d'alarme (f) [ボルヌ・ダラルム] — 非常用警報装置
boucherie (f) [ブッシュリー] — 肉屋
boucherie chevaline (f) [ブッシュリー・シュヴァリーヌ] — 馬肉専門の肉屋
boulangerie (f) [ブーランジュリー] — パン屋

boules (f pl) [ブール] — 重い金属製のボールを使って砂地の競技場で行うゲーム。ペタンク *pétanque* ともいう
boulevard (m) [ブールヴァール] — 大通り (省略形はbdまたはblvd)
brasserie (f) [ブラッスリー] — ビール醸造所。普通、一日中食事ができるレストラン
brocante (f) [ブロッカント] — 古物品
bureau de change (m) [ビュロー・ドゥ・シャンジュ] — 両替所
bureau de poste (m) [ビュロー・ドゥ・ポスト] — 郵便局
bureau des objets trouvés (m) [ビュロー・デ・ゾブジェ・トゥルヴェ] — 遺失物取扱所

cacher または **casher** (adj) [カッシェ] または [カッシェール] — コーシャー (食物がユダヤ教の戒律に従って処理されて清浄なこと)
café (m) [カフェ] — コーヒー
café au lait (m) [カフェ・オ・レ] — ホットミルクをたっぷり入れたエスプレッソコーヒー
café crème (m) [カフェ・クレーム] — クリームを入れたエスプレッソコーヒー
café noir (m) [カフェ・ヌワール] — 何も入れないブラックのエスプレッソコーヒー
café noisette (m) [カフェ・ヌワゼット] — "ヘーゼルナッツ・コーヒー" という意味。少量のミルクを加えたエスプレッソコーヒーのこと
capitainerie (f) [カピテヌリー] — 港湾事務所
carnet (m) [カルネ] — バスや市電、メトロなどの料金が割安になる5枚または10枚綴りの切符
carrefour (m) [カルフール] — 十字路、交差点
carte (f) [カルト] — カード、メニュー、地図
carte de séjour (f) [カルト・ドゥ・セジュール] — 滞在許可証
caution (f) [コッシオン] — 保証金、デポジット
cave (f) [カーヴ] — (ワインの) 地下貯蔵室
caveau (m) [カーヴォ] — 地下納骨所、(ジャズを聞かせる) 地下酒場
chai (m) [シェ] — 樽詰めワインの貯蔵倉庫
chambre (f) [シャンブル] — 部屋
chambre de bonne (f) [シャンブル・ドゥ・ボンヌ] — 使用人 (メード) の部屋
chambre d'hôte (f) [シャンブル・ドート] — 朝食付き宿泊施設 (B&B)
chanson française (f) [シャンソン・フランセーズ] — "フランスの歌" という意味。歌詞に重きを置く伝統的な音楽ジャンル (シャンソン)

chansonnier（m）［シャンソニエ］― ナイトクラブの歌手

charcuterie（f）［シャルキュトリー］― ソーセージ、ハム、パテ、リエットなど豚肉を塩漬け、燻製、加工した各種製品。これらの製品を販売する店

cimetière（m）［シムティエール］― 墓地

coiffeur（m）［クワフール］― 美容師、理容師

composteur（m）［コンポストゥール］―（公共交通機関の）自動改札機

consigneまたは**consigne manuelle**（f）［コンシーニュ］または［コンシーニュ・マニュエル］― 手荷物一時預り所

consigne automatique（f）［コンシーニュ・オートマティック］― コインロッカー

contrôleur / se（m/f）［コントゥロルール／コントゥロルーズ］― 検札係

correspondance（f）［コレスポンダンス］― メトロなどにある乗り換え用地下道または通路。鉄道やバスの連絡便

couchette（f）［クーシェット］― 列車やフェリーの寝台

cour（f）［クール］― 中庭

DAB（**distributeur automatique de billets**）（m）［デ・ア・ベ（ディストゥリビュトゥール・オートマティック・ドゥ・ビエ）］― ATM（現金自動預払機）

dégustation（f）［デギュスタシオン］― 試飲、試食

demi（m）［ドゥミ］― 半分、330㎖ジョッキ1杯のビール

demi-pension（f）［ドゥミ・パンシオン］― 食事付き宿泊（B&Bに昼食か夕食のいずれかが付く）

demi-tarif（m）［ドゥミ・タリフ］― 半額料金

département（m）［デパルトマン］― フランスの行政単位（県）

dépôt de pain（m）［デポ・ドゥ・パン］― パン売り場（パンは焼いていない）

dessert（m）［デセール］― デザート

diapositive（f）［ディアポジティヴ］― スライド、ポジ

digestif（m）［ディジェスティフ］― 消化剤、食後酒

douane（f）［ドゥワーヌ］― 税関

eau（f）［オー］― 水

eau de source（f）［オー・ドゥ・スルス］― 湧き水（通常、発泡性はない）

eau-de-vie（f）［オー・ドゥ・ヴィ］― "命の水"という意味。果物やブドウ、イチゴ、木の実などから作られるさまざまなブランデーの総称

eau minérale（f）［オー・ミネラル］― ミネラルウォーター（通常、発泡性がある）

église（f）［エグリーズ］― 教会

embarcadère（m）［アンバルカデール］― 桟橋、波止場

entracte（m）［アントラクト］― 間隔、幕間

entrée（f）［アントレ］― 入口、アントレ（前菜）

épicerie（f）［エピスリー］― 小さな食料雑貨店

escalier（m）［エスカリエ］― 階段

espace（f）［エスパース］― スペース、アウトレット、支店

express（m）［エクスプレス］― エスプレソコーヒー

fête（f）［フェット］― 祭り、祝日

ficelle（f）［フィセル］― 紐。細くて固い200gの小型バゲット（とても細いブレッドスティックとは異なる）

fin de siècle（adj）［ファン・ドゥ・シエークル］― "世紀末"という意味。特に19世紀末の数年間のことをいい、普通は衰退期を表現するのに使用される

fondue bourguignonne（f）［フォンデュ・ブルギニョン］― 食卓で、熱した油やだし汁に肉をひたし好みのソースをつけて食べるフォンデュ

fondue savoyarde（f）［フォンデュ・サヴォワイヤールド］― 食卓で、溶かしたチーズにパンにつけて食べるサヴォワ風フォンデュ

forêt（f）［フォレ］― 森

formuleまたは**formule rapide**（f）［フォルミュル］または［フォルミュル・ラピッド］― 定食*menu*に似ているが、3品の中から2品を選べる（たとえば、アントレとメイン料理、メイン料理とデザートなど）

foyer（m）［フォワィエ］― 労働者や学生の宿泊所

fromagerie（f）［フロマジュリー］― チーズ専門店

fumoir（m）［フュムワール］― 喫煙室、喫煙所

funiculaire（m）［フュニキュレール］― ケーブルカー

galerie（f）［ギャルリー］― ギャラリー、回廊、屋根付きショッピング・アーケード（パッサージュ*passage*ともいう）

gareまたは**gare SNCF**（f）［ガール］または［ガール・エス・エヌ・セ・エフ］― 鉄道駅

gare routière（f）［ガール・ルティエール］― バス発着所

gaufre（f）［ゴーフル］― いろいろなトッピングをしたワッフルで、通常はスナックとして

291

フランス語単語集

食べられる

gendarmerie（f）［ジャンダルムリ］－ 地方の警察署。憲兵隊（憲兵機能と一般警察機能を兼ねた準軍隊組織）

glacier（m）［グラシエ］－ アイスクリーム・メーカーまたはアイスクリーム・パーラー

grand magasin（m）［グラン・マガザン］－ デパート

grand projet（m）［グラン・プロジェ］－ 一般に、自分たちの名を永久に残す目的で政府や政治家が建てた巨大な公共建造物

grande école（f）［グランド・エコール］－ 経営学や工学、応用科学などの分野で人材を養成する権威ある教育機関

Grands Boulevards（m pl）［グラン・ブールヴァール］－ "巨大な大通り" という意味。マドレーヌ広場から東にレピュブリック広場まで延びる連続した8本の広い大通りで、18世紀から19世紀にかけて、カフェが立ち並び、芝居見物の中心地だった

halles（f pl）［アル］－（屋根で覆われた）食料品市場

halte routière（f）［アルト・ルティエール］－ バス停留所

hameau（m）［アモー］－ 小さな村

hammam（m）［アマム］－ 蒸し風呂、トルコ風の浴場

haute couture（f）［オート・クチュール］－ "高級な縫製" という意味。一流服飾デザイナーの作品をいう

haute cuisine（f）［オート・キュイジーヌ］－ "高級料理" という意味。フランスに古くから伝わる料理で、丹念に調理され、盛り付けも美しく、品数も多い料理のことをいう

horaire（m）［オレール］－ 時刻表、日程

hôte payant（m）［オート・ペイアン］－ 下宿人

hôtel de ville（m）［オテル・ドゥ・ヴィル］－ 市庁舎または町役場

hôtel particulier（m）［オテル・パルティキュリエ］－ 個人の大邸宅

hôtes payants（m pl）または**hébergement chez l'habitant**（m）［オート・ペイアン］または［エベルジュマン・シェ・ラビタン］－ ホームステイ

intra-muros（adj）［アントラ・ミューロス］－ "城壁内"（ラテン語）という意味。パリ市内のことをいう

jardin（m）［ジャルダン］－ 庭、庭園

jardin botanique（m）［ジャルダン・ボタニック］－ 植物園

jeux d'eau（m pl）［ジュー・ドー］－ 噴水のショー

jours fériés（m pl）［ジュール・フェリエ］－ 祝日

képi（m）［ケピ］－ フランスの兵士や警官の一部が被っている、頂が平らで堅いひさしのついた円筒形の帽子

kir（m）［キール］－ 黒すぐりのリキュールを白ワインで割って甘くした飲み物

laverie（f）［ラヴリ］－ コインランドリー

laverie libre-service（f）［ラヴリ・リーブル・セルヴィス］－ セルフサービスのコインランドリー

lavomatique（m）［ラヴォマティック］－ コインランドリー

lycée（m）［リセ］－ フランスの高等学校

mairie（f）［メリー］－ 市役所、区役所、町役場

maison de la presse（f）［メゾン・ドゥ・ラ・プレス］－ 新聞雑誌販売店

maison du parc（f）［メゾン・デュ・パルク］－ 公園管理本部または来園者受付センター

marchand de volaille（m）［マルシャン・デュ・ヴォライユ］－ 家禽専門の肉屋

marché（m）［マルシェ］－ 市場

marché alimentaire（m）［マルシェ・アリマンテール］－ 食料品市場

marché aux fleurs（m）［マルシェ・オ・フルール］－ 花市場

marché aux oiseaux（m）［マルシェ・オ・ゾワゾー］－ 小鳥市場

marché aux puces（m）［マルシェ・オ・ピュス］－ 蚤の市

marché bio（m）［マルシェ・ビオ］－ 有機栽培作物市場

marché couvert（m）［マルシェ・クヴェール］－ 屋根で覆われた市場

marché découvert（m）［マルシェ・デクヴェール］－ 屋外市場

menu（m）［ムニュ］－ 2品またはそれ以上の品数の定食。フォルミュル（定食）*formule*の項を参照

menu dégustation（m）［ムニュ・デギュスタシオン］－ 通常より量を少なくした6品ほどの料理を試食できるコース

musée（m）［ミュゼ］－ 美術館または博物館

navette（f）［ナヴェット］－ バス、列車、船のシャトル便

nocturne（f）［ノクテュルヌ］－ 店や美術館・博物館などの夜間の営業・開館

oblitérateur（m）［オブリテラトゥール］－（公共交通機関の）刻印機
orangerie（f）［オランジュリー］－ オレンジ園、柑橘系の果物栽培用の温室

pain（m）［パン］－ パン
palais de justice（m）［パレ・ドゥ・デュスティス］－ 裁判所
parlement（m）［パルルマン］－ 議会
parvis（m）［パルヴィ］－ 教会や公共建造物の前にある広場
passage（m）［パッサージュ］－ 屋根付きショッピング・アーケード（ギャラリー*galerie*ともいう）
pastilla（f）［パスティーヤ］－ 獣肉や家禽の肉を何層もの薄いパイ皮でくるんで焼いたもの
pastis（m）［パスティス］－ アニスで香りをつけた白ワインに水を加えて濁らせた食前酒
pâté（m）［パテ］－ 瓶詰めにした肉。陶製の深皿で調理され、冷たいまま食べる濃厚なペースト（豚肉で作られることが多く、テリーヌ*terrine*ともいう）
pâté impérial（m）［パテ・アンペリアル］－ 春巻、皮に卵の入った春巻
pâtisserie（f）［パティスリー］－ ケーキや菓子。これらの商品を売っている店
pelouse（f）［プルーズ］－ 芝生
péniche（f）［ペニシュ］－ 底の平たい川船
pension de famille（f）［パンシオン・ドゥ・ファミーユ］－ B&B、ペンション
pétanque（f）［ペタンク］－ ブール*boules*の項を参照
pied-noir（m）［ピエ・ノワール］－ "黒い足"という意味。植民地時代のアルジェリア生まれのフランス人
place（f）［プラス］－ 場所、座席。街区または広場
plan（m）［プラン］－ 市内地図
plan du quartier（m）［プラン・デュ・カルティエ］－ 周辺エリア地図（メトロ駅の出口付近の壁に掲示されている）
plat du jour（m）［プラ・デュ・ジュール］－ レストランの日替わりおすすめ料理
plat principal（m）［プラ・プランシパル］－ メイン料理
point d'argent（m）［ポワン・ダルジャン］－ ATM（現金自動預払機）
poissonnerie（f）［ポワソヌリー］－ 漁商、魚屋
pont（m）［ポン］－ 橋
port（m）［ポール］－ 港湾、港
port de plaisance（m）［ポール・ドゥ・プレザンス］－ ヨットハーバーまたはマリーナ
porte（f）［ポルト］－ ドア、都市の城門
poste（m）［ポスト］－ 郵便局
poste principale（f）［ポスト・プランシパル］－ 郵便局の本局
pourboire（m）［プルブワール］－ チップ
préfecture（f）［プレフェクチュール］－ 知事の職、県*département*の庁府、庁所所在地
pression（f）［プレッシオン］－ 生ビール
prise en charge（f）［プリーズ・アン・チャルジュ］－ タクシーの基本料金
prix fixe（m）［プリ・フィクス］－ 定価

quai（m）［ケ］－ 河岸、埠頭、駅のプラットホーム
quartier（m）［カルティエ］－ 界隈、地区、周辺

raclette（f）［ラクレット］－ 熱で温めた大きなチーズの溶けた部分をそぎ落とし、ジャガイモや小キュウリと一緒に食べる料理
résidence（f）［レジダンス］－ 住居、長期滞在用ホテル
rez-de-chausée（m）［レ・ドゥ・ショッセ］－ 1階
rillettes（f pl）［リエット］－ 肉や魚をペースト状に煮込んで瓶詰めにした食品
rive（f）［リーヴ］－ 川岸
riverain（m）［リヴラン］－ 沿岸（沿道）の住民
rond point（m）［ロン・ポワン］－ ロータリー
rue（f）［リュ］－ 通り、道

salon de thé（m）［サロン・ドゥ・テ］－ ティールーム、喫茶店
service（m）［セルヴィス］－ サービス
service compris（m）［セルヴィス・コンプリ］－ サービス料込み。サービス料金が各料理の料金に含まれていること（レストランの勘定書の一番下に "s.c." と略記されることが多い）
service des renseignements（m）［セルヴィス・デ・ランセニュマン］－ 電話番号案内
service des urgences（f）［セルヴィス・デ・ジュルジャンス］－ 病院の救急部門、救急治療室
service non-compris（m）［セルヴィス・ノン・コンプリ］－ サービス料別。注文した食べ物や飲み物の料金を合計したあとでサービス料金が加算されること（セルヴィス・アン・シュ*service en sus*〈サービス料付加〉ともいう）。追加のチップが求められることはない
soldes（m pl）［ソルド］－ バーゲン・セール、安売り
sono mondiale（f）［ソノ・モンディアル］－

フランス語単語集

世界の音楽（ワールド・ミュージック）
sortie（f）［ソルティ］－ 出口
spectacle（m）［スペクタークル］－ パフォーマンス、演奏、演劇の公演
square（m）［スクワール］－ 小公園
supplément（m）［シュプレマン］－ 補足、追加料金
syndicat d'initiative（m）［サンディカ・ディニシアティヴ］－ 観光協会、観光案内所

tabac（m）［タバ］－ タバコ屋（バスの切符やテレホンカードなども販売している）
tarif réduit（m）［タリフ・レデュイ］－ （学生、シニア、子供などに対する）割引料金
tartine（f）［タルティーヌ］－ 薄切りのパンにバター、ジャム、ハチミツ、クリームチーズなどを塗ったもの
taxe de séjour（f）［タックス・ドゥ・セジュール］－ 宿泊税（市税の一種）
télécarte（f）［テレカルト］－ テレホンカード
timbre amende（m）［タンブル・アマンド］－ 交通違反の罰金納入用印紙
toilettes（f pl）［トゥワレット］－ トイレ、洗面所（WCともいう）

tour（f）［トゥール］－ 塔、タワー、超高層ビル
tour d'horloge（f）［トゥール・ドルロージュ］－ 時計台、時計塔
traiteur（m）［トゥレトゥール］－ 仕出し屋、デリカテッセン
troisième age, le（m）［（ル）トゥルワジエーム・アージュ］－ 現役引退の年齢層、シニア

vélo（m）［ヴェロ］－ 自転車
version françaiseまたは**v.f.**（f）［ヴェルシオン・フランセーズ］または［ヴェ・エフ］－ "フランス語版"という意味。フランス語に吹き替えられた映画
version originaleまたは**v.o.**（f）［ヴェルシオン・オリジナル］または［ヴェ・オ］－ "原語版"という意味。吹き替えなしの原語による映画（フランス語の字幕付き）
vieille ville（f）［ヴィエイユ・ヴィル］－ 旧市街
vin de table（m）［ヴァン・ドゥ・ターブル］－ テーブルワイン
voie（f）［ヴォワ］－ 道、駅のホーム
WC（m pl）［ドゥブルヴェ・セ］－ トイレ、洗面所（トゥワレットtoilettesともいう）

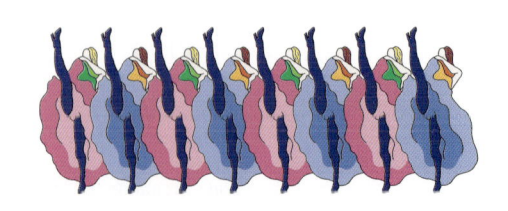

情報ありがとう

Thanks

英語原書の前回版を利用して旅をし、ロンリープラネットに有益なヒントやアドバイス、また興味深い逸話を寄せていただいた読者の皆様に感謝いたします。

Keleigh Ahmann, Heloise Allen, Susan Aprile, Ana Babb, Chris Badcock, Fran Badcock, Ted Baglin, J Bain, Lenore Baken, William Ballantine, Philip Barker, Michael Barr, Vanessa Barrett, Victoria Bayman, Dennis Bekkering, Zoe Biddlestone, Emmanuelle Bigot, Tamas Biro, Tatiana Blackington, Michael Blank, Luis Botero, David Brett, Laura Brewer, Tulani Bridgewater, Sande Brinson, John Burns, Jan Buruma, Ren Busch, Oriel Caine, Jean Cantwell, P A Carlier, Yee Cheng, Alfred Choy, Ed Chow, John Cherrey, Elspeth Christie, Mickey Coburn, Richard Colebourn, Carol Cook, J A Cook, Ms S D Cook, M A Cooper, Sandy Cooper, Katrina Curtis, Jim Delaney, Ronald Denomme, Jennifer Derscheid, Robert Dickensheets, Isabelle Dimitri, Kathy Douglas, Bob Dyer, Lisbeth Ebbesen, John Edwards, Oyvind Ellingsen, Gerhard Engleitner, Leilah Farahat, Mary Farrell, Colin Fee, Rob Ferrara, Alana Fisher, David Fisher, Sue Foley, Stephen Forcer, J Arthur Freed, Vicki Galli, Charlene Gervais, Clark Goebel, Jemma Golding, Tetty Gorfine, Julien Gramitzsch, Rodney Gray, Julie Guimond, Tom Hall, Felix Hardach, Hilary K Harrell, Ron Herrema, Sarah Hird, Anna Hodgson, Vera Hohleiter, Karen Hollands, Martha Holloway, Gerald Holt, Miguel Horta e Costa, Alexander Huckel, Thng Hui Hong, Michael Imani, Shamim Islam, Marcia Jackson-Smith, Brigitte Jacobs, Al Jamison, Meg Jay, Alison Johnston, M Johnstone, Marianne Keven, Kathleen Kirby, John Koehler, Lee Kok Piew, Maja Koomen, Sannele Koomen, Rina Kor, Emma Laney, Lucie Laplante, Ruth Lazarowitz, Ingrid Lege, Ann Levison, Simon Li, Marc Liberati, Johnathan Littell, Robert Lochran, Spice Lucks, Nick Lux, Pam Mabin, Bill Mace, Trevor Macnish, Gabriella Malnati, Christina Mariani, Ginny McCaskey, Andrew McMenamin, Virginie Menage, Elvin Miali, Valerie Miller, Bob Minter, Karen Moore, E Muus, Marco Neri, Tom Nick, Richard Nunns, Maureen O Callaghan, Christakis Onisiphorou, Jonice Owens, George Ozimok, Tomas Patko, Jemma Pearce, Yvonne Peterson, J D Phillips, John Phillips, Kevin Phua, Catherine Pinckert, Vanessa Pollett, George Pontifix, Robert Pratt, Greg Puley, Ramu Pyreddy, Shahreen Quazi, Fiona Radcliff, Linda Remo, Mark Richardson, Janis Ringuette, Ian David Row, Kevin Schlottmann, Jenny Scholin, Sancia Scott-Portier, Chand M Sen, Tasha Seuren, David Shade, Jennifer Shortt, Helen Stambaugh, Mark Stead, Peter Tanner, Dick Taubman, Rita Taubman, Kris Terauds, Carole Testwuide, David Thornforst, Helen Topliss, Michael Truelove, Lisa Tsai, Bill Turner, Bart Vabin, Russell J Vaughan, Mary Vreeland, Ulrike E Waas, Paul Walleck, Dean Wanless, Ellen Watson, Dan Wicksman, J E Wilson, Roxane Winkler, Michael Wise, Sherryn Wyatt, Carla Zecher.

Index

本文

あ

アカデミー・フランセーズ／Académie Française 114
アクティビティ ➡ 各アクティビティ参照
アトランティック公園／Jardin de l'Atlantique 111, 116
アトリエ・ブランクーシ／Atelier Brancusi 102
アラブ世界研究所／Institut du Monde Arabe 35, 112
アルゴ潜水艦／Argonaute 131
アルブレ館／Hôtel d'Albret 140
アンヴァリッド／Invalides 118
アンヴァリッド廃兵院／Hôtel des Invalides 118
安全な旅（治安など） 62
アンドレ・シトロエン公園／Parc André Citroën 35, 111
アンリ4世／Henri IV 14
 アンリ4世の彫像 126
イークノ／eKno 52
EDFタワー／Tour EDF 36
eメール 53
遺失物 67
市場 248
一角獣の森／Forêt de la Licorne 112
違法行為 67-8
医療 ➡「健康」参照
インターネット 53
 アクセス（ミニテルなど） 52
 eメール 53
 参考サイト 54
インターネット・カフェ ➡「eメール」参照
ヴァリエテ劇場／Théâtre des Variétés 147
ヴァンセンヌ城／Château de Vincennes 133
ヴァンセンヌの森／Bois de Vincennes 111, 133
ヴァンドーム記念柱／Colonne Vendôme 101
ヴァンドーム広場／Place Vendôme 101
ヴィアデュック・デ・ザール／Viaduc des Arts 107
ヴィクトル・ユゴーの家／Maison de Victor Hugo 105
ヴィニー館／Hôtel de Vigny 141
ヴィラージュ・サン・ポール／Village St-Paul 139
ヴェルサイユ／Versailles 258, 259
ヴェルサイユ宮殿／Château de Versailles 258
ヴォージュ広場／place des Vosges 104
ヴォー・ル・ヴィコント／Vaux-le-Vicomte 268
ヴォー・ル・ヴィコント城／Château de Vaux-le-Vicomte 268
ヴォルテール／Voltaire 25
運転 ➡「オートバイ」「車」参照
映画 31, 236 ➡「参考になる映画」参照
営業時間 68
エクスプローラ展示場／Expositions d'Explora 130
エクスプローラドーム／Exploradôme 134
エッフェル塔／Tour Eiffel 119
演劇 32, 236
エンターテインメント 215
 映画 236
 演劇 200

カフェ 216
喜劇 237
クラブ 224
ゲイ＆レズビアン向けの店 228
スポーツ観戦 238
バー 216
パブ 216
オーウェル、ジョージ／Orwell, George 26
大蔵省／Ministry of Finance 35, 125
オートゥイユ温室庭園／Jardin des Serres d'Auteuil 134
オートゥイユ競馬場／Hippodrome d'Auteuil 134, 238
オートバイ 80, 88
 レンタカー 89
お金 45
 クレジットカード 47
 税金 49
 チップ 49
 値引き 49
 旅費 49
オテル・アングルテール／Hôtel Angleterre 144
オテル・デョーク／Hôtel d'York 144
オテル・ド・ヴィル（市庁舎）／Hôtel de Ville 104
オテル・ド・クリヨン／Hôtel de Crillon 121
オテル・マティニョン／Hôtel Matignon 117
オベール・ド・フォントネー館／Hôtel Aubert de Fontenay 141
オペラ 232
オペラ・ガルニエ／Opéra Garnier 124
オペラ座図書館・博物館／Bibliothèque-Musée de l'Opéra 124
オペラ・バスチーユ／Opéra Bastille 107
オランジュリー美術館／Orangerie 100
音楽 24
 オペラ 232
 クラシック 232
 ジャズ 230
 フォーク 231
 フランス・シャンソン 232
 ブルース 230
 ポップ 230
 ロック 230
 民族音楽 231
音楽インフォメーション・センター／Centre d'Informations Musicales 131
音楽シティ館／Cité de la Musique 131

か

絵画 29
海軍省／Hôtel de la Marine 121
凱旋門／Arc de Triomphe 123
科学・産業シティ館／Cité des Sciences et de l'Industrie 129
各種教室 107

296

Index

　語学　137
　料理　137
学術　23
革命　➡「フランス革命」参照
革命記念柱／Colonne de Juillet　107
カタコンブ／Catacombes　126
カフェ　216　➡「食事」のIndex参照
カミュ、アルベール／Camus, Albert　25
ガラスのピラミッド／Glass Pyramid　34, 98
身体の不自由な旅行者へ　64
ガリエラ宮／Palais Galliera　121
カルーゼル凱旋門／Arc de Triomphe du Carrousel　99
カルチエ・デュ・パルク（公園地区）／Quartier du Parc　253
カルチエ・ラタン／Quartier Latin　112
カルチエ財団現代美術館／Fondation Cartier d'Art Contemporain　37
カルナヴァレ館／Hôtel Carnavalet　140
環境への配慮　21
観光案内所　39
喜劇　237
気候　21
ギマール・シナゴーグ／Guimard synagogue　106, 140
キャバレーのレビュー（ショー）　234
ギャラリー　➡「美術館・博物館＆ギャラリー」参照
ギャラリー・ヴィヴィエンヌ／Galerie Vivienne　146
ギャラリー・ヴェロ・ドダ／Galerie Véro Dodat　145
ギャラリー・デュ・パレ・ロワイヤル／Galeries du Palais Royal　146
ギャラリー・ド・ヴァロワ／Galerie de Valois　101, 146
ギャラリー・ド・モンパンシエ／Galerie de Montpensier　102, 146
キャンプ場　149
休日　➡「祝日」参照
教育　23
教会・大聖堂
　サクレ・クール寺院／Basilique du Sacré Cœur　127
　サン・シュルピス教会／Église St-Sulpice　115, 144
　サン・ジェルマン・デ・プレ教会／Église St-Germain des Prés　114
　サン・ジェルマン・ロクセロワ教会／Église St-Germain L'Auxerrois　99
　サン・テチエンヌ・デュ・モン教会／Église St-Étienne du Mont　113
　サン・テニャン教会（シャルトル）／Église St-Aignan, Chartres　275
　サン・トゥスタッシュ教会／Église St-Eustache　103
　サン・ドニ大聖堂（サン・ドニ）／Basilique de St-Denis, St-Denis　255
　サン・ピエール教会（モンマルトル）／Église St-Pierre de Montmartre　127
　サン・ポール教会／Église St-Paul　139
　サン・ルイ教会（アンヴァリッド）／Église St-Louis des Invalides　119
　サン・ルイ・サン・ポール教会／Église St-Louis-St-Paul　139
　サン・ルイ大聖堂（ヴェルサイユ）／Cathédrale St-Louis, Versailles　262
　贖罪教会／Chapelle Expiatoire　124
　ソルボンヌ礼拝堂／Chapelle de la Sorbonne　113
　ドーム教会／Église du Dôme　119
　ノートルダム大聖堂（サン・リス）／Cathédrale de Notre Dame, Senlis　272
　ノートルダム大聖堂（シャルトル）／Cathédrale Notre Dame, Chartres　272
　ノートルダム大聖堂（パリ）／Cathédrale de Notre Dame de Paris　108
　パントコット・ノートルダム教会（ラ・デファンス）／Église Notre Dame de la Pentecôte, La Défense　253
　マドレーヌ教会／Église de la Madeleine　121
強制収容所犠牲者記念堂／Mémorial des Martyrs de la Déportation　110
緊急のとき　67
近郊に足をのばす
　ヴェルサイユ／Versailles　258
　ヴォー・ル・ヴィコント／Vaux-le-Vicomte　268
　サン・ドニ／St-Denis　254
　サンリス／Senlis　271
　ジヴェルニー／Giverny　276
　シャルトル／Chartres　272
　シャンティイ／Chantilly　269
　ディズニーランド・パリ／Disneyland Paris　257
　パルク・アステリクス／Parc Astérix　256
　フォンテーヌブロー／Fontainebleau　264
　ラ・デファンス／La Défense　250
区　38
クール・デファンス／Cœur Défense　36, 252
クラシック音楽　232
クラブ　224
グランド・アルシュ（新凱旋門）／Grande Arche de la Défense　34, 253
グラン・パレ／Grand Palais　122
グラン・ブールヴァール／Grands Boulevards　124
クリュニー館／Hôtel de Cluny　112
車　80, 88
　運転免許証　42
　レンタカー　89
クレジットカード　47
クロワジル館／Hôtel de Croisille　141
経済　22
警察　67
計測単位　58
携帯電話　52
ゲイの旅行者へ　62
　エンターテインメント　228
　情報源　62
競馬　238
ケルアック、ジャック／Kerouac, Jack　26
言語、フランス語の基礎知識　33, 278
健康　60

太字はMAPを示す

医療機関　60
　エイズ機関　61
　歯科治療　61
　薬局　61
ケンタウロス像／Centaur statue　126
建築　27, 34
公共交通機関　85
　RER　85
　バス　87
　メトロ　85
公共情報図書館／Bibliothèque Publique d'Information　102
公衆浴場　59
高速郊外鉄道／RER　85
高齢の旅行者へ　64
　シニアカード　43
国民議会／Assemblée Nationale　118
国立古文書館／Archives Nationales　106
国立新産業・技術センター／Centre des Nouvelles Industries et Technologies　36, 252
古代地下納骨堂／Crypte Archéologique　109
子供（子供のためのパリ）　64
ゴブラン織り工場／Manufacture des Gobelins　126
コンコルド広場／place de la Concorde　121
コンシェルジュリー／Conciergerie　109
コンセルヴァトワール（国立高等音楽院）／Conservatoire de Paris　34, 131
コントルスカルプ広場／Place de la Contrescarpe　142

さ

サイクリング　229 ➡「自転車」参照
サクレ・クール　➡「サクレ・クール寺院」参照
サクレ・クール寺院／Basilique du Sacré Cœur　127
サッカー　238
雑誌　56
サルトル, ジャン・ポール／Sartre, Jean-Paul　25
参考になる映画　56 ➡「映画」参照
参考になる本　54 ➡「文学」参照
散策コース　138
　右岸／Right Bank　145, 146
　左岸／Left Bank　141, 143
　マレ地区／Marais　138, 139
サン・ジェルマン／St-Germain　113
サン・ジャック塔／Tour St-Jacques　103
サンス館／Hôtel de Sens　138
サント・シャペル／Ste-Chapelle　109
サント・ジュヌヴィエーヴの彫像／Ste-Geneviève statue　126
サン・ドニ／St-Denis　254
サン・ドニ門／Porte St-Denis　125
サン・マルタン運河／Canal St-Martin　125
サン・マルタン門／Porte St-Martin　125
サンリス／Senlis　271
サン・ルイ島／Ile St-Louis　110
ジヴェルニー／Giverny　276
シェイクスピア庭園／Jardin Shakespeare　134

ジェオード／Géode　131
士官学校／École Militaire　120
仕事　71
時差・時間　57 ➡「営業時間」参照
シテ島／Île de la Cité　107
自転車　80, 90 ➡「レンタル」参照
児童シティ館／Cité des Enfants　130
シナックス／Cinaxe　130
シネマテーク・フランセーズ／Cinémathèque Française　120
シャイヨー宮／Palais de Chaillot　120
社会活動局／Direction de l'Action Sociale　37
写真　57
ジャズの店　230
シャトー・ルージュ／Château Rouge　208
ジャルダン・ド・ラルシュ／Jardins de l'Arche　253
シャルトル／Chartres　272, 273
シャルル10世／Charles X　17
シャルルマーニュの彫像／Charlemagne statue　126
ジャン・サン・プールの塔／Tour Jean Sans Peur　103
シャンゼリゼ（大通り）／Champs-Élysées　122
シャンティイ／Chantilly　269
シャンティイ城／Château de Chantilly　269
シャンティイの森／Forêt de Chantilly　271
シャン・ド・マルス公園／Parc du Champ de Mars　120
ジャンヌ・ダルク／Jeanne d'Arc　13, 126
宗教　33
自由の炎／Flame of Liberty　121
自由の女神像／Statue of Liberty　126
住民　22
重量（計測単位）　58
祝日　68
宿泊施設　148 ➡「宿泊」のIndex参照
　高級　165
　中級　159
　長期滞在　170
　低予算　149
ジュ・ド・ポーム国立美術館、球戯場／Jeu de Paume　100, 262
シュリー館／Hôtel de Sully　105
障害飛越競技　238
小厩舎（ヴェルサイユ）／Petites Écuries, Versailles　262
証券取引所　147
食事　172, 284 ➡「食事」のIndex参照
植物　21
植物園／Jardin des Plantes　110
ジョスパン, リオネル／Jospin, Lionel　22
女性旅行者へ　61
　情報源　61
ショッピング　239
　アンティーク　239
　ギフト　244
　食料品＆飲み物　242
　ジュエリー　245
　本　246
　みやげ物　244

Index

洋服　239
シラク, ジャック／Chirac, Jacques　22
人口　22
人種差別　67
新聞　56
スイミング　135
スケート　136
スタイン, ガートルード／Stein, Gertrude　26
スポーツ観戦　238
税金　49
政治　21
政府　21
セザンヌ, ポール／Cézanne, Paul　30
造幣局／Hôtel de la Monnaie　114
ソルボンヌ／Sorbonne　112

た

ダイアナ妃記念碑／Princess Diana Memorial　121
大学　65
大厩舎（ヴェルサイユ）／Grandes Écuries, Versailles　262
大使館　43
大聖堂 ➡「教会・大聖堂」参照
大ピラミッド／Grande Pyramide ➡「ガラスのピラミッド」参照
太陽王／Roi Soleil ➡「ルイ14世」参照
タクシー　90
託児所　36
ダリ美術館／Espace Salvador Dalí　127
ダンス　23, 232
ダントン, ジョルジュ／Danton, Georges　15
　ダントンの彫像　126
地図　39
チップ　49, 177
チュイルリー公園／Jardin des Tuileries　99, 111
彫刻　30
地理　21
ツアー　92
　ウォーキング　94
　自転車　94
　バス　92
　船　93
　ヘリコプター　92
通貨 ➡「お金」参照
通関　45
テアトル・デ・ブフ・パリジャン／Théâtre des Bouffes Parisiens　147
テイクアウト　175
ディケンズ, チャールズ／Dickens, Charles　26
ディズニーランド・パリ／Disneyland Paris　257
哲学（学術）　23
鉄道　78
　英国　78
　フランスのその他の地域　78

太字はMAPを示す

ヨーロッパ大陸　79
テニス　238
デパート　246
デュマ, アレクサンドル／Dumas, Alexandre　25
デュレ・ド・シュヴリ館／Hôtel Duret de Chevry　141
テルトル広場／Place du Tertre　127
テレビ　57
電圧・電源　58
電話　50
トイレ　60
動物　21
動物園
　植物園付属動物園／Ménagerie du Jardin des Plantes　110
　パリ動物園／Parc Zoologique de Paris　133
動物順化園／Jardin d'Acclimatation　134
ドゥルオー・オークション・ハウス／Drouot Auction House　36
ドガ, エドガー／Degas, Edgar　29
時計の塔／Tour de l'Horloge　109
渡航書類　40
ド・ゴール, シャルル／de Gaulle, Charles　19
　ド・ゴールの彫像　126
図書館　65
ドノン館／Hôtel Donon　141
ド・ボーヴォワール, シモーヌ／de Beauvoir, Simone　25
ドモン館／Hôtel d'Aumon　138
トロカデロ庭園／Jardins du Trocadéro　120

な

ナイトクラブ ➡「クラブ」参照
ナポレオン1世／Napoleon I　15
　ナポレオン1世の彫像　126
ナポレオン3世／Napoleon III　17
荷物預かり　60
熱帯園／Jardin Tropical　133
値引き　49
年中行事　68
ノートルダム（大聖堂）／Notre Dame　108
ノートルダムの鐘つき男／Hunchback of Notre Dame　108
ノートルダムの塔／Tours de Notre Dame　108
蚤の市　248
飲み物　176

は

バー　216
ハイキング ➡「散策」参照
パヴィオン・ド・ラルスナル／Pavillon de l'Arsenal　37
バガテル公園／Parc de Bagatelle　134
バガテル城／Château de Bagatelle　134
バス　77, 87
　英国　77
　ヨーロッパ大陸　77
バスチーユ牢獄／Bastille　107
発見の殿堂（科学博物館）／Palais de la Découverte　122

299

パッサージュ・ヴェルドー／passage Verdeau　147
パッサージュ・ジュフロア／passage Jouffroy　147
パッサージュ・ショワズール／passage Choiseul　147
パッサージュ・デ・パノラマ／passage des Panoramas　147
パッサージュ・デュ・ペロン／passage du Perron　146
パッサージュ・ブラディ／passage Brady　125
バトービュス／Batobus　91
花市／Marché aux Fleurs　110
パブ　216
パリ・ストーリー／Paris Story　96
パリ動物園／Parc Zoologique de Paris　133
パリのモスク／Mosquée de Paris　111
パリ花公園／Parc Floral de Paris　133
パルク・アステリクス／Parc Astérix　256
パルク・デ・プランス／Parc des Princes　238
バルザックの家／Maison de Balzac　120
バレエ　➡︎「ダンス」参照
パレ・ド・ジュスティス（裁判所）／Palais de Justice　109
パレ・ド・トーキョー／Palais de Tokyo　121
パレ・ロワイヤル／Palais Royal　101
パレ・ロワイヤル庭園／Jardin du Palais Royal　101
パンテオン／Panthéon　113
ピガール／Pigalle　129
ピカソ、パブロ／Picasso, Pablo　30
飛行機　74
　アイルランド　76
　英国　76
　空港　83
　航空会社の事務所　77
　日本　74
　フランス国内　74
　ヨーロッパ大陸　76
ビザ　41
美術館・博物館・ギャラリー
　アトリエ・ブランクーシ／Atelier Brancusi　102
　アフリカ・オセアニア民芸博物館／Musée National des Arts d'Afrique et d'Océanie　134
　アメリカ美術館（ジヴェルニー）／Musée d'Art Américain, Giverny　277
　アラブ世界研究所／Institut du Monde Arabe　112
　生きた馬の博物館／Musée Vivant du Cheval, Chantilly　270
　ヴィクトル・ユゴーの家（ヴィクトル・ユゴー記念館）／Maison de Victor Hugo　105
　エロチズム博物館／Musée de l'Érotisme　129
　オルセー美術館／Musée d'Orsay　34, 117
　音楽博物館／Musée de la Musique　131
　海洋博物館／Musée de la Marine　120
　貨幣博物館／Musée de la Monnaie　114
　ガリエラ博物館　➡︎「ガリエラ宮」参照
　カルナヴァレ美術館／Musée Carnavalet　105
　技術工芸博物館／Musée des Arts et Métiers　107
　ギメ美術館／Musée Guimet　120
　ギュスターヴ・モロー美術館／Musée National Gustave Moreau　129

　グレヴァン博物館／Musée Grévin　124
　軍事博物館／Musée de l'Armée　118
　芸術・歴史博物館（サン・ドニ）／Musée d'Art et d'Histoire, St-Denis　256
　航空・宇宙博物館／Musée de l'Air et de l'Espace　254
　広告博物館／Musée de la Publicité　99
　国立近代美術館／Musée National d'Art Moderne　102
　国立古文書館／Archives Nationales　106
　国立自然史博物館／Musée National d'Histoire Naturelle　111
　国立中世美術館／Musée National du Moyen Age　112
　国立民俗民芸博物館／Musée National des Arts et Traditions Populaires　134
　コニャック・ジェ美術館／Musée Cognacq-Jay　106
　ジャックマール・アンドレ美術館／Musée Jacquemart-André　124
　ジャン・ムーラン博物館／Musée Jean Moulin　116
　錠前博物館（ブリカール博物館）／Musée de la Serrure　105
　初期芸術美術館／Musée des Arts Premiers　36
　市立近代美術館／Musée d'Art Moderne de la Ville de Paris　121
　市立美術館／Musée des Beaux-Arts de la Ville de Paris　122
　市立モード博物館／Musée de la Mode de la Ville de Paris　121
　人類博物館／Musée de l'Homme　120
　装飾芸術美術館／Musée des Arts Décoratifs　99
　ダリ美術館／Espace Salvador Dalí　120
　ドラクロワ美術館／Musée National Eugène Delacroix　114
　ナポレオン軍事史博物館（フォンテーヌブロー）／Musée Napoléonien d'Art et d'Histoire Militaire, Fontainebleau　267
　ニシム・ド・カモンド美術館／Musée Nissim de Camondo　123
　ノートルダム博物館／Musée de Notre Dame de Paris　109
　バカラ美術館／Musée Baccarat　125
　パリ下水道博物館／Musée des Égouts de Paris　119
　バルザックの家／Maison de Balzac　120
　ピカソ美術館／Musée Picasso　105
　美術館（シャルトル）／Musée des Beaux-Arts, Chartres　275
　ブールデル美術館／Musée Bourdelle　116
　プティ・パレ美術館／Musée du Petit Palais　122
　フランス歴史博物館／Musée de l'Histoire de France　106
　マイヨール美術館／Musée Maillol　118
　マジック博物館／Musée de la Curiosité et de la Magie　107
　マックス・フルニー素朴派美術館／Musée d'Art Naïf Max Fourny　128
　マルモッタン美術館／Musée Marmottan-Claude Monet　135

Index

モードと織物美術館／Musée de la Mode et du Textile 99
モネ美術館（ジヴェルニー）／Maison Musée Claude Monet, Giverny 276
モンマルトル美術館／Musée de Montmartre 128
郵便博物館／Musée de la Poste 116
ユダヤ芸術・歴史博物館／Musée d'Art et d'Histoire du Judaïsme 106
ヨーロッパ写真美術館／Maison Européenne de la Photographie 106
四輪馬車博物館／Musée des Carrosses, Versailles 262
ランビネ美術館（ヴェルサイユ）／Musée Lambinet, Versailles 262
リュクサンブール美術館／Musée du Luxembourg 115
旅行装備博物館（ヴォー・ル・ヴィコント）／Musée des Équipages, Vaux-le-Vicomte 268
ルーヴル美術館／Musée du Louvre 97
ロダン美術館／Musée Auguste Rodin 118
ヒッチハイク 81
ビデオ 57
ビュット・ショーモン公園／Parc des Buttes-Chaumont 111, 131
FAX 52
フィットネス 136
フィリップ・オーギュストの城壁／Philippe-Auguste's enceinte 139
ブーローニュの森／Bois de Boulogne 111, 134
フォークの店 231
フォーラム・デ・アル／Forum des Halles 103
フォブール・サン・ジェルマン／Faubourg St-Germain 116
フォブール・サン・ドニ通り／Rue du Faubourg St-Denis 210
フォルネー図書館／Bibliothèque Forney 139
フォンテーヌブロー／Fontainebleau 264, 265
フォンテーヌブロー宮殿／Château de Fontainebleau 264
フォンテーヌブローの森／Forêt de Fontainebleau 267
船 81, 91
　アイルランド 82
　英国 81
ブラッスリー ➡「食事」のIndex参照
プラネタリウム 130
フランス学士院／Institut de France 114
フランス革命／French Revolution 15
フランス国立図書館／Bibliothèque Nationale de France 35
フランス・シャンソン 232
フランス・スタジアム／Stade de France 238, 255
フランソワ1世／François I 13
フランドルのパイプオルガン／Les Orgues de Flandre 37
プルースト, マルセル／Proust, Marcel 25
ブルースの店 230

太字はMAPを示す

ブルボン宮／Palais Bourbon 118
プレ・カタラン／Pré Catalan 134
フレンチ・カンカン 234
フローベール, ギュスターヴ／Flaubert, Gustave 25
プロムナード・プランテ／Promenade Plantée 107, 111
文学 24
文化センター 66
文化的配慮 33
ペール・ラシェーズ墓地／Cimetière du Père Lachaise 132
ベテューヌ・シュリー館／Hôtel de Béthune-Sully 141
ヘミングウェイ, アーネスト／Hemingway, Ernest 26
ベルヴィル 131, 207
ベルヴィル公園／Parc de Belleville 111, 132
ベルシー／Bercy 125
ベルシー公園／Parc de Bercy 111,125
ベルシー多目的スポーツセンター／Palais Omnisports de Paris-Bercy 125, 238
ボードレール, シャルル／Baudelaire, Charles 25
ボウリング 137
保険 42
保全 ➡「環境への配慮」参照
ポタジェ・デュ・ロワ（国王の菜園）／Potager du Roi 262
ホテル ➡「宿泊」のIndex参照
ポン・ヌフ／Pont Neuf 110
ポンピドゥー・センター／Centre Pompidou 34

ま

マザリーヌ図書館／Bibliothèque Mazarine 114
マネ, エドゥアール／Manet, Édouard 29
マラー／Marat 15
マルシェ・ド・サン・トノレ／Marché de St-Honoré 36
マレ地区／Marais 104
ミニテル 52
ミュール・デ・フェデレ／Mur des Fédérés 132
ミラー, ヘンリー／Miller, Henry 26
民族音楽の店 231
ムーラン・ルージュ／Moulin Rouge 234
無名ユダヤ人犠牲者記念堂／Mémorial du Martyr Juif Inconnu 106
メートル法 58
メゾン・デュ・シネマ／Maison du Cinéma 37
メゾン・デュ・ジャルディナージュ／Maison du Jardinage 125
メゾン・デュ・ラック（ベルシー）／Maison du Lac du Parc de Bercy 125
メゾン・パリ・ナチュール／Maison Paris-Nature 133
メトロ 85
メニルモンタン／Ménilmontant 131
免税 ➡「通関」参照
モネ, クロード／Monet, Claude 29
　モネ美術館／Maison Musée Claude Monet 276
モンソー公園／Parc de Monceau 111, 123
モンパルナス／Montparnasse 115
モンパルナス・タワー／Tour Montparnasse 36, 115

301

モンパルナス墓地／Cimetière du Montparnasse　116
モンマルトル／Montmartre　127
モンマルトルのブドウ畑／Le Close du Montmartre　128
モンマルトル墓地／Cimetière de Montmartre　128

や

ユースホステル ➡「宿泊」のIndex参照
郵便　50
ユーロスター／Eurostar　79
ユーロトンネル／Eurotunnel　78
ユゴー，ヴィクトル／Hugo, Victor　25, 108
ユダヤ人街（ユダヤ人社会）　106, 214
ヨーロッパ写真美術館／Maison Européenne de la Photographie　106

ら

ラ・ヴィレット公園／Parc de la Villette　35, 111, 129
ラ・グット・ドール／La Goutte d'Or　209
ラ・サマリテーヌ／La Samaritaine　103
ラジオ　57
ラ・デファンス地区／La Défense　250, 252
ラモワニョン館／Hôtel Lamoginon　140
ランドリー　58
リベラル・ブリュアン館／Hôtel de Libéral Bruant　141
リュクサンブール宮殿／Palais du Luxembourg　114
リュクサンブール劇場／Théâtre du Luxembourg　115
リュクサンブール公園／Jardin du Luxembourg　111, 114
リュテス闘技場／Arènes de Lutèce　112
リュマニテ礼拝堂／Chapelle de l'Humanité　140
領事館　43
旅行代理店　40
旅行保険 ➡「保険」参照
旅費　50 ➡「お金」参照
ルイ11世／Louis XI　13
ルイ13世／Louis XIII　14
ルイ14世／Louis XIV　14
　ルイ14世の彫像　126
ルイ16世／Louis XVI　15

ルイ18世／Louis XVIII　17
ルイ・フィリップ／Louis-Philippe　17
ルーヴル美術館／Musée du Louvre　97
ルソー，ジャン・ジャック／Rousseau, Jean-Jacques　25
ル・ペルティエ・ド・サン・ファルジョー館／Hôtel Le Peletier de St-Fargeau　140
ル・ペン，ジャン・マリー／Le Pen, Jean-Marie　20
レ・アル／Les Halles　102
歴史　11
　アンシャン・レジーム／Ancien Régime　14, 17
　王政復古　17
　宗教改革　13
　第一共和政（初の共和政）　15
　第二共和政　17
　第三共和政　17
　第四共和政　19
　第五共和政　19
　第一次世界大戦　18
　第二次世界大戦　18
　第一帝政　16
　第二帝政　17
　フランス革命　15
　ベル・エポック　17
　ルネサンス　13
歴史的軸線／Axe Historique　253
レストラン　177 ➡「食事」のIndex参照
レズの旅行者へ　62
　エンターテインメント　228
レンタル ➡「車」「オートバイ」参照
ロアン・ゲメネ館／Hôtel de Rohan-Guéménée　141
ローラン・ギャロス・スタジアム／Stade Roland Garros　134, 238
ロックミュージックの店　230
ロベスピエール　15
ロンシャン競馬場／Hippodrome de Longchamp　134

わ

割引　49, 100

Index

宿泊

アパルテル・シタディヌ／Apart'hotels Citadines 171
アリアン・オテル／Arian Hôtel 157
アロハ・オステル／Aloha Hostel 152
ウッドストック・オステル／Woodstock Hostel 153
FIAP・ジャン・モネ／FIAP Jean Monnet 152
MIJE・モビュイッソン／MIJE Maubuisson 150
MIJE・ル・フォーコニエ／MIJE Le Fauconnier 150
MIJE・ル・フルシー／MIJE Le Fourcy 150
エリゼ・セラミック／Élysée Ceramic 165
オテル・アクシアル・ボブール／Hôtel Axial Beaubourg 165
オテル・アンリ・キャトル／Hôtel Henri IV 154
オテル・イビス・パリ・オルリー・アエロポール／Hôtel Ibis Paris Orly Aéroport 165
オテル・イビス・パリ・CDG・アエロポール／Hôtel Ibis Paris CDG Aéroport 165
オテル・エスメラルダ／Hôtel Esmeralda 161
オテル・エルドラド／Hôtel Eldorado 158
オテル・カメリア・プレスティージュ／Hôtel Camélia Prestige 157
オテル・キャステックス／Hôtel Castex 159
オテル・クリュニー・ソルボンヌ／Hôtel Cluny Sorbonne 160
オテル・ゲ・リュサック／Hôtel Gay-Lussac 161
オテル・コスト／Hôtel Costes 168
オテル・サニー／Hôtel Sunny 162
オテル・サン・ジェルマン・デ・プレ／Hôtel St-Germain des Prés 168
オテル・サン・ジャック／Hôtel St-Jacques 161
オテル・サン・タマン／Hôtel St-Amand 156
オテル・サン・タンドレ・デ・ザール／Hôtel St-André des Arts 162
オテル・サン・トノレ／Hôtel St-Honoré 159
オテル・サントラル・マレ／Hôtel Central Marais 159
オテル・サン・ピエール／Hôtel St-Pierre 158
オテル・サン・メリー／Hôtel St-Merry 166
オテル・サン・ルイ／Hôtel St-Louis 166
オテル・シュリー／Hôtel Sully 154
オテル・ショパン／Hôtel Chopin 163
オテル・ダルザス・ストラスブール＆マジャンタ／Hôtel d'Alsace, Strasbourg & Magenta 155
オテル・ダングルテール／Hôtel d'Angleterre 167
オテル・デ・カピュシーヌ・モンマルトル／Hôtel des Capucines Montmartre 164
オテル・デ・グランド・ゼコール／Hôtel des Grandes Écoles 166
オテル・デ・ザール／Hôtel des Arts 162, 164
オテル・デ・ドゥー・コンティナン／Hôtel des Deux Continents 167
オテル・デ・ドゥーズヴィル／Hôtel des Deux Îles 166
オテル・デ・トロワ・プサン／Hôtel des Trois Poussins 168
オテル・デ・ボザール／Hôtel des Beaux-Arts 157
オテル・デ・マロニエ／Hôtel des Marronniers 168

オテル・デュ・ヴィユー・ソール／Hôtel du Vieux Saule 166
オテル・デュ・グローブ／Hôtel du Globe 162
オテル・デュ・セッティエム・アール／Hôtel du Septième Art 159
オテル・デュ・パンテオン／Hôtel du Panthéon 167
オテル・デュ・ブール・ティブール／Hôtel du Bourg Tibourg 165
オテル・デュ・プラド／Hôtel du Prado 156
オテル・デュ・ブラバン／Hôtel du Brabant 155
オテル・デュ・プログレ／Hôtel du Progrès 161
オテル・デュ・ムーラン／Hôtel du Moulin 164
オテル・ド・カルタゴ／Hôtel de Carthago 158
オテル・ド・クリヨン／Hôtel de Crillon 168
オテル・ド・サヴォワ／Hôtel de Savoie 156
オテル・ド・ニース／Hôtel de Nice 159
オテル・ド・ネスル／Hôtel de Nesle 162
オテル・ド・ブロワ／Hôtel de Blois 157
オテル・ド・メディシス／Hôtel de Médicis 155
オテル・ド・ラ・エルス・ドール／Hôtel de la Herse d'Or 154
オテル・ド・ラ・プラス・デ・ヴォージュ／Hôtel de la Place des Vosges 166
オテル・ド・ラ・ブルトヌリー／Hôtel de la Bretonnerie 166
オテル・ド・リール・ペリカン／Hôtel de Lille Pélican 154
オテル・ド・リュテス／Hôtel de Lutèce 166
オテル・ド・トルビアック／Hôtel Tolbiac 157
オテル・ド・レスペランス／Hôtel de l'Espérance 157, 160
オテル・ド・ロアン／Hôtel de Rohan 158
オテル・パシフィック／Hôtel Pacific 161
オテル・バスチーユ・オペラ／Hôtel Bastille Opéra 156
オテル・ファヴァール／Hôtel Favart 168
オテル・プチ・トリアノン／Hôtel Petit Trianon 162
オテル・ブライトン／Hôtel Brighton 165
オテル・プラティック／Hôtel Pratic 159
オテル・フランセ／Hôtel Français 163
オテル・ブリタニア／Hôtel Britannia 163
オテル・フロリドール／Hôtel Floridor 158
オテル・ベラミ・サン・ジェルマン・デ・プレ／Hôtel Bel Ami St-Germain des Prés 168
オテル・ペルティエ・オスマン・オペラ／Hôtel Peletier-Haussmann-Opéra 163
オテル・ボードレール・バスチーユ／Hôtel Baudelaire Bastille 163
オテル・ボダン／Hôtel Baudin 156
オテル・ボンセジュール／Hôtel Bonséjour 158
オテル・ボンヌ・ヌーヴェル／Hôtel Bonne Nouvelle 155
オテル・マリニャン／Hôtel Marignan 161
オテル・ミネルヴ／Hôtel Minerve 161
オテル・ムーリス／Hôtel Meurice 169

303

オテル・モデルヌ／Hôtel Moderne 154
オテル・ユトリロ／Hôtel Utrillo 164
オテル・ラ・ヴィエイユ・フランス／Hôtel La Vieille France 155
オテル・リヴォリ／Hôtel Rivoli 154
オテル・リッツ／Hôtel Ritz 169
オテル・リバティ／Hôtel Liberty 156
オテル・リュクサンブール・パルク／Hôtel Luxembourg Parc 169
オテル・リュクシア／Hôtel Luxia 164
オテル・リヨン・ミュルーズ／Hôtel Lyon Mulhouse 163
オテル・ル・コンポステル／Hôtel Le Compostelle 159
オテル・ルノックス・サン・ジェルマン／Hôtel Lenox St-Germain 167
オテル・ルレ・クリスティーヌ／Hôtel Relais Christine 169
オテル・レジダンス・モンジュ／Hôtel Résidence Monge 167
オテル・ロワイヤル・バスチーユ／Hôtel Royal Bastille 164
オベルジュ・アンテルナシオナル・デ・ジュンヌ／Auberge Internationale des Jeunes 150
オベルジュ・ド・ジュネス・ジュール・フェリー／Auberge de Jeunesse Jules Ferry 151
オベルジュ・ド・ジュネス・ル・ダルタニャン／Auberge de Jeunesse Le D'Artagnan 153
カムフォート・イン・ムフタール／Comfort Inn Mouffetard 160
キリア・パリ・ベルシー・エクスポ／Kyriad Paris Bercy Expo 164
グラントテル・サン・ミッシェル／Grand Hôtel St-Michel 167
グラントテル・ジャンヌ・ダルク／Grand Hôtel Jeanne d'Arc 159
グラントテル・ド・シャンパーニュ／Grand Hôtel de Champagne 165
グラントテル・ド・パリ／Grand Hôtel de Paris 163
グラントテル・マジャンタ／Grand Hôtel Magenta 155
グラントテル・マラー／Grand Hôtel Malher 166
サントル・アンテルナシオナル・BVJ・パリ・カルチエ・ラタン／Centre International BVJ Paris-Quartier Latin 150
サントル・アンテルナシオナル・BVJ・パリ・ルーヴル／Centre International BVJ Paris-Louvre 149

CISP・ケルマン／CISP Kellermann 152
CISPモーリス・ラヴェル／CISP Maurice Ravel 151
シティ・マエヴァ・トルビアック／City Maeva Tolbiac 164, 171
シブール・オテル／Sibour Hôtel 156
スリー・ダックス・オステル／Three Ducks Hostel 152
セルティック・オテル／Celtic Hôtel 157
ティモテル・モンマルトル／Timhôtel Montmartre 168
デリーズ・オテル／Delhy's Hôtel 162
ノール・エスト・オテル／Nord-Est Hôtel 163
ノール・オテル／Nord Hôtel 163
パンシオン・オ・パレ・グルマン／Pension Au Palais Gourmand 148
パンシオン・オ・マロニエ／Pension Aux Marroniers 148
ピース＆ラブ・オステル／Peace & Love Hostel 151
ビックス・オテル／Vix Hôtel 156
ファミリア・オテル／Familia Hôtel 161
ブーローニュの森キャンプ場／Camping du Bois de Boulogne 149
プチ・パラス・オテル／Petit Palace Hôtel 164
フラトテル・トゥール・エッフェル／Flatôtel Tour Eiffel 171
ブルー・プラネット・オステル／Blue Planet Hostel 151
ポール・ロワイヤル・オテル／Port Royal Hôtel 155
メゾン・アンテルナシオナル・デ・ジュンヌ・プール・ラ・キュルチュール・エ・ラ・ペ／Maison Internationale des Jeunes pour la Culture et la Paix 151
メゾン・デ・クリュブUNESCO／Maison des Clubs UNESCO 152
メリア・コルベール・ブティック・オテル／Mélia Colbert Boutique Hotel 169
ヤング・アンド・ハッピー・オステル／Young & Happy Hostel 150
ラ・ヴィラ・サン・ジェルマン・デ・プレ／La Villa St-Germain des Prés 170
ラ・メゾン・オステル／La Maison Hostel 152
ル・ヴィラージュ・オステル／Le Village Hostel 153
レジダンス・カルディナル／Résidence Cardinal 148
レジダンス・デ・ザール／Résidence des Arts 171
レジダンス・ピエール＆ヴァカンス／Résidence Pierre & Vacances 171
ロテル／L'Hôtel 169

食事

アヴァニタ・カフェ／Havanita Café 195
アカリウス／Aquarius 182
ア・ラ・クール・ド・ロアン／À la Cour de Rohan 187
ア・ラ・グランド・ブルー／À la Grande Bleue 203
ア・ラ・バナヌ・イヴォワリエンヌ／À la Banane Ivoirienne 198
アル・ダール／Al Dar 185
イポポタミュス／I lippopotamus 175

イル・デュカ／Il Duca 203
インドネシア／Indonesia 189
ヴァン・デ・ピレネー／Vins des Pyrénées 181
ウィリーズ・ワイン・バー／Willi's Wine Bar 178
ウェブ・バール／Web Bar 174
ウォリー・ル・サアリアン／Wally le Saharien 191
オ・クリュ・ド・ブルゴーニュ／Aux Crus de Bourgogne 178

Index

オ・トゥルー・ノルマン／Au Trou Normand　197
オ・バスク／Au Bascou　180
オ・ピエ・ド・コション／Au Pied de Cochon　178
オ・ペ・ド・ラパン／Au Pet de Lapin　200
オ・ベルジェ・デュ・シュッド／Aux Bergers du Sud　190
カーヴ・サン・ジル／Caves St-Gilles　182
学生厚生センター（クルス）／CROUS　174
カサ・コルサ／Casa Corsa　187
カフェ・カネル／Café Cannelle　198
カフェ・ド・ランドゥストリー／Café de l'Industrie　195
カフェ・ド・レポック／Café de l'Époque　177
カフェ・バルジュ／Café Barge　199
カフェ・ボブール／Café Beaubourg　174
カフェ・マルリー／Café Marly　178
カフェ・ムスカド／Café Muscade　177
カリビアン・コーフィー・クレオル／Caribbean Coffee Creole　179
キャトル・サン・キャトル（404）　181
クッチ／Koutchi　185
國虎屋／Kunitoraya　179
クム・アコルヌ／Khun Akorn　198
クルン・テップ／Krung Thep　197
クレープ・ショー／Crêpes Show　193
ゲン・マイ／Guen Maï　188
コーフィー・インディア／Coffee India　195
サンクスギビング／Thanksgiving　183
シェ・アルベール／Chez Albert　188
シェ・アング／Chez Heang　195
シェ・アンナ／Chez Hanna　181
シェ・オマール／Chez Omar　181
シェ・ジェニー／Chez Jenny　180
シェ・ジャッキー／Chez Jacky　200
シェ・ヘインズ／Chez Haynes　191
シェ・ポール／Chez Paul　193
シェ・マリアンヌ／Chez Marianne　181
シェ・レナ・エ・ミミーユ／Chez Léna et Mimille　184
シェ・レ・フォンデュ／Chez Les Fondus　203
シノラマ／Sinorama　201
ジャルダン・デ・パット／Jardin des Pâtes　195
シャルティエ／Chartier　190
シャルロ・ロワ・デ・コキヤージュ／Charlot, Roi des Coquillages　203
ジュリアン／Julien　190
ジョー・アラン／Joe Allen　179
ジョー・ゴールデンベルグ／Jo Goldenberg　182
タイ・クラシック／Thai Classic　197
タオ／Tao　185
タシ・デレク／Tashi Delek　185
ダム・ジャンヌ／Dame Jeanne　193
ティー・キャディー／Tea Caddy　186
テルミニュス・ノール／Terminus Nord　192
ニュー・ニューヴィル／New Nioullaville　197
ハード・ロック・カフェ／Hard Rock Café　191
バリ・バー／Bali Bar　195
パルティ・ド・カンパーニュ／Partie de Campagne　199

ビストロ・フロランタン／Bistrot Florentin　197
ビストロ・ロマン／Bistro Romain　175
ピッコロ・テアトロ／Piccolo Teatro　182
ピッチ・ポイ／Pitchi Poï　174
ビュッファロ・グリル／Buffalo Grill　175
フィッシュ・ラ・ボワッソヌリー／Fish la Boissonnerie　188
プージャ／Pooja　192
フェルーズ／Feyrouz　202
フォゴン・サン・ジュリアン／Fogon St-Julien　186
ブラッスリー・ド・リール・サン・ルイ／Brasserie de l'Isle St-Louis　183
ブラッスリー・リップ／Brasserie Lipp　187
ブラッスリー・レ・グランド・マルシュ／Brasserie Les Grandes Marches　193
ブルー・エレファン／Blue Elephant　195
フンティ・アガディール／Founti Agadir　185
ベルティヨン／Berthillon　183
ペロダン／Perraudin　184
ボーファンジェ／Bofinger　193
ポリドール／Polidor　188
ホワン・エ・ホワニタ／Juan et Juanita　196
マシュ・ピチュ／Machu Picchu　186
マチス・エ・ムスカド／Macis et Muscade　203
ムスタン・カフェ／Mustang Café　202
メゾン・プリュニエ／Maison Prunier　189
モスケ・ド・パリ／Mosquée de Paris　185
ヤスマン／Yasmin　192
ラヴァン・グー／L'Avant-Goût　200
ラオ・シアム／Lao Siam　197
ラ・クーポル／La Coupole　201
ラ・コンパニー・デュ・リュバン・ブルー／La Compagnie du Ruban Bleu　199
ラ・シャルロット・アン・イル／La Charlotte en Île　183
ラ・ピラガ／La Piraga　198
ラ・プティ・レギューム／La Petit Légume　186
ラ・フルーヴ・ド・シンヌ／La Fleuve de Chine　200
ラ・ペルラ／La Perla　182
ラマゾニアル／L'Amazonial　178
ラ・マフィオサ・ディ・テルモリ／La Maffiosa di Termoli　204
ラ・メゾン・サヴルーズ／La Maison Savoureuse　179
ラ・メゾン・ドール／La Maison d'Or　194
ラルドワーズ／L'Ardoise　189
ラルブル・ア・カネル／L'Arbre à Cannelle　177
ランクリエ／L'Encrier　193
ランバサード・ドーヴェルニュ／L'Ambassade d'Auvergne　180
リール・アントレ・レ・ヴィーニュ／Lire Entre les Vignes　194
リナズ／Lina's　190
ル・ヴィアデュック・カフェ／Le Viaduc Café　174
ル・ヴィネア・カフェ／Le Vinéa Café　199
ル・ヴィラレ／Le Villaret　197
ル・カブール／Le Cabourg　193
ル・カメレオン／Le Caméléon　201

305

ル・キッチ／Le Kitch　198
ル・キャムロ／Le C'Amelot　196
ル・クラウン・バー／Le Clown Bar　196
ル・グラン・ヴェフール／Le Grand Véfour　178
ル・グラン・コルベール／Le Grand Colbert　177
ル・ゴルフ・ド・ナプル／Le Golfe de Naples　188
ル・シプロン／Le Chiperon　187
ル・スクワール・トゥルソー／Le Square Trousseau　194
ル・スプーン／Le Spoon　190
ル・セレクト／Le Select　201
ル・ソファ／Le Sofa　194
ル・ソレイユ・グルマン／Le Soleil Gourmand　203
ル・タン・デ・セリーズ／Le Temps des Cérises　200
ル・チッパー／Le Chipper　186
ル・ティパザ／Le Tipaza　203
ル・ドーム／Le Dôme　201
ル・ドーム・デュ・マレ／Le Dôme du Marais　180
ル・トリュミルー／Le Trumilou　181
ル・トロケッツ／Le Troquet's　202
ル・トロワジィエーム・ビュロー／Le Troisième Bureau　174
ル・パヴィヨン・プエブラ／Le Pavillon Puebla　196
ル・バラタン／Le Baratin　196
ル・パリ・ダカール／Le Paris-Dakar　192
ル・ビストロ・デュ・ドーム・バスチーユ／Le Bistrot du Dôme Bastille　192
ル・ビニュロン／Le Vigneron　184
ル・ビュイソン・アルダン／Le Buisson Ardent　184
ル・プティ・ザング／Le Petit Zinc　188
ル・プティ・ピカール／Le Petit Picard　180
ル・プティ・マション／Le Petit Mâchon　178
ル・マション・ダンリ／Le Mâchon d'Henri　188
ル・マンスリア／Le Mansouria　195
ル・マン・レイ／Le Man Ray　189
ル・モノ／Le Mono　204
ル・モンド・ア・ランヴェール／Le Monde à L'Envers　178
ル・ルー・ブラン／Le Loup Blanc　179
ル・ルペール・ド・カルトゥーシュ／Le Repaire de Cartouche　197
ル・レコンフォール／Le Réconfort　180
ル・レゼルヴォワール／Le Réservoir　198
ルレット／L'Oulette　199
レ・ヴィーニュ・デュ・パンテオン／Les Vignes du Panthéon　184
レオン・ド・ブリュッセル／Léon de Bruxelles　175
レ・ギャロパン／Les Galopins　194
レ・ザモーニュ／Les Amognes　198
レストラン・ヴェロ・ドダ／Restaurant Véro Dodat　177
レ・ゼル／Les Ailes　191
レトワール・ヴェルト／L' Étoile Verte　189
レトワール・デュ・ベルジェ／L'Étoile du Berger　184
レノテカ／L'Enoteca　182
レピ・ドール／L'Épi d'Or　178
レ・フ・ド・リル／Les Fous de l'Île　174
ロス・ア・モエル／L'Os à Moëlle　202
ロディエルヌ／L'Audiernes　200
ロベール・エ・ルイーズ／Robert et Louise　180
ロワ・デュ・カシミール／Roi du Kashmir　192

コラム

市場へ行こう　248
永久に語り継がれる英雄たちの彫像　126
官僚主義に救われる　274
記憶に残るタルト　242
球戯場の誓い　263
芸術に彩られたメトロ駅　86
サルサとメレンゲ：ダンスの味わい　226
祝日について　16
ストライキの広場　104
チップについて　177
朝食にはブランチを　174
入場無料の施設　100
ノートルダムの鐘　108
薄幸の恋人たち　12
パリに関する豆知識　92
パリの異邦人　26
パリの防衛　253
美術館・博物館の休館日　99
広場巡り　109
ホイップクリームの城　270
「待たずに入場」の便利なカード！　96
緑のオープン・スペース　111
もちろん、フレンチ・カンカンもある　234
レストランの誕生　202

M RER T

Paris

www.citefutee.com

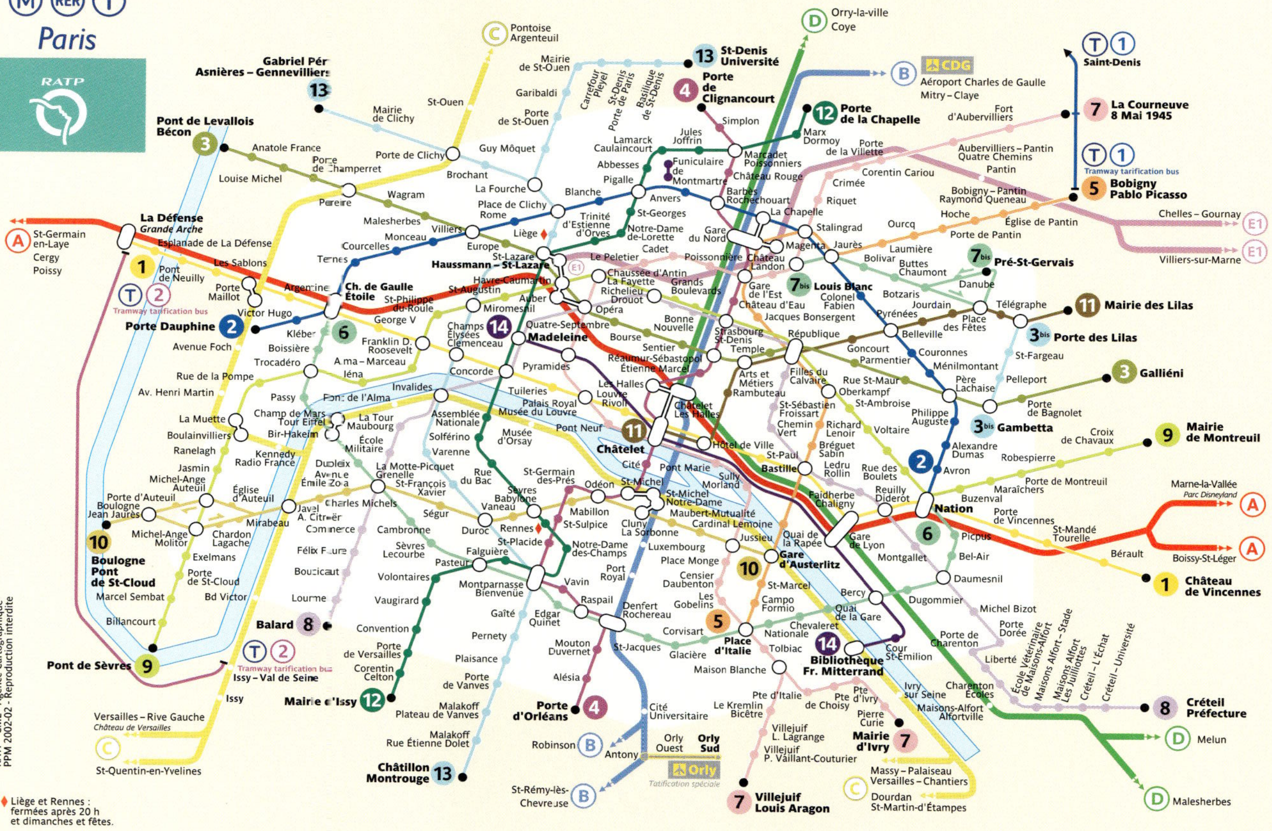

RATP - CML - Agence Cartographique
PPM 2002-02 - Reproduction interdite

♦ Liège et Rennes : fermées après 20 h et dimanches et fêtes.

MAP 1

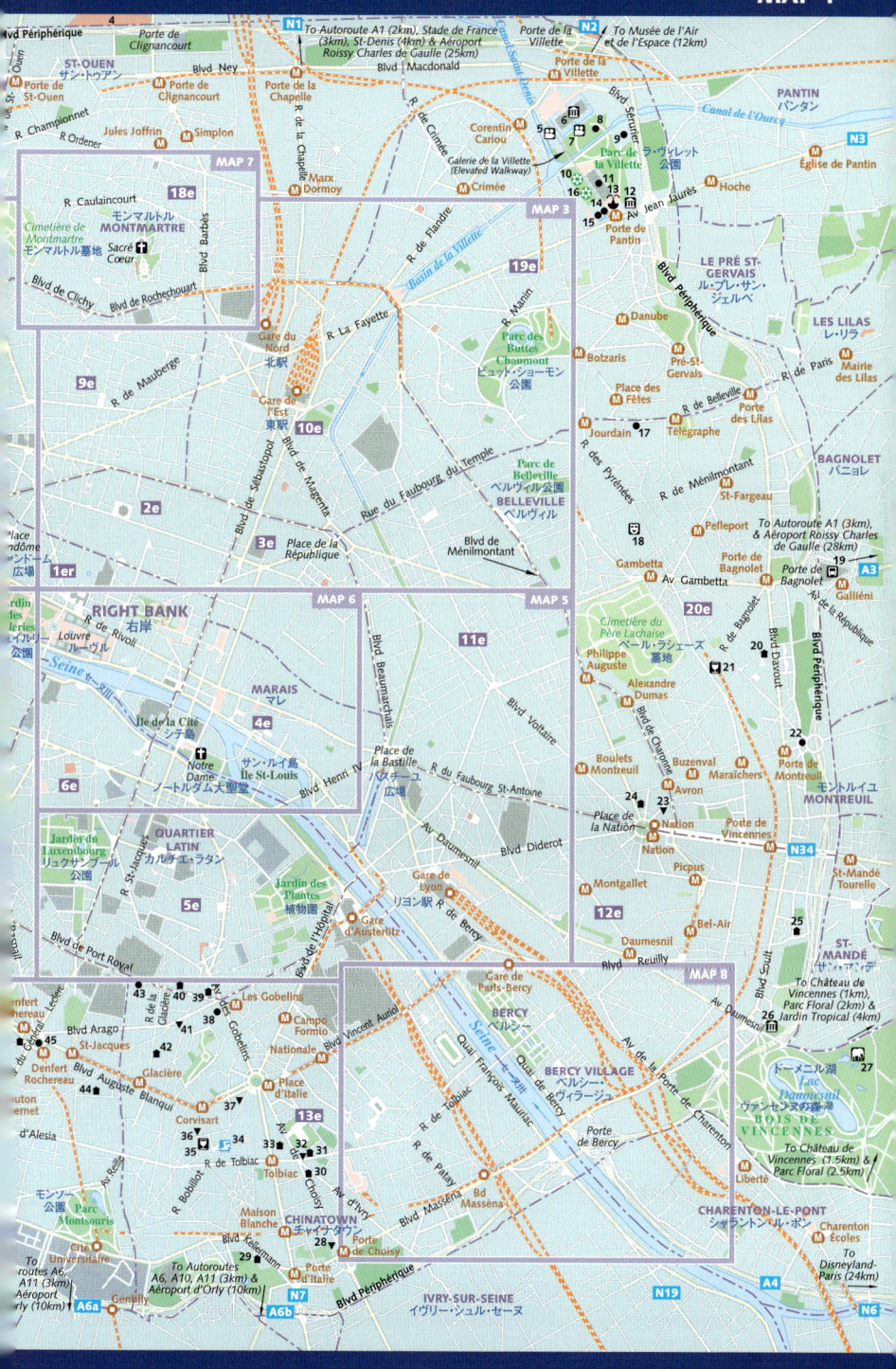

MAP 1

ST-OUEN サン・トゥアン
Porte de Clignancourt
Porte de Clignancourt
PANTIN パンタン
Porte de la Villette
Porte de la Villette
Église de Pantin
Galerie de la Villette (Elevated Walkway)
Parc de la Villette ラ・ヴィレット
Corentin Cariou
Crimée
Porte de Pantin
LE PRÉ ST-GERVAIS ル・プレ・サン・ジェルヴェ
MAP 7
Cimetière de Montmartre モンマルトル墓地
MONTMARTRE モンマルトル
Sacré Coeur
LES LILAS レ・リラ
Mairie des Lilas
R. Marcadet
R. de la Chapelle
Basin de la Villette
Danube
Botzaris
Pré-St-Gervais
Porte de Paris
Place des Fêtes
MAP 3
19e
Parc des Buttes Chaumont ビュット・ショーモン
Porte des Lilas
BAGNOLET バニョレ
Gare du Nord 北駅
R. La Fayette
Jourdain
Télégraphe
Gare de l'Est 東駅
Parc de Belleville ベルヴィル公園
BELLEVILLE ベルヴィル
St-Fargeau
Pelleport
To Autoroute A1 (3km), & Aéroport Roissy Charles de Gaulle (28km)
Place de la République
Blvd de Ménilmontant
Gambetta
Porte de Bagnolet
Galliéni
1er
RIGHT BANK 右岸
MAP 6
MAP 5
Cimetière du Père Lachaise ペール・ラシェーズ墓地
Av. Gambetta
Porte de Bagnolet
MONTREUIL モントルイユ
Louvre ルーブル
R. de Rivoli
MARAIS マレ
Blvd Beaumarchais
11e
Philippe Auguste
Alexandre Dumas
Porte de Montreuil
Seine セーヌ川
Île de la Cité シテ島
4e
Blvd Voltaire
Blvd Henri IV
Boulets Montreuil
Buzenval
Maraîchers
6e
Notre Dame ノートルダム大聖堂
Île St-Louis サン・ルイ島
Place de la Bastille バスティーユ広場
R. du Faubourg St-Antoine
Avron
Porte de Vincennes
Place de la Nation
Nation
QUARTIER LATIN カルチエ・ラタン
Jardin du Luxembourg リュクサンブール公園
Jardin des Plantes 植物園
Av. Daumesnil
Nation
Montgallet
Picpus
ST-MANDÉ Tourelle
Gare de Lyon リヨン駅
R. de Bercy
Bel-Air
5e
Gare d'Austerlitz
Blvd Diderot
Daumesnil
Blvd de Port Royal
Blvd de Reuilly
MAP 8
To Château de Vincennes (1km), Parc Floral (2km) & Jardin Tropical (4km)
Les Gobelins
Gare de Paris-Bercy
ST-MANDÉ
Blvd Arago
Campo Formio
Quai d'Austerlitz
BERCY ベルシー
Blvd St-Jacques
Glacière
Nationale
Quai François Mauriac
Denfert Rochereau
Place d'Italie
Quai de la Gare
BERCY VILLAGE ベルシー・ヴィラージュ
トーメニール湖
Corvisart
Porte de Bercy
Lac Daumesnil
Av. Daumesnil
ヴァンセンヌの森
BOIS DE VINCENNES
d'Alesia
13e
R. de Tolbiac
Tolbiac
To Château de Vincennes (1.5km) & Parc Floral (2.5km)
Parc Montsouris
Maison Blanche
CHINATOWN チャイナタウン
Av. d'Ivry
Bd Masséna
Porte de Bercy
Porte de Charenton
CHARENTON-LE-PONT シャラントン・ル・ポン
Cité Universitaire
Porte de Choisy
Blvd Kellermann
Porte d'Italie
Charenton Écoles
To Autoroutes A6, A10, A11 (3km) & Aéroport d'Orly (10km)
To Autoroutes A6, A11 (3km), Aéroport d'Orly (10km)
Blvd Périphérique
IVRY-SUR-SEINE イヴリー・シュル・セーヌ
To Disneyland-Paris (24km)

MAP 1

宿泊
- 20 Auberge de Jeunesse Le D'Artagnan
- 24 Hôtel Camélia Prestige
- 25 CISP Maurice Ravel
- 29 CISP Kellermann
- 30 Arian Hôtel
- 31 Hôtel Tolbiac
- 33 Hôtel des Beaux-Arts
- 39 Port Royal Hôtel
- 40 Hotel Sunny
- 42 Maison des Clubs UNESCO
- 44 FIAP Jean Monnet
- 46 Hôtel de l'Espérance、Hôtel Floridor
- 47 Petit Palace Hôtel
- 49 Hôtel de Blois
- 51 La Maison Hostel

食事
- 3 À la Grande Bleue
- 23 Khun Akorn
- 28 La Fleuve de Chine
- 32 Sinorama
- 36 Le Temps des Cérises
- 37 L'Avant-Goût
- 41 Jardin des Pâtes
- 50 Aquarius
- 55 L'Os à Moëlle

美術館・博物館・ギャラリー
- 6 科学・産業シティ館
- 12 音楽シティ館　音楽博物館
- 26 アフリカ・オセアニア民芸博物館
- 60 マルモッタン美術館－クロード・モネ
- 65 国立民族民芸博物館
- 67 エクスプローラドーム

その他
- 1 アメリカン・ホスピタル
- 2 ハートフォード・ブリティッシュ・ホスピタル
- 4 サン・トゥアンの蚤の市、シェ・ルイゼット
- 5 シナックス
- 7 ジェオード
- 8 アルゴ潜水艦
- 9 ル・ゼニット
- 10 風と砂丘の庭園
- 11 大展示場
- 13 ライオンの噴水
- 14 音楽シティ館プレイガイド
- 15 鏡の庭園
- 16 コンセルヴァトワール（パリ国立高等音楽院）
- 17 ルガール・デュ・シーニュ
- 18 テアトル・ド・メニルモンタン
- 19 パリ国際バスターミナル
- 21 La Flèche d'Or
- 22 モントルイユの蚤の市
- 27 パリ動物園
- 34 ビュット・オ・カイユ・プール
- 35 Le Merle Moqueur
- 38 ゴブラン織り工場
- 43 SOSダンテール
- 45 カタコンブ
- 48 警察署（滞在許可証）
- 52 ポルト・ド・ヴァンヴの蚤の市
- 53 遺失物取扱所
- 54 アクアブールヴァール
- 56 大温室
- 57 レンタ・カー・システム
- 58 オートゥイユ温室庭園
- 59 ローラン・ギャロス・スタジアム
- 61 プレ・カタラン、シェークスピア庭園
- 62 バガテル城
- 63 パリ・シクル
- 64 パリ・シクル
- 66 動物順化園
- 68 ボウリング・ド・パリ

パリ中心部：セーヌ川に架かるポン・ヌフとシテ島を望む

MAP 2

宿泊
- 10 Élysée Ceramic
- 69 Hôtel Meurice
- 70 Hôtel Brighton
- 81 Hôtel Ritz
- 85 Hôtel Costes
- 90 Hôtel de Crillon
- 122 Hôtel Britannia
- 125 Résidence Cardinal
- 131 Hôtel Eldorado

食事
- 11 L'Étoile Verte
- 15 Maison Prunier
- 19 Bistro Romain
- 34 Le Man Ray
- 36 Le Spoon
- 86 L'Ardoise
- 87 Lina's
- 128 Charlot, Roi des Coquillages
- 130 La Maffiosa di Termoli
- 133 Macis et Muscade

パブ・バー・カフェ
- 20 Le Lido de Paris
- 21 Latina Café
- 22 Le Queen
- 29 Montecristo Café
- 49 Crazy Horse
- 79 Harry's Bar
- 93 Buddha Bar
- 118 The Cricketer

美術館・博物館・ギャラリー
- 53 市立モード博物館（ガリエラ宮）
- 54 ギャラリー・デュ・パンテオン・ブディック
- 55 ギメ美術館
- 57 市立近代美術館
- 62 発見の殿堂
- 63 グラン・パレ、ギャラリー・ナシオナル・デュ・グラン・パレ
- 65 プティ・パレ、パリ市立美術館
- 67 ジュ・ド・ポーム国立美術館
- 121 ジャックマール・アンドレ美術館
- 123 ニシム・ド・カモンド美術館

その他
- 1 パレ・デ・コングレ・ド・パリ（パリ国際会議場）
- 2 ボーヴェ空港行きバス乗り場
- 3 ローラーランド
- 4 フナック・エトワール店
- 5 フロマジュリー・アレオッス
- 6 ブリュルリー・デ・テルヌ
- 7 マリアージュ・フレール
- 8 サル・プレイエル
- 9 アメリカン・エキスプレス
- 12 ベルギー大使館
- 13 エールフランス・バス
- 14 アイルランド大使館
- 16 日本大使館
- 17 観光案内所中央オフィス
- 18 トーマス・クック
- 23 ジャンフランコ・フェレ
- 24 ラデュレ
- 25 ファルマシー・デ・シャン
- 26 アジャンス・デ・テアトル
- 27 フナック・シャンゼリゼ店
- 28 郵便局
- 30 モノプリ・シティマルシェ
- 31 ヴァージン・メガストア
- 32 エスパス・イ・ジェ・エヌ（IGN）
- 33 ニュー・ワークスの支店
- 35 両替所
- 37 ティエリー・ミュグレー
- 38 バルバラ・ビュイ
- 39 シャネル
- 40 セリーヌ
- 41 クリスチャン・ディオール
- 42 ニナ・リッチ
- 43 カナダ大使館
- 44 クリスチャン・ラクロワ
- 45 イネス・ド・ラ・フレサンジュ
- 46 プラダ
- 47 ヴァレンティノ
- 48 シャンゼリゼ劇場
- 50 ジヴァンシー
- 51 スペイン大使館
- 52 ジヴァンシー
- 56 パレ・ド・トーキョー
- 58 自由の炎、ダイアナ妃記念碑
- 59 バトー・ムーシュ
- 60 バトビュス発着所
- 61 ドイツ大使館
- 64 ド・ゴール将軍の彫像
- 66 オベリスク
- 68 ダンリュー・エイチ・ミス
- 71 パリ・ヴィジョン
- 72 イル・プール・ロム
- 73 コレット
- 74 セシル・エ・ジャンヌ
- 75 ル・シャンジュ・ド・パリ
- 76 パテク・フィリップ
- 77 ヴァンドーム記念柱
- 78 ヴァン・クリフ・エ・アーベル
- 80 イージーカー
- 82 リッツ・エスコフィエ・フランス料理学校
- 83 法務省
- 84 カルティエ
- 88 アメリカ領事館
- 89 海軍省
- 91 アメリカ大使館
- 92 オフィス・ド・シャンジュ・ド・パリ
- 94 ロリータ・レンピカ
- 95 ギ・ラロッシュ、エルメス
- 96 英国大使館
- 97 エリゼ宮
- 98 ピエール・カルダン
- 99 クリスチャン・ラクロワ
- 100 ダロワイヨ
- 101 英国領事館
- 102 アジャンス・ベロシェ／エス・オー・エス・テアトル
- 103 マドレーヌ教会
- 104 キオスク・テアトル
- 105 ラ・メゾン・ド・ラ・トリュフ
- 106 エディアール
- 107 フォーション
- 108 ラ・メゾン・デュ・ミエル
- 109 アメリカン・エキスプレス
- 110 オペラ・ガルニエ、オペラ座図書館・博物館
- 111 パリ・ストーリー
- 112 ロープン・トゥール
- 113 ニュー・ワークス
- 114 ギャラリー・ラファイエット
- 115 ル・プランタン・デパート（モード館）
- 116 ル・プランタン・デパート（メゾン館）
- 117 ル・プランタン・デパート（メンズ館）
- 119 贖罪教会
- 120 レ・カーヴ・オジェ
- 124 ADAレンタカー
- 126 マルシェ・バティニョル・クリシー
- 127 ノルマン・ウーロペエンヌ・ド・ラ・プラス・クリシー
- 129 シネマ・デ・シネアスト
- 132 警察署（滞在許可証）

ナポレオンが建造を命じた凱旋門の精巧な装飾

MAP 2

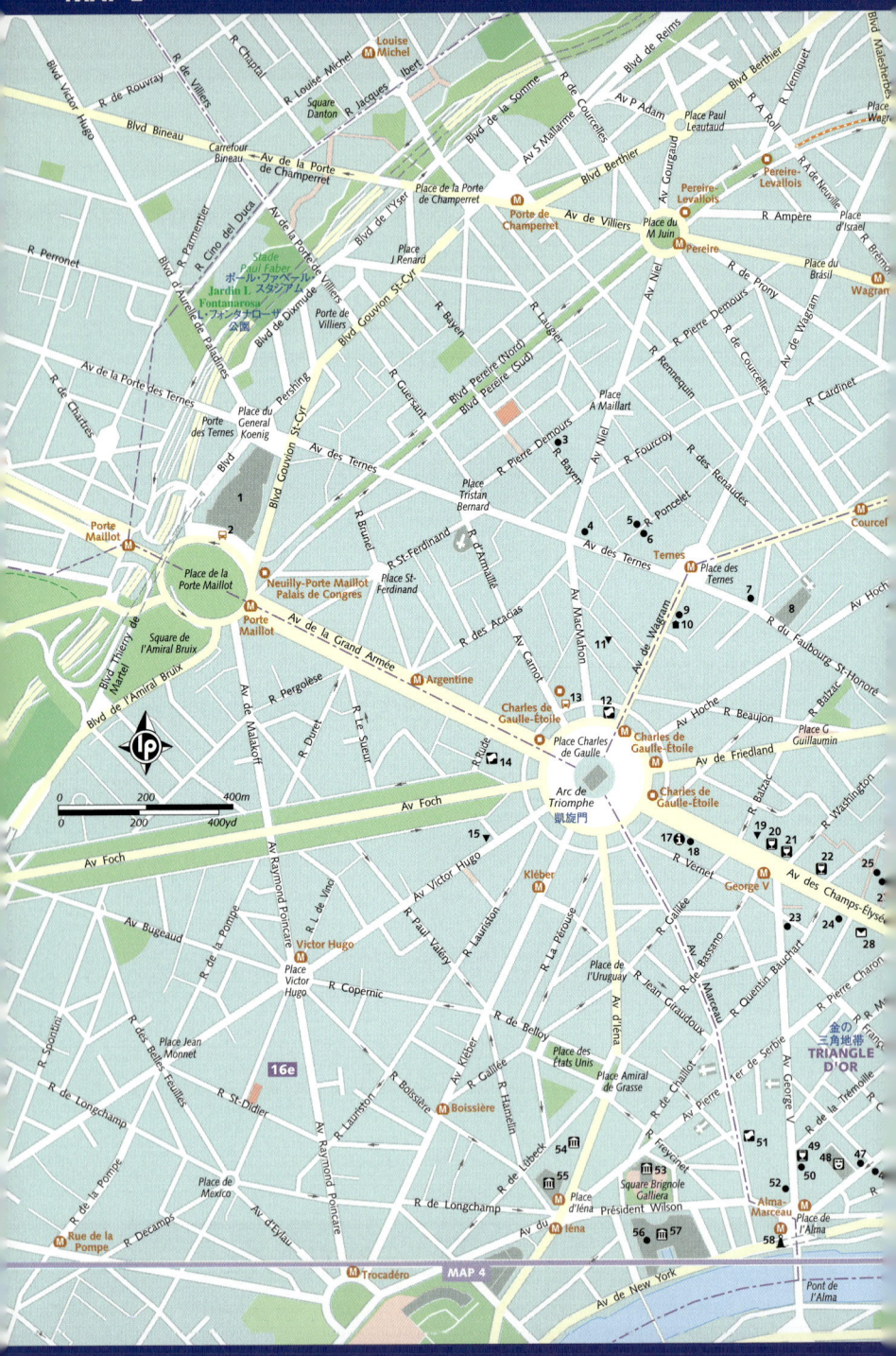

MAP 2

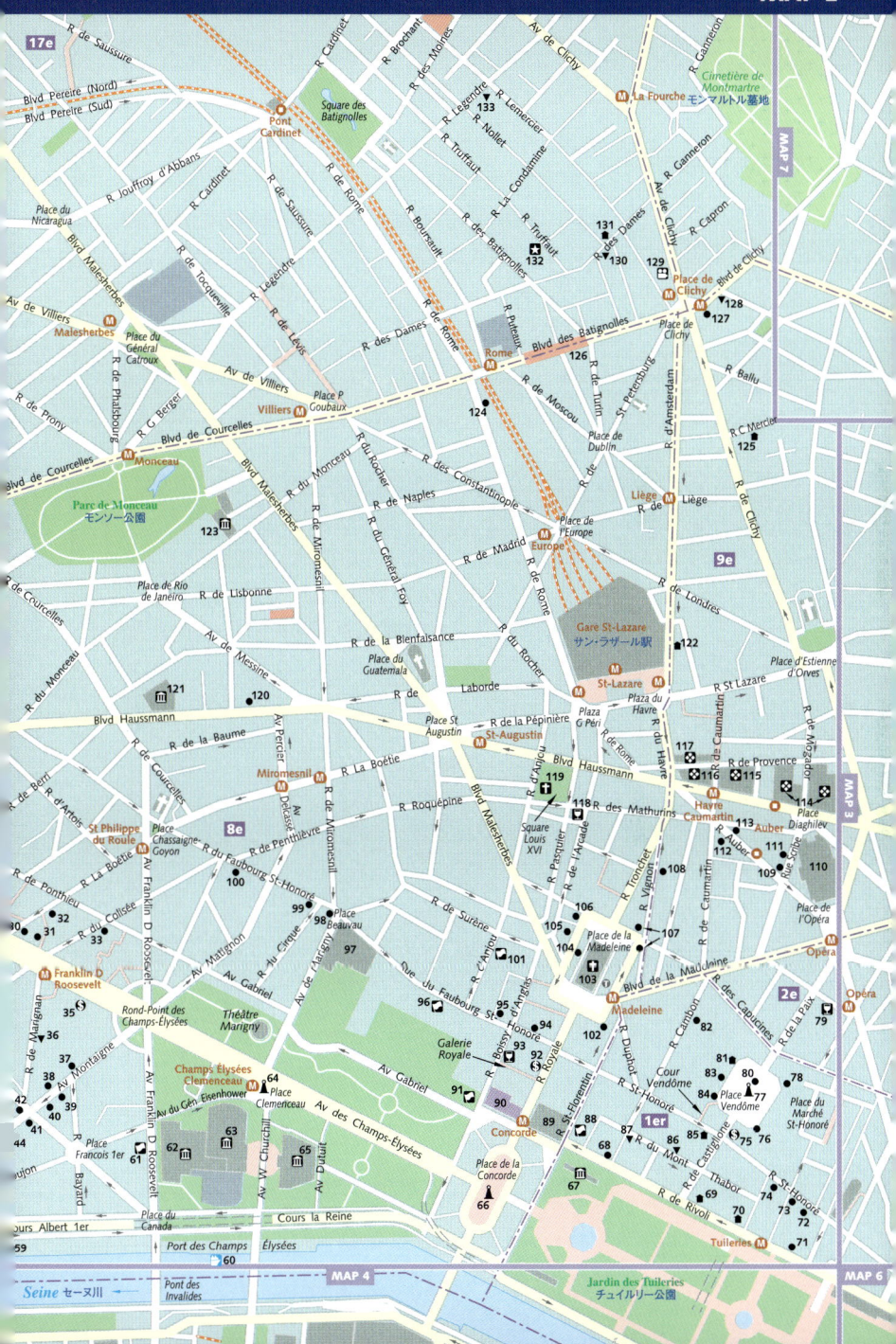

MAP 3

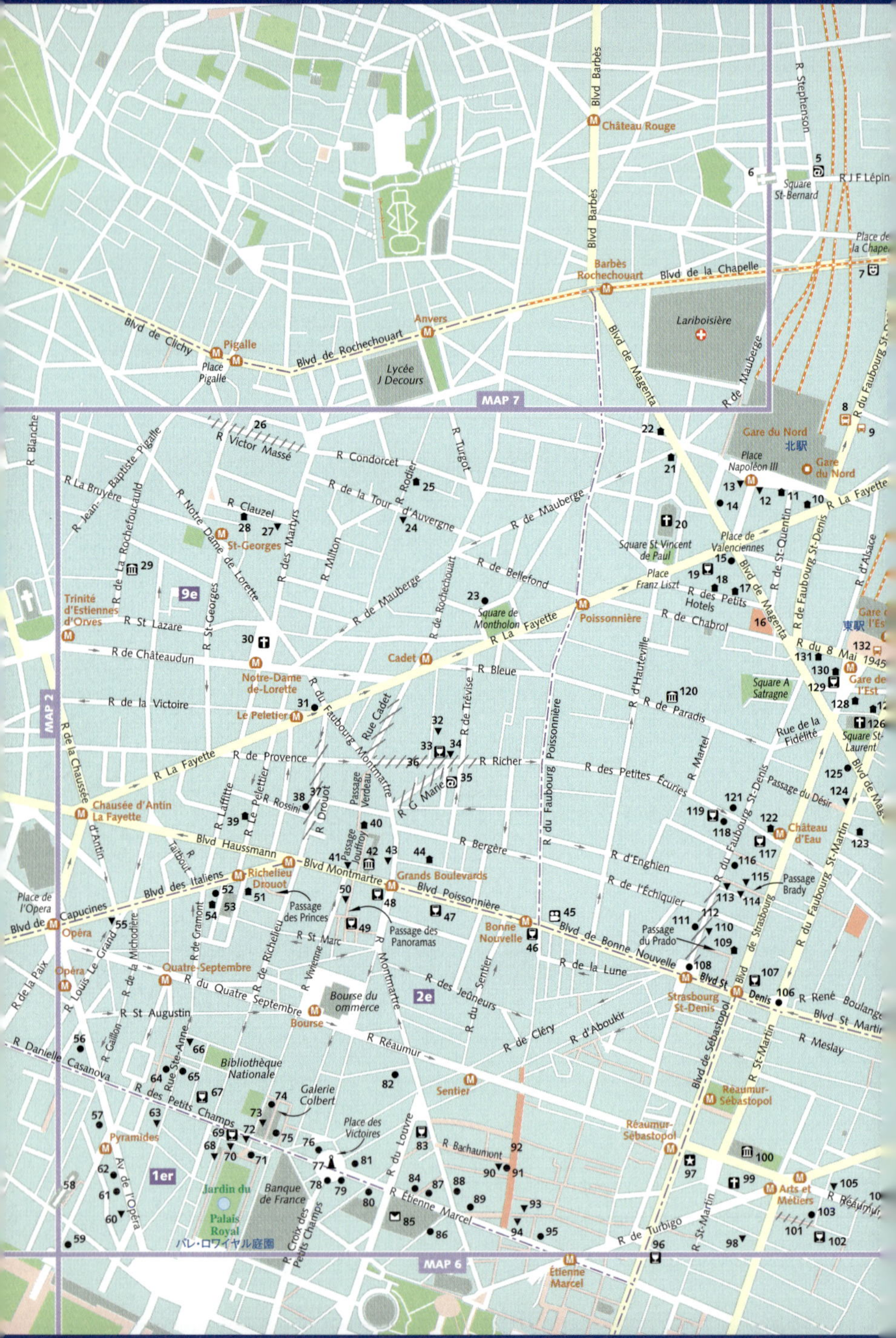
Château Rouge
Blvd Barbès
R Stephenson
Square St-Bernard
R J F Lépine
Place de la Chapelle
Barbès Rochechouart
Blvd de la Chapelle
Lariboisière
Blvd de Clichy
Pigalle
Place Pigalle
Anvers
Blvd de Rochechouart
Lycée J Decours
Blvd de Magenta
R de Maubeuge
R du Faubourg St-Denis
MAP 7
Gare du Nord
北駅
Place Napoléon III
R Blanche
R Victor Massé
R Condorcet
R Turgot
R Rodier
R La Bruyère
R Jean-Baptiste Pigalle
R de la Tour d'Auvergne
R Clauzel
R Notre Dame de Lorette
St-Georges
R des Martyrs
R Milton
R de La Rochefoucauld
R de Maubeuge
R de Bellefond
Square St Vincent de Paul
Place de Valenciennes
R de St-Quentin
R La Fayette
Trinité d'Estienne d'Orves
9e
R St Lazare
R St-Georges
R de Rochechouart
Square de Montholon
Place Franz Liszt
R des Petits Hotels
R de Chabrol
R d'Alsace
Gare de l'Est
東駅
R de Châteaudun
Notre-Dame de-Lorette
Cadet
Poissonnière
R d'Hauteville
R du 8 Mai 1945
R Bleue
Square A Satragne
R de la Victoire
Le Peletier
R du Faubourg Montmartre
Rue Cadet
R de Trévise
R de Paradis
Rue de la Fidélité
Square St-Laurent
MAP 2
R de la Chaussée d'Antin
R de Provence
R Richer
R du Faubourg Poissonnière
R des Petites Écuries
R Martel
Passage du Désir
Blvd de Magenta
R Laffitte
R Le Peletier
R Rossini
R Drouot
Passage Verdeau
R G Marie
R du Faubourg St-Denis
Château d'Eau
Chausée d'Antin La Fayette
Blvd Haussmann
R Taitbout
Passage Jouffroy
R Bergère
R d'Enghien
R du Faubourg St-Martin
Richelieu Drouot
Blvd Montmartre
Grands Boulevards
Blvd Poissonnière
R de l'Échiquier
Passage Brady
Place de l'Opéra
Blvd des Capucines
Blvd des Italiens
Passage des Princes
Passage des Panoramas
Bonne Nouvelle
Blvd de Bonne Nouvelle
Passage du Prado
Opéra
R de Gramont
R de Richelieu
R Vivienne
R St Marc
R Montmartre
R de la Lune
Blvd St Denis
Blvd de Strasbourg
R de la Paix
R Louis Le Grand
R de la Michodière
Quatre-Septembre
R du Quatre Septembre
Bourse du Commerce
2e
R des Jeûneurs
R du Sentier
Strasbourg St-Denis
R René Boulanger
Blvd St Martin
R St Augustin
Bourse
R Réaumur
R de Cléry
R d'Aboukir
R Meslay
R Danielle Casanova
R Gaillon
Rue Ste-Anne
Bibliothèque Nationale
R des Petits Champs
Galerie Colbert
Sentier
Blvd de Sébastopol
R St-Martin
Réaumur-Sébastopol
Pyramides
Place des Victoires
R du Louvre
R Bachaumont
1er
Av de l'Opéra
Jardin du Palais Royal
Banque de France
パレ・ロワイヤル庭園
Croix des Petits Champs
R Étienne Marcel
Arts et Métiers
R de Turbigo
MAP 6
Étienne Marcel

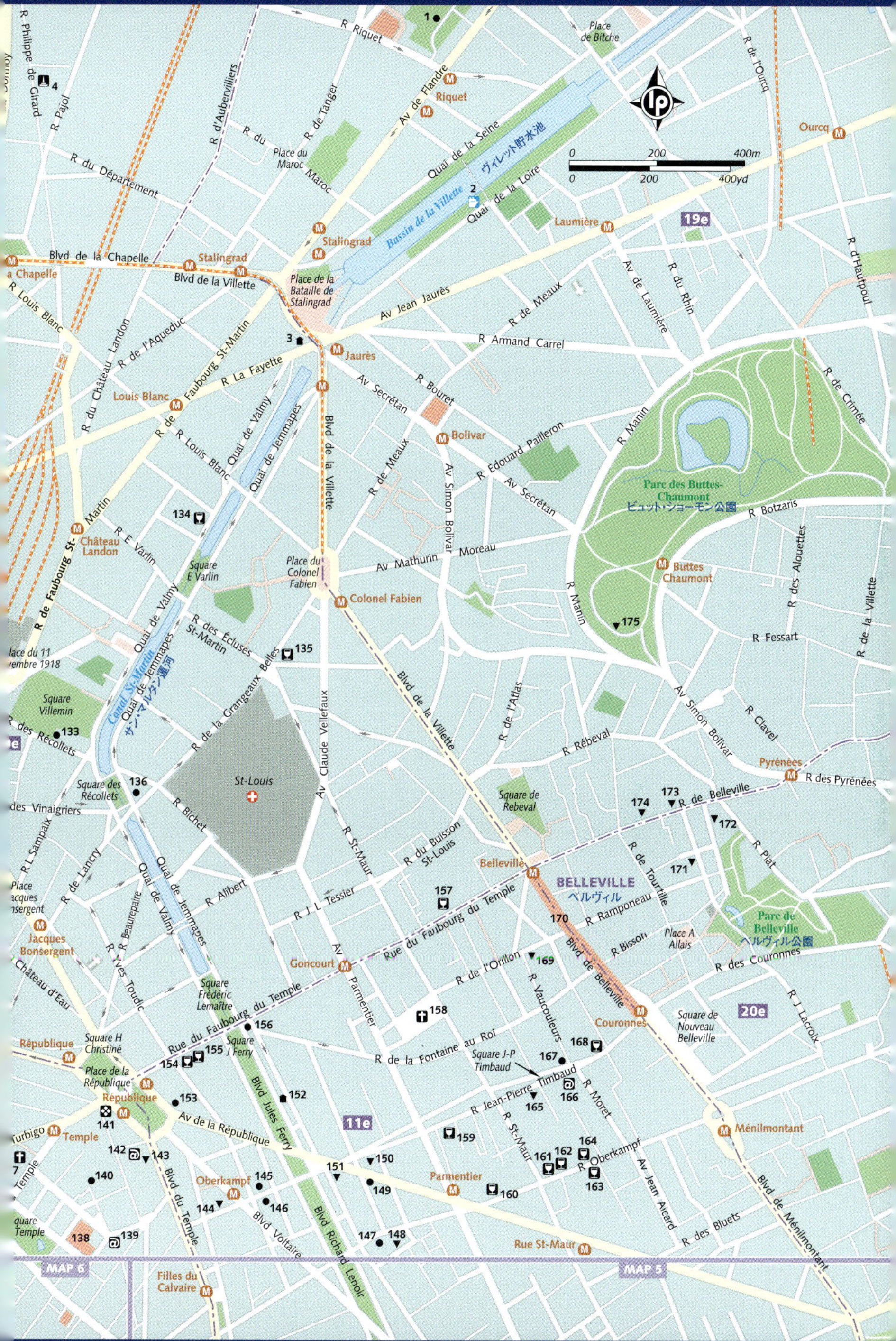

R Philippe de Girard
R Pajol
R Riquet
Place de Bitche
R de l'Ourcq
Av de Flandre
Riquet
R d'Aubervilliers
R du Maroc
R de Tanger
Place du Maroc
Quai de la Seine
ヴィレット貯水池
Bassin de la Villette
Quai de la Loire
Ourcq
0 200 400m
0 200 400yd
R du Département
Blvd de la Chapelle
La Chapelle
Stalingrad
Blvd de la Villette
Place de la Bataille de Stalingrad
Laumière
19e
R Louis Blanc
R du Château Landon
R de l'Aqueduc
R du Faubourg St-Martin
R La Fayette
Jaurès
Av Jean Jaurès
R de Meaux
R Armand Carrel
Av de Laumière
R du Rhin
R d'Hautpoul
R de Crimée
Louis Blanc
Quai de Valmy
Quai de Jemmapes
Blvd de la Villette
Av Secrétan
R Bouret
Bolivar
R Edouard Pailleron
R Manin
Parc des Buttes-Chaumont
ビュット・ショーモン公園
R Botzaris
R des Alouettes
R de la Villette
Château Landon
R E Varlin
Square E Varlin
Place du Colonel Fabien
Av Mathurin Moreau
Av Simon Bolivar
Colonel Fabien
Buttes Chaumont
R Manin
R Fessart
R des Écluses St-Martin
R de Faubourg St-Martin
Place du 11 Novembre 1918
Square Villemin
Canal St-Martin
サン・マルタン運河
R de la Grange aux Belles
R des Récollets
Av Claude Vellefaux
Blvd de la Villette
R de l'Atlas
R Rébeval
R Clavel
Pyrénées
R des Pyrénées
Square des Récollets
R des Vinaigriers
St-Louis
R Bichat
Square de Rebeval
R de Belleville
R St-Maur
R du Buisson St-Louis
Belleville
BELLEVILLE
ベルヴィル
R de Tourtille
R Piat
R L Sampaix
R de Lancry
Place Jacques Bonsergent
Jacques Bonsergent
R Beaurepaire
Quai de Valmy
Quai de Jemmapes
R Alibert
R J L Tessier
Rue du Faubourg du Temple
R Ramponeau
Place A Allais
Parc de Belleville
ベルヴィル公園
R des Couronnes
R du Château d'Eau
R Yves Toudic
Square Frédéric Lemaître
Goncourt
Av Parmentier
R de l'Orillon
R Vaucouleurs
Blvd de Belleville
R Bisson
R J Lacroix
Couronnes
Square de Nouveau Belleville
20e
République
Square H Christiné
Place de la République
Rue du Faubourg du Temple
Square J Ferry
R de la Fontaine au Roi
Square J-P Timbaud
R J-P Timbaud
R Moret
République
Blvd Jules Ferry
R Jean-Pierre Timbaud
11e
R Turbigo
Temple
Av de la République
R St-Maur
R Oberkampf
Av Jean Aicard
Ménilmontant
R du Temple
Blvd du Temple
Oberkampf
Parmentier
Blvd Voltaire
Blvd Richard Lenoir
R des Bluets
Blvd de Ménilmontant
Square du Temple
Rue St-Maur
MAP 6
MAP 5
Filles du Calvaire
1 2 3 4 7 133 134 135 136 138 139 140 141 142 143 144 145 146 147 148 149 150 151 152 153 154 155 156 157 158 159 160 161 162 163 164 165 166 167 168 169 170 171 172 173 174 175

MAP 3

宿泊

- 3 Peace & Love Hostel
- 10 Hôtel La Vieille France
- 11 Nord Hôtel
- 17 Nord-Est Hôtel
- 18 Hôtel du Brabant
- 21 Hôtel Bonne Nouvelle
- 22 Grand Hôtel Magenta
- 25 Woodstock Hostel
- 28 Hôtel des Trois Poussins
- 39 Hôtel Peletier-Haussmann-Opéra
- 40 Hôtel Chopin
- 44 Hôtel des Arts
- 51 Apart'hotel Citadines Opéra Drouot
- 54 Hôtel Favart
- 109 Hôtel du Prado
- 122 Hôtel Pacific
- 123 Hôtel Liberty
- 127 Sibour Hôtel
- 128 Grand Hôtel de Paris
- 130 Hôtel d'Alsace, Strasbourg & Magenta
- 131 Hôtel Français
- 152 Auberge de Jeunesse Jules Ferry

食事

- 12 Terminus Nord
- 13 Buffalo Grill
- 24 Wally le Saharien
- 27 Chez Haynes
- 32 Aux Bergers du Sud
- 34 Les Ailes
- 36 Jewish & North African Kosher Restaurants
- 41 Hard Rock Café
- 43 Chartier
- 50 L'Arbre à Cannelle
- 55 Hippopotamus
- 60 Lina's
- 63 Kunitoraya
- 66 La Maison Savoureuse
- 68 Café Muscade
- 70 Le Grand Véfour
- 72 Willi's Wine Bar
- 73 Le Grand Colbert
- 90 Aux Crus de Bourgogne
- 93 Le Loup Blanc
- 94 Le Monde à l'Envers
- 98 404
- 101 Noodle Shops & Restaurants
- 105 Au Bascou
- 110 Julien
- 112 Food Shops
- 113 Pooja
- 114 Yasmin
- 115 Roi du Kashmir
- 124 Le Paris-Dakar
- 143 Chez Jenny
- 144 Au Trou Normand
- 148 Le Villaret
- 150 Bistrot Florentin
- 151 Le Troisième Bureau
- 165 Juan et Juanita
- 169 New Nioullaville
- 171 Krung Thep
- 172 Le Baratin
- 173 Lao Siam
- 174 Thai Classic
- 175 Le Pavillon Puebla

パブ・バー・カフェ

- 19 La Casa 128
- 33 Folies-Bergère
- 46 Rex Club
- 47 Le Scorp
- 48 O'Sullivan's
- 49 Le Croquenote
- 67 La Champmeslé
- 69 Le Tour du Table
- 83 Café Noir
- 96 Les Bains-Douches
- 102 Au Tango
- 107 Rumba Café
- 117 Les Étoiles
- 119 New Morning
- 129 Chez Wolf Motown Bar
- 134 Opus Jazz & Soul Club
- 135 Chez Adel
- 154 La Favela Chic
- 155 Gibus Club
- 157 La Java
- 159 L'Autre Café
- 160 Le Mécano Bar
- 161 Café Charbon
- 162 Le Nouveau Casino
- 163 Le Cithéa
- 164 Les Abats-jour à Coudre
- 168 Café Cannibale

その他

- 1 フランドルのパイプオルガン
- 2 パリ・カナル・クロワジエール
- 4 スリ・マニカル・ヴィナヤカル・アラヤム寺院
- 5 ヴィ@ヴィ
- 6 サン・ベルナール・ド・ラ・シャペル教会
- 7 テアトル・デ・ブッフ・デュ・ノール
- 8 バスターミナル
- 9 シャルル・ド・ゴール空港行きRATPバスNo 350乗り場
- 14 レンタ・カー・システム
- 15 ADAレンタカー
- 16 マルシェ・サン・カンタン
- 20 サン・ヴァンサン・ド・ポール教会
- 23 アローストップ・プロヴァイヤ
- 26 楽器店
- 29 ギュスターヴ・モロー美術館
- 30 ノートルダム・ド・ロレット教会
- 31 フランス・ロッジ・ロケーションズ
- 35 シット・ベルジェール
- 37 切手専門店
- 38 ドゥルオー
- 42 グレヴァン博物館
- 45 シネマテーク・フランセズ
- 52 アジャンス・マリヴォ
- 53 オペラ・コミック
- 56 ブランタノス
- 57 モノプリ
- 58 サン・ロック教会
- 59 シティラマ
- 61 フォーラム・ヴュヴィヤージュ
- 62 ヌーヴェル・フロンティエール
- 64 ヴュヴィヤジュール・デュ・モンド
- 65 ヴュヴィヤジュール・デュ・モンドの店と展示センター
- 71 アンナ・ジョワイエ
- 74 ジャン・ポール・ゴルチエ
- 75 ラグラン・フィーユ&フィス
- 76 ティエリー・ミュグレー
- 77 ルイ14世記念碑
- 78 ケンゾー
- 79 カシャレル
- 80 ヨージ・ヤマモト
- 81 ジュンコ・シマダ
- 82 フランソワーズ・ムニエ料理講座
- 84 シルヴィア・リエル
- 85 郵便局本局
- 86 ラブサント
- 87 マルテ&フランソワ・ジルボー
- 88 ア・シモン
- 89 キリウォッチ
- 91 ストレー
- 92 リュ・モントルグイユの市場
- 95 ジャン・サン・プールの塔
- 97 警察署（滞在許可証）
- 99 サン・ニコラ・デ・シャン教会
- 100 技術工芸博物館
- 103 パリ最古の家（ヴォルタ通り3番地）
- 104 宝飾店
- 106 サン・マルタン門
- 108 サン・ドニ門
- 111 フランプリ
- 116 チーズ専門店
- 118 フランプリ
- 120 バカラ美術館
- 121 ラヴリーSBS
- 125 フランプリ
- 126 サン・ロラン教会
- 132 シャルル・ド・ゴール空港行きRATPバスNo 350乗り場
- 133 託児所
- 136 オテル・デュ・ノール
- 137 サント・エリザベート教会
- 138 マルシェ・デュ・カレ・デュ・タンプル
- 139 ウェブ・バール
- 140 ラヴリー・ミュルティセルヴィス
- 141 タチ
- 142 シベール・スクワール
- 145 フランプリ
- 146 セ・クリーン・ラヴリー
- 147 バン・ドゥーシュ・オベルカンフ
- 149 ADAレンタカー
- 153 ダルティ
- 156 フランプリ・スーパーマーケット
- 158 サン・ジョゼフ教会
- 166 ラン・コンセプト・シベール・カフェ
- 167 ラヴリー・リーブル・セルヴィス・プリミュス
- 170 マルシェ・ベルヴィル

MAP 4

宿泊
- 37 Hôtel Lenox St-Germain
- 55 Pension Ladagnous、Pension Aux Marroniers
- 63 Pension Au Palais Gourmand
- 67 Celtic Hôtel
- 71 Apart'hotels Citadines Maine Montparnasse
- 72 Hôtel de l'Espérance
- 86 Apart'hotels Citadines Tour Eiffel
- 97 Flatôtel Tour Eiffel
- 101 Three Ducks Hostel
- 105 Aloha Hostel

食事
- 57 Le Caméléon
- 59 Le Dôme
- 61 La Coupole
- 62 Le Select
- 65 Mustang Café
- 66 Crêperies
- 83 Le Troquet
- 90 Feyrouz
- 100 Le Tipaza

美術館・博物館・ギャラリー
- 3 人類博物館 海洋博物館
- 10 初期芸術美術館
- 11 パリ下水道博物館
- 20 オランジュリー美術館
- 23 オルセー美術館
- 26 軍事博物館
- 30 ロダン美術館
- 35 マイヨール美術館
- 76 ジャン・ムーラン博物館
- 79 ブールデル美術館
- 80 郵便博物館
- 94 バルザール美術館

その他
- 1 シネマテーク・フランセーズ
- 2 シャイヨー宮
- 4 バトー・パリジャン、バトビュス乗り場
- 5 北の脚柱（エッフェル塔）、観光案内所支店
- 6 西の脚柱（エッフェル塔）
- 7 南の脚柱（エッフェル塔）
- 8 東の脚柱（エッフェル塔）
- 9 パリ・アメリカン図書館
- 12 ジャン・ミレ
- 13 アメリカン教会
- 14 南アフリカ大使館
- 15 バイク・エヌ・ローラー
- 16 アンヴァリッド・エアターミナル
- 17 エールフランス・バス発着所
- 18 外務省
- 19 ブルボン宮（国民議会）
- 21 ジャンヌ・ダルクの像
- 22 バトビュス乗り場、パリ・カナル・クロワジエール
- 24 ブリティッシュ・カウンシル
- 25 スイス大使館
- 27 リュ・クレールの市場
- 28 サン・ルイ教会（アンヴァリッド）
- 29 ドーム教会
- 31 オテル・マティニョン
- 32 ラ・トック・ドール
- 33 イタリア大使館
- 34 フロマジュリー・バルテルミー
- 36 マドレーヌ・ジェリ
- 38 ソニア・リキエル（メンズ店）
- 39 ソニア・リキエル（レディス店）
- 40 セリーヌ
- 41 ケンゾー
- 42 ケンタウロス像
- 43 JBマルタン
- 44 ファウスト・サンティーニ
- 45 ポワラーヌ
- 46 イル・ビゾンテ
- 47 アクィユ・ファミリアル・デ・ジュヌ
- 48 マルシェ・ラスパイユ
- 49 衣料品・靴店
- 50 ル・ボン・マルシェ
- 51 ラ・グランド・エピスリー・ド・パリ
- 52 オランダ大使館
- 53 フナック・モンパルナス店
- 54 アリアンス・フランセーズ
- 56 リブレリー・バランテーズ
- 58 墓地正面入口
- 60 Cubana Café
- 64 ノートルダム・デ・シャン教会
- 68 食料品市場
- 69 イノ
- 70 フランプリ
- 73 イージーカー
- 74 エールフランス・バス発着所
- 75 気象観測所
- 77 キオスク・テアトル
- 78 モンパルナス・タワー
- 81 Opus Latino
- 82 ユネスコ別館
- 84 ユネスコ本部
- 85 学生センター
- 87 モノプリ
- 88 アンスティチュ・パリジャン・ド・ラング・エ・ド・シヴィリザシオン・フランセーズ
- 89 ブールヴァール・ド・グルネルの市場
- 91 ポワラーヌの支店
- 92 マイクス・ブルフロッグ・バイク・ツアーズ
- 93 パリ日本文化会館
- 95 メゾン・デ・ラジオ・フランス（放送会館）
- 96 自由の女神像のレプリカ
- 98 フランプリ
- 99 マルシェ・サン・シャルル
- 102 サン・ジャン・バプティスト・ド・グレネル教会
- 103 ラヴリーSBS
- 104 フランプリ
- 106 コルドン・ブルー料理学校

目が回りそうなエッフェル塔の曲線

RODNEY HYETT

MAP 4

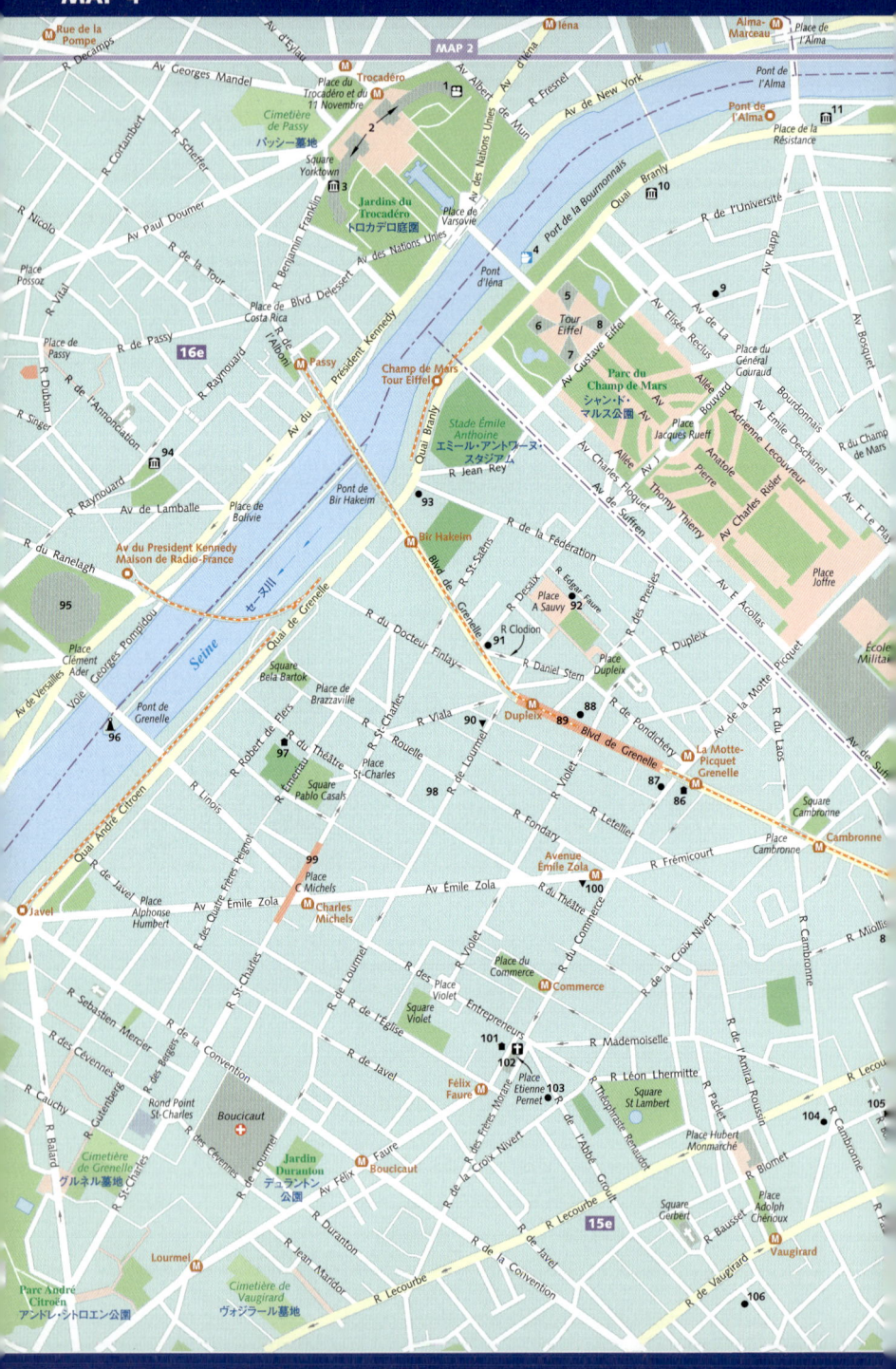

1er
MAP 2
MAP 6
MAP 5
Tuileries
Jardin des Tuileries
チュイルリー公園
Quai des Tuileries
Pont de Solférino
Seine
セーヌ川
Pont Royal
Quai Voltaire
Pont des Invalides
Pont Alexandre III
Pont de la Concorde
Quai d'Orsay
Place de Finlande
Invalides
Assemblée Nationale
Place du Palais Bourbon
Place des Prés E Herriot
Quai Anatole France
Musée d'Orsay
R de l'Université
Esplanade des Invalides
アンヴァリッド前庭
Place des Invalides
Place Santiago du Chili
La Tour Maubourg
Square Santiago du Chili
7e
Square d'Ajaccio
Cour d'Honneur
Hôtel des Invalides
Jardin de l'Intendant
アンタンダン公園
Varenne
École Militaire
Place D Cochin
Av de Tourville
Place Vauban
スヴニール・フランセ前庭
Esplanade du Souvenir Français
Lycée Victor Duruy
Place André Tardieu
Square S Rousseau
Solférino
R Las Cases
R de Grenelle
R St-Dominique
R de Lille
R de Verneuil
Légion d'Honneur
R du Bac
R des Sts-Pères
FAUBOURG ST-GERMAIN
フォブール・サン・ジェルマン
R de Varenne
Rue du Bac
Blvd St-Germain
Blvd Raspail
Square Chaise Récamier
Square des Missions Étrangères
Sèvres Babylone
R de Babylone
Square Boucicaut
Jardin Catherine Labouré
カトリーヌ・ラブレ公園
Laennec
Vaneau
R de Sèvres
R du Dragon
R de Rennes
R du Vieux Colombier
St-Sulpice
R de Mézières
R Cassette
R Madame
R d'Assas
Rennes
R de Vaugirard
R de Fleurus
St-Placide
R St-Placide
R de l'Abbé Grégoire
R du Cherche Midi
R d'Estrées
Place du Prés
St-François Xavier
Square de l'Abbé Esquerré
R Oudinot
R Rousselet
Av de Breteuil
Av de Ségur
Av de Saxe
R Pérignon
Ségur
Place de Breteuil
R Duroc
R Eblé
Duroc
Place L P Fargue
6e
Blvd des Invalides
Sèvres Lecourbe
Place Henri Queuille
Necker
Place Camille Claudel
Falguière
Blvd du Montparnasse
Montparnasse Bienvenüe
Place du 18 Juin 1940
Notre-Dame des Champs
Place P Lafue
R Vavin
Vavin
Place P. Picasso
R Delambre
Edgar Quinet
Blvd Edgar Quinet
Lycée Buffon
Blvd Pasteur
Pasteur
Place J et T Trefouel
R de Vaugirard
Volontaires
R Antoine Bourdelle
Av du Maine
R de l'Arrivée
R du Départ
R d'Odessa
Place Bienvenüe
Place R Dautry
Gare Montparnasse
Square Gaston Baty
Square Max Hymans
Jardin de l'Atlantique
アトランティーク公園
R de la Gaîté
Gaîté
14e
Cimetière du Montparnasse
モンパルナス墓地
Raspail
To Fondation Cartier d'Art Contemporain (100m)
Place des Cinq Martyrs du Lycée Buffon
Rue du Commandant René Mouchotte
R du Cotentin
R Vigée Lebrun
R Falguière
R Mathurin Régnier
R Bargue
Square Necker
R Blomet
R Jean Nicot
R Surcouf
R Fabert
Av de la Motte Picquet
R Cler
R Duvivier
R Chevert
Av Duquesne
Av de Lowendal
Place de Fontenoy
R Garibaldi
R Boissonade
0 200 400m
0 200 400yd

MAP 5

MAP 5

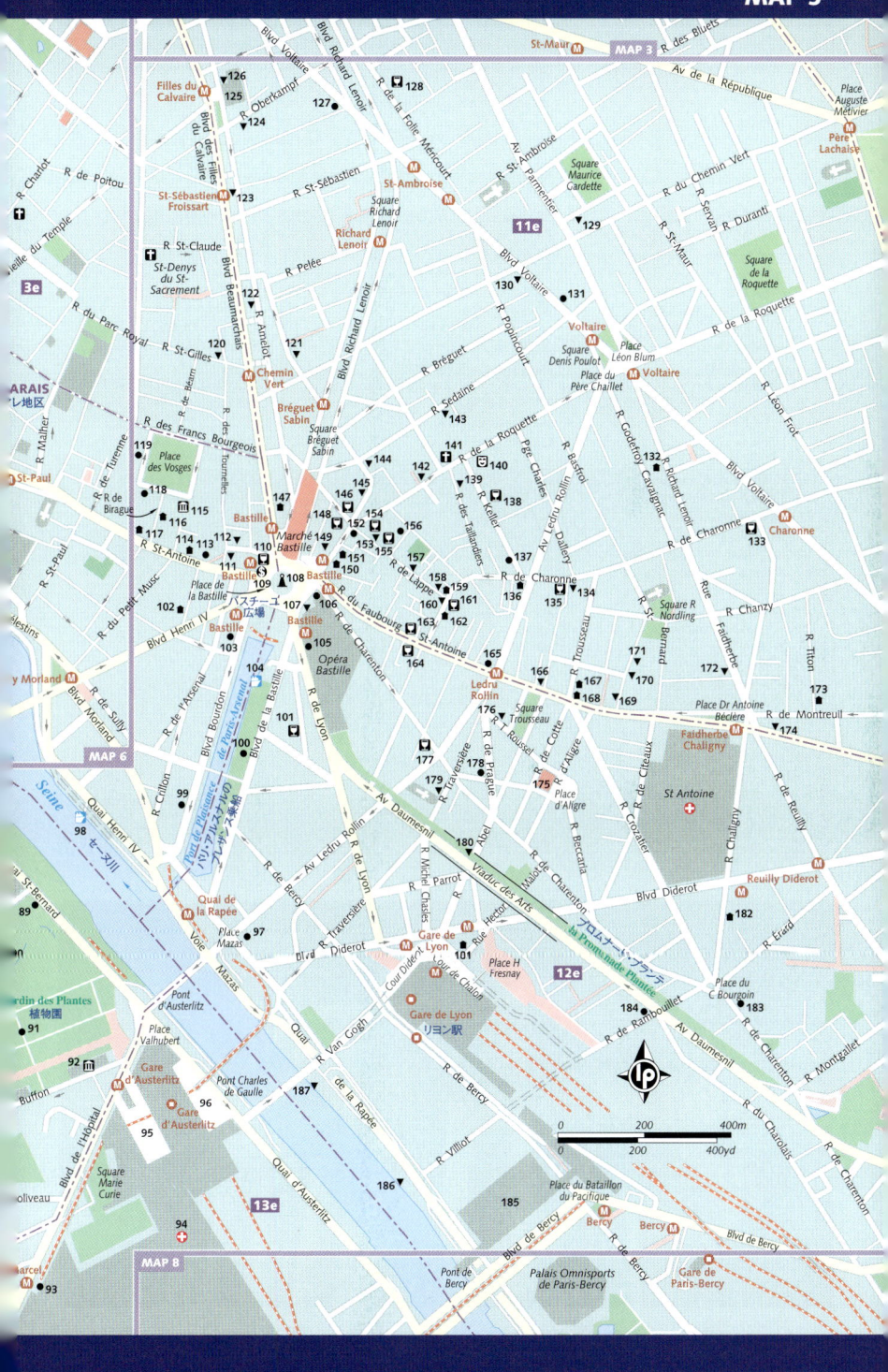

MAP 5

宿泊

- 23 Hôtel du Progrès
- 24 Hôtel Gay Lussac
- 31 Hôtel de Médicis
- 40 Hôtel du Panthéon
- 42 Grand Hôtel St-Michel
- 43 Hôtel Cluny Sorbonne
- 47 Hôtel St-Jacques
- 48 Centre International BVJ Paris-Quartier Latin
- 53 Hôtel Minerve
- 54 Familia Hôtel
- 62 Hôtel des Grandes Écoles
- 66 Hôtel Résidence Monge
- 72 Comfort Inn Mouffetard
- 74 Young & Happy Hostel
- 79 Hôtel de l'Espérance
- 102 Hôtel Castex
- 114 Hôtel de la Herse d'Or
- 116 Hôtel de la Place des Vosges
- 117 Hôtel Sully
- 132 Hôtel de Savoie
- 136 Hôtel Baudin
- 147 Hôtel Lyon Mulhouse
- 150 Hôtel Bastille Opéra
- 151 Hôtel Royal Bastille
- 159 Vix Hôtel
- 162 Hôtel Baudelaire Bastille
- 167 Auberge Internationale des Jeunes
- 168 Hôtel St-Amand
- 173 Maison Internationale des Jeunes pour la Culture et la Paix
- 181 Blue Planet Hostel
- 182 Apart'hotel Citadines Bastille Nation

食事

- 1 Le Chiperon
- 3 Indonesia
- 15 Assas University Restaurant
- 25 Tao
- 32 Douce France
- 33 Machu Picchu
- 36 Perraudin
- 37 Tashi Delek
- 39 Les Vignes du Panthéon
- 49 L'Étoile du Berger
- 55 Koutchi
- 59 Le Buisson Ardent
- 60 La Petit Légume
- 63 Le Chipper
- 68 Jardin des Pâtes
- 73 Le Vigneron
- 76 Chez Léna et Mimille
- 77 Châtelet University Restaurant
- 80 Founti Agadir
- 81 Censier University Restaurant
- 82 Mosque Tearoom & Restaurant
- 107 Brasserie Les Grandes Marches
- 111 Le Bistrot du Dôme Bastille
- 112 Bofinger
- 120 Caves St-Gilles
- 121 Le Sofa
- 122 Le C'Amelot
- 123 Le Repaire de Cartouche
- 124 Le Kitch
- 126 Le Clown Bar
- 129 La Piragua
- 130 Le Cabourg
- 134 Dame Jeanne
- 139 Les Galopins
- 142 Blue Elephant
- 143 Lire Entre les Vignes
- 144 Café de l'Industrie
- 145 Bali Bar
- 149 Chez Heang
- 153 Havanita Café
- 157 Coffee India
- 158 Crêpes Show
- 160 Chez Paul
- 166 La Maison d'Or
- 169 Café Cannelle
- 170 Á la Banane Ivoirienne
- 171 Le Réservoir
- 172 Le Mansouria
- 174 Les Amognes
- 176 Le Square Trousseau
- 179 L'Encrier
- 180 Le Viaduc Café
- 186 La Compagnie du Ruban Bleu
- 187 Café Barge

パブ・バー・カフェ

- 17 La Closerie des Lilas
- 22 Cafe Universel
- 29 Le Petit Journal de St-Michel
- 35 Café Oz
- 50 Le Violon Dingue
- 51 Piano Vache
- 57 Paradis Latin
- 101 OPA
- 110 Café des Phares
- 128 Satellit' Café
- 133 L'Armagnac
- 135 Boca Chica
- 138 Café Kabal
- 146 Wax
- 148 Iguana Café

CHRIS BARTON

列柱で飾られた華麗なパンテオンの正面

MAP 5

- 154 Le Balajo
- 155 La Chapelle des Lombards
- 161 Le Café du Passage
- 163 Sanz Sans
- 164 Barrio Latino
- 177 China Club

美術館・博物館・ギャラリー
- 8 リュクサンブール美術館
- 84 進化大展示館
- 85 鉱物学・地質学・古植物学展示館
- 86 昆虫学展示館
- 92 比較解剖学・古生物学展示館
- 115 ヴィクトル・ユゴーの家

その他
- 2 元老院
- 4 カフェ・オルビタル
- 5 メディシスの泉
- 6 大池（リュクサンブールの池）
- 7 クロワの泉
- 9 シェットランド・ポニーの貸馬
- 10 カルーゼル
- 11 リュクサンブール劇場
- 12 子供の遊び場
- 13 リュクサンブール養蜂所
- 15 果樹園
- 16 天文台の噴水
- 18 ネイ元帥の彫像
- 19 OTUヴォヤージュ、学生食堂ブリエ
- 20 ジャディス・エ・グルマンド
- 21 ノートルダム・デュ・ヴァル・ド・グラース教会
- 26 ヌーヴェル・フロンティエール
- 27 リュクサンブール・ミクロ
- 28 フォーラム・ヴォヤージュ
- 30 ラヴリー・リーブル・セルヴィス
- 34 食料品店、チーズ専門店
- 38 シン・ネット・パンテオン
- 41 パンテオン
- 44 ソルボンヌ礼拝堂
- 45 ソルボンヌ
- 46 ソルボンヌ大学フランス語文明講座
- 52 サン・テチエンヌ・デュ・モン教会
- 56 ジュペット＆ヴェロ
- 58 アラブ世界研究所
- 61 シャンピオン
- 64 ル・バトー・ラヴワール
- 65 区営公衆浴場
- 67 リュテス闘技場跡
- 69 ラヴリー・リーブル・セルヴィス
- 70 モンジュ広場の食料品市場
- 71 ウデ・レビシエ
- 75 フランプリ
- 78 ムフタールの食料品市場
- 83 パリのモスク
- 87 熱帯植物温室
- 88 高山植物園
- 89 動物園入口
- 90 植物園付属動物園
- 91 植物学校
- 93 病院夜間入口
- 94 オピタル・ド・ラ・サルペトリエール
- 95 到着ロビー
- 96 出発ロビー
- 97 社会活動局ビル
- 98 バトービュス乗り場
- 99 ローラーランド
- 100 子供の遊び場
- 103 パリ・ア・ヴェロ・セ・サンパ！
- 104 カノラマ乗り場
- 105 オペラ・バスチーユ・チケット売り場
- 106 フナック・ミュージック・バスチーユ
- 108 革命記念柱
- 109 フランス銀行
- 113 フロ・プレスティージュ
- 118 イッセイ・ミヤケ
- 119 マサトモ
- 125 シルク・ディヴェール
- 127 ル・バタクラン
- 131 コピー・トップ・ヴォルテール
- 137 パリ・ゲイ＆レズビアンセンター
- 140 テアトル・ド・ラ・バスチーユ
- 141 ノートルダム・デル・レスペランス教会
- 152 ラヴリー・ミエル
- 156 カフェ・ド・ラ・ダンス
- 165 モノプリ
- 175 アリグルの蚤の市、マルシェ・ダリグル
- 178 ラ・メゾン・デュ・セルフ・ヴォラン
- 183 パリ女性の会、警察署（滞在許可証）
- 184 アール・デコ建築の警察署
- 185 大蔵省

暖かい季節にはリュクサンブール公園で空いている椅子を見つけるのは難しい

SIMON BRACKEN

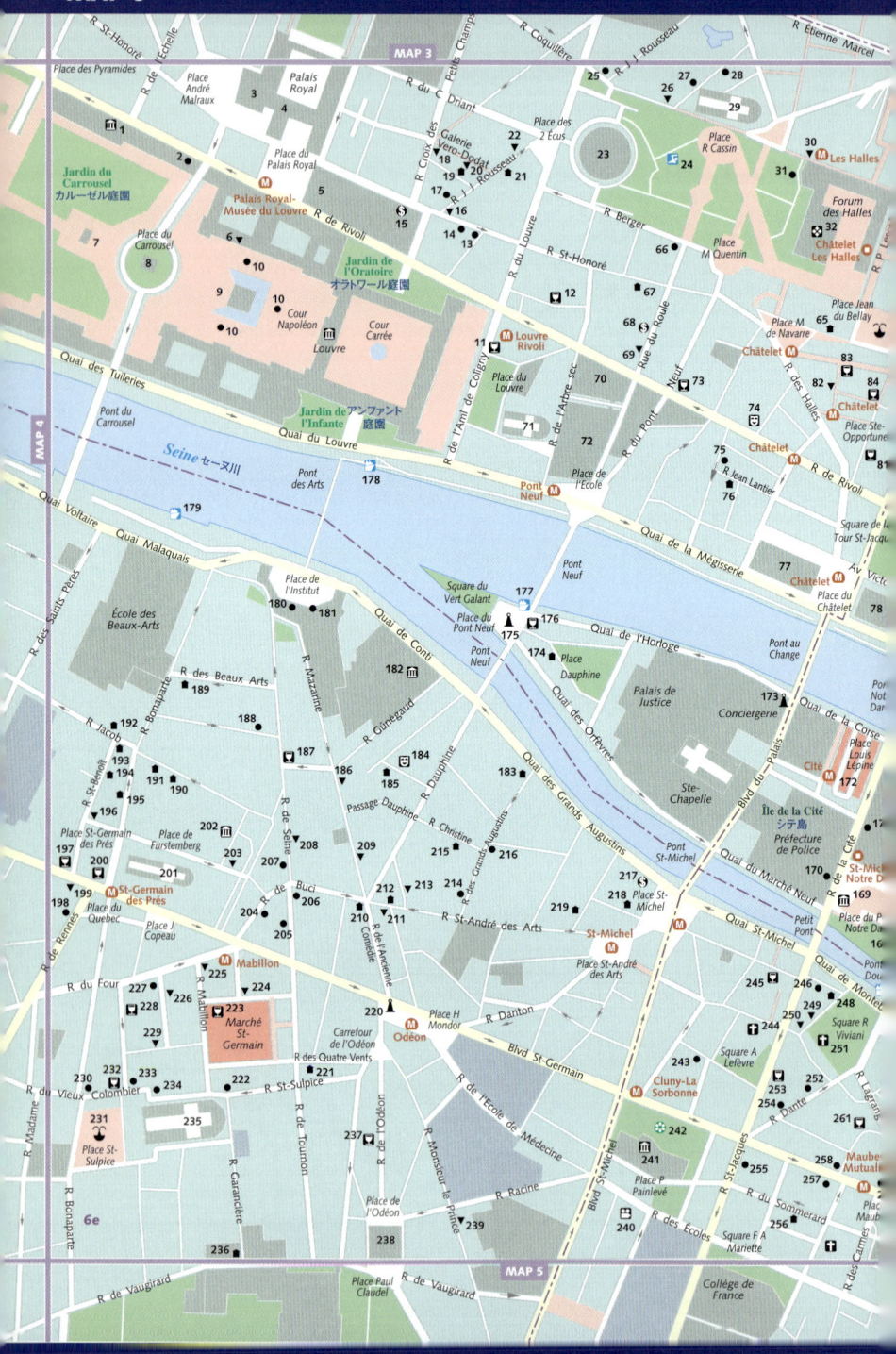

MAP 6

MAP 6

MAP 6

宿泊

- 19 Hôtel de Lille Pelican
- 21 Centre International BVJ Paris-Louvre
- 40 Hôtel du Vieux Saule
- 65 Apart'Hotel Citadines Les Halles
- 67 Hôtel St-Honoré
- 76 Grand Hôtel de Champaigne
- 89 Hôtel St-Merry
- 97 Hôtel Axial Beaubourg
- 105 Hôtel de la Bretonnerie
- 110 Hôtel Central Marais
- 121 Grand Hôtel Malher
- 122 Hôtel Moderne
- 123 Hôtel Pratic
- 125 Grand Hôtel Jeanne d'Arc
- 132 Hôtel du Septième Art
- 136 MIJE Le Fauconnier
- 140 MIJE Le Fourcy
- 148 Hôtel du Bourg Tibourg
- 150 Hôtel Rivoli
- 151 Hôtel de Nice
- 152 Hôtel Le Compostelle
- 159 MIJE Maubuisson
- 174 Hôtel Henri IV
- 183 Apart'hôtel Citadines St-Germain des Prés
- 185 Hôtel de Nesle
- 189 L'Hôtel
- 190 Hôtel des Marronniers
- 191 Hôtel des Deux Continents
- 192 Hôtel d'Angleterre
- 193 La Villa St-Germain
- 194 Hôtel Bel Ami St-Germain des Prés
- 195 Hôtel St-Germain des Prés
- 210 Hôtel Petit Trianon
- 212 Hôtel St-André des Arts
- 215 Hôtel Relais Christine
- 218 Delhy's Hôtel
- 219 Résidence des Arts
- 221 Hôtel du Globe
- 236 Hôtel Luxembourg Parc
- 248 Hôtel Esmeralda
- 256 Hôtel Marignan
- 262 Mélia Colbert Boutique Hotel
- 269 Hôtel St-Louis
- 270 Hôtel de Lutèce
- 271 Hôtel des Deux Îles

食事

- 6 Café Marly
- 16 Le Petit Mâchon
- 18 Café de l'Époque
- 20 Restaurant Véro Dodat
- 22 L'Épi d'Or
- 26 Au Pied de Cochon
- 30 Léon de Bruxelles
- 33 Joe Allen
- 36 L'Ambassade d'Auvergne
- 37 Le Réconfort
- 39 Chez Omar
- 48 Robert et Louise
- 51 Le Dôme du Marais
- 69 Caribbean Coffee Creole
- 82 L'Amazonial
- 87 Café Beaubourg
- 99 Aquarius
- 100 Le Petit Picard
- 114 Chez Hanna
- 115 Chez Marianne
- 117 Jo Goldenberg
- 124 Pitchi Poï
- 130 Vins des Pyrénées
- 133 Thanksgiving
- 134 L'Enoteca
- 144 Piccolo Teatro
- 155 La Perla
- 162 Le Trumilou
- 186 Casa Corsa
- 196 Le Petit Zinc
- 199 Brasserie Lipp
- 203 Guen Maï
- 208 Fish la Boissonnerie
- 209 Chez Albert
- 211 À la Cour de Rohan
- 213 Mazet University Restaurant
- 224 Le Golfe de Naples
- 225 Mabillon University Restaurant
- 226 Lina's
- 229 Le Mâchon d'Henri
- 239 Polidor
- 249 Fogon St-Julien
- 250 Tea Caddy
- 263 Al Dar
- 267 Brasserie de l'Isle St-Louis
- 272 Les Fous de l'Île
- 273 Berthillon
- 277 La Charlotte en Île

パブ・バー・カフェ

- 11 Le Fumoir
- 12 Flann O'Brien
- 14 Gymnase
- 35 Le Dépôt
- 41 L'Appartement Café
- 55 Full Metal
- 56 Bistrot Latin
- 58 Le QG
- 73 Slow Club
- 81 Café Oz
- 83 Banana Café
- 84 Le Sunset、Le Baiser Salé
- 85 Le Duc des Lombards
- 102 Le Cox
- 103 Open Café
- 104 Mixer Bar
- 109 Les Étages
- 111 Au Petit Fer à Cheval
- 112 Amnésia
- 143 Les Scandaleuses
- 147 Le Pick Clops
- 149 Le Quetzal
- 153 Stolly's Stone Bar
- 161 L'Arène
- 176 Taverne Henri IV
- 187 La Palette
- 197 Café de Flore
- 200 Les Deux Magots
- 223 Coolín
- 228 Le Comptoir des Cannettes
- 232 Café de la Mairie
- 237 Le 10
- 245 Le Caveau de la Huchette
- 253 Le Cloître
- 261 Zed Club

美術館・博物館・ギャラリー

- 1 装飾芸術美術館
  広告美術館
  モードと織物美術館
- 42 ピカソ美術館
- 43 錠前博物館
- 46 カルナヴァレ博物館
- 47 コニャック・ジェ美術館
- 52 国立古文書館、
  フランス歴史博物館
- 54 ユダヤ芸術・歴史博物館
- 60 アトリエ・ブランクーシ
- 135 マジック博物館
- 141 ヨーロッパ写真美術館
- 157 無名ユダヤ人犠牲者記念堂
- 165 ノートルダム博物館
- 169 古代地下納骨堂
  （大聖堂前広場の地下聖堂）
- 182 貨幣博物館
- 202 ドラクロワ美術館
- 241 国立中世美術館
  （クリュニー美術館）

その他

- 2 カルーゼル・デュ・ルーヴル入口、ヴァージン・メガストア、エスパス・デュ・トゥーリスム・ディル・ド・フランス、シベール・エスパス・デュ・カルーゼル・デュ・ルーヴル
- 3 コメディ・フランセーズ
- 4 コンセイユ・デタ（国務院）
- 5 ルーヴル・デ・ザンティケール
- 7 カルーゼル凱旋門
- 8 ガラスの逆ピラミッド
- 9 大ピラミッド
- 10 ミニ・ベイ・ピラミッド
- 13 オラトワール・デュ・ルーヴル
- 15 ル・シャンジュ・デュ・ルーヴル
- 17 ラヴリー・リーブル・セルヴィス
- 23 商品取引所
- 24 シュザンヌ・ベルリウ・プール・ドイルラン
- 25 ル・ドイルラン
- 27 アニエス・ベー（メンズ店）
- 28 アニエス・ベー（レディス店）
- 29 サン・トゥスタッシュ教会
- 31 メゾン・ルー・リーブル
- 32 フナック・フォーラム・デ・アル店
- 34 ジムナジウム
- 38 フランプリ
- 44 無名ユダヤ人犠牲者記念堂
- 45 アブ・ダビ・バザール
- 49 ル・パレ・デ・テ
- 50 パン・プリュス
- 53 アロー・ロジュマン・タンポレール
- 57 カフェ・ド・ラ・ガール
- 59 図書館入口

MAP 6

61 OTUヴヴィヤージュ	126 衣料品ブティック	217 STS両替所
62 シベールボブール・アンテルネット・カフェ	127 G・ミレ	220 ダントン記念像
	128 モノプリ	222 ギャルリー・ダモン
63 イージー・インターネット・カフェ	129 シュリー館	227 ヴィレッジ・ヴォイス
	131 ジム・モリソンが死んだ家	230 イヴ・サン・ローラン・リーヴ・ゴーシュ
64 イノサンの噴水	137 サン・ルイ・サン・ポール教会	
66 フランプリ	138 シュペルマルシェG20	231 四司祭の噴水
68 ベスト・シャンジュ	139 フランプリ	233 イヴ・サン・ローラン・リーヴ・ゴーシュ
70 ラ・サマリテーヌ（メンズ＆スポーツ）、スーパーマーケット	142 ロバン・デ・ボワ	
	145 ラブリー・リーブル・セルヴィス・プリミュス	234 クリスチャン・ラクロワ
		235 サン・シュルピス教会
71 サン・ジェルマン・ロクセロワ教会	146 ウェブ・カラント・シス	238 オデオン座
	154 ア・ロリヴィエ	240 ル・シャンボ
72 ラ・サマリテーヌ本館	156 シック・アモール	242 中世風の庭園、一角獣の森
74 テアトル・デ・デシャルジュール、ラ・ボエーム	158 メロディ・グラフィック	243 大聖堂直営の書店
	160 サン・ジェルヴェ・サン・プロテ教会	244 サン・セヴラン教会
75 シュペルマルシェG20		246 シェークスピア＆カンパニー
77 パリ・シャトレ劇場	163 バトービュス乗り場	
78 パリ市立劇場	164 パリ市立病院	247 バトー・パリジャン乗り場（5～10月）
79 ナイトバス（深夜バス）乗り場	166 ノートルダム大聖堂北塔入口	
	167 ゼロ地点	251 リン・ジュリアン・ル・ポーヴル教会
80 サン・ジャック塔	168 シャルルマーニュ記念碑	
86 ファルマシー・デ・アル	170 警視庁入口	252 リブレリー・グルマンド
88 機械仕掛けの噴水	171 病院緊急入口	254 アルボム
90 サン・メリー教会	172 花市、小鳥市	255 ユーロラインズの中央オフィス
91 フランプリ	173 時計の塔	257 ウ・オ・エル（EOL）モデリスムの支店
92 16世紀建造の木骨造りの家	175 アンリ4世の騎馬像	
93 ウデ・レピシエ	177 ヴデット・デュ・ポン・ヌフ乗り場	258 ウ・オ・エル（EOL）モデリスムの支店
94 ナイトバス（深夜バス）乗り場		
	178 バトービュス乗り場	259 プラス・モベールの市場、食料品店、クレムリー・デ・カルム（チーズ専門店）
95 レセプション・サロン	179 バトービュス乗り場	
96 バザール・ド・ロテル・ド・ヴィル（BHV）	180 マザリーヌ図書館	
	181 フランス学士院	
98 区営公衆浴場	184 テアトル・ド・ネスル	260 ウ・オ・エル（EOL）モデリスム
101 ラヴリー・リーブル・セルヴィス	188 ヴワイヤジュール＆キュリユー	
	198 モノプリ	264 バトービュス乗り場
106 マリアージュ・フレール	201 サン・ジェルマン・デ・プレ教会	265 ポントワーズ・カルチエ・ラタン・プール（クラブ・カルチエ・ラタン）
107 ボワン・ヴィルギュル		
108 レ・モ・ア・ラ・ブーシュ	204 カカオ・エ・ショコラ	
113 ラヴリー・リーブル・セルヴィス	205 ジェラール・ミュロ	266 強制収容所犠牲者記念堂
	206 シャンピオン	268 ギャルリー・アラン・カリオン
116 マルタン・グラン	207 ジュリス・ラヴリー	274 バン・ドゥーシュ・サン・ルイ
118 テーン	214 ジュリス・ラヴリー	275 サン・ルイ・アン・リル教会
119 スプリーン・ショップ	216 マリアージュ・フレール	276 リブラリー・ユリス
120 ギマール・シナゴーグ		278 パヴィヨン・ド・ラルスナル

ノートルダム大聖堂の塔の上にあるゴシック様式の怪物の彫像と壮大な市内の眺め

MAP 7

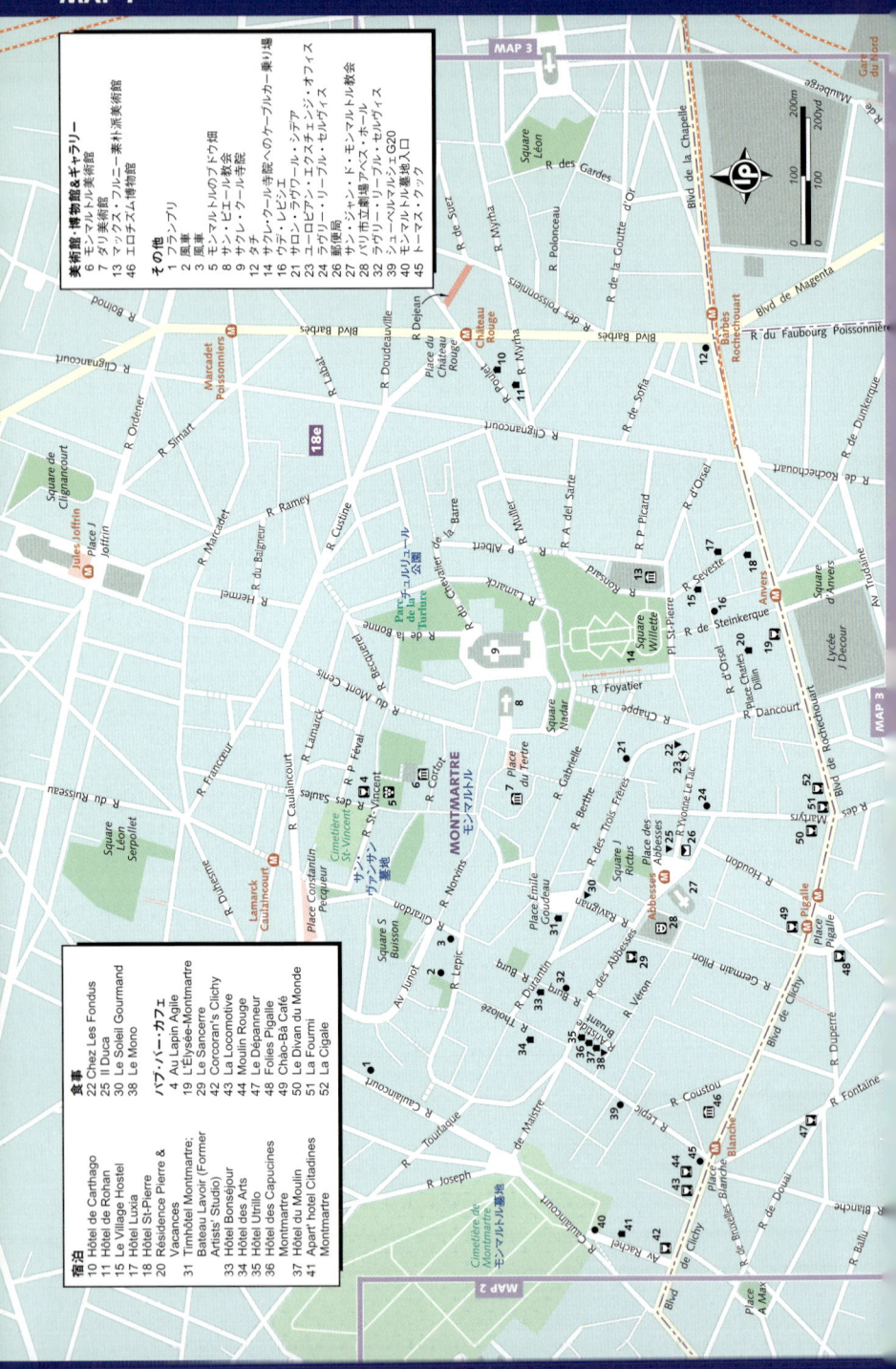

美術館・博物館＆ギャラリー
- 6 モンマルトル美術館
- 7 ダリ美術館
- 13 マックス・フルニー素朴派美術館
- 46 エロチシズム博物館

その他
- 1 ブランブリ
- 2 風車
- 5 モンマルトルのブドウ畑
- 8 サン・ピエール教会
- 9 サクレ・クール寺院
- 12 タチ
- 14 サクレ・クール寺院へのケーブルカー乗り場
- 16 テレビシテ
- 21 サロン・ド・テ・ラ・ヴヴール・シデア
- 23 ユーロピアン・エクスチェンジ・オフィス
- 24 パリ市立劇場アベス・ホール
- 26 郵便局
- 27 サン・ジャン・ド・モンマルトル教会
- 32 ラリー・リーブル・セルヴィス
- 39 シュペルマッシュG20
- 40 モンマルトル墓地入口
- 45 トーマス・クック

宿泊
- 10 Hôtel de Carthago
- 11 Hôtel de Rohan
- 15 Le Village Hostel
- 17 Hôtel Luxia
- 18 Hôtel St-Pierre
- 20 Résidence Pierre & Vacances
- 31 Timhôtel Montmartre; Bateau Lavoir (Former Artists' Studio)
- 33 Hôtel Bonséjour
- 34 Hôtel des Arts
- 35 Hôtel Utrilo
- 36 Hôtel des Capucines
- 37 Hôtel du Moulin
- 41 Apart hotel Citadines Montmartre

食事
- 22 Chez Les Fondus
- 25 Il Duca
- 30 Le Soleil Gourmand
- 38 Le Mono

バー・パブ・カフェ
- 4 Au Lapin Agile
- 19 L'Élysée-Montmartre
- 29 Le Sancerre
- 42 Corcoran's Clichy
- 43 La Locomotive
- 44 Moulin Rouge
- 47 Le Dépanneur
- 48 Folies Pigalle
- 49 Chao-Ba Café
- 50 Le Divan du Monde
- 51 La Fourmi
- 52 La Cigale

MAP 8

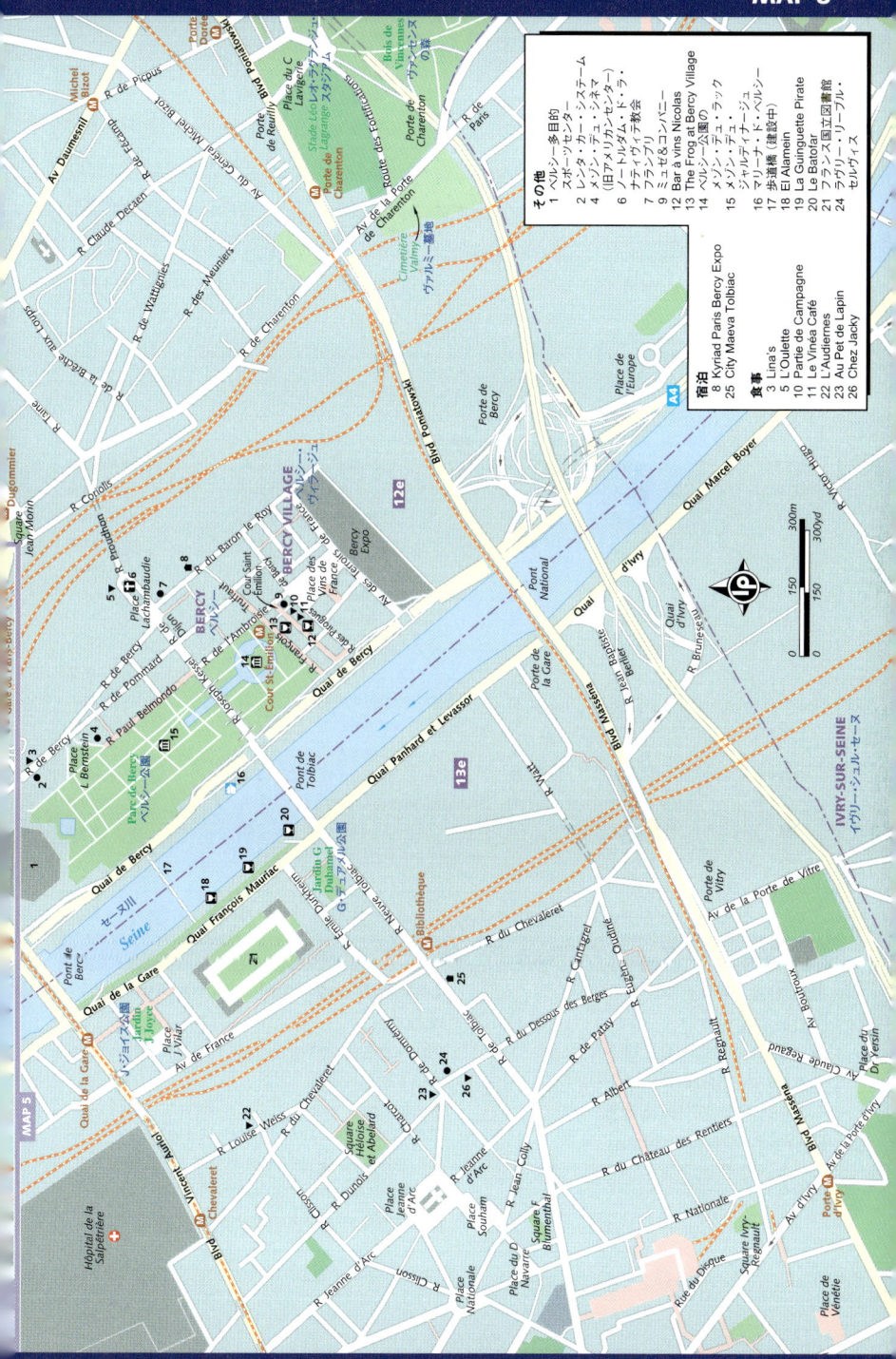

その他
1. ベルシー多目的スポーツセンター
2. レンタ・カー・システム
3. メゾン・デュ・シネマ（旧アメリカン・センター）
4. ノートルダム・ド・ラ・ナティヴィテ教会
6. フランプリ
7. Bar à vins Bercy
9. ミュゼ＆コンパニー
12. The Frog at Bercy Village
14. ベルシー公園
15. メゾン・デュ・ラック
16. ジャルディディーヌ
17. マリーナ・ド・ベルシー
18. 歩道橋（建設中）
19. La Guinguette Pirate
21. Le Batofar
24. フランス国立図書館
27. セルヴィス

宿泊
8. Kyriad Paris Bercy Expo
25. City Maeva Tolbiac

食事
3. Lina's
5. L'Oulette
10. Partie de Campagne
11. Le Vinéa Café
13. L'Audiernes
23. Au Pet de Lapin
26. Chez Jacky

MAP 凡例

境界線
- 国境
- 県境
- 地域、郊外の境界

水域
- 海岸線
- 河川、支流
- 湖
- 運河

- 建物
- ホテル

道路・交通機関
- 高速道路
- 幹線道路
- 主要道路
- 小道路
- 非舗装道路
- 市内高速道路
- 市内幹線道路
- 市道
- 市街地、車線

エリア区分
- 公園、庭園
- 墓地

- 歩行者専用道路
- トンネル
- 鉄道路線・停車駅
- メトロ路線・停車駅
- 路面電車路線・停車駅
- ケーブルカー、リフト
- 散歩道
- 散策コース
- フェリー航路・発着所
- 遊歩道

- 市場
- 歩行用エリア

MAP記号
- PARIS ... 首都
- Versailles ... 都市、大きな町
- Giverny ... 町、村
- 見どころ
- 宿泊
- キャンプ場
- 食事
- パブ、バー
- 空港
- 旧城壁、都市外壁
- 考古学的遺跡

- 銀行
- バス停、駅
- 城、要塞
- 教会、大聖堂
- 映画館
- 大使館、領事館
- 噴水・泉
- ゴルフコース
- 病院
- インターネット・カフェ
- 展望、見晴らし
- 記念碑
- モスク（イスラム教寺院）
- 美術館・博物館・ギャラリー
- 一方通行

- 宮殿、大邸宅
- 駐車場
- ガソリンスタンド
- 警察署
- 郵便局
- ショッピングセンター
- スイミングプール
- シナゴーグ
- タクシー乗り場
- 公衆電話
- 劇場
- トイレ
- 観光案内所
- 交通機関
- 動物園

注：本書に使用しない記号も掲載している。

メディアファクトリー・ロンリープラネット

株式会社 メディアファクトリー
〒104-0061
東京都中央区銀座8-4-17
Tel: 0570-002-001
Tel: 03-5469-4740（編集部）
www.mediafactory.co.jp

Lonely Planet Publications Pty Ltd
本社
Locked Bag 1, Footscray
Victoria 3011
Australia
（他にアメリカ、イギリス、フランス支社）
Tel: 61-3-8379-8000 Fax: 61-3-8379-8111
talk2us@lonelyplanet.com.au
www.lonelyplanet.com/japan